The Collected Linguistic Works of Luo Changpei

羅常培文集

第二卷

山东教育出版社
Shandong Education Press

《罗常培文集》编辑委员会

1923年在西北大学。

1908 年在北京西直门内崇寿寺西城第四学区私立第二小学堂。第二排右起第五人为罗常培。

1924年罗常培担任京师公立第一中学代理校长时与部分师生合影。第二排坐者右起第二人为罗常培，第五人为白涤洲，第七人为董子如。

1919年北京大学毕业照。

汉魏晋南北朝韵部演变研究

唐五代西北方音

编印说明

本书原为中央研究院历史语言研究所单刊甲种之十二,由历史语言研究所1933年在上海出版,科学出版社1961年重印于北京;“自序”曾在1933年11月25日以《唐五代西北方音自序》为题,发表于北平《世界日报·国语周刊》113期。整理时以1933年原版作为底本,本书由尉迟治平、李钊祥编校。

自　　序

自从 1923 年钢和泰(A. von Staël-Holstein)发表了那篇《音译梵书和中国古音》之后,国内学者第一个应用汉梵对音来考订中国古音的,要算是汪荣宝的《歌戈鱼虞模古读考》。因为这篇文章虽然引起了古音学上空前的大辩论,可是对于拟测汉字的古音确实开辟了一条新途径。我在《知彻澄娘音值考》那篇论文里也曾经应用这种方法考订过中古声母的读音问题,我相信如果有人肯向这块广袤的荒田去耕植,一定还会有更满意的收获!然而汉梵对音的材料只限于一些零碎的译名,并且新旧译的纠纷,底本来源的异同,口译者跟笔受者的方音差别,在在都得经过一番审慎的考查。比较起来看,自然还是敦煌石室所发现的那一批汉藏对音的写本更可贵一点。因为这些写本原来是为吐蕃人学汉语用的,它们所有的对音并不专限于零碎的名词,而且从发现的地域看,大致可以断定它们所代表的是唐五代时候流行于西北的一部分方音,所以很值得我们重视的。

我这本书里所用的汉藏对音材料一共有五种:

(1)汉藏对音《千字文》残卷;

(2)汉藏对音《大乘中宗见解》(*Mahāyāna-Mādhyamika-Darśana*)残卷;

(3)藏文译音《佛说阿弥陀经》(*Smaller Sukhāvatī-Vyūha*)残卷;

(4)藏文译音《金刚经》(*Vajracchedikā*)残卷;

(5)《唐蕃会盟碑》拓本。

前四种是敦煌石室中的写本，后一种是唐穆宗长庆二年（A.D.822）的刻石，这五种都算是直接的材料。其中的第一种曾经伯希和（P.Pelliot）、马伯乐（H.Maspero）、羽田亨等引用过；第一种、第三种跟第四种曾经财津桃溪引用过；第五种里关于汉译藏音的部分，劳佛（B.Laufer）跟伯希和也曾经用它来讨论第九世纪的藏语音韵；至于第二种，却从陶慕士（T.W.Thomas）等把材料发表以后，始终还没有人利用过呢。我所以要重新整理这一批材料的观点是和前面几个人不同的。因为他们不是零零碎碎的引用，就是缺乏历史的起点跟切近的参证；好像还没有一个人能够穷源竟委地利用这一批可靠的材料，把它们所代表的方音系统给拟测出来。我这一本小书是打算朝着这个方向努力的。

我所用的方法，是先拿这几种汉藏对音的材料同《切韵》比较，去推溯它们的渊源，然后再同六种现代西北方音比较，来探讨它们的流变。由这番比较研究的结果，我发现唐五代西北方音很有些前人所没说过的特点。在这几种材料里，《唐蕃会盟碑》的对音虽然很有限，可是它的年代是确凿不移的，这对于我们考证几种材料的时代先后有很大的帮助。其余的四种一共有1152个对音，它们不单可以代表《切韵》所有的声类，就是对于韵部也只有幽、废、夬、臻、耕、栉、盍、洽、鎋、迄十韵找不到例字。所以我们根据这些对音，就可以把《切韵》音同唐五代西北方音的关系推想出十之七八来。如果专从藏文的写法来讲，在声母一方面，我们可以看见：

(1)“轻唇音”非、敷、奉大多数写作送气的p‘，已然露出“重唇音”分化的痕迹(看42—43,52页)；

(2)明在收声-n或-ṅ的前面读m，其余的变’b；泥在收声-m或-ṅ的前面读n，其余的变’d(看42—44,52—53页)；

(3)"舌上音"混入"正齿音"(看45—46,53页);

(4)"正齿音"的二、三等不分(看45—46,53页);

(5)床大部分由禅变审,但澄却变成照的全浊(看45—46页);

(6)摩擦音的浊母禅、邪、匣变同清母审、心、晓(看46—51页);

(7)y化的声母并不专以三等为限(看58页)。

至于全浊声母的字在《大乘中宗见解》里大多数变成次清,那显然更近代化了。

在韵母一方面,我们可以看见:

(1)宕、梗两摄的鼻收声[ŋ]一部分开始消变(看63—65,87—91页);

(2)鱼韵字大部分变入止摄(看66—67,91—93页);

(3)通摄的一、三等元音不同(看81,96页);

(4)同韵字往往受声母的影响变成不同韵(看100页);

(5)一等[ɑ]元音同二等[a]元音在藏文写法上没有分别(看103页);

(6)合口洪音同合口细音在藏文写法上没有分别(看101页);

(7)入声的收声[-p]、[-t]、[-k],藏文写作-b、-r(或-d)、-g(看101—103页)。

不过我们得要知道:藏文的写法大部分固然可以代表实际的语音,其中却也有写法同而语音未必全同的(看205页);也有语音同而写法稍微不同的(看205页),这从现代西北方音的演变上可以看得出来。所以我们虽然不承认从这几种材料只能得到"大部分想象的结论",然而对于哪些是当时的实际语音,哪些是藏文的替代音,可得要很仔细地辨别清楚,这一点在全部工作的效率上关系是很重要的。

此外,还有一种同汉藏对音相辅而行的材料,就是注音本《开蒙要训》。这个写本的末一行明白写着"天成四年九十(?)八日敦煌郡学士郎张□□□",所以它的时代跟地域是可以确定的。但是这本书里所有的注音，除去同音互注、形讹难识、类推误读、音理难通的以外，可以供我们从注音的错综处考见当时方音状况的，不过才有241对，其中还有一部分是误读半边字所致，不能完全代表实际的音变，那么，所余的材料就很有限了。然而，我根据这一点儿材料，却也发现几个有趣的现象，例如，梗摄同齐、祭两韵“对转”，止摄同鱼韵旁通，都跟《千字文》的藏音相合，这绝不是偶然的。至于声母一方面，可就变得很厉害了。照这些错综的注音来看，不单全浊声母有变成全清的趋势，甚至于连“齿头音”的四等也受腭化的影响开始混入“舌上音”跟“正齿音”。此外，像泥、来不分，娘、日不分之类，也是汉藏对音所没有的现象。可见这种材料非但比那几种汉藏对音的时代较晚，恐怕还有方音上的差异呢。

我写这本书的动机是从1932年12月间引起的。其中《唐五代西北方音》的前三章是由本年1月2日到3月9日写成的，后来因为历史语言研究所南迁，中间稍有停顿，在4、5两月里又把前篇的第四章跟《唐蕃会盟碑中的汉藏对音》继续完成，直到6月6日全书才能付印，算到现在，已然有十个多月了。不过我因为有几种期待中的材料还没完全采进去，总不免有点儿“半折心始”的感觉！这只好等将来有机会再作补编了。

我在这儿应当谢谢陈寅恪、赵元任、李方桂、林语堂、钱玄同、魏建功、罗膺中、丁声树诸位先生！他们有的供给我很多的材料，有的提示我很好的意见，有的替我校订讹误，有的帮我覆阅全稿：这对于本书的完成都有莫大的助力！至于排比材料，缮写全书，多亏唐虞、程霖两君勤恳的帮忙，我也应当在此声谢！

“最末了儿但是不最小”，我还得郑重地谢谢刘半农先生！因为他不单费了一个星期的时间从头到尾地给我审查全稿，并且他听说我在研究《开蒙要训》的注音，就把自己关于这个题目“从事将半”的文章立刻搁笔了！本来刘先生在《敦煌掇琐》的序录里早就说过："此篇可贵之处，不在本文而在所注之音。"我所以能够展转地利用这种材料，当然得谢谢刘先生的辑录跟启示！现在又承他本着"只求有所发现，不必成功自我"的宗旨，牺牲了自己"从事将半"的文章，那么，即使我所得的结果是完全独立的，我对于他这种态度也应当十二分的感谢！

1933 年 11 月 8 日，罗常培识于上海小万柳堂

附注：

本书中所用的《切韵》音值大部是根据高本汉的拟测，但是关于声母非[pf]、敷[pf‘]、奉[bv‘]、微[ɱ]、知[ʈ,ȶ]、彻[ʈ‘,ȶ‘]、澄[ɖ‘,ȡ‘]，跟韵母模[o]、鱼[ǐo]、东[oŋ]等，是照我自己的意见稍加修改的；修改的理由在我从前发表的几篇论文里大半都说过了。请参阅历史语言所《集刊》第二本第三分第 378—385 页(即《切韵鱼虞之音值及其所据方音考》)，第三本第一分第 121—157 页(即《知彻澄娘音值考》)跟《庆祝蔡元培先生六十五岁论文集》上卷第 476 页注 1(即《切韵闭口九韵之古读及其演变》)。

PREFACE

Since the publication of Baron A. von Staël-Holstein's article on *The Transliterated Sanskrit Text and the Ancient Pronunciation of Chinese Characters* in 1923①, the first Chinese writer who used this method to reconstruct the pronunciation of Ancient Chinese was Mr. Uang Rongbao(汪荣宝) in his article *On the Ancient Pronunciation of the Rimes* 歌戈鱼虞模②. While the publication of this article aroused most vigorous protest from the old school Chinese phonologists, it really opened up a new road to the reconstruction of the Ancient Chinese pronunciation. In my article on *The Ancient Pronunciation of the Initials* 知彻澄娘③, I also used this method in discussing the sound value of certain ancient initials, and I believe that any one who is willing to cultivate this extensive and fertile field will succeed in reaping further valuable results.

Now the materials for Chinese-Sanskrit transliteration are limited to isolated terms; moreover there are the controversies over the value of the new

---

① cf. *The journal of Sinological studies of the National University of Peking*, vol. I. No. 1, January, 1923.

② cf. ibid. vol. I. No. 2, April, 1923.

③ cf. *Bulletin of the National Research Institute of History and Philology* (B. N. R. I. H. P), vol. Ⅲ, part 1.

and old transliterations, the differences in the transmission of the original text, the divergencies in dialect between the translators who pronounced the words and those who wrote down the translation, all of which should undergo the most careful scrutiny. On the whole, it is safe to say that the group of Chinese-Tibetan manuscripts discovered in the well-known Hidden Library of Duenhwang (敦煌) is more useful than all the others; for these manuscripts were originally meant for the use of Tibetans in learning Chinese, their transliterations are not strictly limited to isolated terms, and judging from the region where they were recovered, we can with great probability determine that they represent a part of the Northwestern dialect during the Tarng (唐) and Five Dynasties. For these reasons, they distinctly deserve our attention.

In this monograph, there are five Chinese-Tibetan sources used:

(1) Fragments of *Chiantzyh Wen*(《千字文》) with interlinear Tibetan transliterations①;

(2) Fragments of the *Mahāyāna-Mādhyamika-Darśana*(《大乘中宗见解》) with interlinear Tibetan transliterations②;

(3) Fragments of a Chinese version of the *Smaller Sukhāvatī-Vyūha*(《佛说阿弥陀经》) in Tibetan writing③;

(4) Fragments of a Chinese version of *Vajracchedikā* (《金刚经》)

① cf. 羽田亨《敦煌遗书》第一集。

② cf. F.W. Thomas, S. Miyamoto and G.L.M. Clauson: *A Chinese Mahāyāna Catechism in Tibetan and Chinese Characters*, J.R.A.S. 1929. pp. 37 – 40.

③ cf. T.W. Thomas and G.L.M. Clauson: *A Chinese Buddhist Text in Tibetan Writing*, J.R.A.S. 1926. pp. 508 – 511.

in Tibetan writing [①];

(5) Rubbings of the *Tarng-Farn Hueymeng Bei* (《唐蕃会盟碑》)[②].

The first four are manuscripts from Duenhwang, while the last is a stone monument of the second year of the period Charngchinq(长庆) in the reign of Muhtzong(穆宗) of the Tarng dynasty. These may all be considered as primary sources. The first has been quoted and discussed by Prof. P. Pelliot[③], Prof. H. Maspero[④], and Dr. Haneda Toru(羽田亨)[⑤]. The first, third and fourth have been arranged by Mr. Takaradzu Tokei(财津桃溪) who made a comparative study with the *Yunnjinq* (《韵镜》) in the initial part only[⑥]. With regard to the fifth, B. Laufer and P. Pelliot have, for the purpose of reconstructing Tibetan phonology in the ninth century, used that part which contains a Chinese Transliteration of Tibetan sounds[⑦]. But of second source, from the time when T. W. Thomas and others published these materials, no one has hitherto made any use whatever. My reason for studying this whole group of materials again is that my method of approach is dif-

① cf. F. W. Thomas and G. L. M. Clauson: *A Second Chinese Buddhist Text in Tibetan Characters*, J. R. A. S. 1927. pp. 281 – 283.

② cf. S. W. Bushell's *The Early History of Tibet*, Appendix 1. J. R. A. S. 1880. pp. 535 – 538.

③ cf. *Kao-tch' ang, Qu čo, Houo-tcheon et Qurâ-Khodjâ*, J. As. XIX, 1912. pp. 584, 589, 590.

④ cf. *Le Dialecte de Tch' ang-ngan sous les T' ang*, B. E. F. E. O. XX, 1920. pp. 21, 32, 37, 41, 46 – 50.

⑤ cf.《汉蕃千字文的断简》,《东洋学报》vol. XIII, No. 3, 1923. pp. 390 – 410.

⑥ cf.《敦煌出土汉藏对音之材料与韵镜之比较》(其一),《怀德》No. 10, 1932.

⑦ cf. B. Laufer's *Bird Divinition among the Tibetans*, T' oung Pao ser. 2, vol. XV, 1914. pp. 64 – 94; and P. Pelliot's *Quelques Transcriptions Chinoises de Noms Tibétains*, T' oung Pao, ser. 2, vol. XVI, 1915. pp. 1—26.

ferent from that of any who have previously made use of them. They have either used them in a fragmentary way, or have lacked a historical background for their studies and a systematic correlation with other relevant materials. It seems that no one has ever been able to make complete use of these reliable sources and tried to reconstruct the entire phonological system of the dialects which they represent. In this small monograph, I desire to make a definite endeavour in this direction.

My method is, in the first place, to compare the Chinese-Tibetan transliterations with *Chiehyunn*(《切韵》) in order to trace their origin, and then afterwards to compare them with six modern Northwestern dialects in order to follow out their later developments. From the results of this comparative study, I discovered some special peculiarities in the Northwestern dialects during the Tarng and Five Dynasties period which have not been mentioned by previous scholars. Among those five documentary sources, the *Tarng-Farn Hueymeng Bei* has only a limited number of transliterations, but the fact that the date is beyond doubt is invaluable in investigating the order of the dates of these documents. The other four have a total of 1152 transliterations. These not only represent all the initials in the *Chiehyunn*, but even in the case of the finals all except the ten finals 幽废夬臻耕栉盍洽鎋迄 are represented. Basing my study on these transliterations, I have been able to reconstruct 70 or 80 percent of the relationships between the *Chiehyunn* sounds and those of the Northwestern dialects of the Tarng and Five Dynasties period.

Speaking solely from the point of view of Tibetan orthography, we note, with regard to initials, that:

1. The Labio-dentals 非、敷、奉 were almost always written with the as-

pirated initial p‘, which evidently indicates a transitional stage towards forming a separate group of Labio-dentals(cf. pp.42—43,52).

2. The initial 明 became m for finals ending in -n or -ṅ, but ’b in all other cases; the initial 泥 became n for finals ending in -m or -ṅ, but ’d in all other cases(cf. pp.42—44,52—53).

3. The 舌上音 intermingled with 正齿音(cf. pp.45-46,53).

4. The second and third divisions of 正齿音 were not differentiated(cf. pp.45—46,53).

5. The initial 床 changed from 禅 to 审, with a few exceptions, but the initial 澄 filled the space of the Hard Sonant(全浊) which corresponds to the Unaspirated Surd(全清)照(cf. pp.45—46).

6. The Sonant fricatives 禅、邪、匣 were absorbed by the Surd fricatives 审、心、晓(cf. pp.46—51).

7. The yodisized consonants were not limited to the third division(cf. p. 58).

As for the change of the Hard Sonant into the Aspirated Surd(次清) in the *Mahāyāna-Mādhyamika-Darśana*, it seems however to be a much more recent phenomenon.

With regard to the finals, we note that:

1. The final nasals [ŋ] of groups 宕 and 梗 had begun to disappear(cf. pp.63—65,87—91).

2. The characters of the rime 鱼 almost always entered the group 止(cf. pp.66—67,91—93).

3. The first and third divisions of the group 通 had different vowels, to wit, o and u respectively(cf. pp.81,96).

4. Under the influence of different initials, words of same rime often dif-

ferentiated into different rimes(cf. p. 100).

5. The vowel [ɑ] of the first division, and the vowel [a] of the second division were not distinguished in Tibetan orthography(cf. p. 103).

6. The medial [u] in the first and second divisions was confused with that of third and fourth divisions(cf. p. 101).

7. The final consonants [-p]、[-t]、[-k] of the Abrupt Tone(入声) were written as -b、-r(or -d)、-g in Tibetan transliterations(cf. pp. 101—103).

It should be noted that while the greater part of Tibetan orthography accurately represents the actual sounds, there are cases where the same orthography do not represent exactly the same sounds(cf. p. 205) or the same sounds are represented by slightly different orthography(cf. p. 205). All of these can be observed from the evolution in the modern Northwestern dialects. While, therefore, we need not be so pessimistic as to fear that from the use of these materials "The greater part of such conclusions are an imaginary reconstruction"(Takaradzu Tokei), yet we must agree that it is important to discriminate very clearly what were the pronunciation of the actual speech of the period and what were the Tibetan approximate substitutions of the same time. This is a very important point to bear in mind for the effective conduct of this whole study.

Correlated to these Chinese-Tibetan transliterated manuscripts is a Chinese text entitled *Kaimeng Yawshiunn* (《开蒙要训》) with pronunciation notations. The last line of this manuscript states clearly that it was written in the fourth year of the period Tiancherng(929 A.D.) 9th month(?) 8th day at Duenhwang by the "Shyueshyh Lang" Jang[天成四年九十(?)八日敦煌郡学士郎张□□□]. Its date and linguistic area are therefore accurately fixed. Eliminating now from the pronunciation notations in this book cases of (a) pairs of reciprocal notations, in which one character represents the other, (b) those whose written forms are so much in error as to be difficult to recognize, (c) misreadings arising from inference by analogy, and (d) renderings of pronunciation difficult to understand, we have 241 pairs which from the interlacing of their sound notations supply us with material for the examination of the condition of the dialectal pronunciation of that period. Even among these 241 pairs, there is still a part which cannot entirely represent the actual dialectal changes, for the reason that they were read only for the nonce by the so-called "phonetic" half of the character. Thus, the remaining materials left for study are rather limited. Nevertheless, from these very limited materials I have discovered a number of very interesting phenomena: (a) Characters of the group 梗 drop their final nasals, and their sound notations alternate freely with characters in the rimes 齐 and 祭; (b) The group 止 and the rime 鱼 are interchangable, and are identical with those in the Tibetan transliterations of the *Chiantzyh Wen*, and this cannot be considered as merely accidental. As for the initials, the changes are no less radical. In the light of these interlaced sound notations whose pronunciations do not coincide with those of the *Chiehyunn*, we not only perceive that the Hard Sonants(全浊) had a tendency to become Unaspirated Surds(全清), but also that the fourth division of the 齿头音, by the influence of palatalization, were confused with 舌上音 and 正齿音. Moreover, the confusion of the initials 泥 with 来 and 娘 with 日 are phenomena never seen in Chinese-Tibetan transliterations. From this we see that this text is not only later in time than the Chinese-Tibetan transliterated manuscripts mentioned above, but may perhaps also be traced to some dialectal differences.

I found incentive to write this monograph in December 1932. The first three chapters of Part I were written from January 2 to March 9 1933. During the removal of our Institute from Beeipyng(北平) to Shanghae(上海) this work was interrupted for some time. The final chapter of Part I and the whole of Part II with the three appendices were next completed during April and May, and the whole manuscript was sent to the press on June 6. That was more than ten months ago. Because there are some other sources which I have not been able to include, I still do not feel fully satisfied with the present work. A supplement will be added as soon as these sources come to hand.

For the completion of this monograph, I am most indebted to Prof. Chern Ynkeh (Yinko Tschen), Dr. Jaw Yuanrenn (Y. R. Chao), Dr. Lii Fangguey(F. K. Li), Dr. Lin Yeutarng (Y. T. Lin), Prof. Chyan Shyuantorng, Prof. Wey Jianngong, Prof. Luo Ingjong and Mr. Ding Shengshuh. They have either put at my disposal a great deal of material, or made very valuable suggestions. Some have read the whole manuscript over and corrected a number of mistakes. For suggestions as to the arrangement of the materials and the proof-reading of the whole work, I am also obliged to Mr. Tarng Yu and Mr. Cherng Lin.

Last but not least, I must acknowledge my indebtedness to Dr. Liou Fuh (F. Liu). He has not only spent a whole week reading over my manuscript, but also given up a half-completed treatise concerning the notations of *Kaimeng Yawshiunn*, when he heard that I was working on the same problem. In the preface of《敦煌掇琐》, Dr. Liou has already said: "the value of this manuscript does not lie so much in the text as in the sound notations." While, therefore, my results are arrived at independently, yet I must sincerely express my gratitude to Dr. Liou Fuh for this suggestion of his, and for his generous scrapping of his own work.

Shanghae, November, 8, 1933

Luo Charngpeir

Note:

In giving the *Chiehyunn* sound values in this monograph, I am mainly following Prof. B. Karlgren's reconstruction with the exceptions of 非[pf]、敷[pf‘]、奉[bv‘]、微[ɱ]、知[ʈ, ȶ]、彻[ʈ‘, ȶ‘]、澄[ɖ‘, ȡ‘]、模[o]、鱼[ĭo] and 东[oŋ]. For the reasons for these modifications of mine, I refer the reader to my articles in B. N. R. I. H. P. vol. II, Part Ⅲ, pp. 378 – 385; vol. III, Part I, pp. 121—157; and *Studies Presented to Ts'ai Yuan P'ei on His Sixty-fifth Birthday*, Part I, p. 476, note 1.

一　本篇所用的几种材料

研究中国的中古方音，固然不能不拿《切韵》作起点，可是专靠《切韵》的反切那就难望得到较好的结果了。因为从反切只可以考见音类，而不能测定音值，照现代方音的现象看，在几个音类相同的方言之下往往是可以有很参差的音值的。况且《切韵》的性质本来是一部兼综"南北是非，古今通塞"的音汇，它于当时的方音虽然无所不包，却没有一种方音能够跟它完全符合，所以从考证方音的观点看，它还远不及吕静《韵集》、夏侯咏《韵略》、阳休之《韵略》、周思言《音韵》、李季节《音谱》、杜台卿《韵略》那些"各有乖互"的方音韵书比较有价值，可惜自从隋初经过《切韵》"最小公倍式"的统一国音之后，这些方音韵书不幸全散佚了。因此我们要想从事于中古方音的探讨，有两方面的材料最为重要：

(1)汉字在外国语里的译音，或外国语在汉字里的译音；

(2)保存方音性的汉字注音。

第一项材料，虽然当译音的时候彼此都不免有曲改读音、强人就我的毛病，可是在把本国的音类弄清楚以后，能够参照用音标所写的对音，那实在是打破读音"玄关"的一个秘钥。所以近来有些学者们很知道重视华梵对音、高丽译音、安南译音跟日译的汉音、吴音，并且已经应用它们得到不少好结果。至于第二项材料，像原本《玉篇》[①] 跟《经典释文》一部分反切所代表的吴音，慧琳《一切经音义》反切所代表的秦音等，自然是很值得注意的，此外就很少遇见较古的材料了。我在本文里很侥幸地能应用五种材料：有四种汉藏对音的文件；有一种注音的《开蒙要训》。这几种材料都是敦煌千佛洞所发现的写本，我们由发现的地点，可以约略推测出它们所代表的方音区域，而且注音本《开蒙要训》的时代已然有明文可据，其余几种的时代也约略可以考定的。

甲　汉藏对音《千字文》残卷

巴黎图书馆所藏伯希和（P. Pelliot）搜集的敦煌文件第 3419 号，有梁周兴嗣撰《千字文》残卷一种，原卷已甚污损，自“而登咏”起至“徘徊瞻”止，共存 53 行，每行 13 字，除两行完整外馀均残缺。自第二行到第四十四行，每字左侧都附记着西藏字的对音。卷末附记关于占卜的西藏文 11 项，那另外是一种文件，跟《千字文》并无任何关涉。这种材料伯希和[②]跟马伯乐（H. Maspero）[③]都引用过一部分，羽田亨也作了一篇《汉蕃千字文的断简》[④] 来介绍它，后来又把全份残卷的照片收入他所编的《敦煌遗书》第一集中。这个写本的时代，马

① 原本《玉篇》虽已残佚，但据《万象名义》犹可考见梗概。参阅杨守敬《原本〈玉篇〉残卷跋》。

② P. Pelliot: *Kao-tch'ang, Qučo, Houo-tcheou et Qarâ-Khodjâ*, J. As. XIX, 1912. pp. 584, 589, 590.

③ H. Maspero: *Le Dialecte de Tch'ang-ngan sous les T'ang*, B. E. F. E. O XX, 1920. pp. 21, 32, 37, 41, 46—50.

④ 《东洋学报》第 13 卷第 3 号（1923）第 390—410 页。

伯乐以为是第十一世纪的初叶[1];羽田亨以为:“这个对音的时代虽难确定,不过从写本的字体来看,不能否认它跟敦煌石室所发现的其他五代宋初的写本风格迥异,于拙劣之间犹不可掩唐代的笔致。那么这上面的注音,也许是当吐蕃占据陇右时代其人民为习读汉字的便利而附记上的。如果这个假设不错,那么这种文件所表现的汉字读音,应该是唐代中国西部的正确字音。”[2] 照我看,羽田亨的假设是可以承认的,我在下文从《开蒙要训》注音的演变上还可以给他寻出一点佐证来。

我在伯希和、马伯乐跟羽田亨之后还要应用这种材料,这完全由于个人的观点不同。伯希和引用这个材料,只是为解释高昌的译名问题。马伯乐既然误把这种材料的时代推断得很晚,而且引用的目的是为给他所谓“唐代长安方音”作参证,所以只提出几点特异的地方来讨论,对于这个方音的本身并没有作一番系统的研究。羽田亨虽然把这个写本所有的藏文对音都用罗马字译写出来,逐一同北平音比较,并且按照声母韵母也约略地分了几类,已经算是注意这个方音的整个系统了,可是从我的观点看,至少还有三点得要加以修订。

(1)缺乏历史的起点　要想考明一个方音演变的条理,最好是从它的渊源推溯下来。所以我们研究古代方音单靠《切韵》固然无从着手,可是得到别的参考材料以后,却非拿它作起点不可,可惜羽田亨对于这一点简直忽略了!

(2)错用比较的材料　研究方音间递变的真相,最好参照它们的直接后代音,否则也得拿邻近的方音作比较。羽田亨单拿一个关系疏远的北平音作比较而漠视现代西北方音,这对于唐代西北方音的

① H. Maspero 前引文 p.21。

② 《敦煌遗书·汉蕃对音千字文残卷·叙论》。

研究并没有任何意义。

(3)校阅的疏略　羽田亨 1923 年在《汉蕃千字文的断简》里所附的照片只有 47 行,而且印得非常模糊,他对于藏文对音仓卒之间有几处辨认不清,这本来是很可原谅的。至于 1926 年在《敦煌遗书》里所收的五十四行本,已经放大了好几倍,印得也清楚多了,所以他又补认出 12 个对音来:"第二行:和 hwa、下 ha'、睦'bug(?)、夫 phu(?),第三行:诸 cu、姑 ko、伯 pag、叔 çug,第四行:交 ke'u、友 i'u、投 de'u。"但是我认为可以订正的地方还不限于这几个字。关于他所认错了的,有:

"伯"(3.3)[①] 依藏音应作 peg,跟其他陌韵字的读法相合,羽田误认为 pag。

"蒧"(4.7)乃"箴"的俗体,羽田误认为"藏",于是对于 cim 的对音就以为"不可思议"了。[②]

"内"(12.1)藏音作"འདེའ ",羽田读为'do,照"陛"be'i(11.6)的藏文写法"བའི "来类推,应改作'de'i。

"给"(15.1)羽田读作 kueb,但藏音ུ[u]上原有 \ 号作ུ,或者是误注之后又取销了,而且-b 声随跟 u-介音因为异化作用,很难同时并存,所以我改读作 keb。

"富"(16.3)依藏音应读作 p'u,羽田误读作 hu。

"譽"(23.7)羽田读作 ye(?),依藏音跟其他鱼韵字类推,应改作 yi。

"遠"(26.6)羽田读作'on,依藏音跟"尹、垣、员、炜"的声母例推之,应改作'wan。

---

① 点前的数字表示行数,点后的数字表示字数,俱以《敦煌遗书》本为准。下同。

② 《东洋学报》13 卷第 401 页。

“治”(27.1)羽田读作'dsi(?),依藏音似应作 li(?),因为由[dʑ]>[l]在厦门音里也有类似的例。

“孟”(29.1)羽田读作 maṅ,依《敦煌遗书》本མ上隐约有号 \ 可辨,故以其他庚韵字类推,改读作 meṅ。

“祇”(31.7)羽田误作“私”。

“的”(35.10)依藏音应读作 tig,羽田误读作 dig。

“(鵾)”① (37.7)羽田读作 kon(?),今依《敦煌遗书》本藏音改读作 kun。

“瓛”(38.3)羽田因藏音 Wasur 模糊不清而误读作'gan,依其他桓韵字例,应改作'gwan。

“喰”(39.6)依藏音跟其他清母字例,应读作 ts'an,羽田误作 c'an。

“嫡”(44.3)依藏音应读作 tig,羽田误读作 dig。

他没有认出来的,有:

(畫)hwa(9.10)　(綵)ts'a'i(9.11)　(席)syig(10.11)

(趙)ja'u(20.11)　(皐)ka'u(32.10)　古 go(34.5)

(少)ça'o(40.12)　異 yi(40.13)　(絜)kyar(41.13)

藏音原缺可据音韵例推知的,有:

槐 hwe...(14.6)应作 hwe('i)　功 ko(?)(16.9)应作 ko(ṅ)

實 çi....(16.11)应作 çi(r)　惠...e...(19.7)应作(hw)e

(辱)...(32.6)应作źw(ag)

不过羽田亨曾经声明,他这篇文章只是给研究音韵学的人提供一些材料,并不算是专门的研究。我很原谅他作始的艰难,并且佩服他扮

① 汉字或罗马字外加括弧者为原文磨灭据例校补之记号,校补全文见附录一,惟为简明计列表时一律省却。

谦的态度，然而为明白这种方音的真相起见，我对于这种材料认为还有整理的必要。

乙　藏文译音《金刚经》残卷

在司坦因(Aurel Stein)所得的敦煌石室写本中，有两种藏文的残卷。其一，为：

> 厚黄纸的破碎卷子；长二十四又二分之一英寸即六十二公分，宽十二英寸即三十一公分，正面有四十横行，其中六行破碎不全，有二十四行更为残缺，是用一种秀丽的草体西藏字写的，这种字体，在从屯城(Mīrān)所得的木简跟从敦煌所得的纸写本中往往可以看见。它的背面有大个的汉字跟西藏字的记录。这是从敦煌写本的汇集里发现的。时代：从写本的出处看来，大概是第八到第十世纪。

其二，为：

> 较小的残卷，外表相似，不过只有六又二分之一英寸即十六公分半长，七英寸即十八公分宽，在正面有十行，两头儿都残缺了，字体跟第一种的一样；在反面有同一个人所写的西藏文件，这个残卷跟第一种恰好衔接，补充了三十九到四十两行的文字。时代：如第一种。[①]

这两种写本已经陶慕士(F. W. Thomas)断定为鸠摩罗什(Kumārajiva)所译的《金刚经》(Vajracchedikā)残卷。[②] 其所存的只有自"(初日)分

① F. W. Thomas and G. L. M. Clauson: *A Chinese Buddhist Text in Tibetan Writing*, J. R. A. S, 1926. p. 508 小注。

② F. W. Thomas 前引文 p. 509。

以恒河沙等身布施"起至"如恒河中所有沙佛说是沙……"止[1]，中间残缺的字句还很多。陶慕士因为它们是用一种生动秀丽的西藏字写的，于是联想这两种写本跟沿着新疆南路的东部地方有关系，换言之，就是从屯城到敦煌跟沙州以及沙州本地。[2] 如果这个假设可以成立，那么他们所译的音当然就可以代表那时候这一带的方言了。这种材料曾经柯乐逊(G. L. M. Clauson)从头到尾注上了相对的汉字，并且做了两个藏汉互检的索引，另外还提出这种方言跟中古音不同的三个要点：(1)用-r表示中古音的-t；(2)用-g、-b表示中古音的-k、-p；(3)这种方言里鼻声'd跟n的分别中古音是不承认的。[3] 不过他对于这种方言的语音特质，却敬谢不敏地想把所有相类的材料都发表以后，留给高本汉或伯希和来研究。我对于他这种谨慎的态度非常同情，尤其感谢他替我这次研究打下一个很好的基础，使我省却许多对译本文的功力！

丙　藏文译音《阿弥陀经》残卷

伦敦印度部(India Office)图书馆所藏司坦因搜集的敦煌石室写本ch.77, ii.3号，有一种已经污损的黄白纸卷，长162公分，宽26公分，纸质粗而且厚，一大部分无疑是双层的。"这个写本有五页：从第一页到第三页约宽二十三到二十四公分；第四页约宽二十八公分；第五页约宽十八公分。上面所写的西藏字是比较正式的楷书(Dbu·Can)，本来有些字就不大辨别得清楚，现在更模糊了。每页画有十六

① 《大正新修藏》卷二三六，第750页3至第751页2。

② F. W. Thomas 前引文 p.508。

③ G. L. M. Clauson 前引文 p.510。

行横线,还有直的边线。……在这个卷子的背面有:(a)三十一直行大个黑字的汉文,(b)两横行西藏文。"西藏文的第一行为"h̠di·yaṅ·de·hi·tshe·Thu·pod·yaṅ·H̠brug·gis·bris·Pa·he·",陶慕士译云:"这也是那个时候一个布丹人(H̠brug)叫 Thu·pod·(yaṅ)所写的"。[①] 因此我们就可以推测它的正面也是出于同一个人的手笔了。正面所写的语言,已经陶慕士断定是鸠摩罗什所译的《佛说阿弥陀经》(*Smaller Sukhāvatī-Vyūha*)的藏文译音。[②] 现在所存的只有从"舍利弗于汝意云何,此佛何故号阿弥陀"起到卷终"欢喜信受□□作礼而去"[③] 一部分,末尾并且有"佛说阿弥陀经一卷"的标题。至于本文后面附载的藏文发愿文 17 行,那是跟本题没有关系的。柯乐逊把这种写本也从头到尾地对注上汉字,并且做了两个藏汉互检的索引[④],对于我这次研究,给了不少的方便。

丁　汉藏对音《大乘中宗见解》残卷

伦敦印度部图书馆所藏司坦因搜集的敦煌石室写本 ch.9,ii.17 号,有一种"纸卷子,宽三十公分,长四百四十公分;正面有二百九十行,反面有一百九十六行,是用很好的草体西藏字写的。各行跟卷子的宽度平行,每行约宽二十九公分,字体的大小不同,可见或者不是一个人写的;它用点,单双的竖线(daṅḍas),圆圈,一、二、三或很少三以上的数目字等详细的标点,但是并不完全对;各段跟有些章节是指

① F.W.Thomas and G.L.M.Clauson: *A Second Chinese Buddhist Text in Tibetan Characters*, J.R.A.S, 1927. p.281 小注;原文作"This also at that time was written by Thu·Pod·(yaṅ), a H̠brug."确否待考。

②④ 前引文 p.282。

③ 《大正新修藏》卷三六六,第 347 页 1 至第 348 页 1。

明的;卷首残缺;在本文的末尾有一个题跋,提到一部书的第一卷,并且为一切有情来求福;末尾空白,正面约二十五公分,反面约一百六十公分;时代大约是第八到第九世纪?"[①] 这种文件所代表的语言,也是一种藏文译音的汉语,但是并不能像以前两种那样容易立刻把汉字都还原。幸而另外在 ch.80,xi 号还有一种"纸卷子,宽二十七公分半,长二百二十五公分;正面有一百二十八行是用恶劣的汉字跟宽度平行着直写的。每行宽二十公分,行间有小的草体西藏字,往往模糊、污损,或者侵入邻近的汉字,但是,对于 c、b 跟 h,c 跟 ts,chi 跟 tsha,'a、y-跟 s-,ś跟ź,-ṅ跟-r 等等的分别,虽然有些困难,仔细地看还是可以辨认的。这些藏音本来是对译左边汉字的,实际上却有百分之五十都空着。汉字写在行线的中间,是两个人写的,第二个人从第八十行开始。卷首已经残缺并且污损了,末行有标题"[②]。陶慕士用两种写本仔细校勘,才知道第一种就是第二种的译音本。这两个本子起头儿虽然都残缺了,可是第二种写本的起首恰好跟第一种的第十四行相当,所以它们实际的起点相差并不很远。在汉藏对音本的末尾有"《大乘中宗见解义》别行本,吴法师"一行。据此,我们可以知道这本佛书并不是梵文的译本,而是一位姓吴的法师所抄关于《大乘中宗见解》(*Mahāyāna-Mādhyamika-Darśana*)的义理问答。吴法师是何许人,生在什么时候,都无可考,且案释家称谓例向来都取法名的下一字,如惠休则称休上人,玄奘则称奘法师,绝对没有冠俗姓的,所以这里的吴字也颇可疑,不知是否"悟"字的音讹。这个写本的时代,据陶慕士说是第七到第八世纪。[③] 译音本跟对音本虽然同出一源,

①② F.W.Thomas, S.Miyamoto and G.L.M. Clauson: *A Chinese Mahāyāna Catechism in Tibetan and Chinese Characters*, J.R.A.S, 1929. pp.37—38 小注。

③ 前引文 p.39。

不过因为词句的不同跟文字的脱漏，往往很有出入，而且标音的系统也差得很多。陶慕士把对音本里空白的藏音，参照本书的重字跟译音本的相对字，大部分填补起来，作成一个实际连贯的本子。[①] 我现在就拿它作根据。至于两种本子标音的差异，陶慕士只举了一段作例，声明留待将来再解释。所以我也只好等他把全文发表以后，再来作比较的研究。但是他认为对音本是吐蕃占据沙州时代的东西，而译音本是在它以后的东西[②]，从语音演变的顺序来看，我以为还有研究的馀地，这等到第二章里我们再来讨论。

关于这几种汉藏对音材料的罗马字写法，各家所用的系统参差不一，大致羽田亨所用的跟大司(Sarat Chandra Das)相近，陶慕士等所用的跟叶斯基(Jäschke)相近。我们要作比较的研究，第一步就有把各家的罗马字拼法改成一致的必要。所以我为参阅原书者的便利，在这里先列成一个比较表：

藏文字母	ཀ	ཁ	ག	ང	ཅ	ཆ	ཇ	ཉ	ཏ	ཐ	ད	ན	པ	ཕ	བ	མ
羽田亨式	k	kh	g	ṅ	c	ch	j	–	t	th	d	n	p	ph	b	m
陶慕士式	k	kh	g	ṅ	c	ch	j	–	t	th	d	n	p	ph	b	m
本篇所用	k	k‘	g	ṅ	c	c‘	j	–	t	t‘	d	n	p	p‘	b	m

藏文字母	ཙ	ཚ	ཛ	ཝ	ཞ	ཟ	འ	ཡ	ར	ལ	ཤ	ས	ཧ	ཨ
羽田亨式	ts	tsh	ds	w	sh	–	,	y	r	l	ç	s	h	a
陶慕士式	ts	tsh	dz	w	ż	–	h	y	r	l	ś	s	h	’a
本篇所用	ts	ts‘	dz	w	ź	–	,	y	r	l	ç	ś	h	·a

① 前引文 pp.41—61。

② 前引文 p.40。

藏文韵符	ེ	ི、ྀ	ོ	ུ	ྱ	ྭ
羽田亨式	e	i	o	u	y	w
陶慕士式	e	i	o	u	y	v
本篇所用	e	i i̥	o	u	y	w

在这个表里除去吐气音跟ཞ母只是写法不同外，其余的要算ཛ、ཞ、འ、ཨ四母相差最远。照音值来讲，ཛ跟ཞ都是浊音，所以羽田亨沿袭大司的拼法写作 ds、sh，不如陶慕士写作 dz、z较为合理。འ母在这几种对音里一共有四种用法：(1)用在由鼻声变来的浊塞声前面；(2)用在喻母合口字的前面；(3)用作复合元音第二个元音的根号；(4)随便用在 a 元音的末尾，没有什么条理可寻(例如：左 dza、佐 dza'，嘉 ka、稼 ka'、驾 ka 等)。在这四种用法里，除去第一种用法跟音值稍有关系外(详下文)，第二、第三两种用法叶斯基只拿它们当做普通的单元音或复合元音，并不加什么特别符号，至于第四种用法那就更不重要了。所以我们如果想保留一点这个字母的痕迹，与其用陶慕士式的ẖ，不如用羽田亨式的'较为简便。但是ཨ、འ两母专当元音根号用的时候，音值是不同的。照叶斯基讲，发ཨ音时喉部先关后开，在元音前微带喉部破裂作用[ʔ]；发འ音时就听不见这种作用。这种分别在西藏东部还可以严格地听出来，西藏西部现在就湮灭不彰了。①在这几种汉藏对音里，凡影母字都用ཨ母来标，可见当时还保存那种喉部的破裂作用。羽田亨把ཨ母所代表的字标作纯韵，以至于影母的"伊ཨི"(《千字文》17.6)跟喻母的"贻འི"(《千字文》31.1)一律都混成"yi"音，这是不足为训的。陶慕士跟柯乐逊还能注意到这种分别，

① Jäschke: *Tibetan Grammar*, pp. 1, 4; *Tibetan-English Dictionary*, Introduction XIV.

柯乐逊并且特别作了一篇论文来讨论这个问题①。不过他们是用'来代表ཨ的,我现在既然用'来保存འ母的痕迹,所以仿照高本汉《分析字典》的例,用·来表示喉部破裂作用以资区别。此外《千字文》的i音虽然有ི、ྀ两种记号(其余三种陶慕士未加分别),可是在音韵上并没有一定的条理,现在分写作i、i̥两种,不过聊存原本的面貌罢了。

在本篇所用的四种汉藏对音材料之外,据我所知还有唐穆宗长庆二年(822)建立在拉萨的《唐蕃会盟碑》以及伯希和所搜集的《汉藏对译语汇》(No.2762背面)跟另外一种《汉藏对音佛经》(No.2046)。关于《长庆会盟碑》的译名问题,我将另以专题来讨论;至于后两种材料,我这次在北平会到伯希和先生,已然承他允许把原件的照片寄给我研究。倘使在最近的将来能够实现,或许可以使我把现在所讨论的这个问题解决得比较圆满一点,我在这里应该预先声谢!

戊　注音本《开蒙要训》

敦煌石室所藏的《开蒙要训》,司坦因得到两种:(一)大中五年辛未三月二十三日学生宋文献诵,安文德写;(二)书于不知名佛经之背,"蒙"作"幪",后唐清泰二年二月十五日②。伯希和也得到两种:(一)不注音本(No.2487);(二)注音本,天成四年九十(?)八日敦煌郡学士郎张□□□(No.2578)③,可见这本书在当时是很流行的。考《隋书·经籍志》、《旧唐书·经籍志》及《新唐书·艺文志》虽然都没有著

① G. L. M. Clauson and S. Yoshitake: *On the Phonetic Value of the Tibetan Characters* ཨ *and* འ *and the Equivalent Characters in the h̲ Phags·pa Alphabet*, J. R. A. S, 1929. pp. 843－862.

② 见罗福苌《伦敦博物馆敦煌书目》,北京大学《国学季刊》第一卷,第163页。

③ 同上书,第739－743页。

录此书，而藤原佐世的《日本现在书目》却把它收入小学类，列在晋顾恺之《启蒙记》、王义《小学篇》的后面，梁周兴嗣《千字文》的前面，而注云“马氏撰”，由此看来，就无疑地可以断定它是东晋与齐梁之间的东西，并且由押韵的情况还可以把它提早到宋齐以前（详下文）。这四种写本里以注音本最有价值，所以刘半农先生特别把它收入《敦煌掇琐》中辑，并且说：“此篇可贵之处，不在本文而在所注之音。”[①] 我所以能展转利用这个材料，不能不感谢刘先生的辑录跟提示！从这本书的尾题来看，如果那个敦煌郡学士郎张某就是注音的人，那么这些注音所代表的当然就是后唐明宗时代（天成四年即929）的敦煌方音了。所以专就时代跟地方的确定讲，这种材料比那几种汉藏对音的文件还要贵重的。不过，这本书里的注音一共有437对，其中拿同音字互注的倒有185对，另外还有讹误不可识的三对，误读的六对，音理难通或有讹误的两对，实际上可以供我们从对音的错综处考见当时方音状况的，不过有241对罢了。我根据这一点材料，却也发现几个有趣的现象：例如，梗、蟹两摄的“对转”，止、遇两摄的旁通，都跟《千字文》的藏音相合，然而声母一方面却变得很厉害。因为照这些注音的合并情形看，不单全浊声母已然露了消变的朕兆，甚至于连“齿头音”的四等也已经有混入“舌上”、“正齿”的趋势了。如果这种现象可以代表五代时候的敦煌方音，那么，我们从声母的系统就可以推断《千字文》的藏音所代表的要比《开蒙要训》的注音较早。羽田亨最初假定《千字文》的藏音是代表中唐以前的敦煌流行音[②]，虽嫌太早一点，然而无论如何绝不会是五代时候的东西，马伯乐把它当做第十一世纪初叶的写本，当然可以不攻自破了。

---

① 见《敦煌掇琐》目录第13页。

② 羽田亨前引文，《东洋学报》第13卷，第392页。

从上面所述的四种汉藏对音材料,我们已然可以约略考见唐五代间的西北方音系统,而《开蒙要训》的注音可以代表后唐明宗时代的敦煌方音尤其没有疑义。所以,我们如果要想知道这一系方音演变的历程,最好再拿它的直接后代音作一番比较。可惜我们现在对于西北方音还没有系统地调查过,不单对于现代敦煌音找不到精切的材料,就是它的邻近音也无从寻觅。幸而高本汉的《中国音韵学研究》后面所附的《方音字典》还记了兰州[①]、平凉两种甘肃方音,不得已而思其次,我们只好拿它作为比较的材料。另外还有几种陕西、山西的方音韵尾鼻声也有消变的现象,而且文水、兴县的鼻声母也跟四种汉藏对音所代表的有类似的变化,所以我又附列西安、三水[②]、文水、兴县四种方音以资参证。虽然这也是不得已的办法,可是总比拿北平音作比较要有意义得多,因为经过这一番比较,我们已然可以约略推知唐代的西北方音还能保存《切韵》音类的一大部分,从五代起渐渐有变成近代西北方音的倾向了。

①② 兰州今改皋兰,西安今改长安,三水今改栒邑,此沿高本汉《方音字典》旧称。

7　6　5　4　3　2　1

汉藏对音千字文残卷

一

14 13 12 11 10 9 8

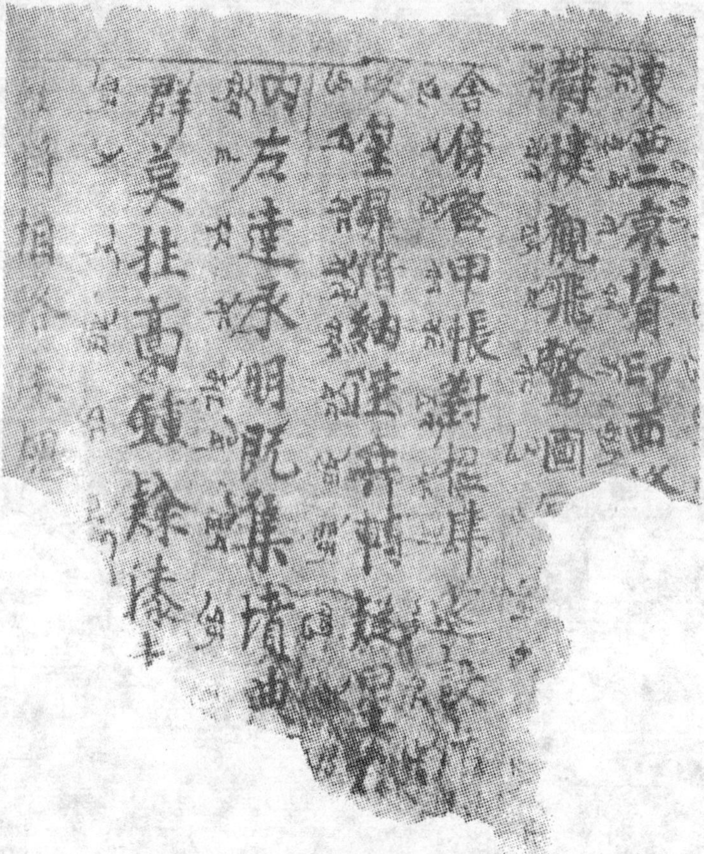

汉藏对音千字文残卷 二

20　19　18　17　16　15　14

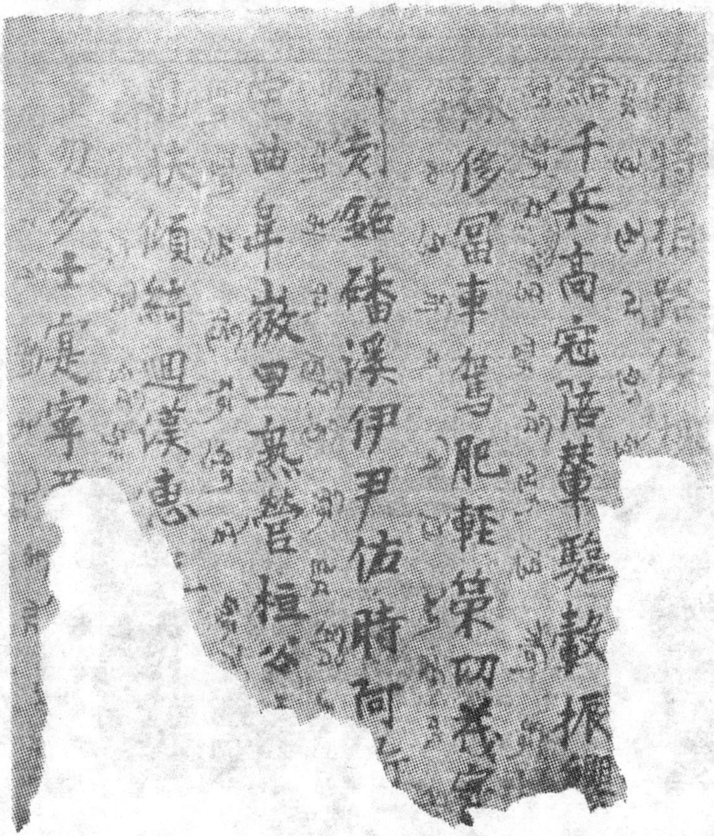

汉藏对音千字文残卷　三

27 26 25 24 23 22 21

汉藏对音千字文残卷

四

34　33　32　31　30　29　28

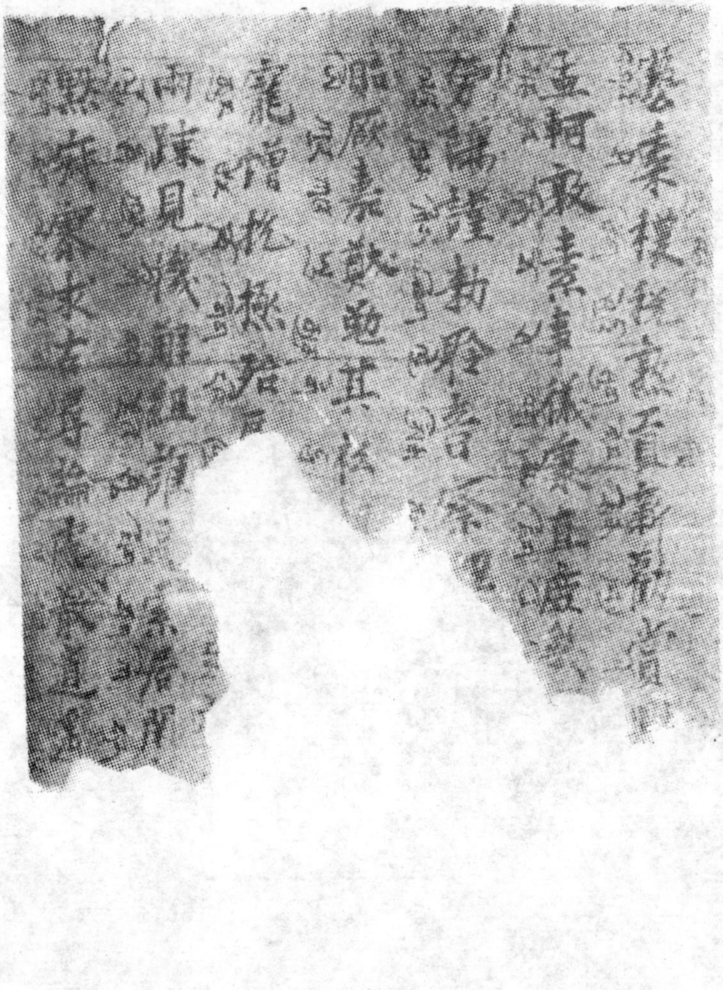

汉藏对音千字文残卷

五

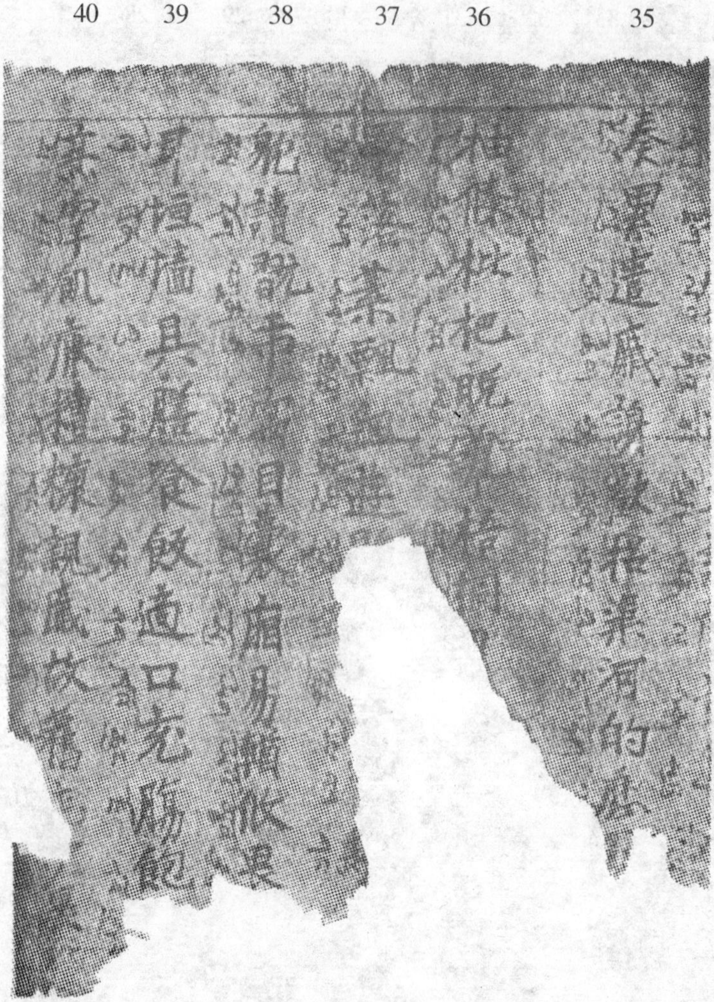

汉藏对音千字文残卷　六

47　46　45　44　43　42　41

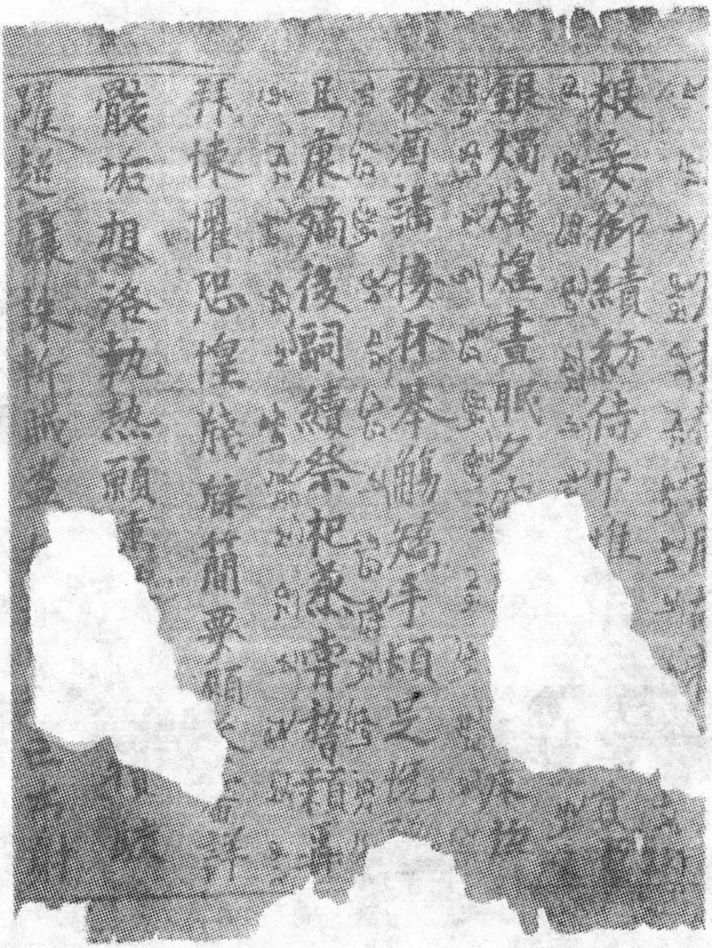

汉藏对音千字文残卷

七

53　52　51　50　49　48　47

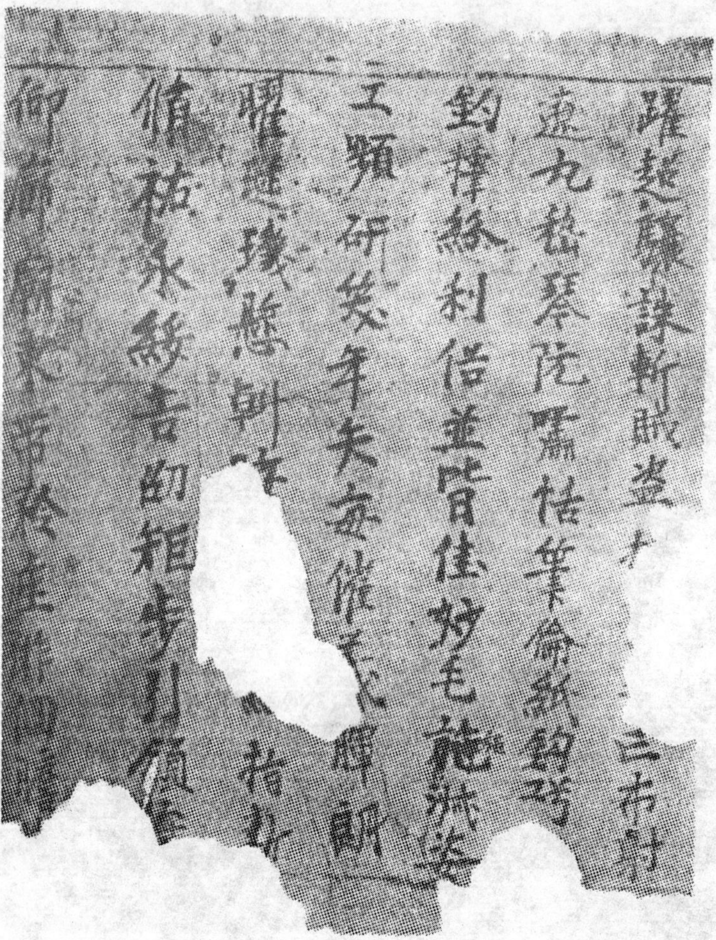

汉藏对音千字文残卷　八

二　从敦煌汉藏对音写本中所窥见之唐五代西北方音

在第一章里所叙述的几种藏译汉音的写本，大概都是吐蕃占据陇西时代为学习汉语的方便而作的，所以应该是唐代宗宝应二年(763)到唐宣宗大中五年(857)[①]之间的东西。从发现的地域看，它们所译写的语言似乎就是当时沙州或沙州附近流行的方音。从音韵的系统看，《千字文》跟《大乘中宗见解》相近，《阿弥陀经》跟《金刚经》相近；后一系保存-ṅ收声跟清浊的分界，而韵母分类有的离《切韵》稍远；前一系消失了一部分-ṅ收声，并且清浊的分界也渐渐起了变化，而韵母分类却有些跟《切韵》较近，所以当时译音者的写法差异似乎比时代差异大。不过《阿弥陀经》比较最早，《大乘中宗见解》比较最晚，大概是可以决定的了。我为列表的方便起见，姑且拿《千字文》的音系作纲领而拿其余三种来比较，其中有跟《千字文》的声母或韵母不同的，就写作斜体字以资识别。这四种写本的全部材料大概都归纳在六组声母表跟二十三摄韵母表里，关于这一部分方音的系统

---

① 《新唐书·吐蕃传》："宝应元年(吐蕃)陷临洮，取秦、成、渭等州。……明年入大震关，取兰、河、鄯、洮等州，于是陇右地尽亡。"又，"乾元后，陇右、剑南、西山三州七关军镇监牧三百所皆失之。……明年(大中五年)沙州首领张义潮奉瓜、沙、伊、肃、甘等十一州地图以献。……其后河、渭州虏将尚延心以国破亡，亦献款。秦州刺史高骈诱降延心及浑末部万帐，遂收二州。……咸通二年，义潮奉凉州来归。"

以及从《切韵》音到唐代西北方音的演变,阅表即可自明,遇有说明的必要时,才在表后作总括的讨论,否则恕不赘叙。

甲 声母

这一系的方音声母跟《切韵》声类的最大异点:第一,“舌上音”混入“正齿音”;第二,“正齿音”的二、三等不分;第三,摩擦音的浊母禅、邪、匣变入清母审、心、晓;第四,床母大部分由禅变审,但澄母却变为照母的全浊;第五,“轻唇音”非、敷、奉大多数变与滂母同音已然露了分化的痕迹;第六,明、泥两母因为后面声随的不同各分化为两类;第七,y 化的声母并不专以三等为限。这七点是四种藏音所共同的。此外,如《千字文》跟《大乘中宗见解》的全清上去声字一部分混入全浊,《大乘中宗见解》的全浊大部分变成次清,那要算是特殊的变化。所以就大体上讲,唐五代西北方音的声母应该有六组 29 类:

p	pʻ	b	'b	m	
帮	滂非敷奉(千,大),並(大)	並奉帮(千,大),微(大)	明微	明(在-n、-ṅ前)	
t	tʻ	d	'd	n	l
端	透定(大)	定端(千,大)	泥	泥(在-ṅ、-m前)	来
c	cʻ	j	ç	ź	'j
照知	穿彻澄(大) 床(千,一个字)	澄照(千,大) 知(千,大)	审禅床	日	娘
ts	tsʻ	dz	s		
精	清从(大)	从精(千,大)	心邪		
k	kʻ	g	'g		
见	溪群(大)	群见(千,大)	疑		

·	h	y	'w
影	晓匣	喻三开	喻三合
		喻四开合	喻四合(千,两个字)

表中所注的中古声类,凡标明"千""大""阿""金"等简称,表示各种单独的演变;没有标明简称的,表示四种共同的演变。'b∶m跟'd∶n除去很少的例外,从来不会同时在同一情境之下发现,跟漳州《十五音》中的"文、柳"两音的分合情形相同[①],实际上本来可以归纳作两个"音位"(Phoneme)的。

至于各组详细的分合情形如下列各表:

① 参看《厦门音系》第5页。

p 组声母

藏音所代表之方音声母	p	p'			
切韵声类	帮 [p]	滂 [p']	敷 [pf']	非 [pf]	奉 [bv']
千字文	兵 pe 秉 pye 并 pye 碑 pi 杯 pa'i 本 pon 伯 peg 百 peg 逼 pig	頗 p'a 烹 p'e 飄 p'yau	紡 p'o'o	飛 p'e 夫 p'u 富 p'u 法 p'ab 弗 p'ur	扶 p'u 阜 p'u
大乘中宗见解	波 pa 悲 pyi 布 pu 寶 pe'u 邊 pyan 八 par 畢 pyir	破 *pa*	覆 p'u	非 p'yi 否 p'u 分 p'un 風 p'uṅ 法 p'ab 髮 p'ar 不 *'bu*	夫 p'u 煩 p'an 佛 p'ur
阿弥陀经	彼 pi,pe 鞞 pyi 不 pu 寶 pe'u 邊 pyan 遍 pyan 北 pug 補 *'p'u*		覆 *'p'u*	法 p'ab 非 p'yi,*'p'yi* 發 p'ad,*'had* 弗 p'ur 福 *pug* 方 *'bwaṅ*	
金刚经	布 pu,*p'u* 百 pig 不 pu,*p'u* 邊 pyan 八 par	譬 p'yi		非 p'yi 分 p'un 法 p'ar 發 p'ar	

表第一

b			'b		m
並 [b']	奉 [bv']	帮 [p]	明 [m]	微 [ɱ]	明 [m]
杷 ba' 傍 bo 枇 be 疲 be 陪 ba'i 陛 be'i 弊 be'i 磻 ban 弁 byan	肥 bi̥ 婦 bu 煩 ban 飯 ban 墳 bun 分 bun	比 bi̥ 背 ba'i 飽 ba'u	磨 'ba　睦 'bug 摩 'ba　牧 'bug 寐 'bi̥　默 'bug 茂 'bu　目 'bug 門 'bun 蜜 'bir 滅 'byar 漠 'bag 邈 'byag	微 'byi 務 'bu 晚 'ban 勿 'bur	銘 me 邙 mo 眠 myan 勉 myan 面 myan 綿 myen 明 meṅ 盟 meṅ 孟 meṅ
菩 *p'u* 鼻 *p'yi* 盤 *p'an* 平 *p'eṅ* 拔 *p'ar* 别 *p'ar* 帛 *p'eg*	凡 bam 梵 bam	彼 byi 表 bye'u 本 bun 謗 boṅ 比 *'byi*	摩 'ba 每 'be 妙 'bye'u 滅 'byer 蜜 'byir	無 'bu 无 'bu 味 *byi* 聞 *bun* 問 *bun* 忘 *boṅ* 妄 *boṅ* 物 *bur*	謨 ma 没 ma 命 me 名 mye 明 mye 免 mye 門 mon 盲 meṅ 夢 moṅ
跋 bad	梵 bam 煩 *'ban* 佛 *'bur*		摩 'ba 妙 'bye'u	網 'bwaṅ	名 me, meṅ, mi, miṅ, myi 命 meṅ, miṅ 藐 myag
菩 bu 白 big	佛 bur 伏 bug 分 *'bun* 復 *'bug*		牟 'bu 滅 'byer	萬 'ban, 'bun 無 'bu 末 'bar	名 mye, myi 藐 meg, myag, 'meg

t组声母表第二

藏音所代表之方音声母	t	tʻ	d	d	ʼd	n	l
切韵声类	端[t]	透[tʻ]	定[dʻ]	端[t]	泥[n]		来[l]
千字文	多 ta 對 twaʻi 耽 tam 敦 ton 頓 ton 丹 tan 顛 tyan 典 tyan 東 toṅ 的 tig̥ 嫡 tig̥	土 tʻuo 退 tʻwaʻi	途 do 圖 duo 杜 do 庭 de 岱 daʻi̥ 殆 daʻi 條 dyaʻu 投 deʻu 田 dyan 動 doṅ 洞 doṅ 達 dar 獨 dog 讀 dog	旦 dan	納 ʼdab 內 ʼdei̥	曩 no 寧 ne 南 nam 農 noṅ	羅 laʻ 路 lo 粮 lyo 两 lyo 聆 lye 離 li 累 lu 慮 lu 隸 leʻi 勞 laʻu 樓 leʻu 寥 leʻu 籃 lam 廉 lem 林 lim 論 lon 輦 lyan 凌 liṅ 落 lag 禄 log
大乘中宗见解	多 ta 答 tab 得 tig	他 tʻaʻ 體 tʻe 剃 tʻeʻi 貪 tʻam 通 tʻuṅ 脱 tʻar 土 *do* 天 *ʼde*	怠 de 第 de 大 de 地 di 道 deʻu 盗 deʻu 定 deṅ 達 dar 同 *tʻoṅ* 檀 *tʻan* 獨 *tʻog* 毒 *tʻog*	諦 de 對 dwe 到 deʻu 倒 deʻu 斷 dwan 等 diṅ	泥 ʼde 惱 ʼde 內 ʼdwe 暖 ʼdwan 納 ʼdab 涅 ʼder 乃 *ʼneʻi* 難 *ʼnan*	念 nyam 能 niṅ	羅 la 流 [la] 來 le 離 li 理 li 老 leʻu 了 leʻu 倫 lin 輪 lun 亂 lwan 領 leṅ 令 leṅ 量 lyoṅ 两 lyoṅ 劣 lywr 樂 lag 六 lug
阿弥陀经	多 ta 但 tan 等 tiṅ 燈 teṅ, tiṅ 德 tig 得 tig	土 tʻo 天 tʻen 歎 tʻan 退 tʻwa	弟 de 陁 *ʼda* 達 *ʼdar*		腦 ʼdeʻu 難 ʼdan 能 *ʼneṅ*, *ʼniṅ*	念 nem 耨 nog, *log*	羅 laʻ 來 le 禮 le 亂 lwan 利 li 樂 lag 六 lug
金刚经	多 ta 倒 teʻu 擔 tam 典 ten 當 taṅ 等 tiṅ 燈 tiṅ 德 tig 得 tig	他 tʻaʻ 天 tʻen 塔 tʻab 土 *do*	墮 dwa 度 do 提 de, deʻi 大 deʻi 道 deʻu 讀 dog		那 ʼdaʻ 能 ʼdiṅ 耨 ʼdog, *nog* 乃 *ʼneʻi*	男 nam 念 nam	羅 laʻ 來 leʻi, le 禮 le 亂 lwan 量 lyaṅ

c组声母表第三上

藏音所代表之方音声母	c		c'			j		
切韵声类	照 二 三 [tʂ][tɕ]	知 三 [ȶ]	穿 二 三 [tʂʻ][tɕʻ]	徹 三 [ȶʻ]	床 二 [dʐʻ]	澄 二 三 [ɖʻ][ȡʻ]	知 二 三 [ʈ][ȶ]	照 二 三 [tʂ][tɕ]
千字文	祇 ci 諸 cu 招 ca'u 箴 cim 振 cin 蒸 ciṅ 鍾 cuṅ 燭 cwag	帳 con	楚 c'i 察 c'ar 策 c'eg 唱 c'o'o 侈 c'i 吹 c'u 充 c'uṅ 俶 *çug*	抽 c'e'u 寵 c'uṅ 勑 c'ì̥g	床 c'o	宅 jeg 腸 jo 持 ji̥ 馳 ji'i 趙 ja'u 直 ji̥g 治 *li*	轉 jwen 晝 je'u	
大乘中宗见解	之 ci, *tsi* 支 ci 只 [ciṅ] 諸 cu, *'cu* 證 ciṅ 衆 cuṅ 側 *c'eg* 終 *c'un* 紙 *tsi*	知 ci 智 ci 中 cuṅ 竹 *ts*[*i*]*g*	初 c'u 嗔 c'in 瞋 c'in 出 c'ur 赤 c'ig 觸 c'og 差 *ts'a* 稱 *k'yiṅ*	癡 c'i, ts'a 超 c'e'u		着 jag 持 *c'i* 值 *c'i* 治 *c'i* 住 *c'u* 塵 *c'in*		者 ja 證 jiṅ 種 juṅ 衆 juṅ 争 jeṅ
阿弥陀经	者 ca 之 ci 諸 ci 照 ci'u 衆 cuṅ 障 caṅ 終 *c'uṅ* 莊 *tsaṅ*	知 ci 致 ci	處 c'i 稱 c'iṅ 出 c'ur 閦 *cog*			持 ji 濁 jwag 長 jaṅ	幢 jwan, *zwaṅ* 轉 *cwan*	執 jib
金刚经	者 ca 之 ci 至 ci 諸 ci 衆 cuṅ 莊 *'tsa*, *tsaṅ* 真 *tsin*	知 ci 中 cuṅ	處 c'i 稱 c'iṅ, *tsoṅ*			持 ji 住 ju 值 ji 長 jaṅ, *źan* 著 jag		

c组声母表第三下

藏音所代表之方音声母	ç					ź	'j
切韵声类	审 二[ʂ]	审 三[ɕ]	禅 [ʑ]		床 二[dʐ] 三[dʑ]	日 [ȵʑ]	娘 [nj]
千字文	沙 ça 笙 çe 疎 çi 穡 çi̥g 舍 çya 觴 ço 賞 ço 黍 çi 庶 çi̥ 稅 çwe'i	少 ça'o 手 çe'u 守 çi̥'u 昇 çeṅ 設 çar 叔 çug 適 çi̥g	嘗 ço 時 çi'i̥ 市 çi̥ 侍 çi 誰 çwi 禪 çan 膳 çan 承 çeṅ 實 çig 孰 çug	熟 çug	士 çi̥ 事 çe 神 çi̥n 實 çir	兒 źi̥ 耳 źi 二 źi̥ 弱 źag 辱 źwag	
大乘中宗见解	師 çi 所 çu 生 çeṅ 殺 çar 色 çeg 捨 ça 世 çe 施 çi 水 çu 身 çin	少 çe'u 聲 çeṅ 勝 çiṅ 攝 çab 設 çar 說 çwar 識 çig	時 çi 視 çi 是 çi 殊 çu 受 çi'u 甚 çyim 善 çan 禪 çan, *źan* 上 çaṅ	常 çoṅ 成 çeṅ 十 çib, çim	士 çi 狀 çon, *ts'oṅ* 蛇 ça 事 çi 神 çin 順 çun 乘 çiṅ 舌 çar	耳 źi 二 źi 如 źu 汝 źu 染 źam 人 źin 潤 źun 入 źib 而 *'gyar*	
阿弥陀经	師 çi 所 çi, çe, çu 數 ço 山 çan 色 çig 舍 ça, *sar*	釋 ça 世 çe 少 çi'u 聲 çeṅ 聖 çeṅ 勝 çiṅ	是 çe 樹 çu 受 çi'u 甚 çim 成 çeṅ 十 çib 善 *źan*		實 çir 舌 çar, çir	汝 źi, źu 如 źi 而 źi, źu 二 źi 人 źin 日 źir 若 źag	女 'ji 尼 'ji
金刚经	沙 ça 數 çu 所 çi, çu, çu'i, çe'i, ça 生 çeṅ, *źeṅ* 施 çi	釋 çi 世 çe'i 身 çin 說 çwar	時 çi 是 çi 授 çi'u 受 çi'u 壽 çi'u 善 ça'n 上 çaṅ 成 çeṅ 承 çiṅ		事 çi 乘 çiṅ 實 çir	汝 źe 如 źe, źi 而 źe 爾 źe 繞 źe'u 然 źen 人 źin 若 źag 肉 źug	女 'ji 尼 *'di*

ts 组声母表第四

藏音所代表之方音声母	ts	tsʻ	dz		s	
切韵声类	精 [ts]	清 [tsʻ]	从 [dzʻ]	精 [ts]	心 [s]	邪 [z]
千字文	將 tsyo 精 tsye 茲 tsi̥ 子 tsi̥ 紫 tsi 糟 tsaʼo 遵 tsun 翦 tsyan 增 tseṅ 宗 tsoṅ 接 tseb 節 tser 爵 tsyag 稷 tsi̥g 足 tsug 再 *tsʻaʼi* 績 *ci̥g*	且 tsʻya 青 tsʻe 翠 tsʻwe 次 tsi̥ 綵 tsʻaʼi 操 tsʻaʼu 親 tsʻi̥n 飡 tsʻan 千 tsʻyan 妾 tsyab 切 tsʻer 感 tsʻi̥g 戚 tsʻi̥g	墻 dzyo 情 dze 自 dzi̥ 踐 dzyan 集 dzi̥ b 寂 dzi̥ g 秦 *jen*	左 dza 佐 dzaʼ 組 dzoʼo 酒 dzuʼu 載 dzaʼi 宰 dzaʼi̥ 祭 dzeʼi 奏 dzeʼu 晋 dzi̥n	寫 sya 素 so 穎 so 相 syo 廂 syo 西 sye 星 sye 肆 si̥ 塞 saʼi 逍 syaʼu 心 sim 新 si̥n 筍 sun 散 san 仙 syan 宣 swan 索 sag	謝 sya 象 syoʼo 嗣 si̥ 祀 si̥ 隨 suʼi 岫 sïʼu 尋 syi̥m 續 swag 席 syi̥g 夕 syi̥g
大乘中宗见解	資 tsi 津 tsin 精 tsiṅ, tsoṅ 憎 tsiṅ 宗 tsoṅ, tsʻon 作 tsag 則 tsig 即 tsig 增 *tsʻïṅ*	且 tsʻya 切 tsʻe 此 tsʻi 麤 tsʻu 取 tsʻu 遷 tsʻyan 青 tsʻeṅ	財 *tsʻe* 在 *tsʻe* 慈 *tsʻi* 自 *tsʻi* 造 *tsʻeu* 前 *tsʻyan* 淨 *tsʻeṅ* 情 *tsʻeṅ* 曾 *tsʻïṅ* 集 *tsʻib* 絶 *tsʻwar* 寂 *tsʻig* 聚 *su*	進 dzin 作 dzag	素 so 思 si 四 si 死 si 細 se 須 su 髓 su 修 sïʼu 三 sam 心 sim 信 sin 先 syan, sen 相 syan, syon 想 syaṅ 僧 siṅ 性 sin 薩 sar 息 sig	似 si 像 syaṅ 俗 swog

（续表）

藏音所代表之方音声母	ts	ts‘	dz		s	
切韵声类	精 ［ts］	清 ［ts‘］	从 ［dz‘］	精 ［ts］	心 ［s］	邪 ［z］
阿弥陀经	子 tse， tsi， *ci* 讚 tsan 進 tsin 作 tsag	此 ’ts‘i 切 ts‘e 千 ts‘en 七 ts‘ir	在 dze 淨 dzeṅ 就 *’dzi ’u* 雜 *zab*		娑 sa 西 se 思 si 四 si 須 su 修 si’u 三 sam 心 sim 信 sin 算 swan 相 syan 宿 sug	
金刚经	子 tse 最 tswe’i 尊 tson， tsin 作 tsag 則 tsig 即 tsig， tsiṅ	此 ts‘i 次 ts‘i 切 ts‘e’i， tse’i 千 ts‘en	在 dze’i 罪 dzwe’i 就 dzi’u 前 dzen 賤 dzen		思 si 四 si 須 su 修 si’u 消 se’u 小 se’u 三 sam 心 sim 信 sin 散 san 算 swan 僧 siṅ 薩 sar 悉 sir	誦 suṅ

k 组声母表第五

藏音所代表之方音声母	k	kʻ	g		'g
切韵声类	见 [k]	溪 [kʻ]	群 [gj]	见 [k]	疑 [ŋ]
千字文	歌 ka 嘉 ka 稼 ka 解 ka 姑 kuo 京 ke 雞 kye 飢 ki̥ 機 ki̥ 車 ki̥ 居 ki̥ 舉 ku'u 階 ke'i̥ 交 ka'u 高 ka'u 皋 ka'u 稾 ke'u 謹 ki̥ n 巾 kin 軍 kun 鵾 kun 觀 kwan 冠 kwan 堅 kyan 見 kyan 驚 keṅ 更 keṅ 功 kuṅ 公 koṅ 貢 koṅ 甲 kab 給 keb 厥 kwar 絜 kyar 虢 kweg 轂 kog	軻 kʻa 曠 kʻo 抗 kʻo 啓 kʻye 輕 kʻye 稽 kʻye 傾 kʻwe 綺 kʻi̥ 起 kʻi̥ 驅 kʻu 溪 kʻya'i 口 kʻa'u 謙 kʻyam 勸 kʻwan 遣 kʻyan 糠 kʻaṅ 康 kʻaṅ 孔 kʻoṅ 曲 kʻwag 刻 kʻeg	其 gi̥ 鉅 gi̥ 渠 gu 具 gu 求 gi'u 舊 gi̥ 'u 禽 gim 群 gun 郡 gwin 極 gi̥g	假 ga 駕 ga 古 go 九 gu'u 故 gu 既 gi̥ 矯 ga'u 絳 gaṅ	雅 'ga 疑 'gi 儀 'gi 義 'gi̥ 梧 'gu 寓 'gu 御 'gu 藝 'ge'i̥ 外 'gu… 巖 'gam 銀 'gi̥n 雁 'gan 翫 'gwan 嶽 'gag
大乘中宗见解	過 kwa 故 ko 皆 ke, he 蓋 ke 界 ke 戒 ke 計 kye 歸 ku 交 ke'u 教 ke'u 根 kin 間 ken 堅 kyan, kyen 見 kyan, kyen 觀 kwan 卷 kwon 經 kyeṅ 竟 keṅ 境 keṅ 骨 kur 覺 kag	可 kʻa 苦 kʻo 綺 kʻi 起 kʻi 丘 kʻye'u 龕 kʻam 慶 kʻeṅ 空 kʻoṅ, kʻo 恐 kʻoṅ	其 *kʻi* 具 *kʻu* 共 *kʻuṅ* 及 *kʻib*	假 ga 解 ga 果 gwa 幾 gi 既 gi 據 gi 記 gyi 舉 gu 軌 gu 久 gi'u 感 gwam 觀 gwan 俱 *kʻu*	我 'ga 五 'go 悟 'go 礙 'ge 外 'gwe 義 'gi 愚 'gu 語 'gu 硬 'ge'u 言 'gen, 'ge 眼 'gen, 'gyen, 'gwan 業 'geb 逆 'gig

（续表）

<table>
<tr><td>藏音所代表之方音声母</td><td>k</td><td>kʻ</td><td colspan="2">g</td><td>'g</td></tr>
<tr><td>切韵声类</td><td>见
[k]</td><td>溪
[kʻ]</td><td>群
[gʻj]</td><td>见
[k]</td><td>疑
[ŋ]</td></tr>
<tr><td>阿弥陀经</td><td>故 ko　各 kag
俱 ku　國 kog
皆 ke, *ge*
界 ke
今 kim
間 ken
肩 kyen
見 kyen
卷 kwon
光 kwaṅ
廣 kwaṅ
經 kyi, *gyi*
功 koṅ
劫 kab, *g*ab</td><td>可 kʻa
去 kʻi
丘 *'kʻyeʼu*</td><td>其 gi
及 gib
極 gig</td><td></td><td>我 'ga
五 'go
義 'gi
議 'gi
礙 'gi
語 'gi
嚴 'gem
言 'gen
願 'gwan, *wen*</td></tr>
<tr><td>金刚经</td><td>迦 ka　劫 keb
果 kwa
過 kwa
解 ka
故 ko
記 keʼi
皆 keʼi
告 keʼu
今 kim
根 kin
間 kyen
見 kyon
廣 kwaṅ
經 kyaṅ, kyeṅ, kyiṅ
敬 keṅ
功 koṅ
恭 kuṅ
供 kuṅ</td><td>可 kʻa
去 kʻi
空 kʻoṅ</td><td>其 gi
祇 gyi
具 gu
狂 gaṅ
及 gib</td><td></td><td>我 'gaʼ
疑 'gi
義 'gi
議 'gi
嚴 'gem
言 'gen
眼 'gen
業 'geb
逆 'gig</td></tr>
</table>

·组声母表第六

藏音所代表之方音声母	·	h		y	'w
切韵声类	影 [ʔ]	晓 [x]	匣 [ɣ]	喻四 [○]	喻三 [j]
千字文	阿·a 英·e 缨·e 於·u 伊·yi 威·u'i 畏·u'i 翳·ye'i̥ 厭·em 音·i̥m 讌·yan 欝 *gur*	好 ha'u 漢 han 歡 hwan	何 ha 河 ha 下 ha' 和 hwa 畫 hwa 煌 ho 後 ho' 槐 hwe… 横 hwe'e 刑 hye 迴 hwa'i 會 hwa'i̥ 韓 han 閑 han 桓 hwan 絃 hyan 恒 heṅ 俠 hyab	野 ya 貽 yi̥ 譽 yi 異 yi 猶 yu 猷 yu 遊 yu 豫 yu 輶 yi̥'o 攸 yi̥'o 遥 ya'u 飖 ye'u 筵 yan 楹 yeṅ 用 yuṅ 葉 yab 逸 yir 易 yi̥g 尹 '*win* 營 '*we* 悦 '*war*	煒 'we 運 'un 遠 'wan 垣 'wen 員 'wen 友 '*iu* 右 *yu*
大乘中宗见解	污·o 依·i 意·i 愛·i, i 於·i, ·u 畏·u 蔭·im 因·in 温·on 蘊·un, '*un* 一·ir 惡·ag	火 hwa 化 hwa 喜 hi 虚 hu 休 hi'u 香 hoṅ 向 hoṅ 血 hyar	何 ha 和 hwa 害 he 解 he, hwe 惠 hwe 後 hi'u 咸 ham 現 hyan 還 hwan 唤 hwan 幻 hyan 行 heṅ 形 hyeṅ 黄 hwoṅ 合 hwab 惑 hog	耶 ya 也 ya 以 yi, 'i 已 yi 異 yi 與 yi 亦 yi, yig, yi'u 維 yu 唯 yu 惟 yu 油 yi 由·i'u, yi'u 猶 yi'u 媱 yim 引 yin, ·in 緣 ywan 陽 yoṅ 用 yoṅ 藥·ag 欲 yog	爲 'u 謂 'u 違 wu, 'u 遠 wen 云 'un 有 *yi'u*, ·*i'u* 炎 *yyam*
阿弥陀经	阿·a, ·an, ·ar 意·i 於·i, ·u 音·im 因·in	希 hi 喜 hi 漢 han 歡 hwan 香 haṅ	何 ha 下 ha 護 ho 華 hwa 會 hwe 現 hyen 行 'he 恒 hiṅ	以 yi 已 yi 與 yi, yu 餤 yam 緣 ywan 亦 yig 欲 yog	王 wan 'wan 云 *hun* 往 '*bwaṅ*
金刚经	阿·a, ·an 意·i 於·i 應·iṅ 一·i, ·ir 惡·ag 憶·ig 要 *ye'u*	虚 he'i 香 haṅ	何 ha' 河 ha 荷 ha 華 hwa 狐 ho 解 he'i 號 he'u 後 hi'u 降 heṅ 恒 hiṅ 或 hog	也 ya 已 yi 以 yi 與 yi 喻 yu 由 yi'u 養 yaṅ	圍 'u 爲 'u 云 'un, *hun*, *hu*

p 组声母表说明：

非、敷两母在这四种藏音里，除去四个例外，一律变成 pʻ音；奉母在《千字文》跟《大乘中宗见解》里也逐渐有变成 pʻ音的趋势，因此我觉得轻唇音在那时候已然开始分化了。我在《敦煌写本〈守温韵学残卷〉跋》里曾经说："（守温韵学）残卷第三截'辨声韵相似归处不同例'所举 49 组 153 字，皆属非、敷两母；若更旁证以'归三十字母例'中不、芳、並、明末列之'夫、敷、苻、无'四例字，则当时唇音轻重，亦似有别。其所以不另分立者，盖守温初作字母，仅类聚《切韵》反切上字而参对梵、藏体文，于梵、藏有而华音无者固皆删汰，于华音有而梵、藏无者亦付阙如。"① 倘使这个推论不错，那么我们就可以设想非、敷、奉三母在这一系方音里似乎也有了变成[pfʻ]或[f]的痕迹，因为藏文没有相当的音，所以才勉强拿 pʻ音来替代。在《阿弥陀经》里，"非"读'pʻyi，"覆"读'pʻu，"發"又读'had，尤其可以表现转译时的困难。还有明母字在-n 或-ṅ 的前面（无论存在或消失），除去几个例外大部分恢复了 m 音，可是微母的鼻音成素就似乎有逐渐变弱的倾向，所以它在《千字文》、《金刚经》跟《阿弥陀经》里并不受-n 或-ṅ 的影响而变成 m；在《大乘中宗见解》里有一大部分就简直地变成 b 音了（参阅 42、43 页）。

t 组声母表说明：

透母的"土"字《大乘中宗见解》跟《金刚经》都写作 do，"天"字《大乘中宗见解》写作'de，可见藏音的 d 母在当时或者是送气的，否则就不会拿来误译透母字了。泥母的"耨"读'nog，"乃"读'ne'i，"難"读'nan，"能"读'neṅ、'niṅ，都算一种例外。不过"耨"的 nog、log 两音都可以算是'dog 的又读；至于"乃、難、能"三字的声母只写作'n-而没有

① 《敦煌写本〈守温韵学残卷〉跋》，历史语言研究所《集刊》第三本第二分，第 254 页；《罗常培文集》第八卷。

公然写作 n-，可见在当时记音的人听起来还不过是介乎'd、n 二者之间的音罢了(参阅 44 页)。

c 组声母表说明：

“正齿音”的二等只在《阿弥陀经》跟《金刚经》里有一个照母的“莊”字读作 tsaṅ，在《大乘中宗见解》里有一个穿母的“差”字读作ts'a，此外在四种藏音里都跟三等没有分别，所以我们只能把“狀、差”两字认作例外，犹如“真、紙”读成 tsin、tsi 一样。床母的字除去《千字文》有一个“床”字读作 c'o，其余的都跟审、禅一律变成 ç。本来床、禅两母在《玉篇》、《经典释文》跟《慧琳一切经音义》的反切里都混而不分，所以唐末守温所定的三十字母里还没有分立床母，我想这一系的方音也一定先是床、禅不分，然后再由禅变审的。至于穿母的“俶”字在《千字文》里读作 çug，那只是由声符“叔”字类推的读音罢了。还有娘、日两母在守温三十字母里也是不分的，然而这四种藏音里的日母字却都把鼻音成素遗失一律变成 ź 音，娘母字虽然不多，但是从《阿弥陀经》跟《金刚经》的“女、尼”两字的对音来看，就似乎可以独立了。这一组声母在 y-类韵母前面常常省去 y 介音而直接跟主要元音相拼，所以它们的音值应该就是跟现代藏语相同的腭化音[tɕ]、[tɕ']、[dʑ]、[ɕ]、[ʑ]、[ȵʑ]。此外，《大乘中宗见解》里有一个“稱”字对音作 k'yiṅ，这是由于藏文“ka ya ta”的读音跟 c'相近的缘故，不过汉语“牙音”的三四等是否从那时候就有腭化的倾向，还不能根据这一个例子决定(参阅 45、46 页)。

ts 组声母表说明：

“績”字本属精母，“秦”字本属从母，而《千字文》译为 cig、jen，这恐怕是译音时仓卒间脱落了ཙ、ཛ上面的附加符号所致(参阅 47、48 页)。

k 组声母表说明：

疑母只有'g 音一类并不受韵尾鼻声的影响而恢复 ṅ 音，这是跟明、泥两母不一致的。至于见母的“俱”字变成 k'，恐怕是由声符“具”字类推的结果(参阅 49、50 页)。

· 组声母表说明：

影母的“欝”字《千字文》读作 gur，这不单部位由后移前，而且清浊也不同了。喻母四等除去“尹、营、悦”三字外，无论开口、合口都读作 y；喻母三等的开口，有的读 y(例如“右、炎”)，有的变'(例如“友、有”)，合口或写作'w、'u，或写作 w，实际上并没有什么差异，因为这个在 w 前面的'，照叶斯基说，西藏东部遇到用 o 元音或 u 元音起头儿的字故意用འ作根号，为的是好避免ཨ的破裂作用而使它类似 wo 或 wu[①]。所以它只是一个元音的根号，并不是一个独立的字母，跟 a'i、a'u中间的'性质相同，而跟'b、'd、'g 前面的'性质不同，本来可以省略的。不过《阿弥陀经》跟《金刚经》里的“云”字都有 hun 音，并且在中古音跟现代方音里也有不少由喻变匣的例。那么这里的'号究竟是像叶斯基所说的现代东部西藏音的读法，抑或代表一种特殊音值，似乎还值得考虑。所以在没有得到确定的解释以前，与其过而废之，勿宁过而存之！至于《阿弥陀经》读“往”为'bwaṅ，那不过是把喻母误作微母罢了。综括大多数的例证来看，我们应该承认喻母三等读'w、四等读 y，因为在那几个例外当中，依谐声例“营”本应属三等，“炎”本应属四等，“尹”字依《礼记》“浮尹旁达”郑注“尹”读为“筠”之例，也应该属三等，所以这三个字的读音仍然是跟条理相合的，不能算是特殊的例外(参阅 51 页)。

由上面归纳的结果，我们对于这一系方音的声母已然可得到大体的系统了。其中有几个比较重要的问题还得要特别提出来讨论：

---

① Jäschke: *Tibetan Grammar*, p.4.

(1)全浊声母只有在《大乘中宗见解》里除去定母的仄声以外，已然大部分变成次清，在其余三种藏音里大体还都保持它的本音，然而在《千字文》跟《大乘中宗见解》里为什么有一部分全清声母混入全浊呢？要解答这个问题，我们得知道藏语声母跟声调的关系。据白尔(C.A.Bell)说，藏语的声调可以按照声母(initial letter)或前缀音(prefix)分成三类：

1. 高调——凡是起头儿有前缀音的字，除去声母是 k'、g、c'、j、t'、d、p'、b、ts'、dz 的时候，都用这个调。有 k、c、t、p、ts、ç、s、h 作声母的字也用这个调。

2. 中调——起头儿拿 k'、c'、t'、p'、ts'作声母的字，不论有没有前缀音，都用这个调。

3. 低调——凡是起头儿有 g、ṅ、j、ñ、d、n、b、m、dz、w、ź、z、y、r、l、h̲ 作声母的字，还有那些把前缀音放在声母 g、j、d、b、dz 前面的字，都用这个调。①

我们由这一点再返回来看前面那些从全清混入全浊的字，就觉得有方法可以解释了。在那些字里，有 27 个是上声："比、飽、彼、表、本(帮)，倒、等(端)，轉(知)，者、種(照)，左、佐、組、酒、載、宰(精)，假、古、九、矯、解、果、幾、舉、軌、久、感(见)"；有 22 個是去声："背、謗(帮)，旦、諦、對、到(端)，晝、幢(知)，證、衆、争(照)，祭、奏、晋、進(精)，駕、故、既、絳、據、記、觀(见)"；此外不过有两个入声字："執(照)，作(精)"罢了。这种方音的声调究竟是怎样，我们现在固然无从拟测，但是从陆法言《切韵序》所谓"秦陇则去声为入"那句话来推想，恐怕它的上去声不会读如《元和韵谱》所谓"厉而举"或"清而远"的。如果那时吐蕃语用 b、d、j、dz、g 作声母的字也读如现代藏语的低调，那么我们就可以假

---

① C.A.Bell: *Grammar of Colloquial Tibetan*, Chap.1.pp.18,19.

设这种方音的上去声或许就是低调或低降调，因为声调的类似，所以在吐蕃人的耳朵里往往就容易把声母误认作相同。[①] 不过这种现象最初只是由记音人审音不精所弄出来的偶然错误，而不是正式的音变，否则在全清声母里就不会同时还有不少上去声字，并且本来同音的字(如“本、解、舉、對、故”之类)，也不会在《千字文》跟《大乘中宗见解》里清浊异读了。

(2)全浊声母是否送气，在中国音韵学史上是一个悬而未决的问题。旧说之中，江永《音学辨微》、洪榜《四声韵和表》、陈澧《切韵考外篇》等都拿全浊配次清，无异承认它应该读作送气音。不过劳乃宣跟章炳麟沿用李光地的说法，或以为“此数浊母可读戛，又可读透，故古母以一浊对两清”[②]；或以为“曩日作字母者，本以群承见溪，定承端透，非谓群专为溪之浊，定专为透之浊”[③]。近来的西洋学者，高本汉主张读作送气，马伯乐主张读作不送气，两人的意见也恰好相反。在《千字文》、《阿弥陀经》跟《金刚经》三种藏音里，把並、定、澄、从、群译作 b、d、j、dz、g，从写法上看起来好像全浊声母在唐代西北方音里应该读作不送气音似的，然而藏文的浊母因为方音不同，本来也有送气跟不送气两种读法[④]，所以单看字母的表面，并不能使我们决定究竟怎样读。幸而在《大乘中宗见解》里，全浊声母的字除去奉母的“凡、梵”，定母的“怠、道、第、大、地、盗、定、達”，澄母的“着”等 11 字以外，其余的都变成次清，我们得到这个时地相近的有力旁证，非单可以不再犹豫就决定其他三种藏音里的全浊声母应该读作送气音，并且全浊声母在现代西北方音跟大部分“官话”里所以平声变次清、仄声变

① 此点颇得李方桂先生启发之益，特此声谢！

② 《等韵一得·补编》11 页。

③ 《国故论衡》上《音理论》。

④ jäschke: *Tibetan Grammar*, p.3.

全清的现象,也可以得到解释了。因为《大乘中宗见解》里保持浊声本读的一共才有 11 个字,其中倒有两个上声、六个去声,上去两声所以不完全变成次清,一定是送气的成素受声调的影响渐渐变弱的缘故,并且《千字文》跟《大乘中宗见解》里的全清上去声字所以同全浊的上去声字相混,也恰好可以拿同样的理由来解释,可见全浊平声变次清、仄声变全清的趋势,从那时候已经开始了。假如这个解释不错,那么我们就可以承认全浊声母本来是送气音,在现代吴语跟客家语里保留它的遗迹比较多一点儿,像福州语那样都变全清的,只能算是方音的特殊现象,《开蒙要训》里的全清全浊互注例,也是跟这种现象相近的。

(3)关于'b、'd、'g 三母的音值,我们可以有两种可能的解释:第一,它们或者读如厦门音很软的[b][l][ɡ],这三个音的音质很软,破裂的程度很微,听得忽略一点就容易误认作[m][n][ŋ],并且一遇到鼻韵马上就变回[m][n][ŋ]了。[①] 第二,它们或者读如文水、兴县、平阳三种方音里的[mb][nd][ŋɡ],这三个是在全浊破裂音前面加上了一个同部位的鼻音。[②] 在这两种解释里,后一个比较理由充足一点。因为这一系方音'b、'd、'g 跟 b、d、g 是对峙的两套声母,跟厦门音的情形不同。况且འ母用作联词第二字的前缀音时,照现代西藏口语的读法,常常使第一字的末尾音素变成鼻音,例如,dge-'dun > gen-dün,可见它本来是带有轻微鼻音的。'b、'd 两母所以一遇到鼻收声立刻就恢复了 m、n 的本音,也就是因为这个缘故。至于《阿弥陀经》中的"補'p'u、覆'p'u、非'p'yi、發'had、烦'ban、佛'bur、達'dar、丘'k'ye'u",《金刚经》中的"分'bun、復'bug",《大乘中宗见解》中的"不'bu、比'byi、天'de"之类,除

① 《厦门音系》第 13－14 页。

② B. Karlgren: *La Phonologie Chinoise*, pp. 268, 272, 292.

去"天"字或许是韵尾鼻声消变以后的影响,其余的字本来都不是由鼻声变来的,那个'号就未必含有鼻声的音彩了。

(4)照《切韵》反切的分类,一、二、四等应该是纯声母,三等应该是[j]化(yodisé)声母,可是在这一系方音里三等声母既然有好些不[j]化的例(如"碑 pi、肥 bi、肌 ki、其 gi、今 kim、銀'gin、蜜'bir……"之类),四等声母却有许多[j]化的例(如"鷄 kye、啓 k'ye、謙 k'yam、邊 pyan、眠 myan、顛 tyan、田 dyan、經 kyiṅ……"之类),所以藏文的"ya ta"在这里只能当做 i 介音看待,而不能拿它当做分别三、四等的标准。

以上四项要算是这种方音中的特异现象,至于那些比较细微的变化,皆可据表推求,无须再另外说明了。

乙 韵母

这四种藏音的声母系统虽然稍有出入,而大体上还都相差不远,至于韵母系统就没有这么简单了。单以特别歧异的地方说,我们就可以指出有七点来:第一,宕摄字《千字文》跟模韵对转,而《阿弥陀经》跟《金刚经》读 aṅ,《大乘中宗见解》除"齿音"的摩擦音外均转 oṅ;第二,梗摄字《千字文》跟齐韵对转,偶有保持 -ṅ 收声的也跟曾摄没有分别,在其他三种藏音里不单 -ṅ 收声没有消失,而且梗、曾两摄有分成 eṅ、iṅ 的趋势;第三,蟹摄字在《千字文》里咍、泰 、灰读 ai,皆、祭读 ei,齐韵大部分变 e 或 ye,而《阿弥陀经》跟《大乘中宗见解》全摄读 e,《金刚经》全摄读 ei;第四,效、流两摄字在《千字文》里出入 au、eu 之间,并没一贯的条理,其他三种藏音例字虽少,却可约略看出流读 iu、效读 e'u 的分别;第五,山、臻两摄入声的收声,在《金刚经》、《千字文》跟《大乘中宗见解》里一律写作 -r,而《阿弥陀经》却有一部分保留着较早的-d;第六,烛韵字《千字文》读 wag,而《大乘中宗见解》读 og;第七,梗、曾两摄的入声,在《千字文》里一、二等读 eg,三、四等读 ig,而其他三种大部分混成 ig(参阅各摄韵母表说明),除此之外就比较接近了。我现在根据《千字文》的对音把它所代表的方音韵系分成 23 摄 55 韵,并且把各摄所含的《切韵》韵目逐一附注于下,凡是其他三种藏音跟《千字文》相同的,即不特别标明,遇有各种单独的变化,也仿声母例在韵目后注明“千”、“大”、“阿”、“金”等简称以资识别:

a 摄第一

(1)a 韵歌,戈唇音,麻开二,佳　(2)ya 韵麻开三　(3)wa 韵戈,麻合二

o 摄第二

(4)o 韵模,唐阳(千)　(5)yo 韵阳(千)　(6)uo 韵模(千)

e 摄第三

(7)e 韵皆祭齐开(大,阿),庚清青开(千)　(8)ye 韵齐庚清青开(千)　(9)we 韵齐合,庚青合(千)

i 摄第四

(10)i 韵脂之支开,微,鱼半　(11)wi 韵脂支微合

u 摄第五

(12)u 韵虞,鱼半,模侯尤唇音,脂支微合　(13)yu 韵尤,侯(大,金)

ai 摄第六

(14)ai 韵咍*泰开(千),灰唇音(千)　(15)wai 韵。灰泰合(千)

ei 摄第七

(16)ei 韵皆祭开(千,金),咍泰开(金)　(17)wei 韵皆祭合(千,*金),灰泰合(金)

au 摄第八

(18)au 韵豪肴宵半(千),侯上(千)　(19)yau 韵宵萧(千)

eu 摄第九

(20)eu 韵豪肴宵萧，侯尤(千)　(21)yeu 韵宵(千)

am 摄第十

(22)am 韵覃谈咸衔凡　(23)yam 韵盐添*严

im 摄第十一

(24)im 韵侵

an 摄第十二

(25)an 韵寒山删开，桓元唇音，仙正齿音　(26)yan 韵仙，先开　(27)wan 韵桓删元仙合

in 摄第十三

(28)in 韵痕真欣　(29)on 韵魂谆半　(30)un 韵魂谆半，文

aṅ 摄第十四

(31)aṅ 韵江(千)，唐阳(阿，金)　(32)yaṅ 韵阳(大，阿，金)　(33)waṅ 韵江唐阳(阿，金)

eṅ 摄第十五

(34)eṅ 韵登蒸(除《千字文》外皆变 iṅ)，庚清青(大，阿，金)　(35)yeṅ 韵清青(大，金)

oṅ 摄第十六

(36)oṅ 韵东一，冬，阳(大)　(37)yoṅ 韵阳(大)　(38)woṅ 韵唐合(大)

(39)uṅ 韵东三，锺

ab 摄第十七

(40)ab 韵合狎乏　(41)yab 韵葉帖业

ib 摄第十八

(42)ib 韵缉

ar 摄第十九

(43)ar 韵曷末，黠薛开，月合唇音　(44)yar 韵薛屑开　(45)war 韵末，月薛合

ir 摄第二十

(46) ir 韵质　　(47) ur 韵没物術

ag 摄第二十一

(48) ag 韵铎药觉　　(49) yag 韵药觉　　(50) wag 韵烛（千）

eg 摄第二十二

(51) eg 韵德陌麦开（千）　　(52) ig 韵职昔锡开，德陌开（大，阿，金）　　(53) weg 韵陌合（千）

og 摄第二十三

(54) og 韵屋一，沃，德合，烛（大）　(55) ug 韵屋三，德开唇音，烛（千，一个字）

若拿这 23 摄同《四声等子》的果、假、遇、止、蟹、效、流、咸、深、山、臻、宕、江、梗、曾、通 16 摄来比较，我们可以指出有六点不同的地方：

(1)《四声等子》入声兼承阴阳两类，不另分摄，现在因为收声的差异分立第十七到第二十三共七摄；

(2)歌、戈、麻三韵在《切韵》时代只是元音微有侈弇的不同，这四种藏音并为 a 摄本来是跟《切韵》相近的，《四声等子》虽把它们同列一图，却已分立果、假两目，可见宋、元以降这三韵已然分化成 a、o 两韵了；

(3) ai、ei 在《四声等子》同属于蟹摄，现在因为主要元音不同把它分成独立的两摄；

(4)豪、肴、宵、萧跟侯、尤、幽在《四声等子》里分属效、流两摄，本来是不相杂厕的，在《千字文》的藏音里却牵混得很厉害，其他三种藏音虽可以分出 eu、iu 两韵，而 au 韵的痕迹已然找不着了；

(5)模、虞、鱼三韵《四声等子》同属遇摄，现分化为 o、u、i 三摄；

(6)宕、梗两摄在《阿弥陀经》、《金刚经》跟《大乘中宗见解》虽还可以独立，但照《千字文》的藏音却应该附入 o、e 两摄的。

至于各摄的详细分合情形，如下列各表：

a 摄韵母表第一

藏音所代表之方音韵母	a				ya	ua		
切韵韵部	歌 开一 [ɑ]	戈 合一 [uɑ]	麻 开二 [a]	佳 开二 [aːi]	麻 开三 [ĭa]	戈 合一 [uɑ]	麻 合二 [wa]	佳 合二 [waːi]
千字文	**平歌** 多 ta 羅 la 歌 kaʼ 軻 k‘a 何 ha 河 ha 阿 a **上哿** 左 dza 佐 dzaʼ	**平戈** 磨 ’ba 摩 ’ba 頗 p‘a	**平麻** 杷 baʼ 沙 ça 嘉 kaʼ **上马** 假 kaʼ 雅 ’ga 下 haʼ **去祃** 駕 ga 稼 kaʼ	**上蟹** 解 kaʼ	**上马** 且 ts‘ya 寫 sya 野 ya **去祃** 舍 çya 謝 sya	**平戈** 和 hwa		**去卦** 畫 hwa
大乘中宗见解	**平歌** 多 ta 他 t‘a 羅 la 何 ha **上哿** 可 k‘o 我 ’go	**平戈** 波 pa 摩 ’ba **去过** 破 pa	**平麻** 差 ts‘a **上马** 假 ga	**上蟹** 解 ga **去卦** 解 *he*, *hwe*	**平麻** 蛇 ça 耶 ya **上马** 者 ja 捨 ça 且 ts‘ya 也 ya, ts‘ya	**平和** 和 hwa **上果** 果 gwa 火 hwa **去过** 過 kwa	**去祃** 化 hwa	
阿弥陀经	**平歌** 多 ta 陁 ’da 羅 la 娑 sa 何 ha 阿 ·a, ·*an*, ·*ar* **上哿** 可 k‘a 我 ’ga				**上马** 者 ca **去祃** 舍 *ça*, *çar*		**平麻** 華 hwa	
金刚经	**平歌** 多 ta 他 t‘a 那 ’da 羅 la 何 haʼ 河 ha 荷 ha 阿 ·*a*, ·*an* **上哿** 可 k‘a 我 ’ga		**平麻** 迦 ka	**上蟹** 解 ka **去卦** 解 *he*	**上马** 者 ca 也 ya	**上果** 墮 dwa 果 kwa **去过** 過 kwa	**平麻** 華 hwa	

o 摄韵母表第二

<table>
<tr><td>藏音所代表之方音韵母</td><td colspan="5">o</td><td>yo</td><td>uo</td></tr>
<tr><td>切韵韵部</td><td>模
开一
[o]</td><td>唐
开一
[ɑŋ]</td><td>唐
合一
[wɑŋ]</td><td>阳
开三
[ĭaŋ]</td><td>阳
合三
[ĭwaŋ]</td><td>阳
开三
[ĭaŋ]</td><td>模
开一
[o]</td></tr>
<tr><td>千字文</td><td>平模
途 do
姑 ko
上姥
杜 do
組 dzo'o
古 go
去暮
路 lo
素 so
故 go</td><td>平唐
傍 bo
邙 mo
囊 no
去宕
抗 k'o</td><td>平唐
煌 ho
去宕
曠 k'o</td><td>平阳
床 c'o
腸 jo
觴 ço
嘗 ço
上养
賞 ço
顙 so
去漾
唱 c'o'o</td><td>上养
紡 p'o'o</td><td>平阳
粮 lyo
墻 dzyo
厢 syo
上养
兩 lyo
象 syo'o
去漾
將 tsyo
相 syo</td><td>平模
圖 duo
上姥
土 t'uo</td></tr>
<tr><td>大乘中宗见解</td><td>平模
污 ·o
上姥
苦 k'o
五 'go
去暮
素 so
故 ko
悟 'go</td><td>去宕
°謗 boṅ</td><td>平唐
°黄 hwoṅ</td><td>平阳
°長 c'oṅ
°常 çoṅ
°香 hoṅ
上养
°上 çaṅ
去漾
°狀 çoṅ, ts'oṅ
°向 hoṅ</td><td>上养
°妄 boṅ
去漾
°忘 boṅ</td><td>平阳
°相 syoṅ, syaṅ
°陽 yoṅ
上养
°兩 lyoṅ
°想 syaṅ
°像 syaṅ
去漾
量 lyoṅ</td><td>上姥
土 do</td></tr>
<tr><td>阿弥陀经</td><td>上姥
五 'go
去暮
故 ko
護 ho</td><td></td><td>平唐
°光 kwaṅ
上荡
°廣 kwaṅ</td><td>平阳
°長 jaṅ
°莊 tsaṅ
°香 haṅ</td><td>平阳
°方 'bwaṅ
°王 'waṅ, waṅ
上养
°網 'bwaṅ
°往 'bwaṅ</td><td>去漾
°相 syaṅ</td><td>上姥
土 t'o</td></tr>
<tr><td>金刚经</td><td>平模
狐 ho
去暮
度 do
故 ko</td><td>平唐
°當 taṅ</td><td>上荡
°廣 kwaṅ</td><td>平阳
°長 jaṅ, 'zaṅ
°莊 'tsa, tsaṅ
°香 haṅ
上养
°上 çaṅ</td><td>平阳
°狂 gaṅ</td><td>平阳
°量 lyaṅ
上养
°養 yaṅ</td><td>上姥
土 do</td></tr>
</table>

e 摄韵母

藏音所代表之方音韵母	e			
切韵韵部	庚 开二 开三 [ɐŋ] [ǐɐŋ]	清 开三 [ǐæŋ]	青 开四 [ieŋ]	齐 开四 [iei]
千字文	**平庚二** 烹 p'e 笙 çe **平庚三** 兵 pe 京 ke 英 ·e	**平清** 情 dze 纓 ·e	**平青** 銘 me 庭 de 寧 ne	**平齐** 西 sye 雞 kye **上荠** 啓 k'ye 稽 k'ye
大乘中宗见解	**平庚二** °盲 *meṅ* °爭 *jeṅ* °行 *heṅ* **平庚三** °平 *p'eṅ* °生 *çeṅ* **上梗三** °境 *keṅ*, *heṅ* **去映三** 命 me °竟 *keṅ* °慶 *k'eṅ*	**平清** °聲 *çeṅ* °成 *çeṅ* °精 *tsin* °情 *ts'in* **上静** °領 *leṅ* **去劲** °令 *leṅ* °淨 *ts'eṅ* °性 *siṅ*	**平青** °青 *ts'en* **去经** °定 *den*	**平齐** 泥 'de **上荠** 體 t'e **去霁** 剃 t'e 諦 de 第 de 切 ts'e 細 se 計 kye
阿弥陀经	**平庚三** 行 'he **去映三** °命 *meṅ*, *miṅ*	**平清** °名 *meṅ*, *miṅ* 聲 *çeṅ* °成 *çeṅ* **去劲** °聖 *çeṅ* °淨 *dzeṅ*		**上荠** 禮 le **去霁** 帝 de
金刚经	**平庚二** °生 *çeṅ*, *zeṅ* **去映三** °敬 *keṅ*	**平清** °成 *çeṅ*		**平齐** °提 de, *de'i* **上荠** 禮 le

表第三

ye			we		
庚 开三 [ĭæŋ]	清 开三 [ĭæŋ]	青 开四 [ieŋ]	齐 合四 [iwei]	庚 合三 [ĭwɐŋ]	清 合三 [ĭwæŋ]
上梗 秉 pye	**平清** 精 tsye 輕 k'ye **去劲** 并 pye	**平青** 聆 lye 星 sye 刑 hye	**去霁** 惠 hwe	**平庚** 横 hwe'e	**平清** 傾 k'we 營 'we
平庚三 明 mye	**平清** 名 mye	**平青** °經 *kyeṅ* °形 *hyeṅ*	**去霁** 惠 hwe		
	平清 名 me, mi, myi	**平青** 經 gyi, kyi			
	平清 名 mye, myi	**平青** °經 *kyaṅ*, *kyeṅ*, *kyiṅ*			

i 摄韵母

藏音所代表之方音韵母	i		
切韵韵部	脂 开三 [i]	之 开三 [iː]	支 开三 [iĕ]
千字文	**平脂** 祇 ci 飢 ki 伊 ·yi 枇 *be* **上旨** 比 bi̥ **去至** 痺 ’pi̥ 二 źi̥ 次 tsʻi̥ 自 dzi̥ 肆 si̥	**平之** 持 ji̥ 時 çʔi̥ 茲 tsi̥ 其 gi̥ 貽 yi̥ **上止** 士 çi̥ 市 çi̥ 耳 źi̥ 子 tsi̥ 起 kʻi̥ **去志** 治 li 侍 çi 嗣 si̥ 祀 si 異 yi 事 *çe*	**平支** 碑 pi 離 li 馳 ji̥ 兒 źi̥ 綺 kʻi̥ 疲 *be* **上紙** 侈 cʻi 紫 tsi̥ **去寘** 義 ’gi̥
大乘中宗见解	**平脂** 悲 pyi 師 çi 資 tsi **上旨** 視 çi 死 si **去至** 鼻 pʻyi 比 ’byi 地 di 二 źi 自 tsʻi 四 si	**平之** 之 ci, tsi 癡 cʻi, tsʻa 時 çi 慈 tsʻi 思 si 其 kʻi **上止** 理 li 士 çi 耳 źi 似 si 起 kʻi 喜 hi 以 yi, ’i, *yi ’u*(?) 已 yi **去志** 值 cʻi 治 cʻi 事 çi 記 gyi 意 ·i 異 yi	**平支** 離 li 支 ci 知 ci 施 çi **上紙** 彼 byi 紙 tsi 是 çi 此 tsʻi 綺 kʻi 只 [*cin*]? **去寘** 智 ci̥ 義 ’gi
阿弥陀经	**平脂** 師 çi 尼 ’ji **上旨** 比 byi **去至** 利 li 致 ci 二 źi 四 si	**平之** 之 ci 持 ji 思 si 其 gi 希 hi 而 źi, *źu* **上止** 子 tsi, *tse*, ci 喜 hi 以 yi 已 yi **去志** 意 ·i	**平支** 彼 pi, *pe* 知 ci 祈 gi **上紙** 此 tsʻi 義 ’gi 議 ’gi
金刚经	**平脂** 尼 ’di **去至** 至 ci 次 tsʻi 四 si	**平之** 之 ci 持 ji 時 çi 思 si 其 gi 而 *źe* **上止** 以 yi 已 yi 子 *tse* **去志** 值 ji 事 çi 記 keʼi 意 ·i	**平支** 知 çi 施 çi 祇 gyi **上紙** 是 çi 此 tsʻi 爾 źe **去寘** 譬 pʻi 義 ’gi 議 ’gi

表第四

			wi		
微 开三 [ĕi]	微 合三 [wĕi]	鱼 开三 [ĭo]	脂 合三 [wi]	支 合三 [wiĕ]	微 合三 [wĕi]
平微 機 ki̥ **去未** 既 gi̥	**平微** 肥 bi 微 'byi 飛 *pʻe*	**平鱼** 楚 cʻi 疎 çi 車 ki 居 ki̥ **上语** 黍 çi 鉅 gi̥ **去御** 庶 çi̥ 譽 yi	**平脂** 誰 çwi **去至** 翠 *tsʻwe*	**平支** 隨 suʼi	**平微** 威·uʼi **上尾** 煒 *'we* **去未** 畏·uʼi
上尾 幾 gi 依·i **去未** 既 gi	**平微** 非 pʻyi **去未** 味 byi	**平鱼** °如 źu °虚 hu **上语** 與 yi °所 *çu* °汝 *źu* **去御** 據 gi			
	平微 非pʻyi, 'pʻyi	**平鱼** 如 źi, *źu* °諸 ci °於·i **上语** 所 çi, *çe*, *çu* 汝 źi, *źu* 女 'ji 與 yi, *yu* **去御** 處 cʻi 去 *kʻe*			
	平微 非 pʻyi	**平鱼** 如 *źe* °虚 *heʼi* °諸 ci °於·i **上语** 所çi, *çeʼi*(?), *çu*, *çuʼi*(?), *ça* 汝 *źe* 女 'ji 與 yi **去御** 去 kʻi			

u 摄韵母

<table>
<tr><td>藏音所代表之方音韵母</td><td colspan="4">u</td></tr>
<tr><td>切韵韵部</td><td>虞
合三
[ĭu]</td><td>鱼
开三
[ĭo]</td><td>模
开一
[o]</td><td>尤
开三
[ĭə̆u]</td></tr>
<tr><td>千字文</td><td>平虞
夫 p'u
扶 p'u
驅 k'u
去遇
務 'bu
具 gu
寓 'gu</td><td>平鱼
諸 cu
渠 gu
於 ·u
上语
舉 kư'u
去御
慮 lu
御 'gu
豫 yu</td><td>平模
梧 'gu</td><td>上有
婦 bu
九 gư'u
酒 dzư'u
去宥
富 p'u
阜 p'u</td></tr>
<tr><td>大乘中宗见解</td><td>平虞
夫 p'u
無 'bu
無 'bu
殊 çu
須 su
俱 k'u
愚 'gu
上麌
取 ts'u
去遇
住 c'u
具 k'u</td><td>平鱼
诸 c̣u,
'cu
初 c'u
°如 źu
°虚 hu
於 ·u,
·i
上语
°所 çu
°汝 źu
舉 gu
語 'gu</td><td>平模
菩 p'u
麤 ts'u
謨 ma
去暮
布 pu</td><td>平尤
不 'bu
上有
否 p'u
去宥
覆 p'u</td></tr>
<tr><td>阿弥陀经</td><td>平虞
須 su
俱 ku
去遇
樹 çu
數 ço</td><td>平鱼
°諸 ci
°於 ·u,
·i</td><td>上姥
補 'p'u</td><td>上有
不 pu</td></tr>
<tr><td>金刚经</td><td>平虞
無 'bu
須 su
去遇
住 ju
數 çu
具 gu
喻 yu</td><td>平鱼
°諸 ci
°於 ·i</td><td>平模
菩 bu
去暮
布 pu,
p'u</td><td>上有
不 pu,
p'u</td></tr>
</table>

表第五

侯 开一 [ə̆u]	脂 合三 [wi]	支 合三 [wiĕ]	微 合三 [wĕi]	之 开三 [iː]	尤 开二 [ĭəu]
					yu
去候 茂 'bu		**平支** 吹 c'u **上纸** 累 lu		**平之** 疑 *'gu*	**平尤** 求 gï'u 猶 yu 猷 yu 遊 yu 輶 *yi̥ 'o* 攸 *yï̥'o* **上有** 守 çi̥ 'u 舊 gi̥ 'u 友 ·ï'u **去宥** 岫 sï'u 右 yu
	平脂 維 yu 唯 yu 惟 yu **上旨** 水 çu 軌 gu	**平支** 爲 'u **上纸** 髓 su	**平微** 歸 ku 違 'u, wu **去未** 畏 'u 謂 'u		**平尤** 修 sï'u 休 hï'u 油 yi 由 yï'u, ï'u 猶 yï'u 丘 *k'ye'u* 流 [*la*](?) **上有** 受 çï'u 久 gï'u 有 yï'u, ·ï'u
					平尤 修 sï'u 丘 *k'ye'u* **上有** 有 ·ï'u **去宥** 就 'dzï'u
平侯 牟 'bu		**平支** 爲 'u	**平微** 圍 'u	**平之** 疑 *'gi*	**平尤** 修 sï'u 由 yï'u **上有** 有 ·ï'u **平宥** 就 dzï'u

ai 摄韵母表第六

藏音所代表之方音韵母	ai			wai	
切韵韵部	哈 开一 [ɑi̥]	灰 合一 [uɑi̥]	泰 开一 [ɑi]	灰 合一 [uɑi̥]	泰 合一 [uɑi]
千字文	**上海** 殆 da'i 綵 ts'a'i 載 dza'i 宰 dza'i̥ **去代** 岱 da'i̥ 再 ts'a'i 塞 sa'i	**平灰** 杯 pa'i 陪 ba'i **去队** 背 ba'i		**平灰** 迴 hwa'i **去队** 對 twa'i 退 t'wa'i	**去泰** 外 'gu(a'i) 會 hwa'i̥
大乘中宗见解	**平哈** 乃 *'ne'i* 來 *le* 財 *ts'e* **上海** 怠 *de* 在 *ts'e* 海 *ke* **去代** 礙 *'ge* 爱 *·i'i*	**上贿** 每 *'be*	**去泰** 大 *de* 蓋 *ke* 害 *he*	**去队** 對 *dwe* 内 *'dwe*	**去泰** 外 *'gwe*
阿弥陀经	**平哈** 來 *le* **上海** 在 *dze*		**去泰** 大 *de*	**去队** 退 *t'wa*	**去泰** 會 *hwe*
金刚经	**平哈** 來 *le'i*, *le* **上海** 乃 *'ne'i* 在 *dze'i*		**去泰** 大 *de'i*	**上贿** 罪 *dzwe'i*	**去泰** 最 *tswe'i*

ei 摄韵母表第七

藏音所代表之方音韵母	ei					wei	
切韵韵部	皆 开二 [aị]	佳 开二 [ai]	祭 开三 [ĭæi]	齐 开四 [iei]	灰 合一 [uại]	皆 合二 [wại]	祭 合三 [ĭwæi]
千字文	**平皆** 階 ke'i̯		**去祭** 弊 be'i 祭 dze'i 藝 'ge'i̯	**平齐** 溪 *k'ya'i* **上荠** 陛 be'i̯ **去霁** 隸 le'i 翳 ye'i̯	**去队** 内 'de i̯	**平皆** 槐 hwe'i	**去祭** 税 çwe'i
大乘中宗见解	**平皆** 皆 *ke*， *he* **去怪** 界 *ke* 戒 *ke*	**去卦** 解 he， hwe	**去祭** 世 *çe*				
阿弥陀经	**平皆** 皆 *ke*， *ge* **去怪** 界 *ke*		**去祭** 世 *çe*				
金刚经	**平皆** 皆 ke'i	**去卦** 解 he	**去祭** 世 çe'i	**平齐** ◦提de'i， *de*			

au 摄韵母表第八

藏音所代表之方音韵母	au				yau	
切韵韵部	豪 开一 [ɑu]	肴 开二 [au]	宵 开三 [ĭæu]	侯 开一 [ə̆u]	宵 开三 [ĭæu]	萧 开四 [ieu]
千字文	**平豪** 劳 lau 糟 tsau 皋 kau **上皓** 好 hau	**上巧** 鲍 *ba'o*	**平宵** 招 ca'u **上小** 趙 ja'u 少 ça'u 矯 ga'u	**上厚** 口 *ka'o* **去候** 後 *ha'o*	**平宵** 飄 p'ya'u 逍 sya'u 遥 ya'u	**平萧** 條 dya'u
大乘中宗见解	**上皓** 寶 *pe'u* 倒 *de'u* 道 *de'u* 老 *le'u* 造 *ts'eu* 惱 *'de?* **去号** 去 *de'u* 盗 *de'u*		**平宵** 超 *c'e'u* **上小** 少 *çe'u* 小 *çi 'u*	**去候** °後 *hi 'u*	**上小** 表 *bye'u* **去笑** 妙 *'bye'u*	
阿弥陀经	**上皓** 寶 *pe'u* 倒 *te'u* 腦 *de'u*		**上小** 少 *çi 'u* **去笑** 照 *ci 'u*		**去笑** 妙 *'bye'u*	
金刚经	**上皓** 道 *de'u* **去号** 告 *ke'u* 號 *he'u*		**平宵** 消 *se'u* **上小** 小 *se'u* **去笑** 繞 *že'u*	**去候** °後 *hi 'u*	**去笑** 要 *ye'u*	

eu摄韵母表第九

藏音所代表之方音韵母	eu					yeu
切韵韵部	侯 开一 [ə̆u]	尤 开三 [ĭə̆u]	豪 开一 [ɑu]	肴 开二 [au]	萧 开四 [ieu]	宵 开三 [ĭæu]
千字文	**平侯** 投 de'u 樓 le'u **去候** 奏 dz'eu	**平尤** 抽 çʻe'u **上有** 手 çe'u **去宥** 晝 je'u	**平豪** 操 tsʻeu 高 ke'u **上皓** 藁 ke'u	**平肴** 交 ke'u	**平萧** 寥 le'u	**平宵** 飄 ye'u
大乘中宗见解	**去候** °後 *hi'u*			**平肴** 交 ke'u **去效** 救 ke'u	**上筱** 了 le'u	
阿弥陀经		**上有** 受 *çi'u*				
金刚经	**去候** °後 *hi'u*	**上有** 受 *çi'u* **去宥** 授 *çi'u* 壽 *çi'u*				

am 摄韵母表第十

藏音所代表之方音韵母	am					yam		
切韵韵部	覃 开一 [ɑ̣m]	谈 开一 [ɑm]	咸 开二 [ạm]	衔 开二 [am]	凡 合三 [ĭwɐm]	盐 开三 [ĭæm]	添 开四 [iem]	严 开三 [ĭɐm]
千字文	**平覃** 耽 tam 南 nam	**平谈** 籃 lam		**平衔** 巖 'gam		**平盐** 廉 *lem* **去艳** 厭·em	**平添** 謙 k'yam	
大乘中宗见解	**平覃** 貪 t'am 龕 k'am **上感** 感 *gwam*	**平谈** 三 sam	**平咸** 咸 ham		**平凡** 凡 bam **去梵** 梵 bam	**平盐** 炎 yyam **去艳** 染 źam	**去㮇** 念 nyam	
阿弥陀经		**平谈** 三 sam			**去梵** 梵 bam	**上琰** 锬 *yem*	**去㮇** 念 *nem*	**平嚴** 嚴 *'gem*
金刚经	**平覃** 男 nam 南 nam	**平谈** 擔 tam 三 sam					**去㮇** 念 nam	**平严** 嚴 *'gem*

im 摄韵母表

第十一

藏音所代表之方音韵母	im
切韵韵部	侵 开三 [ĭəm]
千字文	**平侵** 林 lim 箴 cim 心 sim 尋 syi̥m 禽 gim 音 ·i̥m
大乘中宗见解	**平侵** 淫 yim **上寝** 甚 çyim **去沁** 蔭 ·im
阿弥陀经	**平侵** 心 sim 今 kim 音 ·i̥m **上寝** 甚 çim
金刚经	**平侵** 心 sim 今 kim

an 摄韵母表

第十二

藏音所代表之方音韵母	an					
切韵韵部	寒 开一 [ɑn]	桓 合一 [uɑn]	山 开二 [ạn]	删 开二 [an]	元 合三 [ĭwɐn]	仙 开三 [ĭæn]
千字文	**平寒** 丹 tan 喰 ts'an 韓 han **上旱** 散 san **去翰** 旦 dan 漢 han	**平桓** 磻 ban	**平山** 閑 han	**去谏** 鴈 'gan	**平元** 煩 ban **上阮** 飯 ban 晚 'ban	**去线** 禪 çan 膳 çan
大乘中宗见解	**平寒** 難 'nan	**平桓** 盤 p'an	**平山** 間 *ken* **上产** 眼 *'gen*, *'gyen*, *'gwan*		**平元** 煩 p'an	**平仙** 禪 çan, źan **上狝** 善 çan
阿弥陀经	**平寒** 難 'dan **平翰** 但 tan 歎 t'an 讚 tsan 漢 han		**平山** 山 çan 間 *ken*		**平元** 煩 'ban	**上狝** 善 çan
金刚经	**上旱** 散 san		**平山** 間 *kyen* **上产** 眼 *'gen*		**去愿** 萬 *'ban*, *'bun*	**平仙** 然 *źen* **上狝** 善 *çan*

an 摄韵母

藏音所代表之方音韵母	yan		
切韵韵部	元 开三 [ǐɐn]	仙 开三 [ǐæn]	先 开四 [ien]
千字文		**平仙** 勉 myan 翦 tsyan 仙 syan 筵 yan 綿 *myen* **上狝** 輦 lyan 遣 k'yan **去线** 面 myan 踐 dzyan 弁 byen	**平先** 眠 myan 颠 tyan 田 dyan 千 ts'yan 堅 kyan 絃 hyan **上铣** 典 tyan **去霰** 見 kyan 讌 ·yan
大乘中宗见解	**平元** 言 *'gen*, *'ge*	**平仙** 遷 *ts'yan* **上狝** 免 *mye*	**平先** 邊 pyan 前 ts'yan 先 syan 堅 kyan, *kyen* 天 *'de* **去霰** 見 kyan 現 kyan
阿弥陀经	**平元** 言 *'gen*		**平先** 邊 *pyen* 顛 *ten* 天 *t'en* 千 *ts'en* 肩 *kyen* **去霰** 徧 pyan 見 *kyen* 現 *hyen*
金刚经	**平元** 言 *'gen*	**去线** 賤 *dzen*	**平先** 邊 pyan 天 *t'en* 千 *ts'en* 前 *dzen* 先 *sen* **上铣** 典 *ten* **去霰** 見 *kyen*

表第十二

wan				
桓 合一 [uɑn]	山 合二 [wạn]	删 合二 [wan]	元 合三 [ĭwɐn]	仙 合三 [ĭwæn]
平桓 冠 kwan 桓 hwan 歡 hwan **去换** 觀 kwan 翫 'gwan			**平元** 垣 *'wen* **上阮** 遠 'wan **去願** 勸 k'wan	**平仙** 宣 swan 員 *'wen* **上狝** 轉 *jwen*
平桓 觀 kwan **上缓** 暖 'dwan **去换** 斷 dwan 亂 lwan 觀 gwan * 喚 hwan, *hwa*	**去裥** 幻 *hyan*	**平删** 還 hwan	**上阮** 遠 *'wen*, ywan	**平仙** 緣 ywan **去线** 卷 *kwon*
平桓 歡 hwan **上缓** 算 swan **去换** 亂 lwan			**去願** 願 'gwan	**平仙** 緣 ywan **上狝** 轉 cwan 卷 *cwon*
上缓 算 swan **去换** 亂 lwan				

in 摄韵母表第十三

<table>
<tr><td>藏音所代表之方音韵母</td><td colspan="3">in</td><td colspan="2">on</td><td colspan="3">un</td></tr>
<tr><td>切韵韵部</td><td>痕
开一
[ən]</td><td>真
开三
[ĭěn]</td><td>欣
开三
[ĭən]</td><td>魂
合一
[uən]</td><td>谆
合三
[ĭuěn]</td><td>魂
合一
[uən]</td><td>谆
合三
[ĭuěn]</td><td>文
合三
[ĭuən]</td></tr>
<tr><td>千字文</td><td></td><td>平真
神 ci̥n
親 tsʻi̥n
新 si̥n
銀 'gi̥n
巾 ken
秦 jen
去震
振 cin
晉 dzi̥n</td><td>上隐
謹
ki̥n</td><td>平魂
敦 ton
上混
本 pon
去恩
頓 ton</td><td>去恩
論 lon</td><td>平魂
門 'bun
鵾 kun</td><td>平谆
遵 tsun
上准
筍 sun
尹 'win</td><td>平文
墳 bun
軍 kun
群 gun
去问
分 bun
運 'un
郡 gwin</td></tr>
<tr><td>大乘中宗见解</td><td>平痕
根 kin</td><td>平真
塵 çʻin
嗔 çʻin
瞋 çʻin
身 çin
神 çin
人 źin
津 tsin
因 ·in
上轸
引 yin,
·in
去震
進 dzin
信 sin</td><td></td><td>平魂
門 mon
温 ·on</td><td></td><td>上混
本 bun</td><td>平谆
倫 lin(?)
輪 lun
去稕
順 çun
潤 źun</td><td>平文
分 pʻun
聞 bun
云 'un
上吻
蘊 ·un,
'un
去问
問 bun</td></tr>
<tr><td>阿弥陀经</td><td></td><td>平真
人 źin
因 ·in
去震
進 tsin</td><td></td><td></td><td></td><td></td><td></td><td>平文
云 hun</td></tr>
<tr><td>金刚经</td><td>平痕
根 kin</td><td>平真
身 çin
人 źin
真 tsin
去震
信 sin</td><td></td><td>平魂
尊 tson,
tsin(?)</td><td></td><td></td><td></td><td>平文
分 pʻun
聞 'bun
云 'hun,
hun, hu
去问
分 'bun</td></tr>
</table>

aṅ 摄韵母表第十四

藏音所代表之方音韵母	aṅ			yaṅ	waṅ		
切韵韵部	江 开二 [ɔŋ]	唐 开一 [ɑŋ]	阳 开三 [ǐaŋ]	阳 开三 [ǐaŋ]	江 开二 [ɔŋ]	唐 合一 [wɑŋ]	阳 合三 [ǐwaŋ]
千字文	**去绛** 絳 gaṅ	**平唐** 糠 k'aṅ 康 k'aṅ					
大乘中宗见解			**上养** ◦上 çaṅ	**平阳** ◦相 syaṅ **上养** ◦想 syaṅ ◦像 syaṅ			
阿弥陀经			**平阳** ◦長 jaṅ ◦莊 tsaṅ ◦香 haṅ	**去漾** ◦相 syaṅ	**平江** 幢jwaṅ, zwaṅ	**平唐** ◦光 kwaṅ **上荡** ◦廣 kwaṅ	**平阳** ◦方 'bwaṅ ◦王 'waṅ, waṅ **上养** ◦網 'bwaṅ ◦往 'bwaṅ
金刚经	**去绛** 降 'heṅ	**平唐** ◦當 taṅ	**平阳** ◦長jaṅ, 'źaṅ ◦莊 tsaṅ ◦香 haṅ **上养** ◦上 çaṅ	**上养** ◦養 yaṅ		**上荡** ◦廣 kwaṅ	**平阳** ◦狂 gaṅ

eṅ 摄韵母表第十五

藏音所代表之方音韵母	eṅ					yeṅ	
切韵韵部	登 开一 [əŋ]	蒸 开三 [ĭəŋ]	庚 开二 开三 [ɐŋ][ĭɐŋ]	清 开三 [ĭæŋ]	青 开四 [ieŋ]	清 开三 [ĭæŋ]	青 开四 [ieŋ]
千字文	**平登** 增 tseṅ 恒 heṅ	**平蒸** 凌 leṅ 蒸 ceṅ 昇 çeṅ 承 çeṅ	**平庚二** 更 keṅ **去映二** 孟 meṅ **平庚三** 明 meṅ 盟 meṅ 驚 keṅ			**平清** 楹 yeṅ	
大乘中宗见解	**平登** 能 *niṅ* 增 *ts'iṅ* 憎 *tsiṅ* 曾 *ts'iṅ* 僧 *siṅ* **上等** 等 *diṅ*	**平蒸** 乘 *ciṅ* 稱 *k'yiṅ* **去证** 證 *ciṅ*, *jiṅ* 勝 *çiṅ*	**平庚二** ◦盲 meṅ ◦争 jeṅ ◦行 heṅ **平庚三** ◦平 p'eṅ ◦生 çeṅ **上梗三** ◦境keṅ, heṅ **去映三** ◦竟 keṅ ◦慶 k'eṅ	**平清** ◦聲 çeṅ ◦成 çeṅ ◦精 tsin ◦情 ts'iṅ **上静** ◦領 leṅ **去劲** ◦令 leṅ ◦淨 tseṅ ◦性 *siṅ*	**平青** ◦青 ts'eṅ **去径** ◦定 deṅ		**平青** ◦經 kyeṅ ◦形 hyeṅ
阿弥陀经	**平登** 燈teṅ, *tiṅ* 能neṅ, *niṅ* 恒 *hiṅ* **上等** 等 *tiṅ*	**平蒸** 稱 *c'iṅ* **去证** 勝 *çiṅ*	**平庚三** ◦行 *'he* **去映三** ◦命meṅ, *miṅ*	**平清** ◦名meṅ, *miṅ* ◦聲 çeṅ ◦成 çeṅ **去劲** ◦聖 çeṅ ◦淨 dzeṅ			
金刚经	**平登** 燈 *tiṅ* 能 *'diṅ* 僧 *siṅ* 恒 *hiṅ* **上等** 等 *tiṅ*	**平蒸** 承 *çiṅ* 乘 *çiṅ* 稱 *c'iṅ* *tsoṅ* **去证** 應 · *iṅ*	**平庚二** ◦生çeṅ, źeṅ **去映三** ◦敬 keṅ	**平清** ◦成 çeṅ			**平青** ◦經kyaṅ, kyeṅ, *kyiṅ*

oṅ 摄韵母表第十六

藏音所代表之方音韵母	oṅ					yoṅ	woṅ	uṅ	
切韵韵部	东 开一 ［oŋ］	冬 合一 ［uoŋ］	唐 开一 ［ɑŋ］	阳 开三 ［ĭaŋ］	阳 合三 ［ĭwaŋ］	阳 开三 ［ĭaŋ］	唐 合一 ［wɑŋ］	东 开三 ［ĭoŋ］	鍾 合三 ［ĭwoŋ］
千字文	**平东** 東 toṅ 功 koṅ 公 koṅ **上董** 動 doṅ 孔 k‘oṅ **去送** 洞 doṅ 貢 koṅ	**平冬** 農 noṅ 宗 tsoṅ		**去漾** 帳 coṅ				**平东** 充 c‘uṅ	**平鍾** 鍾 cuṅ **上肿** 寵 c‘uṅ **去用** 用 yuṅ
大乘中宗见解	**平东** 同 t‘on 空 k‘on, k‘o 通 *t‘uṅ* **去送** 夢 moṅ	**平冬** 宗 tsoṅ, ts‘oṅ	**去宕** °謗 boṅ	**平阳** °長 çoṅ °常 çoṅ °香 hoṅ **去漾** °狀 çoṅ, ts‘oṅ °向 hoṅ	**上养** °妄 boṅ **去漾** °忘 boṅ	**平阳** °相 syoṅ °陽 yoṅ **上养** °兩 lyoṅ **去漾** °量 lyoṅ	**平唐** °黄 hwon	**平东** 風 p‘uṅ 中 cuṅ 衆 c‘uṅ 終 c‘uṅ **去送** 衆 juṅ	**上肿** 恐 *k‘oṅ* **去用** 種 juṅ 共 k‘uṅ 用 *yoṅ*
阿弥陀经	**平东** 東 toṅ 功 koṅ							**平东** 終 cuṅ **去送** 衆 cuṅ	
金刚经	**平东** 功 koṅ 空 k‘oṅ							**平东** 中 cuṅ **去送** 衆 cuṅ	**平鍾** 恭 kuṅ **去用** 誦 suṅ 供 kuṅ

ab 摄韵母表第十七

藏音所代表之方音韵母	ab			yab		
切韵韵部	合 开一 [ɑp]	狎 开二 [ap]	乏 合三 [ǐwɐp]	葉 开三 [ǐæp]	业 开三 [ǐɐp]	帖 开四 [iep]
千字文	納 'dab	甲 kab	法 p'ab	妾 ts'yab 葉 yab 接 *tseb*		俠 hyab
大乘中宗见解	答 tab 納 'dab 合 hwab		法 p'ab	攝 çab	業 '*geb*	
阿弥陀经	雜 zab		法 p'ab		劫 *kab*, *gab*	
金刚经	塔 t'ab		法 p'ab		劫 *keb* 業 '*geb*	

ib 摄韵母表第十八

藏音所代表之方音韵母	ib
切韵韵部	缉 开三 [ǐəp]
千字文	集 dzib 給 *kep*
大乘中宗见解	十 çib, *çim* 入 źib 集 ts'ib 及 k'ib
阿弥陀经	執 jib 十 çib 及 gib
金刚经	及 gib

ar 摄韵母表第十九

藏音所代表之方音韵母	ar					yar		war		
切韵韵部	曷 开一 [ɑt]	末 合一 [uɑt]	黠 开二 [at]	薛 开三 [ǐæt]	月 合三 [ǐwɐt]	薛 开三 [ǐæt]	屑 开四 [iet]	末 合一 [uɑt]	月 合三 [ǐwɐt]	薛 合三 [ǐwæt]
千字文	達 dar		察 c'ar	設 çar		滅 'byar	絜 kyar 節 *tser* 切 *ts'er*		厥 kwar	悦 'war
大乘中宗见解	薩 sar 達 dar	脱 t'ar	八 par 殺 sar	別 p'ar 設 çar 舌 çar, źar		血 hyar 滅 '*byer*	涅 '*der*	拔 p'war		絶 ts'war 劣 lywar

（续表）

藏音所代表之方音韵母	ar					yar				war
切韵韵部	曷 开一 ［ɑt］	末 合一 ［uɑt］	黠 开二 ［at］	薛 开三 ［ĭæt］	月 合三 ［ĭwɐt］	薛 开三 ［ĭæt］	屑 开四 ［iet］	末 合一 ［uɑt］	月 合三 ［ĭwɐt］	薛 合三 ［ĭwæt］
阿弥陀经	達 'dar	跋 *bad*			發 *pad*， *'p'ad*					
金刚经	薩 sar	末 'bar	八 par		發 p'ar， 'p'ar	滅 *'byer*				說 çwar

ir 摄韵母表第二十

藏音所代表之方音韵母	ir	ur		
切韵韵部	质 开三 ［ĭĕt］	没 合一 ［uət］	物 合三 ［ĭuət］	術 合三 ［ĭuĕt］
千字文	蜜'bir　實 çir 逸 yi̥r		弗 p'ur　勿'bur 鬱 gur	
大乘中宗见解	畢 pyir　蜜 'byir 一 ·ir	骨 kur　没 *ma*	佛 p'ur　物 bur	出 c'ur
阿弥陀经	實 çir　七 ts'ir 日 źir　韠 *pyi*		弗 p'ur　佛 'bur	出 c'ur
金刚经	實 cir　悉 sir 一 ·i，·ir		佛 bur	

ag 摄韵母表第二十一

藏之音方所音代韵表母	ag			yag		wag
切韵韵部	铎 开一 [ɑk]	药 开三 [ĭak]	觉 开二 [ɔk]	药 开三 [ĭak]	觉 开二 [ɔk]	烛 合三 [ĭwok]
千字文	漠 'bag 落 lag 索 sag	弱 źag	嶽 'gag	爵 tsyag	邈 'byag	燭 cwag 辱 źwag 續 swag 曲 k'wag
大乘中宗见解	樂 lag 作 tsag, dzag 惡·ag	着 jag 藥·ag	覺 kag			俗 *swog*
阿弥陀经	樂 lag 作 tsag 各 kag	若 źag			藐 myag	
金刚经	作 tsag 惡·ag	著 jag 若 źag			藐 myag, *meg*, *'meg*	

eg 摄韵母表第二十二

藏音所代表之方音韵母	eg			ig			weg
切韵韵部	德 开一 ［ək］	陌 开二 ［ɐk］	麦 开二 ［ɛk］	职 开三 ［ĭək］	昔 开三 ［ĭæk］	锡 开四 ［iek］	陌 合二 ［wɐk］
千字文	刻 kʻeg	伯 peg 百 peg 宅 jeg	策 cʻeg	逼 pi̥g 勑 cʻi̥g 直 ji̥g 實 çig 穡 çi̥g 稷 tsi̥g 極 gi̥g	適 çi̥g 席 syi̥g 夕 syi̥g 易 yi̥g	的 ti̥g 嫡 ti̥g 績 ci̥g 慼 tsʻi̥g 戚 tsʻi̥g 寂 dzi̥g	虢 kʻweg
大乘中宗见解	得 *tig* 則 *tsig*	帛 pʻeg 逆 *'gig*		側 *cʻeg* 色 *çeg* 識 çig 忆即 tsig	赤 cʻig 亦yig, *yi*, *yi'u*(?)	寂 tsʻig	
阿弥陀经	德 *tig* 得 *ti̥g*			色 çig 極 gig	亦 yig		
金刚经	德 *tig* 得 *tig* 則 *tsig*	百 *pig* 白 *big* 逆 *'gig*		即tsig, *tsiṅ* 憶·ig	釋 ç*i*		

og 摄韵母表第二十三

藏音所代表之方音韵母	og				ug		
切韵韵部	屋 开一 [ok]	沃 合一 [uok]	烛 合三 [ǐwok]	德 合一 [wək]	屋 开三 [ǐok]	烛 合三 [ǐwok]	德 开一 [ək]
千字文	獨 dog 讀 dog 禄 log 轂 kog				睦 'bug 牧 'bug 目 'bug 叔 çug 孰 çug 俶 çug 熟 çug	足 tsug	默 'bug
大乘中宗见解	獨 t'og 毒 t'og		觸 c'og 欲 yog °俗 *swog*	惑 hog	六 lug 肉 źug 竹 *ts(i)g(?)*		
阿弥陀经	*阏 cog	耨 nog, log	欲 yog	國 kog	福 pug 六 lug 宿 sug		北 pug
金刚经	讀 dog	耨 'dog, nog		或 hog	伏 bug 復 'bug 肉 źug		

a 摄韵母表说明:

《千字文》跟《金刚经》里有许多字后面附着 ' 号,这也许代表读音时音节的延长,但是本来同音的字却有的加,有的不加(例如"左 dza、佐 dza',何 ha'、河 ha"),可见它跟韵类是没有关系的。《金刚经》跟《阿弥陀经》里的"阿"字有·a、·an、·ar 三种对音,就它的上下文看,大概在"阿弥陀""阿僧祇""阿修羅"等词中作·a,在"阿耨多羅"等词中作·an,在“阿閦鞞佛”中作·ar,这显然是受下一字声母的同化。至于“可、我”两字在《大乘中宗见解》里变作o韵,那就渐渐跟近代西北方音接近了。

o摄韵母表说明:

模韵的字在这四种藏音里,大多数都读作 -o,只有《千字文》里的“圖、土”两字读作-uo,而属于同样声母的“途、杜”两字就不这么变,可见它们并不是受声母的影响,至于这两个字为什么这样变,在现有的这一点儿材料中还看不出所以然来呢。这一摄所包括的《切韵》韵部是根据《千字文》的对音并合的,若照其他三种对音来分配,便可以分成o、aṅ、oṅ三摄。我为比较研究上的便利,把《阿弥陀经》跟《金刚经》里的宕摄字互见第十四摄,把《大乘中宗见解》里的宕摄字互见第十六摄。凡互见别摄的字,前面都加一个小圈作标识。

e摄韵母表说明:

齐韵的开口字,在《千字文》里所有的ts-、k-两组都读作ye,不过在《大乘中宗见解》里好像除去k-组以外连ts-组也变成e了。梗摄的字比较不大规则。这一摄所包括的《切韵》韵部也是拿《千字文》的对音作标准的,若照其他三种对音,至少也可以分成e、eṅ两摄,所以我仿照o摄的例也把它们互见第三跟第十五两摄。

第二、第三两摄的音变现象是很特别的:单从《千字文》的藏音来看,唐、阳可以混入模,庚、清、青可以混入齐——由有鼻收声 -ṅ的韵混入没有收声的韵,这正是戴震、孔广森以来所谓“阴阳对转”现象。在《千字文》所有的对音里,-ṅ的消失或保存是按照下面的条理的。

(1)在唐[ɑŋ]、阳[ǐaŋ]两韵的后面,除去“糠k'aṅ(40.6)、康k'aṅ(44.2)、帳coṅ(10.5)”三字外(参阅第十四摄),其余的都消失,并且把主要元音变成o;

(2)在青韵[ieŋ]的后面完全消失;

(3)在庚[ɐŋ]、清[ĭæŋ]两韵的后面,除去"更 keṅ(20.9)、孟 meṅ(29.1)、鷩 keṅ(9.5)、明 meṅ(12.5)、盟 meṅ(21.9)、楹 yeṅ(10.7)"六字外(参阅第十五摄),其余的也都消失;

(4)在东[oŋ]、冬[uoŋ]、钟[ĭuoŋ]、江[ɔŋ]、登[əŋ]、蒸[ĭəŋ]六韵后面,还都照旧地保存着(详第十四、十五、十六,三摄)。

根据这四个条理,我们就可以说:-ṅ 收声在《切韵》的开唇元音[ɑ]、[a]、[ɐ]、[æ]、[e]的后面几乎完全消失,而在略圆唇元音[ɔ]、[o]或中性元音[ə]的后面却还照样地保存着,除去少数的例外,是很有规则的。这种现象在其他中央亚细亚语的借字里也往往发现,例如,粟特语的

庚 key　　丁 tîy　　丙 pîy

-ṅ 收声都消失了。[①] 但是在畏吾儿语里却有时候消失,有时候保存,还有时候改变了元音的音彩:

淨 tsi　　升 sing　　僧 song　　乘 sing　　統 tung

倉 tsang　　藏 tso

貞知 tingći　　长史ćangśi　　將軍 sangun[②]

我们所得到的例子虽然不多,然而已经可以看出来 -ṅ 收声的消失与否完全跟《千字文》的条理相合,不过用作联词上字的时候,却不论前面的元音如何一律都保存着罢了。但是,我们现在要问,这种鼻收音 -ṅ 究竟是完全消失呢,还是有所消变呢?换言之,由阳、唐变来的 o、yo 跟由庚、清、青变来的 e,是否同模、齐两韵的音彩完全一致呢?关于这个问题的解答,伯希和以为 -ṅ 完全消失[③];高体越(R.Gauthiot)

---

①② H.Maspero 前引文 pp.47,48.

③ P.Pelliot: *Kao-tch'ang*, *Qučo*, *Houo-tcheou et Qarâ-Khodjâ*, J.As XIX,1912.p.590.

以为本来在 -ṅ 前面的元音已然鼻化(nasalized)①;马伯乐以为-ṅ 好像是变成鼻摩擦音[ɣ̃],并没有完全遗失②。照我看,-ṅ 收声不像会完全消失的,因为 'b、'd、'g 三个声母照例在鼻收声的前面还保存 m、n、ṅ 的本读,这跟厦门音的[b]、[l]、[g]三母在鼻韵的前面读作[m][n][ŋ]③ 恰好是一样道理。如果阳、唐、庚、清、青等已经变成纯粹的 o、e,那么"卬、囊、銘、寧"等字就应该读作 'bo、'do、'be、'de,而不应该读作 mo、no、me、ne 了。可是高体越跟马伯乐两种说法究竟哪一种对呢? 我觉得后一种比较理由充足一点,因为这个鼻摩擦音[ɣ̃]是不很稳定的。赵元任先生在《南京音系》里说:"[eɣ̃]、[aɣ̃]表示前半无鼻音后半有鼻音的韵。这种韵很容易受下字的同化作用,例如天[tʻeɣ̃]、边[peɣ̃]连起来成[tembeɣ̃];当、头[taɣ̃,tʻɵu]成[tantʻeu];鲜、果[seɣ̃,ko]成[seŋko]。"④ 由这个旁证来看,我们很可以解释畏吾儿语用 sangun 来写汉语"将军"的理由;由此类推畏吾儿语所以拿 ting-ći 对"贞知"、拿ćang-śi 对"长史",也是同样的道理,说不定这两个对音里的 ng 还许受下字的同化而读作[ɲ]呢。不过鼻摩擦音[ɣ̃]是一个很难辨认的声音,在没有受过审音训练的人听起来,很容易捉摸不定的。当时记音的吐蕃人就许因为对这个音捉摸不定,而且在他自己的语言里也没有相当的字母,所以听得"过"了一点儿就保存住-ṅ,听得"不及"了一点就写作纯元音。因此同是 m、k、kʻ声母的字,有保存-ṅ的(如"糠 kʻaṅ、更 keṅ、孟 meṅ"),也有标作纯元音的(如"抗 kʻo、矌 kʻo、卬 mo、京 ke、輕 kʻye、銘 me"),不是 m、k、kʻ 声母的字也有一个保存着-ṅ 的(如"楹 yeṅ"),很难拿一定的条理来范围它,假使它是比较

① R. Gauthiot: *Note additionnelle au Préced*, ibid, p. 597.

② H. Maspero 前引文 pp. 47, 48。

③ 《厦门音系》第 69 页。

④ 参阅《科学》第 38 卷,第 8 期,第 1010 页。

固定一点的鼻化元音，或者就不会有这样参差不齐的现象了。

所以，假若我们不拘牵藏文译音的表面，就是单以《千字文》所代表的方音而论，似乎也应该把这两摄分成［o］［oɣ̃］［e］［eɣ̃］四摄才行呢。然而，无论如何我们都可以说，鼻收声在现代西北方音里的消变从唐朝起已然开始，不过在那时候只限于 -ṅ 的一部分，现在不单所有附 -ṅ 的韵一律消变，而且 -m、-n 两类也都被波及了。所以 -ṅ 收声的消变始终就是方音的歧异，从前伯希和疑惑舌根鼻收声在唐代西北方音中的消灭是一时的现象，自从辽、金等外族侵入而发生混乱以后，中央地方的汉人从事于语言恢复运动，不单阻止了消灭舌根鼻收声的趋势，而且把本来的完全的音值再重现出来①。我想他当时假若拿现代西北方音比较一下，这种怀疑就会涣然冰释了。

此外我们还有一点要注意：阳、唐的 -ṅ 收声消变以后，它们前面的元音，不管是开口的［ɑ］［a］，或是合口的［wɑ］［wa］，都受这种影响变成了［o］。这是［ŋ］的后退同化所致，［ɐ］［æ］［e］等元音因为部位靠前就不受影响。于是我们可以知道从前所谓"对转"的韵，主要元音不一定都相同，有的因为受收声消变的影响改换了主要元音的音彩，然后才能同相近的"阴韵"对转，所谓"模、唐对转"正是一个好例。如果因为它们可以"对转"，就把模、唐拟作 ɑ — ɑŋ，或 o — oŋ，就不免闹"胶柱鼓瑟"的笑话！惟其如此，所以我们要是没有正确的理由，对于对转的条理便不可乱用，倘若把《成均图》的条理还要引申多少倍，那恐怕就要转以滋迷了。

关于这两摄的韵系，其他三种藏音都跟《千字文》相差很远。宕摄字在《大乘中宗见解》里主要元音虽然大部分变成 o，而 -ṅ 收声却还一律保存着；在《阿弥陀经》跟《金刚经》里，除去一个"莊"字有

---

①　参阅 P. Pelliot，前引文，J. As. XIX，p. 590 小注。

tsaṅ、tsa 两读,其余的不单 -ṅ 收声保存得很好,就是主要元音也没有丝毫改变。而且这个“莊”字本是同用在“莊嚴”一个联词中的,它所以有时读 tsa· 'gem,有时读 tsaṅ· 'gem,只是受下字同化所生出来的偶然歧异,对于其他 -ṅ 收声的存在毫无影响。梗摄字的 -ṅ 收声比宕摄字消变得较多:在《大乘中宗见解》里有“命 me、明 mye、名 mye”三字,《阿弥陀经》里有“行 'he,名 me、mi、myi,经 kyi、gyi”三字,《金刚经》里有“名 mye、myi”字,它们都是属于 m、k、'h 三种声母的。在《千字文》的藏音里,那些保存 -ṅ 收声的梗摄字多数属于 m、k、k' 三母,而在这三种藏音所有消失 -ṅ 收声的梗摄字,也都属于 m、k、'h 三母,这是恰好相反的一种现象。《阿弥陀经》里的“名”字除去 me、mi、myi 外,还有 meṅ、miṅ 两个异读,那也不过是写法的偶然不同,并没有多大关系。因为照上下文看起来,“名”字在“名聞光佛 meṅ·'bun·kwaṅ·'bur”跟“名光佛 meṅ·kwaṅ·'bur”里作 meṅ,在“名號 me·he'u”里作 me,在“名聞佛 mi·'bun·'bur”里作 mi,在“名爲 myi·'u”里作 myi,其间并没有什么一贯的音变条理,不过从 -ṅ 收声的可有可无一点来推想,可见它并不是完全消失,至多不过变成鼻摩擦音[ɣ̃]罢了。

i、u 两摄韵母表说明:

第四、第五两摄间的关系颇为密切,因为止摄的合口既然大部分变成 u 韵,而遇摄的鱼韵也出入于 i、u 两摄之间游移不定,所以为叙述上的方便,最好把这两摄合并讨论。鱼韵变 i 的现象,在现代方音中也可以找到类似的佐证。例如,客家话的鱼、虞两韵在“喉”、“牙”、“齿头”、来、日等声母的后头读[i],在“舌上”、“轻唇”跟“正齿”三等的后头读[u],在“正齿”二等的后头读[ɿ];福建的龙溪话也有类似的演变。不过在这些方音里,鱼、虞是连带变的,所以这两韵本来有什么分别依然看不出来。由这四种藏音所有的例来看,大概鱼韵字在《阿弥陀经》跟《金刚经》里变 i 音的较多,在《大乘中宗见解》里变 u

音的较多,而在《千字文》里 i、u 两音大有势均力敌的样子,所以《千字文》的藏音好像是前两系方音的过程似的。惟其如此,所以它分化的现象是没有规则的。《千字文》里的鱼韵字有八个读入 i 韵:“楚、疎、車、居、黍、鉅、庶、譽”;同时也有七个读入 u 韵:“諸、渠、於、舉、慮、御、豫”。拿声母来讲,“車、居、舉”同属见母,“鉅、渠”同属群母,“誉、豫”同属喻母四等;拿声符来讲,“鉅、渠”同从“巨”声,“譽、舉”同从“與”声;拿声调来讲,“疎、車、居、諸、渠、於”都是平声,“楚、黍、鉅、舉”都是上声,“庶、譽、慮、御、豫”都是去声。无论从哪一方面看,都不能找出它们所以分化的道理来——这正可以代表青黄不接时代的混乱现象。它所以没像虞韵那样完全变 u,正可以作为鱼韵读[ĭo]、虞韵读[ĭu]的佐证,到了《大乘中宗见解》里,鱼、虞两韵就混而不分了。从鱼韵变来的 i、u,照音理讲应该是中性的[ɨ]跟撮口的[y]。因为[ĭo]音读得开唇一点就容易变成[i],读得合唇一点就容易变成[y],这两个音在吐蕃人耳朵里都是很难辨别的,所以就拿他自己语言中固有的 i、u 来勉强替代。我想这种替代音不单鱼韵有,由虞韵变来的 u 也许是[y]的替代,由止摄合口变来的 u,也许是[uı]的替代,从现代西北方音逆溯起来,大概不至于十分错的。

第四摄里有许多转入 e 韵的字,这些字约可分作五组:(1)p 组字:“枇、疲、飛、彼”;(2)止摄合口字:“翠、煒”;(3)c 组字:“事、所、而、爾、如、汝”;(4)ts 组字:“子”;(5)k 组字:“去”。(1)、(2)两组无疑是受唇化的影响,(3)、(4)两组很使人疑心“正齿”、“半齿”跟“齿头”等音的字从那时候已经有变成[ʅ]、[ʅ]的朕兆,可惜例外较多,一时还不能确定。至于 k 组变 e 的字,只在《阿弥陀经》里有一个“去”字,这也许是鱼韵有时读[ï]的遗迹罢?在《阿弥陀经》跟《金刚经》里,“所”字的对音最为纷歧,尤其是 çeʼi、çuʼi、ça 三音最不规则,这是否传写时的错误,抑或由“所以”两字合成,我没有见到原写本以前是无从悬揣的。

第五摄里除去《千字文》的"疑",《大乘中宗见解》的"謨、流"等算是特异的例外,其余的演变都很规则,无须再加讨论。

ai、ei 两摄韵母表说明:

第六、第七两摄照《千字文》的藏音是分的,照《金刚经》的藏音是不分的,若照《阿弥陀经》跟《大乘中宗见解》两种藏音,简直就可以同第三摄合而为一了。按《切韵》音讲,《千字文》的系统是比较近古的,因为咍、泰、灰等保持 ai 音固然同《切韵》相合,就是皆韵跟祭、齐变成同韵也还保留二等[a]音较弇的遗迹。至于这两摄在《阿弥陀经》跟《大乘中宗见解》里所以都变成 e,恐怕是由"i-umlaut"所生出来的中和现象。《千字文》里的齐韵字只有"陛、隸、翳"讀 ei,其余的大部分都转入 e 摄,跟这种现象是很类似的。佳韵有"解、畫"两字均读作 a,应入第一摄,惟匣母的"解"字《大乘中宗见解》跟《金刚经》均读 e,依例应入本摄(参看 a 摄第一)。此外,二等夬韵、三等废韵在这四种藏音里都没有例字,照音理来类推,夬应与佳为伍,废应与祭为伍,所以它们或者是读作 wa、e'i 两韵的。

au、eu 两摄韵母表说明:

第八、第九两摄只有《千字文》能分,在其他三种藏音里,效摄字有混而为一的趋势,流摄字有并入第五摄的趋势。照《切韵》音讲,《千字文》的系统是比较近古的,不过其中也有一部分豪、肴、宵、萧韵的字转入 e'u 摄。在这些字中,"寥、飄"的主要元音所以变-e-,大概是由 ya-的"i-umlaut"所致,只有豪韵字分化成 a'u、e'u 两韵,而"皋、高、藁"同属 k 组,"糟、操"同属 ts 组,显然不能拿声母不同来解释。它们所以有这样纷歧的现象,或许由于吐蕃语没有 au 音所致。因为在现代西藏语里 rta(马) + bu(小)应该变成 rta-u,而实际上却读作 rteu(小马);bya(鸟) + bu(小)应该变成 bya-u,而实际上却读作 byeu

或 byiu(小鸟),这便是很好的旁证。[①] 至于第九摄的 e 元音,藏文虽然写成一样,实际上恐怕流摄应该读[ə],效摄应该读[ɛ],因为藏文没有[ə]音所以才用 e 来替代,这跟曾、梗两摄里的 e 元音好像是一样的情形。此外,像《千字文》里的"口、後"两字所以变成较开的 a'o 韵,恐怕是受声调的影响,这在现代北平音中也有类似的变化。

im、in 两摄韵母表说明:

咸、深两摄的-m 收声,在这四种藏音里还都好好地保存着,不过覃、谈、咸、衔、凡已然混成一韵,严、盐、添已然混成一韵,几乎完全看不出《切韵》所以分立九韵的道理来了。在《大乘中宗见解》里,有一个"感"字读 gwam,一个"合"字读 hwab(参阅第十七摄),这跟我假设覃合谈开的说法不谋而合[②],虽然只靠这两个孤证不能使我的假设得到确切的证实,可是覃韵的合口遗迹居然在这时候还保存着,也算是够有趣味的了。至于盐、严两韵有六个字变成 em,这是由 ya 的"i-umlaut"所致,实际上是可以附入 yam 韵的。

an 摄韵母表说明:

第十二摄中的山、删两韵,在《千字文》里开口跟寒同韵,合口虽没有例字,按理说也应该跟桓同韵;可是在其他三种藏音里不单开口变近元、仙、先,就是合口也有一个"幻"字变成齐齿,可见二等的主要元音是介乎一、三等之间的。仙、先两韵的主要元音在《千字文》跟《大乘中宗见解》里,只有"綿、弁、免、天、堅、垣、員、轉"等受"i-umlaut"的影响由 a 变成 e(其中的"堅"字还不过是又读),但是在《阿弥陀经》跟《金刚经》里,合口虽然还保持 a 音,开口除去一个"徧"字却

① 此点颇得李方桂先生启发之益,特此声谢!

② 参阅《切韵闭口九韵之古读及其演变》,《庆祝蔡元培先生六十五岁论文集》,第469—523页。

完全变成 e 音了。至于《大乘中宗见解》里的“言 ge、免 mye、天 'de”三个对音，-n 收声也露了消变的朕兆，这是很可注意的现象。

in 摄韵母表说明：

臻摄开口三等的真、欣两韵，在这四种藏音里所有的例字一律混而不分；一等的痕韵有一个“根”字，《金刚经》跟《大乘中宗见解》也都读 kin，其他的字是否同三等不分，从这仅有的例字是难决定的。不过合口的魂、谆、文三韵，除去“門、鵾、本、論”四字稍有牵混外，却有一等读 on、三等读 un 的趋势，那么以合例开，我们也可以假定痕与真、欣是有分别的了。至于《千字文》里的“尹、郡”两字读 -win，《大乘中宗见解》里的“倫”字读 -in，都露出藏文 u 有替代[y]音的痕迹，这也是很可注意的。

aṅ 摄韵母表说明：

照《阿弥陀经》跟《金刚经》两种藏音来看，宕摄的字应该以第十四摄为正读，以第二摄为变读，但是《千字文》除去“糠、康”两字外一律变入 o 摄，《大乘中宗见解》除去“上、相、想、像”四字外一律变入 oṅ 摄，这显然由于方音的不同。江韵的字，照《切韵》的反切看本来应该全是开口，但是《韵镜》的第三转已然标作“开合”，《切韵指南》的江摄就简直地标明：“见、帮、晓、喻属开，知、照、来、日属合”。在这四种藏音里虽然只有三个江韵的字，而“绛”开“幢”合，完全跟《切韵指南》的系统相符。可见江韵受声母的影响而分化成开合两类实在不是从宋代才开始的。

eṅ 摄韵母表说明：

曾摄字的 -ṅ 收声，在这四种藏音里一律都保存着；梗摄字的 -ṅ 收声在《阿弥陀经》、《金刚经》跟《大乘中宗见解》里除去“命、行、明、名、經”五字外，也还照样地保存着，但在《千字文》里却只有本摄所收的六个字没有消变，其余的却完全转入第三摄了。如果照我在第 88 页所提议的规律讲,那么曾摄字的 -ṅ 收声所以在《千字文》里没有消变,或许因为它们还保存中古[ə]元音的缘故,西藏语既然没有[ə]的对音,所以译音者就勉强拿 e 来替代,实际的音值恐怕跟梗摄的元音是有分别的。至于其他三种藏音虽然跟《千字文》不同,但是除去少数的牵混,大致曾摄的元音是 i,梗摄的元音是 e,对于两摄的读法还是不相杂厕的。此外,《大乘中宗见解》有一个诤韵的"硬"字对音作'gu'u,疑系'geṅ 音之讹,现在既然不能据原写本校正,故未列入表中。

oṅ 摄韵母表说明:

在这四种藏音里,通摄字因为一、三等的不同分化成 oṅ、uṅ 两韵,除去《大乘中宗见解》的"通、恐、用"三字稍有牵混外,其余是很有规律的。宕摄字照《千字文》应该并入 o 摄,照《阿弥陀经》跟《金刚经》应该读作 aṅ 摄,惟独《大乘中宗见解》除去"上、相、想、像"四字外都变同通摄的一等,跟其余的三种藏音完全不同。这种宕、通混合的现象,同现代的客家话、福佬话颇类似,可是在已经调查过的西北方音中,却还找不到它的直接后代音呢。

以上所讨论的只是各摄的舒声,至于促声字虽然也可以附在"阳韵"各摄来讨论,不过它们的收声完全跟舒声不同,列表时颇感困难。我为辨别音素的便利起见,另外分出八摄,这跟宋元等韵家的分摄法是不很一致的。

ab、ib 两摄韵母表说明:

这两摄的读音是跟第十、第十一两摄相应的,所以盍、洽两韵虽没有代表字,我们却可以由舒声谈、咸两韵类推出来。yab 韵中有几个字变成 eb 韵,这跟第十摄的"廉、厭、餤、念、嚴"等一样是由 ya 中和而成的,至于《阿弥陀经》中"劫"字的对音,那就算是特别的例外了。咸、深两摄入声的收声,在这四种藏音里一律写作带音的-b,在畏吾儿语中就变成带音的摩擦音[-β][1]，到了现代西北方音连这个[-β]也没有了，可见这个收声的消失是经过-b＞-β＞○的历程。

ar、ir两摄韵母表说明：

第十九、二十两摄的读音是跟第十二、十三两摄相应的，所以鎋、迄两韵虽没有代表字，却可以由山、欣两韵类推出来。yar韵中有几个字变成er，这跟第十二摄的"綿、言、邊、肩、天……"等一样是由ya中和而成的。山、臻两摄的入声字，闽、粤语收[-t]，越南语收[-ʈ]，日译汉音收-tsu[-tsɿ]，日译吴音收-chi[tɕi]，而在高丽译音里却拿-l当它们的收声。在这四种藏音里只有《阿弥陀经》的"跋、發"两字收-d，其余的都收-r[2]，这跟高丽译音系统是很相近的。其实拿-r或-l当山、臻摄入声收声的，还不只西藏译音跟高丽译音为然，在唐代的"陀罗尼"译音跟别种中央亚细亚语言中也有类似的现象，例如：

《佛说随求即得大自在陀罗尼》：

"薩"对sar：薩波怛他揭多＝*sar*vatathāgata

薩蒲烏(二合)波達囉(二合)陛瓢＝*sar*vaupȧdravebhyaḥ

烏波薩祇瓢＝upa*sar*gebhyaḥ

"達"对dhar：那牟勃陀達摩僧祇瓢＝namo Buddha-*dhar*ma saṅghebhyaḥ

畏吾儿语：

"佛"对bur：佛僧＝*bur*sang

"乙"对·ir：乙＝·*ir*

粟特语：

"密"对mīr(日光、日曜日)　"咥"对tir(水星)

---

① H. Maspero前引文p.44。

② 刘半农先生云："疑此-r之音值当为[ɹ]，决非颤音。"

土耳其语：

“達”对 tar：莫货達干 = bagha· *tar* gan

中古波斯语(Pehlvi)：

“遏”对'r：遏换健塞 = '*rw'* ngānsah

“勿”对 var：電那勿 = denā *var*[①]

可见这个 -r 收声在唐代的西北方音里是很普遍的。伯希和对于这类收声的译音有时候-t、-r 两写[②]，有时候写作 ð[③]，他并且说：“……舌尖音是拿摩擦音 ð 来代表，因为我采取一个介乎-t 跟-r 之间的音值，这个 t 或者是最初的(不过也不一定普遍如此)，但是在唐朝时候的中国北部这个截断音已经变成 -r 了。”[④]在伯希和以前，艾谨(J. Edkins)也曾提议过这个学说，他以为“用来译 ni 的汉字(就是在 Nirvâna 对音里的)，从前在中国有些地方读作 nit，有些地方读作 nir”[⑤]，从这四种藏音跟上面所举的那些旁证来看，我相信这种解释是很合理的。至于《阿弥陀经》里“跋、發”两字的-d 正好代表这个收声没有变成-r 以前的读法，这也可以算是《阿弥陀经》比其他三种时代较早的证据。所以山、臻两摄入声收声的演变在唐代西北方音里应该经过-d > -ð > -r 的历程，不过到了现代西北方音连这个-r 也变得没影儿了。

ag 摄韵母表说明：

这一摄的读音本来应该跟第十四摄相应的，但是宕摄的舒声《千字文》虽然并入 o 摄，《大乘中宗见解》虽然转入 oṅ 摄，而这里的铎、

① 关于华梵对音及中央亚细亚语举例根据马伯乐前引文 p.42。

② 例如在《中国发见的摩尼教经典》里(J. As，1911. p.570)：fwyt(fwyr)。

③ 例如在《Milindapañha 的专名》里(J. As，1914. p.390)：wiäð。

④ T'oung Pao，1915. p.3.

⑤ J. Edkins《中国的佛教》(*Chinese Buddhism*)，1880. p.7。

药两韵却不单保存着收声，就连主要元音也没有改变，此其不同之点一；通摄的三等鍾韵，在这四种藏音一律读作 uṅ，而它的促声烛韵在《千字文》里却变成"宕、江"两摄的合口，此其不同之点二；此外除去"藐"字有两个又读，其余都是很规则的。

eg 摄韵母表说明：

这一摄的读音本来应该跟第十五摄相应的，但是梗摄的舒声在《千字文》里大部分变成 e，有几个残馀没变的，便跟曾摄的登、蒸两韵一律写作 eṅ，从写法上看它们的主要元音并没有分别；在其他三种藏音里大体有曾摄读 iṅ、梗摄读 eṅ 的趋势，跟《千字文》是不一致的。至于它们的促声却恰好跟这种情形相反，因为照这里所有的对音看，在《阿弥陀经》、《金刚经》跟《大乘中宗见解》里，除"侧、色、帛"三字外，简直可以混成一韵，而《千字文》却因为洪(一、二等)、细(三、四等)的不同分成 eg、ig 两类，不过照写法的表面看，梗、曾两摄促声的分界，无论如何都算是混而不辨的了。

og 摄韵母表说明：

这一摄的读音是跟第十六摄相应的，不过《千字文》里的烛韵字除去"足"字之外完全转入 ag 摄；所有这四种藏音里的德韵字属于 k 组合口的读作 og，属于 p 组开口的读作 ug，这都是舒声所没有的现象。从谐声字的系统来看，《切韵》德、职两韵的声符虽然有许多跟屋韵三等相通，但是还没有同屋(一等)、沃、烛混合的，所以本摄里德韵合口的分合现象，也同现代福佬话的情形一样[①]，只能算是方音的特异色彩，对于《切韵》以前的古音并不能给我们任何的新启示。

关于各摄的特征，我在上文已然分别讨论过了。此外有几个各

---

① 但"默、北"两字汕头话读作-æk，厦门话口语读-ak，文言读-iək，均与其他德韵开口字同，而与本摄之变读异。

摄共同的问题，还得要特别提出来讨论：

(1)声母对于韵母的影响是一个音韵学上很重要的问题，有许多韵部错综的现象都得靠它来解释，不过专从韵书或诗文押韵上推求，至多只能得到一点儿启示，恐怕没有方法把它证实。我在这四种藏译汉音的文件里却发现三点有趣的现象：

(a)合口韵母在 p 组声母后皆变开口，例如：

wa > a：磨、摩、頗、波、破　wi > i：肥、微　wai > ai：杯、陪、背

wan > an：磻、盤、煩、飯、晚、萬　war > ar：跋、末、發

(b)o、eu、iu 三韵在 p 组声母后皆变成 u 韵，例如：

o > u：菩、布、補　eu > u：茂、牟　iu > u：婦、富、阜、不、否、覆

(c)齐齿韵母在 c 组声母后往往省却 y 介音，例如：

ya > a：蛇、者、捨、舍　　yo > o：床、腸、觴、嘗、唱

iu > eu：抽、手、晝　　yan > an：襌、膳、善、然

yaṅ > aṅ：上、長　　yeṅ > eṅ：蒸、昇、承

yoṅ > oṅ：長、常、狀(大)　　yar > ar：設、舌

yag > ag：弱、著、若　　ig > eg：側、色(大)

这三种现象里，(a)是受声母异化作用(dissimilation)的影响，(b)是受声母同化作用(assimilation)的影响，至于(c)却有两种可能的解释：第一，c 组若是读如舌尖后音[tʂ]、[tʂʻ]、[dʐ]、[ʂ]、[ʐ]，则 y 介音就可以像北平话那样被声母硬化而消失；第二，c 组若是读如舌面前音[tɕ]、[tɕʻ]、[dʑ]、[ɕ]、[ʑ]，则 y 介音就可以被声母同化而省却。照现代藏音的读音看，我是比较赞成后一说的。

(2)在《千字文》里，我们发现好些重写元音的例子，如：

組 dzoʼo　紡 pʻoʼo　酒 dzuʼu　舉 kuʼu　象 syoʼo

唱 cʻoʼo　時 çiʼi

这七个字里除去“唱、時”两字之外都是上声，于是我们就可以设想当

时记音的人对于上声字是很注意的,因为他不单受声调的影响把全清声母混入全浊,并且还想出一种特别的标音法来表明它们,足见这种声调至少在他听起来是很感异样的了。这种把上声重写双元音的标音法,在一千多年后赵元任先生所创制的国语罗马字居然也不谋而合地采用了它,这其间虽然没有任何因果关系,但是专从这种心理所同然的巧合而论,也算是够有趣味的了。

(3)合口的洪(一、二等)、细(三、四等)音在近代方言里多数变成"合口"、"撮口"两呼,但是照这四种藏音的写法来看,合口的洪、细是混而不分的。例如:

-wan:冠、桓、歡、觀、翫、暖、斷、亂、喚、算(桓合一);還(删合二);遠、勸(元合三);宣、緣、轉(仙合三)

-war:拔(末合一);厥(月合三);悦、絶、劣、説(薛合三)

-waŋ:光、廣(唐合一);王、網、往(阳合三)

-un:門、鶻、本(魂合一);遵、筍、輪、順、潤(谆合三);墳、軍、群、分、運、聞、云、蘊、問(文合三)

-ur:骨(没合一);弗、勿、鬱、佛、物(物合三);出(术合三)

这种现象,除去阳韵的字是受声母的影响,其余的有两个可能的解释:第一,合口细音在这一系方音里完全混入洪音,根本没有变成撮口呼;第二,西藏语没有撮口音,遇到[iu]、[y]之类就勉强拿[u]来替代。在这两种解释中,我比较赞成后一说。因为从"幻 hyan"(参阅第十二摄),"尹 'win、郡 gwin、倫 lin"(参阅第十三摄)几个对音来看,我们就可以想见当时记音人游移于[i]、[u]两音之间的神气来了。

(4)关于入声的收声,我们从好久就知道咸、深摄收 -p,山、臻摄收 -t,宕、江、梗、曾、通摄收 -k,并且在现代广州、客家、汕头、厦门等处方音中还可以找到实证。就这几处现代方音来审辨,它们的音值应该是一种不带音的截断音(voiceless implosives),但是在这四种藏音里,却把它们写作 -b、-r(-d)、-g,这究竟是西藏语的替代音,还是这种方音的真正音值呢?如果是真正音值的话,那么,入声的收声究竟是不带音的 -p、-t、-k 在前,还是带音的 -b、-d、-g 在前呢?要答复前一个问题,我们得先求后一个问题的解决。关于入声的收声最初是否带音的问题,高本汉曾经说:"要想知道这个 -t 或-d 是否最初的音,这是现在绝对不能决定的。我们可以想象入声字本来是收 -b、-d、-g 的,并且经过德文 bɑd > bʌt 那样类似的演变,于是变成 -p、-t、-k。不过我们关于这类学说并没有任何的确据;西藏文永远用 -b、-d、-g 作收声不能给我们什么启发,尤其是关于西藏文的历史以及汉语跟西藏语的语言关系我们更不知道什么。所以我们只好说在我们对于读音最早有些认识的时候,换言之,就是日译吴音的时候,已经可以证实有一个-t,而关于唇音跟舌根音收声(-p、-k)的读音并没有任何浊音的暗示。"①他这种论调是很谨慎的。但是照我推想,汉语入声收声的演化应该经过下列的步骤:

上古音 —— 中古音 —— 近代音

*-b *-d *-g > *-β *-ð *-ɣ > 无收声之阴韵 ——→ 全国方言

*-p *-t *-k —┬→ -p -t -k —┬→ 广州、客家、汕头、厦门
　　　　　　　　│　　　　　　　└→ 吴语-ʔ
　　　　　　　　└→ -b -d(-r) -g > -β -ð(-r) -ɣ → 官话、西北方言等

照这样假设,那么上古音的入声收声便应该有带音的跟不带音的两套:带音的 *-b、*-d、*-g 比较容易丢掉或变成部位相近的元音,所以在中古时代就渐渐地消灭了;不带音的 *-p、*-t、*-k 在中古时代大部分方音还都照样地保存着,但是有一部分方音却变成带音的-b、-d(-r)、-g ——现在所讨论的四种藏音就是属于这一系的。如果拿

① B. Karlgren: *La Phonologie Chinoise*, p. 604.

上古*-b、*-d、*-g 的演变历程来类推，那么入声收声在近代官话跟西北方音中的消变当然要经过这样一个阶段。对于这种假设我自然还得要另外讨论，不过我们在这里如果承认它是可能的，那么西藏译音的-b、-d(-r)、-g 就不一定是-p、-t、-k 的替代音了。

(5)关于《切韵》一等[ɑ]与二等[a]的区别，在这四种藏音里，《千字文》可以分辨咍、泰与皆、佳，豪与肴的不同；《阿弥陀经》、《金刚经》跟《大乘中宗见解》可以分辨寒与山的不同；至于歌、麻的分别只在较晚的《大乘中宗见解》里由"可 k'o、我'go"两字的变读可以窥见一点儿消息，此外各韵在藏文写法上却都混而为一了。然而就从这几个偶然流露出来的遗迹，已经够使我们承认[ɑ]与[a]在藏文写法上虽难分辨，而实际的语音却未必全泯侈弇之界。等到下文同现代西北方音比较时，我还可以证实这个说法。

总括上面的两节来看，我们对于唐代沙州或沙州附近的方音系统已然可以得其梗概了。我固然知道当时译音的吐蕃人并不是语音学家，而且写法往往也有任意的出入，然而代表音素的标音即使有些小毛病，究竟比汉字的反切精确得多，况且合起这四种材料来一共有1152个对音，其中虽然有不少重复的字，但是它们不单对于《切韵》的每个声类都有代表字，就是对于韵部也只有幽、废、夬、臻、耕、栉、盍、洽、鎋、迄十韵的例字缺如，我们只须根据这些对音，便可对于《切韵》音跟唐代西北方音的关系推想出十之七八来，所以这一部分材料无论如何是值得我们注意的。至于藏文写法跟实际音值的异同，等在第四章里我们再来讨论。

关于《大乘中宗见解》的两个本子，陶慕士认为对音本是吐蕃占据沙州时代的东西而译音本是在它以后的东西[①]，我对于译音本虽

① 参阅上文 26 页。

然无缘窥其全豹，然而单从陶慕士所发表的一段标音对照例[①]来看，已然觉得他所断定的先后不一定可靠了。因为在对音本里有一个很后起的现象，就是全浊声母大部分变成次清，而在译音本里却还没有发生这个剧烈的变化，例如：

例字	声纽	声调	对音本标音	译音本标音
别	並	入	p'ar	'bywar, 'pyar
鼻	並	去	p'yi	'byir, 'bwir
塵	澄	平	c'in	jin, 'jen
造	从	上	ts'eu	'dza'u
集	从	入	ts'ib	dzib

还有，禅、床两母在对音本里跟《千字文》、《阿弥陀经》、《金刚经》等三种藏音一样地混入审母，而译音本却有几个没混的例：

例字	声纽	对音本标音	译音本标音
是	禅	çi	'źi
受	禅	çi'u	'źi'u
舌	床三	çar	źar

这即使其中含有方音的歧异，我们也不能说译音本是对音本以后的东西。至于韵母一方面，如同咍、泰读 -ai：

例字	韵部	对音本标音	译音本标音
礙	代	'ge	ga'i
大	泰	de	'da'i
蓋	泰	ke	ga'i
外	泰	'gwe	'gwa'i, 'ga'i

豪韵读 -a'u：

① JRAS. 1929. pp. 61—62.

例字	韵部	对音本标音	译音本标音
造	皓	ts'e'u	'dza'u

之类，也都是较古的现象。所以我对于陶慕士的说法是不能承认的。

我写完这一章以后，承陈寅恪先生以日本昭和七年（1932）十月三日怀德堂堂友会所发行的《怀德》第十号见示，其中有两篇财津桃溪的遗著，一篇是《敦煌出土汉藏对音材料与〈韵镜〉之比较（其一）》，一篇是《唐代音与日本所传音之比较》。前一篇转载静安学社所编的《东洋学论丛》，后一篇是静安学社的未刊稿。我乍一看见前一篇的题目，很佩服财津能够先获我心，并且觉得我这篇将成的稿子简直可以废弃的，及至我把全篇读完了以后，反倒对于我自己所写的不肯割爱了，因为照我看起来，财津这篇东西大约有四点可以商榷：

(1)财津桃溪是昭和六年（1931）十月死的，但是他所比较的材料只有《千字文》、《阿弥陀经》、《金刚经》三种，而没有收入 1929 年 1 月陶慕士在 JRAS 里所发表的《大乘中宗见解》。

(2)就已经发表的一部分（其一）看，他只把三种藏音的声母按照《韵镜》的声类次序排比了一下，并没有拿它们所代表的方音声系作主体，至于韵母一方面简直更没有提到。他并且说："本来用别国文字来写一国的语音是很困难的，无论写得如何精确毕竟是比较的，要想绝对照原样写下来几乎没有希望，因为对于声母或许还可以得其近似，而于微妙的韵母几乎可以说是不可能，尤其是在那对于声韵学既没有知识，对于写音又没有经验的古代就更加困难了。"[①] 其实照我看起来，这几种藏音除非对于它们自己的语言里本来没有的几个音勉强用相近的音来替代，其余无论声母、韵母大部分都算够精确的，韵母并不见得比声母特别"微妙"，也不至于完全不能"得其近

① 原文第 2 页。

似”，这只要看看我在上文所得的结果便可了然；不过我并不是说它们是“绝对照原样写下来的”，只是说韵母的精确程度跟声母不相上下罢了。

(3)羽田亨跟陶慕士所用的罗马字标音有时写法虽然不同，而所代表的声音实际是一致的。[1] 财津对于这两家所用的罗马字完全没敢变更，于是送气有时作 ‘，有时作 h(例如“天”，《金刚经》作 t‘en，《阿弥陀经》作 then)，合口有时作 w，有时作 v(例如“歡”，《千字文》作 hwan，《阿弥陀经》作 hvan)，并且同一床母而分作 ç、s 两种写法(例如“實”，《千字文》作 çir，《金刚经》作 śir，《阿弥陀经》作 śir)，同一 ’ 号而代表影、喻两类声母(例如《千字文》“尹 ’win、员 ’win”代表喻母，《金刚经》、《阿弥陀经》“阿 ’a、意 ’i”代表影母)。尤其可怪的是他因为羽田亨沿袭大司的办法把日母字写作 sh-，而陶慕士却用叶斯基的办法写作 ź，就认为《千字文》读清音，其他两种读浊音，并且说：“这两种音究竟是由地方而异其发音，抑或译音者加入个人的差异，其理由现在还不能判然。”[2] 这未免客观的过火反倒容易引人误会了。

(4)此外还有许多讹脱的地方，不能完全认为手民之误，就我所发现的说：

《千字文》脱 41 字：

秉 pye　飄 p‘ya’u　典 tyan[3]　條 dya’u　趙 ja’u　治 li

祇 ci　諸 cu　招 ca’u　箴 cim　燭 cwag　舍 çya

少 ça’u　叔 çug　嘗 ço　孰 çug　辱 źwag　俶 çug

績 cig　綵 ts‘a’i　喰 ts‘an　姑 ko　車 ki　交 ke’u

① 参阅 26—27 页藏文字母与各家所用罗马字对照表。

② 原文第 49 页。

③ 凡汉字下加横线者表示专缺对音。

臯 kau　厥 kwar　絜 kyar　傾 kʻwe　古 go　雅 'ga
音 ·im　河 ha　何 ha　下 haʼ　和 hwa　畫 hwa
槐 hweʼi　恒 heṅ　筵 yan　葉 yab　友·ïʼu

《阿弥陀经》脱 11 字：

耨 nog, log　得 tig　莊 tsaṅ　日 źir　善 çan　數 ço
就 'dzïʼu　我 'ga　五 'go　願 'gwan　已 yi

《金刚经》脱 19 字：

墮 dwa　迦 ka　量 lyaṅ　莊'tsa, tsaṅ　提 de, deʼi　女 'ji
圍 'u　已 yi　住 ju　數 çu　授 çïʼu　受 çïʼu
繞 źeʼu　身 çin　聞 'bun　誦 suṅ　説 çwar　即 tsig
得 tig　稱 cʻïṅ

在这些个例里，虽然《千字文》一部分有许多是沿袭羽田亨的错误，其余的大部分却都由财津自己的疏忽所致。此外关于《切韵》的注音跟分类也显然有很多的错误，例如：

“分”字《金刚经》有 pʻun、'bun 两音，前一个应读“府文切”，非母文韵平声，后一个应读“扶问切”，奉母问韵去声，财津俱入非母文韵（参阅原文第 9 页非母表）。

“覆”字本有去入两读：去声宥韵“敷救切”，入声屋韵“芳福切”，《阿弥陀经》既然译作 'pʻu 音并没有附 -g 收声，当然不能读作入声，财津注云“入屋，芳福切”（参阅原文第 10 页敷母表）。

“典”字“多殄切”，本在上声铣韵，财津注为“去翰”（参阅原文第 13 页端母表）。

“藁”字亦作“槀”，“古老切”，见母晧韵上声，财津注为“上小，祛矫切”（参阅原文第 24 页见母表）。

“宣”字“须缘切”，心母仙韵，财津列入审母表中（参阅原文第 38 页审母表）。

原文第40页禅母表末列有“信”字，财津注为“平清，是征切”，而且把《金刚经》跟《阿弥陀经》都写作“śin”，今遍检两本始终没有找到这个对音，所注的反切也是不跟例字相应的。

这四种缺点我们虽然不能替财津桃溪曲为掩护，然而他自己曾经声明他是缺乏音韵学跟语言学上的知识的，并且认为从这一点仅有的材料提出“大部分想象的结论”也没有必要[1]，所以我一方面对于他这些小疵固然特别原谅，一方面却还把我研究所得不算“十分想象的结论”发表出来请求这一行同志的评判！至于那一篇《唐代音与日本所传音之比较》，另外是一个问题，在这里恕不提出讨论了。

① 原文第3页。

三　从《开蒙要训》的注音中所窥见的五代敦煌方音

我在上文曾经说，不论《开蒙要训》的注音者是否敦煌人，而他所注的音可以代表后唐明宗时代的敦煌方音那是无疑义的。所以专从时地的确定一点讲，这种材料比那几种汉藏对音的文件还比较可贵。可惜他所用的注音工具是方块汉字，而且同音互注的字倒占了三分之一以上，我们只能从对音错综的地方窥见一点当时方音的概况。可是这些错综的注音里还有些地方是由当时人误读半边字所致，不完全是当时实际的音变，如果把它们一律看待，那就不免拿类推的读音淆乱方音的大系了。所以我们要想考定这种方音的全部系统并且拟测它的音值，必须跟前面所讨论的汉藏对音交互参证，然后才可以得到一点比较可靠的结果，专靠这 241 对错综的注音，所得的结果就很有限了。我现在先从注音的错综处窥见音系的分合，再拿这种音系分合的条理来部署那些同音互注字，并参酌汉藏对音来拟定它们的音值；其中有许多音类没有错综的注音，也只好拿汉藏对音作为类推的标准。根据这种方法，我把《开蒙要训》的注音分作声母、韵母、声调三项，分别叙列于下：

甲 声母

这种方音的声母，跟前面所说的几种汉藏对音材料都不同，最重要的两点是：(1)全浊声母有与全清混淆的现象；(2)"齿头音"的四等已然开始混入"正齿音"。此外如泥、来不分，娘、日不分，也是那几种方音所没有的。其详细的分合情形如下举各例：

唇音组第一

(1)帮、並互注例：

	本文	切韵音	声韵呼等	注音	切韵音	声韵呼等
三〇六.5.1①	屏	卑盈切 pĭæŋ	帮清开四	平	蒲兵切 b'jĭɐŋ	並庚开三
三〇七.7.21	跛	布火切 puɑ	帮果合一	婆	薄波切 b'uɑ	並戈合一
三〇七.2.21	鈚	频脂切 b'i	並脂开四	兵	晡明切 pjĭɐŋ	帮庚开三
三〇九.1.9	瓢	毗霄切 b'ĭæu	並宵开四	標②	卑遥切 pĭæu	帮宵开四

(2)以非注敷例：

三〇六.6.11	紡	妃两切 p'jĭwaŋ	敷养合三	方	府良切 pjĭwaŋ	非阳合三
三一〇.4.14	芳	敷方切 p'jĭwaŋ	敷阳合三	方	府良切 pjĭwaŋ	非阳合三
三〇七.5.10	肺	芳废切 p'jĭwei	敷废合三	匪	府尾切 pjĭwěi	非尾合三
三一〇.4.13	芬	抚文切 p'jĭuən	敷文合三	分	府文切 pjĭuən	非文合三

① 汉字为《敦煌掇琐》之页数，其次之阿拉伯码为行数及字数。下同。

② "標"原作"捺"，按此书"枼"多作"柰"，如三〇八.7.8"牒"作"㯼"，三一〇.6.16"蝶"作"蝾"均是。唯此字以音例求之，当为"標"之讹省非"楪"字也。

	本文	切韵音	声韵呼等	注音	切韵音	声韵呼等
三一〇.6.15	蜂	敷容切 p'jĭwoŋ	敷锺合三	風	方戎切 pjĭoŋ	非东开三

(3)非、奉互注例：

三〇七.2.12	粉	方吻切 pjĭuən	非吻合三	分	扶问切 b'jĭuən	奉问合三
三〇七.5.2	腓	扶沸切 b'jwĕi	奉未合三	沸	方味切 pjwĕi	非未合三
三〇八.10.1	腐	扶雨切 b'jĭu	奉麌合三	父	方矩切 pjĭu	非麌合三
三〇九.9.12	負	房久切 b'jĭə̆u	奉有开三	父	方矩切 pjĭu	非麌合三

由以上三个例，我们可以看出当时帮、並不分跟非、敷、奉不分的痕迹来。至于以轻唇注重唇的例只有一个字：

三〇七 2.2	絜	边孔切 poŋ	帮董开一	奉	扶陇切 b'jĭuoŋ	奉肿合三

而且很有由声符"封"("府容切")字类推的可能。再证以西藏对音把非、敷都注作 p' 的办法，似乎在这时候轻唇音已经分化了。此外还有一对以並注滂的例：

三〇六.5.19	麃	普辽切 p'ieu	滂萧开四	蒲	薄胡切 b'o	並模开一

韵母模、萧互通，于音理也差得很多，恐怕当时别有特异的读法，因为照本书多数的例，全浊是同全清互注而不同次清互注的。又有四对以帮注滂的字：

三〇六.6.1	鋪	普胡切 p'o	滂模开一	補	博古切 po	帮姥开一
三〇六.9.11	帊	普驾切 p'a	滂祃开二	把	博下切 pa	帮马开二
三〇七.7.6	縹	匹沼切 p'ĭæu	滂小开四	標	卑遥切 pĭæu	帮宵开四
三〇七.4.12	膊	匹各切 p'ɑk	滂铎开一	博	补各切 pɑk	帮铎开一

也都是误读半边字所致，恐怕在这种方音里还不至于把送气跟不送气混而为一罢？

所以，参照《千字文》的藏音及本书的注音例来拟测，这种方音的唇音声母应该只有 p、p'、'b、pf'、'b_v 五类，其各类的同音互注字如下：

p 类（帮、並）：

	本文	切韵音	声韵呼等	注音	切韵音	声韵呼等
三〇六 .1.3	篳	卑吉切 pĭět	帮质开四	必	卑吉切 pĭět	帮质开四
三一〇 .3.8	抪	博故切 po	帮暮开一	布	博故切 po	帮暮开一
三一〇 .3.11	梹	必邻切 pĭěn	帮真开四	賓	必邻切 pĭěn	帮真开四
三一一 .7.3	靽	博慢切 puɑn	帮换合一	半	博慢切 puɑn	帮换合一
三一〇 .6.21	蜯	步项切 b'ɔŋ	並讲开二	棒	步项切 b'ɔŋ	並讲开二

p' 类（滂）：

三〇六 .2.13	*娉[1]	匹正切 p'ĭæŋ	滂劲开四	*聘	匹正切 p'ĭæŋ	滂劲开四
三〇六 .9.9	帔	攀糜切 p'jiě	滂支开三	披	攀糜切 p'jiě	滂支开三
三〇七 .7.6	鈹	攀糜切 p'jiě	滂支开三	帔	攀糜切 p'jiě	滂支开三
三〇八 .9.20	刜	匹迷切 p'iei	滂齐开四	鈚	匹迷切 p'iei	滂齐开四

'b 类（明）：

三〇六 .5.6	幕	慕各切 mɑk	明铎开一	莫	慕各切 mɑk	明铎开一
三〇七 .4.10	拇	莫厚切 mǝu	明厚开一	母	莫厚切 mǝu	明厚开一
三一〇 .1.16	鏝	莫半切 muɑn	明换合三	漫	莫半切 muɑn	明换合三
三一〇 .6.20	蟆	莫霞切 ma	明麻开二	麻	莫霞切 ma	明麻开二

① 凡加 * 号者皆经校改；其显然讹俗一望可辨者即不别出校语。下同。

pf'类(非、敷、奉):

	本文	切 韵 音	声韵呼等	注音	切 韵 音	声韵呼等
三〇五.9.21	諷	方凤切 pjĭoŋ	非送开三	風	方凤切 pĭjoŋ	非送开三
三〇六.10.22	枋	府良切 pjĭwaŋ	非阳合三	方	府良切 pjĭwaŋ	非阳合三
三〇七.1.1	緋	甫微切 pjwĕi	非微合三	非	府微切 pjwĕi	非微合三
三〇八.1.8	鍑	方六切 pjĭok	非屋开三	腹	方六切 pjĭok	非屋开三
三〇六.8.9	絳[①]	符容切 b'jĭwoŋ	奉锺合三	逢	符容切 b'jĭwoŋ	奉鍾合三
三〇九.8.16	芙	防无切 b'jĭu	奉虞合三	夫	防无切 b'jin	奉虞合三
三一〇.7.12	魴	符方切 bjĭwaŋ	奉阳合三	方	符方切 b'jĭwaŋ	奉阳合三

'b_v类(微):

	本文	切 韵 音	声韵呼等	注音	切 韵 音	声韵呼等
三〇五.4.11	霧	亡遇切 mjĭu	微遇合三	武	文甫切 mjĭu	微麌合三
三〇五.10.10	儛	文甫切 mjĭu	微麌合三	武	文甫切 mjĭu	微麌合三
三〇六.7.14	紋	无分切 mjĭuən	微文合三	文	无分切 mjĭuən	微文合三
三一〇.6.11	蚊	无分切 mjĭuən	微文合三	文	无分切 mjĭuən	微文合三
三〇八.8.10	*輞	文两切 mjĭwaŋ	微养合三	*罔	文两切 mjĭwaŋ	微养合三

非、敷、奉三母的字,在藏文译音里大部分都拿 p' 来对它们,好像已经都变成 p'jĭw-了,再进一步就有由 p'jĭw->pf' 或 f 的可能,这种方音正是由中古音变成近代音的过渡,所以我把它们拟作 pf'。由此类推,微类就应该读作 'b_v 了。

① 此即缝纫之"缝"字。

舌音组第二

(1)端、定互注例：

	本文	切韵音	声韵呼等	注音	切韵音	声韵呼等
三〇八.2.3	鍛	丁贯切 tuɑn	端换合一	段	徒玩切 d'uɑn	定换合一
三一〇.7.21	蹬	徒亘切 d'əŋ	定嶝开一	等	多肯切 təŋ	端等开一

(2)泥、来互注例：

三〇五.6.20	溺	奴历切 niek	泥锡开四	歷	郎击切 liek	来锡开四
三〇九.4.22	籠	卢红切 loŋ	来东开一	農	奴冬切 nuoŋ	泥冬合一

此外有两个以端注透的例：

三〇六.5.11	錫	吐盍切 t'ap	透盍开一	答	都合切 tạp	端合开一
三〇六.6.17	蓦	吐盍切 t'ap	透盍开一	答	都合切 tạp	端合开一

这许是特殊的读法；又有一个以端注泥的例：

三〇八.10.18	拈	奴兼切 niem	泥添开四	佔	丁兼切 diem	端添开四

一个以透注泥的例：

三一〇.7.5	鲇	奴兼切 niem	泥添开四	沾	他兼切 t'iem	透添开四

这都是由声符类推的读法，而不是声类的并合。因此这种方音的舌音声母应该只有 t、t'、l 三类，各类的同音互注字如下：

t 类(端、定)：

三〇六.2.20	燈	都滕切 təŋ	端登开一	登	都滕切 təŋ	端登开一
三一一.1.8	鐙	都邓切 təŋ	端嶝开一	登	都滕切 təŋ	端登开一
三〇六.8.16	襠	都郎切 tɑŋ	端唐开一	當	都郎切 tɑŋ	端唐开一

	本文	切韵音	声韵呼等	注音	切韵音	声韵呼等
三〇七.3.8	* ⿰⻊戴①	都代切 tại	端代开一	戴	都代切 tại	端代开一
三〇八.6.9	搭	都合切 tạp	端合开一	答	都合切 tạp	端合开一
三〇八.9.10	雕	都聊切 tieu	端萧开四	彫	都聊切 tieu	端萧开四
三一〇.8.17	鵰	都聊切 tieu	端萧开四	彫	都聊切 tieu	端萧开四
三〇九.2.15	店	都念切 tiem	端㮇开四	沾	都念切 tiem	端㮇开四
三〇五.5.8	電	堂练切 dʻien	定霰开四	殿	堂练切 dʻien	定霰开四
三〇六.5.14	闐	堂练切 dʻien	定霰开四	殿	堂练切 dʻien	定霰开四
三〇八.10.16	填	徒年切 dʻien	定先开四	田	徒年切 dʻien	定先开四
三〇八.7.19	跳	徒聊切 dʻieu	定萧开四	調	徒聊切 dʻieu	定萧开四
三一〇.6.17	螳	徒郎切 dʻɑŋ	定唐开一	唐	徒郎切 dʻɑŋ	定唐开一
t'类(透):						
三〇五.6.4	泰	他盖切 tʻai	透泰开一	太	他盖切 tʻai	透泰开一
l类(泥、来):						
三一一.1.19	弩	奴古切 no	泥姥开一	努	奴古切 no	泥姥开一
三〇五.4.12	露	洛故切 lo	来暮开一	路	洛故切 lo	来暮开一
三〇六.8.12	絡	卢各切 luɑk	来铎合一	洛	卢各切 luɑk	来铎合一
三〇六.10.18	絡	卢各切 luɑk	来铎合一	洛	卢各切 luɑk	来铎合一
三〇九.2.1	酪	卢各切 luɑk	来铎合一	洛	卢各切 luɑk	来铎合一

① 此字不见于字书,今从声符“戴”定其音,惟《开蒙要训》本文与“壁、屐、澤、隻”为韵则似本读入声矣。

	本文	切韵音	声韵呼等	注音	切韵音	声韵呼等
三〇六.9.19	纑	落胡切 lo	来模开一	盧	落胡切 lo	来模开一
三〇七.1.14	簏	卢谷切 lok	来屋开一	禄	卢谷切 lok	来屋开一
三一〇.9.5	鹿	卢谷切 lok	来屋开一	禄	卢谷切 lok	来屋开一
三〇七.7.11	鑞[①]	良涉切 ljĭæp	来葉开三	獵	良涉切 ljĭæp	来葉开三
三〇七.2.8	奩	力盐切 ljĭæm	来盐开四	镰	力盐切 ljĭæm	来盐开四
三〇七.4.4	膂	力举切 ljĭo	来语开三	吕	力举切 ljĭo	来语开三
三〇八.3.20	撩	落萧切 lieu	来萧开四	遼	落萧切 lieu	来萧开四
三〇八.8.13	軨	郎丁切 lieŋ	来青开四	令	郎丁切 lieŋ	来青开四
三〇九.10.7	廊	鲁当切 lɑŋ	来唐开一	郎	鲁当切 lɑŋ	来唐开一
三一〇.3.12	榔	鲁当切 lɑŋ	来唐开一	郎	鲁当切 lɑŋ	来唐开一
三一〇.6.18	螂	鲁当切 lɑŋ	来唐开一	郎	鲁当切 lɑŋ	来唐开一
三一〇.9.17	狼	鲁当切 lɑŋ	来唐开一	郎	鲁当切 lɑŋ	来唐开一
三一〇.4.19	蘿	鲁何切 lɑ	来歌开一	羅	鲁何切 lɑ	来歌开一
三一〇.6.10	蜋	吕张切 ljĭaŋ	来阳开三	良	吕张切 ljĭaŋ	来阳开三
三一〇.7.6	鯉	良士切 lji:	来止开三	里	良士切 lji:	来止开三
三一〇.10.13	騮	力求切 ljĭə̆u	来尤开三	留	力求切 ljĭə̆u	来尤开三

我所以把泥、来两母都拟读作 l，因为在藏文对音里来母的音值 l 与《切韵》无异，而泥母则转变为 'd，证以厦门方音明母变[b]、疑母变[g]，而泥母变[l]的例，我们可以推断唐代西北方音的 'd 在五代的敦

① 此字不见于字书，今从声符"巤"定其音。

煌方音已经变成 l 了。

齿音组第三

(1)知、照互注例:

	本文	切韵音	声韵呼等	注音	切韵音	声韵呼等
三〇五 .5.11	震	章刃切 tɕĭĕn	照震开三	鎮	陟刃切 ȶĭĕn	知震开三
三〇七 .6.3	* 疹	章忍切 tɕĭĕn	照轸开三	鎮	陟刃切 ȶĭĕn	知震开三
三一〇 .9.9	麞	诸良切 tɕĭaŋ	照阳开三	張	陟良切 ȶĭaŋ	知阳开三
三一〇 .5.9	* 劚	陟玉切 ȶĭuok	知烛合三	捉	侧角切 tʂɔk	照觉开二

(2)照、澄互注例:

	本文	切韵音	声韵呼等	注音	切韵音	声韵呼等
三〇六 .5.4	* 障①	之亮切 tɕĭaŋ	照漾开三	長	直亮切 ȡ' ĭaŋ	澄漾开三
三〇六 .6.19	* 紵	直吕切 ȡ' ĭo	澄语开三	志	职吏切 tɕi:	照志开三
三〇六 .10.6	* 竚	直吕切 ȡ' ĭo	澄语开三	志	职吏切 tɕi:	照志开三
三〇八 .2.21	稚	直利切 ȡ'i	澄至开三	至	脂利切 tɕi	照至开三

(3)以澄注知例:

	本文	切韵音	声韵呼等	注音	切韵音	声韵呼等
三〇六 .4.16	帳	知亮切 ȶĭaŋ	知漾开三	長	直亮切 ȡ'ĭaŋ	澄漾开三

由以上三例,可见知、照、澄三母在这种方音里已然混而不分了。

(4)以穿注彻例:

	本文	切韵音	声韵呼等	注音	切韵音	声韵呼等
三〇七 .8.8	癡	丑之切 ȶ'i:	彻之开三	侈	尺氏切 tɕ'iĕ	穿纸开三

由上例可见彻、穿两母在这种方音里也混而不分。全浊澄母照上面的例,有五个字都混入全清,但是也有一个混入次清的例:

① 倚障字应作“障”,原作“鄣”误。

	本文	切韵音	声韵呼等	注音	切韵音	声韵呼等
三〇七.8.7	惷	丑江切 ʈ'ɔŋ	彻江开二	濁	直角切 ɖ'ɔk	澄觉开二

这不是当时特别的读法,就是入声跟舒声的变读不同。

(5)以娘注日例:

	本文	切韵音	声韵呼等	注音	切韵音	声韵呼等
三〇七.9.1	戁	人善切 ɳʑĭæn	日狝开三	*赧	铙阪切 ɳan	娘潸开二

由此例可以窥见娘、日不分的痕迹。

至于"正齿音"的二、三等是否混合,在《开蒙要训》的注音里虽然没有直接的例,可是若拿《千字文》的藏音作旁证,想来也应该不分的。其中的床母字在藏文对音里有时候读 c‘,有时候读 ç,在这种注音里也有时候注审母字:

	本文	切韵音	声韵呼等	注音	切韵音	声韵呼等
三一一.1.18	弰	所交切 ʂau	审肴开二	巢	钼交切 ɖʐ'au	床肴开二

有时候注禅母字:

	本文	切韵音	声韵呼等	注音	切韵音	声韵呼等
三一〇.1.16	圌	市缘切 ʑĭwæn	禅仙合三	船	食川切 dʑ‘ĭwæn	床仙合三

还有时候拿穿母字来注它:

	本文	切韵音	声韵呼等	注音	切韵音	声韵呼等
三〇六.6.20	紃	食伦切 dʑĭuĕn	床谆合三	川	昌缘切 tɕĭwæn	穿仙合三

乍一看似乎很参差的。但是,如果末一个例是由偏旁类推所致,那么在这里所有的例可以说都混入摩擦音审、禅一类了。禅并为审在这种注音里虽然也没有直接的证据,若是参证《千字文》的音跟下文心、邪、审、禅互通的例,那就无疑地可以断定它是对的了。

此外,有一个以穿注审的例:

	本文	切韵音	声韵呼等	注音	切韵音	声韵呼等
三〇九.7.12	篩	疏夷切 ʂi	审脂开二	差	楚宜切 tʂiĕ	穿支开二

这应该是特殊的读法,犹如"篩"字在厦门的话音也有读作[t'ai]的,但是其余的审母二等字并不完全如此变。至于

	本文	切韵音	声韵呼等	注音	切韵音	声韵呼等
三〇六.8.1	綻	丈苋切 ɖ'ạn	澄裥开二	定	徒径切 d‘ieŋ	定径开四

那显然是由声符类推而保存的古读。所以"舌上"、"正齿"的不分,在这种方音里除去全浊变全清一点外,其余跟《千字文》的藏音极为近

似。可是在《千字文》的藏音里“齿头音”还清清楚楚地保存着，而在这种注音里却不然了。例如：

(6)精、从互注例：

	本文	切韵音	声韵呼等	注音	切韵音	声韵呼等
三〇五 .10.15	蹤	即容切 tsǐwoŋ	精锺合四	從	疾容切 dz'ǐwoŋ	从锺合四
三〇九 .2.8	薺	徂礼切 dz'iei	从荠开四	精	子盈切 tsǐæŋ	精清开四
三〇一 .7.11	鱒	才本切 dz'uən	从混合一	遵	将伦切 tsǐuěn	精谆合四

(7)以邪注心例：

三〇五 .6.1	嵩	息弓切 sǐoŋ	心东开四	松	祥容切 zǐwoŋ	邪锺合四

这只是本组内的清浊混并，还有一个以从注清的例：

三〇八 .1.6	銼	粗卧切 ts'uɑ	清过合一	矬	昨禾切 dz'uɑ	从果合一

也不过由声符类推的读法，可是在另外几个例里“齿头音”跟“舌上”、“正齿”就混而不分了：

(8)以从注澄例：

三〇九 .9.16	椽	直挛切 ḍ' ǐwæn	澄仙合三	全	疾缘切 dz' ǐwæn	从仙合四

(9)以照注从例：

三〇八 .4.21	漬	疾智切 dz'iě	从寘开四	至	脂利切 tɕi	照至开三
三〇八 .9.11	雋	徂兖切 dz'iwæn	从狝合四	専	职缘切 tɕǐwæn	照仙合三

(10)以彻注清例：

三〇八 .4.4	蹴	七宿切 ts' ǐok	清屋开四	畜	敕六切① ȶ' ǐok	彻屋开三

(11)以清注穿例：

① “畜”《广韵》“许六切”，此从《集韵》。

	本文	切韵音	声韵呼等	注音	切韵音	声韵呼等
三〇八.7.2	掣	昌列切 tɕʻĭæt	穿薛开三	切	千结切 tsʻiet	清屑开四

(12)以审注心例：

	本文	切韵音	声韵呼等	注音	切韵音	声韵呼等
三〇六.7.12	繡	息救切 sĭə̆u	心宥开四	守	书九切 ɕĭə̆u	审有开三

(13)以邪注禅例：

	本文	切韵音	声韵呼等	注音	切韵音	声韵呼等
三〇六.4.7	睡	是伪切 ʑwiĕ	禅寘合三	遂	徐醉切 zwi	邪至合四
三〇八.4.16	捶	是棰切① ʑwiĕ	禅寘合三	遂	徐醉切 zwi	邪至合四
三〇七.5.3	腨	市兖切 ʑĭwæn	禅狝合三	旋	辞恋切 ziwen	邪线合四

这究竟是“齿头音”变入“正齿音”，还是“正齿音”变入“齿头音”呢？究竟是全部的变化，还是一部分的变化呢？要解答这个问题，我们得拿现代西北方音作参证。精、清、心三母在现代西北方音里的读法，三水、桑家镇等处不分呼等一律读作[ts]、[tsʻ]、[s]；西安、山西跟其他甘肃方音一等读作[ts]、[tsʻ]、[s]，四等除止摄字外都变[tɕ]、[tɕʻ]、[ɕ]。从母平声跟清母一样，仄声跟精母一样，邪母跟心母一样。应用这种音变的条理，返回来再看上面几个混入“正齿”、“舌上”的“齿头音”，我们立刻就可以发现它们完全是属于四等的。况且在这种注音里有一个以晓注心的例：

	本文	切韵音	声韵呼等	注音	切韵音	声韵呼等
三〇八.1.12	鍹	荀缘切 sĭwæn	心仙合四	喧	况袁切 xĭwɐn	晓元合三

这虽然也许是由声符类推所致，然而在敦煌写本的“归三十字母例”里有“心邪晓是喉中音清”一句话，所以未尝不可以拿它当做心、晓两母的四等已然同样腭化成[ɕ]的暗示。如果这样假设不错，那么我们就可以说：“齿头音”的四等除止摄字外，因为受 i 介音的腭化，在五

① “捶”《广韵》“之累切”，此从《集韵》。

代的敦煌方音里已然跟“正齿音”混而不分；但是在一等韵母前面，却还保持它本来的读法，这跟几种现代西北方音的读法是类似的。因此，齿音组的声母应该分作“齿头音”ts、tsʻ、s 三类跟“正齿音”c、cʻ、ɕ、ź 四类。根据上面的条理，我把这一组的同音互注字分别列举于下：

ts 类（精、从）：

	本文	切 韵 音	声韵呼等	注音	切 韵 音	声韵呼等
三〇六 .6.3	繰	子皓切 tsɑu	精皓开一	早	子皓切 tsɑu	精皓开一
三一〇 .2.16	摋	祖才切 tsại	精咍开一	哉	祖才切 tsại	精咍开一
三一一 .3.9	臟	则郎切 tsɑŋ	精唐开一	藏	则郎切 tsɑŋ	精唐开一
三〇七 .3.7	髭	即移切 tsiě	精支开四	貲	即移切 tsiě	精支开四
三一〇 .3.2	梓	即里切 tsi:	精止开四	子	即里切 tsi:	精止开四
三〇九 .5.3	艚	昨劳切 dzɑu	从豪开一	曹	昨劳切 dzɑu	从豪开一

tsʻ类（清）：

三〇六 .7.8	綵	仓宰切 tsʻại	清海开一	*深①	仓宰切 tsʻại	清海开一

s 类（心、邪）：

三〇六 .10.12	*繀	苏内切 tsuại	心队合一	碎	苏内切 suại	心队合一
三一〇 .3.4	桑	息郎切 sɑŋ	心唐开一	乗②(?)	息郎切 sɑŋ	心唐开一
三一一 .4.1	賽	先代切 sại	心代开一	塞	先代切 sại	心代开一
三〇七 .3.5	鬚	相俞切 sǐu	心虞合四	須	相俞切 sǐu	心虞合四

① “深”字不见于字书，从声符“采”定音。

② 此字疑为“桑”之别体，以别体注本字与三〇八 .10.21“壶”字例同。

	本文	切韵音	声韵呼等	注音	切韵音	声韵呼等
三一〇.10.9	飼	祥吏切 zi	邪志开四	寺	祥吏切 zi	邪志开四

c类(照、知、澄、精$_{\text{四}}$、从$_{\text{四}}$):

	本文	切韵音	声韵呼等	注音	切韵音	声韵呼等
三〇五.10.22	箏	侧茎切 tʂɛŋ	照耕开二	爭	侧茎切 tʂɛŋ	照耕开二
三〇七.4.8	抓	侧绞切 tʂau	照巧开二	爪	侧绞切 tʂau	照巧开二
三〇七.2.7	粧	侧羊切 tʂĭaŋ	照阳开二	莊	侧羊切 tʂĭaŋ	照阳开二
三一〇.10.17	賭	止野切 tɕĭa	照马开三	者	章也切 tɕĭa	照马开三
三一一.1.9	䩢	旨热切 tɕĭæt	照薛开三	折	旨热切 tɕĭæt	照薛开三
三〇六.1.5	筑	张六切 ʈĭok	知屋开三	竹	张六切 ʈĭok	知屋开三
三〇五.9.20	酲	直贞切 ɖ'ĭæŋ	澄清开三	程	直贞切 ɖ'ĭæŋ	澄清开三
三〇六.8.4	袟	直一切 ɖĭĕt	澄质开三	姪	直一切 ɖĭĕt	澄质开三
三〇八.8.19	軸	直六切 ɖĭok	澄屋开三	逐	直六切 ɖĭok	澄屋开三
三〇五.9.4	爵	即略切 tsĭak	精药开四	雀	即略切 tsĭak	精药开四
三〇七.4.21	脊	资昔切 tsĭæk	精昔开四	積	资昔切 tsĭæk	精昔开四
三一一.2.19	跡	资昔切 tsĭæk	精昔开四	積	资昔切 tsĭæk	精昔开四
三〇七.6.19	癤	子结切 tsiet	精屑开四	節	子结切 tsiet	精屑开四
三一〇.7.8	鯽	子结切 tsiet	精屑开四	節	子结切 tsiet	精屑开四
三〇八.3.8	燋	即消切 tsĭæu	精宵开四	焦	即消切 tsĭæu	精宵开四
三一四.4.16	菁	子盈切 tsĭæŋ	精清开四	精	子盈切 tsĭæŋ	精清开四
三〇五.4.18	睛	疾盈切 dz'ĭæŋ	从清开四	情	疾盈切 dz'ĭæŋ	从清开四

c'类(穿、清$_{\text{四}}$、彻$_{\text{例缺}}$):

	本文	切韵音	声韵呼等	注音	切韵音	声韵呼等
三〇八.4.8	杈	初牙切 tʂ'a	穿仙开二	叉	初牙切 tʂ'a	穿仙开二
三〇六.8.5	穿	昌缘切 tɕ' ĭwæn	穿仙合三	川	昌缘切 tɕ' ĭwæn	穿仙合三
三〇九.7.6	杵	昌与切 tɕ' ĭo	穿语开三	處	昌与切 tɕ' ĭo	穿语开三
三〇九.10.9	敞	尺亮切 tɕ' ĭaŋ	穿漾开三	唱	尺亮切 tɕ' ĭaŋ	穿漾开三
三一一.2.11	竊	千结切 ts'iet	清屑开四	切	千结切 ts'iet	清屑开四

ç 类(审、禅、床、心四、邪四):

三〇五.10.20	瑟	所栉切 ʂĭĕt	审栉开二	虱	所栉切 ʂĭĕt	审栉开二
三〇六.1.8	笙	所庚切 ʂɐŋ	审庚开二	生	所庚切 ʂɐŋ	审庚开二
三〇六.2.10	甥	所庚切 ʂɐŋ	审庚开二	生	所庚切 ʂɐŋ	审庚开二
三〇六.7.6	紗	所加切 ʂa	审麻开二	沙	所加切 ʂa	审麻开二
三一〇.7.3	魦	所加切 ʂa	审麻开二	沙	所加切 ʂa	审麻开二
三一一.1.18	駛	疏吏切 ʂi	审志开二	使	疏吏切 ʂi	审志开二
三〇五.4.1	舒	伤鱼切 ɕĭo	审鱼开三	書	伤鱼切 ɕĭo	审鱼开三
三〇五.5.7	覢	失冉切 ɕĭæm	审琰开三	閃	失冉切 ɕĭæm	审琰开三
三〇六.7.4	絁	式支切 ɕiĕ	审支开三	施	式支切 ɕiĕ	审支开三
三〇六.10.5	箴	是征切 ʑĭæŋ	禅清开三	成	是征切 ʑĭæŋ	禅清开三
三〇六.3.14	勦	鉏交切 dʐ'au	床肴开二	巢	鉏交切 dʐ'au	床肴开二
三一〇.9.2	麝	神夜切 dʑĭa	床祃开三	射	神夜切 dʑĭa	床祃开三
三〇七.1.5	緗	息良切 sĭaŋ	心阳开四	相	息良切 sĭaŋ	心阳开四
三〇七.5.19	痟	相邀切 sĭæu	心宵开四	逍	相邀切 sĭæu	心宵开四

	本文	切韵音	声韵呼等	注音	切韵音	声韵呼等
三〇七.10.18	銷	相邀切 sĭæu	心宵开四	逍	相邀切 sĭæu	心宵开四
三〇七.6.12	癬	息浅切 sĭæn	心狝开四	鲜	息浅切 sĭæn	心狝开四
三〇九.2.22	惜	思积切 sĭæk	心昔开四	昔	思积切 sĭæk	心昔开四
三〇六.5.22	蓆	祥易切 zĭæk	邪昔开四	席	祥易切 zĭæk	邪昔开四
三〇六.9.18	續	似足切 zĭwok	邪烛合四	俗	似足切 zĭwok	邪烛合四

ź类(日、娘)：

三〇六.8.20	*襦	人朱切 nʑĭu	日虞合三	*儒	人朱切 nʑĭu	日虞合三
三〇七.3.6	髯	而艳切 nʑiæm	日艳开四	染	而艳切 nʑiæm	日艳开四
三〇八.4.4	蹂	耳由切 nʑĭə̆u	日尤开三	柔	耳由切 nʑĭə̆u	日尤开三
三一〇.5.8	攘	人样切 nʑĭaŋ	日漾开三	讓	人样切 nʑĭaŋ	日漾开三
三〇六.10.7	*躡①	尼辄切 njĭæp	娘葉开三	聶	尼辄切 njĭæp	娘葉开三
三〇九.4.15	籹	尼吕切 njĭo	娘语开三	女	尼吕切 njĭo	娘语开三

此外有一对以清注心的例：

三一一.1.7	鞼	素回切 suɑ̣i	心灰合一	漼	七罪切 tsʻuɑ̣i	清贿合一

这应该是由声符类推的读法，跟本组的系统没有关系，还有一对注音也很特别：

三〇八.2	*鏉	慈庾切 dzʻiu	从麌合四	取	七庾切 tsʻiu	清麌合四

"鏉"不见于字书，这是我由声符类推的读音，不过照上面全浊变全清的例来审核，好像当时不应该这样念的，现在只好存疑了。

---

① "躡"原作"蹍"，案《释名》"躡，摄也；登其上使摄服也"。此处与"胜"连文，疑即"躡"之俗体。

牙音组第四

（1）见、群互注例：

	本文	切韵音	声韵呼等	注音	切韵音	声韵呼等
三〇六.5.9	氍	其俱切 gʻjĭu	群虞合三	鬼	居伟切 kjwĕi	见尾合三
三一〇.3.9	拑	巨淹切 gʻjĭæm	群盐开三	甘	古三切 kɑm	见谈开一
三〇六.7.16	絚	古羽切 kjĭu	见麌合三	巨	其吕切 gʻjĭo	群语开三

以上三例可见这种方音里见、群两母没有分别。

此外还有：

（2）以匣注疑例：

	本文	切韵音	声韵呼等	注音	切韵音	声韵呼等
三〇七.8.10	頑	五还切 ŋwan	疑删合二	還	户关切 ɣwan	匣删合二

（3）以疑注群例：

	本文	切韵音	声韵呼等	注音	切韵音	声韵呼等
三〇五.10.19	琴	巨金切 gʻjĭəm	群侵开三	吟	鱼金切 ŋjĭəm	疑侵开三

（4）溪、匣互注例：

	本文	切韵音	声韵呼等	注音	切韵音	声韵呼等
三〇六.8.15	榼	苦盍切 kʻɑp	溪盍开一	迨	侯阁切 ɣwɑ̣p	匣合开一
三〇七.4.16	踝	胡瓦切 ɣwa	匣马合二	誇	苦瓜切 kʻwa	溪麻合二

（5）见、溪互注例：

	本文	切韵音	声韵呼等	注音	切韵音	声韵呼等
三〇七.1.13	篋	苦协切 kʻiep	溪帖开四	劫	居怯切 kjĭæp	见业开三
三〇八.3.14	柯	古俄切 kɑ	见歌开一	可	枯我切 kʻɑ	溪哿开一

（6）见、匣互注例：

	本文	切韵音	声韵呼等	注音	切韵音	声韵呼等
三〇五.7.3	艦	胡黤切 ɣam	匣槛开二	監	格忏切 kam	见鉴开二
三〇五.9.13	酣	胡甘切 ɣɑm	匣谈开一	甘	古三切 kɑm	见谈开一

	本文	切 韵 音	声韵呼等	注音	切 韵 音	声韵呼等
三〇七 .2.10	匣	胡甲切 ɣap	匣狎开二	甲	古狎切 kap	见狎开二
三〇七 .7.10	瘕	古牙切 ka	见麻开二	遐	胡加切 ɣa	匣麻开二

(7)以见注影例：

三〇六 .1.17	翁	乌红切ʻoŋ	影东开一	公	古红切 koŋ	见东开一

其中跟喉音相通的地方很多，但是除“顽”、“榼”、“踝”、“篋”四对注音以外，其余都是同声符的字，这恐怕是当时由声符类推的俗读，而不足以代表正式的音变。所以我还把这一组还分作 k、kʻ、ʼg 三类，各类的同音互注字如下：

k 类(见、群)：

三〇五 .6.21	渦	古禾切 kuɑ	见戈合一	過	古禾切 kuɑ	见戈合一
三〇五 .9.7	嘉	古牙切 ka	见麻开二	加	古牙切 ka	见麻开二
三〇九 .9.15	架	古讶切 ka	见祃开二	價	古牙切 ka	见祃开二
三〇六 .6.16	葛	古达切 kɑt	见曷开一	割	古达切 kɑt	见曷开一
三〇七 .2.9	鏡	居庆切 kjĭɐŋ	见映开三	敬	居庆切 kjĭɐŋ	见映开三
三〇七 .4.15	跟	古痕切 kən	见痕开一	根	古痕切 kən	见痕开一
三〇七 .5.11	肝	古寒切 kɑn	见寒开一	干	古寒切 kɑn	见寒开一
三〇七 .5.16	筋	举欣切 kjĭən	见欣开三	斤	举欣切 kjĭən	见欣开三
三〇七 .6.13	疥	古拜切 kai̤	见怪开二	介	古拜切 kai̤	见怪开二
三〇七 .6.22	肌	居夷切 kji	见脂开三	肌	居夷切 kji	见脂开三
三〇七 .10.16	錮	古暮切 ko	见暮开一	故	古暮切 ko	见暮开一
三〇八 .1.16	堦	古谐切 kai̤	见皆开二	皆	古谐切 kai̤	见皆开二

	本文	切韵音	声韵呼等	注音	切韵音	声韵呼等
三〇八.5.16	橿	居良切 kjĭaŋ	见阳开三	薑	居良切 kjĭaŋ	见阳开三
三一一.1.5	韁	居良切 kjĭaŋ	见阳开三	薑	居良切 kjĭaŋ	见阳开三
三〇八.7.12	豰	古历切 kiek	见锡开四	墼[①]	古历切 kiek	见锡开四
三〇八.8.15	釭	古红切 koŋ	见东开一	公	古红切 koŋ	见东开一
三一〇.8.3	鴿	古沓切 kap̣	见合开一	合	古沓切 kap̣	见合开一
三一一.1.11	鐍[②]	古穴切 kiwet	见屑合四	决	古穴切 kiwet	见屑合四
三〇六.2.9	舅	其九切 gʻjĭəu	群有开三	舊	其九切 gʻjĭəu	群有开三
三〇六.3.1	炬	其吕切 gʻjĭo	群语开三	巨	其吕切 gʻjĭo	群语开三
三〇九.4.14	鉅	其吕切 gʻjĭo	群语开三	巨	其吕切 gʻjĭo	群语开三
三一一.2.6	*懼	其遇切 gʻjĭu	群遇合三	*具	其遇切 gʻjĭu	群遇合三
三〇六.3.22	猽	渠营切 gʻjĭwæŋ	群清合四	瓊	渠营切 gʻjĭwæŋ	群清合四
三〇六.9.15	裙	渠云切 gʻjĭuən	群文合三	鯨	渠云切 gʻjĭuən	群文合三
三一〇.7.9	鯨	渠京切 gʻjĭeŋ	群庚开三	擎	渠京切 gʻjĭeŋ	群庚开三

kʻ类(溪)：

三〇六.1.1	箜	苦红切 kʻoŋ	溪东开一	空	苦红切 kʻoŋ	溪东开一
三一一.1.4	鞚	苦贡切 kʻoŋ	溪送开一	空	苦贡切 kʻoŋ	溪送开一
三〇六.6.9	縴	苦坚切 kʻien	溪先开四	牽	苦坚切 kʻien	溪先开四
三〇六.8.18	袴	苦故切 kʻo	溪暮开一	庫	苦故切 kʻo	溪暮开一

① “豰”原作“豰”，“墼”原作“整”，形近而讹，今据同音互注例正之。

② “鐍”不见于字书，依声符“矞”定其音，“矞”《集韵》“古穴切”。

本文	切韵音	声韵呼等	注音	切韵音	声韵呼等
三〇九.7.20 糠	苦冈切 k'ɑŋ	溪唐开一	康	苦冈切 k'ɑŋ	溪唐开一

'g 类(疑):

同音互注例缺。

喉音组第五

(1)以匣注晓例:

三〇七.7.16 呵 虎何切 xa 晓歌开一 何 胡歌切 ɣa 匣歌开一

这个例虽然是同声符字,但心、邪的混合既然跟《千字文》的藏音相同,则晓、匣的混合当然也不能独异,所以我们由这个孤证就可推断这两母是不分的。

(2)以喻三等注喻四等例:

三〇九.10.21 牗 与久切 ĭəu 喻有开四 又 于救切 ĭəu 喻宥开三

由此例可见喻母三、四等的混合,但照《千字文》的藏音看,喻母的开合口也许是不同音的。《开蒙要训》有一个以晓注喻三等合口的例:

三〇六.10.10 籰 王缚切 jĭwak 喻药合三 霍 虚郭切 xwɑk 晓铎合一

我们很可以用《阿弥陀经》跟《金刚经》读"云"为 hun 的例来解释这一对注音,可见喻的合口是不应该同开口合并的。因此我把这一组分作·、h、y、w 四类,而附列其同音互注字如下:

·类(影):

三〇五.9.5 嚥 於甸切·ien 影霰开四 鷰 於甸切·ien 影霰开四

三〇六.2.12 姻 於真切·ĭěn 影真开四 因 於真切·iěn 影真开四

三〇七.2.15 粡 乌前切·ien 影先开四 烟 乌前切·ien 影先开四

	本文	切韵音	声韵呼等	注音	切韵音	声韵呼等
三〇六.8.10	繶	於谨切·ĭən	影隐开三	隱	於谨切·ĭən	影隐开三
三〇六.9.5	罥	於宵切·ĭæu	影宵开四	要	於霄切·ĭæu	影宵开四
三〇七.4.3	腰	於霄切·ĭæu	影宵开四	要	於霄切·ĭæu	影宵开四
三〇七.2.17	靨	於葉切·ĭæp	影叶开四	厭	於葉切·ĭæp	影葉开四
三〇七.6.18	癰	於容切·ĭwoŋ	影鍾合三	邕	於容切·ĭwoŋ	影鍾合三
三〇七.8.14	啞	衣嫁切·a	影祃开二	亚	衣嫁切·a	影祃开二
三一〇.8.15	鴦	乌郎切·ɑŋ	影唐开一	佒	乌郎切·ɑŋ	影唐开一

h类(晓、匣)：

三〇五.4.19	晦	荒内切 xuɑi	晓队合一	悔	荒内切 xuɑi	晓队合一
三〇七.4.5	胸	许容切 xjĭwoŋ	晓鍾合三	凶	许容切 xjĭwoŋ	晓鍾合三
三〇七.7.11	庥	许尤切 xjĭəu	晓尤开三	休	许尤切 xjĭəu	晓尤开三
三〇七.7.4	*臰	许久切 xjĭəu	晓有开三	*朽①	许久切 xjĭəu	晓有开三
三〇七.7.17	嘘	朽居切 xjĭo	晓鱼开三	虚	朽居切 xjĭo	晓鱼开三
三一一.1.15	哮	呼教切 xau	晓效开二	孝	呼教切 xau	晓效开二
三〇五.5.3	霞	胡加切 ɣa	匣麻开二	遐	胡加切 ɣa	匣麻开二
三〇八.10.12	瑕	胡加切 ɣa	匣麻开二	遐	胡加切 ɣa	匣麻开二
三一〇.6.19	蝦	胡加切 ɣa	匣麻开二	遐	胡加切 ɣa	匣麻开二
三〇六.1.2	篌	户钩切 ɣǝu	匣侯开一	侯	户钩切 ɣǝu	匣侯开一

① 《广韵》“臭，凡气之总名，俗作臰，尺救切”，此借为训“腐气”之“殠”，音“许久切”；“朽”原讹作“杇”。

	本文	切 韵 音	声韵呼等	注音	切 韵 音	声韵呼等
三〇七 .1.2	紅	户公切 ɣoŋ	匣东开一	洪	户公切 ɣoŋ	匣东开一
三一〇.8.4	鴻	户公切 ɣoŋ	匣东开一	洪	户公切 ɣoŋ	匣东开一
三〇八 .10.21	壺	户吴切 ɣo	匣模开一	壺	户吴切 ɣo	匣模开一
三一〇.4.11	葫	户吴切 ɣo	匣模开一	胡	户吴切 ɣo	匣模开一
三一〇.9.12	狐	户吴切 ɣo	匣模开一	荷	户吴切 ɣo	匣模开一
三〇九 .8.14	荷	胡歌切 ɣɑ	匣歌开一	何	胡歌切 ɣɑ	匣歌开一

y 类(喻$_{开}$):

三〇七 .4.6	腋	羊益切 ĭæk	喻昔开四	亦	羊益切 ĭæk	喻昔开四
三〇八 .8.6	驛	羊益切 ĭæk	喻昔开四	亦	羊益切 ĭæk	喻昔开四
三〇七 .6.5	癢	馀两切 ĭaŋ	喻养开四	養	馀两切 ĭaŋ	喻养开四
三〇九 .7.18	颺	与章切 ĭaŋ	喻阳开四	羊	与章切 ĭaŋ	喻阳开四
三〇七 .10.21	冶	羊者切 ĭa	喻马开四	也	羊者切 ĭa	喻马开四
三〇九 .10.6	*簷	余廉切 ĭæm	喻盐开四	閻	余廉切 ĭæm	喻盐开四
三一〇.1.3	*籥	以灼切 ĭak	喻养开四	藥	以灼切 ĭak	喻药开四
三一〇.8.18	鷂	馀昭切 ĭæu	喻宵开四	遥	馀昭切 ĭæu	喻宵开四
三一一 .3.15	誘	与久切 ĭěu	喻有开四	酉	与久切 ĭə̆u	喻有开四

w 类(喻$_{合}$)

三一〇.4.7	芸	王分切 jĭuən	喻文合三	云	王分切 jĭuən	喻文合三
三〇六 .10.11	傭	馀封切 ĭwoŋ	喻鍾合四	容	馀封切 ĭwoŋ	喻鍾合四
三〇七 .10.19	鎔	馀封切 ĭwoŋ	喻鍾合四	容	馀封切 ĭwoŋ	喻鍾合四

	本文	切韵音	声韵呼等	注音	切韵音	声韵呼等
三〇九.8.17	蓉	馀封切 ĭwoŋ	喻鍾合四	容	馀封切 ĭwoŋ	喻鍾合四

以上凡5组22类：——p、p‘、’b、pf‘、’bv，t、t‘、l，ts、ts‘、s、c、c‘、ç、ź，k、k‘、’g，·、h、y、w——不过是我参照《千字文》藏音及上面仅有的那一些错综注音所拟测的声系罢了。关于全浊、全清相混一点，显然跟《大乘中宗见解》的藏音不同，但是由上面那些各组相应的互注例来看，如果当时注音者不至于十分随便，我们只能承认它是这种方音的特异色彩，因为这种混合的情形既然不像《千字文》跟《大乘中宗见解》那样完全限于上去声，而且全浊跟次清互注的例在241对注音里只见过三次，所以即使这种结果同那四种藏音相去较远，而根据本书所有的材料，我们暂时只好这样分类了。此外像非、敷、奉三母由分化而混并以及"齿头音"的四等混入"正齿音"之类，也算是这种方音声系的特色。

乙　韵母

这种方音的韵母，有两点跟《千字文》的藏音极为近似：(一)蟹摄的四等跟梗摄对转；(二)遇摄的鱼韵多数混入止摄，比起声母来格外显着关系密切。所以我现在根据《开蒙要训》的注音来探讨五代的敦煌方音，关于韵部的分合跟韵值的拟测，除去在注音的错综处发现另外的异点，大体是拿《千字文》的藏音作参证的。如果这个前提可以成立，那么我们就可以把所有这些注音分成23摄：

歌摄第一(《切韵》歌、戈、麻)

这一摄只有一个以歌注夬的例：

	本文	切韵音	韵声呼等	注音	切韵音	韵声呼等
三〇七.7.12	欸	於犗切·ai	夬影开二	阿	乌何切·ɑ	歌影开一

此外就没有其他错综的注音了。我现在参照《千字文》的藏音，把它所有的同音互注字分列于下：

a 韵(歌、麻开二)：

三〇九.8.14	荷	胡歌切 ɣɑ	歌匣开一	何	胡歌切 ɣɑ	歌匣开一
三一〇.4.19	蘿	鲁何切 lɑ	歌来开一	羅	鲁何切 lɑ	歌来开一
三〇五.5.3	霞	胡加切 ɣa	麻匣开二	遐	胡加切 ɣa	麻匣开二
三〇八.10.12	瑕	胡加切 ɣa	麻匣开二	遐	胡加切 ɣa	麻匣开二
三一〇.6.19	蝦	胡加切 ɣa	麻匣开二	遐	胡加切 ɣa	麻匣开二
三〇五.9.7	嘉	古牙切 ka	麻见开二	加	古牙切 ka	麻见开二
三〇九.9.15	架	古讶切 ka	祃见开二	價	古讶切 ka	祃见开二
三〇六.7.6	紗	所加切 ʂa	麻审开二	沙	所加切 ʂa	麻审开二
三一〇.7.3	魦	所加切 ʂa	麻审开二	沙	所加切 ʂa	麻审开二
三〇八.4.8	杈	初牙切 tʂ'a	麻穿开二	叉	初牙切 tʂ'a	麻穿开二
三一〇.6.20	蟆	莫霞切 ma	麻明开二	麻	莫霞切 ma	麻明开二
三〇七.8.14	啞	衣嫁切·a	祃影开二	亞	衣嫁切·a	祃影开二

ya 韵(麻开三)：

三〇七.10.21	冶	羊者切 ĭa	马喻开四	也	羊者切 ĭa	马喻开四
三一〇.10.17	賭	止野切 tɕĭa	马照开三	者	章也切 tɕĭa	马照开三
三一〇.9.2	麝	神夜切 dʑĭa	祃床开三	射	神夜切 dʑĭa	祃床开三

	本文	切韵音	韵声呼等	注音	切韵音	韵声呼等

wa 韵(戈、麻合二)

三〇五.6.21	渦	古禾切 kuɑ	戈见合一	過	古禾切 kuɑ	戈见合一
三一〇.6.20	蟆	莫霞切 mwa	麻明开二	麻	莫霞切 mwa	麻明开二

据《千字文》藏音凡戈韵唇音字转读 a;又蟹韵开口“解”字读 a,卦韵合口“畫”字读 wa。此摄没有相似的例可资比较,不过“蟆、麻”一对注音,依例类推是可以附入 a 韵的。

模摄第二(《切韵》模、唐、阳)

这一摄没有错综注音的例,也没有模、唐对转的例,我所以如此并合,完全是参照《千字文》的藏音定的。因为唐、阳韵的 -ṅ 收声在别种汉藏对音的文件里虽然还大部分保存着,可是在《千字文》里除去“康、糠、帳”三个字以外,完全都消变了。我既然相信《开蒙要训》的注音跟《千字文》藏音相近,所以我在这里就根据这个条理,把本摄的同音互注字分列于下:

o 韵(模、唐):

三〇六.9.19	罏	落胡切 lo	模来开一	盧	落胡切 lo	模来开一
三〇八.10.21	壺	户吴切 ɣo	模匣开一	壷	户吴切 ɣo	模匣开一
三一〇.9.12	狐	户吴切 ɣo	模匣开一	胡	户吴切 ɣo	模匣开一
三一一.1.19	弩	奴古切 no	姥泥开一	努	奴古切 no	姥泥开一
三〇五.4.12	露	洛故切 lo	暮来开一	路	洛故切 lo	暮来开一
三〇六.8.18	袴	苦故切 k'o	暮溪开一	庫	苦故切 k'o	暮溪开一
三〇七.10.16	錮	古暮切 ko	暮见开一	故	古暮切 ko	暮见开一

	本文	切韵音	韵声呼等	注音	切韵音	韵声呼等
三〇六.8.16	礑	都郎切 tɑŋ	唐端开一	當	都郎切 tɑŋ	唐端开一
三〇九.10.7	廊	鲁当切 lɑŋ	唐来开一	郎	鲁当切 lɑŋ	唐来开一
三一〇.6.18	螂	鲁当切 lɑŋ	唐来开一	郎	鲁当切 lɑŋ	唐来开一
三一〇.9.19	狼	鲁当切 lɑŋ	唐来开一	郎	鲁当切 lɑŋ	唐来开一
三一〇.3.4	桑	息郎切 sɑŋ	唐心开一	乎(?)	息郎切 sɑŋ	唐心开一
三一〇.6.17	螳	徒郎切 d 'ɑŋ	唐定开一	唐	徒郎切 d 'ɑŋ	唐定开一
三一〇.8.15	鴦	乌郎切·ɑŋ	唐影开一	佒	乌郎切·ɑŋ	唐影开一
三一一.3.9	臟	则郎切 tsɑŋ	唐精开一	藏	则郎切 tsɑŋ	唐精开一

yo 韵(阳):

	本文	切韵音	韵声呼等	注音	切韵音	韵声呼等
三〇六.10.22	枋	府良切 pjĭwaŋ	阳非合三	方	府良切 pjĭwaŋ	阳非合三
三一〇.7.12	魴	符方切 b'jĭwaŋ	阳奉合三	方	符方切 b'jĭwaŋ	阳奉合三
三〇七.1.5	緗	息良切 sĭaŋ	阳心开四	相	息良切 sĭaŋ	阳心开四
三〇七.2.7	粧	侧羊切 tʂĭaŋ	阳照开二	莊	侧羊切 tʂĭaŋ	阳照开二
三〇八.3.16	橿	居良切 kjĭaŋ	阳见开三	薑	居良切 kjĭaŋ	阳见开三
三一一.1.5	韁	居良切 kjĭaŋ	阳见开三	薑	居良切 kjĭaŋ	阳见开三
三〇九.7.18	颺	与章切 ĭaŋ	阳喻开四	羊	与章切 ĭaŋ	阳喻开四
三〇七.6.5	癢	馀两切 ĭaŋ	养喻开四	養	馀两切 ĭaŋ	养喻开四
三一〇.6.10	蜋	吕张切 ljĭaŋ	阳来开三	良	吕张切 ljĭaŋ	阳来开三
三〇八.8.10	*輞	文两切 mjĭwaŋ	养微合三	*罔	文两切 mjĭwaŋ	养微合三
三〇九.10.9	廠	尺亮切 tɕ' ĭaŋ	漾穿开三	唱	尺亮切 tɕ' ĭaŋ	漾穿开三

	本文	切韵音	韵声呼等	注音	切韵音	韵声呼等
三一〇.5.8	攘	人样切 ȵʑĭaŋ	漾日开三	讓	人样切 ȵʑĭaŋ	漾日开三

此外,有一个以模注麻的例:

三一〇.10.18	騧	古华切 kwa	麻见合二	苽	古胡切 ko	模见开一

这应该是由声符“瓜”类推的读法。

据《千字文》的藏音应该还有 uo 韵,不过除去“图 duo、土 t‘uo”两个对音以外,并没有另外的例,而且其他舌音字如“途 do、杜 do、路 lo”之类,跟这两个字的读法也不一致,所以我在这里并没有单分出来。至于唐、阳两韵的实际音值,即使跟《千字文》的藏音一样,也不过是带着鼻摩擦音的[oɣ̃]、[ioɣ̃],并不是纯粹的口音,这里把它们并成一摄,只是拿藏音的表面写法作标准罢了。

齐摄第三(《切韵》齐、祭、庚、耕、清、青)

这一摄的错综注音,可以分作两方面来论列:一种是“梗摄”本身的混合;一种是“梗摄”跟齐、祭韵的混合。关于梗摄本身的混合,共有四例:

(1)庚、青互注例:

三〇五.5.2	暝	莫经切 mieŋ	青明开四	明	眉兵切 mjĭeŋ	庚明开三
三〇五.7.4	*艇	徒鼎切 d‘ĭeŋ	梗定开四	定	徒经切 d‘ieŋ	径定开四
三〇六.1.6	罄	苦定切 k‘ieŋ	径溪开四	慶	丘敬切 k‘jĭeŋ	映溪开三

(2)庚、清互注例:

三〇六.2.2	嬰	於盈切·ĭæŋ	清影开四	英	於惊切·ĭeŋ	庚影开三
三〇六.5.1	屏	卑盈切 piæŋ	清帮开四	平	蒲兵切 b‘jĭeŋ	庚並开三
三〇七.3.21	頸	居郢切 kĭæŋ	静见开四	敬	居庆切 kjĭeŋ	映见开三

<table>
<tr><th></th><th>本文</th><th>切 韵 音</th><th>韵声呼等</th><th>注音</th><th>切 韵 音</th><th>韵声呼等</th></tr>
<tr><td>三〇八.3.17</td><td>柄</td><td>陂病切 pjĭɐŋ</td><td>映帮开三</td><td>餅</td><td>必郢切 pĭæŋ</td><td>静帮开四</td></tr>
<tr><td colspan="7">(3)以清注青例：</td></tr>
<tr><td>三一〇.3.5</td><td>榠</td><td>莫经切 mieŋ</td><td>青明开四</td><td>名</td><td>弥並切 mĭæŋ</td><td>清明开四</td></tr>
<tr><td colspan="7">(4)以庚注耕例：</td></tr>
<tr><td>三〇五.6.22</td><td>浤</td><td>户萌切 ɣwɛŋ</td><td>耕匣合二</td><td>横</td><td>户盲切 ɣwɐŋ</td><td>庚匣合二</td></tr>
<tr><td colspan="7">关于梗摄跟齐、祭韵的混合共有四例：</td></tr>
<tr><td colspan="7">(1)以庚注齐例：</td></tr>
<tr><td>三〇七.3.2</td><td>髻</td><td>古诣切 kiei</td><td>霁见开四</td><td>敬</td><td>居庆切 kjĭɐŋ</td><td>映见开三</td></tr>
<tr><td>三〇七.7.10</td><td>翳</td><td>於计切·iei</td><td>霁影开四</td><td>映</td><td>於敬切·ĭɐŋ</td><td>映影开三</td></tr>
<tr><td>三一〇.7.10</td><td>鯢</td><td>五稽切 ŋiei</td><td>齐疑开四</td><td>迎</td><td>语京切 ŋjĭɐŋ</td><td>庚疑开三</td></tr>
<tr><td colspan="7">(2)以庚注祭例：</td></tr>
<tr><td>三〇五.8.9</td><td>憩</td><td>去例切 k'jĭæi</td><td>祭溪开三</td><td>慶</td><td>丘敬切 k'jĭɐŋ</td><td>映溪开三</td></tr>
<tr><td colspan="7">(3)以清注齐例：</td></tr>
<tr><td>三〇八.2.13</td><td>犁</td><td>郎奚切 liei</td><td>齐来开四</td><td>令</td><td>力政切 lĭæŋ</td><td>劲来开四</td></tr>
<tr><td>三〇九.2.8</td><td>薺</td><td>徂礼切 dz'iei</td><td>荠从开四</td><td>精</td><td>子盈切 tsĭæŋ</td><td>清精开四</td></tr>
<tr><td colspan="7">(4)青、齐互注例：</td></tr>
<tr><td>三〇六.3.19</td><td>提</td><td>杜奚切 d'iei</td><td>齐定开四</td><td>亭</td><td>特丁切 d'ieŋ</td><td>青定开四</td></tr>
<tr><td>三〇七.7.14</td><td>涕</td><td>他计切 t'iei</td><td>霁透开四</td><td>聽</td><td>他定切 t'ieŋ</td><td>径透开四</td></tr>
<tr><td>三一〇.1.20</td><td>梯</td><td>土鸡切 t'iei</td><td>齐透开四</td><td>聽</td><td>他丁切 t'ieŋ</td><td>青透开四</td></tr>
</table>

	本文	切韵音	韵声呼等	注音	切韵音	韵声呼等
三〇八.1.12	鼑[①]	都挺切 tieŋ	迥端开四	帝	都计切 tiei	霁帮开四

脂韵的唇声字也有两个用庚韵字来注的例：

	本文	切韵音	韵声呼等	注音	切韵音	韵声呼等
三〇七.2.21	鈚	频脂切 bʻi	脂並开四	兵	晡明切 pjĭɐŋ	庚帮开三
三〇七.4.14	膍	部比切 bʻi	至並开四	病	皮命切 bʻjĭɐŋ	映並开三

据此可知庚、耕、清、青四韵的-ṅ收声当然也消变成[ɣ̃]了。所以我援照《千字文》藏音的例，把它们跟齐、祭韵并成一摄，而把这一摄的同音互注字分列于下：

e 韵(庚、耕)：

	本文	切韵音	韵声呼等	注音	切韵音	韵声呼等
三〇六.1.8	笙	所庚切 ʂɐŋ	庚审开二	生	所庚切 ʂɐŋ	庚审开二
三〇六.2.10	甥	所庚切 ʂɐŋ	庚审开二	生	所庚切 ʂɐŋ	庚审开二
三一〇.7.9	鯨	渠京切 gʻjĭɐŋ	庚群开三	擎	渠京切 gʻjĭɐŋ	庚群开三
三〇七.2.9	鏡	居庆切 kjĭɐŋ	映见开三	敬	居庆切 kjĭɐŋ	映见开三
三〇五.10.22	箏	侧茎切 tʂɛŋ	耕照开二	爭	侧茎切 tʂɛŋ	耕照开二

ye 韵(齐、清、青)：

	本文	切韵音	韵声呼等	注音	切韵音	韵声呼等
三〇八.9.20	剕	匹迷切 pʻiei	齐滂开四	鈚	匹迷切 pʻiei	齐滂开四
三〇五.4.18	晴	疾盈切 dzʻĭæŋ	清从开四	情	疾盈切 dzʻĭæŋ	清从开四
三〇五.9.20	酲	直贞切 ḍʻĭæŋ	清澄开三	程	直贞切 ḍʻĭæŋ	清澄开三
三〇六.3.22	琝	渠营切 gʻĭwæŋ	清群合四	瓊	渠营切 gʻĭwæŋ	清群合四
三〇六.10.5	筬	是征切 ʑĭæŋ	清禅开三	成	是征切 ʑĭæŋ	清禅开三

① 此字与"鑊"连文当即"鼎"之别体，按诸音理亦甚符合。丁声树说。

	本文	切韵音	韵声呼等	注音	切韵音	韵声呼等
三一〇.4.16	菁	子盈切 tsĭæŋ	清精开四	精	子盈切 tsĭæŋ	清精开四
三〇六.2.13	娉	匹正切 p'ĭæŋ	劲滂开四	聘	匹正切 p'ĭæŋ	劲滂开四
三〇八.8.13	軨	郎丁切 lieŋ	青来开四	令	郎丁切 lieŋ	青来开四

we(庚、耕、清$_{合}$):

同音互注例缺。据"浤:横"(三〇五.6.22)跟《千字文》的"横 hwe'e、營 we、傾 kwe"三个对音类推,本摄应有此韵。

案《千字文》的藏音庚韵在 m-、k-两声母的后面大部分还保留-ṅ收声(如"更 keṅ、驚 keṅ、孟 meṅ、明 meṅ、盟 meṅ"之类),但也并不完全一致(如"京 ke");这里的庚韵既然没有属于 m- 声母的例字,而属于 k- 声母的"敬"字却有跟齐韵合用的直证(三〇七.3.2"髻:敬"),从它得声的"擎"字当然也可以视同一律,因此我就把它们完全列在本摄了。不过从梗摄变入此摄的字,也应该是带有鼻摩擦音的[eɣ̃],而不是纯粹口音[e],这跟唐、阳、模的合并情形是相似的。

脂摄第四(《切韵》脂、之、支、微、鱼)

这一摄里的错综注音,也应该分作止摄本身的混合跟鱼韵转入止摄的两类。关于止摄本身混合的,共有四例:

(1)脂、支互注例:

三〇六.7.17	紕	匹夷切 p'i	脂滂开四	披	攀糜切 p'jiĕ	支滂开三
三〇八.8.1	遅	直尼切 ḍ'i	脂澄开三	池	直离切 ḍ'iĕ	支澄开三
三〇九.7.12	篩	疏夷切 ṣi	脂审开二	差	楚宜切 tṣ'iĕ	支穿开二
三〇七.4.1	臂	卑义切 piĕ	寘帮开四	比	必至切 pi	至帮开四
三〇八.4.21	漬	疾智切 dz'iĕ	寘从开四	至	脂利切 tɕi	至照开三

	本文	切韵音	韵声呼等	注音	切韵音	韵声呼等
三〇六.4.7	睡	是伪切 ʑwiě	寘禅合三	遂	徐醉切 zwi	至邪合四
三〇八.4.16	捶	是棰切 ʑwiě	寘禅合三	遂	徐醉切 zwi	至邪合四
三一〇.4.1	羆	彼为切 pjwiě	支帮合三	悲	府眉切 pji	脂帮开三
(2)支、之互注例:						
三〇六.6.18	啙	即移切 tsiě	支精开四	子	即里切 tsiː	止精开四
三〇八.9.17	鏩	息移切 siě	支心开四	思	息兹切 siː	之心开四
三〇八.10.11	*攲	去奇切 k'jiě	支溪开三	欺	去其切 k'jiː	之溪开三
三〇九.1.5	*卮[①]	章移切 tɕiě	支照开三	之	止而切 tɕiː	之照开三
三〇九.8.18	枝	章移切 tɕiě	支照开三	之	止而切 tɕiː	之照开三
三〇六.5.3	倚	於义切·iě	寘影开四	意	於记切·iː	志影开四
三〇七.8.8	癡	丑之切 ȶ'iː	之彻开三	侈	尺氏切 tɕ'iě	纸穿开三
(3)以之注脂例:						
三〇六.2.5	姊	将几切 tsi	旨精开四	子	即里切 tsiː	止精开四
三〇七.2.11	脂	旨夷切 tɕi	脂照开三	之	止而切 tɕiː	之照开三
三〇七.2.16	粭	旨夷切 tɕi	脂照开三	之	止而切 tɕiː	之照开三
(4)以之注微例:						
三一〇.6.13	蟣	居狶切 kjěi	尾见开三	己	居理切 kjĭː	止见开三

关于鱼韵转入止摄的,也有四例:

(1)脂、鱼互注例:

① 原文作"它",今据音例及"盃椀盞它"全句文义校改。

	本文	切韵音	韵声呼等	注音	切韵音	韵声呼等
三〇六.2.8	姨	以脂切 i	脂喻开四	餘	以诸切 ĭo	鱼喻开四
三〇七.6.17	痍	以脂切 i	脂喻开四	餘	以诸切 ĭo	鱼喻开四
三〇七.2.19	梳	所葅切 ʂĭo	鱼审开二	師	疏夷切 ʂi	脂审开二
三〇六.5.10	毓[①]	山於切 ʂĭo	鱼审开二	師	疏夷切 ʂi	脂审开二
三一〇.1.13	貯	丁吕切 ȶĭo	语知开三	至	脂利切 tɕi	至照开三

(2)之、鱼互注例：

三〇七.3.12	頤	与之切 iː	之喻开四	餘	以诸切 ĭo	鱼喻开四
三〇九.10.8	厠	初吏切 tʂʻiː	志穿开二	楚	创举切 tʂʻ ĭo	语穿开二
三〇六.8.11	緿	渠记切 gjĭː	志群开三	巨	其吕切 gjĭo	语群开三
三〇六.6.19	紵	直吕切 ȡʻ ĭo	语澄开三	志	职吏切 tɕiː	志照开三
三〇六.10.6	竚	直吕切 ȡʻĭo	语澄开三	志	职吏切 tɕiː	志照开三
三〇八.2.7	鋸	居御切 kjĭo	御见开三	己	居理切 kjĭː	止见开三

(3)支、鱼互注例：

三〇六.6.10	褫[②]	邻知切 ljiĕ	支来开三	驢	力居切 ljĭo	鱼来开三
三〇七.5.20	羸	力为切 ljwiĕ	支来合三	驢	力居切 ljĭo	鱼来开三
三〇七.1.8	綺	墟彼切 kʻjiĕ	纸溪开三	去	羌举切 kʻjĭo	语溪开三
三一〇.8.20	翅	施智切 ʂiĕ	寘审开二	鼠	舒吕切 ɕĭo	语审开三

(4)以鱼注微例：

① 《类篇》作“毹”，疏鸠切又山於切，义并同。

② “褫”《广韵》郎奚切，今从《集韵》。

	本文	切韵音	韵声呼等	注音	切韵音	韵声呼等
三〇六.10.3	機	居依切 kjĕi	微见开三	居	九鱼切 kjĭo	鱼见开三
三〇八.2.22	稀	香衣切 xjĕi	微晓开三	虚	朽居切 xjĭo	鱼晓开三

由这八条看来,我们可以知道关于脂、之、支、微的不分跟鱼韵的转入止摄,在这种方音里跟《千字文》的藏音是一样的,它们已然都变成 i 韵了。不过关于脂、支、微的合口字,却因声母的不同而变入两摄。据《千字文》的藏音,脂韵合口字在 ç 的后头读 wi(33.7"誰 çwi"),在 ts' 的后头读 we(36.6"翠 ts'we");支韵合口字在 s 的后头读 u'i(2.7"随 su'i"),在 c' 跟 l 的后头读 u(11.1"吹 c'u",35.2"累 lu");微韵合口字在唇音声母的后头读如开口(16.6"肥 bi",18.4"微 'byi",9.4"飛 p'e"),在影母的后头读 u'i(23.3"威 ·u'i",38.12"畏 u'i");至于支、微两韵的喻母合口字,在《千字文》的藏音里只有一个微韵的"炜"字读作 'we(42.3),可是在《金刚经》的藏音里支韵的"爲"字跟微韵的"圍"字都读 'u,所以我对于止摄合口字的分配,除去把"捶:遂"(三〇八.4.16)跟"睡:遂"(三〇六.4.7)两对注音归入本摄,认为应当读作 wi 韵,其余跟虞韵合用或者合于上面所说转入 -u 韵的条理的,一律附入虞摄第五(详下文)。鱼韵的字在《千字文》的藏音里也有-i、-u 两读,其间虽没有十分一贯的条理,然而在 k 组跟 l 母的后面多数读作 u 韵,关于这一点,我想这种方音里,除去有合用的直证以外,应该跟它一致的。依据上面的推断,我把这一摄的同音互注字分列于下:

i 韵(脂、之、支开口,微开口及唇声合口,鱼韵的一部分):

三〇七.6.22	肌	居夷切 kji	脂见开三	飢	居夷切 kji	脂见开三
三一〇.3.2	梓	即里切 tsi:	止精开四	子	即里切 tsi:	止精开四
三一〇.7.6	鯉	良士切 lji:	止来开三	里	良士切 lji:	止来开三
三一〇.10.9	飼	祥吏切 zi:	志邪开四	寺	祥吏切 zi:	志邪开四

	本文	切韵音	韵声呼等	注音	切韵音	韵声呼等
三〇六.7.4	絁	式支切 ɕiě	支审开三	施	式支切 ɕiě	支审开三
三〇六.9.9	帔	攀糜切 p'jiě	支滂开三	披	攀糜切 p'jiě	支滂开三
三〇七.7.6	鈹	攀糜切 p'jiě	支滂开三	帔	攀糜切 p'jiě	支滂开三
三〇七.3.7	髭	即移切 tsiě	支精开四	貲	即移切 tsiě	支精开四
三〇七.1.1	緋	甫微切 pjwěi	微非合三	非	甫微切 pjwiěi	微非合三
三〇五.4.1	舒	伤鱼切 ɕĭo	鱼审开三	書	伤鱼切 ɕĭo	鱼审开三
三〇七.7.17	噓	朽居切 xjĭo	鱼晓开三	虛	朽居切 xjĭo	鱼晓开三
三〇六.3.1	炬	其吕切 gjĭo	语群开三	巨	其吕切 gjĭo	语群开三
三〇九.4.14	鉅	其吕切 gjĭo	语群开三	巨	其吕切 gjĭo	语群开三
三〇九.4.15	籹	尼吕切 njĭo	语娘开三	女	尼吕切 njĭo	语娘开三
三〇九.7.6	杵	昌与切 tɕ'ĭo	语穿开三	處	昌与切 tɕ'io	语穿开三

wi 韵(脂、支、微$_{合口}$):

同音互注字例缺。但可参考:

三〇八.4.16	捶	是棰切 ʑwiě	寘禅合三	遂	徐醉切 zwi	至邪合四
三〇六.4.7	睡	是伪切 ʑwiě	寘禅合三	遂	徐醉切 zwi	至邪合四

虞摄第五(《切韵》虞、尤,支、脂、微$_{合口}$,模、侯$_{唇音}$)

在《千字文》的藏音里,虞韵没有例外地都读成 u,尤韵的唇声字读 u,其余的读 iu,这种方音当然也跟它类似,所以凡是同虞韵合用的,我都认为它们读 u。例如:

(1)虞、支互注例:

三〇六.5.13	盂	羽俱切 jĭu	虞喻合三	爲	薳支切 jwiě	支喻合三
三一〇.10.12	騟	羊朱切 ĭu	虞喻合四	爲	薳支切 jwiě	支喻合三

	本文	切韵音	韵声呼等	注音	切韵音	韵声呼等
三〇七.5.14	髓	息委切 swiě	纸心合四	須	相俞切 sĭu	虞心合四
三一一.3.11	僞	危睡切 ŋjwiě	寘疑合三	遇	牛具切 ŋjĭu	遇疑合三
(2)以虞注脂例：						
三〇七.1.16	櫃	求位切 gʻjwi	至群合三	具	其遇切 gʻjĭu	遇群合三
三一〇.4.12	葰	息遗切 swi	脂心合四	須	相俞切 sĭu	虞心合四
三一〇.10.14	騅	职锥切 tɕwi	脂照合三	朱	章俱切 tɕĭu	虞照合三
(3)以微注虞例：						
三〇六.5.9	氍	其俱切 gʻjĭu	虞群合三	鬼	居伟切 kjwĕi	尾见合三
(4)以鱼注虞例：						
三〇六.7.22	縷	力主切 ljĭu	麌来合三	吕	力举切 ljĭo	语来开三
三〇七.2.3	屦①	九遇切 kjĭu	遇见合三	吕	力举切 ljĭo	语来开三
(5)以虞注尤例：						
三〇九.9.12	負	房久切 bʻjĭĕu	有奉开三	父	方矩切 pjĭu	麌非合三
据此类推,那么：						
三〇七.9.2	愧	俱位切 kjwi	至见合三	鬼	居伟切 kjwĕi	尾见合三
三〇七.4.4	膂	力举切 ljĭo	语来开三	吕	力举切 ljĭo	语来开三

也都应当读成 u 韵。依据这个条理,我把这一摄的同音互注字分列于下：

u 韵(虞,模、侯唇声)：

---

① “屦”字当时或误读如“縷”,故亦以“吕”注之。

	本文	切韵音	韵声呼等	注音	切韵音	韵声呼等
三〇六.8.20	穤	人朱切 ȵʑĭu	虞日合三	儒	人朱切 ȵʑĭu	虞日合三
三〇七.3.5	鬚	相俞切 sĭu	虞心合四	須	相俞切 sĭu	虞心合四
三〇九.8.16	芙	防无切 bʼĭu	虞奉合三	夫	防无切 bʼĭu	虞奉合三
三〇五.10.10	儛	文甫切 mĭu	麌微合三	武	文甫切 mĭu	麌微合三
三〇六.6.5	橆	文甫切 mĭu	麌微合三	武	文甫切 mĭu	麌微合三
三一一.2.6	懼	其遇切 gĭu	遇群合三	具	其遇切 gĭu	遇群合三
三一〇.3.8	抪	博故切 po	暮帮开一	布	博故切 po	暮帮开一
三〇七.4.10	拇	莫厚切 mǝu	厚明开一	母	莫厚切 mǝu	厚明开一

iu 韵(尤)

三〇七.7.11	庥	许尤切 xĭǝu	尤晓开三	休	许尤切 xĭǝu	尤晓开三
三〇七.7.4	*髡	许久切 xĭǝu	有晓开三	*朽	许久切 xĭǝu	有晓开三
三〇八.4.4	蹂	耳由切 ȵʑĭǝu	尤日开三	柔	耳由切 ȵʑĭǝu	尤日开三
三一〇.10.13	騮	力求切 lĭǝu	尤来开三	留	力求切 lĭǝu	尤来开三
三〇六.2.9	舅	其九切 gĭǝu	有群开三	舊	其九切 gĭǝu	有群开三
三一一.3.15	誘	与久切 ĭǝu	有喻开四	酉	与久切 ĭǝu	有喻开四

哈摄第六(《切韵》哈、灰、泰),皆摄第七(《切韵》皆、佳、祭,废、齐半)

照《千字文》的藏音,蟹摄一等哈、灰、泰韵应读作 ai,而二等的皆、佳,三等祭、废跟四等齐韵的一部分应读作 ei,在《开蒙要训》的注音里我们只发现有:

(1)以泰注咍例：

	本文	切韵音	韵声呼等	注音	切韵音	韵声呼等
三〇七.2.18	黛	徒耐切 d ʻɑ̣i	代定开一	大	徒盖切 d ʻɑi	泰定开一
三〇七.10.2	瑇	徒耐切 d ʻɑ̣i	代定开一	大	徒盖切 d ʻɑi	泰定开一

(2)以泰注灰例：

三〇六.4.11	憒	胡对切 ɣuɑ̣i①	贿匣合一	会	黄外切 ɣuɑi	泰匣合一

(3)佳、皆互注例：

三〇七.2.20	釵	楚佳切 tʂʻai	佳穿开二	差	楚皆切 tʂʻại	皆穿开二
三一〇.9.16	豺	士皆切 dʐʻại	皆床开二	柴	士佳切 dʐʻai	佳床开二

虽然有三个由声符类推而混入止摄的地方：

三〇八.3.12	溉	古代切 kɑ̣i	代见开一	己	居理切 kjiː	止见开三
三〇八.10.19	捭	北买切 pai	蟹帮开二	卑	必移切 piĕ	支帮开四
三〇七.5.10	肺	芳废切 pʻjĭwɐi	废敷合三	匪	府尾切 pjwĕi	尾非合三

却没有一等跟二、三等互通的例，因此我还照《千字文》的藏音把它们分作 ai、ei 两摄，而分列其同音互注字于下：

ai 韵(咍、泰$_{开}$)：

三一〇.2.16	掝	祖才切 tsɑ̣i	咍精开一	哉	祖才切 tsɑ̣i	咍精开一
三〇六.7.8	綵	仓宰切 tsʻɑ̣i	海清开一	*採	仓宰切 tsʻɑ̣i	海清开一
三一一.4.1	賽	先代切 sɑ̣i	代心开一	塞	先代切 sɑ̣i	代心开一

① “憒”《广韵》“古对切”，此从《集韵》音。

	本文	切韵音	韵声呼等	注音	切韵音	韵声呼等
三〇五 .6.4	泰	他盖切 tʻai	泰透开一	太	他盖切 tʻai	泰透开一

wai 韵(灰、泰合)：

	本文	切韵音	韵声呼等	注音	切韵音	韵声呼等
三〇五 .4.19	晦	荒内切 xuại	队晓合一	悔	荒内切 xuại	队晓合一
三〇六 .10.12	縗	苏内切 suại	队心合一	碎	苏内切 suại	队心合一
三〇七 .10.3	瑁	莫佩切 muại	队明合一	每	莫佩切 muại	队明合一

ei 韵(皆;其余例缺)：

	本文	切韵音	韵声呼等	注音	切韵音	韵声呼等
三〇八 .1.16	堦	古谐切 kại	皆见开二	皆	古谐切 kại	皆见开二
三〇七 .6.13	疥	古拜切 kại	怪见开二	介	古拜切 kại	怪见开二

wei 韵(废,皆、佳、祭合)：

同音互注字例缺。

豪摄第八(《切韵》豪、肴、宵、萧)

这一摄的错综注音只有：

(1)以豪注肴例：

	本文	切韵音	韵声呼等	注音	切韵音	韵声呼等
三一〇.1.15	窖	古孝切 kau	效见开二	告	古到切 kɑu	号见开一

(2)宵、萧互注例：

	本文	切韵音	韵声呼等	注音	切韵音	韵声呼等
三〇五 .10.21	箫	苏雕切 sieu	萧心开四	逍	相邀切 sĭæu	宵心开四
三〇七 .7.8	療	力照切 lĭæu	笑来开三	遼	落萧切 lieu	萧来开四

因此,我们就可以推断,这种方音里的效摄字一、二等不分,三、四等不分,照《千字文》的藏音应该读成 au、yau 两韵,其同音互注字如下：

au 韵(豪、肴)：

	本文	切 韵 音	韵声呼等	注音	切 韵 音	韵声呼等
三〇九.5.3	艚	昨劳切 dzʻɑu	豪从开一	曹	昨劳切 dzʻɑu	豪从开一
三〇六.6.3	缲	子皓切 tsɑu	皓精开一	早	子皓切 tsɑu	皓精开一
三〇六.3.4	勦	钽交切 dʐʻau	肴床开二	巢	钽交切 dʐʻau	肴床开二
三〇七.4.8	抓	侧绞切 tʂau	巧照开二	爪	侧绞切 tʂau	巧照开二
三一一.1.15	哮	呼教切 xau	效晓开二	孝	呼教切 xau	效晓开二

yau 韵(宵、萧)：

	本文	切 韵 音	韵声呼等	注音	切 韵 音	韵声呼等
三〇六.9.5	覊	於霄切·ĭæu	宵影开四	要	於霄切·ĭæu	宵影开四
三〇七.4.3	腰	相邀切·ĭæu	宵影开四	要	相邀切·ĭæu	宵影开四
三〇七.5.19	痟	相邀切 sĭæu	宵心开四	逍	相邀切 sĭæu	宵心开四
三〇七.10.18	銷	即消切 tsĭæu	宵精开四	逍	即消切 tsĭæu	宵精开四
三〇八.3.8	燋	即消切 tsĭæu	宵精开四	焦	即消切 tsĭæu	宵精开四
三一〇.8.18	鷂	馀昭切 ĭæu	宵喻开四	遥	馀昭切 ĭæu	宵喻开四
三〇八.3.20	撩	落萧切 lieu	萧来开四	遼	落萧切 lieu	萧来开四
三〇八.7.19	跳	徒聊切 dʻieu	萧定开四	調	徒聊切 dʻieu	萧定开四
三〇八.9.10	雕	都聊切 tieu	萧端开四	彫	都聊切 tieu	萧端开四
三一〇.8.17	鵰	都聊切 tieu	萧端开四	彫	都聊切 tieu	萧端开四

侯摄第九(《切韵》侯)

照《千字文》的藏音，流摄三等的尤韵跟虞韵同摄，一等的侯韵除去唇声字转入 u 韵，其余的应该读 eu。在《开蒙要训》的注音里，不单没有跟别摄错综的注音，甚至于同音互注的例也只有两个：

	本文	切韵音	韵声呼等	注音	切韵音	韵声呼等
三〇六.1.2	篌	户钩切 ɣə̆u	侯匣开一	侯	户钩切 ɣə̆u	侯匣开一
三〇六.10.9	鍭	户钩切 ɣə̆u	侯匣开一	侯	户钩切 ɣə̆u	侯匣开一

我姑且把它们的读音也拟作 eu，并且单独分成一摄。

覃摄第十（《切韵》覃、谈、咸、衔、盐、添、严、凡）

这一摄共有三对错综的注音，其中只有一对可以证明覃、谈的合用：

三〇七.1.7	紺	古暗切 kạm	勘见开一	敢	古览切 kɑm	敢见开一

其余的两对，照我看一个是由声符类推的读法：

三一〇.3.9	拑	巨淹切 gʲĭæm	盐群开三	甘	古三切 kɑm	谈见开一

一个是特殊的例外：

三一〇.1.14	窨	于禁切·ĭəm	沁影开四	奄	衣俭切·ĭæm	琰影开四

都跟韵系的分合无关。所以我们对于这一摄只能参照《千字文》的藏音，认为覃、谈、咸、衔、凡同读 am，盐、严、添同读 yam。不过 am 韵的同音互注例在《开蒙要训》里是没有的，底下所列的只是 yam 韵一部分：

am 韵（覃、谈、咸、衔、凡）：

同音互注例缺。

yam 韵（盐、严、添）：

三〇七.2.8	奩	力盐切 lĭæm	盐来开四	鎌	力盐切 lĭæm	盐来开四
三〇九.10.6	簷	余廉切 ĭæm	盐喻开四	閻	余廉切 ĭæm	盐喻开四

	本文	切韵音	韵声呼等	注音	切韵音	韵声呼等
三〇五.5.7	覢	失冉切 ɕĭæm	琰审开三	閃	失冉切 ɕĭæm	琰审开三
三〇七.3.6	髯	而艳切 ȵʑĭæm	艳日开四	染	而艳切 ȵʑĭæm	艳日开四
三〇九.2.15	店	都念切 tiem	㮇端开四	沾	都念切 tiem	㮇端开四

侵摄第十一(《切韵》侵)

照《千字文》的藏音,这一摄应该无例外地读作 im,它的同音互注字只有两对,而且是以平注上的:

三〇六.4.9	寑	七稔切 tsʻĭəm	寑清开四	侵	七林切 tsʻĭəm	寑清开四
三〇六.9.1	襟	居吟切 kjĭəm	侵见开三	錦	居饮切 kjĭəm	寑见开三

不过在《开蒙要训》的注音里,却有一个跟《千字文》不同的特异现象,就是侵、庚互通的例:

三一一.4.15	禁	居荫切 kjĭəm	沁见开三	敬	居庆切 kjĭɐŋ	映见开三

我们在上文曾经说:唐代的西北方音中 -ṅ 收声虽然有一部分消变,而 -m、-n 却仍旧保存着;到了现代的西北方音不单 -ṅ 声已然全部消灭,就是 -m、-n 两种收声也都连类而变了。照我在齐摄所举的例来看,“敬”字既然可以注“髻”(参阅上文 136 页),至少也应当读作[eɣ̄]或[iɣ̄],现在又拿它注“禁”字,那么 -m 收声无疑已然露了消变的痕迹了。可惜我们所得的例子太少,还不能够下确定的断案,然而无论如何,我们对于这个有力的暗示是不可忽略的。

寒摄第十二(《切韵》寒、桓、删、山、元、仙、先)

照《千字文》藏音的写法,山摄一等寒跟二等删、山不分,三等元、仙跟四等先不分,在《开蒙要训》的注音中,我们也可以看见:

(1)以删注寒例:

	本文	切韵音	韵声呼等	注音	切韵音	韵声呼等
三〇五.8.7	奸	古寒切 kɑn	寒见开一	姦	古颜切 kan	删见开二

(2)以删注山例:

三〇六.4.1	鰥	古顽切 kwan	山见合二	關	古还切 kwan	删见合二

(3)元、仙互注例:

三〇八.1.12	鐿	荀缘切 sĭwæn	仙心合四	喧	况袁切 xjĭwɐn	元晓合三
三〇八.8.8	轅	雨元切 jĭwɐn	元喻合三	員	王权切 jĭwæn	仙喻合三
三一〇.9.6	猿	雨元切 jĭwɐn	元喻合三	員	王权切 jĭwæn	仙喻合三

(4)以先注元例:

三一〇.8.14	鴛	於袁切·ĭwɐn	元影合三	烟	乌前切·ien	先影开四

(5)仙、先互注例:

三〇六.4.8	眠	莫贤切 mien	先明开四	綿	名延切 mĭæn	仙明开四
三〇六.5.21	薦	作甸切 tsien	霰精开四	箭	子贱切 tsĭæn	线精开四
三〇七.7.20	攣	吕员切 lĭwæn	仙来合四	蓮	落贤切 lien	先来开四

这种现象都跟《千字文》的藏音相合,因此我就拟定寒跟删、山的开口读 an,桓跟删、山的合口读 wan;元、仙、先的开口读 yan,合口读 wan,或转为 yan(例如:三一〇.8.14"鴛:烟")。此外,如:

三〇七.9.1	戁	人善切 nʑĭæn	狝日开三	*赧	铙阪切 ȵan	潸娘开二

恐怕是由声符类推,误把"戁"字读成"難"音的缘故。还有两个转入臻摄的例:

三〇六.6.20	紃	食伦切 dʑʻĭuěn	谆床合三	川	昌缘切 tɕʻĭwæn	仙穿合三

	本文	切韵音	韵声呼等	注音	切韵音	韵声呼等
三〇六.5.20	*藺	良刃切 ljĭěn	震来开三	練	郎甸切 lien	霰来开四

前一个是由声符类推所致，不能代表正则的音变；后一个真先互通，虽然还遗留着上古音的蜕形，不过在当时的方音也只能算是一个特殊的例外。根据上面的推论，我把这一摄的同音互注字分列于下：

an 韵(寒；删、山的开口例缺)：

三〇七.5.11	肝	古寒切 kɑn	寒见开一	干	古寒切 kɑn	寒见开一

yan 韵(仙、先的开口；元开口例缺)：

三〇六.8.5	穿	昌缘切 tɕʻ ĭwæn	仙穿合三	川	昌缘切 tɕʻ ĭwæn	仙穿合三
三〇七.6.12	癬	息浅切 sĭæn	猕心开四	鲜	息浅切 sĭæn	猕心开四
三〇六.6.9	縴	苦坚切 kʻien	先溪开四	牽	苦坚切 kʻien	先溪开四
三〇七.2.15	粬	乌前切·ien	先影开四	烟	乌前切·ien	先影合四
三〇八.10.16	填	徒年切 dʻien	先定开四	田	徒年切 dʻien	先定开四
三〇五.5.8	電	堂练切 dʻien	霰定开四	殿	堂练切 dʻien	霰定开四
三〇六.5.14	闐	堂练切 dʻien	霰定开四	殿	堂练切 dʻien	霰定开四
三〇五.9.5	嚥	於甸切·ien	霰影合四	鷰	於甸切·ien	霰影合四

wan 韵(桓、山合口；删、元、仙、先的合口例缺)

三一〇.1.19	鏝	莫半切 muɑn	换明合一	漫	莫半切 muɑn	换明合一
三一一.1.3	靽	博慢切 puɑn	换帮合一	半	博慢切 puɑn	换帮合一
三〇九.5.4	鐶	户关切 ɣwạn	山匣合二	還	户关切 ɣwạn	山匣合二

最后还有一个以线韵合口注戈韵的例：

三〇九.3.14	臠	缕骺切 ljĭuɑ	戈来合三	戀	力卷切 ljĭwæn	线来合三

我觉得这个现象有两个可能的解释:第一是"臆"字本来的-n收声还没有消变;第二是"戀"字的 -n 收声也露了消变的兆端。可惜它们两个是同声符字,很有类推读音的嫌疑,单靠这一个孤证是不能决定什么的。

痕摄第十三(《切韵》痕、魂、真、谆、欣、文)

这一摄只有两对以谆注魂的例:

	本文	切韵音	韵声呼等	注音	切韵音	韵声呼等
三一〇.7.11	鱒	才本切 dźuən	混从合一	遵	将伦切 tsǐuěn	谆精合四
三一一.1.20	鈍	徒恩切 ďuən	恩定合一	唇	食伦切 dźʼǐuěn	谆床合三

照《千字文》的藏音,痕、真、欣应读 in,魂应读 on,谆、文应读 un,《开蒙要训》既然以谆注魂,或者一、三等已然混淆了。因此我把这一摄的同音互注字分作 in、un 两韵附列于下:

in 韵(痕、真、欣):

三〇七.4.15	跟	古痕切 kən	痕见开一	根	古痕切 kən	痕见开一
三〇六.2.12	姻	於真切·iěn	真影开四	因	於真切·iěn	真影开四
三一〇.3.11	梹	必邻切 pǐěn	真帮开四	賓	必邻切 pǐěn	真帮开四
三〇七.5.16	筋	举欣切 kǐən	欣见开三	斤	举欣切 kǐən	欣见开三
三〇六.8.10	縸	於谨切·ǐən	隐影开三	隐	於谨切·ǐən	隐影开三

un 韵(文;魂、谆例缺):

三〇六.7.14	紋	无分切 mǐuən	文微合三	文	无分切 mǐuən	文微合三
三一〇.6.11	蚊	无分切 mǐuən	文微合三	文	无分切 mǐuən	文微合三
三〇六.9.15	裙	渠云切 gǐuən	文群合三	群	渠云切 gǐuən	文群合三

	本文	切 韵 音	韵声呼等	注音	切 韵 音	韵声呼等
三一〇.4.7	芸	王分切 jĭuən	文喻合三	云	王分切 jĭuən	文喻合三

登摄第十四(《切韵》登、蒸)

照《千字文》的藏音看,梗摄虽然混入齐、祭韵,而曾摄的-ṅ 收声还好好地保存着,不过一、三等的分野却已然泯灭了。在《开蒙要训》的注音中也有同样的例:

三〇六.7.7	缯	疾陵切 dz'ĭəŋ	蒸从开四	曾	昨棱切 dz'əŋ	登从开一

因此我认为蒸、登两韵在这种方音里也应一律拟作 eṅ,其同音互注字只有属于登韵的一对:

三〇六.2.20	燈	都滕切 təŋ	登端开一	登	都滕切 təŋ	登端开一

江摄第十五(《切韵》江、唐一字)

这一摄在《千字文》藏音里有一个江韵的"絳"字读作 gaṅ(37.12),有唐韵的"糠、康"两字读作 k'aṅ(40.6,44.2),而《阿弥陀经》的"幢"字却读作 jwaṅ、zwaṅ 两音(参阅上文 79 页),可见从唐朝起江韵已经受声母的影响而分化为开合两类了。在《开蒙要训》里有三个同音互注的例:

三〇八.2.15	耩①	古项切 kɔŋ	讲见开一	降	古巷切 kɔŋ	绛见开一
三一〇.6.2	蚌	步项切 b'ɔŋ	讲並开二	棒	步项切 b'ɔŋ	讲並开二
三〇九.7.20	糠	苦冈切 k'ɑŋ	唐溪开一	康	苦冈切 k'ɑŋ	唐溪开一

还有一个以江注东的例:

① "耩"原讹作"搆",《广韵》上声三讲"耩耕也,古项切",此处与"耕"连文而注以"降"音,读为"耩"字音义并通。丁声树说。

	本文	切韵音	韵声呼等	注音	切韵音	韵声呼等
三〇七.8.6	*赣	古送切 koŋ	送见开一	江	古双切 kɔŋ	江见开二

不过这个“赣”字与“惷”连文，本来应该按《集韵》读作戇愚之“戇”（“陟降切”，在绛韵），跟送韵训赐的“赣”字（“古送切”）音义俱别。这里用“江”字来注它，或者是沿袭“古送切”的讹读所致；若是读作“陟降切”的话，必得“江”字的声母已然变成近代的腭化音然后才讲得通呢。我想，后一个假设未免把时代提得早了一点，最多也不过读作声变韵不变的 kaṅ 音罢了。如此说来，那么这一摄还应该像《千字文》那样读作 aṅ 跟 waṅ 的。此外还有一个以觉注江的例：

三〇七.8.7	惷	丑江切 ʈʂ'ɔŋ	江穿开二	濁	直角切 ɖ'ɔk	觉澄开二

这是很值得我们注意的现象。由这对注音，可以给我在 102—103 页关于唐代西北入声收声的假设找到一个旁证。因为照藏文注音的例，“惷”应作 c'aṅ，“濁”应作 c'ag 或 jag，惟其“濁”的收声是 -g，所以才能用来注 -ṅ 收声的“惷”，这跟《毛诗·郑风·女曰鸡鸣》以“来”[* ləg]、“赠”[* dz'əŋ]押韵是一样的道理，如果“濁”的收声是 -k，就不会有这样现象了。

东摄第十六（《切韵》东、冬、鍾）

照《千字文》的藏音，通摄的一等读 oṅ，三等读 uṅ。《开蒙要训》的注音一、三等也是截然不混的：

(1)东$_{一}$、冬互注例：

三〇七.6.6	疼	徒冬切 d 'uoŋ	冬定合一	同	徒红切 d 'oŋ	东定开一
三〇九.4.22	籠	卢红切 loŋ	东来开一	農	奴冬切 nuoŋ	冬泥开一

(2)东$_{三}$、鍾互注例：

三〇五.4.1	嵩	息弓切 sĭoŋ	东心开四	松	祥容切 zĭwoŋ	鍾邪合四

	本文	切韵音	韵声呼等	注音	切韵音	韵声呼等
三〇七.6.20	腫	之隴切 tɕĭwoŋ	鍾照合三	衆	之仲切 ʨĭoŋ	送照开三
三〇七.7.18	癃	力中切 ljĭoŋ	东来开三	龍	力鍾切 jĭwoŋ	鍾来合三
三一〇.6.15	蜂	敷容切 p'jĭwoŋ	鍾敷合三	風	方戎切 pjĭoŋ	东非开三

所以它们也应当分成 oṅ、uṅ 两韵。依据上例，我把这一摄的同音互注字附列于下：

oṅ 韵（东一；冬例缺）：

三〇六.1.1	箜	苦红切 k'oŋ	东溪开一	空	苦红切 k'oŋ	东溪开一
三〇七.1.2	紅	户公切 ɣoŋ	东匣开一	洪	户公切 ɣoŋ	东匣开一
三一〇.8.4	鴻	户公切 ɣoŋ	东匣开一	洪	户公切 ɣoŋ	东匣开一
三〇八.8.15	釭	古红切 koŋ	东见开一	公	古红切 koŋ	东见开一

uṅ 韵（东$_{三}$、鍾）：

三〇五.9.21	諷	方凤切 pjĭoŋ	送非开三	風	方凤切 pjĭoŋ	送非开三
三〇六.8.9	絳	符容切 b'jĭwoŋ	鍾奉合三	逢	符容切 b'jĭwoŋ	鍾奉合三
三〇六.10.1	傭	馀封切 ĭwoŋ	鍾喻合四	容	馀封切 ĭwoŋ	鍾喻合四
三〇七.10.19	鎔	馀封切 ĭwoŋ	鍾喻合四	容	馀封切 ĭwoŋ	鍾喻合四
三〇九.8.17	蓉	馀封切 ĭwoŋ	鍾喻合四	容	馀封切 ĭwoŋ	鍾喻合四
三〇七.4.5	胸	许容切 xjĭwoŋ	鍾晓合三	凶	许容切 xjĭwoŋ	鍾晓合三
三〇七.6.18	*癰	於容切·ĭwoŋ	鍾影合三	邕	於容切·ĭwoŋ	鍾影合三

合摄第十七（《切韵》合、盍、洽、狎、乏）

属于这一摄的错综注音，我们有：

(1)以合注盍例：

	本文	切韵音	韵声呼等	注音	切韵音	韵声呼等
三〇六.5.11	鎉	吐盍切 t'ɑp	盍透开一	答	都合切 tɑ̣p	合端开一
三〇六.6.17	毾	吐盍切 t'ɑp	盍透开一	答	都合切 tɑ̣p	合端开一
三〇八.6.9	搭	吐盍切 t'ɑp	盍透开一	答	都合切 tɑ̣p	合端开一
三〇六.8.15	榼	苦盍切 k'ɑp	盍透开一	迨	侯阁切 ɣɑ̣p	合匣开一

(2)以狎注洽例：

三〇九.5.1	䀹	讫洽切 kạp	洽见开二	甲	古狎切 kap	狎见开二

(3)以业注怗例：

三〇七.1.13	篋	苦协切 k'iep	怗溪开四	劫	居怯切 kjĭɐp	业见开三

这种合并的情形都跟《千字文》的藏音相符，只有：

(4)以盍注怗例：

三〇七.2.5	*屟	苏协切 siep	怗心开四	*搚	私盍切 sɑp	盍心开一

算是一个特异的例外。因此，我仍旧准舒声例，把合、盍、洽、狎、乏拟读为 ab，葉、业、怗拟读为 yab，而分列其同音互注字如下：

ab 韵(合；盍、洽、狎、乏四韵例缺)：

三一〇.8.3	鴿	古沓切 kɑ̣p	合见开一	合	古沓切 kɑ̣p	合见开一

yab 韵(葉；业、帖两韵例缺)：

三〇六.10.7	*躡	尼辄切 njĭæp	葉娘开三	聶	尼辄切 njĭæp	葉娘开三
三〇七.2.17	靨	於葉切 ·ĭæp	葉影开四	厭	於葉切 ·ĭæp	葉影开四
三〇七.10.11	鑞	良涉切 ljĭæp	葉来开三	獵	良涉切 njĭæp	葉来开三

缉摄第十八(《切韵》缉)

此摄据《千字文》的藏音应读作 ib。《开蒙要训》里只有一个以侵注缉的例:

	本文	切韵音	韵声呼等	注音	切韵音	韵声呼等
三〇九.7.3	澁[1]	色立切 ʂĭəp	缉审开二	参	斫今切 ʂĭəm	侵审开二

这同“惷濁”的注音例颇为近似,也可据此证明,“澁”的收声在五代、敦煌方音读 -b 而不读 -p(参阅 154 页)。

曷摄第十九(《切韵》曷、末、鎋、黠、月、薛、屑)

这一摄只有一个以屑注薛的例:

三〇八.7.2　掣　昌列切 tɕʻĭæt　薛穿开三　切　千结切 tsʻiet　屑精开四

所以我只好参考《千字文》的藏音跟舒声的例,把曷跟黠、鎋的开口拟读为 ar,把月、薛、屑的开口拟读为 yar,把末跟黠、鎋、月、薛、屑的合口拟读为 war。其见于本书的同音互注字如下:

ar 韵(曷;黠、鎋开口例缺):

三〇六.6.16　葛　古达切 kɑt　曷见开一　割　古达切 kɑt　曷见开一

yar 韵(薛、屑开口;月开口例缺):

三一一.1.9　靼　旨热切 tɕĭæt　薛照开三　折　旨热切 tɕĭæt　薛照开三

三〇七.6.19　癤　子结切 tsiet　屑精开四　節　子结切 tsiet　屑精开四

三一〇.7.8　鯽　子结切 tsiet　屑精开四　節　子结切 tsiet　屑精开四

三一一.2.11　竊　千结切 tsʻiet　屑清开四　切　千结切 tsʻiet　屑清开四

---

① “澁”疑即“澀”之俗体,字亦作“澁”。丁声树说。

war 韵(屑合口;末、黠、鎋、月、薛合口例缺):

	本文	切韵音	韵声呼等	注音	切韵音	韵声呼等
三一一.1.11	* 橘	古穴切 kiwet	屑见合四	决	古穴切 kiwet	屑见合四

此外我还发现一个以薛注齐的例:

三一〇.1.5	栖	先稽切 siei	齐心开四	薛	私列切 siet	薛心开四

这必得两音都变成 * se 或 * sye 才有相通的可能呢。由这个例子,很可使我们推想山摄入声的 -t 收声,在这时候已然逐渐从 t > d > r > 〇了。

迄摄第二十(《切韵》迄、栉、质、没、术、物)

这一摄只有一个以质注迄的例:

三〇七.8.15	吃	居乙切 kjĭət	迄见开三	吉	居质切 kĭĕt	质见开四

所以我们只能参照《千字文》的藏音跟舒声的例,把质、栉、迄拟读为 ir,把没、術、物拟读为 ur,而分列其同音互注字如下:

ir 韵(质、栉;迄例缺):

三〇五.10.20	瑟	所栉切 ʂĭĕt	栉审开二	虱	所栉切 ʂĭĕt	栉审开二
三〇六.1.3	篳	卑吉切 pĭĕt	质帮开四	必	卑吉切 pĭĕt	质帮开四
三〇六.8.4	袟	直一切 ȡ' ĭĕt	质澄开三	姪	直一切 ȡ' ĭĕt	质澄开三

ur 韵(没、術、物):

例缺。

德摄第二十一(《切韵》德、职、陌、麦、昔、锡)

曾、梗两摄的入声,在《开蒙要训》的注音里是不能分的,不单梗摄的入声有三条自相合用的例:

	本文	切韵音	韵声呼等	注音	切韵音	韵声呼等
(1)以麦注陌例:						
三一一.2.13	蓦	莫白切 mɐk	陌明开二	麦	莫获切 mɛk	麦明开二
(2)以锡注陌例:						
三〇八.10.15	隟	绮戟切 k'jĭɐk	陌溪开三	喫	苦击切 k'iek	锡溪开四
(3)以昔注锡例:						
三〇七.10.9	錫	先击切 siek	锡心开四	惜	思积切 sĭæk	昔心开四

而且曾、梗两摄的入声还有四条互通的例:

	本文	切韵音	韵声呼等	注音	切韵音	韵声呼等
(4)德、陌互注例:						
三〇八.9.9	嚇	呼格切 xɐk	陌晓开二	黑	呼北切 xək	德晓开一
三〇八.9.12	刻	苦得切 k'ək	德溪开一	刻	苦格切 k'ɐk	陌溪开二
(5)以职注陌例:						
三〇八.7.4	索	山戟切 ʂɐk	陌审开二	色	所切切 ʂĭək	职审开二
(6)职、昔互注例:						
三〇五.8.16	翊	与职切 ĭək	职喻开四	亦	羊益切 ĭæk	昔喻开四
三〇八.7.20	躑	直炙切 ȡ' ĭæk	昔澄开三	直	除力切 ȡ' ĭək	职澄开三
(7)以职注锡例:						
三〇五.5.10	靂	郎击切 liek	锡来开四	力	林直切 ljĭək	职来开三
三〇八.1.5	鑈	郎击切 liek	锡来开四	力	林直切 ljĭək	职来开三

不过从这七条来看,曾、梗两摄的入声虽然混而为一,而洪细的分野似乎还没有泯灭。因为其中那一个以锡注陌的例,所注的"隟"字本来是陌韵的三等,那一个以职注陌的例,"索、色"两字又同属于审母

二等,这都跟原则没有妨碍的。况且德韵的合口有两个混入屋一等的例(见下文),也跟《千字文》的藏音相合,如果把德、麦、陌等一律读作 ig,那在音理上就讲不通了。所以我仍旧照《千字文》的藏音,把德、麦跟陌二等开口拟为 eg,把麦、陌的合口拟为 weg,把职、锡、昔跟陌三等拟为 ig,而分列其同音互注字如下:

eg 韵(德、麦、陌二、开口):

例缺。

weg 韵(麦、陌合口):

例缺。

ig 韵(昔、锡、职;陌三例缺):

	本文	切韵音	韵声呼等	注音	切韵音	韵声呼等
三〇七.4.6	腋	羊益切 ĭæk	昔喻开四	亦	羊益切 ĭæk	昔喻开四
三〇八.8.6	驿	羊益切 ĭæk	昔喻开四	亦	羊益切 ĭæk	昔喻开四
三〇七.4.21	脊	资昔切 tsĭæk	昔精开四	積	资昔切 tsĭæk	昔精开四
三一一.2.19	跡	资昔切 tsĭæk	昔精开四	積	资昔切 tsĭæk	昔精开四
三〇九.2.22	惜	思积切 sĭæk	昔心开四	昔	思积切 sĭæk	昔心开四
三〇八.7.12	簓	古历切 kiek	锡见开四	墼	古历切 kiek	锡见开三

此外陌韵三等有一个跟鱼韵合用的例:

三〇七.2.6	屐	奇逸切 gǐřek	陌群开三	巨	其吕切 gǐřo	语群开三

"巨"字应读为 ki,可以用"緿:巨"(三〇六.8.11)的对音来证明,现在既然用它来注"屐"字,那么"屐"字的读音,很可表现"屐"的 -g 收声,已然有了消失的朕兆。这一个特殊的例子,是很值得我们注意的。

铎摄第二十二(《切韵》铎、药、觉、烛)

照《千字文》的藏音,铎、觉的开口应读作 ag,药韵的开口应读作

yag，铎、觉、药的合口按条理应该跟通摄的烛韵一样地读作 wag。《开蒙要训》的注音有两处是跟这个条理相合的：

(1)以铎注药例：

	本文	切韵音	韵声呼等	注音	切韵音	韵声呼等
三〇六.10.10	籰	王缚切 jĭwak	药喻合三	霍	虚郭切 xwak	铎晓合一

(2)以觉注烛例：

	本文	切韵音	韵声呼等	注音	切韵音	韵声呼等
三一〇.5.9	斸	陟玉切 ȶĭwok	烛知合三	捉	侧角切 tʂɔk	觉照开二

(3)以药注烛例：

	本文	切韵音	韵声呼等	注音	切韵音	韵声呼等
三〇六.9.12	幞	房玉切 bʻjĭwok	烛奉合三	縛	符钁切 bʻjĭwak	药奉合三

其余的韵也应该跟上述的条理一致。因此我把这一摄的同音互注字也分成 ag、yag、wag 三韵：

ag 韵(铎开口)：

	本文	切韵音	韵声呼等	注音	切韵音	韵声呼等
三〇六.5.6	幕	慕各切 mɑk	铎明开一	莫	慕各切 mɑk	铎明开一
三〇六.8.12	絡	卢各切 lɑk	铎来合一	洛	卢各切 lɑk	铎来合一
三〇六.10.18	絡	卢各切 lɑk	铎来合一	洛	卢各切 lɑk	铎来合一
三〇九.2.1	酪	卢各切 lɑk	铎来合一	洛	卢各切 lɑk	铎来合一

yag 韵(药开口；觉例缺)：

	本文	切韵音	韵声呼等	注音	切韵音	韵声呼等
三〇五.9.4	爵	即略切 tsĭak	药精开四	雀	即略切 tsĭak	药精开四
三一〇.1.3	*籥	以灼切 ĭak	药喻开四	藥	以灼切 ĭak	药喻开四

wag 韵(觉、烛；铎、药合口例缺)：

	本文	切韵音	韵声呼等	注音	切韵音	韵声呼等
三〇七.7.13	嗽	所角切 ʂɔk	觉审开二	朔	所角切 ʂɔk	觉审开二
三〇六.9.18	續	似足切 zĭwok	烛邪合四	俗	似足切 zĭwok	烛邪合四

此外有一个以铎注暮的例：

	本文	切韵音	韵声呼等	注音	切韵音	韵声呼等
三〇七.9.9	路	洛故切 lo	暮来开一	洛	卢各切 lɑk	铎来合一

这显然是由声符类推的读音。还有一个铎韵开合互注的例：

三〇五.6.3	霍	虚郭切 xwɑk	铎晓合一	郝	呵各切 xɑk	铎晓开一

这许是方俗的特殊读法，照我看都应当归入 ag 韵。

屋摄第二十三(《切韵》屋、沃，德合口)

照《千字文》的藏音来看，通摄的入声屋、沃一等应读作 og，三等屋应读作 ug，烛转为 wag，而曾摄的德韵合口却跟屋韵一等变成同韵。在《开蒙要训》的注音中也恰好有两对以德韵合口注屋韵一等的例：

三〇六.7.10	縠	胡谷切 ɣok	屋匣开一	或	胡国切 ɣwək	德匣合一
三〇八.8.9	轂	古禄切 kok	屋见开一	國	古或切 kwək	德见合一

依此类推，则其余各韵也应该跟《千字文》藏音的条理相合。所以我把这一摄所有的同音互注字按 og、ug 两韵分列于下：

og 韵(屋$_{一}$；沃、德合口例缺)：

三〇七.1.14	簏	卢谷切 lok	屋来开一	禄	卢谷切 lok	屋来开一
三一〇.9.15	鹿	卢谷切 lok	屋来开一	禄	卢谷切 lok	屋来开一

ug 韵(屋$_{三}$)：

三〇六.1.5	筑	张六切 ȶĭok	屋知开三	竹	张六切 ȶĭok	屋知开三
三〇八.1.8	鍑	方六切 pjĭok	屋非开三	腹	方六切 pjĭok	屋非开三
三〇八.8.19	軸	直六切 ȡʻ ĭok	屋澄开三	逐	直六切 ȡĭok	屋澄开三

以上 23 摄大体上跟《千字文》的藏音是很相近的，然而，假使“禁：敬”(三一〇.4.15)、“栖：薛”(三一〇.1.5)、“屐：巨”(三〇七.

2.6)几对注音可以代表当时的实际音变,那么,不单鼻收声的消变渐渐扩大了范围(从-ṅ 到-m),甚至于入声的收声(-r、-g)也露了消变的朕兆了。照我看,这正是从唐代西北方音演变到现代西北方音的一个过渡的现象。

丙 声调

在现代的同系方言里,声调的分类大致都不很相远,而声调的音值彼此间却非常的参差。这恐怕不自现在为然,从隋唐以来已经发生类似的现象了。因为陆法言的《切韵序》上说:“古今声调既自有别,诸家取舍亦复不同:吴楚则时伤轻浅,燕赵则多涉重浊;秦陇则去声为入,梁益则平声似去。”这当然也是调值的参差,而不是调类的混淆。劳乃宣说得好:“陆法言《切韵序》曰:‘秦陇则去声为入,梁益则平声似去。’盖以异方之人听之耳,使其本方之人听之,必不尔也。彼方之去,似此方之入,则彼必别有其入,且谓此方之入似其去;彼方之平似此方之去,则彼必别有其去,且谓此方之去似其平;以一方之音言之必自成其一方之平上去入,无稍缪戾者,故四声之辨可各以方音求之,其音不必强同,其理自无不同也。”[①]。这种说法是很有见解的。我们且以现代方音为证:例如,北平的阴平读作高平调(˥ 55),天津人听起来像他的阳平,临淄人听起来像他的上声,咸阳人听起来近似他的去声;北平的阳平读作高升调(˧˥ 35),定县、获鹿跟天津人听起来像他们的上声,临淄人听起来近似他的阴平;北平的去声读作高降调(˥˩ 51),咸阳人听起来像他的上声,临淄人听

① 《等韵一得》外篇,第 19 页。

起来像他的阳平[①]，然而各方音本身的调类却是秩然不紊的。调类在方音中的参差只有两个条件：第一，清浊声变来的阴阳调，有的方音四声都分，有的方音单限于平声；第二，全浊的上声在多数方音里都有变成去声的趋势。我们研究古方音一个顶大的困难，就是对于调值的参差无从探究起。在《千字文》的藏音里，我们只发现上声有重写元音跟全清混入全浊的现象，除此之外，也没有什么痕迹可寻，但是在《开蒙要训》的注音里，我们却发现有：

(1)以平注上例：

	本文	切韵音	声韵呼等调	注音	切韵音	声韵呼等调
三〇六 .4.9	寑	七稔切ᶜtsʻĭəm	清寑开四上	侵	七林切꜀tsʻĭəm	清侵开四平
三〇六 .6.11	紡	妃两切ᶜpjʻĭwaŋ	敷养合三上	方	府良切꜀pjĭwaŋ	非阳合三平
三〇六 .8.21	褾	俾小切ᶜpĭæu	帮小开四上	標	卑遥切꜀pĭæu	帮宵开四平
三〇七 .1.6	縹	匹沼切ᶜpʻĭæu	滂小开四上	標	卑遥切꜀pĭæu	帮宵开四平
三〇七 .2.12	粉	方吻切ᶜpjĭuən	非吻合三上	分	府文切꜀pjĭuən	非文合三平
三一〇.7.11	鱒	才本切ᶜdzʻuən	从混合一上	遵	将沦切꜀tsĭuĕn	精谆合四平
三〇七 .4.16	踝	胡瓦切ᶜɣwa	匣马合二上	誇	苦瓜切꜀kʻwa	溪麻合二平
三〇七 .5.14	髓	息委切ᶜswiĕ	心纸合四上	須	相俞切꜀sĭu	心虞合四平
三〇七 .7.21	跛	布火切ᶜpuɑ	帮果合一上	婆	薄波切꜀bʻuɑ	並戈合一平
三〇八 .9.11	雋	徂兖切ᶜdzʻĭwæn	从狝合四上	專	职缘切꜀tɕĭwæn	照仙合三平
三〇九 .2.8	薺	徂礼切ᶜdzʻiei	从荠开四上	精	子盈切꜀tsieŋ	精清开四平
三〇九 .10.11	庌	五下切ᶜŋa	疑马开二上	衙	五加切꜀ŋa	疑麻开二平

① 说本赵元任先生方音声调比较表。

(2)以上注平例:

	本文	切韵音	声韵呼等调	注音	切韵音	声韵呼等调
三〇六 .2.7	姑	古胡切꜀ko	见模开一平	古	公户切꜂ko	见姥开一上
三〇九 .3.1	酤	古胡切꜀ko	见模开一平	古	公户切꜂ko	见姥开一上
三〇六 .6.1	舖	普胡切꜀p'o	滂模开一平	補	博古切꜂po	帮姥开一上
三〇八 .3.14	柯	古俄切꜀kɑ	见歌开一平	可	枯我切꜂k'ɑ	溪哿开一上
三〇六 .5.9	氍	其俱切꜀g' jĭu	群虞合三平	鬼	居伟切꜂kjĭwĕi	见尾合三上
三〇六 .5.12	氃	都滕切꜀təŋ	端登开一平	等	多肯切꜂təŋ	端等开一上
三〇六 .6.18	啙	即移切꜀tsiĕ	精支开四平	子	即里切꜂tsiː	精止开四上
三〇六 .9.1	襟	居吟切꜀kjĭəm	见侵开三平	錦	居饮切꜂kjĭəm	见寝开三上
三〇七 .8.8	癡	丑之切꜀ȶ'iː	彻之开三平	侈	尺氏切꜂tɕ'iĕ	穿纸开三上
三〇九 .1.8	欙	力追切꜀lwi	来脂合四平	吕	力举切꜂ljĭo	来语开三上

这种现象,乍一看起来好像读音者跟注音者分属甲乙两个方音区,而平、上两声的音值在这两个方音区里恰好互相颠倒似的。照刚才所举现代方音的例,这种解释本来也未尝不可能,然而我们再一看上一节里的同韵互注例,立刻就发现很多以平注平、以上注上的例,所以这种解释是不能成立的。况且在《开蒙要训》的注音里还有:

(3)以上注去例:

	本文	切韵音	声韵呼等调	注音	切韵音	声韵呼等调
三〇五 .10.2	詠	为命切 jĭweŋ꜄	喻映合三去	永	于憬切꜂jĭweŋ	喻梗合三上
三〇六 .4.10	寐	弥二切 mjwi꜄	明至合三去	美	母鄙切꜂mjwi	明旨合三上
三〇六 .9.11	帊	普驾切 p'a꜄	滂祃开二去	把	博下切꜂pa	帮马开二上
三〇六 .9.16	究	居祐切 kjĭəu꜄	见宥开三去	九	举有切꜂kjĭəu	见有开三上

	本文	切韵音	声韵呼等调	注音	切韵音	声韵呼等调
三〇七.9.2	愧	俱位切 kjwiᵓ	见至合三去	鬼	居伟切ᶜkjĭwĕi	见尾合三上
三〇七.5.10	肺	芳废切 pʻjĭɐiᵓ	敷废合三去	匪	府尾切ᶜpjĭwei	非尾合三上
三〇七.10.22	鑄	之戍切 tɕĭuᵓ	照遇合三去	主	之庾切ᶜtɕĭu	照麌合三上
三〇八.1.1	鑵	古玩切 kuɑnᵓ	见换合一去	管	古满切ᶜkuɑn	见缓合一上
三〇八.3.2	穊	几利切 kiᵓ	见至开三去	己	居理切ᶜkiː	见止开三上
三〇八.3.17	柄	陂病切 pjĭɐŋᵓ	帮映开三去	餅	必郢切ᶜpĭæŋ	帮静开四上
三一〇.1.21	蹬	徒亘切 dʻəŋᵓ	定嶝开一去	等	多肯切ᶜtəŋ	端等开一上
三一〇.8.20	翅	施智切 ɕiĕᵓ	审寘开三去	鼠	舒吕切ᶜɕĭo	审语开三上
三一〇.9.15	豹	北教切 pauᵓ	帮效开二去	飽	博交切ᶜpau	帮巧开二上
三一一.2.5	怖	普故切 pʻoᵓ	滂暮开一去	普	滂古切ᶜpʻo	滂姥合一上

(4)以去注上例：

三〇六.9.3	領	良郢切ᶜljĭæŋ	来静开三上	令	力政切 ljĭæŋᵓ	来劲开三去
三〇七.4.13	腿	吐猥切ᶜtʻuɑ̣i	透贿合一上	退	他内切 tʻuɑ̣iᵓ	透队合一去
三一一.2.20	忖	仓本切ᶜtsʻuən	清混合一上	寸	仓困切 tsʻuənᵓ	清慁合一去
三〇六.6.6	繭	古典切ᶜkien	见铣开四上	見	古电切 kienᵓ	见霰开四去
三〇六.8.3	補	博古切ᶜpo	帮姥开一上	布	博故切 poᵓ	帮暮合一去
三〇七.3.21	頸	居郢切ᶜkĭæŋ	见静开四上	敬	居庆切 kjĭɐŋᵓ	见映开三去
三〇七.4.9	指	职雉切ᶜtɕĭ	照旨开三上	至	脂利切 tɕiᵓ	照至开三去
三〇七.6.3	疹	章忍切ᶜtɕĭĕn	照轸开三上	鎮	陟刃切 ȶĭĕnᵓ	知震开三去
三〇七.6.20	腫	之陇切ᶜtɕĭwoŋ	照肿合三上	衆	之仲切 tɕĭoŋᵓ	照送开三去
三〇八.1.22	斧	方矩切ᶜpjĭu	非麌合三上	付	方遇切 pjĭuᵓ	非遇合三去
三〇九.7.9	擣	都皓切ᶜtɑu	端皓开一上	到	都导切 tɑuᵓ	端号开一去

(5)以平注去例：

	本文	切韵音	声韵呼等调	注音	切韵音	声韵呼等调
三〇七.6.11	*瓮	乌贡切·oŋ꜄	影送开一上	邕	於容切꜀·iwoŋ	影鍾合三平
三〇七.7.8	療	力照切 ljĭæu꜄	来笑开三去	遼	落蕭切꜀lieu	来蕭开四平
三〇八.2.5	釤	所鉴切 ʂam꜄	审鉴开二去	衫	所銜切꜀ʂam	审銜开二平
三一一.1.8	鐙	都邓切 təŋ꜄	端嶝开一去	登	都滕切꜀təŋ	端登开一平
三〇七.8.6	*贛	古送切 koŋ꜄	见送开一去	江	古双切꜀kɔŋ	见江开二平

(6)以去注平例：

	本文	切韵音	声韵呼等调	注音	切韵音	声韵呼等调
三〇七.8.11	愚	遇俱切꜀ŋjĭu	疑虞合三平	遇	牛具切 ŋjĭu꜄	疑遇合三去
三〇八.2.13	犁	郎奚切꜀liei	来齐开四平	令	力政切 ljĭæŋ꜄	来劲开四去
三〇八.3.15	祠	似兹切꜀zi:	邪之开四平	寺	祥吏切 zi:꜄	邪志开四去
三一〇.10.20	韀	则前切꜀tsien	精先开四平	箭	子贱切 tsiæn꜄	精线开四去

如果平声跟上声颠倒，何以同时平、去跟上、去也都有互注的例呢？所以我们从这些错综的注音，还不能决定它们就是两种方音的调值参差。照我看，在上面这些例里，像“寝：侵、紡：方、褾：標、縹：標、粉：分、鱒：遵”，“姑：古、酤：古、舖：補、柯：可”，“詠：永、帊：把、究：九、愧：鬼”，“領：令、腿：退、忖：寸”跟“瓮：邕、療：遼、釤：衫、鐙：登”之类，当然是由声符直接类推的读音；其馀像“髓：須、跛：婆、薺：精、厍：衙”，“呰：子、欙：吕”，“柄：餅”，“腫：衆、斧：付”跟“犁：令、韀：箭”之类，或许是由声符间接类推的读音，此外只能说是注音时对于声调的疏略了。然而我们对于调值的参差，虽然没有看出什么确定的结果，可是全浊跟次浊的上声在这种方音里已经显然地变成去声了。因为在《开蒙要训》的注音里我们发现：

(7)以浊上注去例：

	本文	切韵音	声韵呼等调	注音	切韵音	声韵呼等调
三〇六.8.11	綛	渠记切 g'jiːᵓ	群志开三去	巨	其吕切ᶜg'jĭo	群语开三上
三〇七.3.1	髲	平义切 b'jiĕᵓ	並寘开三去	婢	便俾切ᶜb'jiĕ	並纸开四上
三一一.2.9	盗	徒到切 d'ɑuᵓ	定号开一去	道	徒皓切ᶜd'ɑu	定皓开一上
三〇五.4.11	雺	亡遇切 mjĭuᵓ	微遇合三去	武	文甫切ᶜmjĭu	微麌合三上
三一〇.8.11	鴈	五晏切 ŋanᵓ	疑谏开二去	眼	五限切ᶜŋạn	疑产开二上

(8)以去注浊上例：

三〇五.7.3	艦	胡黤切ᶜɣam	匣槛开二上	監	格忏切 kamᵓ	见鉴开二去
三〇五.7.4	艇	徒鼎切ᶜd'ĭɐŋ	定梗开四上	定	徒径切 d'ĭæŋᵓ	定径开四去
三〇六.6.19	紵	直吕切ᶜḍ'ĭo	澄语开三上	志	职吏切 tɕiːᵓ	照志开三去
三〇六.10.6	竽	直与切ᶜḍ'ĭo	澄语开三上	志	职吏切 tɕiːᵓ	照志开三去
三〇七.5.3	腨	市兖切ᶜʑĭwæn	禅狝合三上	旋	辞恋切 zĭwænᵓ	邪线合四去
三〇七.5.7	肾	时忍切ᶜʑĭĕn	禅轸开三上	慎	时刃切 ʑĭĕnᵓ	禅震开三去
三〇七.10.17	鏴①*	郎古切ᶜlo	来姥开一上	路	洛故切 loᵓ	来暮开一去
三〇九.10.3	吻	武粉切ᶜmjĭuən	微吻合三上	問	亡运切 mjĭuənᵓ	微问合三去
三〇九.10.21	牖	与久切ᶜĭəu	喻有开四上	又	于救切 ĭəuᵓ	喻宥开三去

这些例子跟那些类推的读法显然不同。而且我们还有一个有力的旁证，唐李涪《刊误》说："（《切韵》）吴音乖舛，不亦甚乎？上声为去，去

① "鏴"不见于字书，疑即"鏀"字。

声为上：……恨怨之恨则在去声，很戾之很则在上声；又言辯之辯则在上声，冠弁之弁则在去声；又舅甥之舅则在上声，故舊之舊则在去声；又皓白之皓则在上声，號令之號则在去声；又以恐字恨字俱去声。今士君子于上声呼恨，去声呼恐，得不为有识之所笑乎？……凡中华音切莫过东都，盖居天下之中，禀气特正，予尝以其音证之，必大哂而异焉。……予今别白上去，各归本音；详较重轻，以符古义，理尽于此，岂无知音！”他骂《切韵》是“吴音乖舛”，自然冤枉了陆法言，可是从他所举的例来看，我们可以断定在他的方音里全浊上声是跟去声不分的。因为“很”“胡恳切”（匣、很），“辯”“平免切”（並、狝——原作“符蹇切”，类隔，依《集韵》改），“舅”“其九切”（群、有），“皓”“胡老切”（匣、皓），都是浊上；而“恨”“胡艮切”（匣、恨），“弁”“皮变切”（並、线），“舊”“其救切”（群、宥）、“號”“胡到切”（匣、號），都是浊去，李涪既然不承认这种分别，可见在他的方音里当然混而为一了。至于“恐”字，《切韵》本来有“丘陇”（溪、肿）、“区用”（溪、用）二切，“区用”一音也一定不是李涪的方音，所以他才觉得“上声呼恨，去声呼恐”不免“为有识之所笑”。关于李涪的事迹并没有详细的记载。《四库全书总目提要》[①] 云：“《刊误》二卷，唐李涪撰，旧本前有结衔称国子祭酒。郭忠恕《佩觿》引此书亦称李祭酒涪。五代去唐末未远，当得其真。而陆游《渭南集》有是书跋曰：王行瑜作乱，宗正卿李涪盛陈其忠，必悔过。及行瑜传首京师，涪亦放死岭南，疑即此人。未详孰是也。”今考孙光宪《北梦琐言》云：“唐李涪，尚书福相之子。”又云：“唐相国李公福，河中有宅（原注：陇西事得于李载仁大夫）。”又云：“陇西李常侍，福相之子。”是李涪为唐宗室宰相李福之子。据《新唐书·宗

---

① 子部杂家类二。

室世系表》大郑王房[①],他的世系如下:

> (一)郑孝王亮,隋赵兴太守、长社郡公——(二)襄邑恭王神符——(三)广川郡公义范——(四)殿中丞、袭魏国公捷——(五)虢州刺史坚——(六)盛唐令鹏——(七)太子太傅、同平章事福字能之——(八)涪。

李福事迹附载其兄李石传中[②],而于李涪的事迹一点都没有提及。从郑王亮到李石、李福兄弟已历七传,但《旧唐书·李石传》仍旧说他是"陇西人",可见李涪的方音或许就与陇西有关系;即使不然,也必不出乎他所住居的长安,或他所认为"居天下之中"的东都(洛阳)两个地方。王行瑜传首京师,事在唐昭宗乾宁二年(895)十一月,则《刊误》之成必定还早于是年。既然在后唐明宗天成四年(929)的34年以前李涪所代表的方音里,浊上已经变为去声,那么在《开蒙要训》的注音里所有的同样变化当然可以算是确定的事实了。至于这种方音的清浊声是否演变为阴阳调,从我们现在所有的材料,还看不出什么结果来呢。

综括本章所讨论的三项来看,我们可以说《开蒙要训》的注音所代表的五代敦煌方音,声母跟《千字文》的藏音虽然不同,而韵母却大体类似;至于声调一项,从现在所有的材料只能决定它的浊上跟去声不分,其余关于声调的错综注音,大概不是类推的读法,就是记音时的疏略,除此之外,我们还不能有什么更具体的断案。然而专从这几点论,已经可以拿它当做从唐代西北方音变到现在西北方音的一个枢纽了。

此外,有几对注音显然是由讹读所致,例如:

---

① 《新唐书》卷七〇。

② 《新唐书》卷一三一,《旧唐书》卷一七二。

	本文	切韵音	韵声呼等	注音	切韵音	韵声呼等
三〇五.7.1	舡	许江切 xɔŋ	江晓开二	沿	与专切 ĭwæn	仙喻合四
三〇七.10.8	鈆	与专切 ĭwæn	仙喻合四	貢	古送切 koŋ	送见开一
三〇五.8.3	諂	丑琰切 ʈ‘ĭæm	琰彻开三	㿖	苦感切 k‘ɑm	溪感开一
三〇七.10.10	鍮	托侯切 t‘əu	侯透开一	喻	羊戍切 ĭu	遇喻合四
三〇八.1.7	鑹	落戈切 lua	戈来合一	驢	力居切 ljĭo	鱼来开三
三一〇.7.7	體	卢启切 liei	荠来开四	風	方戎切 pjĭoŋ	东非开三
三一一.1.20	鈍	徒困切 d‘uən	慁定合一	唇	食伦切 dʑ‘uen	床谆合三

“沿”“鈆”本来是“沿”“鉛”的俗体，当时注音的人误认“㕣”声为“公”声，于是误读“舡”为“沿”，误用“貢”来注“鈆”。其实“沿”之俗体外，别无从水公声的“沿”字；“鉛”之俗体外，虽然《广韵》上平三锺另有一个从金公声的“鈆”字，读作“职容切”，训为“铁鈆”，不过此处既然“鈆锡”连文，究竟不如训为“锡之类”的“与专切”于义较顺。“鍮”只有“托侯切”一音，这里既然拿“喻”来注它，除非“喻”还保留上古的* d- 声母外，就恐怕是因为同从“俞”声而把“鍮”字读错了。拿其他喻母字的读法来证，前一种假设是不会有的。“諂”之读“㿖”，当然也可以用类似情形来解释。至于以“驢”注“鑹”，由于误认“羸”、“鑹”为一音；以“風”注“體”，由于误认“豊”声为“豐”声；以“唇”注“鈍”，由于误认“鈍”与“純”为同音。像这些例子，我们只能认为是当时的讹读，不能拿它们来搅乱全体的音韵系统。不过这几对注音的错误都是显而易见的，而且它们的致误之由也都是有迹可寻的。另外还有几对注音，有的字形不可辨识（例如：三〇六.3.13“扐：討”，三〇六.9.4“紐：𢆶”）；有的音理不可疏通（例如：三〇七.7.15“唾：火”，三〇八.6.8“拗：令”），我在没有得到别本校正以前，只好“于其所不知，盖阙

如也!”①

最后,我还要附带论到《开蒙要训》本文的韵读问题。这部书的通例是四字一句、两句一韵的,中间有许多讹脱的地方可以据韵例来校勘它。照我统计的结果,除去有四句韵读不明的,一共有172韵。其中有:

(1)支韵独用例:

儀支垂支*彌支施支絻支疵支絁支(三〇六.4.22——三〇六.7.4)

鐁支宜支*攲支捭蟹② *卮支匙支炊支糜支鮍支(三〇八.9.17——三〇九.2.14)

(2)虞、鱼、模同用例:

軀虞疽鱼肥(?)除鱼嘘鱼儒虞愚虞衢虞閭鱼磲鱼瑚模珠虞徒模(三〇七.6.7——三〇七.10.15)

(3)豪、皓、宵通用例:

稻皓*蕎宵擣皓好皓蒿豪燥皓草皓倒皓抱皓(三〇九.6.15——三〇九.9.13)

(4)有、厚、宥、候同用例:

口有肘有拇厚手有後厚③ 部厚醜有(三〇七.3.16——三〇七.5.21)

繡宥紐有陋候就宥袖宥舊宥究宥(三〇六.7.12——三〇六.9.16)

(5)唐、江、阳同用例:

梁阳廊唐堂唐窻江康唐倉唐*墻阳埸阳行唐桑唐榔唐棠唐薑阳芳阳香阳攘阳槍唐防阳蜋阳螂唐鏜唐④ 鲂阳腔江⑤ 凰唐鴦唐翔阳麞阳

① 此书于注音以外讹脱之处亦甚多,拟俟获睹司坦因所得之两种,及伯希和所得之另一种,再详细校勘。

② “捭”字今虽在蟹韵,但“卑”声本属支韵。

③ 此韵前衍一字。

④ 此字不见于字书,从声符“堂”定音。

⑤ 此韵下句衍一“蝮”字。

狼唐羊阳强阳驣唐韁阳傍唐刚唐忙唐常阳量阳臓唐張阳觴阳倡阳殃阳[1]……良阳章阳忘阳(三〇九.9.21——三一一.6.13)

(6)庚、耕、清、青同用例：

明庚迎庚榮庚青青晴清生庚驚庚清清名清并清浤耕停青(三〇五.3.8——三〇五.7.8)

酲清横庚聲清箏耕笙庚兄庚[2]嬰清甥庚成清盈清令青擎庚僜青情清(三〇五.9.20——三〇六.4.14)

(7)旱、缓、翰、换同用例：

粁缓鐵旱斷缓滿缓嬾旱(三〇九.4.19——三〇九.6.7)

鑵换爨换桉翰鍛翰鑽换畔换短缓灌换亂换按翰散翰瀾翰(三〇八.1.1——三〇八.5.1)

(8)铎、药、觉、烛、陌、麦、昔、锡同用例：

廓铎躍药惡铎恪铎爵药樂觉(三〇五.7.6——三〇五.9.12)

作铎*籰药絡铎緑烛帛陌壁锡屐陌澤陌隻昔钀(?)(三〇六.10.2——三〇七.3.8)

獲麦格陌搦陌摑麦[3]責麦索陌竅锡躑昔驛昔幘麦[4]*轎陌嚇陌(三〇八.5.9——三〇八.9.9)

惜昔益昔[5]炙昔適锡酢铎(三〇九.2.22——三〇九.4.11)

所以我们不单根据《日本现在书目》可以断定《开蒙要训》是东晋与齐梁之间的“马氏”所撰，就是由押韵的情形来看，也可以断定这部书的本文跟注音不属于同一方音系统。因为照上文所归纳的注音系统，鱼韵应该跟支韵相通，虞韵应该跟尤韵相通，模韵应该跟唐、阳韵相

① 此下有四句失韵，待考。

② 原文“兄弟”二字互倒，于韵例不合，今正之。

③ 此韵七字，疑有讹脱。

④ 此字不见于字书，从声符“責”定音。

⑤ 此韵内有“忝”字，乃注音误入正文者。

通；而在本文的押韵里，支韵自己独用，阳、唐跟江同用，虞、鱼、模却仍旧照大多数方言的成例混为一类。这已经可以很显然地看出它们是两个方音了。在上面所举的八个韵例里，前七条都是很普通的情形，只有后一个比较特别一点儿。然而我在晋朝的诗文韵读中，也发现不少类似的例：

何劭（陈郡阳夏人）

《游仙诗》：柏陌落託铎石昔洛鶴樂铎邈觉（《全晋诗》二，27上）

张翰（吴郡吴人）

《赠张弋阳》：……昔昔薄铎夕昔索陌（《全晋诗》四，12下）

孙楚（太原中都人）

《荣启期赞》：懌昔泊樂铎宅陌（《全晋文》六十，9下）

夏侯湛（谯国谯人）

《山路吟》：……落崿錯铎石昔（《全晋诗》四，17下；又《全晋文》六八，8上）

《雷赋》：鑿铎爍药沃沃濯觉溺锡辟昔（《全晋文》六八，1下）

《缴弹赋》：繳药獲麦（《全晋文》六八，3上）

郤正（河南偃师人）

《释讥》：澤額陌壑铎魄陌（《全晋文》七十，7下）

左思（齐国临淄人）

《咏史》之七：薄铎宅陌郭廓铎籍昔壑铎昔昔澤陌（《全晋诗》四，11上）

《蜀都赋》：博雒錯莫铎澤陌液昔（《全晋文》七四，3上）

廓幕铎泊陌霍薄铎（《全晋文》七四，4上）

絡作铎魄陌昔昔（《全晋文》七四，4下）

《吴都赋》：客陌奕昔百白陌博作铎（《全晋文》七四，7下）

宅獏陌落铎格骼澤陌（《全晋文》七四，9上）

《魏都赋》：液昔白陌斥昔落铎昔昔帛赫宅陌（《全晋文》七四，12上）

梅陶（西平人）

《怨歌行》：鹤壑铎客魄陌迹昔（《全晋诗》五，10下）

蔡洪（吴郡人）

《围棋赋》：郭落铎弈射昔悉质（？）（《全晋文》八一，7上）

殷巨（云阳人）

《奇布赋》：績锡尺斁昔濯觉赫白陌（《全晋文》八一，9上）

张协（安平人）

《七命》：蘗雀药錯铎跖昔白陌（《全晋文》八五，11上）

貊陌朔觉譯昔（《全晋文》八五，11下）

陆机（吴郡人）

《遂志赋》：躍药濯樂觉溺锡學觉（《全晋文》九六，5下）

《七微》：落錯铎石昔閣铎弈昔（《全晋文》九八，2下）

《演连珠》：適昔約药迹昔（《全晋文》九九，6下）

陆云（吴郡人）

《喜霁赋》：懌昔作铎石昔霍閣铎弈昔（《全晋文》一百，3下）

《牛责季友》：惜昔落閣铎弈昔薄铎（《全晋文》一〇三，8上）

吴声歌曲

《子夜歌》：惜昔薄铎（《全晋诗》八，2上）

《上声歌》：雀药隔麦（《全晋诗》八，6上）

李暠（陇西成纪人）

《述志赋》：奕辟益昔壑铎溺锡（《全晋文》一五五，1下）

释僧肇（京兆人）

《鸠摩什法师诔》：邈觉漠作铎溺锡（《全晋文》一六五，15上）

宋齐以降，除去两篇有意拟古的作品：

谢惠连（陈郡阳夏人）

《雪赋》：錯索铎奕積昔隙陌席璧昔白陌(《全宋文》三四，1下)

江淹(济阳考城人)

《拟陈思王曹植赠友》：璧昔宅陌薄落閣铎若药臒諾藿铎(《全梁诗》五，8上)

就很少见这种押韵法了。本来照《诗经》的押韵，应该把上面所见的字分成五部：凡从“各、乇、乍、斥、尺、睪、若、白、赫、隻、蒦、郭、亞、霍、索、昔、炙、石、射、尃、咢、壑、屰、亦、夜、莫、席”诸声的为*模部入声；从“弱、翟、爵、雀、樂、敫、鑿、夭、貌、勺”诸声的为*豪部入声；从“鬲、商、辟、益、責”诸声的为*齐部入声；从“录、學”声的为*萧部入声；从“國”声的为*咍部入声。所以在这些韵读里，除张翰、左思跟陆氏“二秀”还能完全合于周秦古音，其余各家都不免混乱古音的旧部了。这究竟是由拟古而生出来的类推的错误，还是魏晋时代实际古音，我们现在虽然不能确定，然而这种押韵法可以代表魏晋之际的一时风尚，却由宋齐以降的押韵现象可以得到反证。由这种观点，再返回来看《开蒙要训》的时代，我们就可以进一步说它是离顾恺之、王义较近，而离周兴嗣较远的东西。因为这本“童而习之”的小书，押韵时自然用不着像谢惠连《雪赋》或江淹《拟陈思王曹植赠友》那样的拟古，它的押韵法既然跟晋代的风气相近，那么，当然也应该是这个时代的产物了。

四　唐五代西北方音与现代西北方音的比较

我们对于四种藏译汉音跟《开蒙要训》的注音既然上溯《切韵》以穷其源，最好再能同它们的后代音比较以竟其流。我现在所采取的六种西北方音——兰州、平凉、西安、三水、文水、兴县——虽然不能算是它们的直接后代音，然而从几个特点来看，其间实在不无渊源可寻，所以在现代敦煌附近的方音没经过精确的调查以前，只能用这种不得已而思其次的办法。现在为叙述上的便利，我单提出几项特点来讨论，至于逐字的比较，我不过在附录一里举了《千字文》一种做例罢了(参阅第248页至273页)。

甲　声母的比较

关于唐五代西北方音跟现代西北方音的声母异同，有五点值得提出来讨论：

(1)全浊声母的演变

全浊並、定、澄、从、群五母在兰州、平凉、西安、三水、文水、兴县六种方音里，平声各变成本类的次清，仄声各变成本类的全清，这是很有规则的。在前面几种藏音里，只有《大乘中宗见解》很显著地把大部分全浊写作次清，其余的三种并没有直接的证据；至于《开蒙要训》的全清全浊互注例，就比较同现代西北方音的演变相差较远了。照我看起来，全浊声母在现代西北方音中的读法还是逐渐由《千字文》跟《大乘中宗见解》所代表的那一系方音演变来的。因为：(一)《千字文》的藏音虽然没有把全浊写作次清，而大部分的全清上、去声字却跟《大乘中宗见解》一样地同全浊混淆；(二)全浊在《大乘中宗见解》里保持本读的只有"怠 de、第 de、大 de、地 di、道 de'u、定 deṅ、達 dar、着 jag"八个字，其中绝对没有平声，可见古全浊声母的送气成素，从那时候起已经受声调的影响而有强弱的不同了。况且在三水的方音里从母的仄声"在、造、阜、贼、凿、罪、坐、族、藉、字、自、捷、嚼"等字跟平声一样变成 ts'[①]；並母的仄声"薄、笨、部、步、脖、拔、鼻、病"等字跟平声一样变成 p'[②]；还有平凉方音里的並、定、澄、从、床几母的仄声字也有一部分读作次清[③]，可见全浊仄声之变全清是受声调影响逐渐嬗蜕而成的。这种现象从《大乘中宗见解》所代表的方音已然渐露端绪，到了现代西北方音跟其他大部分"官话"就更有规则了。奉、床两母的演变跟别的全浊声母稍有不同。奉母在《阿弥陀经》跟《金刚经》里还是读作 b 的，但在《千字文》跟《大乘中宗见解》里已然大部分跟非、敷一样变成 p'，《开蒙要训》的注音也有非、敷、奉互注的例，我相信，它在那时候就应读作[pf']，再经过一度摩擦化的演变，于是在现代六种西北方音里除去文水转为[x]，其余的就都变成[f]了。床母在四种藏音里，除去《千字文》有一个"床"字读作 c'o，《大乘中宗见解》里有一个"狀"字又读作 ts'oṅ 以外，其余不论二、三等都读作 ç，

---

① 参阅 B. Karlgren *Etudes sur la Phonologie Chinoise*. p. 508.

② 参阅前书 p. 550.

③ 参阅前书 pp. 395, 406, 499, 508, 550.

不过它在现代西北方音中的变化却是很复杂的。就我所采取的六种方音来看，它的变化情形约如下表[1]：

床	二等				三等			
	平		仄		平		仄	
	开	合[2]	开[3]	合	开[4]	合	开[5]	合
兰州	ts‘	ʈ‘	ts, s	ʈ	ʂ, ʈ‘	f	ʂ, s	f
平凉	ts‘	ʈ‘, tʂ‘	ts, s	ʈ, tʂ	ʂ, ʈ‘	ʂ	ʂ, s	ʂ
西安	ts‘	pf‘	ts, s	pf	ʂ, ʈ‘	f	ʂ, s	f
三水	ts‘		ts, s	ts	ʂ, ʈ‘	s	ʂ, s	s
文水	ts‘		ts, s	ts	ʂ, tʂ‘	ts‘	ʂ, s	s
兴县	ts‘		ts, s	ts	ʂ, tʂ‘	ts‘	ʂ, s	s

我们由这个表可以看出床母二等同澄母的演变相近，以读破裂摩擦音或破裂音为原则；三等同禅母的演变相近，以读摩擦音为原则，所以在藏译汉音里虽然只有“床 c‘o、狀 ts‘oṅ”两字读作破裂摩擦音，然而这未必不是床母二等没有都变摩擦音的遗迹。至于二等的“士、仕、俟、事”之类同三等的“示、謚”之类一律变成摩擦音，那是从唐五代到现在的平行演变，并不是现代西北方音特有的现象。

总括以上所说，我把並、定、澄、从、群五母在唐五代跟现代西北方音中的演变列成下表：

---

① 参阅 B. Karlgren *Etudes sur la Phonologie Chinoise* p.407.

②⑤ 合口二等“雏”字平凉读[tʂ‘-]。

③ 仄声开口二等“俟、仕、士、事”及开口三等“示、謚”等在此六种方音中均读[s-]。

④ 开口三等“乘、蛇”二字在兰州、平凉、西安、三水读[ʈ‘-]，文水、兴县读[tʂ‘-]。

切韵声类 / 条件 / 读音 / 方音类别	並		定		澄							从				群	
					平			仄				平		仄			
	平	仄	平	仄	二等	三等		二等		三等		一等	四等	一等	四等	平	仄
					开	开	合	开	合	开	合						
兰州	pʻ	p	tʻ	t	tsʻ	ʈʻ		ts	ʈ	ʈ		tsʻ	tɕʻ	ts	tɕ	tɕʻ	tɕ
平凉	pʻ	p	tʻ	t	tsʻ	ʈʻ		ts	ʈ	ʈ		tsʻ	tɕʻ	ts	tɕ	tɕʻ	tɕ
西安	pʻ	p	tʻ	t	tsʻ	ʈʻ	pfʻ	ts	pf	ʈ	pf	tsʻ	tɕʻ	ts	tɕ	tɕʻ	tɕ
三水	pʻ	p,pʻ	tʻ	t	tsʻ	ʈʻ	tsʻ	ts		ʈ	ts	tsʻ		ts,tsʻ		tɕʻ	tɕ
文水	pʻ	p	tʻ	t	tsʻ	tʂʻ	tsʻ	ts		tʂ	ts	tsʻ	tɕʻ	ts	tɕ	tɕʻ	tɕ
兴县	pʻ	p	tʻ	t	tsʻ	tʂ	tsʻ	ts		tʂ	ts	tsʻ	tɕʻ	ts	tɕ	tɕʻ	tɕ
开蒙要训	①* p		* t		* c							*ts	*c	*ts	*c	*k	
大乘中宗见解	pʻ		tʻ,d		cʻ,j							tsʻ				kʻ	
千字文	b		d		j							dz				g	
金刚经	b		d		j							dz				g	
阿弥陀经	b		d		j							dz				g	

(2)舌上音与正齿音的混并

在前面所引的四种藏音跟《开蒙要训》的注音里,"舌上音"知、彻同"正齿音"照、穿都混而不分,这究竟是实际读音的混合,还是写法上的混合,是很值得注意的。照理论上讲,知、彻的音值无论是[ʈ]、[ʈʻ]或[ȶ]、[ȶʻ],都不能用藏文所有的字母来直接译写出来,那么,

---

① 表中双线以上之音符为国际音标,双线以下者为藏语罗马字。两式宽严不同,音值亦异,如同一[tɕ]音而前者用 tɕ,后者用 c;同一 y 号而前者读[y],后者读[j],宜分别观之,以免牵混。下同。

因为用近似的c、c‘替代以致跟照、穿混同，自然是可能的现象。然而在现代西北方音里，知、彻跟照、穿也是混而不分的，例如：

<table>
<tr><td rowspan="3">切韵声类 条件 读音 方音类别</td><td colspan="4">知 照</td><td colspan="4">彻 穿</td></tr>
<tr><td colspan="2">二等</td><td colspan="2">三等</td><td colspan="2">二等</td><td colspan="2">三等</td></tr>
<tr><td>开</td><td>合</td><td>开①</td><td>合</td><td>开</td><td>合②</td><td>开③</td><td>合</td></tr>
<tr><td>兰州</td><td>ts</td><td>ʈ</td><td>tʂ,ʈ</td><td>ʈ</td><td>ts‘</td><td>ʈ‘</td><td>tʂ‘,ʈ‘</td><td>ʈ‘</td></tr>
<tr><td>平凉</td><td>ts</td><td>ʈ</td><td>tʂ,ʈ</td><td>tʂ,ʈ</td><td>ts‘</td><td>tʂ‘,ʈ‘</td><td>tʂ‘,ʈ‘</td><td>tʂ‘,ʈ‘</td></tr>
<tr><td>西安</td><td>ts</td><td>pf</td><td>tʂ,ʈ</td><td>pf</td><td>ts‘</td><td>pf‘</td><td>tʂ‘,ʈ‘</td><td>pf‘</td></tr>
<tr><td>三水</td><td colspan="2">ts</td><td>tʂ,ʈ</td><td>ts</td><td colspan="2">ts‘</td><td>tʂ‘,ʈ‘</td><td>ts‘</td></tr>
<tr><td>文水</td><td colspan="2">ts</td><td>tʂ</td><td>ts</td><td colspan="2">tʂ‘</td><td>tʂ‘</td><td>ts‘</td></tr>
<tr><td>兴县</td><td colspan="2">ts</td><td>tʂ</td><td>ts</td><td colspan="2">ts‘</td><td>tʂ‘</td><td>ts‘</td></tr>
<tr><td>开蒙要训</td><td colspan="4">*c</td><td colspan="4">*c‘</td></tr>
<tr><td>大乘中宗见解</td><td colspan="4">c</td><td colspan="4">c‘</td></tr>
<tr><td>千字文</td><td colspan="4">c</td><td colspan="4">c‘</td></tr>
<tr><td>金刚经</td><td colspan="4">c</td><td colspan="4">c‘</td></tr>
<tr><td>阿弥陀经</td><td colspan="4">c</td><td colspan="4">c‘</td></tr>
</table>

由这种事实，就可以使我们推想“舌上音”跟“正齿音”在西北方音中的混合已然有很悠久的历史，那几种藏音所代表的就是当时实际的读音，而不仅是替代的写法；如果单是替代的写法，《开蒙要训》的注音就不会那样巧合了。我从前认为知、彻、澄、娘之混变自北宋已肇其端，至陈晋翁《切韵指掌图节要》有知、彻、澄、泥而无照、穿、床、娘，梅膺祚所据之《韵法直图》有照、穿、床、泥而无知、彻、澄、娘，其

①③　止摄开口三等字在此六种方言中照母变[ts]，穿母变[ts‘]。

②　彻母合口二等字兰州、平凉、西安亦读[ts‘]，与穿母开合异读者不同。

证乃显[①]，由现在看起来，岂只北宋已肇其端，实从唐末即见其迹，不过娘母的读音（'j）在《阿弥陀经》跟《金刚经》的藏音里还没同泥母（'d）完全混淆罢了。

(3)摩擦音清浊的混并

摩擦音的浊声禅、邪、匣三母，在前面所引的藏音里除去时代较早的《阿弥陀经》跟译音本《大乘中宗见解》，还有三个禅母字"善 źan、是 źi、受 źi'u"保持浊音，其余的已经完全混入清声审、心、晓了。可见浊摩擦音的变清要比浊破裂音早得多。在现代西北方音里，邪、匣两母的演变除去在 i- 介音前头受了腭化作用，其余是跟藏文对音一致的；惟独禅母的平声开口字大多数变成破裂音或破裂摩擦音，同床母三等字相近而不跟审母混合，要算是比较特别的地方。不过这种变化虽然是藏文所没有的，却不能就认为是后起的现象，因为在唐以前的汉梵对音里，以"阇、社"对 ja，以重音"阇"及"社、膳、禅"对 jha，是很普遍的现象[②]，因此我们可以说禅母的读音从很早就有了方音的歧异了。

总括上文所说，我把审、禅、心、邪、晓、匣六母在唐五代跟现代西北方音中的演变列成下表：

---

① 参阅历史语言研究所《集刊》第三本第二分 260 页（即《敦煌写本守温韵学残卷跋》）。

② 参阅《梵文腭音五母之藏汉对音研究》附录"四十九根本字诸经译文异同表"，历史语言研究所《集刊》第三本第二分 276 页后。

切韵声类 / 条件 / 读音类别 / 方音	审				禅				心邪				晓匣					
	二等		三等		平		仄		一等		四等		一等		二等		三、四等	
	开	合	开①	合	开②	合③	开④	合	开	合⑤	开⑥	合⑦	开	合	开⑧	合	开	合⑨
兰州	s	f	ʂ	f	ʈʻ	f,ʈʻ	ʂ	f	s		ɕ		x		x,ɕ	x	ɕ	
平凉	s	ʂ	ʂ	ʂ	ʈʻ	ʂ,ʈʻ	ʂ	ʂ	s		ɕ		x		x,ɕ	x	ɕ	
西安	s	f	ʂ	f	ʈʻ,ʂ⑩	f,pfʻ	ʂ	f	s		ɕ		x		x,ɕ	x	ɕ	
三水	s		ʂ	s	ʈʻ,ʂ⑪	s,tsʻ	ʂ	s	s				x		x,ɕ	x	ɕ	
文水	s		ʂ	s	tʂʻ	s,tsʻ	ʂ	s	s		ɕ		x		x,ɕ	x	ɕ	
兴县	s		ʂ	s	tʂʻ	s,tsʻ	ʂ	s	s		ɕ		x		x,ɕ	x	ɕ	
开蒙要训	*ç								*s		*ç		*h					
大乘中宗见解	ç								s				h					
千字文	ç								s				h					
金刚经	ç								s				h					
阿弥陀经	ç						ź(善)		s				h					

①②④　审、禅之止摄开口三等字在此六种方音中均读[s]。

③　禅母合口平声“垂、纯、醇”等兰州、平凉读[ʈʻ]，三水、文水、兴县读[tsʻ]，西安读[pfʻ]。

⑤　心母合口一等“酸、锁、算、损”等除三水外均变[ɕ]。

⑥　心、邪之止摄开口四等字在此六种方言中仍读[s]不变[ɕ]。

⑦　心、邪四等合口“虽、绥、宣、岁、宿”等在兰州、平凉、西安、三水仍读[s]不变[ɕ]。

⑧　晓母开口二等以读[x]为原则，但“孝、闲”等变[ɕ]；匣母开口二等以读[ɕ]为原则，但“衡、骇”等变[x]。

⑨　晓、匣两母在止摄及蟹摄之三、四等合口前仍读[x]，不变[ɕ]。

⑩⑪　禅母开口平声，“蝉、禅、宸、臣、偿、裳”等西安及三水读[ʂ]。

(4)明、泥、疑三母的读音

在前面所引的四种藏音里,凡明母字之不附 -n 或 -ṅ收声者皆对以 'b,泥母字之不附 -m 或 -ṅ收声者皆对以'd,而疑母字则不论收声是什么一律都变成 'g,这类声母的变读要算是唐五代西北方音的一种特征。我在上文已经证明这个'b、'd、'g 前面的 ' 号是含有鼻音成素的,因此我觉得这三母的读音应该同现代文水、兴县、平凉的[mb]、[nd]、[ŋg]相近。在我们从前所有的方言材料里,除去上面所举的三个山西方言以外,其他陕西、甘肃的方言还没有同样的佐证,最近白涤洲先生赴陕西调查,发现陕北的安塞、延川、清涧、吴堡、绥德、米脂等处也有类似的读法①,这便是从唐五代沙州附近的方音一脉相传下来的。假使我们有一天把现代西北方音全部调查清楚,我想由敦煌往东沿着长城以内,一定可以给这种声音的演变找出一条线索来。至于偏南的兰州、平凉、西安、三水等处方音,从这三母的读音看,便不能算是这种中古方音的直系后代了。

现在我把明、泥、疑三母在唐五代跟现代西北方音中的异同表列于下:

① 承白涤洲先生以调查纪录见示,特此声谢!

切韵声类 条件 / 读音类别 方音	明	泥		疑					
		一、二等①	三、四等	一等		二等		三、四等	
				开	合	开② ③	合④	开	合
兰州	m	l,n	ɲ	n	○	n,ɲ,○	○	ɲ,○	○
平凉	m	l,n	ɲ	ŋ,n	○	ŋ,ɲ,○	○	ɲ,○	○
西安	m	n	ɲ	ŋ	○	ŋ,ɲ,○	○	ɲ,○	○
三水	m	l	ɲ	ŋ	○	ŋ,ɲ,○	○	ɲ,○	○
文水	mb	nd	ɲȡ	ŋg	○	ŋg,ɲȡ,○	○	ɲȡ,○	
兴县	mb	nd	ɲȡ	ŋg	○	ŋg,ɲȡ,○	○	ɲȡ,○	
开蒙要训	*'b	*'l		*'g					
大乘中宗见解	'b,m	'd,n		'g					
千字文	'b,m	'd,n		'g					
金刚经	'b,m	'd,n		'g					
阿弥陀经	'b,m	'd,n		'g					

(5)齿头音与牙音的腭化

精、清、从、心、邪的四等跟见、溪、群、晓、匣的三、四等，在我所引的六种现代西北方音里，都受 i 介音的腭化作用而变成舌面前音[tɕ]、[tɕ‘]、[ɕ]。这种现象在《开蒙要训》的注音里已然有以从注澄、以照注从、以彻注清、以清注穿、以审注心、以邪注禅及以晓注心诸例(参阅 119—121 页)，可见从那时候起它们已然露了腭化的痕迹了。至于藏译汉音对于这两类声母虽然任意地附以 y-音，然而不单彼此

① 泥母一、二等兰州、平凉除遇摄外皆读[l]。

② 疑母开口二等"额、硬"等兰州读[n]，平凉、西安、三水读[ŋ]，文水、兴县读[ŋg]。

③④ 疑母开口二等"衙、颜、眼、咬"及三等"仪、言、银、牛"等兰州、平凉、西安、三水读[ɲ]，文水、兴县读[ɲȡ]。

不相杂厕，而且同 c、cʻ、ç 也截然不混。其中只在《大乘中宗见解》里有一个穿母的“称”字写作kʻyiṅ（参阅45、53页），这一定因为 kʻy 的读音同 cʻ［tɕʻ］相近然后才会相混。从这个仅有的暗示，我们便可以推想在《大乘中宗见解》的时代，见组声母的三、四等也开始有腭化的趋势了。所以“齿头音”的四等跟“牙音”的三、四等，在唐代西北方音至多不过受了［j］化（yodicized），一定还没有到腭化（palatalized）的程度，但是从五代起已然开始有类似近代西北方音的演变了。现在我把它们的古今异同列成下表：

切韵声类	精①	从②		清③	心邪④	见⑤	群⑥		溪⑦	晓匣⑧
条件 读音 方音类别	四等	四等		四等	四等	三、四等	三等		三、四等	三、四等
		仄	平				仄	平		
兰州	tɕ		tɕʻ		ɕ	tɕ		tɕʻ		ɕ
平凉	tɕ		tɕʻ		ɕ	tɕ		tɕʻ		ɕ
西安	tɕ		tɕʻ		ɕ	tɕ		tɕʻ		ɕ
三水	ts		tsʻ		s	tɕ		tɕʻ		ɕ
文水	tɕ		tɕʻ		ɕ	tɕ		tɕʻ		ɕ
兴县	tɕ		tɕʻ		ɕ	tɕ		tɕʻ		ɕ
开蒙要训	*tɕ			*tɕʻ	*ɕ	*k			*kʻ	*h(ɕ?)
大乘中宗见解	ts,dz	tsʻ,dz		tsʻ	s	k,g	kʻ,g		kʻ(cʻ?)	h
千字文	ts,dz	dz		tsʻ	s	k,g	g		kʻ	h
金刚经	ts	dz		tsʻ	s	k	g		kʻ	h
阿弥陀经	ts	dz		tsʻ	s	k	g		kʻ	h

①②③④　精、清、从、心、邪之四等在止摄及合口不变［y］音各韵前仍读［ts、tsʻ、s］。

⑤⑥⑦⑧　见、溪、群、晓、匣之三、四等在止、蟹、宕、通各摄之合口前仍读［k、kʻ、x］。

乙　韵母的比较

关于唐五代西北方音跟现代西北方音的韵母异同，我想提出五项最重要的问题来讨论：

(1)鼻收声的消失

我在上文说："(《千字文》的)-ṅ 收声在《切韵》的开唇元音[ɑ]、[a]、[ɐ]、[æ]、[e]的后面几乎完全消失，而在略圆唇元音[ɔ]、[o]或中性元音[ə]的后面却还照样地保存着，除去少数的例外，是很有规则的。"(参阅 88 页)在《开蒙要训》的注音里，我们也发现以庚注齐、以庚注祭、以清注齐、青齐互注诸例(参阅 136、137 页)，跟《千字文》的演变完全相合。不过在其他三种藏音里，除去《阿弥陀经》的"行、名、经"，《金刚经》的"名"，《大乘中宗见解》的"明、名、命"等字以外，别的-ṅ 收声从写法上看还都没有消失。至于-n、-m 两收声，虽然在《阿弥陀经》、《金刚经》跟《千字文》里也看不出消变的朕兆，然而从《大乘中宗见解》的"言 'ge、免 mye、天 'de"(参阅 76 页)跟《开蒙要训》的"禁：敬"(参阅 149 页)之类看来，恐怕从五代起鼻收声的消失已然开始扩大范围了。有了这个过渡，然后我们才可以知道鼻收声在现代西北方音的消失是积渐而然的。其古今演变的异同，如下列三表：①

① 表中所列之方音以各韵之正则读法为准，其受声母影响而改变音值者别于下文第五节论之，此不阑入。

<table>
<tr><td rowspan="2">收声 / 切韵韵部 / 读音 / 方音类别</td><td colspan="9">-m</td></tr>
<tr><td>覃</td><td>谈</td><td>咸</td><td>衔</td><td>凡</td><td>盐</td><td>严</td><td>添</td><td>侵</td></tr>
<tr><td>兰州</td><td colspan="2">æ</td><td colspan="2">æ,iæ̃</td><td>æ</td><td colspan="3">iæ̃</td><td>iə̃</td></tr>
<tr><td>平凉</td><td colspan="2">æ̃</td><td colspan="2">æ̃,iæ̃</td><td>æ̃</td><td colspan="3">iæ̃</td><td>iə̃</td></tr>
<tr><td>西安</td><td colspan="2">æ̃</td><td colspan="2">æ̃,iẽ</td><td>æ̃</td><td colspan="3">iæ̃</td><td>iæ̃</td></tr>
<tr><td>三水</td><td colspan="2">æ</td><td colspan="2">æ,iæ</td><td>æ</td><td colspan="3">iæ</td><td>iæ̃</td></tr>
<tr><td>文水</td><td colspan="2">æ̃，ã</td><td colspan="2">ã，iã</td><td>uã</td><td colspan="3">iə̃</td><td>iə̃</td></tr>
<tr><td>兴县</td><td colspan="2">əŋ, ã</td><td colspan="2">ã，iã</td><td>uã</td><td colspan="3">iŋ</td><td>iə̃</td></tr>
<tr><td>开蒙要训</td><td colspan="5">*am</td><td colspan="3">*yam</td><td>*im</td></tr>
<tr><td>大乘中宗见解</td><td colspan="5">am</td><td colspan="3">yam</td><td>im</td></tr>
<tr><td>千字文</td><td colspan="5">am</td><td colspan="3">yam，em</td><td>im</td></tr>
<tr><td>金刚经</td><td colspan="5">am</td><td colspan="3">yam，em</td><td>im</td></tr>
<tr><td>阿弥陀经</td><td colspan="5">am</td><td colspan="3">em</td><td>im</td></tr>
</table>

读音 切韵韵部 收声 / 方音类别	-n																	
	寒	山开	删开	仙开	先开	元开	桓	山合	删合	仙合	先合	元合	痕	真	欣	魂	谆	文
兰州	æ	æ, iæ̃		iæ̃			uæ	uæ		yæ			ə̃	iə̃		uə̃	yə̃	
平凉	æ̃	æ̃, iæ̃		iæ̃			uæ̃	uæ̃		yæ̃			ə̃	iə̃		uə̃	yũ	
西安	æ̃	æ̃, iæ̃		iæ̃			uæ̃	uæ̃		yæ̃			æ̃	iæ̃		uæ̃	yæ̃	
三水	æ	æ, iæ		iæ			uæ	uæ		yæ			æ̃	iæ̃		uæ̃	yæ̃	
文水	æ̃, ã	ã, iã		iẽ			uæ̃	uã		yẽ			ə̃	iə̃		ũ	yũ	
兴县	əŋ, ã	ã, iã		iŋ			uəŋ	uã		ỹ			ə̃	iə̃		uə̃	yə̃	
开蒙要训	* an	* an		* yan			* wan	* wan		* wan				* in		* un	* un	
大乘中宗见解	an	yen, en		yan, yen, en			wan	wan		wan, wen				in		on, un	un	
千字文	an	an		yan			wan			wan				in		on, un	un	
金刚经	an	yen, en		yan, yen, en			wan							in		on	un	
阿弥陀经	an	en		yan, yen, en			wan			wan				in			un	

读音 切韵韵部 收声 / 方音类别	-ŋ																				
	唐		阳		庚	耕	庚	清	青	庚	耕	庚	清①	青②	登	蒸	东	冬	东③	鍾	江④
	开	合	开	合	开二	开	开三	开	开	合二	合	合三	合	合	开	开	一等		三等		
兰州	ɔ̃	uɔ̃	iɔ̃	uɔ̃	ə̃		iə̃			uə̃		iə̃,yə̃			ə̃	iə̃	uə̃		uə̃,yə̃		ɔ̃,iɔ̃,uɔ̃
平凉	ã	uã	iã	uã	ə̃		iə̃			uə̃		iə̃,yũ			ə̃	iə̃	uə̃		uə̃,yũ		ã,iã,uã
西安	ã	uã	iã	uã	əŋ		iŋ			uoŋ		iŋ,yuŋ			əŋ	iŋ	uoŋ		uoŋ,yuŋ		ã,iã
三水	ã	uã	iã	uã	əŋ		iŋ			uoŋ		iŋ,yuŋ			əŋ	iŋ	uŋ		uŋ,yuŋ		ã,iã,uã
文水	ã	uã	iã	uã	ə̃		iə̃			ũ		iə̃,yũ			ə̃	iə̃	ũ		ũ,yũ		ã,iã,uã
兴县	ə	uə	iə	uə	ə̃		iə̃			uə̃		iə̃,yə̃			ə̃	iə̃	uə̃		uə̃,yə̃		ə,iə,uə
开蒙要训	*o		*yo,*o		*e		*e		*ye	*we		*we			*eṅ		*oṅ		*uṅ		aṅ
大乘中宗见解	oṅ	woṅ	yoṅ	oṅ	eṅ		eṅ,ye		yeṅ						iṅ		oṅ		uṅ		waṅ
千字文	o		yo	o	e		e		ye,e	we		we			eṅ		oṅ		uṅ		aṅ
金刚经	aṅ	waṅ	aṅ	waṅ	eṅ		eṅ,ye		yeṅ						iṅ		oṅ		uṅ		aṅ
阿弥陀经		waṅ	aṅ	waṅ	eṅ		eṅ,e		yeṅ yi						iṅ		oṅ		uṅ		waṅ

①② 庚韵合口三等唯喉音读撮口呼，清、青之合口除三水读“倾”作[tɕʻyuŋ]外，余均变齐齿呼。

③ 东韵三等及锺韵除喉音读撮口呼外，余仍读合口，唯唇音字兰州、平凉变[ə̃]，西安、三水变[əŋ]。

④ 江韵唇音读开口呼，牙音读齐齿呼，舌上音及正齿音读合口呼，唯兰州、平凉、西安、三水之匣母及西安之舌上音、正齿音均读开口。

(2)入声收声的消失

入声的 -p、-t、-k 三种收声，藏音写作 -b、-r(或 d)、-g，除去《金刚经》的“释 çi”，《大乘中宗见解》的“没 ma、亦 yi”三字外，其余都保存很好的。在《开蒙要训》里，我们却发现“栖：薛”(参阅 158 页)、“屐：巨”(参阅 160 页)两对注音，这里的“薛”字得要读 *se 而不得读 *syar，然后才能同“栖”相对；“屐”字得要读 *ki 而不读 *kig，然后才能同“巨”相对，那么 -r、-g 两个收声从五代起也露出消失的痕迹了。到了现代西北方音，不单 -b、-r、-g 变得连一点影儿都没有，而且因为收声的消失，把原来不同摄的入声也合并成一摄了。这种演变是古今西北方音相差很远的一点，它们并合的情形如下表所示：

收声 / 切韵韵部 / 读音 / 方音类别	-p								
	合	盍	乏	洽	狎	葉	业	帖	缉
兰州	a,o		a	a,ia		ie			i
平凉	a,o		a	a,ia		iə			i
西安	a,o		a	a,ia		iæ			i
三水	a,o		a	a,ia		iæ			i
文水	a		ua	a,ia		iæ			iə
兴县	ə		a	a,ia		iə			iə
开蒙要训	*ab					*yab			*ib
大乘中宗见解	ab					eb			ib
千字文	ab					yab,eb			ib
金刚经	ab					eb			ib
阿弥陀经	ab					ab(?)			ib

收声 / 切韵韵部 / 读音 / 方音类别	-t																	
	曷	鎋	黠	月	薛	屑	末	鎋	黠	月	薛	屑	栉	质	迄	没	術	物
		开	开	开	开	开		合	合	合	合	合						
兰州	a	a		ie			o	ua		yo			ei	i		u	y	
平凉	a	a		iə			o	ua		yə			æi	i		u	y	
西安	a	a		iæ			o	ua		yə			ei	i		u	y	
三水	a	a		iæ			o	ua		yo			ei	i		u	y	
文水	a	a		iæ			ua	ua		yæ			a	iə		uo	yə	
兴县	a	a		iə			uə	ua		yə			ə	iə		uə	yə	
开蒙要训	*ar			*yar			*war			*war				*ir		*ur		
大乘中宗见解	ar			yar, er			war			war				ir		ur		
千字文	ar			yar, er						war				ir		ur		
金刚经	ar			yer			ar(唇)			war				ir		ur		
阿弥陀经	ar						ad(唇)			ad(唇)				ir		ur		

收声	-k																		
切韵韵部 / 读音	昔	锡	职	屋	沃	德	屋	烛	铎	觉	药	觉	铎	药	德	陌	麦	陌	麦
方音类别	开	开	开	一		合	三		开	见晓	开	知照	合	合	开	开	开	合	合
兰州	i			u		uei	y		o	yo		o	o	u	ei			uei	
平凉	i			u		uæi	y		o	yo		o	uo	ʊ	æi			uæi	
西安	i			u		uei	y		o	yo		o	uo	o	ei			uei	
三水	i			u		uei	y		o	yo		ə	uo	o	ei			uei	
文水	iə			uə		uə	yə		a	yə, iæ		ua	ua		ə	a		ua	
兴县	iə			uə		uə	yə		ə	iə		uə	uə	uə	ə			uə	
开蒙要训	*ig			*og		og	*ug		*ag	*yag		*wag			*eg			*weg	
大乘中宗见解	yig, ig			og		og	ug		ag	ag					eg, ig				
千字文	yig, ig			og		ug	ug		ag	yag					eg			weg	
金刚经	ig			og		og	ug		ag	yag					ig				
阿弥陀经	yig, ig					og, ug	ug		ag	yag					ig				

(3)一等[ɑ]与二等[a]的区别

一等[ɑ]跟二等[a]的分别,在四种藏音里《千字文》可以分辨咍、泰与皆、佳,豪与肴的不同;《阿弥陀经》《金刚经》跟《大乘中宗见解》可以分辨寒与山的不同;至于歌、麻的差异,只从《大乘中宗见解》里的"可 k'o、我'go"两个变音可以看出一点痕迹来,此外各韵在写法上就都混而不分了。但是[ɑ]、[a]两音在藏文的写法上虽然不分,而实际的语音却未必不分;这不单从藏音里偶然流露出来的那几个遗迹可以使我们相信它是可能的,并且在现代西北方音里也可以供给我们许多的佐证。我现在先把这两音在唐五代西北方音跟现代西北方音中的演变列成下面的两个表:

元音等列	一等[ɑ]														
切韵韵部	歌	戈	咍	灰	泰		覃	谈	寒	桓	豪	合	盍	曷	末
切韵音	ɑ	uɑ	ɑ̣i	uɑ̣i	ɑi	uɑi	ɑ̣m	ɑm	ɑn	uɑn	ɑu	ɑ̣p	ɑp	ɑt	uɑt
兰州	o	o	æ	uei	æ	uei	æ			uæ	o	o,a			o
平凉	o	uo,o	æ	uæi	æ	uæi	æ̃			uæ̃	au	o,a			uo,o
西安	o	uo,o	æ	uei	æ	ui	æ			uæ̃	au	o,a			uo,o
三水	ə,o	uo,o	æ	uei	æ	ui	æ̃			uæ	au	o,a			uo,o
文水	ɯ	uɯ,ɯ	æi	uei	æi	uei	æ̃			uæ̃	au	a			ua
兴县	ə	uo,o	æ	uæ	æ	uæ	ã,əŋ			uəŋ	au	ə,a			uə
开蒙要训	*a	*wa	*ai	*wai	*ai	*wai	*am		*an	*wan	*au	*ab		*ar	*war
大乘中宗见解	a,o	wa	e	we	e	we	am		an	wan	e'u			ar	war
千字文	a	wa	a'i	wa'i		wa'i	am		an	wan	a'u e'u	ab		ar	
金刚经	a	wa	e'i	we'i	e'i	we'i	am		an	wan	e'u	ab		ar	war
阿弥陀经	a		e	we	e	we	am		an	wan	e'u	ab		ar	wad

元音等列	二等[a]																			
切韵韵部	麻		皆		佳		夬	咸	衔	山开	删开	山合	删合	肴	洽	狎	辖开	黠开	辖合	黠合
切韵音	a	wa	ại	wại	ai	wai	wai	ạm	am	ạn	an	wạn	wan	au	ạp	ap	ạt	at	wạt	wat
兰州	a, ia	ua	æ, ie	uæ	æ, ie, ia	ua	ua, uæ	æ, iæ̃				uæ		o, io	a, ia				ua	
平凉	a, ia	ua	æ, iə	uæ	æ, iə, ia	ua	ua, uæ	æ̃, iæ̃				uæ̃		au, iau	a, ia				ua	
西安	a, ia	ua	æ, iæ	uæ	æ, iæ, ia	ua	ua, uæ	æ̃, iæ̃				uæ̃		au, iau	a, ia				ua	
三水	a, ia	ua	æ, iæ	uæ	æ, iæ, ia	ua	ua, uæ	æ, iæ				uæ		au, iau	a, ia				ua	
文水	a, ia	ua	ai, iæi	uæi	ai, iæi, ia	ua	ua, uæi	ã, iã				uã		au, iau	a, ia				ua	
兴县	a, ia	ua	ai, iæ	uai	ai, iæ, ia	ua	ua, uai	ã, iã				uã		au, iau	a, ia				ua	
开蒙要训	*a	*wa	*ei	*wei	*a	*wa		*am		*an		*wan		*au	*ab		*ar		*war	
大乘中宗见解	a	wa	e		a	we		am		en		wan		e'u			ar			
千字文	a		e'i	we'i	a	wa		am		an				a'o, e'u	ab		ar			
金刚经	a	wa	e'i		a					en							ar			
阿弥陀经		wa	e							en										

如果把上面两个表对照一看,我们立刻就可以觉得一等[ɑ]跟二等[a]在现代西北方音中并不是朝着一个方向演变的,只有删、山两韵的合口要算是唯一的例外。这两个音既然在《切韵》里本来有分别,并且在现代方音里也有不同的演变,那么,即使在藏文的写法上完全看不出痕迹,我们也得承认它们在唐五代西北方音中应该有侈弇的不同,否则在演变的历程上就滞碍难通了。

(4)模、鱼、虞的演变

在前面那四种藏音里,模韵除唇音字外还没有变 u,鱼韵也游移于 i、u 之间,并没同虞韵完全混淆。不过鱼韵在《阿弥陀经》、《金刚经》里 i 多于 u,在《千字文》里 i、u 不相上下,在《大乘中宗见解》里却 u 多于 i;由这两音的消长上看,恐怕从五代起鱼、虞渐有混而不分的趋势了。在现代西北方音里,模韵已全变[u],鱼、虞两韵也已合而为[y],不过因为受声母的影响各方音间却微有参差。其演变的情形如下页表。

由这个表看起来,可知模韵的本读现代西北方音除去在齿头音跟泥、来两母的后面还保存着,其余完全同唐五代西北方音两样了。至于藏音中译注鱼、虞的 u,由现代西北方音逆溯起来,那无疑是来替代[y]音的。

(5)声母对于韵母的影响

关于声母对于韵母的影响,我们在藏译汉音里已然发现了三种有趣的现象:(a)合口韵母在 p 组后皆变开口;(b)o、eu、iu 三韵在 p 组声母后皆变 u 韵;(c)齐齿的韵母在 c 组声母后往往省却 y 介音(参阅 100 页)。这三种现象,在现代西北方音里有的还照样保存着,有的稍微发生一点儿变化,另外却还增加了些个从前所没有的演变。

<table>
<tr><th rowspan="2">切韵韵部 / 声母部位 / 读音 / 方音类别</th><th colspan="4">模</th><th colspan="2">鱼</th><th colspan="3">虞</th></tr>
<tr><th>喉牙唇</th><th>舌头</th><th>泥来</th><th>齿头</th><th>舌上
正齿
半齿</th><th>喉牙
齿类
半舌</th><th>舌上
正齿
半齿</th><th>唇</th><th>喉牙
齿类
半舌</th></tr>
<tr><td>兰州</td><td colspan="3">u</td><td>ʮ</td><td>u</td><td>y</td><td colspan="2">u</td><td>y</td></tr>
<tr><td>平凉</td><td colspan="2">u</td><td>ou</td><td>ʮ</td><td>ʮ</td><td>y</td><td>ʮ</td><td>u</td><td>y</td></tr>
<tr><td>西安</td><td>u</td><td colspan="3">ou</td><td>u</td><td>y</td><td colspan="2">u</td><td>y</td></tr>
<tr><td>三水</td><td colspan="2">u</td><td>ou</td><td>ʮ</td><td>ʮ</td><td>y</td><td>ʮ</td><td>u</td><td>y</td></tr>
<tr><td>文水</td><td colspan="2">u</td><td colspan="2">əʉ</td><td>u</td><td>y</td><td colspan="2">u</td><td>y</td></tr>
<tr><td>兴县</td><td colspan="2">u</td><td colspan="2">o</td><td>u</td><td>yi</td><td colspan="2">u</td><td>yi</td></tr>
<tr><td>开蒙要训</td><td colspan="4">*o, *u(唇)</td><td colspan="2">*u, *i</td><td colspan="3">*u</td></tr>
<tr><td>大乘中宗见解</td><td colspan="4">o,u(唇)</td><td colspan="2">u,i</td><td colspan="3">u</td></tr>
<tr><td>千字文</td><td colspan="4">o,uo,u(唇)</td><td colspan="2">u,i</td><td colspan="3">u</td></tr>
<tr><td>金刚经</td><td colspan="4">o,u</td><td colspan="2">i,u</td><td colspan="3">u</td></tr>
<tr><td>阿弥陀经</td><td colspan="4">o,u</td><td colspan="2">i,u</td><td colspan="3">u</td></tr>
</table>

若从韵母所受的影响来类别，我们可以把声母分成四组：

(a)牙音跟喉音

这一组声母可以使二等的[a]元音变成[ia]。例如：

汉字	藏音	切韵音	兰州	平凉	西安	三水	文水	兴县
嘉	ka'	ka	tɕia	tɕia	tɕia	tɕia	tɕia	tɕia
下	ha'	ɣa	ɕia	ɕia	ɕia	ɕia	ɕia	ɕia
雅	'ga	ŋa	ia	ia	ia	ia	ia	ia
階	ke'i	kai̯	tɕie	tɕiə	tɕiæ	tɕiæ	tɕiæi	tɕiæi

汉字	藏音	切韵音	兰州	平凉	西安	三水	文水	兴县
解	ka'	kai	tɕie	tɕiə	tɕiæ	tɕiæ	tɕiæi	tɕiæi
交	ke'u	kau	tɕio	tɕiau	tɕiau	tɕiau	tɕiau	tɕiau
閑	han	ɣ̣an	ɕiæ̃	ɕiæ̃	ɕiæ̃	ɕiæ	ɕiæ̃	ɕiæ̃
雁	'gan	ŋan	iæ̃	iæ̃	iæ̃	iæ	ɲȡiã	iã
甲	kab	kap	tɕia	tɕia	tɕia	tɕia	tɕia	tɕia

上面的九个例,在《千字文》里除去肴韵的"交"字跟皆韵的"阶"字露出演变的痕迹以外,其余的还都没发生变化;不过在《阿弥陀经》、《金刚经》跟《大乘中宗见解》里却另有山韵的"间 ken、kyen"跟产韵的"眼'gen、'gyen",已经显然变成细音了(参阅 75 页)。这种演变尚不只西北方音为然,在多数"官话"系的方言里都有类似的现象。它所以专在二等韵里出现,正可作一等是后[ɑ]、二等是前[a]的好证据。因为元音偏前,声母偏后,于是产生出一个[i]音渡(glide)来,因为有了这个[i]音渡,于是声母才跟在三等韵前一样地受了腭化。所以这一组的声母跟韵母可以说是互为因果的。

(b)舌上音与正齿音

这一组声母对于韵母有两种影响:

第一,可以使细音的齐撮韵母变为洪音的开合韵母。例如:

汉字	藏音	切韵音	兰州	平凉	西安	三水	文水	兴县
舍	çya	ɕĭa	ʂæi	ʂə	ʂə	ʂə	ʂɯ	ʂə
抽	c'e'u	ȶ'ĭə̆u	ʈ'əɯ	ʈ'ou	ʈ'ou	ʈ'ou	tʂ'əʉ	tʂ'o
守	çi'u	ɕĭə̆u	ʂəɯ	ʂou	ʂou	ʂou	ʂəʉ	ʂo

汉字	藏音	切韵音	兰州	平凉	西安	三水	文水	兴县
招	ca'u	ȶɕĭæu	ʈɔ	ʈau	ʈau	ʈau	tʂau	tʂu
趙	ja'u	ȡʻĭæu	ʈɔ	ʈau	ʈau	ʈau	tʂau	tʂu
箴	cim	tɕĭəm	ʈə̃	ʈə̃	ʈæ̃	ʈæ̃	tʂə̃	tʂə̃
神	çin	dʑʻĭĕn	ʂə̃	ʂə̃	ʂæ̃	ʂæ̃	ʂə̃	ʂə̃
帳	coṅ	ȶĭaŋ	ʈɔ̃	ʈã	ʈã	ʈã	tʂu	tʂə
唱	cʻo'o	tɕʻĭaŋ	ʈʻɔ̃	ʈʻã	ʈʻã	ʈʻã	tʂʻã	tʂʻə
蒸	ciṅ	tɕĭəŋ	ʈə̃	ʈə̃	ʈəŋ	ʈəŋ	tʂə̃	tʂə̃
設	çar	ɕĭæt	ʂæi	ʂə	ʂə	ʂə	sa	ʂə
轉	jwen	ȶĭwæn	ʈuæ	ʈuæ̃	psæ̃	tsuæ	tsuæ̃	tsuəŋ
充	cʻun	tɕʻioŋ	ʈʻuə̃	ʈʻuə̃	pfʻəŋ	tsʻoŋ	tsʻũ	tsʻuə̃
鍾	cuṅ	tɕĭwoŋ	ʈuə̃	ʈuə̃	pfəŋ	tsoŋ	tsũ	tsuə̃
寵	cʻuṅ	ȶʻĭwoŋ	ʈʻuə̃	ʈʻuə̃	pfʻəŋ	tsʻoŋ	tsʻuõ	tsʻuə̃
燭	cwag	tɕĭwok	ʈu	tsɥ	pfu	tsɥ	tsuə	tsuə

上面这 16 个例可以代表麻(开三)、尤、宵、侵、真(开)、阳(开)、蒸、薛(开)、仙(合)、东(三)、鍾、烛 12 韵。这几韵里属于其他声母的字,现代西北方音仍旧读作细音而不读作洪音,同这一组的读法是不一致的。例如:

汉字	藏音	切韵音	兰州	平凉	西安	三水	文水	兴县
且	tsʻya	tsʻĭa	tɕʻie	tɕʻiə	tɕʻiæ	tsʻiæ	tɕʻie	tɕʻiə

汉字	藏音	切韵音	兰州	平凉	西安	三水	文水	兴县
求	gi'u	g'jĭə̆u	tɕ'iɯ	tɕ'iu	tɕ'iu	tɕ'iu	tɕ'ieʉ	tɕ'io
飘	p'ya'u	p'jĭæu	p'iɔ	p'iau	p'iau	p'iau	p'eɯ	p'iu
心	sim	sĭəm	ɕiə̃	ɕiə̃	ɕiæ̃	siæ̃	ɕiə̃	ɕiə̃
銀	'gin	g'jĕn	iə̃	iə̃	iæ̃	iæ̃	ɲȡiə̃	iə̃
墻	dz'yo	dz'ĭaŋ	tɕ'iɔ̃	tɕ'iã	tɕ'iã	ts'iã	tɕ'yũ	tɕ'iə̃
凌	leṅ	ljĭəŋ	leə̃	leə̃	leŋ	leŋ	leə̃	leə̃
滅	'byar	mjĭæt	miə	miə	miæ	miæ	mbiæ	mbio
宣	swan	sĭwæn	ɕyæ	ɕyæ̃	ɕyæ̃	ɕyæ	syẽ	ɕy
用	yoṅ	ĭwoŋ	yə̃	yũ	yuŋ	yuŋ	yũ	yə̃
曲	k'wag	k'jĭwok	tɕ'y	tɕ'y	tɕ'y	tɕ'y	tɕ'yə	tɕ'yə

拿这些字同上面那一组逐韵对比，我们便可以看出同属一韵而洪细异读的现象来，前者所以由细变洪，无疑是受舌尖后音（Supradentals）的硬化所致。这种演变在唐五代的时候还没有发生，因为藏译汉音中虽然齐齿韵母在 c 组声母的后头也往往省却 y 介音，然而若一参照现代藏语的读音以及穿母的"称"字可以误注为 k'yiṅ（参阅 45 页），我们只能承认这是受舌面前音[tɕ]、[tɕ']、[dʑ]、[ɕ]、[ʑ]的同化，而不是受[tʂ]、[tʂ']、[dʐ]、[ʂ]、[ʐ]的硬化。惟其如此，所以主要元音 i 可以不至变侈，介音 y- 也可以有时省，有时不省。至于合口的三、四等，藏音也译作 u-或 w-，那是因为藏文根本没有撮口音的缘故，这不单在本组声母的后面为然，就是在别组声母的后面也是一样的。所以这一组声母在现代西北方音里大部分变成

舌尖后音，因而使齐齿、撮口两韵都受了硬化，要算是比较后起的现象。

第二，可以使单纯的［i］韵或［y］韵变成［ʅ］或［ʯ］。例如：

汉字	藏音	切韵音	兰州	平凉	西安	三水	文水	兴县
持	ji	ȡʻi	tʂʻʅ	tʂʻʅ	tʂʻʅ	tʂʻʅ	tʂʻʅ	tʂʻʅ
馳	ji’ i	ȡʻiĕ	tʂʻʅ	tʂʻʅ	tʂʻʅ	tʂʻʅ	tʂʻʅ	tʂʻʅ
治	li(?)	ȡʻi	tʂʅ	tʂʅ	tʂʅ	tʂʅ	tʂʅ	tʂʅ
實	çig	ʑĭək	ʂʅ	ʂʅ	ʂʅ	ʂʅ	ʂə	ʂə
適	çig	ɕĭæk	ʂʅ	ʂʅ	ʂʅ	ʂʅ	ʂə	ʂə
諸	cu	tɕĭo	ʈu	tʂʯ	pfu	tsʮ	tsu	tsu
楚	cʻu	tʂʻĭo	ʈʻu	tʂʻʯ	pfʻu	tsʻʮ	tsʻu	tsʻu
疏	çi	ʂĭo	fu	ʂʯ	fu	sʮ	su	ʂu
黍	çi	ɕĭo	fu	ʂʯ	fu	sʮ	su	su
庶	çi	ɕĭo	fu	ʂʯ	fu	sʮ	su	su
叔	çug	ɕĭok	fu	ʂʯ	fu	sʮ	suə	suə
孰	çug	ʑĭok	fu	ʂʯ	fu	sʮ	suə	suə

这种演变也由于舌尖后音的硬化所致。止摄开口的“正齿音”在这六种西北方音里全变成舌尖前音，所以它的韵母就读［ɿ］而不读［ʅ］；止摄合口的“舌上音”跟“正齿音”兰州、西安变［f］，三水、文水、兴县变［s］，所以它的韵母就读［u］或［ʮ］而不读［ʯ］；可见［i］、［y］之变［ʅ］、［ʯ］完全是受舌尖后音的影响。

上文所列的藏音第四摄里，只有“事、所”两字间或写作-e，其余的“舌上音”跟“正齿音”仍同别组声母一样读-i（参阅66、67页），如果“事、所”两字里的-e不过是写法上偶然的歧异，那么，我们就可以给c组声母不读舌尖后音的说法又找到一个旁证了。

日母的变化也同这一组声母相近，例如烛韵的字在别组声母后面现代西北方音本来是读撮口的，而“辱”字在平凉就变成[ʐʮ]，这跟“烛”之变[tʂʮ]是一样的情形。其他由细音变洪音的，也可以照上述第一种演变来类推。然而日母的止摄开口字却单独有一种特异的演变，例如：

汉字	藏音	切韵音	兰州	平凉	西安	三水	文水	兴县
兒	źi	ȵʑiĕ	ær	œr	ər	ər	ər	ər
耳	źi	ȵʑiː	ær	œr	ər	ər	ər	ər
二	źi	ȵʑiː	ær	œr	ər	ər	ər	ər

这种演变在现代大多数“官话”系的方言里是很普遍的。在唐代西北方音里除去《阿弥陀经》把“而”字译作źi、źu两读，《金刚经》把“而、尔”两字译作źe，此外跟其他止摄字完全没有分别。

（c）舌头音跟齿头音

这一组可以把来、泥两母包括在内，它在现代西北方音里并没使韵母的读音发生多大影响，然而要变起来总是成套地变。例如模韵字在西安方言里别组都读[u]，而这一组全变成[ou]；戈韵字在平凉、西安、三水、兴县四种方言里“喉音”跟“牙音”读[uo]，而这一组全变[o]。惟独“齿头音”的止摄开口字却另外有一种特异的演变，是不跟“舌头音”一致的。例如：

汉字	藏音	切韵音	兰州	平凉	西安	三水	文水	兴县
子	tsi	tsiː	tsʅ	tsʅ	tsʅ	tsʅ	tsʅ	tsʅ
紫	tsi	tsiĕ	tsʅ	tsʅ	tsʅ	tsʅ	tsʅ	tsʅ
次	tsʻi	tsʻi	tsʻʅ	tsʻʅ	tsʻʅ	tsʻʅ	tsʻʅ	tsʻʅ
自	dzi	dzʻi	tsʅ	tsʅ	tsʅ	tsʅ	tsʅ	tsʅ
肆	si	si	sʅ	sʅ	sʅ	sʅ	sʅ	sʅ
嗣	si	ziː	sʅ	sʅ	sʅ	sʅ	sʅ	sʅ
祀	si	ziː	sʅ	sʅ	sʅ	sʅ	sʅ	sʅ

这种演变在现代大多数“官话”系的方言里也是很普遍的，不过在唐代西北方音里除去《阿弥陀经》跟《金刚经》把“子”字译作 tse 以外，其余却同别组一样读 i，还没露出演变的痕迹来呢。

(d) 重唇音跟轻唇音

这一组的声母可以使合口韵母变成开口，在西北方音里从唐代到现在都是一贯的。例如：

汉字	藏音	切韵音	兰州	平凉	西安	三水	文水	兴县
磨	ʼba	muɑ	mo	mo	mo	mo	mɯ	mə
颇	pʻa	pʻuɑ	pʻo	pʻo	pʻo	pʻo	pʻɯ	pʻə
肥	bi	bʻjwĕi	fei	fæi	fi	fei	xuei	fuæ
微	ʼbyi	mjwĕi	uei	væi	vei	uei	uei	væ
杯	paʼi	pwạ̣i	pei	pæi	pei	pei	pæi	pæ
陪	baʼi	bʻuạ̣i	pʻei	pʻæi	pʻei	pʻei	pʻæi	pʻæ

汉字	藏音	切韵音	兰州	平凉	西安	三水	文水	兴县
背	ba'i	puại	pei	pæi	pei	pei	pæi	pæ
磻	ban	bʻuɑn	pʻæ	pʻæ̃	pʻæ̃	pʻæ	pʻæ̃	pʻəŋ
煩	ban	bʻjĭwɐn	fæ	fæ̃	fæ̃	fæ	xuã	fuã
飯	ban	bʻjĭwɐn	fæ	fæ̃	fæ̃	fæ	xuã	fuã
晚	'ban	mjĭwɐn	uæ	uæ̃	væ̃	uæ	uã	vã

上面这几个例里，“肥、烦、饭”三字的声母在文水变成［x］，所以才保留住合口的本读，若像兴县那样声母读［f］而 u 介音不受异化作用的，要算是很少见的例外。至于“微、萬”两字所以在兰州、三水、文水仍然读作合口，那是受声母变读的影响，它们韵首的［u］音应该经过［mj］>［ɱ］>［v］>［u］的演变，却不是合口介音的遗留，它的性质跟平凉、西安、兴县的［v］是一样的。

此外，像侯、尤两韵在这一组声母的后头变成［u］，现代西北方音也完全跟唐代的藏译汉音相同。不过模韵却不单在唇音后变 u，就是在“喉”、“牙”、“舌头”等音后也都发生同样的变化（参阅 196 页），这同唐代西北方音已然相差很远了。

我在第二章里曾经说，藏译汉音虽然不能“绝对照原样写下来”，然而总比反切要精确得多。但是这种注音的缺点：第一，对于藏语本来没有的音，不能不勉强用近似的音来替代；第二，因为记音者个人的差异，往往同样的音会有两样的写法。明白这两点，然后才不至于把藏文写法上的异同完全当做实际语音的异同。关于这两点，凡是从藏音的参互错综处可以窥见消息的，我在第二章里已然分组分摄地讨论过了；由这番比较现代西北方音的结果，我又发现些个从藏音中看不出来的痕迹。因此我们对于第二章里根据藏音所归纳的唐五代西北方音系统，有几点应当特别注意：

(a) 藏文写法同而实际语音未必同者：

1. 轻唇音非、敷、奉的p‘应读为[pf‘]，与滂母的p‘[p‘]不同；

2. 一等韵歌、戈、咍、灰、泰、豪、覃、谈、寒、桓、合、(盍)[①]、曷、末中的a应读为[ɑ]，与二等韵麻、皆、佳、(夬)、肴、咸、衔、山、删、(洽)、狎、(鎋)、黠中的a[a]不同；

3. 唐、阳的o应读为[oɣ̃]，与模韵的o[o]不同；

4. 庚、清、青的e应读为[eɣ̃]，与齐韵的e[e]及登、蒸韵中的e[ə]均不同；

5. 侯韵中的e应读为[ə]，与宵、萧韵中的e[iæ]不同；

6. 鱼、虞的u应读为[y]，与由模、侯、尤唇音变来的u[u]，及脂、支、微合口的u[ui]均不同；

7. 三、四等合口韵中的w-或u-应读为[y]，与一、二等合口韵中的w-或u[u]不同。

上面所举的[a]、[oɣ̃]、[eɣ̃]、[ə]、[y]几个音都是藏语中所没有的，因为用相近的音来勉强替代，所以在写法上就跟[ɑ]、[o]、[e]、[u]等音没有分别了。

(b)实际语音同而藏文写法微异者：

1. 唐、阳《千字文》作o，《大乘中宗见解》作oṅ，实际均应读[oɣ̃]；

2. 庚、清、青《千字文》作e、ye，其他三种藏音作eṅ、ye或e、yeṅ，实际均应读[eɣ̃]或[ieɣ̃]；

3. 三等宵、盐、严、仙、元、清、葉、业、帖、薛、月及四等萧、添、先、青、帖、屑中的ya-或作ye-、e-，实际均应读[iæ]或[ie]；

① 凡韵目外加括弧者藏音中皆无例字。

4. 豪《千字文》作 a'u 或 e'u,其他三种藏音作 e'u,实际均应读[ɑu];

5. 咍、泰、灰《千字文》作 a'i、wa'i,皆、佳、祭作 e'i,齐作 e'i 或 e,《金刚经》均作e'i,《阿弥陀经》及《大乘中宗见解》均作 e,实际一等应读[ɑi],二等应读[ai],三、四等应读[iæi]或[e]。

上面这五条,(1)、(2)是由译音者所用的替代方法不同,(3)是受"i-umlaut"的影响,以致听感上发生牵混,至于(4)、(5)两条,则完全由于藏语的韵尾元音有一种特别作用的缘故。照现代藏语的读法,韵尾辅音-d、-l、-s 或韵尾元音-i、-u 都可以使它们前面的主要元音改变了本来的音彩。①例如:

a > e 的:

bal(羊毛) > ƥe　　k'a-i(口的) > k'ē　　rta-bu(小鸟) > rta-u > rteu

o > ö 的:

bro-pa(逃避) > t́rö-pa　　ro-ĭ(尸骸的) > ro-ï > rö

u > ü 的:

lud(肥料) > lü　lus(身体) > l ü̯　bu-i(儿子的) > ƥu-ï > ƥü

这种音变,想来从唐代就发生了。明白这个道理,我们对于a'u与e'u、a'i与e'i、e'i与 e 之似异而实同,自然可以不觉得奇怪了。

(c)由藏文写法可以窥见音变先后者:

1. 全浊变次清:在《阿弥陀经》、《金刚经》跟《千字文》里全浊仍读本音,惟《大乘中宗见解》多数变入次清;

2. 牙音腭化的肇端《大乘中宗见解》里以k'yiṅ对译穿母"称"字,已然露出溪母腭化的痕迹,这是其他三种藏音里所没有的现象;

3. 禅母浊音遗迹:禅母在四种藏音中已与审母无别,惟《阿弥陀经》中还有一个"善"字注作 źan;

① C. A. Bell *Grammar of Golloquial Tibetan*. pp. 7, 10.

4. 歌、麻的分化：歌、麻本有侈弇之别，但在藏音的写法上均无分别，惟《大乘中宗见解》里有"可、我"两字变作 o，虽可逆溯[ɑ]、[a]的不同，实系较晚的演变；

5. 唐、阳收声的消失：唐、阳在《阿弥陀经》跟《金刚经》里作 aṅ，《千字文》作 o，《大乘中宗见解》作 on，可作[ŋ]音消变后影响元音的证据；

6. 鱼韵 i、u 两音的消长：鱼韵在藏音里有 i、u 两读，但《阿弥陀经》、《金刚经》i 多于 u，《千字文》i、u 相当，《大乘中宗见解》则 u 多于 i，这两音的消长很可看出演变的先后来；

7. 山摄入声的 -d 变 -r：山摄入声的收声《阿弥陀经》作 -d 或 -r，其他三种藏音均作 -r，-d 先 -r 后，理至显然。

上面七条都是有规律的音变，同前面所举的那些替代音跟参差的写法完全得另眼看待。因为凡是我们所认为较早的读音，都发现在《阿弥陀经》跟《金刚经 》里，凡是较后的演变，都发现在《千字文》跟《大乘中宗见解》里，在这七条间绝对没有冲突牴牾的地方。因此我们对于这四种藏音的时代先后就可以约略考定了。

最后，我想根据以上所有的材料①，把这一系方言的实际语音同它从唐朝到现在的演变，分别拟测出来，作为全文的总结：

唐五代西北方音的声系及其演变

切韵	第八世纪	第九世纪	第十世纪	近代
帮 p	*p	p	p	p
滂 p‘	*p‘	p‘	p‘	p‘

① 《开蒙要训》注音中之全浊全清互注例当系代表另一方音，故拟测此系方音并未引为根据。

切韵		第八世纪	第九世纪	第十世纪	近代
并	b‘	*b‘	b‘(平)b(‘)(仄)	p‘(平)b(仄)	p‘(平)p(仄)
明	m	*m, mb	m, mb	m, mb	m, mb
非	pf	*pf‘	pf‘	pf‘	f, x
敷	pf‘				
奉	b‘v	*b‘v	b‘v(平)bv(‘)(仄)	pf‘(平)bv(仄)	f, x
微	ɱ	*ɱbv	ɱbv	ɱbv	v
端	t	*t	t	t	t
透	t‘	*t‘	t‘	t‘	t
定	d‘	*d‘	d‘(平)d(‘)(仄)	t‘(平)d(仄)	t‘(平)t(仄)
泥	n	*n, nd	n, nd	n, nd	n, nd
来	l	*l	l	l	l
知	ʈ、ȶ	*tɕ	tɕ	tɕ	ʈ, tʂ, ts, pf
照	tʂ、tɕ				
彻	ʈ‘、ȶ‘	*tɕ‘	tɕ‘	tɕ‘	ʈ‘, tʂ‘, ts‘, pf‘
穿	tʂ‘、tɕ‘				
澄	ɖ‘, ȡ	*dʑ‘	dʑ‘(平)dʑ(‘)(仄)	tɕ‘(平)dʑ(仄)	ʈ‘, tʂ‘, ts‘, pf‘(平) ʈ, tʂ, ts, pf(仄)
床	dʐ‘, dʑ‘	*dʑ‘, ʑ	tɕ‘, ɕ	tɕ‘, ɕ	ʈ‘, tʂ‘, ts‘, pf‘(二平) ʈ, tʂ, ts, pf(二仄) ʂ, s, f(二平仄)
审	ʂ, ɕ	*ɕ	ɕ	ɕ	ʂ, s, f
禅	ʑ	*ʑ	ɕ	ɕ	ʈ, tʂ‘, ts‘, pf‘(平) ʂ, s, f(仄)
娘	nj	*nd, *ɲȡ	ɲȡ	ɲȡ	ɲ, ɲȡ
日	nʑ	*ʑ	ʑ	ʑ	ʐ, z, v

切韵	第八世纪	第九世纪	第十世纪	近代
精 ts	*ts	ts	ts(一)tɕ(四)	ts(一),tɕ(四)
清 ts‘	*ts‘	ts‘	ts‘(一)tɕ‘(四)	ts‘(一),tɕ‘(四)
从 dz‘	*dz‘	dz‘(平)dz(‘)(仄)	ts‘(平一)ts(仄一) tɕ‘(平四)tɕ(仄四)	ts‘(平一)ts(仄一) tɕ‘(平四)tɕ(仄四)
心 s 邪 z	*s	s	s(一),ɕ(四)	s(一),ɕ(四)
见 k	*k	k	k	k,tɕ
溪 k	*k‘	k‘	k‘(tɕ‘?)	k‘,tɕ‘
群 g‘j	*g‘	g‘(平)g(‘)(仄)	k‘(平)g(仄)	k‘,tɕ‘(平)k,tɕ(仄)
疑 ŋ	*ŋg	ŋg	ŋg	ŋ,ŋg
影 ʔ	*ʔ	ʔ	ʔ	ŋ,ŋg,n,○
喻 j,○	*j,w	j,w	j,w	ŋ,ŋg,n,○
晓 x 匣 ɣ	*x	x	x,ɕ	x,ɕ

唐五代西北方音的韵系及其演变

切韵	第八世纪	第九世纪	第十世纪	近代
歌 ɑ	*ɑ	ɑ	o	o.ə.ɯ
戈 uɑ	*uɑ	uɑ	uo	uo.uɯ
麻 a,wa,ĭa	*a,wa,ia	a,wa,ia	a,wa,ia	a,ua,ia
模 o	*o	o	uǒ	u
鱼 ĭo	*ɨ,ø	*ɨ,ø	*i,y	y
虞 ĭu	*y	y	y	y
咍 ɑ̣i	*ɑi	ɑi	ɑi	æ,æi
灰 uɑ̣i	*uɑi	uɑi	uɑi	uæi.uei

切韵		第八世纪	第九世纪	第十世纪	近代
泰	ɑi, uɑi	*ɑi, uɑi	ɑi, uɑi	ɑi, uɑi	æ, uæi, uei
皆	ại, wại	*ai, wai	ai, iæi, wai	ai, iæi, wai	æ, iæ, uæ
佳	ai, wai	*ai, wai	ai, iæĭ, waĭ	ai, iæĭ, wa	æ, iæ. ia, ua
夬	wai	*wai	*waĭ	*wa	ua
祭	ĭæi, ĭwæi	*iæi, yæi	iæi, yæi	iæi, yæi	i
废	ĭwɐi	*yæi	yæi	yæi	uæi, uæ. ei, i
齐	iei, iwei	*iei, yei	iei, yei	e, ye	i∶uei. ui. uæi. uæ
脂	i, wi				
支	iĕ, wiĕ	*i, ui	i, ui	i, ui	i∶uei. uæi. uæ. ui
微	ĕi, wĕi				
之	i:	*i	i	i	i
豪	ɑu	*ɑu	ɑu	ɑu	o. au
肴	au	*au	au, iæu	au, iæu	o, io. au, iau
宵	ĭæu	*iæu	iæu	iæu	io. iau. iu
萧	ieu	*ieu	ieu	iæu	
侯	əu	*əu	əu	əu	o. əʉ. ou
尤	ĭəu	*iəu	iəu	iu	io. ieʉ. iɯ. iu
覃	ɑ̣m	*ɑm	ɑm	ɑm	æ̃. ã. əŋ
谈	ɑm				
咸	ạm	*am	iæm, am	iæm, am	æ̃. i. æã, iã
衔	am				
凡	wɐm	am	am	am	æ̃, uã
盐	ĭæm	*iæm	iæm	iæm	iæ̃. iə̃. iŋ
严	ĭɐm				
添	iem	*iem	iem	iæm	

切韵		第八世纪	第九世纪	第十世纪	近代
侵	ĭəm	*iəm	iəm	im(>iɣ̃?)	iə̃
寒	ɑn	*ɑn	ɑn	ɑn	æ̃.ã.əŋ
桓	uɑn	*uɑn	uɑn	uɑn	uæ̃.uəŋ
山	ạn, wạn	*an, wan	an, iæn, wan	an, iæn, wan	æ̃, iæ̃, uæ̃. ã, iã, uã
删	an, wan				
仙	ĭæn, ĭwæn	*iæn, yæn	iæn, yæn	iæn, yæn(>iæɣ̃?)	iæ̃, yæ.ie, ye.iŋ, ỹ
元	ĭɐn, ĭwɐn				
先	ien, iwen	*ien, yen	ien, yen	iæn, yæn(>iæɣ̃?)	
痕	ən	*ən	ɨn	ɨn	ə̃.æ̃
真	ĭěn	*iən	iən	in	iə̃.iæ̃
欣	ĭən				
魂	uən	on	on	on	uə̃.uæ̃
谆	ĭuěn	yn	yn	yn	yə̃.yæ̃
文	ĭuən				
唐	ɑŋ, wɑŋ	*ɑŋ, wɑŋ	oɣ̃, woɣ̃	oɣ̃, woɣ̃	ɔ̃, uɔ̃. ã, uã.ə, uə
阳	ĭaŋ, ĭwaŋ	*iaŋ, waŋ	ioɣ̃, woɣ̃	ioɣ̃, woɣ̃	iɔ̃, uɔ̃.iã, uã.iə, uə
江	ɔŋ	*ɑŋ, wɑŋ	ɑŋ, wɑŋ	ɑŋ, wɑŋ	ɔ̃, iɔ̃, uɔ̃. ã, iã, uã ə, iə, uə
庚二	ɐŋ, wɐŋ	*æŋ, wæŋ	æɣ̃, wæɣ̃	eɣ̃, weɣ̃	ə̃, uə̃.əŋ, uoŋ
耕	ɛŋ, wɛŋ				
庚三	ĭɐŋ, ĭwɐŋ	iæŋ, yæŋ	iæɣ̃, yæɣ̃	ieɣ̃, yeɣ̃	iə̃, yə̃.iŋ, yuŋ
清	ĭæŋ, ĭwæŋ				
青	ieŋ, iweŋ	*ieŋ, yeŋ	ieɣ̃, yeɣ̃	ieɣ̃, yeɣ̃	iə̃, yə̃.iŋ, yuŋ
登	əŋ, wəŋ	*əŋ, wəŋ	əŋ, wəŋ	əŋ, wəŋ	ə̃, uə̃.əŋ, uoŋ
蒸	ĭəŋ	*iəŋ	iəŋ	iəŋ	iə̃.iŋ

切韵	第八世纪	第九世纪	第十世纪	近代
东一 oŋ 冬 uoŋ	*oŋ	oŋ	oŋ	uə̃.ũ.uoŋ,uŋ
东三 ioŋ 鍾 iuoŋ	*uŋ	uŋ	uŋ	uə̃,yə̃.ũ,yũ.uoŋ,yuŋ
合 ɑ̣p 盍 ɑp	*ɑb	ɑb	ɑb	o,a
洽 ȧp 狎 ap	*ab	ab	ab	a,ia
乏 wap	*wab	ab	ab	a,ua
葉 ĭæp 业 ĭɐp	*iæb	iæb	iæb	iæ.ie.iə
帖 iep	*ieb	ieb	iæb	
缉 ĭəp	*iəb	iəb	ib	i.iə
曷 ɑt	*ɑd	ɑɹ	ɑɹ	a
末 uɑt	*uɑd	wɑɹ	wɑɹ	o.ua.uə.
鎋 ȧt,wat 黠 at,wat	*ad,wad	aɹ,iæɹ,waɹ	aɹ,iæɹ,waɹ	a,ia,ua
薛 ĭæt,ĭwæt 月 ĭɐt,ĭwɐt	*iæd,yæd	iæɹ,yæɹ	iæɹ,yæɹ(ɹ > ○?)	yæ.yə.yo
屑 iet,iwet	*ied,yed	ieɹ,yeɹ(ɹ > ○?)	iæɹ,yæɹ	
没 uət	*od	oɹ	oɹ	u.uə
质 ĭet 迄 ĭət	*id	iɹ	iɹ	i.iə
術 ĭuĕt 物 ĭuət	*yd	yɹ	yɹ	y.yə

切韵	第八世纪	第九世纪	第十世纪	近代
铎 ɑk, wɑk	*ɑg, wɑg	ɑg, wɑg	ɑg, wɑg	o, uo. a, ua. ə, uə.
药 ĭak, ĭwak	*iag, yag	iag, yag	iag, yag	yo, o. yo, u. iə, uə
觉 ɔk	*ag, iag, wag	ag, iag, wag	ag, iag, wag	yo, o. iə, uə
陌二 ɐk, wɐk 麦 ɛk, wɛk	*æg, wæg	æg, wæg	eg, wæg	a, ua. ə, uə
陌三 ĭɐk, ĭwɐk	*iæg, yæg	ieg, yeg	ieg, yeg	ei, uei. æi, uæi
昔 ĭæk, ĭwæk	*iæg	iæg	ig	(g > 〇?) i, . iə
锡 iek, ĭwek	*ieg	ieg	ig	
职 ĭək, ĭwək	*iəg	iəg	iəg	
德 ək, wək	*əg, og	əg, og	əg, og	ei, uei. æi, uæi. ə, uə
屋一 ok 沃 uok	*og	og	og	u, uə
屋三 ĭok	*ug	ug	ug	y, yə
烛 iwok	*yog	yog	yog	

《唐蕃会盟碑》中之汉藏对音

（一） 这种材料中所有的汉藏对音

在《唐蕃会盟碑》[①] 的左侧有些译成汉音的吐蕃人名，它的右侧也有些译成藏音的唐朝官名跟人名，这种材料在考证唐代西北方音上也是很重要的。关于汉译藏音的一部分，从前劳佛[②]跟伯希和[③]曾经讨论过；至于藏译汉音的一部分，却还没有人提到。其实，劳佛既然可以拿前一部分来推论第九世纪的藏语音韵，我们为什么不可以拿后一部分来推论那时候的汉语音韵呢？固然，右侧的碑文比其他三面都剥蚀得厉害一点，所保存的对音也很有限，然而我们单拿它来拟测这个方音的整个系统虽嫌不够，若拿它跟前篇所用的几种材料互相比较，却是很有用的。因为这个碑文的时代既然可以确定是唐穆宗长庆二年(822)，那么根据它上面的对音条理，就可以推究前几种材料的时代先后了。

---

① 参阅罗振玉《雪堂金石文字跋尾》卷四《唐蕃会盟碑跋》及《西陲石刻录》23－25页；S.W.Bushell's *The Early History of Tibet*，Appendix I，JRAS.，vol. VII. 1880. pp. 535－538；寺本婉雅《唐蕃会盟碑文》，《大谷学报》第十卷第三号，101—139页。

② Berthold Laufer：*Bird Divinition among the Tibetans*，T. P. Ser. 2，vol. XV. 1914. pp. 64－94.

③ Paul Pelliot：*Quelques Transcriptions Chinoises de Noms Tibétains*，T. P. Ser. 2，vol. XVI. 1915. pp. 1－26.

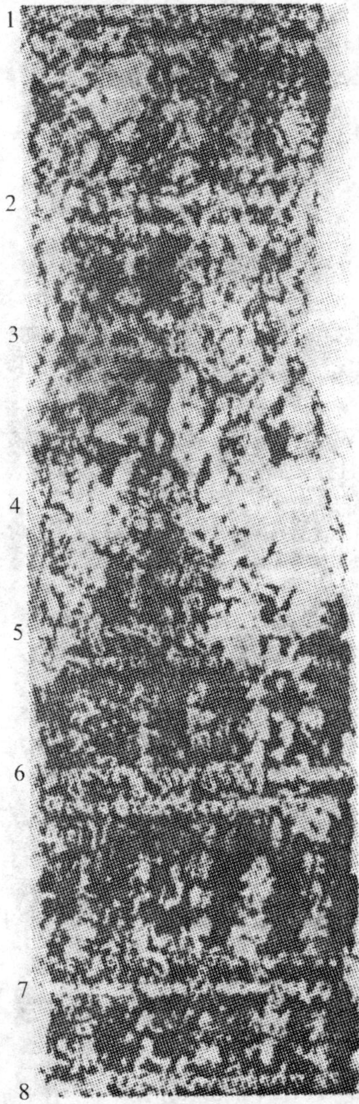

唐蕃会盟碑拓片右侧上

唐蕃会盟碑拓片左侧上

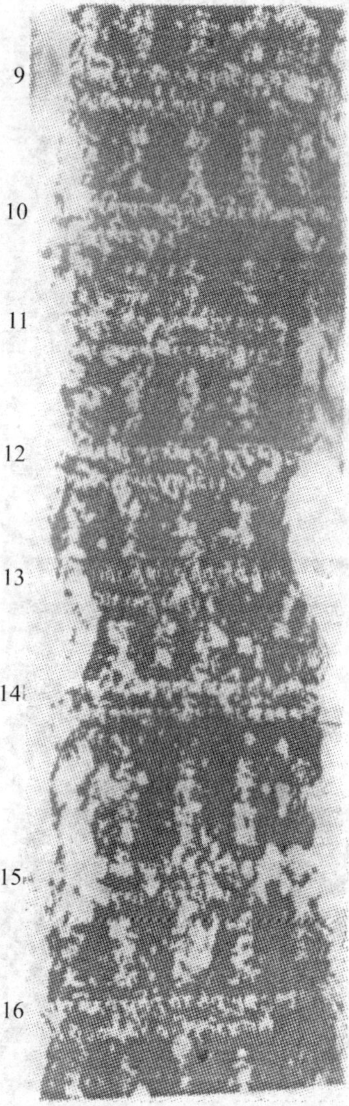

唐蕃会盟碑拓片右侧中

唐蕃会盟碑拓片左侧中

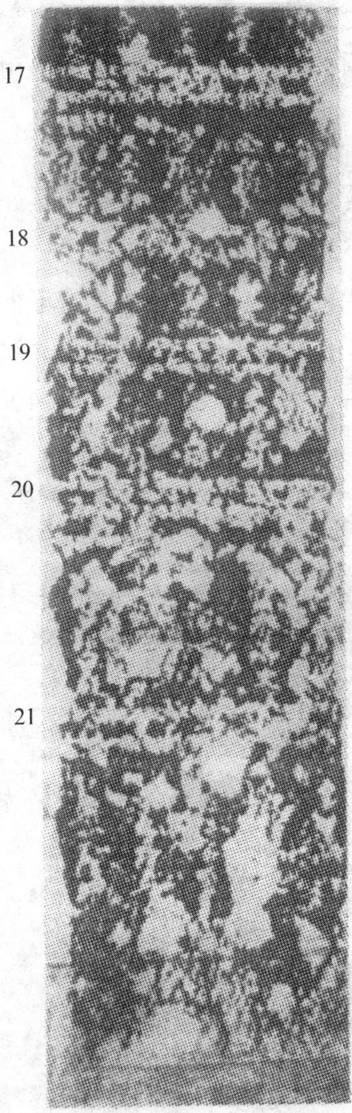

唐蕃会盟碑拓片右侧下

唐蕃会盟碑拓片左侧下

我现在根据北京大学研究院文史部所藏缪氏艺风堂的拓本[1]，参照从前各家的考证，先把碑文上所有的汉藏对音胪列出来，并且附注《切韵》的读音以资比较：

(a)右侧唐朝官名跟人名的藏音

碑文右侧的(1)至(4)列跟(18)至(21)列几乎完全磨灭不可辨认，(5)至(17)列虽然也残缺了许多，但是除去(8)列以外，还有不少的对音可以供我们研究，可惜重字太多，对于音韵系统的推求和比较不大完备罢了。其对音如下[2]：

(5)tʻaʼi　cuṅ　daʼi̥　pʻu[3]……

　太　中　大　夫中書侍郎同平章事王播

　[tʻɑi　ȶĭoŋ　dʻɑi　pjĭu]

(6)cuṅ　dɑʼi　pʻu…ho　po……

　中　大　夫　户　部侍郎同平章事杜元穎

　[ȶioŋ　dʻɑi　pjĭu　ɣo　bʻo]

(7) jeṅ　ʼgi̥　daʼi　pʻu　peṅ　po　źaṅ　çu　……

　正　議　大　夫　兵　部　尚　書　蕭俛

　[tɕĭæŋ　ŋjiě　dʻɑi　pjĭu　pjĭɐŋ　bʻo　ʑĭaŋ　ɕĭo]

(9)ki̥m　tseʼ　kwaṅ　log　daʼi̥　pʻu　źaṅ　çu　dza　bog-ye…

　金　紫　光　禄　大　大　尚　書　左　僕　射

　[kjĭəm　tsiě　kwɑŋ　log　dʻɑi　pjĭu　ʑĭaŋ　ɕĭo　tsɑ　bʻok　ĭa

① 承刘半农、马叔平两先生允许阅览原拓本，并以照片见赠，谨此声谢。

② 每列第一行为藏音，第二行为汉字，第三行为附注之《切韵》音。凡非译音之藏文皆不列入，凡无藏音相对之汉字皆不附注《切韵》音。下同。

③ “夫”字对音原碑多模糊难辨，故寺本婉雅皆译作 p，今以第十二列对音及《阿弥陀经》等对音系统改订为 pʻ。

Han Ka'u
韓 皋
ɣɑn kɑu]

(10)…… 'gi laṅ 'gu çi cuṅ çiṅ…… 'gi'u siṅ źu
朝 議 郎 御 史 中 丞 牛 僧 孺
[ŋjiĕ lɑŋ ŋĭo ʂiː ţĭoŋ ʑĭəŋ ŋĭ ə̆u səŋ nʑĭu]

(11) t'a'i cuṅ da'i̥ – p'u …… źaṅ çu …… bog ye ……… źaṅ çu…
太 中 大 夫 尚 書 僕 射 兼吏部 尚 書
[t'ɑi ţĭoŋ d'ɑi pjĭu ʑiaŋ ɕĭo b'ok ĭa —— ʑĭaŋ ɕĭo
li…
李 绛
liː]

(12) ki̥m ts'eṅ kwaṅ log da'i̥ p'u ho po źaṅ çu… yaṅ yu liṅ
金 青 光 禄 大 夫 户 部 尚 書 楊 於 陵
[kjĭəm ts'ieŋ kwɑŋ log d'ɑi pjĭu ɣo b'o ʑĭaŋ ɕĭo ĭaŋ ·ĭo lĭəŋ]

(13) t'oṅ 'gi̥ da'i̥ p'u……le'i po źaṅ çu…… wu'i̥ źi'u̥
通 議 大 夫 禮 部 尚 書 韋 綏
[t'oŋ ŋjiĕ d'ɑi pjĭu liei b'o ʑĭaŋ ɕĭo jwei ʑĭə̆u]

(14) kim ts'eṅ kwaṅ log da'i̥ p'u …… bog ye kyam
金 青 光 禄 大 夫 右 僕 射 兼
[kjiəm ts'ieŋ kwɑŋ log d'ɑi pjĭu —— b'ok ĭa kiem

t'a'i çaṅ k'eṅ……… tsoṅ źu

太 常 卿 趙 宗 儒

t'ɑi ʑĭaŋ k'ĭɐŋ — tsuoŋ nʑĭu]

(15)…………da'i p'u le'i po źaṅ—çu…………… be'i̥ bu

太 中 大 夫 禮 部 尚 書 兼 司 農 卿 裴 武

[d'ɑi pjĭu liei b'o ʑĭaŋ ɕĭo —— b'jwei mjĭu]

(16) jeṅ 'gi da'i̥ p'u…… keṅ ce'u yun kyam

正 議 大 夫 京 兆 尹 兼

[tɕĭæŋ ŋjiě d'ɑi pjĭu kjĭɐŋ ȡ'ĭæu jĭuěn kiem

'gu (çi̥) da'i p'u… li̥'u koṅ cag

御 史 大 夫 柳 公 綽

ŋjĭo ʂiː d'ɑi pjĭu lĭəu koŋ tɕ'ĭak]

(17) 'gin ts'eṅ kwaṅ log da'i p'u koṅ po………

銀 青 光 禄 大 夫 工 部 尚 書 兼

[ŋĭěn ts'ieŋ kwɑŋ log d'ɑi pjĭu koŋ b'o——

kim 'go… da'i̥ tsaṅ kun…… kwag ts'uṅ

金 吾 衛 大 將 軍 郭 鏦

kjĭəm ŋo— d'ɑi tsĭaŋ kjĭuən kwɑk ts'ĭuoŋ]

以上这 12 列,一共有 120 个对音,若除去重字计算,实际只有 55 个不同的音,所以我们要想看一看这种方音的大概系统,势必还得参照汉译藏音来反复推求,才能略有眉目。

(b)左侧吐蕃人名的汉音

碑文左侧的(1)至(3)列都没有对音,(4)至(8)列的藏文除去少数字外几乎完全磨灭,至于(9)至(20)列中只有(12)列没有对音,其馀的11列我们都可以拿来作(a)项材料的参考。其对音如下①:

(9) źaṅ　k'ṛi btsan　k'od　ne　staṅ

尚　綺立贊　窟　寧　悉當

[ʑĭaŋ　k'jiĕ ljĭəp tsan　k'uət　nieŋ　sĭĕt　tɑŋ]

(10) źaṅ　k'ṛi bźer　lha② mthoṅ

尚　綺立熱　貪　通

[ʑĭaŋ　k'jiĕ ljĭəp nʑĭæt　t'ɑm　t'oŋ]

(11) *b*lon③　*r*gya*l* *b*zaṅ　'dus　kuṅ

論　頰　藏　努悉　恭

[ljĭuĕn　kiep dz'ɑŋ　no sĭĕt　kjĭoŋ]

(13) naṅ　*b*lon　*m*c'im*s*　źaṅ　*r*gya*l* bźer k'od④　ne　*b*tsan

曩　論　琛　尚　頰熱窟　寧　贊

[nɑŋ ljĭuĕn ȶ'ĭəm　ʑĭaŋ　kiep nʑĭæt k'uət　nieŋ tsɑn]

(14) p'ỵi *b*lon　*b*ka la *g*tog*s* pa cog ro *b*lon *b*tsan *b*źer lho goṅ

紕　論　伽　羅　篤　波屬　盧論　贊　熱　土　公

[p'i ljĭuĕn g'jĭa lɑ tuok　pɑ tɕĭwok lo ljĭuĕn tsɑn　nʑĭæt t'o koŋ]

---

① 每列第一行为藏文,第二行为汉字译音,第三行为附注之《切韵》音。下同。

② 此字劳氏误读为lta,兹据缪氏拓本及寺本婉雅说改正。下文第14列"土"字原作lto今改lho,第19列"他"原作lta今改lha,例与此同。

③ 藏文中之斜字代表不发音之字母。

④ 此字劳佛误读为k'on,兹依缪氏拓本正之;Waddell读与此同(JRAS.1911.pp.425—435)。

(15) sna　p'yi-pa　*m*c'ims ža'n　*br*tan *b*žer　snag　tsab

悉南　紕　波　　琛　尚　　旦　熱　　悉諾　　帀[①]

[siĕt nam　p'i pa　ṭ'ĭəm　ʑĭaŋ　tan　nʑĭæt　siĕt nak　tsap]

(16) *m*ṅan pon　k'abs　'o-c'og　gi bla　'bal　*b*lon kru bza'n

岸　奔　榼[②]蘇　户　屬　劫[③]羅　末　論　矩　立　藏

[ŋan　puən　k'ap so ɣo tɕĭwok kĭɐp la　muat　ljĭuĕn kĭu　lĭəp　dzaŋ

mye*s*[④]　*r*ma

名　摩

mĭæŋ　mua]

(17) …………blon c'en (b)ka *b*lon　snag　*b*žer ha(b)[⑤] ken

(給 事 中)勃□　伽　論　悉諾　熱　合　乾[⑥]

[g'jĭa ljĭuĕn　siĕt nak nʑĭæt ɣap　gj'ĭæn]

(18) *r*tsis　pa　c'ed　po …　*b*lon　stag　zigs　*r*gan　k'od

資悉波　折　逋額　論　悉□昔　幹　窟

[tsi siĕt　pa　tɕĭæt　po —　ljĭuĕn siĕt-　sĭæk　kan　k'uət]

(19) p'yi *b*lon　'bro　ža'n　klu[⑦]　*b*za'n　lha　po　*b*tsan

紕 論　没盧　尚　□樓　勃藏　他　譜　贊

[p'i ljĭuĕn　muət lo ʑĭaŋ-l ən b'uət　dz'aŋ　t'a　po　tsan]

---

① 此字劳佛读作"市"而对以 cig 音,今参照缪氏拓本及伯希和说改"市"为"帀"而对以 tsab 音。

② 此字劳佛误读为"猛"而对以 ban 音,今参照寺本婉雅说改"猛"为"榼",并据缪氏拓本对以 k'ab 音。

③ 劳佛读"劫"为"勃"而谓 gi 无对音,今从伯希和说。

④ 此字劳佛读为 gyes 且未认出"名"字,今从罗振玉及 Waddell 说。

⑤ 从 Waddell 说。

⑥ 劳佛误读为"軋"而对以 ñen 音,今从伯希和说;以韵母为 en,故读入仙韵。

⑦ 此下六字劳佛阙疑,今据缪氏拓本校补。

(20)………………　*b*lon　*r*gyal[①]　'gyen[②]　leg　*b*tsan

□□□□□论　结　研　历　赞

[ljĭuĕn kiet　ŋien　liek　tsɑn]

以上11列,共有104个对音,若剔除重字计算,实际只有52个不同的音,其中除去"尚、公、通"三字外,在(a)项材料里都没有发现过。所以这项材料对于推究当时的汉语音韵上,应该跟(a)项的价值相等。不过像"悉、矩"等字之类的对音只求一部分的近似,比起藏译汉音就稍欠精密了。

在左右侧的官名人名以外,碑阳跟碑阴的藏文里也夹杂些藏译汉音,这虽然是一些零零碎碎的名词,然而也有些可以补充前两项材料所未备的地方,因此我把它们附列在下面:

(c)碑阳的藏译汉音

行数	藏音	汉字	切韵音
(3)	hwaṅ te	皇帝	[ɣwɑŋ tiei]
(14)	būn bū he'u tig	文武孝德	[mjĭuən mjĭu xĭæu tək]
(43)	sts'e źuṅ ts'eg	绥戎栅	[swi ȵʑioŋ tʂ'ɐk]
(45)	ts'eṅ çu hywan	清水县	[ts'ĭæŋ ɕwi ɣiwen]

(d)碑阴的藏译汉音

行数	藏音	汉字	切韵音
(1)	būn bū he'u tig	文武孝德	[mjĭuən mjĭu xĭæu tək

① 此字劳佛读为 rgyud,今从 Waddell 说。

② 此字劳佛读为nan,今据缪氏拓本改读。

行数	藏音	汉字	切韵音
(54)	hwaṅ te	皇帝	ɣwɑŋ tiei]
(23)	t'a'e tsoṅ būn bū çin hwaṅ te	太宗文武 神皇帝	[t'ɑi tsuoŋ mjĭuən mjĭu dʑĭěn ɣwɑŋ tiei]
(24)	ceṅ kwan	貞觀	[ȶĭæŋ kuɑn]
(24)	mun çeṅ koṅ co	文成公主	[mjĭuən ʑĭæŋ koŋ tɕĭu]
(26)	k'a'egwan çeṅ būn çin bū hwaṅ te	開元聖文 神武皇帝	[k'ɑi ŋĭwɐn ɕĭæŋ mjĭuən dʑĭěn mjĭu ɣwɑŋ tiei]
(27)	keṅ luṅ	景龍	[kĭɐŋ ljĭwoŋ]
(28)	(ki)m çeṅ koṅ co	金城公主	[kjĭəm ʑĭæŋ koŋ tɕĭu]
(40)	źeṅ çin būn bū hwaṅ te	聖神文 武皇帝	[ɕĭæŋ dʑĭěn mjĭuən mjĭu ɣwɑŋ tiei]
(59) (63) (66)	caṅ keṅ	長慶	[ȡ'ĭaŋ k'j'ĭɐŋ]

这两项材料,一共有63个对音,剔除重字虽然只有29个不同的音,可是除去“金、宗、公、武”四字外,其馀的在(a)、(b)两项里都没有发现过。我们要想把这种方音知道得比较充分一点,对于这些对音一样是不可忽略的。

我在下文再把上面所举的四项材料作一番归纳的研究。

(二) 这种藏汉对音的音韵条理

上面这四项材料综合起来,才不过有129个不同的音,单拿这一点材料要想看出它们所代表的方音系统,那是很困难的。所以,我们现在只能先看一看这129个音的声韵条理,再拿它跟《阿弥陀经》、《金刚经》、《千字文》、《大乘中宗见解》四种汉藏对音材料互相比较,然后才能从彼此音理的异同上推测出关系的疏密来。如果它们关系的疏密可以判明,那么前四种对音的时代先后自然就可以得到相当的决定了。

根据这129个音来归纳它们的声母条理,我们发现唇音帮读作p:

(a)兵 peṅ $_{7}$

(b)波 pa $_{14、15、18}$　奔 pon $_{16}$　逋 po $_{18}$　譜 po $_{19}$

滂、非同读作p‘:

(a)夫 p‘u $_{5、6、7、9、11、13、14、15、16、17}$

(b)紕 p‘yi $_{14、15、19}$

並、奉同读作b:

(a)部 bo $_{6、7、12、13、15、17}$　僕 bog $_{9、11、14}$　斐 be’i$_{15}$

(b)勃 b- $_{17、19}$

明或读’b,或读m:

(b)名 mye*s* $_{16}$　摩 *r*ma $_{16}$　没’b- $_{19}$

微或读b,或读m:

(a)武 bu $_{15}$

(c)文 būn $_{14}$　武 bū $_{14}$

(d)文 būn $_{1、23、26、40}$;mun$_{24}$　武 bū $_{1、23、26、40}$

舌头音端读作t:

(b)當 taṅ $_{9}$　篤 *g*tog*s* $_{14}$　旦 *br*tan $_{15}$

(c)帝 te $_{3}$　德 tig $_{14}$

(d)帝 te $_{54}$　德 tig $_{1}$

透读作t‘,但有时用它来对藏音的th跟lh:

(a)通 t‘oṅ $_{13}$　太 t‘a’i $_{5、11、14}$

(b)通 thoṅ $_{10}$　貪 lhɑ-m $_{10}$　土 lho $_{14}$　他 lha $_{19}$

(d)太 t‘a’i $_{23}$

定读作d:

(a)大 da'i̥ $_{5、6、7、9、11、12、13、14、15、16、17}$

泥或读'd 或读 n:

(b)努'du $_{11}$　寧 ne $_{9、13}$　曩 naṅ $_{13}$　南 nam $_{15}$

諾 nag $_{15、17}$

半舌音来读作 l,但有时拿它来对藏音的 r:

(a)祿 log $_{9、12、14、17}$　郎 laṅ $_{10}$　李 li $_{11}$　陵 liṅ $_{12}$

禮 le'i $_{13、15}$　柳 li̥'u $_{16}$

(b)論 *b*lon $_{11、13、14、16、17、18、19、20}$　羅 la $_{14、16}$　樓 lu $_{19}$

歷 leg $_{20}$　盧-ro $_{14、19}$　立-ri̥-b $_{9、10、16}$

(d)龍 luṅ $_{27}$

舌上音跟正齿音混而不分,但清浊跟送气不送气的界限往往不甚严格,所以知、澄同读作 c:

(a)中 cuṅ $_{5、6、10、11}$　兆 ce'u $_{16}$

(d)貞 ceṅ $_{24}$　長 caṅ $_{59、63、66}$

照或读 c,或读 c‘,去声且转为 j:

(a)正 jeṅ $_{7、16}$

(b)屬 cog $_{14}$;c‘og $_{16}$　折 c‘ed $_{18}$

(d)主 co $_{24、28}$

徹、穿同读作 c‘,但穿母或转为 c:

(a)綽 cag $_{16}$

(b)琛 *m*c‘im*s* $_{13、15}$

(c)栅 ts‘eg $_{43}$

禅、床的平声皆读作 ç:

(a)丞 çiṅ $_{10}$　常 çaṅ $_{14}$

(d)成 çeṅ $_{24}$　城 çeṅ $_{28}$　神 çin $_{23、26、40}$

已然变同审母：

(a)史 çi̥ 10、16　書 çu 7、9、11、12、13、15

(c)水 çu 45

(d)聖 çeṅ 26

但禅的仄声仍读作ź：

(a)尚źaṅ 7、9、11、12、13、15　綬źi'u 13

(b)尚źaṅ 9、10、13、15、19

虽然保持浊声的本读，其音却与半齿音日母无异：

(a)孺źu 10　儒źu 14

(b)熱 *b*źer 10、13、14、15、17

(c)戎 źuṅ 43

甚至于审母的去声也有一个牵连而变的例：

(d)聖źeṅ 40

这便是由类推所生来的错误了。

齿头音精读作 ts，清读作 ts‘：

(a)紫 tse' 9　宗 tsoṅ 14　將 tsaṅ 17

青 ts‘eṅ 12、14、17　鏦 ts‘uṅ 17

(b)贊 *b*tsan 9、13、14、19、20　帀 tsab 15　資 *r*tsis 18

(c)清 ts‘eṅ 45

(d)宗 tsoṅ 23

心读作 s：

(a)僧 siṅ 10

(b)悉 s- 9、11、15、17、18　蘇 s-'o 16

都跟《切韵》的声类相同，但精的上声有一字变 dz：

(a)左 dza 9

心母有两个不规则的例外：

(b)昔 zi̥g*s*$_{18}$

(c)綏 stsʻe$_{43}$

从母仅有的一个“藏”字,又由破裂摩擦声 dz 转读作摩擦声 z:

(b)藏 *b*zaṅ$_{11、16、19}$

这都算是特异的变化。

牙音见读作 k,但有时拿它来对藏音 rg 或 g:

(a)金 ki̥m$_{9、12、14、17}$ 光 kwaṅ$_{9、12、14、17}$ 皐 kaʼu$_{9}$

兼 kyam$_{14、16}$ 京 keṅ$_{16}$ 公 koṅ$_{16}$ 工 koṅ$_{17}$

軍 kun$_{17}$ 郭 kwag$_{17}$

(b)恭 kuṅ$_{11}$ 矩 k-$_{16}$ 頰 *r*gya*l*-b$_{11、13}$ 幹 *r*gan$_{18}$

結 *r*gyal$_{20}$ 公 goṅ$_{14}$ 刼gi̥ -b$_{16}$

(d)觀 kwan$_{24}$ 金 ki̥m$_{28}$ 公 koṅ$_{24、28}$ 景 keṅ$_{27}$

溪读作 kʻ,但有一字转读作 k:

(a)卿 kʻeṅ$_{14}$

(b)綺 kʻ –$_{9、10}$ 窟 kʻod$_{9、13、18}$ 榼 kʻab$_{16}$

(d)開 kaʼe$_{26}$ 慶 keṅ$_{59、63、66}$

群母在汉译藏音中凡三见,皆读作 k:

(b)乾 ken$_{17}$ 伽 *b*ka$_{14}$;ka$_{17}$

疑读作ʼg,但有时拿它来对藏音中的 mṅ音:

(a)議ʼgi$_{7、10、13、16}$ 御ʼgu$_{10、16}$ 牛 giʼu$_{10}$ 銀ʼgin$_{17}$

吾ʼgo$_{17}$

(b)研ʼgyen$_{20}$ 岸 *m*ṅan$_{16}$

(d)元ʼgwan$_{26}$

喉音影凡一见,与喻同读作 y,但喻母合口三等又读作 w:

(a)於 yu$_{12}$ 射 ye$_{9、11、14}$ 楊 yaṅ$_{12}$ 尹 yun$_{16}$ 韋 wuʼi$_{13}$

晓、匣同读作 h,但匣母“户”字藏音又读作ʼo:

(a)户 ho $_{6、12}$　　韓 han $_{9}$

(b)户 'o $_{16}$　　合 hab $_{17}$

(c)孝 he'u $_{14}$　　皇 hwaṅ $_{3}$　縣 hywan $_{45}$

(d)孝 he'u $_{1、54}$　　皇 hwaṅ $_{1、23、26、40、54}$

此外,敷、娘、邪三母跟照、床的二等字在这 129 个音里都找不到代表字。从大体上看,三项藏译汉音的写法并没有什么不规则的现象,而汉译藏音却有几点特别的地方:

(1)以全字对前缀音例:

勃 b-　　没 'b-　　悉 s-　　矩 k-　　綺 k'-

这是因为汉字没有方法可以对译单纯辅音,所以才截取全字的前一半来勉强代替,不过专从声母的条理讲,它们也算是很规则的。

(2)以透母对 lh 例:

貪 lha-m　　土 lho　　他 lha

在汉译藏音里透母的对音可以分作三类:(a)t'(ཐ),(b)th(ཏཧ),(c)lh(ལྷ)。这三类中(a)类最为合理,(b)类的送气程度虽然比较强一点,却还同透母相去不远,只有(c)类要算是特别的对音。"貪、土"两字劳佛本来读作 lta-m、lto,他并且说:"所有藏语的真正送气声母汉语都确切地用相当的送气音来对译,不过我们看见有一个汉语送气音相当于藏语不送气音加不发声的前缀音;例如藏语(l)ta = 汉语'貪't'an(第 10 列),又藏语(l)to = 汉语'土't'u(第 14 列)。这里的藏语 t 究竟是送气音,还是变成送气的浊音 d',我且不冒险去决定它;但是不送气音因为前缀音 l 的省读而促成一部分变化,由这些汉语对音就可以看出清楚的痕迹来。"[①]其实劳佛假若看见比较清楚一点的拓本,就不必费很大力气来解释这种莫须有的现象了!因为照缪氏艺风堂拓本上所保

① 参阅 T.P.Ser.2, vol.XV.p.94.

存的藏文,“貪、土、他”三字明明白白地应该读作 lha-m、lho、lha,而不是 lta-m、lto、lta。lh 连读照现在拉萨音似乎跟边摩擦音[ɬ]相近,发音时先使舌头作读[ɬ]音的姿势,同时再读[h]音。这个音本来是很古怪的,当时译音的人因为汉语向无此音,所以才勉强用透母字来替代,我们现在当然不能根据它来反证透母读音的。

(3)以见对 rg 例:

頬 *r*gya*l*-b　　幹 *r*gan　　結 *r*gyal

伯希和以为在这一类对音里,-g-的带音成素恐怕受前缀音 r-的截留,已然变成不带音的 k[①],照现在所有的例字来看,他的假设也或许是对的,不过在汉译藏音里还有两个以见对 g 的例:

公 goṅ　　劫 gi̥-b

这两个字的 g 音前面并没有前缀音 r-,却也一样地以清对浊,这只能说是译音人的一时疏略,就不能用伯希和的假设来解释了。

(4)以来对 r 例:

盧-ro　　立-rib

这是因为汉语没有颤音[r],所以才勉强用读作边音[l]的来母字来替代。

(5)以照对 c‘例:

屬 c‘og　　折 c‘eg

“屬、折”同属照母而拿它来对 c‘,这跟(a)项藏译汉音以穿母的“綽”字对 cag 适得其反。

(6)以群对 k 例:

乾 ken $_{17}$　　伽 *b*ka $_{14}$;ka $_{17}$

拿“乾”字来对 ken,恐怕是一种音近相代的现象,至于“伽”字《广

① 参阅 T.P.Ser.2,vol.XVI.p.5.

韵》虽然收入戈韵三等,读作“求迦切”,可是它的同音字“茄、枷”又可读作麻韵的“古牙切”,以此类推,那么这个字也许转入麻韵见纽了。

综括这六点来看,我觉得汉译藏音的精确程度似乎比藏译汉音要差一点,所以我们得要互相参证,才可以略见真相。至于拿这几项的声母条理同《阿弥陀经》等四种材料比较,我只觉得审禅有别及以 c 对澄、以 k 对群三点算是这种对音的特征,其余的同那四种材料并没有什么显著的差异(参阅第一表)。所以我们还得看一看它们的韵母条理究竟怎样。

根据这 129 个音来归纳它们的韵母条理,我们发现果、假摄歌、戈[①] 同读作 a,但戈除唇声字外,只有一个可入麻韵的“迦”字:

(a)左 dza $_{9}$

(b)羅 la $_{14、16}$　波 pa $_{14、15、18}$　摩 *r*ma $_{16}$　伽 *b*ka $_{14}$;ka $_{17}$

麻二等无例字,开口三等的“射”字变成 ye:

(a)射 ye $_{9、11、14}$

遇摄模读作 o,惟汉译藏音中有一“努”字变 u:

(a)吾'go $_{17}$　户 ho $_{6、12}$　部 po $_{6、7、12、13、15、17}$

(b)盧 ro$_{14}$　蘇 s'o-$_{16}$　逋 po$_{18}$　土 lho$_{14}$　户'o $_{16}$

努'du-$_{11}$

虞、鱼同读作-u,惟麌韵“主”字变 o,“矩”字有声无韵:

(a)孺 źu $_{10}$　儒 źu $_{14}$　夫 p'u $_{5、6、7、9、11、12、13、14、15、16、17}$　武 bu$_{15}$

書 çu $_{7、9、11、12、13、15}$　於 yu $_{12}$　御'gu $_{10、16}$

(b)矩 k- $_{16}$

(c)武 bū $_{14}$

(d)武 bū $_{1、23、26、40、54}$　主 co $_{24、28}$

---

① 凡单举平声韵目者皆兼赅上去而言,下同。

止摄支、脂、之开口同读作 i,惟纸韵"紫"字变 e',"绮"字有声无韵:

(a)議'gi $_{7、10、13、16}$ 史 çi $_{10、16}$ 李 li $_{11}$ 紫 tse' $_{9}$

(b)資 rtsi- $_{18}$ 紕 p'yi $_{14、15}$ 綺 k'- $_{9、10}$

脂合口或读-u,或变-e:

(c)水 çu $_{45}$ 綏 sts'e $_{43}$

微合口读 u'i,而唇声字变 e'i:

(a)韋 wu'i $_{13}$ 斐 be'i $_{15}$

蟹摄咍、泰两韵或读 a'e,或读 a'i,写法微有不同:

(a)大 da'i $_{5、6、7、9、11、12、13、14、15、16、17}$ 太 t'a'i $_{5、11、14}$

(d)太 t'a'e $_{23}$ 開 k'a'e $_{26}$

齐或读 e'i,或读 e,乃因-i 而变读:

(a)禮 le'i $_{13、15}$

(c)帝 te $_{3}$

(d)帝 te $_{1、23、26、40、54}$

效摄豪读作 a'u,宵读作 e'u,一、三等不相混淆:

(a)皐 ka'u $_{9}$ 兆 ce'u $_{16}$

(c)孝 he'u $_{14}$

(d)孝 he'u $_{1、54}$

流摄侯读作 u,尤读作 i'u,与宵韵亦复有别:

(a)牛'gi̥'u $_{10}$ 綏 źi̥'u $_{13}$ 柳 li̥'u $_{16}$

(b)樓-lu $_{19}$

咸摄覃读作 am,合、盍同读作 ab:

(b)貪 lha-m $_{10}$ 南 nam $_{15}$ 帀 tsab $_{15}$ 合 ha(b) $_{17}$ 榼 k'ab $_{16}$

添读作 yam,帖读作 yab:

(a)兼 kyam $_{14、16}$

(b)頰 *r*gya*l*-b $_{11、13}$

深摄侵读作 im，缉读作 ib，有时亦对译藏音 ub：

(a)金 ki̥m $_{9、12、14、17}$

(b)琛 *m*c‘ims $_{13、15}$　立 ri̥ -b $_{9、10}$；-ru-b $_{16}$

(d)金 kim $_{28}$

至于左侧第 16 列第七字，伯希和读为业韵的“劫”字而对以 gi̥ -b 音，原文模糊且无旁证，姑存之以备一说：

(b) * 劫 gi̥ -b $_{16}$

山摄寒读作 an：

(a)韓 han $_{9}$

(b)贊 *b*tsan $_{9、13、14、20}$　旦 *br*tan $_{15}$　岸 *m*ṅan $_{16}$　幹 *r*gan $_{18}$

桓、元合口同读作 wan，末韵的唇声读作 al：

(b)末 ’bal $_{16}$

(d)觀 kwan $_{24}$　元 ’gwan $_{26}$

仙开口读作 en，薛开口或读 er 或读 ed：

(b)乾 ken $_{17}$　熱 *b*źer $_{10、13、14、15、17}$　折 c‘ed $_{18}$

先开口读作 yen，合口读作 ywan，屑开口读作 yal：

(b)研 ’gyen $_{20}$　結 *r*gyal $_{20}$

(c)縣 hywan $_{45}$

臻摄真读作 in，质韵的“悉”字在汉译藏音中凡 7 见，但皆有声无韵：

(a)銀 ’gin $_{17}$

(b)悉 s-$_{9、11、15(两见)、17、18(两见)}$

(d)神 çin $_{23、26、40}$

魂、谆同读作-on，惟“尹”字转为 un；没韵读作-od，但汉译藏音中的“没”字有声无韵：

(a)尹 yun $_{16}$

(b)奔 pon $_{16}$ 論 *b*lon $_{11、13、14、14、16、17、18、19、20}$ 窟 k'od $_{9、13、18}$ 没'b-$_{19}$

文读作 un:

(a)軍 kun $_{17}$

(c)文 būn $_{14}$

(d)文 būn $_{1、23、24、26、40、54}$

宕摄唐、阳开口读作 aṅ,合口读作 waṅ;铎、药开口读作 ag,合口读作-wag:

(a)郎 laṅ $_{10}$ 楊 yaṅ $_{12}$ 常 çaṅ $_{14}$ 尚 źaṅ $_{7、9、11、12、13、15}$ 將 tsaṅ $_{17}$ 光 kwaṅ $_{9、12、14、17}$ 綽 cag $_{16}$ 郭 kwag $_{17}$

(b)當 taṅ $_{9}$ 藏 *b*zaṅ $_{11、16}$ 尚 źaṅ $_{9、10、13、15、19}$ 曩 naṅ $_{13}$ 諾 *s*nag $_{15、17、18}$

(c)皇 hwaṅ $_{3}$

(d)長 caṅ $_{59、63、66}$ 皇 hwaṅ $_{1、23、26、40、54}$

梗摄庚、清、青开口同读作 eṅ,陌、锡同读作 eg,昔读作 ig,惟汉译藏音中以青韵的"寧"字对 ne,以清韵的"名"字对 myes,-ṅ 收声已然露出消失的痕迹:

(a)兵 peṅ $_{7}$ 京 keṅ $_{16}$ 卿 k'eṅ $_{14}$ 正 jeṅ $_{7、16}$ 青 ts'eṅ $_{12、14、17}$

(b)寧 ne $_{9、13}$ 昔 zig̥*s* $_{18}$ 歷 leg $_{20}$ 名 mye*s* $_{16}$

(c)清 ts'eṅ $_{45}$ 栅 ts'eg $_{43}$

(d)景 keṅ $_{27}$ 慶 keṅ $_{59、63、66}$ 貞 ceṅ $_{24}$ 成 çeṅ $_{24}$ 城 çeṅ $_{28}$ 聖 çeṅ $_{26、40}$

曾摄登、蒸同读作 iṅ,德韵读作-ig:

(a)僧 siṅ $_{10}$ 陵 liṅ $_{12}$ 丞 çiṅ $_{10}$

(c)德 tig $_{14}$

(d)德 tig $_{1、54}$

通摄东一等与冬同读作 oṅ，东三等与鍾同读作-uṅ，在现有的例字里，屋、沃、烛皆读作-og：

(a)公 koṅ $_{16}$　工 koṅ $_{17}$　通 t‘oṅ $_{13}$　宗 tsoṅ $_{14}$

禄 log $_{9、12、14、17}$　僕 bog $_{9、11、14}$　中 cuṅ $_{5、6、10、11}$　鏦 ts‘uṅ $_{17}$

(b)公 goṅ $_{14}$　通 thoṅ $_{10}$　恭 kuṅ $_{11}$　篤 *g*togs $_{14}$

屬 cog $_{14}$；c‘og $_{16}$

(c)戎 źuṅ $_{43}$

(d)公 koṅ $_{24、28}$　宗 tsoṅ $_{23}$　龍 luṅ $_{27}$

此外，舒声灰、皆、佳、夬、祭、废、肴、萧、幽、谈、咸、衔、盐、严、凡、山、删、痕、臻、欣、江、耕，促声洽、狎、葉、乏、曷、鎋、黠、月、栉、术、迄、物、觉等，在这 129 个音里都找不到代表字。就以上所列的几条来看，我觉得韵母的读音比较声母更有规则，就是汉译藏音也只有三点应该特别提出来讨论：

(1)有声无韵例：勃 b-　没 'b-　悉 s-　矩 k-　綺 k‘-

此条互见声母项下“以全字对前缀音例”，这五个字对于推究声母的读音上多少还有点帮助，对于韵母简直是没有用处的。

(2)连诵例：

貪 lha-m　頞 *r*gya*l*-b　立-ri̥-b；-ru-b　劫 gi̥-b

劳佛曾经说：“在把两个音节连到一块儿的时候，如果第一成素的末尾是元音，那么第二成素的前缀音就可以跟第一成素连接成一个音节。”[①]这就是法语所谓“连诵”(liaison)。但是劳佛只应用这条音理解释了一个“貪”字，其余的“頞、立、劫”三字都是由伯希和触类

---

① 参阅 T.P.Ser.2，vol.XV.p.56.

引申的。[①]这当然是很聪明的解释。至于以“立”译 -ru-b 的现象，伯希和以为古代汉语不许唇元音跟唇收声同时在一个字里发现，所以这个-ru-b，在当时译音的人只能读作 lib。这种异化作用在音理上也是可以讲得通的。

(3)以阳韵对阴韵例：

寗 ne　名 myes

梗摄的-ṅ 收声在(a)、(c)、(d)三项里都保持好好的，惟独汉译藏音有这样两个例。由这两个例，我们一方面可以看出来这种方音的明、泥两母既然除去本来附有鼻收声的字都变成’b、’d，那么要想对译藏语的 m-、n-，势必得用本来附鼻收声的字才行；在另一方面还可以看出来附 -ṅ 收声的清、青两韵字既然可以同藏语不附收声的字相对，那么这两韵的 -ṅ 收声也许渐有消变的趋势了。至于劳佛跟伯希和认为 ne 里的 e 是鼻化元音一层，单靠这两个汉字译音是不能决定的。

此外代表 i 音的藏文符号，虽然在汉译藏音跟藏译汉音里都分作正(ི)反(ྀ)两种，然而从音理上推求，却同《千字文》里的对音一样没有固定的条理，劳佛以为 i(ྀ)代表汉语的短音 i，而 i(ི)代表 i、ï、ö 之间的音[②]，照我看是不能成立的。

拿这几项的韵母条理同《阿弥陀经》等四种材料比较，我觉得有三种现象很值得注意：

(1)宕、梗两摄的 -ṅ 收声并未完全遗失，而且主要元音亦未发生变化。

在《唐蕃会盟碑》的对音里，除去以“寗”对 ne、以“名”对 myes 两个例外，其余的宕、梗两摄的字既然不像《千字文》那样遗失了-ṅ 收

① 参阅 T.P.Ser.2, vol.XVI.pp.3,5,10.

② 参阅 T.P.Ser.2, vol.XV.p.85.

声，同时也不像《大乘中宗见解》那样把宕摄的主要元音变读为o。所以我虽然觉得梗摄的一部分应该也有鼻韵化的趋势，然而在写法的系统上，它们同《阿弥陀经》、《金刚经》是很相近的。

(2)山、臻两摄的入声有时对以-d收声。

左侧的汉译藏音有以“折”对c‘ed、以“窟”对k‘od两个例，这同《阿弥陀经》译“跋”为bad、译“發”为'p‘ad的例恰好一样，在其余几种对音里都是没有发现过的，我们应该承认它是这种对音的一个特征。

(3)蟹、效两摄的一等不与二、三等混淆。

蟹、效两摄的一等在《阿弥陀经》、《金刚经》跟《大乘中宗见解》里都跟二、三等不大分别，只有在《千字文》里不相混淆。《唐蕃会盟碑》的对音，蟹摄一等读作a'i或a'e(“大da'i、太t‘a'i、开k‘a'e”)，效摄一等读a'u(“皋ka'u”)，这是跟《千字文》的写法比较相近的。

综括上面所说，我觉得《唐蕃会盟碑》的对音系统，从声母一方面论，全清上、去声混入全浊的只有“正jeṅ、左dza”两例，并不像《千字文》跟《大乘中宗见解》那样多，而禅母上、去声保持浊音一点，除去未窥全豹的译音本《大乘中宗见解》以外，要算是其他几种所没有的特征；至于以c对澄、以k对群的现象，却不能不算是较晚的演变。从韵母一方面论，宕、梗两摄的-ṅ收声既然没有完全消失，而山、臻两摄的入声也有一部分保持-d收声，这都同《阿弥陀经》、《金刚经》相近；不过读豪作au，读咍、泰作ae、ai两点，却又同《千字文》的写法相近。折衷起来看，大概这种对音是从《阿弥陀经》、《金刚经》到《千字文》、《大乘中宗见解》之间的一个过渡。如果不管方音上的歧异，我们就可以假定《阿弥陀经》跟《金刚经》是长庆二年以前的东西，而《千字文》或者跟《唐蕃会盟碑》同时，或者比它稍后；至于《大乘中宗见解》的时代应该比这几种较晚，从各方面看来，已然没有什么疑义了。

第一表 五种汉藏对音声母比较表

切韵声类 藏文对音	帮 [p]	滂 [p‘]	並 [b‘]	明 [m]	非 [pf]	敷 [pf‘]	奉 [bv‘]	微 [ɱ]	端 [t]	透 [t‘]	定 [d‘]	泥 [n]	来 [l]	知 [ʈ] [ȶ]	照 [tʂ] [tɕ]	彻 [ʈ‘] [ȶ‘]	穿 [tʂ‘] [tɕ‘]	澄 [ɖ‘] [ȡ‘]
阿弥陀经	p		b 'b	'b m	p‘ p		b 'b	'b	t	t‘	d	'd 'n n	l	c		c‘		j
金刚经	p	p‘	b 'b	'b m	p‘		b 'b	'b	t	t‘	d	'd 'n n	l	c		c‘		j
唐蕃会盟碑	p	p‘	b	'b m	p‘		b	b m	t	t‘ (th) (lh)	d	'd n	l (r)	c	c j (正) (c‘)	c‘	c‘ c	c
千字文	p b (上去)	p‘	b	'b m	p‘	p‘	b p‘	'b	t d (上去)	t‘	d	'd n	l	c j (上去)		c‘		j
大乘中宗见解	p b (上去)	p	p‘ b	'b m	p‘	p‘	p‘ b	b 'b	t d (上去)	t‘	t‘ d	'd 'n n	l	c j (上去)		c‘		c‘ j

（续表）

切韵声类 藏文对音	床 [dʐ‘] [dʑ‘]	审 [ʂ] [ɕ]	禅 [ʑ]	娘 [nj]	日 [ȵʑ]	精 [ts]	清 [ts‘]	从 [dz‘]	心 [s]	邪 [z]	见 [k]	溪 [k‘]	群 [g‘j]	疑 [ŋ]	影 [ʔ]	喻 [j] [○]	晓 [x]	匣 [ɣ]
阿弥陀经		ç		’j	ź	ts	ts‘	dz	s	—	k	k‘	g	’g	·	’w, y h	h	’h
金刚经		ç		’j ’d	ź	ts	ts‘	dz	s		k	k‘	g	’g	· y	’w, y h	h	
唐蕃会盟碑	ç		ç ź (上去)		ź	ts dz (左)	ts‘	z (藏)	s		k (rg) (g)	k‘	k (bk)	’g ṅ	y (於)	’w, y		’h (户)
千字文	c‘ (床)	ç			ź	ts dz (上去)	ts‘	dz	s		k g (上去)	k‘	g	’g	·	’w, y	h	
大宗见乘中解		ç			ź	ts dz (上去)	ts‘	ts‘ dz	s		k g (上去)	k‘	k‘ g’	’g	·	’u, y ’w	h	

第二表　五种汉藏对音韵母比较表(甲)

广韵韵部 藏文对音	歌 [ɑ]	戈 [uɑ]	麻 [a] [wa] [ǐa]	模 [o]	鱼 [ǐo]	虞 [ǐu]	咍 [ại]	灰 [uại]	泰 [ɑi] [uɑi]	皆 [ại] [wại]	佳 [aːi] [waːi]	祭 [ǐæi] [ǐwæi]	齐 [iei] [iwei]
阿弥陀经	a		— wa a (正齿)	o u (唇声)	i u	u	e	we	e we	e —		e —	e —
金刚经	a	wa	a wa ya	o u (唇声)	i u	u	e'i	we'i	e'i we'i	e'i —	a —	e'i —	e —
唐蕃会盟碑	a	a (唇声)	— — ye	o u (努)	u o (主)	u	a'e		a'i —				{e {e'i —
千字文	a	wa a (唇声)	a — ya	o uo (二字)	u i	u	ai	wai ai (唇声)	— wa'i	e'i we'i	a wa	e'i we'i	{e'i {ye we
大乘中宗见解	a o (二字)	wa a (唇声)	a wa ya	o u (唇声)	u i	u	e	we e (唇声)	e we	e —	a we	e —	{e {ye we

（续表）

广韵韵部 / 藏文对音	脂 [i] [wi]	之 [iː]	支 [iĕ] [wiĕ]	微 [ĕi] [wĕi]	豪 [ɑu]	肴 [au]	宵 [ĭæu]	萧 [ieu]	侯 [i ə̆u]	尤 [ĭ ə̆u]
阿弥陀经	i —	i	i —	yi —	e'u		i'u			i'u u （唇声）
金刚经	i —	i	i u	yi u	e'u		e'u		i'u u （唇声）	i'u u （唇声）
唐蕃会盟碑	i u	i	i —	e'i u'i	a'u		e'u		u （楼）	i'u
千字文	i wi	i	i {u'i u	e （飞） u'i	a'u e'u	a'o e'u	a'u ya'u ye'u	ya'u e'u	e'u a'o （二字） u （唇声）	e'u i'u u （唇声）
大乘中宗见解	i u	i	i u	{yi i u	e'u	e'u	e'u	e'u	i'u	i'u u （唇声）

第三表　五种汉藏对音韵母比较表(乙)

广韵韵部 藏文对音	覃 [ạm]	谈 [ɑm]	咸 [ạm]	衔 [am]	盐 [ĭæm]	严 [ĭɐm]	添 [iem]	凡 [ĭwɐm]	侵 [ĭəm]	寒 [ɑn]	桓 [uɑn]
阿弥陀经		am			em	em	em	am	im	an	wan
金刚经	am	am				em	am (念)		im	an	wan
唐蕃会盟碑	am	—					yam		im	an	wan
千字文	am	am		am	em		yam		im	an	wan an (唇声)
大乘中宗见解	am	am	am		yam		yam	am	im yim	an	wan an (唇声)

（续表）

广韵韵部 藏文对音	山 [aṇ] [waṇ]	删 [an] [wan]	仙 [ĭæn] [ĭwæn]	元 [ĭɐn] [ĭwɐn]	先 [ien] [iwen]	痕 [ən]	魂 [uən]	真 [ĭĕn]	谆 [ĭuĕn]	欣 [ĭən]	文 [ĭuən]
阿弥陀经	en —		— wan	en an（唇声）	{yan yen en} —			in			un
金刚经	{en yen} —		en —	en an（唇声）	{yan yen en} —	in	on	in			un
唐蕃会盟碑			en —	— wan	yen ywan		on	in	on un（尹）		un
千字文	an —	an —	an（正齿） wan	an wan	yan —		on un	in	un	in	un
大宗乘见中解	{en yen} yan（幻）	— wan	an（正齿） wan	en {an（唇声） wen}	{yan yen} —	in	on un	in	un		un

（续表）

广韵韵部 / 藏文对音	合［ɑ̣p］	盍［ɑp］	洽［ạp］	狎［ap］	葉［ĭæp］	业［ĭɐp］	帖［iep］	乏［ĭwɐp］	缉［ĭəp］	曷［ɑt］	末［uɑt］
阿弥陀经	ab					ab		ab	ib	ar	ad（唇声）
金刚经	ab					eb		ab	ib	ar	ar（唇声）
唐蕃会盟碑	ab	ab				ib̥	yab		ib		al（唇声）
千字文	ab			ab	yab eb		yab	ab	ib	ar	
大乘宗见中解					ab（正齿）	eb		ab	ib	ar	war ar（唇声）

（续表）

广韵韵部 藏文对音	鎋 [ạt] [wạt]	黠 [at] [wat]	薛 [ĭæt] [ĭwæt]	月 [ĭɐt] [ĭwɐt]	屑 [iet] [iwet]	没 [uət]	质 [ĭĕt]	術 [ĭuĕt]	迄 [ĭət]	物 [ĭuət]
阿弥陀经				— ad （唇声）			ir	ur		ur
金刚经		ar —	yer war	— ar （唇声）			ir	ur		ur
唐蕃会盟碑			{er ed} —		yal —	od				
千字文		ar —	yar war		{yar er} —		ir			ur
大乘中宗见解		ar —	{yar yer} war		er —	ur	ir			ur

第四表　五种汉藏对音韵母比较表(丙)

广韵韵部 / 藏文对音	唐 [ɑŋ] [wɑŋ]	阳 [ĭaŋ] [ĭwaŋ]	江 [ɔŋ]	庚 [ɐŋ][ĭɐŋ] [wɐŋ][ĭwaŋ]	耕 [ɛŋ] [wɛŋ]	清 [ĭæŋ] [ĭwæŋ]	青 [ieŋ] [iweŋ]	登 [əŋ] [wəŋ]	蒸 [ĭəŋ]	东 [oŋ] [ĭoŋ]	冬 [uoŋ]	鍾 [ĭwoŋ]
阿弥陀经	— waṅ	aṅ waṅ	waṅ	eṅ —		{eṅ e, yi} —	{yeṅ yiṅ yi(经)} —	iṅ —	iṅ —	oṅ uṅ		
金刚经	aṅ waṅ	aṅ —	aṅ	eṅ —		{eṅ ye, yi} —	eṅ —	iṅ —	iṅ —	oṅ uṅ		uṅ
唐蕃会盟碑	aṅ waṅ	aṅ(将) —		eṅ —		eṅ —	{eṅ e(宁) ye(名)} —	iṅ —	iṅ —	oṅ uṅ	oṅ	uṅ
千字文	aṅ (二字) o	yo o (正齿)	aṅ	e, ye we		e we	{e ye} —	eṅ —	eṅ —	oṅ uṅ	oṅ	uṅ
大宗乘见中解	oṅ woṅ	yoṅ oṅ (正齿)		eṅ, ye —		{eṅ ye} —	eṅ —	iṅ —	iṅ —	oṅ uṅ	oṅ	uṅ oṅ

（续表）

广韵韵部 / 藏文对音	铎 [ɑk] [wɑk]	药 [ĭak] [ĭwak]	觉 [ɔk]	陌 [ɐk][ĭɐk] [wɐk][ĭwɐk]	麦 [ɛk] [wɛk]	昔 [ĭæk] [ĭwæk]	锡 [iek] [iwek]	德 [ək] [wək]	职 [ĭək] [ĭwək]	屋 [ok] [ĭok]	沃 [uok]	烛 [ĭwok]
阿弥陀经	ag —	ag（正齿） —	yag			yig —		ig {og ug}	ig —	— ug		yog
金刚经	ag —	ag（正齿） —	yag eg	ig —				ig og	ig —	og ug	og	
唐蕃会盟碑	ag wag	ag —				ig̥ —	eg	ig —		og —	og	og
千字文	ag —	yag ag（正齿）	yag	eg weg	eg	{yig ig} —	ig	eg ug	ig —	og ug		wag ug(足)
大宗乘见中解	ag —	ag —	ag	eg ig — —		{yig ig} —	ig	ig og	{ig eg} —	og ug		wog og

附 录 一

汉藏对音《千字文》与《切韵》音及六种现代西北方音的比较

二

汉字	藏音	切韵音	兰州	平凉	西安	三水	文水	兴县
(1)和	hwa①	ɣua(匣,戈)	xo	xuo	xuo	xuo	xuɯ	xuo
(2)下	ha'	ɣa(匣,马)	ɕia	ɕia	ɕia	ɕia	ɕia	ɕia
(3)睦	'bug(?)	mǐok(明,屋三)	mu	mu	mu	mu	mbə	mbə
(4)夫	p'u(?)	pjǐu(非,虞)	fu	fu	fu	fu	xu	fu
(5)唱	c'o'o	tɕ'ǐaŋ(穿三,漾开)	ʈʻɔ̃	ʈʻã	ʈʻã	ʈʻã	tʂʻã	tʂʻə
(6)妇	bu	b'jǐəu(奉,有)	fu	fu	fu	fu	xu	fu
(7)随	su'i	zwiě(邪,支合)	suei	suæi	sui	ɕuei	øy	ɕy
(8)外	'gu···	ŋuɑi(疑,泰合)	uæ	uæ	uæ	uæ	uæi	uæ

① 此表标音除藏音为罗马字外,其馀均系国际音标。

三

汉字	藏音	切韵音	兰州	平凉	西安	三水	文水	兴县
(1)諸	cu	tɕĭo(照三,鱼)	ʈu	tʂʯ	pfu	tsʮ	tsu	tsu
(2)姑	kuo	ko(见,模)	ku	ku	ku	ku	ku	ku
(3)伯	peg	pɐk(帮,陌)	pei	pæi	pei	pei	piæ	piə
(4)叔	çug	ɕĭok(审,屋三)	fu	ʂʯ	fu	sʮ	suə	suə
(5)猶	yu	ĭəu(喻四,尤)	iɯ	iu	iu	iu	ieʉ	io
(6)子	tsi	tsiː(精,止)	tsɿ	tsɿ	tsɿ	tsɿ	tsɿ	tsɿ
(7)比	bi	pji(帮,旨开)	pi	pi	pi	pi	pi	pi
(8)兒	źi	ȵʑiě(日,支开)	ær	œr	ər	ər	ər	ər
(9)孔	k'on	k'oŋ(溪,董一)	k'uə̃	k'uə̃	k'uoŋ	k'uŋ	k'ũ	k'uə̃

四

汉字	藏音	切韵音	兰州	平凉	西安	三水	文水	兴县
(1)交	ka'u	kau(见,肴)	tɕio	tɕiau	tɕiau	tɕiau	tɕiau	tɕiau
(2)友	'iu	jĭəu(喻三,有)	iɯ	iu	iu	iu	ieʉ	io
(3)投	de'u	d'ə̆u(定,侯)	t'əɯ	t'ou	t'ou	t'ou	t'əʉ	t'o
(4)分	bun	b'jĭuən(奉,问)	fə̃	fə̃	fæ̃	fæ̃	xũ	fuə̃
(5)切	ts'er	ts'iet(清,屑)	tɕ'ie	tɕ'iə	tɕ'iæ	tsiæ	tɕ'iæ	tɕ'ə
(6)磨	'ba	muɑ(明,戈)	mo	mo	mo	mo	mbɯ	mbə
(7)箴	cim	tɕĭəm(照三,侵)	ʈə̃	ʈə̃	ʈæ̃	ʈæ̃	tʂə̃	tʂə̃

五

汉　字	藏　音	切　韵　音	兰州	平凉	西安	三水	文水	兴县
(1)次	tsʻi	tsʻi(清,至开)	tsʻɿ	tsʻɿ	tsʻɿ	tsʻɿ	stʻɿ	tsʻɿ
(2)弗	pʻur	pjĭuət(非,物)	fu	fu	fo	fo	xuə	fuə
(3)離	li	ljiĕ(来,支开)	li	li	li	li	li	li
(4)節	tser	tsiet(精,屑开)	tɕie	tɕiə	tɕiæ	tsiæ	tɕiæ	tɕiə
(5)義	ʼgi	ŋjiĕ(疑,寘开)	i	i	i	i	i	i
(6)廉	lem	ljĭæm(来,盐)	leæ̃	leæ̃	leæ̃	leæ	lə̃	liŋ
(7)退	tʻwaʼi	tʻuɑ̣i(透,队)	tʻuei	tʻuæi	tuei	tʻuei	tʻuei	tʻuæ
(8)顛	tyan	tien(端,先)	tiæ̃	tiæ̃	tiæ̃	tiæ	tiə̃	tiŋ

六

汉　字	藏　音	切　韵　音	兰州	平凉	西安	三水	文水	兴县
(1)情	dze	dzʻĭæŋ(从,清)	tɕʻiə̃	tɕʻiə̃	tɕʻiŋ	tsʻiŋ	tɕʻiə̃	tɕʻiə̃
(2)逸	yir	ĭĕt(喻三,质)	i	i	i	i	iə	iə
(3)心	sim	sĭəm(心,侵)	ɕiə̃	ɕiə̃	ɕiæ̃	siæ̃	ɕiə̃	ɕiə̃
(4)動	doṅ	dʻoŋ(定,董一)	tuə̃	luə̃	tuɪŋ	tuoŋ	tuõ	tuə̃
(5)神	çin	dʑʻĭĕn(床三,真)	ʂə̃	ʂə̃	ʂæ̃	ʂæ̃	ʂə̃	ʂə̃
(6)疲	be	bʻjiĕ(並,支开)	psi	pʻi	pʻi	pʻi	pʻi	pʻi
(7)守	çʼu	ɕĭĕu(审三,有)	ʂəɯ	ʂou	ʂou	ʂou	ʂəʉ	ʂo

七

汉 字	藏 音	切 韵 音	兰州	平凉	西安	三水	文水	兴县
(1)堅	kyan	kien(见,先)	tɕiæ̃	tɕiæ̃	tɕiæ̃	tɕiæ	tɕiə̃	tɕiŋ
(2)持	ji	ȡ'iː(澄,之)	tʂ'ʅ	tʂ'ʅ	tʂ'ʅ	tʂ'ʅ	tʂ'ʅ	tʂ'ʅ
(3)雅	'ga	ŋa(疑,马)	ia	ia	ia	ia	ia	ia
(4)操	ts'a'u	ts'ɑu(清,豪)	ts'o	ts'au	ts'au	ts'au	ts'au	ts'au
(5)好	ha' u	xɑu(晓,皓)	xo	xau	xau	xau	xau	xau
(6)爵	tsyag	tsĭak(精,药)	tɕyo	tɕyo	tɕyo	tsyo	tɕiæ	tɕiə
(7)自	dzi	dz'i(从,至开)	tsʅ	tsʅ	tsʅ	tsʅ	tsʅ	tsʅ

八

汉 字	藏 音	切 韵 音	兰州	平凉	西安	三水	文水	兴县
(1)東	toṅ	toŋ(端,东一)	tuə̃	tuə̃	tuoŋ	tuoŋ	tũ	tuə̃
(2)西	sye	siei(心,齐开)	ɕi	ɕi	ɕi	si	ɕi	ɕi
(3)二	źi	ȵʑi(日,至开)	ær	œr	ər	ər	ər	ər
(4)京	ke	kjĭɐŋ(见,庚开三)	tɕiə̃	tɕiə̃	tɕiŋ	tɕiŋ	tɕiə̃	tɕiə̃
(5)背	ba'i	puɑ̣i(帮,队)	pei	pæi	pei	pei	pæi	pæ
(6)邙	mo	mɑŋ(明,唐开)	mɔ̃	mã	mã	mã	mbu	mbə
(7)面	myan	mjĭæn(明,线开)	miæ̃	miæ̃	miæ̃	miæ	mbiə̃	mbiŋ

九

汉 字	藏 音	切 韵 音	兰州	平凉	西安	三水	文水	兴县
(1)欝	gur	˙ĭuət(影,物)	y	y	y	y	yə	yə
(2)樓	le'u	lĕu(来,侯)	ləɯ	lu	lou	lou	ləʉ	lo

漢 字	藏 音	切 韵 音	兰州	平凉	西安	三水	文水	兴县
(3)觀	kwan	kuɑn(见,换)	kuæ	kuæ̃	kuæ̃	kuæ	kuæ̃	kuəŋ
(4)飛	pʻe	pjwĕi(非,微合)	fei	fæi	fi	fei	xuei	fuæ
(5)驚	keṅ	kjǐɐŋ(见,庚开三)	tɕiə̃	tɕiə̃	tɕiŋ	tɕiŋ	tɕiə̃	tɕiə̃
(6)圖	duo	dʻo(定,模)	tʻu	tʻu	tʻou	tʻu	tʻu	tʻu
(7)〔寫〕	sya	sǐa(心,麻三)	ɕie	ɕiə	ɕiæ	siæ	ɕie	ɕiə
(8)〔禽〕	g(i)m	gjʻǐəm(群,侵)	tɕʻiə̃	tɕʻiə̃	tɕʻiæ̃	tɕʻiæ̃	tɕʻiə̃	tɕʻiə̃
(10)〔畫〕	(h)wa	ɣwai(匣,卦合)	xua	xua	xua	xua	xua	xua
(11)〔綵〕	tsʻaʼ(i)	tsʻɑ̣i(清,海)	tsʻæ	tsʻæ	tsʻæ	tsʻæ	tsʻæi	tsʻæ
(12)〔仙〕	syan	sǐæn(心,仙)	ɕiæ̃	ɕiæ̃	ɕiæ̃	siæ	ɕiə̃	ɕiŋ
				十				
(1)舍	çya	ɕǐa(审三,祃开三)	ʂæi	ʂə	ʂə	ʂə	ʂɯ	ʂə
(2)傍	bo	bʻɑŋ(並,唐)	—	—	—	—	pu	—
(3)啓	kʻye	kʻiei(溪,荠开)	tɕʻi	tɕʻi	tɕʻi	tɕʻi	tɕʻi	tɕʻi
(4)甲	kab	kap(见,狎)	tɕia	tɕia	tɕia	tɕia	tɕia	tɕia
(5)帳	coṅ	ʈǐaŋ(知,漾)	ʈɔ̃	ʈã	ʈã	ʈã	ʈʂu	ʈʂə
(6)對	twaʼi	tuɑ̣i(端,队)	tuei	tuæi	tuei	tuei	tuei	tuæ
(7)楹	yeṅ	ǐæŋ(喻四,清)	iə̃	iə̃	iŋ	iŋ	iə̃	iə̃
(8)肆	si	si(心,至)	sɿ	sɿ	sɿ	sɿ	sɿ	sɿ
(9)筵	yan	ǐæn(喻四,仙)	iæ̃	iæ̃	iæ̃	iæ	iə̃	iŋ

汉字	藏音	切韵音	兰州	平凉	西安	三水	文水	兴县
(10)設	çar	ɕĭæt(审三,薛开)	ʂæi	ʂə	ʂə	ʂə	ʂa	ʂə
(11)席	syig(?)	zĭæk(邪,昔)	ɕi	ɕi	ɕi	si	ɕiə	ɕiə
十一								
(1)吹	c'u	tɕ'wiĕ(穿三,支合)	ʈ'uei	ʈ'uæi	pf'ei	ts'ui	ts'uei	ts'yi
(2)笙	çe	ʂɐŋ(审二,庚开二)	ʂə̃	ʂə̃	ʂəŋ	səŋ	ʂə̃	ʂə̃
(3)昇	çeṅ	ɕĭəŋ(审三,蒸)	ʂə̃	ʂə̃	ʂəŋ	ʂəŋ	ʂə̃	ʂə̃
(4)階	ke'i	kại(见,皆)	tɕie	tɕiə	tɕiæ	tɕiæ	tɕiæi	tɕiæ
(5)納	'dab	nạp(泥,合)	na	na	na	la	nda	nda
(6)陛	be'i	b'iei(並,荠)	pi	pi	pi	pi	pi	pi
(7)弁	byan	b'jĭæn(並,线开)	piæ̃	piæ̃	piæ̃	piæ	piẽ	piŋ
(8)轉	jwen	ʈĭwæn(知,狝合)	ʈuæ	ʈuæ̃	pfæ̃	tsuæ	tsuæ̃	tsuəŋ
(9)疑	'gi	ŋjiː(疑,之)	i	i	ɲi	ɲi	i	i
(10)星	sye	sieŋ(心,青)	ɕiə̃	ɕiə̃	ɕiŋ	siŋ	ɕiə̃	ɕiə̃
(11)右	yu	jĭəu(喻三,宥)	iɯ	iu	iu	iu	ieʉ	io
十二								
(1)内	'de'i(?)	nuại(泥,队)	luei	luæi	lui	lui	ndæi	nduæ
(2)左	dza	tsɑ(精,哿)	tso	tso	tso	tso	—	tsə
(3)達	dar	d'ɑt(定,曷)	ta	ta	ta	ta	ta	ta

汉字	藏音	切韵音	兰州	平凉	西安	三水	文水	兴县
(4)承	çeṅ	dʑ'ĭəŋ(床三,蒸)	ʈ'ə̃	ʈ'ə̃	ʈ'əŋ	ʈ'əŋ	tʂ'ə̃	tʂ'ə̃
(5)明	meṅ	mjĭɐŋ(明,庚三)	miə̃	miə̃	miŋ	miŋ	mbi	mbiə̃
(6)既	gi	kjĕi(见,未开)	tɕi	tɕi	tɕi	tɕi	tɕi	tɕi
(7)集	dzib	dz'ĭəp(从,缉)	tɕi	tɕi	tɕi	tsi	tɕiə	tɕiə
(8)墳	bun	b'jĭwən(奉,文)	fə̃	fə̃	fæ̃	fæ̃	xũ	fuẽ
(9)典	tya(n)	tien(端,铣开)	tiæ̃	tiæ̃	tiæ̃	tiæ	tiə̃	tiŋ

十三

汉字	藏音	切韵音	兰州	平凉	西安	三水	文水	兴县
(1)群	gun	g'jĭuən(群,文)	tɕ'yə̃	tɕ'yũ	tɕ'yæ̃	tɕ'yæ̃	tɕyũ	tɕ'yə
(2)英	·e	·ĭɐŋ(影,庚开三)	iə̃	iə̃	iŋ	iŋ	iə̃	iə̃
(3)杜	do	d'o(定,姥)	tu	tu	tou	tu	tu	tu
(4)稿	ke'u	kɑu(见,皓)	ko	kau	kau	kau	kau	ku
(5)鍾	cuṅ	tɕĭwoŋ(照三,鍾)	ʈuə̃	ʈuə̃	pfəŋ	tsoŋ	tsũ	tsuə̃
(6)隸	le'i	liei(来,霁开)	li	li	li	li	li	li

十四

汉字	藏音	切韵音	兰州	平凉	西安	三水	文水	兴县
(1)羅	la'	lɑ(来,歌)	lo	lo	lo	la	lɯ	lə
(2)將	tsyo	tsĭaŋ(精,阳开)	tɕiɔ̃	tɕiã	tɕiã	tsiã	tɕiã	tɕiə
(3)相	syo	sĭaŋ(心,阳开)	ɕiɔ̃	ɕiã	ɕiã	siã	ɕiã	ɕiə
(4)路	lo	lo(来,暮)	lu	lou	lou	lou	ləʉ	lo

汉字	藏音	切韵音	兰州	平凉	西安	三水	文水	兴县
(5)俠	hyab	ɣiep(匣,帖)	ɕie	ɕiə	ɕiæ	ɕiæ	ɕiæ	ɕiə
(6)槐	hwe…	ɣwại(匣,皆合)	xuæ	xuæ	xuæ	xuæ	xuæi	xuai

十五

汉字	藏音	切韵音	兰州	平凉	西安	三水	文水	兴县
(1)給	keb	kjĭəp(见,缉)	tɕi	tɕi	tɕi	tɕi	ȶɕiə	ȶɕiə
(2)千	tsʻyan	tsʻien(清,先开)	tɕʻiæ̃	tɕʻiæ̃	tɕʻiæ̃	tsʻiæ	tɕʻiə̃	tɕʻiŋ
(3)兵	pe	pjĭɐŋ(帮,庚三)	piə̃	piə̃	piŋ	piŋ	piə̃	piə̃
(4)高	kaʻu	kɑu(见,豪)	ko	kau	kau	kau	kau	ku
(5)冠	kwan	kuɑn(见,桓)	kuæ	kuæ̃	kuæ̃	kuæ	kuæ̃	kuəŋ
(6)陪	baʻi	bʻuại(並,灰)	pʻei	pʻæi	pʻei	pʻei	pʻæi	pʻæ
(7)辇	lyan	ljĭæn(来,猕)	leæ̃	leæ̃	leæ̃	leæ	liẽ	liŋ
(8)驅	kʻu	kʻjĭu(溪,虞)	tɕʻy	tɕʻy	tɕʻy	tɕʻy	tɕʻy	tɕʻyi
(9)轂	kog	kok(见,屋一)	ku	ku	ku	ku	kuə	kuə
(10)振	cin	tɕĭěn(照三,震)	ʈə̃	ʈə̃	ʈæ̃	ʈæ̃	tʂə̃	tʂə̃
(11)纓	e	·ĭæŋ(影,清开)	iə̃	iə̃	iŋ	iŋ	iə̃	iə̃

十六

汉字	藏音	切韵音	兰州	平凉	西安	三水	文水	兴县
(1)禄	log	lok(来,屋一)	lu	lu	lou	lou	luə	luə
(2)侈	cʻi	tɕʻiě(穿三,纸开)	tsʻɿ	tsʻɿ	tsʻɿ	tsʻɿ	tsʻɿ	tsʻɿ
(3)富	pʻu	pjĭə̆u(非,宥)	fu	fu	fu	fu	xu	fu

汉字	藏音	切韵音	兰州	平凉	西安	三水	文水	兴县
(4)車	ki	kjĭo(见,鱼)	tɕy	tɕy	tɕy	tɕy	tɕy	tɕyi
(5)駕	ga	ka(见,祃开二)	tɕia	tɕia	tɕia	tɕia	tɕia	tɕia
(6)肥	bi	b'jwěi(奉,微合)	fei	fæi	fi	fei	xuei	fuæ
(7)輕	k'ye	k'jĭæŋ(溪,清开)	tɕ'iə̃	tɕ'iə̃	tɕ'iŋ	tɕ'iŋ	tɕ'iə	tɕ'iə
(8)策	c'eg	tʂ'ɐk(照二,麦开)	ts'ei	ts'æi	ts'ei	ts'ei	ts'a	ts'ə
(9)功	ku(ṅ)	koŋ(见,东一)	kuə̃	kuə̃	kuoŋ	kuŋ	kũ	kuə̃
(10)茂	'bu	mə̆u(明,候)	mu	mu	mu	mu	mbu	mbu
(11)實	çi(r)	dʑ'ĭět(床,质)	ʂʅ	ʂʅ	ʂʅ	ʂʅ	ʂə	ʂə

十七

汉字	藏音	切韵音	兰州	平凉	西安	三水	文水	兴县
(1)碑	pi	pjiě(非,支开)	pi	pi	pi	pi	pæi	pæ
(2)刻	k'eg	k'ək(溪,德开)	k'ei	k'æi	k'ei	k'ei	k'ə	k'ə
(3)銘	me	mieŋ(明,青开)	miə̃	miə̃	miŋ	miŋ	mbiə̃	mbiə̃
(4)磻	ban	b'uɑn(並,桓)	p'æ	p'æ̃	p'æ̃	p'æ	p'æ̃	p'əŋ
(5)溪	k'ya'i	k'iei(溪,齐开)	tɕ'i	tɕ'i	tɕ'i	tɕ'i	tɕ'i	tɕ'i
(6)伊	·i	·i(影,脂开)	i	i	i	i	i	i
(7)尹	'win	jĭuěn(喻三,准)	yə̃	yũ	yɛ̃	yɛ̃	yuõ	yə̃
(8)佐	dza'	tsɑ(精,哿)	tso	tso	tso	tso	—	tsə
(9)時	çi'i	ʑi(禅,之)	sʅ	sʅ	sʅ	sʅ	sʅ	sʅ
(10)阿	·a	·ɑ(影,歌)	*o[①]	*o	*o	*ə	*ɯ	*ə

① 凡加星号*者不见于高本汉《方音字典》乃由类推而得之读音。

十八

汉　字	藏　音	切　韵　音	兰州	平凉	西安	三水	文水	兴县
(1)宅	jeg	ɖʻɐk(澄,陌二)	tsei	tsæi	tsei	tsʻei	tsa	tsə
(2)曲	kʻwag	kʻjǐwok(溪,烛)	tɕʻy	tɕʻy	tɕʻy	tɕʻy	tɕʻyə	tɕʻyə
(3)阜	pʻu	pjǐəu(非,宥)	fu	fu	fu	fu	xu	fu
(4)微	ʼbyi	mjwěi(微,微合)	uei	væi	vei	uei	uei	væ
(5)旦	dan	tɑn(端,翰)	tæ	tæ̃	tæ̃	tæ	tã	tã
(6)孰	ɕug	ʑǐok(禅,屋三)	fu	ʂʮ	fu	sʮ	suə	suə
(7)营	ʼwe	ǐwæŋ(喻四,清合)	iə̃	iə̃	iŋ	iŋ	iə̃	iə̃
(8)桓	hwan	*ɣuɑn(匣,桓)	*xuæ	*xuæ̃	*xuæ̃	*xuæ	*xuæ̃	*xuəŋ
(9)公	ko(ṅ)	koŋ(见,东一)	kuə̃	kuə̃	kuoŋ	kuoŋ	kũ	kuə̃

十九

汉　字	藏　音	切　韵　音	兰州	平凉	西安	三水	文水	兴县
(1)弱	źag	ȵʑǐak(日,药)	uo	ʐo	va	ʐo	ʐa	ʐə
(2)扶	pʻu	bʻjǐu(奉,虞)	fu	fu	fu	fu	xu	fu
(3)倾	kʻwe	kʻjǐwæŋ(溪,清合)	tɕʻiə̃	tɕʻiə̃	tɕʻiŋ	tɕyuŋ	tɕʻiə̃	tɕʻiə̃
(4)綺	kʻi	*kʻjiě(溪,纸)	*tɕʻi	*tɕʻi	*tɕʻi	*tɕʻi	*tɕʻi	*tɕʻi
(5)迴	hwaʼi	*ɣuɑ̣i(匣,灰)	xuei	xuæi	xuei	xuei	xuei	xuæ
(6)漢	han	xɑn(晓,寒)	xæ	xæ̃	xæ̃	xæ	xæ̃	xəŋ
(7)惠	(hw)e	*ɣiwěi(匣,霁合)	xuei	xuæi	xui	xui	xuei	xuæ

二十

汉　字	藏　音	切　韵　音	兰州	平凉	西安	三水	文水	兴县
(1)蜜	'bir	mjĭet(明,质)	mi	mi	mi	mi	mbiə	mbiə
(2)勿	'bur	mjĭuət(微,物)	o	uo	vo	uo	uə	və
(3)多	ta	tɑ(端,歌)	to	to	to	to	tɯ	tə
(4)士	çi	ɖʐ'i:(床二,止)	sɿ	sɿ	sɿ	sɿ	sɿ	sɿ
(5)寔	çig	*ʑĭək(禅,职)	*ʂɿ	*ʂɿ	*ʂɿ	*ʂɿ	*ʂə	*ʂə
(6)寧	ne	nieŋ(泥,青)	ɲiə̃	ɲiə̃	ɲiŋ	ɲiŋ	ɲɖiə̃	ɲɖiə̃
(7)〔晋〕	dzin	tsĭěn(精,震)	tɕiə̃	tɕiə̆	tɕiæ̃	tsiæ̃	tɕiə̃	tɕiə̃
(8)〔楚〕	c'i	tʂ'ĭo(穿二,鱼)	ʈ'u	tʂ'ʮ	pf' u	ts'ʮ	ts'u	ts'u
(9)〔更〕	keṅ	kɐŋ(见,庚二)	kə̃	kə̃	kəŋ	kəŋ	kə̃	kə̃
(10)趙	*ja'u	ɖ'ĭæu(澄,小)	ʈɔ	ʈau	ʈau	ʈau	tʂau	tʂu

二十一

汉　字	藏　音	切　韵　音	兰州	平凉	西安	三水	文水	兴县
(1)横	hwe'e	ɣweŋ(匣,庚合二)	xuə̃	xuə̃	xuoŋ	xuoŋ	xũ	xuə̃
(2)假	ga	ka(见,马开二)	tɕia	tɕia	tɕia	tɕia	tɕia	tɕia
(3)途	do	d'o(定,模)	t'u	t'u	t'ou	t'u	t'u	t'u
(4)滅	'byar	mjĭæt(明,薛开)	miə	miə	miæ	miæ	mbiæ	mbiə
(5)虢	kweg	*kwɐk(见,陌合二)	*kuei	*kuæi	*kuei	*kuei	*kua	*kuə
(6)踐	dzyan	dzĭæn(从,线开)	tɕiæ̃	tɕiæ̃	tɕiæ̃	tɕiæ	tɕiẽ	tɕiŋ

汉字	藏音	切韵音	兰州	平凉	西安	三水	文水	兴县
(7)土	t'uo	t'o(透,姥)	t'u	t'u	t'ou	t'u	t'u	t'u
(8)會	hwa'i	*ɣuɑi(匣,泰合)	xuei	xuæi	xui	xui	xuei	xuæ
(9)盟	meṅ	mjĭɐŋ(明,庚开三)	miə̃	miə̃	miŋ	miŋ	mbi	mbiə̃
(10)何	ha	ɣɑ(匣,歌)	xo	xo	xo	xə	xɯ	xə
(11)遵	tsun	tsĭuěn(精,谆)	tɕyə̃	tɕyũ	tɕyæ̃	—	tɕyũ	tɕyə̃

二十二

汉字	藏音	切韵音	兰州	平凉	西安	三水	文水	兴县
(1)法	p'ab	pjĭwɐp(非,乏)	fa	fa	fa	fa	xua	fua
(2)韓	han	*ɣɑn(匣,寒)	xæ	xæ̃	xæ̃	xæ	xæ̃	xəŋ
(3)弊	be'i	b'jĭæi(並,祭)	pi	pi	pi	pi	pi	pi
(4)煩	ban	b'jĭwɐn(奉,元合)	fæ	fæ̃	fæ̃	fæ	xuã	fuã
(5)刑	hye	ɣieŋ(匣,青开)	ɕiə̃	ɕiə̃	ɕiŋ	ɕiŋ	ɕiə̃	ɕiə̃
(6)起	k'i	k'jiː(溪,止)	tɕ'i	tɕ'i	tɕ'i	tɕ'i	tɕ'i	tɕ'i
(7)翦	tsyan	tsĭæn(精,戈开)	tɕiæ̃	tɕiæ̃	tɕiæ̃	tsiæ	tɕiẽ	tɕiŋ
(8)頗	p'a	p'uɑ(滂,喻)	p'o	p'o	p'o	p'o	p'ɯ	p'ə
(9)牧	'bug	mĭok(明,屋三)	mu	mu	mu	mu	mbə	mbə
(10)用	yuṅ	ĭwoŋ(喻四,用)	yə̃	yũ	yuŋ	yuŋ	yũ	yə̃
(11)軍	ku(n)	kjĭuən(见,文)	tɕyə̃	tɕyũ	tɕyæ̃	tɕyæ̃	tɕyũ	tɕyə̃

二十三

汉　字	藏　音	切　韵　音	兰州	平凉	西安	三水	文水	兴县
(1)精	tsye	tsĭæŋ(精，清开)	tɕiə̃	tɕiə̃	tɕiŋ	tsiŋ	tɕiə̃	tɕiə̃
(2)宣	swan	sĭwæn(心，仙合)	ɕyæ	ɕyæ̃	ɕyæ̃	syæ	syẽ	ɕỹ
(3)威	·u'i	·wĕi(影，微合)	uei	uæi	uei	ui	uei	uæ
(4)沙	ça	ʂa(审二，麻开二)	sa	sa	sa	sa	sa	sa
(5)漠	'bag	mɑk(明，铎开)	mu	mo	mo	mo	mba	mbə
(6)驰	ji'i	ȡ'iĕ(澄，支开)	tʂ'ʅ	tʂ'ʅ	tʂ'ʅ	tʂ'ʅ	tʂ'ʅ	tʂ'ʅ
(7)礜	yi	ĭo(喻四，鱼)	y	y	y	y	y	yi
(8)丹	tan	tɑn(端，寒)	tæ	tæ̃	tæ̃	tæ	tã	tã
(9)青	ts'e	ts'ieŋ(清，青)	tɕ'iə̃	tɕ'iə̃	tɕ'iŋ	ts'iŋ	—	tɕ'iə̃
(10)九	gu'u	kjĭə̆u(见，尤)	tɕiɯ	tɕiu	tɕiu	tɕiu	tɕieʉ	tɕio

二十四

汉　字	藏　音	切　韵　音	兰州	平凉	西安	三水	文水	兴县
(1)百	peg	pɐk(帮，陌)	pei	pæi	pei	pei	piæ	piə
(2)郡	gwin	g'jĭuən(群，问)	tɕyə̃	tɕyũ	tɕyæ̃	tɕyæ̃	tɕyũ	tɕyə̃
(3)秦	jen	dz'ĭĕn(从，真)	tɕ'iə̃	tɕ'iə̃	tɕ'iæ̃	ts'iæ̃	tɕ'iə̃	tɕiə̃
(4)并	pye	pjĭæŋ(帮，劲)	piə̃	piə̃	piŋ	piŋ	piə̃	piə̃
(5)嶽	'gag	ŋɔk(疑，觉)	yo	yo	yo	yo	iæ	ie
(6)宗	tsoṅ	tsuoŋ(精，冬)	tsuə̃	tsuə̃	tsuoŋ	tsuoŋ	tsũ	tsuə̃
(7)恒	h(e)ṅ?	ɣəŋ(匣，登开)	xə̃	xə̃	xəŋ	xəŋ	xə̃	xə̃
(8)岱	da'i	*d'ɑ̣i(定，代)	*tæ	*tæ	*tæi	*tæ	*tai	*tæ

汉字	藏音	切韵音	兰州	平凉	西安	三水	文水	兴县
(9)禪	çan	ʑĭæn(禅,线开)	ʈʻæ	ʈʻæ̃	ʂæ̃	ʂæ	tʂʻæ	tʂʻəŋ

二十五

汉字	藏音	切韵音	兰州	平凉	西安	三水	文水	兴县
(1)鴈	’gan	ŋan(疑,谏开)	iæ̃	iæ̃	iæ̃	iæ	ɲȡiã	iã
(2)門	’bun	muən(明,魂)	mə̃	mə̃	mæ̃	mæ̃	mbə̃	mbə̃
(3)紫	tsi	tsiě(精,纸)	tsɿ	tsɿ	tsɿ	tsɿ	tsɿ	tsɿ
(4)塞	sa’i	sɑ̣i(心,代)	sæ	sæ	sæi	sæ	sai	sæ
(5)雞	kye	kiei(见,齐开)	tɕi	tɕi	tɕi	tɕi	tɕi	tɕi
(6)田	dyan	dʻien(定,先开)	tʻiæ̃	tʻiæ̃	tʻiæ̃	tʻiæ	tʻiə̃	tʻiŋ

二十六

汉字	藏音	切韵音	兰州	平凉	西安	三水	文水	兴县
(1)鉅	gi	gʻjĭo(群,语)	tɕy	tɕy	tɕy	tɕy	tɕy	tɕyi
(2)野	ya	ĭa(喻四,马开三)	ie	iə	iæ	iæ	i	iə
(3)洞	doṅ	dʻoŋ(定,送一)	tuə̃	tuə̃	tuŋ	tuoŋ	tuõ	tuə̃
(4)庭	de	dʻieŋ(定,青开)	tʻiə̃	tʻiə̃	tʻiŋ	tʻiŋ	tʻiə̃	tʻiə̃
(5)曠	kʻo	kʻuɑŋ(溪,宕合)	kʻuɔ̃	kʻuã	kʻuã	kʻuã	kʻuã	kʻuə̃
(6)遠	’wan	jĭwɐn(喻三,阮合)	yæ	yæ̃	yæ̃	yæ	yə̃	ỹ
(7)〔綿〕	myen	mjĭæn(明,仙开)	miæ̃	miæ̃	miæ̃	miæ	mbiẽ	mbiŋ
(8)〔邈〕	’byag	*mɔk(明,觉)	*mo	*mo	*mo	*mo	*ma	*mə
(9)〔巖〕	’gam	ŋiam(疑,衔)	iæ̃	iæ̃	iæ̃	—	iẽ	iŋ

汉字	藏音	切韵音	兰州	平凉	西安	三水	文水	兴县
(10)〔岫〕	s(i)'u	*zĭəu(邪,宥)	*ɕiɯ	*ɕiu	*ɕiu	*siu	*ɕieʉ	*ɕio

二十七

(1)治	li(?)	ȡ'i(澄,志)	tʂʅ	tʂʅ	tʂʅ	tʂʅ	tʂʅ	tʂʅ
(2)本	pon	puən(帮,混)	pə̃	pə̃	pæ̃	pæ	pə̃	pə̃
(3)於	·u	·ĭo(影,鱼)	y	y	y	y	y	yi
(4)農	noṅ	nuoŋ(泥,冬)	luə̃	luə̃	nuoŋ	luŋ	ndə̃	nduə̃
(5)務	'bu	mjĭu(微,遇)	vu	u	vu	u	u	vu
(6)兹	tsi	tsi:(精,之)	tsʅ	tsʅ	tsʅ	tsʅ	tsʅ	tsʅ
(7)稼	ka	ka(见,祃开二)	tɕia	tɕia	tɕia	tɕia	tɕia	tɕia
(8)穡	çig	ʂĭək(审二,职)	səi	sæi	sei	sei	sa	sə
(9)俶	çug	tɕ'ĭok(穿三,屋三)	*ʈ'u	*tʂ'ʮ	*pf'u	*ts'ʮ	*ts'uə	*ts'uə
(10)載	dza'i	tsɑ̣i(精,海)	tsæ	tsæ	tsæ	tsæ	tsæi	tsæ
(11)南	nam	nạm(泥,覃)	næ	næ̃	næ̃	læ	ndã	ndã

二十八

(1)藝	'ge'i	ŋjĭæi(疑,祭开)	i	i	i	i	i	i
(2)黍	çi	ɕĭo(审三,语)	fu	ʂʮ	fu	sʮ	su	su
(3)稷	tsig	*tsĭək(精,职)	*tɕiə	*tɕi	*tɕi	*tsi	*tɕiə	*tɕiə
(4)稅	çwe'i	ɕĭwæi(审三,祭合)	fei	ʂuæi	fei	sui	suei	ɕyi

汉字	藏音	切韵音	兰州	平凉	西安	三水	文水	兴县
(5)熟	çug	ʑĭok(禅,屋三)	fu	ʂʮ	fu	sʮ	suə	suə
(6)貢	koṅ	koŋ(见,送一)	kuə̃	kuə̃	kuoŋ	kuŋ	kũ	kuə̃
(7)新	sin	sĭĕn(心,真)	ɕiə̃	ɕiə̃	ɕiæ̃	siæ̃	ɕiə̃	ɕiə̃
(8)勸	kʻwan	kʻjĭwɐn(溪,愿合)	tɕʻyæ	tɕʻyæ̃	tɕʻyæ̃	tɕʻyæ	tɕʻyə̃	tɕʻỹ
(9)賞	ço	ɕĭaŋ(审三,养开)	ʂɔ̃	ʂã	ʂã	ʂã	ʂã	ʂə

二十九

汉字	藏音	切韵音	兰州	平凉	西安	三水	文水	兴县
(1)孟	meṅ	mɐŋ(明,梗开二)	mə̃	mə̃	məŋ	məŋ	mbə̃	mbə̃
(2)軻	kʻa	*kʻɑ(溪,歌)	*kʻo	*kʻo	*kʻo	*kʻə	*kʻɯ	*kʻə
(3)敦	ton	tuən(端,魂)	tuə̃	tuə̃	tuæ̃	tuæ̃	tũ	tuə̃
(4)素	so	suo(心,暮)	sʮ	sʮ	sou	sʮ	səʉ	so
(5)事	çe	dʐʻi(床二,志)	sɿ	sɿ	sɿ	sɿ	sɿ	sɿ
(6)儀	'gi	ŋjiĕ(疑,支)	i	i	i	i	i	i
(7)秉	pye	pjĭɐŋ(帮,梗开三)	piə̃	piə̃	piŋ	piŋ	piə̃	piə̃
(8)直	jig	ɖʻĭək(澄,职)	tʂʅ	tʂʅ	tʂʅ	tʂʅ	tʂə	tʂə
(9)庶	çi	ɕĭo(审三,御)	fu	ʂʮ	fu	sʮ	su	su

三十

汉字	藏音	切韵音	兰州	平凉	西安	三水	文水	兴县
(1)勞	la'u	lɑu(来,豪)	lo	lau	lau	lau	lau	lau
(2)謙	kʻyam	kʻiem(溪,添)	tɕʻiæ̃	tɕʻiæ̃	tɕʻiæ̃	tɕʻiæ	tɕʻiẽ	tɕʻiŋ

汉字	藏音	切韵音	兰州	平凉	西安	三水	文水	兴县
(3)謹	kin	kjĭən(见,隐)	tɕiə̃	tɕiə̃	tɕiæ̃	tɕiæ̃	tɕiẽ	tɕiə̃
(4)勑	cʻig	ţʻĭək(彻,职)	tʂʻʅ	tʂʻʅ	tʂʻʅ	tʂʻʅ	tʂʻə	tʂʻə
(5)聆	lye	* lieŋ(来,青)	* leə̃	* leə̃	* leŋ	* leŋ	* leə̃	* leə̃
(6)音	·im	·ĭəm(影,侵)	iə̃	iə̃	iæ̃	iæ̃	iə̃	iə̃
(7)察	cʻar	tʂʻat(床二,黠开)	tsʻa	tsʻa	tsʻa	tsʻa	tsʻa	tsʻa

三十一

汉字	藏音	切韵音	兰州	平凉	西安	三水	文水	兴县
(1)貽	yi	iː(喻四,之)	i	i	i	i	i	i
(2)厥	kwar	* kjĭwɐt(见,月合)	* tɕyo	* tɕyo	* tɕyə	* tɕyo	—	* tɕyə
(3)嘉	ka	ka(见,麻开二)	tɕia	tɕia	tɕia	tɕia	tɕia	tɕia
(4)猷	yu	ĭə̆u(喻四,尤)	iɯ	iu	iu	iu	ieʉ	io
(5)勉	myan	mjĭæn(明,狝)	miæ̃	miæ̃	miæ̃	miæ	mbiẽ	mbiŋ
(6)其	gi	gʻjiː(群,之)	tɕʻi	tɕʻi	tɕʻi	tɕʻi	tɕʻi	tɕʻi
(7)祇	ci	tɕi(照三,脂开)	tsʅ	tsʅ	tsʅ	tsʅ	tsʅ	tsʅ

三十二

汉字	藏音	切韵音	兰州	平凉	西安	三水	文水	兴县
(1)寵	cʻuṅ	ţʻĭwoŋ(彻,肿)	ʈʻuə̃	ʈʻuə̃	pfʻəŋ	tsʻoŋ	tsʻuõ	tsʻuə̃
(2)增	tseṅ	tsəŋ(精,登开)	tsə̃	tsə̃	tsəŋ	tsəŋ	tsə̃	tsə̃
(3)抗	kʻo	kʻɑŋ(溪,宕开)	kʻɔ̃	kʻã	kʻã	kʻã	kʻa	kʻə
(4)極	gig	gʻjĭək(群,职)	tɕi	tɕi	tɕi	tɕi	tɕiə	tɕiə

汉　字	藏　音	切　韵　音	兰州	平凉	西安	三水	文水	兴县
(5)殆	da'i	d'ɑ̣i(定,海)	tæ	tæ	tæ	tæ	tai	tæ
(6)〔辱〕	*źw(ag)	nʑĭwok(日,烛)	vu	ʐɥ	vu	zɥ	zuə	zuə
(9)〔林〕	l(i)m	ljĭəm(来,侵)	leə̃	leə̃	leæ̃	leæ̃	leə̃	leə̃
(10)〔皐〕	ka'u	*kɑu(见,豪)	*ko	*kau	*kau	*kau	*kau	*ku

三十三

汉　字	藏　音	切　韵　音	兰州	平凉	西安	三水	文水	兴县
(1)两	lyo	ljĭaŋ(来,养开)	leɔ̃	leã	leã	leã	leã	leə̃
(2)踈	çi	ʂĭo(审二,鱼)	fu	ʂɥ	fu	sɥ	su	su
(3)見	kyan	kien(见,霰开)	tɕiæ̃	tɕiæ̃	tɕiæ̃	tɕiæ	tɕiẽ	tɕiŋ
(4)機	ki	kjĕi(见,微开)	tɕi	tɕi	tɕi	tɕi	tɕi	tɕi
(5)解	ka	kai(见,蟹)	tɕie	tɕiə	tɕiæ	tɕiæ	tɕiæi	tɕiæ
(6)組	dzo'o	tso(精,姥)	tsɥ	tsɥ	tsou	tsɥ	tsəʉ	tso
(7)誰	çwi	*ʑwi(禅,脂合)	*fei	*ʂuæi	*fei	*sui	*suei	*ɕyi
(8)逼	pig	pjĭək(帮,职)	pi	pi	pi	pi	piə	piə
(9)索	sag	sɑk(心,铎开)	so	so	so	so	sa	sə
(10)居	ki	kjĭo(见,鱼)	tɕy	tɕy	tɕy	tɕy	tɕy	tɕyi
(11)閑	han	ɣ̣an(匣,山开)	ɕiæ̃	ɕiæ̃	ɕiæ̃	ɕiæ	ɕiã	ɕiã

三十四

汉　字	藏　音	切　韵　音	兰州	平凉	西安	三水	文水	兴县
(1)默	'bug	mək(明,德)	mei	mæi	məi	mei	mbiə	mbiə

汉　字	藏　音	切　韵　音	兰州	平凉	西安	三水	文水	兴县
(2)寂	dzig	dz'iek(从,锡)	tɕi	tɕi	tɕi	* tsi	tɕiə	tɕiə
(3)寥	le'u	lieu(来,萧)	leɔ	leau	leau	leau	leau	lyu
(4)求	gi'u	g'jĭěu(群,尤)	tɕ'iu	tɕ'iu	tɕ'iu	tɕ'iu	tɕ'ieʉ	tɕ'io
(5)古	go	ko(见,姥)	ku	ku	ku	ku	ku	ku
(6)尋	syim	zĭəm(邪,侵)	ɕiə̃	—	ɕiæ̃	siæ̃	ɕiɔ	—
(7)論	lon	ljĭuěn(来,稕)	lyə̃	lyũ	lyæ̃	lyæ̃	lyũ	luə̃
(8)慮	lu	ljĭo(来,御)	ly	ly	ly	ly	ly	lyi
(9)散	san	sɑn(心,旱)	sæ	sæ̃	sæ̃	sæ	sã	sã
(10)逍	sya'u	sĭæu(心,宵)	ɕiɔ	ɕiau	ɕiau	siau	ɕieɯ	ɕiu
(11)遥	ya'u	* ĭæu(喻四,宵)	* iɒ	* iau	* iau	iau	* ieɯ	* iu

三十五

汉　字	藏　音	切　韵　音	兰州	平凉	西安	三水	文水	兴县
(1)奏	dze'u	ts ə̆u(精,候)	tsəɯ	tsou	tsou	tsou	tsəʉ	tso
(2)累	lu	* ljwiě(来,纸合)	* luei	* luæi	* lui	* lui	* ly	* lyi
(3)遣	k'yan	k'jĭæn(溪,猕开)	tɕ'iæ̃	tɕ'iæ̃	tɕ'iæ̃	ts'iæ	tɕ'iə̃	tɕ'iŋ
(4)慼	ts'ig	* ts'iek(清,锡)	* tɕ'i	* tɕ'i	* tɕ'i	* ts'i	* tɕ'iə	* tɕ'iə
(5)謝	sya	zĭa(邪,麻开三)	ɕie	ɕie	ɕiæ	siæ	ɕie	ɕiə
(6)歡	hwan	xuɑn(晓,桓)	xuæ	xuæ̃	xuæ̃	xuæ	xuæ̃	xuəŋ
(7)招	ca'u	tɕĭæu(照三,宵)	ʈɔ	ʈau	ʈau	ʈau	tʂau	tʂu
(8)渠	gu	g'jĭo(群,鱼)	tɕ'y	tɕ'y	tɕ'y	tɕ'y	tɕ'y	tɕ'yi

汉字	藏音	切韵音	兰州	平凉	西安	三水	文水	兴县
(9)河	ha	ɣɑ(匣,歌)	xo	xo	xo	xə	xɯ	xə
(10)的	tig	tiek(端,锡)	ti	ti	ti	ti	tiə	tiə

三十六

汉字	藏音	切韵音	兰州	平凉	西安	三水	文水	兴县
(1)抽	c'e'u	ȶ'ĭ ə̆u(彻,尤)	ʈ 'əɯ	ʈ 'ou	ʈ 'ou	ʈ 'ou	tʂ'əʉ	tʂ'o
(2)條	dya'u	d'ieu(定,萧)	t 'iɔ	t 'iəu	t 'iau	t 'iau	t 'eɯ	t 'iu
(3)枇	be	* b'ji(並,脂开)	* p'i	* p'i	* p'i	* p'i	* p'i	* p'i
(4)杷	ba'	* b'a(並,麻开二)	* p'a	* p'a	* p'a	* p'a	* p'a	* p'a
(5)晚	'ban	mjĭwɐn(微,阮)	uæ	uæ̃	væ̃	uæ	uã	vã
(6)翠	ts'we	ts'wi(清,至合)	ts'uei	ts'uæi	ts'ui	ts'ui	ts'uei	ts'yi
(7)梧	'gu	ŋo(疑,模)	u	u	u	u	u	u

三十七

汉字	藏音	切韵音	兰州	平凉	西安	三水	文水	兴县
(1)翳	·ye'i	·iei(影,霁开)	i	i	i	i	i	i
(2)落	lag	lɑk(来,铎开)	lo	lo	lo	lo	la	luə
(3)葉	yab	ĭæp(喻四,叶)	ie	iə	iæ	iæ	iæ	iə
(4)飘	p'yau	p'jĭæu(滂,宵)	p'iɔ	p'iau	p'iau	p'iau	p'eɯ	p'iu
(5)䬙	ye'u	* ĭæu(喻四,宵)	* iɔ	* iau	* iau	* iau	* ieɯ	* iu
(6)遊	yu	ĭeu(喻四,尤)	iɯ	iu	iu	iu	ieʉ	io
(7)〔鵾〕	kun	* kuən(见,魂)	* kuə̃	* kuə̃	* kuæ̃	* kuæ̃	* kuõ	* kuə̃

汉字	藏音	切韵音	兰州	平凉	西安	三水	文水	兴县
(8)〔獨〕	dog	d'ok(定,屋一)	tu	tu	tou	tu	tuə	tuə
(9)〔運〕	'un	jĭuən(喻三,问)	yə̃	yə̃	yæ̃	yæ̃	yə̃	yũ
(10)〔凌〕	liṅ	ljĭəŋ(来,蒸开)	leə̃	leə̃	leŋ	leŋ	leə̃	leə̃
(11)〔摩〕	'ba	muɑ(明,戈)	mo	mo	mo	mo	mbɯ	mbə
(12)〔絳〕	gaṅ	* kɔŋ(见,绛)	* tɕiɔ̃	* tɕiã	* tɕia	* tɕiã	* tɕia	* tɕiə

三十八

汉字	藏音	切韵音	兰州	平凉	西安	三水	文水	兴县
(1)躭	tam	* tạm(端,覃)	* tæ	* tæ̃	* tæ̃	* tæ	* tã	* tã
(2)讀	dog	d'ok(定,屋一)	tu	tu	tou	tu	tuə	tuə
(3)翫	'gwan	ŋuɑn(疑,换)	uæ	uæ̃	uæ̃	uæ	uæ̃	uəŋ
(4)市	çi	ʑi:(禅,止开)	sʅ	sʅ	sʅ	sʅ	sʅ	sʅ
(5)寓	'gu	ŋjĭu(疑,遇)	y	y	y	y	y	yi
(6)目	'bug	mjĭok(明,屋三)	mu	mu	mu	mu	mbə	mbə
(7)囊	no	nɑŋ(泥,唐开)	nɔ̃	nã	nã	lã	ndã	ndə
(8)厢	syo	sĭaŋ(心,阳开)	ɕiɔ̃	ɕiã	ɕiã	siã	ɕiã	ɕiə
(9)易	yig	* ĭæk(喻四,昔)	* i	* i	* i	* i	* iə	* iə
(10)輶	yi'o	ĭə̆u(喻四,尤)	* iɯ	* iu	* iu	* iu	* ieʉ	* io
(11)攸	yi'o	* ĭ ə̆u(喻四,尤)	* iɯ	* iu	* iu	* iu	* ieʉ	* io
(12)畏	·u'i	wə̆i(影,未合)	uei	uæi	uei	uei	uei	uæ

三十九

汉字	藏音	切韵音	兰州	平凉	西安	三水	文水	兴县
(1)耳	źi	ȵʑiː(日,止开)	ær	œr	ər	ər	ər	ər
(2)垣	ʼwen	jǐwɐn(喻三,元合)	yæ	yæ̃	yæ̃	yæ	yə̃	ỹ
(3)墙	dzyo	dzǐaŋ(从,阳开)	tɕʻiɔ̃	tɕʻiã	tɕʻiã	tsʻiã	tɕʻyũ	tɕʻiə̃
(4)具	gu	gʻjǐu(群,遇)	tɕy	tɕy	tɕy	tɕy	tɕy	tɕyi
(5)膳	çan	ʑǐæn(禅,线开)	ʂæ	ʂæ̃	ʂæ̃	ʂæ	ʂæ̃	ʂəŋ
(6)喰	tsʻan	tsʻɑn(清,寒)	tsʻæ	tsʻæ̃	tsʻæ̃	tsʻæ	tsʻã	tsʻã
(7)飯	ban	bʻjǐwɐn(奉,阮合)	fæ	fæ̃	fæ̃	fæ	xuã	fuã
(8)適	çig	ɕǐæk(审三,昔)	ʂʅ	ʂʅ	ʂʅ	ʂʅ	ʂə	ʂə
(9)口	kʻaʼu	kʻə̆u(溪,厚)	kʻəɯ	kʻou	kʻou	kʻou	kʻəʉ	kʻo
(10)充	cʻuṅ	tɕʻǐoŋ(穿,东三)	ʈʻuə̃	ʈʻuə̃	pfʻəŋ	tsʻoŋ	tsʻũ	tʂʻuə̃
(11)腸	jo	ȡǐaŋ(澄,阳开)	ʈʻɔ̃	ʈʻã	ʈʻã	ʈã	tʂʻũ	tʂʻə̃
(12)飽	baʼo	pau(帮,效)	po	pau	pau	pau	pau	pau

四十

汉字	藏音	切韵音	兰州	平凉	西安	三水	文水	兴县
(1)烹	pʻe	pʻɐŋ(滂,庚开二)	pʻə̃	pʻə̃	pʻəŋ	pʻəŋ	pʻə̃	pʻə̃
(2)宰	dzaʼi	tsɑ̣i(精,海)	tsæ	tsæ	tsæ	tsæ	tsæi	tsæ
(3)飢	ki	kji(见,脂开)	tɕi	tɕi	tɕi	tɕi	tɕi	tɕi
(4)厭	·em	·ǐæm(影,艳)	iæ̃	iæ̃	iæ̃	iæ	iẽ	iŋ

汉 字	藏 音	切 韵 音	兰州	平凉	西安	三水	文水	兴县
(5)糟	tsa'o	tsɑu(精,豪)	tso	tsau	tsau	tsau	tsau	tsau
(6)糠	k'aṅ	k'ɑŋ(溪,唐开)	k'ɔ̃	k'ã	k'ã	k'ã	k'ã	k'ə̃
(7)親	ts'in	ts'ĭěn(清,真)	tɕ'iə̃	tɕ'iə̃	tɕ'iæ̃	tɕ'iæ̃	tɕ'iə̃	tɕ'iə̃
(8)戚	ts'ig	ts'iek(清,锡)	tɕ'i	tɕ'i	tɕ'i	ts'i	tɕ'iə	tɕ'iə
(9)故	go	ko(见,暮)	ku	ku	ku	ku	ku	ku
(10)舊	gi'(u)	g'jĭəu(群,有)	tɕiɯ	tɕiu	tɕiu̥	tɕiu	tɕieʉ	tɕio
(12)〔少〕	ça'o	ɕĭæu(审三,小)	ʂɔ	ʂau	ʂau	ʂau	ʂɯ	ʂu
(13)〔異〕	yi	iː(喻四,志)	i	i	i	i	i	i

四十一

汉 字	藏 音	切 韵 音	兰州	平凉	西安	三水	文水	兴县
(1)粮	lyo	ljĭaŋ(来,阳开)	leɔ̃	leã	leã	leã	leã	leə̃
(2)妾	tsyab	ts'ĭæp(清,叶)	tɕ'iə	tɕ'iə	tɕ'iæ	ts'iæ	tɕ'iæ	tɕ'iə
(3)御	'gu	ŋjĭo(疑,御)	y	y	y	y	y	yi
(4)績	cig	tsĭek(精,锡)	tɕi	tɕi	tɕi	tsi	tɕiə	tɕiə
(5)紡	p'o'o	p'jĭweŋ(敷,阳合)	fɔ̃	fã	fã	fã	xuã	fuə̃
(6)侍	çi	ʑiː(禅,志)	sɿ	sɿ	sɿ	sɿ	sɿ	sɿ
(7)巾	kin	kjĭěn(见,真)	tɕiə̃	tɕiə̃	tɕiæ̃	tɕiæ̃	tɕiə̃	tɕiə̃
(12)員	'wen	jĭwæn(喻三,仙合)	yæ	yæ̃	yæ̃	yæ	yə̃	ỹ
(13)〔絜〕	kyar	kiet(见,屑开)	tɕie	tɕiə	tɕiæ	tɕiæ	tɕiæ	tɕiə

四十二

汉 字	藏 音	切 韵 音	兰州	平凉	西安	三水	文水	兴县
(1)銀	'gin	g'jiĕn(疑,真)	iə̃	iə̃	iæ̃	iæ̃	ɲɖ̣iə̃	iə̃
(2)燭	cwag	tɕĭwok(照三,烛)	ʈu	ʈʂɥ	pfu	tsɥ	tsuə	tsuə
(3)煒	'we	jwĕi(喻三,尾合)	uei	uæi	uei	uei	uei	uæ
(4)煌	ho	ɣuɑŋ(匣,唐合)	xuɔ̃	xuã	xuã	xuã	xuã	xuə̃
(5)晝	je'u	ȶĭəu(知,宥)	ʈəu	ʈou	ʈou	ʈou	ʈʂəʉ	ʈʂo
(6)眠	myan	mien(明,先开)	miæ̃	miæ̃	miæ̃	miæ	mbiẽ	mbiŋ
(7)夕	syig	zĭæk(邪,昔)	ɕi	ɕi	ɕi	si	ɕiə	ɕiə
(8)寐	'bi	mji(明,至)	mei	mæi	muei	muei	mæi	mæ
(9)〔籃〕	lam	lɑm(来,谈)	læ	læ̃	læ̃	læ	lã	lã
(10)〔筍〕	sun	sĭuĕn(心,准)	ɕyə̃	ɕyũ	ɕyæ̃	syæ̃	ɕyũ	ɕyə̃
(11)〔象〕	syo'o	zĭaŋ(邪,养)	ɕiɔ̃	ɕiã	ɕiã	siã	ɕiã	ɕiə
(12)〔床〕	c'o	dʑ'ĭaŋ(床二,阳开)	ʈ'uɔ̃	ʈ'uã	pf'ã	ts'uã	ts'u	ts'uə
(13)〔絃〕	hyan	ɣien(匣,先开)	ɕiæ̃	ɕiæ̃	ɕiæ̃	ɕiæ	ɕiẽ	ɕiŋ

四十三

汉 字	藏 音	切 韵 音	兰州	平凉	西安	三水	文水	兴县
(1)歌	ka'	kɑ(见,歌)	ko	ko	ko	kə	kɯ	kə
(2)酒	dzu'u	tsĭĕu(精,有)	tɕiɯ	tɕiu	tɕiu	tsiu	tɕieʉ	tɕio
(3)讌	·yan	·ien(影,线开)	iæ̃	iæ̃	iæ̃	iæ	iẽ	iŋ

汉　字	藏　音	切　韵　音	兰州	平凉	西安	三水	文水	兴县
(4)接	tseb	tsĭæp(精,叶)	tɕie	tɕiə	tɕiæ	tsiæ	tɕiæ	tɕiə
(5)杯	pa'i	*puɑ̣i(帮,灰)	*pei	*pæi	*pei	*pei	*pæi	*pæ
(6)舉	ku'u	kjĭo(见,语)	tɕy	tɕy	tɕy	tɕy	tɕy	tɕyi
(7)觴	ço	*ɕĭaŋ(审三,阳开)	*ʂɔ̃	*ʂã	*ʂã	*ʂã	*ʂã	*ʂə
(8)矯	ga'u	kjĭæu(见,小)	tɕiɔ	tɕiau	tɕiau	tɕiau	tɕiau	tɕiu
(9)手	çe'u	ɕĭə̆u(审三,有)	ʂəɯ	ʂou	ʂou	ʂo	ʂəʉ	ʂo
(10)頓	ton	tuən(端,慁)	tuə̃	tuẽ	tuæ̃	tuæ	tũ	tuə̃
(11)足	tsug	tsĭwok(精,烛)	tsʮ	tsʮ	tsou	tɕy	tɕyə	tsuə
(12)悦	'war	ĭwæt(喻四,薛合)	yo	yə	yə	yo	yæ	yə
(13)豫	yu	ĭo(喻四,鱼)	y	y	y	y	y	yi

四十四

(1)且	ts'ya	ts'ĭa(清,麻开三)	tɕ'ie	tɕ'iə	tɕ'iæ	ts'iæ	tɕ'ie	tɕ'iə
(2)康	k'aṅ	k'ɑŋ(溪,唐开)	k'ɔ̃	k'ã	k'ã	k'ã	k'ã	k'ə̃
(3)嫡	tig	tiek(端,锡)	ti	ti	ti	ti	tiə	tiə
(4)後	ho'	ɣə̆u(匣,厚)	xəɯ	xou	xou	xọu	xəʉ	xo
(5)嗣	si	ziː(邪,志)	sɿ	sɿ	sɿ	sɿ	sɿ	sɿ
(6)續	swag	zĭwok(邪,烛)	ɕy	ɕy	ɕy	sy	ɕyə	ɕyə
(7)祭	dze'i	tsĭæi(精,祭开)	tɕi	tɕi	tɕi	tsi	tɕi	tɕi
(8)祀	si	ziː(邪,志)	sɿ	sɿ	sɿ	sɿ	sɿ	sɿ

汉 字	藏 音	切 韵 音	兰州	平凉	西安	三水	文水	兴县
(9)蒸	ciṅ	tɕĭəŋ(照三,蒸开)	ʈə̃	ʈə̃	ʈəŋ	ʈəŋ	tʂə̃	tʂə̃
(10)尝	ço	ʑĭaŋ(禅,阳开)	ʈ‘ɔ̃	ʈ‘ã	ʈ‘ã	ʈ‘ã	tʂ‘u	tʂ‘ə
(11)稽	k‘ye	k‘iei(溪,荠开)	tɕi	tɕi	tɕi	tɕi	tɕi	tɕi
(12)颡	so	sɑŋ(心,荡开)	sɔ̃	sã	sã	sã	sã	sə
(13)再	t‘sa’i	tsɑ̣i(精,代)	tsæ	tsæ	tsæ	tsæ	tsæi	tsæ

附 录 二

汉藏对音《千字文》残卷索引

卷首影印的唐写本《千字文》残卷，从第二行到第四十四行都附记藏文对音，关于它的声韵系统我在上文已然讨论过了，现在为读者检阅原写本的方便，再附列这个据字检音的索引。索引编制以全字笔画多寡为序，笔画相同者以写本行数先后为序，其在 · 前之数码表示行数，· 后之数码表示字数，藏文对音仍用罗马字译写以便印刷，通藏读者可自覆检原文（因新旧字形不同，笔画数不尽相当）。

二画

二 źi̥ 8.3　九 gu'u 23.10

三画

下 ha'2.2　子 tsi̥ 3.6　千 ts'yan 15.2　士 çi̯ 20.4

土 t'uo 21.7　口 k'a'u 39.9　巾 kin 41.7　夕 syi̥ g 42.7

四画

夫 p'u 2.4　比 b i̥ 3.7　孔 k'oṅ 3.9　友 'iu 4.2

分 bun 4.4　切 ts'er 4.5　心 sim 6.3　内 'dei̥ 12.1

尹 'win 17.7　公 koṅ 18.9　勿 'bur 20.2　丹 tan 23.8

少 ça'o 40.12　手 çe'u 43.9

五画

六画

七画

八画

居 ki̥ 33.10　招 ca'u 35.7　河 ha 35.9　的 t i̥ g 35.10
抽 c‘e'u 36.1　枇 be 36.3　杷 ba' 36.4　易 yi̥g 38.9
具 gu 39.4　妾 tsyab 41.2　侍 çi 41.6　杯 pa'i 43.5
祀 si̥ 44.8

九画

持 ji̥ 7.2　背 ba'i 8.5　面 myan 8.7　飛 p‘e 9.4
星 sye 11.10　英 ·e 13.2　相 syo 14.3　俠 hyab 14.5
冠 kwan 15.5　茂 'bu 16.10　迴 hwa'i 19.5　軍 kun 22.11
宣 swan 23.2　威 ·u'i 23.3　恒 heṅ 24.7　洞 doṅ 26.3
南 nam 27.11　勑 c‘i̥ g 30.4　音 ·i̥ m 30.6　勉 myan 31.5
殆 da'i 32.5　奏 dze'u 35.1　畏 ·u'i 38.12　垣 'wen 39.2
故 gu 40.9　後 ho' 44.4

十画

退 t‘wa'i 5.7　神 çin 6.5　疲 be 6.6　席 syi̥g 10.11
納 'dab 11.5　陛 be'i̥ 11.6　高 ka'u 15.4　振 cin 15.10
時 çi'i̥ 17.9　桓 hwan 18.8　弱 źag 19.1　晋 dzin 20.7
起 k‘i̥ 22.6　郡 gwin 24.2　秦 jen 24.3　庭 de 26.4
務 'bu 27.5　兹 tsi̥ 27.6　俶 çug 27.9　貢 koṅ 28.6
素 so 29.4　祗 ci 31.7　辱 źwag 32.6　索 sag 33.9
條 dya'u 36.2　凌 liṅ 37.10　宰 dza'i̥ 40.2　紡 p‘o'o 41.5
員 'wen 41.12　眠 myan 42.6　酒 dzu'u 43.2　悦 'war 43.12

十一画

唱 c‘o'o 2.5　婦 bu 2.6　情 dze 6.1　動 doṅ 6.4
堅 kyan 7.1　啓 k‘ye 10.3　帳 coṅ 10.5　設 çar 10.10
笙 çe 11.2　既 gi 12.6　將 tsyo 14.2　陪 ba'i 15.6
孰 çug 18.6　假 ga 21.2　途 do 21.3　紫 tsi 25.3

十二画

十三画

煌 ho 42.4　頓 ton 43.10　嗣 si̥ 44.5

十四画

樓 le'u 9.2　圖 duo 9.6　綵 tsʻa'i 9.11　對 twa'i 10.6

疑 'gi 11.9　輕 kʻye 16.7　實 çir 16.11　銘 me 17.3

綺 kʻi̥ 19.4　漢 han 19.6　蜜 'bir 20.1　寧 ne 20.6

趙 ja'u 20.11　頗 pʻa 22.8　精 tsye 23.1　漠 'bag 23.5

遠 'wan 26.6　綿 myen 26.7　察 cʻar 30.7　嘉 ka 31.3

寥 le'u 34.3　遥 ya'u 34.11　遣 kʻyan 35.3　翠 tsʻwe 36.6

飽 ba'u 39.12　厭 'em 40.4　银 'gi̥n 42.1　歌 ka 43.1

嫡 ti̥g 44.3　蒸 cin̈ 44.9　嘗 ço 44.10

十五画

箴 cim 4.7　節 tser 5.4　寫 sya 9.7　墳 bun 12.8

稿 ke'u 13.4　輦 lyan 15.7　駕 ga 16.5　横 hwe'e 21.1

號 kweg 21.5　踐 dzyan 21.6　弊 be'i 22.3　翦 tsyan 22.7

鴈 'gan 25.1　稼 ka 27.7　稷 tsi̥g 28.3　熟 çug 28.5

賞 ço 28.9　儀 'gi 29.6　增 tsen̈ 32.2　誰 çwi 33.7

默 'bug 34.1　論 lon 34.7　慮 lu 34.8　慼 tsʻi̥g 35.4

摩 'ba 37.11　甎 'gwan 38.3　適 çi̥g 39.8　稽 kʻye 44.11

十六画

隨 su'i 2.7　諸 cu 3.1　磨 'ba 4.6　操 tsʻa'u 7.4

穀 kog 15.9　營 'we 18.7　遵 tsun 21.11　機 ki̥ 33.4

獨 dog 37.8　輶 yi̥'o38.10　墻 dzyo 39.3　膳 çan 39.5

親 tsʻi̥n 40.7　豫 yu 43.13

十七画

爵 tsyag 7.6　鍾 cun̈ 13.5　隸 le'i 13.6　磻 ban 17.4

韓 han 22.2　嶽 'gag 24.5　禪 çan 24.9　謙 kʻyam 30.2

謝 sya 35.5　糟 tsa'o 40.5　糠 k‘aṅ 40.6　績 cig 41.4

燭 cwag 42.2　擧 ku'u 43.6　矯 ga'u 43.8

十八画

轉 jwen 11.8　雞 kye 25.5　曠 k‘o 26.5　邈 'byag 26.8

穡 çig 27.8　謹 ki̥n 30.3　翳 ·ye'i 37.1　舊 gi̥'u 40.10

觴 ço 43.7

十九画

離 li 5.3　顛 tyan 5.8　羅 la' 14.1　藝 'ge'i̥ 28.1

飄 ye'u 37.5　鵾 kun 37.7　藾 so 44.12

二十画以上

勸 k‘wan 28.8　寵 c‘uṅ 32.1　飄 p‘yau 37.4　籃 lam 42.9

譽 yi 23.7　續 swag 44.6　驅 k‘u 15.8　歡 hwan 35.6

讀 dog 38.2　囊 no 38.7　驚 keṅ 9.5　纓 ·e 15.11

巖 'gam 26.9　讌 ·yan 43.3　觀 kwan 9.3　鬱 gur 9.1

附 录 三

《大乘中宗见解》藏音索引

陶慕士在 JRAS 里所发表的藏文译音《金刚经》跟《阿弥陀经》，柯乐逊每种都给作了两个藏汉互检的索引，只有《大乘中宗见解》尚付阙如，所以我委托唐虞君特地补充了这个工作。不过据音检字的一部分有前面许多声母表跟韵母表已经可以替代，我们在这里只要有一个据字检音的索引就够了。至于这个索引的体例，也有几点跟柯乐逊所作的不同：

(1)柯乐逊所作由汉字检藏音的索引是按威妥玛拼音的字母顺序排列的，这里是按全字笔画排列的；

(2)柯乐逊所注的藏音罗马字完全遵照陶慕士所用的系统，这里已经照本编所用的系统加以改订；

(3)柯乐逊所作的《金刚经》索引只指出本文的行数而没有指明字数，《阿弥陀经》又只标明他预先排定的字数号码而没有指出行数，这里把每字每音的第几行第几字都逐一地注明(例如：一·ir 21.4;22.3;……即表示"一"字的"·ir"音在本文第二十一行第四字及第二十二行第三字……等处均曾发现)；

(4)柯乐逊对于每字每音的出处并不完全列举，这里却将所有发现过的地方一一标明。此外，陶慕士所定的汉藏对音《大乘中宗见解》本文,除去他自己已经校正的以外,还有几处显然错误的地方。我就音例及文义推求,曾经略加校勘。现在把我自己认为可信的列在下面,至于明知未安而无以是正的,则仍列原文而附赘疑问符号:

行数及字数	原误	应作	疑作
1.12;5.17	定 źug	肉 źug	
6.2;6.13;7.1;7.13	敢 gwam	感 gwam	
9.12	相	想	
21.2	三寶 sam pe'u (juṅ)	三寶種 sam pe'u(juṅ)	
21.19	三種 sam pe'u (juṅ)	三寶種 sam pe'u (juṅ)	
22.18	以 p'ab	法 p'ab	
23.4	軓	軌	
24.18	側	惻	
32.17	文[c']o[ṅ]		丈 c'oṅ
36.14	住 sin		性 siṅ(?)
37.14	削 t'ei	剃 t'ei	
43.8	喙 hwan	喚 hwan	
45.7;45.14;46.1	知 k'o		可 k'o
49.16	無' der·p'an	涅槃' der p'an	
59.20-21	菩薩 çan p'u sar	善菩薩 çan p'u sar	
65.8	聲 punbu		?

行数及字数	原误	应作	疑作
67.11	冥 li		離 li
71.12	(緑)	緣	
80.8	他 p'u kya [n]	不見他 p'u kyan t'a	
82.10;83.11	擅 t'an	檀 t'an	
82.18	怖·i'u		憂·i'u
83.12	能 do		?
85.12	蜜'byir dar	蜜多'byir dar	
85.15	體 k'oṅ		空?
88.4	(忍)—	忍 źin	
88.5	耨 źin	辱 źig(?)	
88.6	施 źig		施 çi
91.17	緣 k'ig	極 k'ig	
95.15	雖 çar		殺 çar
102.14	增 ts'iṅ	曾 ts'iṅ	
105.3	繼 k'oṅ		空(?)
105.11	耶 sya		?
105.20	喛 hwa	喚 hwan	
106.16;109.12	喛 hwan	喚 hwan	
116.16	對 de'u		對 du'e
123.14	捐 syon	損 syon	

唐君所作的索引，对于这些错误的字仍旧按原文笔画排列，而于括弧内附注校改之字，并将改正之字互见于应属之笔画下以资参证。

一画 一·ir 21.4;22.3;29.4;29.17;30.12;32.4;34.16;34.17;35.8;35.9;40.1;40.8;40.16;59.1;71.18;74.3;82.4;83.2;86.4;86.11;88.9;89.13;95.17;96.12;105.8;105.15;121.18;125.3;125.9;127.11;128.7

二画 乃'ne'i 84.11 了 le'u 3.21;25.11;94.3;113.2;113.20;115.11;116.6;118.8;118.16;127.6 二 źi 3.8;15.17;17.22;18.3;46.11;59.5;64.12;71.24;72.9;72.18;74.6;83.3;86.5;86.13;123.20;126.11 人 źin 59.2;65.4;66.18;67.14 入 źib 2.19;7.9;15.18;16.1;16.3;16.5;16.7;16.9;16.11;16.13;16.15;16.17;16.19;17.1;17.3;17.11;17.19;18.8;18.19;19.2;69.4;70.23;71.2 八 par 12.10;12.21;15.11;116.15 十 çib 12.9;12.20;15.10;33.15;55.14;56.6;56.17;56.21;58.21;59.3;59.7;59.12;59.17;59.22;64.11;71.23;72.8;72.17;97.2;113.10 çim 15.16;18.2

三画 上 çaṅ 33.18;34.5 三 sam 19.8;19.13;20.5;20.8;20.15;21.1;21.6;21.10;21.14;21.18;22.5;29.7;30.5;31.7;32.13;36.16;39.18;39.20;56.10;56.14;57.2;57.13;59.9;74.9;83.4;85.13;86.6;86.16;89.11;90.8;90.16;113.9;120.11 凡 bam 112.16;113.17;115.8;116.3;118.5 久 gi'u 101.19;102.3;109.10 也 ya 3.17;4.3;68.13;87.14 土 do 82.11 士 çi 23.18 大 de 1.3;1.9;1.18;2.8;2.16;3.3;3.9;3.12;3.19;4.7;4.11;4.16;4.20;5.1;6.6;6.17;7.5;7.17;33.13;44.11;45.2;119.3;120.2;128.1 小 çi'u 33.19;44.15;47.2 已 yi 33.17;34.4

四画 不'bu 24.17;29.13;35.15;35.19;36.3;38.13;40.7;40.9;40.15;40.21;41.3;41.8;43.2;43.16;57.4;57.6;57.8;57.15;57.17;57.19;58.13;71.20;75.19;76.2;76.6;77.2;77.6;77.11;78.3;78.8;79.3;79.8;80.3;80.11;91.10;94.2;99.2;99.22;102.13;102.20;103.8;103.21;104.10;109.2;110.3;111.5;112.2;113.1;113.13;113.19;115.10;116.5;118.7;118.15;124.19;126.3 与 yi 31.13;65.7;103.7;104.9 云'un 24.6;25.15;25.19;27.4;27.8;30.17;32.7;35.6;36.10;40.5;41.17;41.21;83.17;84.7;104.12;108.13;110.7;110.17 中 cuṅ 25.9;26.14;26.15;42.19;50.19;51.9;82.21;84.2;84.10;84.21;95.2;101.16;105.1;119.5;120.4;123.9;124.8;126.15;128.3 之 tsi（ci?）2.10 ci 11.11;12.3;18.23;24.20;26.8;28.16;39.10;50.18;62.17;63.6;66.17;75.17;85.17;

88.7;91.16;92.16;93.10;94.4;95.12;97.13;113.15;116.1;127.4 五 'go 7.22;8.8;52.15;54.4;54.9;55.8;55.12;58.19;59.19;74.15;81.20;114.17 内 'dwe 1.7;4.9;4.23;5.4;5.10;5.14;6.7;6.18;7.6;17.9;17.20;120.13;124.12 六 lug 12.13;12.15;12.17;13.5;13.16;14.1;14.11;14.17;17.6;17.10;17.14;17.18;17.23;32.16;55.18;69.3;70.22;71.1;73.8;73.19;74.18;75.1;82.14;83.15;85.9;113.11 分 p'un 3.16;10.16;66.9;103.4;104.6;105.6;105.13 切 ts'e 88.10;89.14;105.9;105.16 化 hwa 32.18;121.8 及 k'ib 121.10;122.20;123.16 天 'de 54.12;55.10;55.20;56.2;59.6;60.19 夫 p'u 112.17;113.18;115.9;116.4;118.6 少 çe'u 66.5 幻 hyan 121.7 引 ·in 81.7 yin 81.10;124.16 心 sim 4.2;60.12;61.10;62.1;63.4;87.5;104.20;105.5 支 ci 72.10;72.19 文 c'oṅ 32.17 无 'bu 28.3;28.7;28.12;41.6;41.15;42.3;42.21;45.8;45.16;46.3;46.10;53.18;60.10;61.8;61.18;67.16;68.15;71.14;72.12;82.17;85.19;87.18;88.13;95.3;98.6;107.8;107.16;108.8;109.6;111.1;112.12;114.8;117.1;118.3;118.10;119.2;122.12;122.14;123.5;125.6;125.20 比 'byi 52.18 水 çu 2.7;6.16 火 hwa 2.15;7.4

五画 丘 'k'ye'u 52.19 且 ts'ya 18.12;53.9;84.16;95.8 世 çe 67.18;95.10;96.7;97.7;121.2;124.5;125.1;126.6;127.8 他 t'a' 77.8;78.5;79.5 令 leṅ 38.12;98.14 以 yi 1.15;2.13;2.21;8.19;9.16;10.7;10.18;24.1;26.10;33.1;33.9;34.6;37.3;38.1;46.9;65.14;66.14;91.18;99.21;100.10;101.2;123.17;125.19;127.2 'i 22.14;23.5;25.5;30.2;121.1 yi'u 37.11 只 ciṅ 97.5 出 c'ur 2.17;67.15;126.5 c'ud 7.8 可 k'a 41.4;41.9;43.3 四 si 1.2;1.8;4.6;4.10;4.15;4.19;4.24;44.3;44.8;44.13;44.17;45.4;47.4;51.7;52.6;56.12;58.3;59.14;60.9;60.17;61.7;61.17;67.5;74.12;110.9 外 'gwe 1.1;4.14;4.18;5.6;5.12;6.4;6.15;7.3;7.15;17.17;120.14;124.13 gwe 17.21 布 pu 74.4;75.7;75.15 平 p'eṅ 63.1 本 bun 42.16;119.12 bin 116.2 生 çeṅ 18.15;45.9;47.7;48.15;48.20;49.4;49.10;55.17;60.13;69.10;70.4;70.5;82.16;86.9;86.21;87.13;88.12;89.16;91.6;91.13;91.20;92.3;98.16;98.21;99.10;99.20;100.9;101.1;101.10 王(生) 105.18;122.2;122.13;124.11 用 yoṅ 24.16;98.7 由 yi'u 87.21;91.22 ·i'u 91.8

六画 交 ke'u 106.14;107.2 亦 yi 41.7;49.13 yig 56.19 yi'u 103.18;

109.1 休 hi'u 105.12 先 sen 50.20;52.1 syan 51.10 共 k'uṅ 42.12 劣 lywar 84.4 合 hwab 27.10;45.18;49.14;51.20;115.5 hab (sic) 89.12 同 t'oṅ 36.4;40.18;66.4;103.12 名 mye 2.6;8.14;11.15;11.19;20.4;21.17;24.8;28.15;29.9;29.16;30.7;32.3;32.9;34.12;35.1;36.6;36.12;38.17;39.3;39.13;40.12;40.20;43.18;45.11;46.6;46.16;56.1;56.16;56.20;61.1;61.16;62.16;63.5;64.1;64.15;68.19;69.1;71.4;73.12;75.10;76.13;77.18;78.14;79.14;80.17;83.5;87.10;90.2;90.15;92.15;93.9;94.5;94.11;110.5;126.14;127.14 myi (sic) 18.22 向 hoṅ 125.4 因 ·in 4.8;4.17;5.3;48.22;49.6;49.17;50.2;50.14;51.1;51.13;52.2;53.15;63.15;64.13;65.9;68.10;71.25;72.5;72.11;91.4;122.4 si 101.3 在 ts'e 72.16 地 di 1.17;6.5 多 ta 96.4;96.20;99.17;100.6;100.17 如 źu 55.4;73.4;82.1;82.5;85.2;91.5;92.2;95.9;97.6;99.4;99.13;103.19;108.3;121.6;124.15 妄 boṅ 58.9;115.12;116.7 'oṅ (sic) 113.3;114.1 有 yi'u 5.15;6.8;7.7;20.10;20.14;22.11;23.2;26.16;41.2;41.13;41.20;42.20;44.2;49.15;54.3;58.17;65.10;66.6;68.6;69.9;70.7;70.8;80.14;83.1;87.3;88.14;107.6;107.14;108.6;109.4;112.13;113.5;115.7;115.14;117.3;117.5;117.14;118.1;118.12;118.18;121.16;124.17 ·i'u 23.13 此 ts'i 4.5;31.18;39.17;51.6;52.5;58.15;69.13;71.22;82.20;84.9;90.19;92.1;94.15;95.5;98.8;101.12;102.8;102.12;102.18;103.13;106.6;121.21 死 si 47.8;48.16;48.21;49.5;49.11;69.12;70.2;99.1;99.11;101.11 汗(污?) ·o 93.6 汝 źu 103.10;107.11 竹 ts[i]g 37.9 老 le'u 69.11 而 'gyar 51.17;115.6;123.4;125.11 耳 źi 13.9;14.21;16.2 自 ts'i 42.5;42.10;43.17;78.10;80.5;110.4;122.8 舌 çar 13.11;15.3;16.6;58.8 色 çeg 8.2;8.15;8.20;14.4;16.12;17.12;60.15;69.2;71.5 血 hyar 2.1 行 heṅ 8.5;10.3;10.9;68.17;71.11;71.12;72.14;78.12;83.8;119.11 衣(原讹作依,见八画下)

七画 似 si 39.9 住 c'u 21.12;38.8;38.18;83.9;112.15 (性?) siṅ (sic) 36.14 何 ha 1.5;3.4;5.8;7.19;8.11;8.22;9.10;10.1;10.11;10.22;11.4;11.13;12.6;13.2;13.19;14.14;15.14;18.5;19.10;20.18;22.1;24.7;25.20;27.9;29.1;30.1;32.8;34.11;35.7;36.11;38.6;39.2;40.6;41.18;42.1;44.5;44.20;46.20;48.18;49.19;51.4;54.6;56.4;56.24;57.10;57.21;60.3;61.5;62.3;63.10;64.5;65.11;66.13;

69.16;72.2;73.2;73.16;75.5;76.17;77.22;78.18;79.18;81.5;82.8;83.18;84.8;86.2;86.18;87.16;88.18;91.3;92.8;93.2;93.15;94.8;99.5;104.13;108.14;110.8;110.18;111.14;114.6;116.12;117.9;117.15 佛 p'ur 19.16;22.16;30.18;33.3;35.13;37.5;52.9;55.3;67.3;67.17;73.13;115.2 作 tsag 10.6;43.9;104.1 dzag 85.1 ts'ag 105.21;106.17;109.3;109.13 免 ·en 99.9 mye 101.9 初 c'u 34.2;52.10;53.1;84.17 别 p'ar 4.1;21.8;32.11;34.13;35.3;36.7;40.13;103.5;105.14;119.10 par 10.17 pyar 104.7;105.7 否 p'u 102.10 吾 he 97.17 妙 'bye'u 22.12;23.3;23.7;24.10;24.13;25.2;25.16;26.1;26.17;27.5 形 hyeṅ 8.17 heṅ 36.1 忘 boṅ 5.20;6.11;6.21;7.11 成 çeṅ 52.11 我 'ga 102.16;103.17;106.15;107.3;108.11;108.18;110.14;114.9;114.11;115.15 戒 ke 48.7;50.10;55.13;74.8;77.5;77.10;77.15;88.2 kye 76.20 每 'be 19.3 没 ma 106.1;109.15 見 kyen 75.20;76.3;76.7;77.3;77.7;77.12;78.4;78.9;79.4;79.9;80.4;80.12;104.11;107.12;120.6;127.16;128.5 kyan 102.7;102.15;103.6;103.9;104.8;108.4;108.12;108.16;109.8;119.7;126.18 言 'gen 28.10;51.18;58.10;120.1;122.18;123.8;125.17;126.17 'ge 33.7;48.14;49.9 谷(俗) swog 121.3;127.9 赤 c'ig 106.12 身 çin 13.12;15.5;16.8;22.9;22.19;23.11;25.7;26.12;28.2;32.19;43.15;56.9;57.1;95.18;96.5;96.13;97.1;97.18;113.8;115.17

八画 事 çi 85.14 来 le 55.5;73.5 依 ·i 19.7 (衣) ·i 37.17 两 lyoṅ 58.7;65.16;66.11 具 k'u 43.1;88.16 其 k'i 29.11;30.9;58.18;67.9;83.15;85.8;89.18 到(倒) de'u 110.10 卷 kwon 128.8 取 ts'u 69.8;70.10;70.11 ts'i 106.5 受 çi'u 8.3;9.2;9.8;18.18;69.6;70.16;70.17 'źu'u (sic) 75.21 味 byi 14.7 'byi 16.18 命 me 97.19;98.1 和 hwa 27.16;45.17;115.4 定 deṅ 48.8;50.11;74.17;79.2;89.7 (肉)(źu)g 1.12;5.17 宗 ts'oṅ 119.6 tsoṅ 120.5;123.10;126.16;128.4 帛 p'eg 37.101 彼 byi 62.13 念 nyam 71.19;104.3;112.8;112.9 性 seṅ 25.12;120.20;122.9 syeṅ 42.6;42.11;42.17 怖(憂) ·i'u 82.18 所 çu 33.5;76.8;77.13;79.10;80.13;99.15;123.6;125.21 拔 p'ar 62.10 於 ·i 53.16;93.18 ·u 82.13;104.18;116.18;117.4;117.11;117.17;118.9;118.17;124.4;125.7 明 mye 68.16;71.15;72.13 果 gwa 34.3;47.9;

syaṅ 28.4;32.12;34.14;34.18;35.4;35.10 者 ja 1.6;3.5;3.13;3.20;5.9;7.20;8.12;9.1;9.11;10.2;10.12;11.3;11.8;11.14;12.7;13.3;13.20;14.15;15.15;18.6;19.11;20.19;22.2;24.14;25.4;26.5;27.15;29.2;38.7;44.6;44.21;47.1;48.19;49.20;54.7;56.5;56.25;57.11;58.1;60.4;61.6;62.4;63.11;64.6;69.17;72.3;73.3;73.17;75.6;76.1;76.5;76.18;77.23;78.19;79.19;81.6;82.9;86.3;86.19;87.17;88.19;92.6;93.1;93.14;111.15;114.7;116.13;117.10;117.16;120.8;123.11;127.1 耶 ya 103.15;104.16 sya(?) 105.11 苦 k'o 45.12;47.11;62.11;98.19;111.9;114.12;115.19 k'on 98.19 要 ye'u 53.4 計 kye 111.3;111.7;111.10;111.18;112.4;113.4;114.2;114.10;115.13;116.8;117.2;117.6;117.13;118.2;118.11;119.1 風 p'uṅ 3.2 puṅ 7.16 香 hoṅ 14.6;16.16 俗(原讹作谷,见七画下)

十画 乘 çiṅ 33.14;34.1;44.12;44.16;45.3;47.3;54.5;54.10;54.13;54.15;54.18;55.1;55.6;55.9;55.11;56.3;60.6;61.3;62.7;63.14;64.9;64.18;65.17;66.12;73.6;73.14;119.4;120.3;128.2 修 si'u 60.8;78.11;83.7 俱 k'u 52.16;85.5 倒 de'u 110.19 值 c'i 67.2 倫 lin 52.17 冥(離) li 67.11 害 he 95.16;96.3;96.11;97.16 差 ts'a 65.12;66.7;68.7 師 çi 119.15 恐 k'uṅ 53.5 息 sig 2.18;2.20 syig 7.10 悟 'go 53.7;63.17;64.10;65.6;66.3;67.8;68.2;85.7 時 çi 52.13;75.18;85.18;88.8 根 kin 12.14;13.6;13.17;17.7 殊 çu 29.10;30.8;34.19;35.11 海 ke 98.20 益 i'u 123.19 破 p'a 77.9 神 çin 24.15 納 'dab 9.6;31.17 紙 tsi 37.7 素 so 37.1;37.8 能 niṅ 62.6;62.9;84.12;85.6;87.6;95.14;96.2;96.10;96.18;98.13 do (sic) 83.12 記 gyi 49.8 財 ts'e 76.10;87.8;88.6 起 k'i 105.4;120.18 軌(軌) gu 23.4;26.4;26.6;27.6 gu'i 26.2 gu'u 26.18 逆 'gig 69.18 骨 kur 11.11 kor 5.16

十一画 假 ga 121.13 側(惻) c'eg 24.18 唯 yu 97.15 問 bun 1.4;4.4;5.7;7.18;8.10;11.1;12.5;13.1;13.18;14.13;15.13;18.4;20.7;20.17;21.20;24.5;25.18;27.7;28.19;29.19;32.6;34.10;35.5;36.9;38.5;39.1;39.16;40.4;41.1;41.16;42.9;43.5;43.19;44.19;46.19;49.7;50.15;54.1;56.23;60.2;61.4;62.2;63.9;64.4;65.1;73.1;73.15;81.4;82.7;83.16;86.1;86.17;87.15;88.17;90.5;90.18;92.4;102.6;102.17;105.19;107.13;108.5;109.9;110.6;110.16;111.13;114.5;116.11;117.8 ts'u 106.4

27.13;29.6;30.13;32.15;34.15;35.12;36.18;39.6;40.11;41.11;42.4;42.15;43.13;44.10;45.6;47.6;49.1;50.4;51.14;54.11;56.8;60.7;61.11;65.18;68.14;70.1;73.7;74.2;75.14;81.18;83.10;84.15;86.7;87.1;89.3;90.10;91.7;92.10;93.4;93.17;94.14;95.7;96.6;97.4;99.12;102.11;103.16;104.17;106.3;106.8;107.5;108.17;110.1;110.11;110.20;112.6;114.15;116.17;118.4 絶 ts'war 38.15;99.3 菩 p'u 59.22 虚 hu 3.14;31.14 視 çi 53.11;53.14;84.19; 超 c'e'u 122.16;125.15 進 dzin 53.10;74.14;78.2 ts'in 89.5 量 lyoṅ 60.11;61.9;61.19;123.2 陽 yoṅ 121.11 集 ts'ib 45.15;45.20;47.17;49.2 順 çun 69.15 須 su 67.1 黄 hwoṅ 106.11 喚(原有四处讹作𠽤,见十六画下) 惻(原讹作側,见十一画下)

十三画 亂 lwan 79.6 嗔 c'in 57.18;92.19;98.10;100.7 想(相) syaṅ 9.15;9.18;21.9 意 ·i 13.13;15.7;16.10;56.13;57.12;79.7 愚 'gu 80.9 愛 ·i'i 18.20 ·e 69.7;70.13;70.14 感 gwan 4.12;4.21;5.5;5.11 暖 'dwan 2.12;6.20 業 'geb 47.15;57.3;57.14;58.4;58.16 滅 'byer 46.2;46.4;46.7;48.2;48.5;50.6;122.15 煩 p'an 47.13 資 tsi 82.15;86.8;86.20;87.12 經 gyeṅ 30.16 kyeṅ 50.17;99.14 義 'gi 11.5;11.12;12.4;26.9;27.1;27.19;31.19;92.9;93.3;93.16;119.9;121.19;125.10;127.12 解 he 53.8;119.8;120.7;126.19;127.17;128.6 hwe 103.1 ga 78.6;89.19 過 kwa 72.7;95.4;122.17 道 de'u 18.17;19.5;46.14;46.17;48.11;52.12;63.18;67.10;82.6 達 dar 127.7 違 wu ('u?)23.16;28.13 'u 27.11 損(原讹作捐,见九画下) 極(原讹作緣,见十五画下)

十四画 像 syaṅ 37.2;38.10 syoṅ 39.4;39.7;39.14 僧 siṅ 20.1;24.3;27.14;28.18;34.8;38.3 塵 c'in 12.16;14.2;14.12;17.15;18.11 境 keṅ 92.13;93.7;101.20;102.4;109.11;123.3 heṅ 125.18 夢 moṅ 121.9 婬(淫) yim 57.9 對 dwe 18.13;99.6;100.4;100.15;101.7;101.13 de'u(du'e)116.16 慈 ts'i 61.12;62.5;100.11 種 juṅ 20.12;20.16;21.19;39.19;58.20;113.12 稱 k'yiṅ 24.19 精 tseṅ 74.13 tsoṅ 78.1;63.13;89.4 維 yu 30.14;66.1 綺 k'i 58.11 聚 su 11.10 聞 bun 19.4;53.2;54.17;59.11;63.13;64.3;66.16;90.6;118.14 蓋 ke 12.2 蜜 'byir 73.11;75.4;75.13;76.16;77.1;77.21;78.17;79.17;81.3 byir

(以上索引据新字形排版,笔画数据旧字形编排,所以未必相附。——编者按)

附　志

著者在序文所说"期待中的材料",指本书所提到伯希和劫了去的《汉藏对译语汇》(No.2762背面)跟另外一种《汉藏对音佛经》(No.2046)。本书提到陶慕士文中引用的《大乘中宗见解》的译音本,著者说"无缘窥其全豹";这个译音本在西门华德所称"长卷"中(见下引文)。本书于1933年出版以后,陶慕士在1948年发表了两种《藏汉词句》(英国博物院藏写本 Or. S. 2736, Or. S. 1000,见 F. W. Thomas and L. Giles: *A Tibeto-Chinese Word-and-Phrase Book*, BSOAS, Vol. XII, Parts 3 and 4, 1948)。此外,据西门华德在 *A Note on Chinese Texts in Tibetan Transcription*, BSOAS, Vol. XXI, Part 2, 1958 一文中叙述,巴黎国家图书馆还藏有以下各件:

(Ⅰ)佛教的:

《般若波罗密多心经》(No. 448)

《妙法莲华经》

(1)《普门品》第二十五:《观音经》(No. 1239)

(2)同上(No.1262)

伪撰《八阳经》(No. 1261)

《奉请十方佛》(Nos. 1,3)

《南天竺国菩提达摩禅师观门》(No.1228)

《道安法师念佛赞》(No. 1253)

（Ⅱ）非佛教的：

乘法表（No. 1256）

三皇五帝姓（No. 1238）

七言诗（No.1230）

其中《奉请十方佛》一种，西门华德有专文论述［Walter Simon *A Chinese Prayer in Tibetan Script*, Sino-Indian Studies（《中印研究》），Vol. V, Parts 3 and 4（*Liebenthal Festschrift*），1957. Visva-Bharati, Santiniketan, West Bengal, India］。

另外，以下这几篇论文可以供本书读者参考：

F. W. Thomas *A Buddhist Chinese Text in Brāhmī Script*, ZDMG, 1937.

H. W. Bailey *Vajra-prajñ ā-pāramitā*, ZDMG, 1938.

F. W. Thomas *Notes in Consideration of Professor Bailey's Critical Observation*, ZDMG, 1938.

H. W. Bailey *Postscriptum*, ZDMG, 1938.

B. Csongor（陈国）*A Contribution to the History of the Ch'ing Yin*（轻音）［on the basis of a T'ang-time Chinese text written in Brāhmī script］, Acta Orientalia, Academiae Scientiarum Hungaricae, Tomus IX, Fasciculus 1. Budapest, 1959.

水谷真成：Brāhmī 文字转写罗什译《金刚经》之汉字音，《日本名古屋大学文学部十周年纪念论集》，1959。

本书著者于 1958 年 12 月 13 日在北京逝世，以上这些材料都只好留待后人研究，"再作补编"了。

1959 年 9 月 17 日，周达甫谨志

汉魏晋南北朝韵部演变研究

编印说明

本书是《魏晋南北朝韵部研究》的第一分册，是对两汉时期（前206—207）韵部演变的历史的研究，与周祖谟合著。1958年科学出版社出版。第二、第三分册分别为魏晋宋和齐梁陈隋时期，周祖谟先生合为一册，易名为《魏晋南北朝韵部之演变》，1996年在台湾东大图书股份有限公司出版。本书据1958年版进行整理，由尉迟治平、李钊祥编校。

序

研究一种语言的历史,首先要解决的问题是语音方面的问题,如果对语音发展的情况了解得不够清楚,在解决词汇和语法方面的问题时必然会遇到很多的困难。因为语言是一种体系,语音、词汇、语法三方面互相联系,互相制约,语音不仅是语言的特殊要素,而且也是任何语言存在的形式,我们无论研究哪一种语言现象,总会与语音发生联系,所以通晓语音对于研究词汇和语法都有极大的帮助。

汉语的历史极其悠久,可是关于汉语语音的演变历史至今还缺乏全面的了解。清人只着重在周秦音的考证,厚古薄今,对于后代语音的发展就很少研究。近人虽然对汉语音韵的演变历史也做了一些研究工作,但枝枝节节,并没有触及到根本的问题,有很多资料也没有做过全面的系统的整理。至于汉语语音内部发展的规律,那就很少有人注意到了。因此,由周秦音怎样发展成为现代普通话的语音始终还没有全面的探讨。这一项工作不完成,其他方面的工作,如汉语的词源学、词汇学、方言学等,都会受到一定的影响。

本书所探讨的问题是汉魏到陈隋之间(前 206—617)韵部演变的历史。这一段时间很长,有八百二十多年之久,是汉语发展史中相当重要的时期。有很多历史方面的问题与这一段时间内语言的发展有关系。要了解怎样由《诗经》音变为《切韵》音,也必须把这一段的历史弄清楚才行。研究这一段时间内韵部演变的历史,主要的凭借应当是诗文的押韵。我们就以严可均所辑的《全上古三代秦汉三国六朝文》和丁福保所辑的《全汉三国晋南北朝诗》两部书中所收的由汉到隋的诗文作品为研究的主要资料。除诗文押韵的材料以外,我们还参考了其他有关的材料,如子书、史书中押韵的部分,字书、音义书中的反切以及训诂书中有关语音的材料等都是。所有这些材料都是相当纷繁相当复杂的,就是同一时代的材料所表现的语音现象也并不是完全一致的,惟有即异以求同,找出其中的共同性,才能定出当时语音分韵的大类。在研究的过程中,我们一方面注意到材料中所反映的语言事实的普遍性,同时我们也注意到某些材料所反映出来的特殊现象。因此除了一般的考查以外,还做了一些个别材料的考查。这样可以使我们对某一时期的语音情况了解得更全面一些。

根据以上所述的材料进行分析综合,我们看出由汉初到隋末八百多年间韵部的演变大体可以区分为三个时期:

(1)两汉时期(前206—207);

(2)魏晋宋时期(208—478);

(3)齐梁陈隋时期(479—617)。

南北朝时代,南北的语音不完全相同,诗文押韵中所反映出来的分韵情况是:北朝的北魏跟刘宋时代相近,北齐、北周跟齐梁时代相近。大体的情形如此。不过这样分为三个时期只是一个粗疏的分法,因为前一个时期和后一个时期之间不是可以截然画开的。每一时期内时代早的作家和时代晚的作家在押韵上并不完全相同,早期的接近于前一个时期,晚期的接近于后一个时期。前后时期之间是相连续的。但是不能因此就认为不能分期,因为每一个时期又各有它的特点,无容混淆。

简单来说:两汉音接近于周秦音,但部类的分合有不同,有些韵部里的字类也有变动。如东汉时代“家”、“华”一类字不在鱼部而归入歌部,"奇"、"宜"一类字不在歌部而归入支部,都跟周秦音不同。魏晋宋时期的语音更是变动较大的时期。三国时代阳声韵的分类固然大体跟东汉相近,但阴声韵和入声韵则跟东汉相去较远。有些韵部已开始分化,如之部之、咍两类字分化为两部,祭部祭、泰两类字分化为两部,都是很清楚的。晋代韵部的分类比三国时代更加细密。入声韵和阳声韵关系转密,而与阴声韵关系渐远。例如三国时代脂、质、真三部,在晋代脂部分为脂、皆两部,质部分为质、没两部,真部分为真、魂两部,质、没跟真、魂相配,而与脂、皆的分化不同。到了宋代,阴、阳、入三声大体都与《切韵》分韵的大类相同。在这一个时期之内变化很大。齐、梁、陈、隋一百四十年间,阴、阳、入三声的分类则更趋精细。例如歌、戈与麻不同用,鱼与模、虞不同用,豪、肴不与宵、萧同用,二等韵大部分都独立成为一部,而且阳声韵与入声韵也相配得非常整齐。这跟前一个时期又有所不同。

这三个时期既然各有它的特点,所以我们就分为三部分来叙述,最后做总的讨论。在这八百多年当中,语音的变化很大,材料也很多,我们的工作花费在整理材料的时间是比较多的,而深入研究的工作还做得很不够。在这部书里我们所提出的一些见解只能说是初步研究的结果,其中还有很多问题需要做进一步的研究和讨论。

任何一门科学的发展都要依靠大家来动手,我们要完成汉语史的研究,就必须有更多的同志共同来努力。现在把这部书印出来,不仅希望得到同志们的指正和批评,同时还希望研究汉语史的同志就其中已经整理过的资料进行深入研究,做出更多的贡献。

罗常培

1958年9月5日

一、绪 论

中国自殷代有书契记载以来到现在已经有三千七百多年了，我们要想把这样长久时间内的语言历史知道得很清楚，实在不是一件容易的事。一方面因为语言是属于社会现象之列的，语言的历史和社会的历史是分不开的，我们要了解汉语历史的全部，还要把中国社会发展史研究清楚才行；另外一方面因为语言不是单纯的事，它包括语音、语法、词汇各方面，内容非常复杂，不是轻易可以弄明白的。截至目前为止，单就语音来说，我们所知道的还不顶多，至于语法、词汇两方面现在才有人开始着手进行研究，因此我们感觉到要了解汉语的历史还需要做很多的研究工作。其中比较单纯而又切要的是音韵历史的问题。研究音韵历史尽管也有很多的困难，例如要考察古音就不能离开文字和文字的记载，可是汉字本身不是拼音文字，它不能把不同时代不同地域的读音表现出来，要从字形上去了解古代的读音有时很难。说到文字的记载，虽然也有不少的资料，可是真正能够完全代表实际语音的记录并不太多，因此，在进行研究时也会遇到很多的困难。但是我们一定要排除困难，尽可能地利用各种资料求得问题的解决。这样做，汉语史的研究才能有新的发展。因为语言就是一串含有意义的声音，语音的问题没有解决，语法、词汇的研究就会受到一定的限制。所以要了解汉语的历史，不能不先从历史音韵的研究着手。

关于语音历史的研究,清代学者曾经做了一些工作,他们所着重的是周秦时期语音的研究,用古代的韵文和谐声文字来考究古韵的分部。但是他们的目的只在于读通先秦古书,并非想要专门做汉语语音史的研究,所以周秦以后汉语语音的发展就很少留意。同时因为他们缺乏表音的工具,只能做纸面上分部多寡的考证,不能进一步说明各部类的读音。直到现代因为受了外国语音学、语言学的影响,音韵历史的研究才有了新的进展。我们对于周秦音和隋唐以后语音演变的情况比前人知道得清楚多了。

但是在整个儿语音史上还有很多问题没有解决。譬如:由汉以后到南北朝这一个阶段语音究竟怎样?由周秦音经过什么途径才变成了隋唐音?隋唐以前有哪些方音的区别?陆法言的《切韵》究竟代表哪一个时期的语音?还有,由汉到南北朝语音的发展可以分为几个时期?每个时期的特征是什么?语言是随着社会的发展而发展的,语音的发展跟人民的历史有哪些关系?像这一类的问题还不曾有人作出明确的解答,足见语音史上的空当儿还很多。我们知道由汉初到隋末一共八百二十多年(前206—617),不是一个很短的时期,在这一个时期内社会文化各方面的变动都很大,而且是承前启后的时期,如记录语言的文字和文体等莫不如是,那么,语音一定也不能例外。我们如果撇开这一段不谈,就由《切韵》音跳到《诗经》音,那是很危险的。即便言有所中,两者中间的脉络是不能没有的。反过来说,假如我们能把这一段历史弄清楚,不但周秦音和隋唐音中间的关系可以了解透彻,就是这一个时期内的训诂音义和文学作品中的一些音韵问题也都可以迎刃而解了。所以研究这一段的历史是一件很重要的事情。

清人在这一方面固然也做过一些工作,但是没有什么成绩可言。例如顾炎武的《唐韵正》总算是取材很广的一部书了,他为证明古韵跟《广韵》的读音不同，除引群经、诸子、屈赋为证以外，而且引到汉魏以下直至唐初的韵文和很多史传杂书的韵语，表面看起来似乎博大精深，事实上完全沿袭宋人吴棫《韵补》的办法，累积许多的材料，用以表明某字与韵书读音不同，而对于汉魏以下各时代的音韵流变并没有做精密的研究。即使偶尔说明一两类字的音变情形，也是很粗疏的。顾氏以后，江永的《古韵标准》、段玉裁的《六书音均表》也常常提到汉魏以后的读音，但是仍然没有脱去顾氏的成规。段氏《六书音均表》分古韵为十七部，论到汉以后的读音时他往往含混其辞地说“某某几部汉以后多合用，不甚区分”，或者说“某某几部三百篇及群经屈赋分用画然，汉以后乃多合用”，甚至于说“汉代用韵甚宽，离为十七者几不可别识”。这些话都是皮相之谈。不论汉以后用韵如何宽泛，哪能全无界画呢？总之这不过是为证明周秦古韵分类的严整而附带提到的话，并非有什么真知灼见要用来和周秦音作比较的。清代对于汉代语音真正做过一些工作的只有王念孙一个人。他在晚年曾经把西汉人的辞赋和《史记》、《汉书》、《淮南子》、《素问》、《新语》、《易林》等书中的韵字都钩稽出来，按照周秦古韵的部类列成韵谱跟合韵谱①，除了少数几部书如《急就》、《太玄》、《法言》之外，西汉的材料几乎网罗殆尽了。由此可以看出他的目的是想有系统地研究西汉的音韵，但只做到先按周秦古韵分部排比的工作，而没有依据这些韵字本身押韵的实际现象来定韵部的分合，所以仍然是没有完成的工作。王氏以外留心汉以后音韵的人，像张成孙摘记汉代韵文的韵字②，洪亮吉

① 原书未刊，手稿本藏北京大学。详见1932年北京大学《国学季刊》三卷一号陆宗达《王石臞先生韵谱合韵谱遗稿跋》。

② 见所著《说文谐声谱》附录下，武林叶氏印本。

和胡元玉搜罗汉魏间古书注解中的音读等[①]，也都仅仅是材料的纂录，并没有什么大的贡献。

到了近代对于这一段的历史就很有人注意了。有论著的有三个人。首先我们要提到的是王越先生的《魏晋南北朝之脂支三部及东中二部之演变》和《汉代乐府释音》两篇文章[②]。前一篇据说是他所作三国六朝韵谱叙篇的一部分，篇幅很短，仅略述古韵支、脂、之三部和东、中两部在三国以后的流变。后一篇是为解释汉代乐府的韵脚而作。但是在序文里曾经举出汉代音韵和《诗经》韵部的不同，大体都是承袭清人旧说，发明不多。例如他说"阳、唐、庚时与东、冬、锺、江合，甚且出入青、蒸、侵、咸诸韵"，又说"之部字有转入尤部者，甚且与宵、鱼、侯出入"，又说"支、脂疆界不严，甚且通协之、咍"，这一类的话都很含混，到底哪些字可以通协，什么人的作品如此，一共见到几次，都没有加以分辨，所以还不是可靠的结论。其次要举出来的是王力先生的《南北朝诗人用韵考》[③]。这篇文章是从明张溥所辑的《汉魏六朝百三名家集》中选录南北朝和隋初的四十九家的韵文作为研究的资料，主要的目的在指明这一个时期内用韵的情形和《广韵》分韵有什么异同。研究的方法是以个人作单位的，找出个人用韵的情形以后，再看他们之间的共同点，由共同点的异同再来划分时期，这个方法是很好的。但是因为应用的材料少，一切合韵的例子都搁置不谈，所以仅达到预期的目的而止，没有讨论更多的问题。

---

① 洪亮吉有《汉魏音》四卷，收在《洪北江全集》内。胡元玉有《汉音钩沉》一卷，收在《镜珠斋汇刻》内。

② 前一文见广东中山大学《文史学研究所月刊》一卷二期，1933年2月。后一文见《月刊》二卷一期、二期，1933年10月、11月。

③ 见《清华学报》第一卷第三期，1936年7月。

另外在这一方面用力最大、搜罗最广的是于海晏先生的《汉魏六朝韵谱》[1]，这部书分《汉韵谱》、《魏晋宋韵谱》、《齐梁陈隋韵谱》三部分，取材以丁福保所辑《全汉三国晋南北朝诗》跟严可均所辑《全上古三代秦汉三国六朝文》之汉魏六朝部分为主，除此之外还收的有《史记》、《汉书》、《淮南子》、《春秋繁露》、《急就》、《太玄》、《法言》、《世说新语》、《文心雕龙》等书，搜罗之富，可以说前所未有。但是全书的缺点还很多。在摘举韵字一方面，有的读破句，有的不合韵例，这些可以不谈，单就处理材料一方面来说，还缺乏整理的功夫。他的整理的方法是先把某个时期作品中押韵的字摘记下来，标出《广韵》韵目，然后再看《广韵》的哪几韵在这一个时期内是常常通押的，于是定出一个粗疏的类别来，分别录出，成为"韵谱"。这种办法只是完全依傍《广韵》，既没有类目的规定，又把合韵的例子混在一起，显出丛杂瞀乱，而不得要领。虽然在时代上因为前后现象的不同把自汉至隋分为三个时期，但是同一个时期内有哪些作家用韵特殊？同一个字在前后不同的时期内有什么声音的转变？《广韵》一韵的字是否归类一样，有没有值得注意的现象？特殊的合韵例子应当怎样去解释？还有，自汉至隋声调的分类和隋唐韵书有什么不同？这八百年间有没有什么方音的分歧？他对于这一类的事情都没有顾到，尽管在卷首有《韵部沿革总叙》一节，但是不能笼罩那些散漫的材料。所以用力虽勤，而结果很差，这是很可惜的[2]。

总起来看，前人对于这一段的音韵历史固然费了很多的心血去研究它，但是"筚路蓝缕，以启山林"，所做的仅是一些初步开垦的工

---

① 1936年著者自印本。

② 钱玄同批评这部书说"虽超于吴才老，尚未至于顾宁人"，是很确当的话。见韵谱前答书。

作,还没有很多的建树。最主要的原因是因为材料太多,不是一个短时期所能整理清楚的;其次是因为问题丛杂,没有适当的方法去处理,自然难得要领。

现在我们根据这一个时期内的材料重新做一番研究,从历史发展的观点出发想考察下面几个问题:

(1)由汉到隋音韵的历史,可以分为几个时期?每个时期的特征是什么?

(2)周秦音经过怎样的途径才变成了隋唐音?

(3)隋以前有什么方音的区别?

(4)《切韵》究竟代表什么时代的语音?

(5)高本汉所拟的上古音、中古音是否可靠?

(6)由周秦到隋代"四声"是怎样演变的?

(7)汉魏晋南北朝的文学作品中有些问题可否由音韵上来解决?

(8)由汉到隋语音的转变跟人民的历史有哪些关系?

这里所讨论的只限于"韵"的问题。研究这些问题可以根据的材料很多,除韵文和子史的韵语以外,像汉魏间的声训、魏晋以后的字书音义等都可以作为参考。不过材料愈多,驾驭愈难,有些特殊的材料是要个别处理的。因此现在但以严氏所辑全文和丁氏所辑全诗为主,其馀的材料为辅。

不过,这两部大书所搜罗的材料都很丰富,运用起来仍然有很多的问题,例如作品的真伪、作者的年代、押韵的条例和韵脚有无讹字等问题都需要留意。举例来说,譬如相传的苏武、李陵的五言诗是后人伪托的,我们就不能和其他西汉人的作品相提并论;还有像严辑汉文里无名氏的《溢城井铭》、《钟山圹中铭》之类材料本身可能有问题,我们也不能作为研究汉代音韵的根据。又如程晓,严氏列为三国人,但是他的作品中有答傅玄的诗,那么我们就应当把他算为晋人[①];王粲、应玚等人严氏列为后汉人,但是他们的诗赋多半是在曹魏时所作,因此也要归入三国一个时期。这是作品的真伪和作者的年代问题。至于押韵的条例和句读讹字的问题更多。在采择韵字的时候,我们首先要理清作者用韵的规律,例如四句一韵、二句一韵、上下间韵、句中间韵和换韵的首句入韵或不入韵之类[②];但是有时依例明明是应当入韵的字,然而在声音上相差极远,这就要考量了,其中可能句读有误或文字有误,那还需要加一番校勘的功夫[③]。还有严氏辑录全文有时一篇是从好几处搜集来的,片语单文都尽量按照文义补缀在一起,他说"合而订之,可成完篇"[④],这是一种不得已的办法,但是从韵脚上来考察就有很多可疑的地方,也许还有脱文,也许这几句根本不在这个地位,像这样的情形就需要审慎,不妨宁缺勿滥。例如汉李尤《德阳殿赋》严氏据《文选》李善注补"曰若炎唐,稽古作先"两句,"先"字应当是韵脚,但是未必就跟下文"楹"、"經"为韵,所以只好割弃不取。这些都是审核材料的问题。[⑤]

可是最主要的问题倒不在此,而是韵文所表现语音真确的程度问题。换句话来说,就是韵文用韵是否完全跟语音相合,它是一种什么性质?根据韵文来考察语音是否完全可靠?这个问题当然不是一个简单的问题,然而我们首先要承认大部分的韵文是充分表现语音的真相的,因为韵文本身须要读得上口,如果根本读不上口,那就失去了韵文的意义;尤其民歌大都是人民口头创作,当然不会和语音不一致。所以用韵文作为研究语音的资料是可以的。其中可以顾虑的

---

① 《艺文类聚》、《古文苑》都题作晋人。

② 详见本书《两汉诗文韵谱》前《汉赋韵例》一节。

③ 详见本书各谱所附韵字校记。

④ 严氏原书凡例语。

⑤ 其他问题统见本书《韵谱总说》。

是文人的作品有没有拟古的作品。因为文人一向是贵古贱今的，他们受了古人的影响就会去摹拟古人，唐代韩愈的诗就是很明显的例子，因此联想到汉代的杨雄、晋代的陆机，恐亦不免。这诚然是一个难以解决的问题。其次可以顾虑的是同一个时代的作家用韵有宽有严，不很一致。例如东汉的张衡，曹魏时的王粲，晋代的张华，南北朝时的谢庄、谢朓、王融、沈约、常景、江总、颜之推等人用韵都比同时的人谨严，像东汉的班固，晋代的陆机，南北朝时的谢灵运、江淹、庾信等人就比较宽泛。这是怎样的一个问题呢？其中是不是方音上的不同？就很费考较了。陈寅恪先生在《东晋南朝之吴语》[①] 一文里论东晋以后的情形曾说：

> 东晋南朝疆域之内，其士大夫无论属于北籍，抑属于吴籍，大抵操西晋末年洛阳近傍之方言，其生值同时，而用韵宽严互异者，既非吴音与北音之问题，亦非东晋南朝疆域内北方方言之问题，乃是作者个人审音之标准有宽有严，及关于当时流行之审音学说或从或违之问题也。

这种看法认为同一时代内作家用韵的宽严互异是由于作家审音的标准有不同不能说不对。举例来说：由晋张华批评陆机的文章“音楚”一件事[②] 就可以解释明白为什么张华用韵比陆机谨严了。这当然可以解决了一部分的问题。至于其中是不是还跟方音的异同有关，那还要从材料去确定，不宜轻易下断语。除了以上两项问题以外，作家会不会因为受了意思的约束在押韵上也有很勉强的呢？这又是一项问题。据我们想这是免不了的。例如晋陆云作《九

---

① 载中央研究院《历史语言研究所集刊》第七本第一分。

② 见陆云《与兄平原书》，《全晋文》卷一〇二，5页上，《文心雕龙·声律篇》说“张华论韵，谓士衡多楚”，也是本于陆云的这封信。

愍》，其中《悲郢》一章有这样几句："君在初之嘉惠，每成言而永日；怨谷风之攸叹，弥九龄而未彻。愿白献于承闲，悲党人之造膝，舒幽情其曷诉，卷永怀而淹恤！"[①] 这里"日、彻、膝、恤"四字是韵脚，但是"彻"字和"日、膝、恤"不是一韵，他写信给陆机说："彻与察皆不与日韵，思惟不能得，愿赐此一字。"[②] 足见他本人是知道的，可是因为没有别的合适的字可用，所以陆机也没有能够给他改正。这正是作者有时勉强用一个字来押韵的例子，如果作者自己不说，我们就无从知道了。

由以上所说看来，一个时代的韵文对于当时语音所表现的真确程度有时是不够的。在作为研究语音的资料的时候，对于这些性质我们必须要认识清楚才不致为其所误。但是我们也不必过分担忧，像文人拟古的作品和勉强凑韵的韵字，我们固然无法确切知道，可是只要另外还有很多和语音相合的资料，即便偶尔夹杂这一些东西是不会害事的；甚至于尽管作家用韵的宽严有时不一致，如果材料多的话，真正语音的现象自然也会透露出来，只要看我们整理材料的方法和解释材料的观点是否正确了。

本书在审核材料和了解材料一方面已经注意了以上所说的问题，在整理材料一方面也尽力求其正确。韵谱是全书基本的部分，一切结论都是由这些实际的材料中得出来的。有一分材料，才说一分的话。在编定韵谱的时候最主要的工作是分别韵部。韵部的分合是从纵横两方面来考察的，横的方面，在一个时代内应当根据各家用韵的一般现象来决定，纵的方面要照顾到前后时代的流变。其他所有个别的例子只可作为"合韵"看待，另外处理。这就是段玉裁整理《诗

① 见《全晋文》卷一〇一，2页上。
② 见《全晋文》卷一〇二，6页上。

经》韵部所说“不以本音蔑合韵,不以合韵惑本音”[1] 的办法。不过有时材料太少,不易下结论,有时材料太多,通合较广,不易定分合,那么在“考证”之外就要注意“审音”了。有了韵谱以后,再就作家的籍贯或特有的押韵现象来看方音的问题,并且进一步来考察由汉到隋音韵演变的途径,构拟读音。这是本书进行研究的步骤。

经过这一番研究以后,我们知道由汉到隋音韵的演变粗略地可以分为三个大的时期:两汉是一个时期,魏晋宋北魏是一个时期,齐梁陈北齐北周隋是一个时期。这跟于海晏先生的看法是相近的。但是每一个时期内前后时代韵部的分合并不完全一致。例如西汉与东汉、魏与晋宋、齐梁与陈隋,前后都略有不同。如果分得更细一点还是可以的。不过无论如何声韵的转变互有先后,参差不齐,并不是按照时代可以截然分之为三的。如果单从大处着眼,这八百多年之间齐梁是最大的分野,齐梁以后和齐梁以前迥然不同。因为由两汉到魏晋宋六百八十年间(前206—478)声韵总在随着时代转变,由齐梁直到隋末一百四十年间(479—617)变动就很小了,所以也可以分为两个大的段落。可是前六百多年里两汉时期去战国不远,后一百四十年里和《切韵》相近,中间魏晋宋正是上承两汉,下启齐梁,而是转变最厉害的一个时期,因此我们分为三个时期也是很有理由的。底下我们按照这样三个时期分别讨论。

---

① 见《六书音均表》四《诗经韵分十七部表》。

二、周秦韵部与两汉韵部的分合

周秦时代是很长的一个时期,春秋以前将近四百年(前1122—前723),自春秋到周末(前722—前256)是466年,自周末经过秦的统一到秦的灭亡(前255—前207)是48年。在这样一个长久的时期里语言可能是很复杂的。就以春秋时代而论,封建侯国很多,北自燕晋,南至吴楚,东自齐鲁,西至秦都,分立在黄河流域和长江流域的大国前后不下三十馀国,地域辽阔,风习不同,语言自然不能一致。当时列国角逐争长,战争繁剧,会使语言逐渐趋于融合,但是到了战国时期(前403—前221),各国的语言还有很大的出入。《荀子·荣辱篇》说"越人安越,楚人安楚,君子安雅",正可以看出当时方言还很分歧。所以在周秦时期中国各处的语言并不完全相同。现在所说的"周秦音"只是一个概括的名称,用以代表纪元前11世纪到纪元前2世纪的上古音。

研究周秦古音所根据的主要材料有两种:一种是周秦间的韵文,一种是《说文》的谐声字。韵文以《诗经》篇什和《楚辞》中屈宋之作为主,其次是铜器铭文和群经诸子中的韵语。《诗经》是中国最古的诗歌总集,包括民歌和贵族的诗章。其中除《周颂》的时代较早外,其馀多半是西周末叶到东周中叶的作品。这些诗歌能够真正代表当时口语的成分到底有多少,还是疑问,但是单从押韵的情形来看,跟传世的铜器铭文和《楚辞》、群经诸子的用韵大体是一致的[①]。所以根据《诗经》来考察周代的古音是一个重要的起点。至于《楚辞》屈宋的作品和先秦诸子中的韵语，时代都比《诗经》晚，所表现的方音色彩很浓厚，也正是研究战国时期古音的绝好资料。群经的时代很复杂，其中除《周易》、《尚书》、《仪礼》中一部分较早外，其馀很多是晚周到汉初结集而成的书，跟战国诸子的性质又稍有不同。

这一类韵文的材料数量很多，但是用做韵脚的字终属有限，很多的字是不曾用做韵脚的，因此就要利用《说文》的谐声字了。因为从《诗经》的韵字来看，凡是声旁相同的谐声字百分之九十是在一起押韵的，所以我们可以根据谐声的声旁来断定那许多不曾用做韵脚的字应当属于哪一类。还有，韵文的押韵往往有一些参差不齐的现象，如果遇到不能解决的问题，应用谐声字系统和韵文互相比证的方法，有时也可以迎刃而解。所以谐声字也是研究上古音的重要材料。《说文》里所收的谐声字尽管有一些字是汉人所造的，然而大部分还是先秦古书里所有的，以此作为研究的根据，并没有很大的问题。[②]

清代的学者根据以上所说的两种资料来研究周秦古音，自段玉裁分古韵为十七部以后，戴震、王念孙、孔广森、江有诰几家续有修订，在韵类的分辨上已经建立了很好的基础。王氏晚年定古韵为二十二部[③]：

① 铜器铭文有韵的文字很多，详见王国维《两周金石文韵读》和郭沫若《金文丛考》中的《金文韵读补遗》。

② 不过谐声字也不是一个单纯的音韵系统，因为造字的时代有先后，造字的人所根据的方音有异同，其中自然发生许多分歧的现象（参看清丁履恒《形声类编》卷四《形声馀论》），因此谐声字所代表的语音系统和《诗经》时代的语音未必完全相同，在利用来考证古音的时候就不能看得过于呆板。

③ 见王氏《诗经群经楚辞合韵谱》手稿（北京大学藏）和陆宗达《王石臞先生韵谱合韵谱稿后记》（北大《国学季刊》五卷二号）。

1	东	12	支	纸	忮	锡
2	冬	13			至	质
3	蒸	14	脂	旨	鞊	术
4	侵	15			祭	月
5	谈	16				盍
6	阳	17				缉
7	耕	18	之	止	志	职
8	真	19	鱼	语	御	铎
9	谆	20	侯	厚	候	屋
10	元	12	幽	有	黝	毒
11	歌	22	宵	小	笑	药

这种分法已经很精细,一般讨论周秦古音的人都以此为根据①,可是按照谐声的条理其中十三、十四两部还应当重新分划一下。因为王氏《古韵谱》② 内脂部所包括的《广韵》脂、微、齐、支、灰、咍、皆诸韵字在《诗经》押韵上似乎通用不分,在谐声上实际不同。简单来说:微、灰、咍三韵和脂、皆两韵合口是一类,脂、皆两韵开口和支、齐两韵是一类③。因此近人主张把脂部分为脂、微两部:前者为微部,跟入声术韵相承;后者为脂部,跟入声质韵相承。④ 现在把入声韵跟阴声韵分开,排列如下(见下页):

这样一共分为三十一部。其中阴声韵歌部没有相承的入声韵,入声韵盍、缉两部没有相承的阴声韵,大体上分配得很整齐。⑤这是经过

---

① 也有人把阴声韵支、脂、之、鱼、侯、幽、宵七部的入声韵独立,分为二十九部,见黄永镇《古韵学源流》(商务版)。

② 《古韵谱》见《高邮王氏遗书》,排印本,四川成都严氏又有翻刻本。

③ 仅有极少数的例外。

④ 详见王力《上古韵母系统研究》,《清华学报》12 卷 3 期。

⑤ 祭、月两部前人定为一部,现在把去、入两类分立。沃部即王念孙所称的毒部。

1 之	11 蒸	21 职
2 幽	12 冬	22 沃
3 宵		23 药
4 侯	13 东	24 屋
5 鱼	14 阳	25 铎
6 歌		
7 支	15 耕	26 锡
8 脂	16 真	27 质
9 微	17 谆	28 術
10 祭	18 元	29 月
	19 谈	30 盍
	20 侵	31 缉

许多人的考订，从考古审音两方面所得的比较可信的类别，我们可以根据这种类别来说明周秦音和两汉音的异同。

研究两汉音可以根据的材料有三种：(1)韵文，(2)声训，(3)后汉人著述中的音读。韵文包括诗文和子史中的韵语，这是最基本的材料。声训的材料除散见经子注文者以外[①]，班固的《白虎通义》和刘熙的《释名》要算是顶重要的两部书了。至于汉人的音读，其中包括读若、直音、反切三类，读若一类以《说文》为大宗，其他两类都散见在子史的注字里。[②] 这三种材料中声训和音读都是辅佐的资料，内容比韵文的押韵要复杂得多，运用起来也比较困难，所以我们还要以韵文的材料为基础。韵文的材料中诗文用韵较严，子史用韵较宽，二者不宜相混。在两汉的材料中，西汉的材料较少，人数和地域都有限；东汉的材料较多，但是因为声音正在逐渐转变，现象也很错综，甚至

① 这一部分的材料清张金吾《广释名》搜集最丰富。

② 详见清洪亮吉《汉魏音》。

于一个人的作品在用韵上也不一致。所以在进行研究的时候,都有一些困难。尤其是两汉辞赋的句读和韵例都非常复杂,必须考索清楚才能得出正确的结论。要想打破这种困难,就必须有实事求是的精神和历史发展的观点才行。

清人在讨论周秦古音的书里也常常谈到两汉音和周秦音的分别,他们的话大半都是不切实际的,一则因为他们并没有精密的考察过全部的材料,偶尔见到一两点就随便下断语;一则因为他们缺乏历史的观点不分时代的先后,把西汉东汉都混为一谈。例如段玉裁在《六书音均表》里说:"第二(宵)、第三(幽)、第四(侯)、第五(鱼)部汉以后多四部合用,不甚区分。"又说,第十二、十三、十四,三部(真、文、元)"《三百篇》及群经屈赋分用画然,汉以后用韵过宽,三部合用"。[①]孔广森在《诗声类》里说:"阳之与东若鱼之与侯,自汉魏之间鱼、侯混合为一,东、阳遂亦混合为一,似《吴越春秋》、《龟策传》往往有之。"[②]这些话其中都有一部分是不正确的。单凭粗浅的观察印象来谈自然容易流于错误。还有王念孙、张惠言两家搜集了很多汉代韵文中的韵字,但是完全株守周秦古韵的部类来作归类的标准,于是有很多在汉人本为一部的字都认为是合韵了。这样除了有汉人用韵过宽的感觉,还能有什么新的发现呢?由此看来历史发展的观点是非常重要的,论周秦音固然不可以和两汉音相混,论两汉音也不可以和周秦音相混。仅就两汉四百年而论(由汉初到献帝刘协建安十二年,前206—207),东汉和西汉也不尽相同,必须分别看待。

根据我们整理两汉诗文韵字的结果,两汉音和周秦音颇有不同,主要的不同有两方面:(1)韵部的分合不同,(2)同部之内的

① 以上两条均见《六书音均表》一。

② 孔广森的话见《诗声类》卷三。

字类有变动。

韵部分合的不同,在西汉时期最显著的是鱼、侯合为一部,脂、微合为一部,真、文合为一部,质、术合为一部。其次是歌与支、幽与宵通押较多,但是彼此之间仍然保存分立的形势。其馀各部大都和周秦音的类别相同。这样阴、阳、入三声共有二十七部。至于字类上的变动,在诗文用韵里表现得较清楚的是之部尤韵一类的"牛、丘、久"等字和脂韵一类的"龟"字开始转入幽部。另外,鱼部的麻韵字如"家"、"华"之类有转入歌部的趋势,蒸部的"雄"字有转入冬部的趋势,都渐渐和周秦音不同。

到了东汉时期,韵部的部数和西汉相同,但是鱼部麻韵一系的字(家、华)转入歌部,歌部支韵一系的字(奇、为)转入支部,蒸部的东韵字(雄、弓)转入冬部,阳部庚韵一系的字(京、明)转入耕部,这都是很大的变动。就这几点来看东汉音事实上和西汉音并不完全相同。

不过在整个音韵史上,西汉和东汉还是很相近的,所以我们划为一个时期。现在我们把两汉的韵部和代表周秦音的《诗经》韵部比较一下,自然可以明了前后的异同。

	《诗经》音	西汉音	东汉音
阴声韵	之(尤牛丘 脂龟)	之	之
	幽	幽	幽
	宵	宵	宵
	侯	鱼(家、华)	鱼
	鱼		
	歌	歌(奇、为)	歌(家、华)
	支	支	支(奇、为)

	《诗经》音	西汉音	东汉音
	脂	脂	脂
	微		
	祭	祭	祭
阳声韵	蒸	蒸(东雄)	蒸
	冬	冬	冬
	东	东	东
	阳	阳(京、明)	阳
	耕	耕	耕(京、明)
	真	真	真
	文		
	元	元	元
	谈	谈	谈
	侵	侵	侵
入声韵	职	职	职
	沃	沃	沃
	药	药	药
	屋	屋	屋
	铎	铎	铎
	锡	锡	锡
	质	质	质
	術		
	月	月	月
	盍	盍	盍
	缉	缉	缉

这个韵表是根据两汉许多韵文材料经过分析综合而概括出来的，它可以代表两汉四百年间(前206—207)分韵的一个大类，犹如

《诗经》韵部可以作为周秦音的代表一样。当然,各地的方言在韵部的分类上也可能有些不同(后面还要谈到这个问题),但是相差不会很远。

我们有了这一张韵部分合表以后,在读两汉诗文的时候就有很大的便利。有些古书或文学作品的时代不十分明确的也可以根据这个韵部表加以确定。因为一个时代的作品,自有它一定的思想、风格、词汇和音韵,作者尽管托古或拟古,在语音上总会有漏洞的,所以根据语音史来辨别真伪也是一种办法。另外从语音史研究的本身上来说,由上面的比较表也可以解决前人讨论上古音的一些纠纷的问题。例如东、冬分为两部是孔广森的发明,王念孙年登八十的时候还不肯承认他的说法是确当的[①],但是我们现在从两汉音的分类上很清楚地可以知道孔广森的分法是正确的。又如上古音四声的分别,前人的意见颇不一致,顾炎武认为古人四声一贯,段玉裁认为古有平上入而无去,王念孙、江有诰认为古人实有四声,特与后人所读不尽相同[②],异说歧出,莫衷一是。但是现在从汉人用韵来看,阴声韵除祭部只有去声以外,其馀各部都是平上去三声具备的;阳声韵除蒸冬两部只有平声以外,其馀也是如此。最值得注意的是在《诗经》音中与阴声相承的入声韵在两汉时期大体都和阴声韵的去声分用,《诗经》音的祭部在两汉时期也是去入分用的。由此可以证明江有诰的说法是对的。下面我们分部加以说明。

① 见江有诰《音学十书》卷首22页《王石臞先生来书》。

② 见江氏《音学十书·唐韵四声正》。

三、两汉韵部分论

1. 阴声韵

之　部

《诗经》音之部包括下面几类字：

之　《广韵》之、止、志三韵字。

咍　《广韵》咍、海、代三韵的一部分，如該台來才哉臺灾，海在，再態菜代等字。

灰　《广韵》灰、贿、队三韵的一部分，如灰恢媒梅梧，悔，佩晦等字。

皆　《广韵》皆、怪两韵的一部分，如豺，戒誡械怪等字。

尤　《广韵》尤、有、宥三韵的一部分，如尤郵謀牛丘罘，有支久疚婦負右，囿富舊等字。

侯　《广韵》厚韵母畝等字。

脂　《广韵》脂、旨、至三韵的一部分，如龜，丕否鄙，備等字。

真敏　《广韵》轸韵敏字。

凡在谐声上和"台梟來才𢦏臺里貍思絲其臣而兹甾司辭苎之疑能㠯矣止齒巳己耳士喜子史吏事采友丕宰鄙寺乃再莆某母佩亥婦負又有右尤丘牛郵友久龜"等字有关系的都属于这一部。

两汉这一部大体和《诗经》音相同，惟有尤韵一类里面“牛”、“丘”、“久”、“疚”、“舊”几个字和脂韵一类的“龜”字都归入幽部。“牛”、“丘”两个字在两汉诗文里都和幽部字通押，没有例外。[①]“久”字在诗文里见到七次，其中只有东方朔的《七谏·怨世》里以“久色侍菜志識代志置侍思事”为韵（《汉文》25/2下）[②]，其馀都跟幽部字押韵。从“久”得声的“疚”字，张衡《东京赋》和“酒叟壽”押韵，也归幽部。“舊”字见到四次：

韦孟《在邹诗》：　舊朝（“朝”，宵部字）（《汉诗》2/2上）

韦玄成《戒子孙诗》：　事舊（《汉诗》2/8上）

崔瑗《郡太守箴》：　舊守（《后汉文》45/3下）

张衡《西京赋》：　衺郛舊（《后汉文》52/6下）

除韦玄成用“舊”字和本部字叶韵外，崔瑗、张衡都用它跟幽部字叶韵。“舊”从“臼”得声，蔡邕《题曹娥碑后》曾以“婦臼”为韵（《后汉文》79/8下），“臼”是幽部的字，“婦臼”相押是之、幽两部合韵，我们不能根据这个例子来断定“舊”字在两汉仍然和《诗经》一样属于之部。

至于脂韵的“龜”字，《诗经》音是属于之部的，在两汉诗文里就变到幽部里去了，如：

杨雄《荆州箴》：　調茅龜饒（“饒”，宵部字）（《汉文》54/2下）

班固《幽通赋》：　周幽龜謡條流（“謡”，宵部字）（《后汉文》24/10上）

崔骃《达旨》：　龜流憂求（《后汉文》44/4）

张衡《西京赋》：　鮋龜牛秋（《后汉文》52/10）

这些例子里“龜”字都跟幽部字相叶，它的声音已经和《诗经》不同，我

① 在《史记》褚少孙补《龟策列传》里有“牛谋期来”在一起押韵的一个例子。在崔篆《易林》里“牛丘”与之部字在一起押韵的较多，也有和幽部、鱼部合韵的。

② 括号内斜线前的数字是卷数，斜线后的数字是页数。

们应当把它归入幽部①。

以上所说是《诗经》音属于本部的字在两汉有转入幽部的。另外还有《诗经》音属于幽部的字，到两汉转入本部的。那就是“軌”字。在《诗经》里“軌”字一见，和“牡”字叶韵，“軌”、“牡”都是幽部字。其他从“九”得声的像“仇”、“究”等字也属幽部。但是在两汉韵文里“軌”字都跟之部上声字叶韵，如：

杨雄《博士箴》：　軌士（《汉文》54/8下）

崔篆《慰志赋》：　軌齒子（《汉文》61/7上）

傅毅《洛都赋》：　軌市（《后汉文》43/1上）

傅毅《明帝诔》：　有母耳軌（《后汉文》43/6下）

班固《幽通赋》：　已汜趾軌（《后汉文》24/10上）

蔡邕《释诲》：　止紀否已軌恥（《后汉文》73/7下）

蔡邕《陈寔碑》：　止否淄恥軌（《后汉文》78/3上）

由此可证“軌”字已经转入本部②，这正是晋以后转入脂部的一个过程，很值得我们注意。

另外需要特别指出的是“郵”、“負”、“敏”、“髦”几个字也应当属于本部。“郵”字仅见于班倢伃的《自悼赋》（《汉文》11/7上），她用“時思詩郵周兹滋災求幽郵流期休”这些字在一起叶韵，其中“周求幽流休”几个字都是幽部字，这里当然是之、幽合韵，但是“郵”字究竟是属于之部呢？还是属于幽部呢？这个问题很容易解决。因为“郵”字是“過郵”的意思，和“尤”字通用，“尤”字是属于本部的字，所以“郵”字

① 《淮南子·说山篇》“竈狸”叶韵，“竈”在之部。在《史记》褚少孙补《龟策列传》里“竈”字有一处跟幽部字叶韵：“留囚竈求”，有两处同之部字叶韵：“竈期”，“謀治埃時來竈哉”。

② 班固《汉书·宣元六王传》“子敏理軌里”等字叶韵，也是同样的例证。杨雄在《太玄》里“軌”字押韵的情形就比较分歧了。

也当在本部。“負”字仅见于王延寿《鲁灵光殿赋》(《后汉文》58/2上),以“拄凑句據負注赴趣”叶韵,“拄凑”等字都是鱼部字,“負”字的部类就很难定。《诗经》音“負”属于之部,晋以后属于幽部。可是这个字和“婦”字、“丕”字在汉代是声音相近的字,《史记·高祖本纪》“常從媪武負貰酒”,“負”和“婦”是音义相通的;《书·金縢》“是有丕子之責於天”,“丕”《史记·周公世家》作“負”。“婦”、“丕”在汉代都是之部字,“負”字也应当属于之部。[①] “敏”字见于《郭辅碑》(《后汉文》106/5下),以“祉敏似止在祀”叶韵,应当属于之部。这和《诗经》音是相同的。另外在《汉书·隽疏于传》以“敏理仕”叶韵,《宣元六王传》以“子敏理軌里”叶韵,也可以证明“敏”字当在本部。一直到三国的时期还是如此。[②] “氂”字仅见于《魏郡舆人歌》,以“氂灾時兹”为韵(《汉诗》5/3上),“氂”《广韵》音毛,古代当有釐字一音,《礼记·经解》“差若豪氂牦”,“豪氂”就是“毫釐”,依照《舆人歌》押韵的情形,“氂”字是可以归入本部的。

幽 部,宵 部

《诗经》音幽部包括下面几类字:

豪 《广韵》豪、皓、号三韵的一部分,如牢曹陶騷,皓老道草造好考,報好等字。

肴 《广韵》肴、巧、效三韵的一部分,如包茅膠,飽卯,孝等字。

萧 《广韵》萧、筱、啸三韵的一部分,如蕭條聊,鳥蓼,歗等

---

① 崔篆《易林》《屯之恒》、《师之姤》、《泰之同人》、《损之复》都以“負子”叶韵。“子”是之部字。又《离之同人》、《旅之明夷》以“負咎”叶韵,“咎”是幽部字。

② 见何晏《景福殿赋》、嵇康《琴赋》。但是《释名·释言语》说:“敏閔也,進叙無否滞之言也,故汝颍言敏如閔也。”是“敏”字自汉末已经有和“閔”字相同的读法。

字。

尤　《广韵》尤、有、宥三韵除少数字归之部以外，其馀都在本部。

幽　《广韵》幽、黝、幼三韵的字。

侯　《广韵》厚韵的叟字、牡字，候韵的茂字、戊字。

宵　《广韵》宵韵的莜字、椒字。

脂　《广韵》脂韵的逵字，旨韵的軌字、簋字。

凡在谐声上和“九州求流休舟憂游曹攸秋皋翏舀髟卯丣留周矛柔包匋孚壽幽酉酋臭叟牢爪叉丩囚秀冒好報手老牡嘼雔帚首道守阜缶由戊丑考保簋劉肘受棗韭臼咎草昊孝鳥彪牟蒐牖早討幼𣪘就奥埽”等字有关系的都属于这一部。

《诗经》音宵部字包括以下几类：

豪　《广韵》豪、皓、号三韵的一部分，如高劳豪毛刀桃，倒潦，盗悼到懆暴等字。

肴　《广韵》肴、巧、效三韵的一部分，如郊巢，效教罩等字。

萧　《广韵》萧、篠、啸三韵的一部分，如堯苕僚，皎，弔等字。

宵　《广韵》宵、小、笑三韵的字。

凡在谐声上和“毛尞小少票麃暴夭敖卓勞交高喬刀召到兆苗䍃要爻教巢弔堯盗皃梟號了叉焦朝料表杳𡿺猋喿翟”等字有关系的都属于这一部。

两汉的韵文这两部虽然通叶的例子很多，但是其间仍然有分野。首先我们看到这两部彼此通叶的多半是两部中所属《广韵》萧、宵两韵的字，例如幽部的“條”、“调”，宵部的“摇”、“朝”、“少”、“表”、“廟”、“妙”之类都是，尤其宵部的“少”字、“表”字几乎完全和幽部通押；另外两部中的豪韵一类的平去两声字就很少在一起押韵，只有幽部的豪韵上声字“老”、“道”、“草”、“保”之类跟宵部的豪韵、宵韵上声字在一起押韵。从这一点就可以看出幽、宵两部的分野。其次我们看到幽部和之部有时通押[①],但是宵部和之部通押的例子就没有,由此也可以知道这两部是有分别的。

但是这两部和《诗经》音仍然有不同的地方。《诗经》音属于幽部的“軌”字在两汉音已转入之部,《诗经》音之部的“牛”、“丘”、“龜”、“久”、“疚”、“舊”一些字在两汉则转入幽部,这在前面已经说过了。《诗经》音宵部押韵的例子在四声上的分别是不甚严格的,所以段玉裁误为只有平声一类,但是在两汉韵文里宵部平上去三声分别很严,和《诗经》就很不相同了。

还有两汉韵文里幽部豪韵一类的上声字和尤韵一类的上声字是不常在一起押韵的,这种现象在《诗经》里表现得还没有这样显著,这正是幽部豪韵系和尤韵系渐渐离析的开端,到三国以后豪、肴、萧几韵便都并入宵部了。可是在于海晏的《汉魏六朝韵谱》里把这一部豪韵系的上去声字就一律归入宵部,恐怕也不妥当,因为平声没有并,单并上去声,是不合适的;同时我们看到班固《幽通赋》以“道茂”为韵(《后汉文》24/10上),边让《章华台赋》以“考道肘草老”为韵(《后汉文》84/11下),胡广《侍中箴》以“道右首”为韵(《后汉文》56/7下),阙名《费凤别碑》以“紀道舅好喜”为韵(《后汉文》103/7下),例子虽少,但是很重要,如果当作合韵来看,那就把问题放走了。[②]

---

① 幽部字和之部通押的固然多半是尤韵系的字,但是仍然有豪韵系的字,如“陶”、“遭”之类。

② 诗文以外的材料可以证明“道”、“寶”、“造”、“蚤”、“稻”、“抱”、“考”、“禱”等字应当属于本部的例子倒很多,如褚少孙补《史记·龟策列传》“受寶”为韵,“道紂咎寶留”为韵;杨雄《太玄》《永》“道咎”为韵,《玄图》“友道守”为韵,《玄掜》“造醜”为韵;《易林》《坤之渐》“蚤道憂好”为韵,《需之豐》“好壽”为韵,《小畜之坎》“酒禱”为韵,《履之归妹》“茂稻”为韵,《大有之井》“道守咎”为韵,《临之蒙》“酒禱考”为韵,《坎之震》“酒抱”为韵。这些都值得我们注意。

鱼 部

《诗经》音鱼部包括以下几类字：

模 《广韵》模、姥、暮三韵字。

鱼 《广韵》鱼、语、御三韵字。

虞 《广韵》虞、麌、遇三韵的一部分，如夫娱吁虞芋膚，羽雨宇甫父武辅，赋惧等字。

麻 《广韵》麻、马、祃三韵的一部分，如牙爪家華邪葭巴，馬者野夏下寫舍寡，夜射暇稼等字。

凡在谐声上和“且者父甫于夸夫牙叚家車巴吴虍盧古居瓜烏於與卸射去亞魚舍余素瞿贾莫庶麤巨矩壶奴圖乎土無毋巫疏馬吕鹵下女處羽雨五吾予午許户武鼠黍禹鼓夏宁旅寡圉魯兔初步互股社如虞蠱”等字有关系的都属于这一部。

这几类字在西汉时期和《诗经》一样是在一起押韵的，但是还跟《诗经》的侯部字合用，没有显著的分别。《诗经》音的侯部包括以下两类字：

侯 《广韵》侯、厚、候三韵字。

虞 《广韵》虞、麌、遇三韵的一部分，如愚隅芻株濡榆摳趨駒，主愈數，樹附務[①] 等字。

凡在谐声上和“婁句朱禺區侯几殳需須俞芻后取後臾口尌厚主冓走斗奏豆付豛具扁”等字有关系的都属于侯部。

鱼、侯两部合用是西汉时期普遍的现象，这是和周秦音最大的一种不同。作家之中除仅仅存下一两篇文章的不算以外，像贾谊、韦孟、严忌、枚乘、孔臧、淮南王刘安、司马相如、中山王刘胜、东方朔、王

---

① “務”字列为侯部字，从王念孙《六书音均表书后》说。

褒、严遵、杨雄、崔篆这些人的作品，没有不是鱼、侯两部同用的。惟有刘向、刘歆父子所作似乎和《诗经》的部类相同，然而也很难确定，如：

刘向《九叹·怨思》：　鄒榆（侯部）語去（鱼部）

《愍命》：　夫廬（鱼部）腐詬（侯部）

《远逝》：　梧湖（鱼部）顧故（鱼部）

《忧苦》：　楚宇（鱼部）

《离世》：　慕故（鱼部）

《惜贤》：　暮度（鱼部）

刘歆《遂初赋》：　攄居（鱼部）扶吾（鱼部）都紆（鱼部）

这些例子鱼、侯两部分别得很清楚。但是刘向的作品里也有鱼部字和幽、侯两部通叶的例子，如《九叹·远游》以“浮霧舉”为韵，“浮”是幽部字，“霧”是侯部字，足证鱼部和侯部声音是相近的。还有像《九叹·逢纷》以“耄露”为韵、《远逝》以“珠旄”为韵，“耄”、“旄”都是宵部字，音同调不同。既然鱼部的“露”字可以跟宵部的“耄”字叶韵，侯部的“珠”字也可以跟宵部的“旄”字叶韵，更可以证明鱼、侯两类声音必然相近了。还有刘向和淮南王刘安、中山王刘胜都是同宗，刘安、刘胜比刘向早一百多年，他们的文章里已经鱼、侯合为一韵[1]，那么刘向的时候更不会鱼、侯是两类完全不同的声音了。因为他的文章里用韵表现得很特殊，所以特别提出来说明一下。

《诗经》音鱼、侯两部到了西汉合为一部固然是一个大的转变，可是到了东汉又和西汉不同了。东汉鱼、侯也是合为一部的，但是鱼部

---

① 在《淮南子》里鱼、侯两部也是合用的，例如《兵略篇》“後伍”为韵，《原道篇》“御霧”为韵、“步驟”为韵，《览冥篇》“度數”为韵。

麻韵一系的字已转到歌部去了,这也是一大转变。不过像班固、张衡、崔骃等人仍然有跟本部相叶的例子。如:

班固《十八侯铭》: 徒邪都家("王吸")(《后汉文》26/6上)

雅旅下後("靳歙")(《后汉文》26/5上)

《东都赋》: 武雅(《后汉文》24/7上)

《幽通赋》: 寡禦予(《后汉文》24/9下)

张衡《思玄赋》: 迓夜塗路布(《后汉文》52/4下)

《西京赋》: 馬寡鹵(《后汉文》52/10下)者睹五土苦(52/11下)

《东京赋》: 固塗庫暇(《后汉文》53/1下)

《七辯》: 嫮暇素顧(《后汉文》55/1下)

崔骃《安封侯诗》: 馬弩(《汉诗》2/9下)

这里面的"家雅下野寡馬者迓夜暇"一类的字都跟本部字押韵,和西汉的情形一样。但是这一类字的声音已经开始转变了。以"家"、"華"两个字做例,班彪《北征赋》"娑那加佗邪圖峨家波"叶韵,张衡《西京赋》"家過加"叶韵、"家華何"叶韵,班固《答宾戏》"波華"叶韵。"家"、"華"都和歌部通叶,足见这一类麻韵字也渐渐读同歌部了。不过在开始演变的时候,文人用韵常有不一致的现象,有的规摹前代,有的根据当时的读音,所以参差不齐。尤其是大家,这种现象格外显著。①

另外我们还可以看出一种事实,"家"、"華"一类平声字在西汉已经有和歌部押韵的例子,但是"馬"、"下"、"寡"、"雅"一类的上声字就绝对没有这种例子②,到了东汉还是不十分多,直到魏

① 班固《汉书·叙传》、《沟洫志》"渠家"为韵,《古今人表》"舉下叙"为韵,《张周赵任申屠传》"古下緒"为韵。

② 直到《易林》里还是如此。《易林》里鱼、歌两部合韵的例子很少,只有"家"字有合韵的例子,如《师之萃》"啞家和"为韵、《蛊之解》"家和"为韵。

晋以后才完全和歌部字押韵，足见上声字可能有它的特殊性，变动没有平声那样快。

还有一种事实我们须要留意，就是“野”字和“車”字的读音问题。“野”字在东汉除冯衍、李尤、赵壹作品里和歌部押韵外，其馀像班固、张衡、崔瑗、王延寿等都和鱼部字押韵。如：

班固《西都赋》： 表署野布（“表”，宵部字）（《后汉文》24/5上）[1]

张衡《思玄赋》： 野渚予伫女（《后汉文》52/3上）

崔瑗《河堤谒者箴》： 柱滸野（《后汉文》45/3下）

王延寿《鲁灵光殿赋》： 序鲁宇輔野（《后汉文》58/1下）

冯衍《显志赋》： 禍野（《后汉文》20/3上）

李尤《舟楫铭》： 野可（《后汉文》50/11下）

赵壹《穷鸟赋》： 野下者左我可墮火（《后汉文》82/9上）

这种分在两部押韵的情形一直到魏晋还是如此，我们猜想在东汉的时候可能有两种读音。《广韵》“野”字一音“承与切”，在语韵，一音“羊者切”，在马韵，也许就是有这样的分别。音墅代表古音，音冶代表今音。或者是读书音和口语音的不同。[2] 因此我们把它兼收在鱼、歌两部。至于“車”字在西汉是鱼部字，但是在东汉有的跟鱼部字押韵，有的就跟歌部字押韵。跟鱼部字押韵的，如：

崔骃《东巡颂》： 騶徒車旄（“旄”，宵部字）（《后汉文》44/6下）

张衡《西京赋》： 徒狐駼猢䴥輿車且（《后汉文》52/10上）

马融《广成颂》： 俎衢厨車（《后汉文》18/12下）

---

① 班固《汉书》《叙传》、《匈奴传》以“武怒野”为韵。

② 晋人有读“野”音與的。《周礼·夏官·职方氏》：“其泽薮曰大野”，《释文》：“野如字，刘（昌宗）音與。”（《周礼音义》下十上）徐邈以汝反。

桓帝时《童谣》： 枯姑胡車胡 逋徒車(《汉诗》5/6下)

跟歌部字押韵的，如：

黄香《九宫赋》： 車蛇(《后汉文》42/7上)

李尤《九曲歌》： 斜車(《汉诗》2/11上)

张衡《西京赋》： 颰車葩蛇(《后汉文》52/11上)

蔡邕《协和婚赋》： 車跪華(《后汉文》69/3下)

古乐府《相逢行》： 車家(《汉诗》4/4下)

古乐府《长安有狭斜行》： 斜車家(《汉诗》4/4下)

古乐府《孤儿行》： 芽瓜車家多(《汉诗》4/7上)

这种情形和"野"字一样，我们想"車"字在当时也是有两种读音的。汉末刘熙《释名·释车》说："车古者曰车，声如居，言行所以居人也；今曰车，声近舍，车舍也，行者所处若居舍也。"这是一个很好的证明。[1]《广韵》"車"字一音九鱼切，在鱼韵；一音尺遮切，在麻韵。东汉时期也就有这种区别了。音居代表古音，音尺遮切代表今音。也就是读书音和口语音的不同。文人押韵常常不拘一格，所以有分歧的现象，有时同一个人的作品也不完全一致。"車"字就是一个很好的例子。从东汉直到齐梁以下都是如此。但是民间的作品就不然了，从东汉直到齐梁都是按照口语音尺遮反来押韵的，在上面所举古乐府的例子就是很清楚的证明。这一点是我们研究语言史和古典文学的人应当特别注意的。依照上面的讨论，本书韵谱里就把"車"字兼收在鱼、歌两部了。

歌 部，支 部

歌部和支部在《诗》韵里是分划很清楚的两部。歌部包括以下几

① 《诗经·召南·何彼襛矣》，《释文》引吴韦昭《辨释名》："车古皆音尺奢反，后汉以来始有居音。"这种说法和刘熙不同。

类字：

歌 《广韵》歌、哿、箇三韵字。

戈 《广韵》戈、果、过三韵字。

支 《广韵》支、纸、寘三韵的一部分，如爲奇皮宜離施池危，侈靡，詈議等字。

麻 《广韵》麻、马、禡三韵的一部分，如麻加沙蛇嗟差，瓦，駕等字。

脂 《广韵》至韵地字。

凡在谐声上和"它咼爲皮可何哥离離也施危[1] 我義羲加多宜奇差麻靡虧麗[2] 羅羆化左禾垂吹沙瓦隋坐果惢卧戈那"一类字有关系的都属于歌部。支部包括以下几类字：

齐 《广韵》齐、荠、霁三韵的一部分，如圭携，帝鬄等字。

佳 《广韵》佳、蟹、卦三韵字。

支 《广韵》支、纸、寘三韵的一部分，如支枝提卑斯知篪，是氏，刺易等字。

凡在谐声上和"支斯圭巂卑知虒氏是此[3] 只解朿帝易厄奚兒規買"一类字有关系的都属于支部。

但是在晚周的时候歌部字已经有跟支部相通的例子，如《楚辞·九歌·少司命》"離知"为韵，《老子》《能为》"離兒疵爲雌知"为韵，《反朴》"雌谿谿離兒"为韵，《庄子·在宥》"知離"为韵，《韩非子·扬权》"地

① 危声段玉裁归支部，此从江有诰、张惠言、朱骏声。

② 麗声段玉裁、张惠言归支部，此从江有诰、朱骏声。案《诗》韵不见麗字，就汉人用韵情形来看，麗声当属歌部。

③ 此声段玉裁、王念孙归脂部，此从孔广森、江有诰。

解”为韵,《吕氏春秋·精谕》“疵知窥離”为韵[①],这些例子里“離”、“地”两个字都跟支部字通押。

到西汉时期歌、支两部相叶更为普遍。几乎支部的字都跟歌部字押韵,如:

平声

枚乘《七发》:　枝離谿(《汉文》20/5 上)

司马相如《子虚赋》:　陁𦏁施鵝加池(《汉文》21/2 下)

崖陂波(《汉文》21/4 上)鵕𦏁(《汉文》21/5 下)

中山王刘胜《文木赋》:　崖枝雌啼儀知斯(《汉文》12/6 下)

东方朔《七谏·哀命》:　知離(《汉文》25/4 上)

刘向《九叹·愍命》:　柴荷(《汉文》35/7 上)

杨雄《蜀都赋》:　峗倚崎施倚峒嶰(《汉文》51/1 下)蚍鱅(51/2 上)多桅蘺斯(51/2 下)

杨雄《甘泉赋》:　施沙厓(《汉文》51/5 下)峨厓(51/6 上)

杨雄《羽猎赋》:　池河崖陂(《汉文》51/8 下)碕螭蠵(51/9 上)

杨雄《光禄勋箴》:　籬岐(《汉文》54/5 下)差虀(54/5 下)

上声

司马相如《子虚赋》:　靡豸[②](《汉文》21/4 上)

王褒《洞箫赋》:　迤睨(《汉文》42/2 上)

杨雄《解难》:　此彼(《汉文》53/4 上)

去声

---

① 此类韵例并见江有诰《音学十书·先秦韵读》。“地”字,《诗·小雅·斯干》跟“裼”字叶韵,“裼”也是支部字。

② “豸”字段氏、朱氏都列在支部,江有诰列在脂部。案司马相如《上林赋》云“陂池貏豸”,“貏豸”是叠韵词,“貏”从卑得声,“卑”是支部字,“豸”应当列在支部。还有古书所记兽名有叫“獬豸”的,“獬豸”也是叠韵词。

司马相如《子虚赋》：　化義帝(《汉文》21/6 上)

杨雄《博士箴》：　化易(《汉文》54/8 下)

以上“枝岐谿鷄隄厓崖此呲雌柴帝啼知斯鱺蠵蘖豸睨易廦懈繫”等字《诗》韵都是属于支部的，现在都跟歌部通押。[①] 支部字单独押韵的比较少，在韵文里有下面五个例子：

刘歆《遂初赋》：　卑鞮(《汉文》40/2 上)

王褒《四子讲德论》：　帝智(《汉文》42/8 下)

刘向《九叹·愍命》：　嬖智(《汉文》35/6 下)

刘向《高祖颂》：　系帝(《汉文》37/9 上)

武帝太初中谣：　繫帝(《汉诗》5/5 上)

根据这些材料来看，西汉时期歌、支两部的读音是很接近的，很像是并为一部。但是歌部字可以跟鱼部字押韵，而支部字绝不跟鱼部字押韵，足见歌、支两部还不能就作为一部看待。所以我们还把它分为两部。

可是，到了东汉，歌部和支部有了新的变化。鱼部的麻韵一系的字并到歌部里来(见上文 325、326 页)，而歌部的支韵一系的字并入到支部里去。这是一个很大的转变。东汉的支部里面包括《广韵》支、佳两韵和齐韵从“奚”、从“是”、从“兒”、从“巂”、从“圭”、从“殹”、从“帝”、从“奎”诸声的字，而且《诗经》音属于脂部的“爾”字、“累”字和从“爾”、从“累”得声的字从东汉开始也转入支部。[②] 例如：

---

① 歌、支通押的例子在汉人的著作里还有很多。例如：《淮南子·主术篇》叶“規離”；杨雄《法言·渊骞》叶“規隨”；《易林》《乾之涣》叶“隨罷雌”，《需之无妄》叶“珪河”，《困之坎》叶“河涯他”，《艮之大有》叶“知頗”；《素问》二十四之三叶“堤離”。

② 西汉刘歆《甘泉宫赋》“梯依棲瀰泥”押韵(《汉文》40/3 上)，“瀰”在脂部。王褒《圣主得贤臣颂》“累指”押韵(《汉文》42/9 下)，“累”在脂部。

张衡《西京赋》：　馳彌卑(《后汉文》52/11上)

古诗：　綺爾被解此(《汉诗》3/8上)

班固《幽通赋》：　誼避累(《后汉文》24/10下)

这一点也和《诗经》音不同。

还有"蛇"字在语言上代表两个语词，一个是"龙蛇"的"蛇"，一个是"委蛇"的"蛇"，在西汉都属于歌部，如：

刘向《九叹·远逝》：　和虵犧披(《汉文》35/4下)("佩苍龙之蚴虬兮，带隐虹之逶虵。")

杨雄《反离骚》：　蛇歌(《汉文》52/6上)("既亡鸾车之幽蔼兮，焉驾八龙之委蛇。")

这两个"委蛇"的例子都和"龙蛇"的"蛇"韵类相同。可是到东汉就不同了。凡是"龙蛇"字都属于歌部，"委蛇"字都属于支部，分别画然，无一例外。现在我们就同一个人的作品来做比较：

黄香《九宫赋》：　車蛇(《后汉文》42/7上)("左青龙而右觜觿，前七星而后腾蛇。")

黄香《九宫赋》：　池歷釵袿蛇奇(《后汉文》42/7上)("戴棨岌而带缭绕，曳陶匏以委蛇。")

张衡《西京赋》：　歌葭阿娥蛇(《后汉文》52/10下)("惊蝄蜽，惮蛟蛇。")

张衡《西京赋》：　颭車葩蛇(《后汉文》52/11上)("蟾蜍与龟，水人弄蛇。")

张衡《西京赋》：　差離羆篪蛇靡褷(《后汉文》52/10下)("女娥坐而长歌，声清畅而蝼蛇。")

张衡《南都赋》：　螭觿蛇池陂涯(《后汉文》53/7下)("巨蜯函珠，驳瑕委蛇。")

这是很有趣味的现象。《广韵》里面"蛇"字有食遮反一音，在麻韵，训

"毒虫",又有弋支切一音,在支韵,训"蝼蛇",正是这种的区别。[①] 既然文义不同,声音也不同,所以本书就把它兼收在歌、支两部。

脂　部

《诗经》音脂部包括的字类很多,依照江有诰的分法有脂、微、皆三韵和咍、灰、齐、支等韵的一部分:

脂夷、微衣、皆怀、咍哀、灰回、齐妻、支尔

相承的入声韵有质、术、栉、物、迄、没、屑七韵和黠韵的一部分:

质日、术出、栉瑟、物弗、迄乞、没忽、屑血、黠八

但是王念孙认为这一部的去声和入声有一部分字在《诗经》里是独用的,应当分出来独立成为一部,包括从"至致疐壹質吉七日疾悉栗黍畢乙失八穴屑必宓血匹即節徹设"一类的字和"閉實逸一抑"等字。这一部只有去入,而无平上,王氏称它为至部。[②] 他曾经把这种分法告诉江有诰,但是江有诰并没有听从他的话,还是合为一部。他答复王念孙说[③]:

> 论古韵必以《诗》、《易》、《楚辞》为宗。今此部于《诗》、《易》似若可分,而《楚辞》分用者五章……合用者七章。……《楚辞》而外,则尤犬牙相错,平侧不分,其不能离析者一也。……质术二部《诗》中与祭部去入合用十一章……亦无平侧宾主之辨,其不能离析者二也。

① 不过在魏晋之间也有不守这种区别的。如魏文帝曹丕《临涡赋》叶"渦波迤和柯華"(《三国文》4/2上),卞兰《许昌宫赋》叶"峨蛇阿波華多"(《三国文》30/12),陆机《答贾谧诗》叶"峨和蛇華"(《晋诗》3/10下),"蛇"都是"委蛇"字,就都跟歌部字押韵。

② 王说见《经义述闻》卷三一"古韵二十一部"条,又见《与江晋三书》、《与丁若士书》。

③ 见江有诰《音学十书》卷首《复王石臞先生书》。

我们看江有诰举《楚辞》的例子来证明先秦以上脂、至两部不分，这话对《楚辞》来说是对的，对《诗经》来说就是错的，因为《楚辞》和《诗经》的时代不同。时代不同，声音就不一定相同。如果专就《诗经》音来讲，王念孙的说法是很正确的。不过从谐声跟阴阳对转的关系来看，脂部的平上声也还可以分为两部。简单说起来，脂、皆两类的开口和齐、支是一部，脂、皆两类的合口和微、灰、咍是一部。前一部我们称为脂部，后一部我们可以称为微部。王念孙所分的至部应当是脂部的去声和入声。这一点在近人的著作里已经考察得很清楚了（见上文312页）。这样在阴、阳、入对转的关系上可以配合得很好：

脂——质——真

微——術——文

现在我们把脂、微两部的字类写出来。脂部字包括以下几类：

脂 《广韵》脂、旨、至三韵的一部分，如夷私咨尸脂耆伊眉尼遲葵，矢几美履旨視比水，利二四至次自季等字。

皆 《广韵》皆、骇、怪三韵的一部分，如皆諧階，楷，届等字。

齐 《广韵》齐、荠、霁三韵的一部分，如泥犀妻迷，米弟體禮濟，细計戾惠詣噎等字。

支 《广韵》支、纸、寘三韵的一部分，如紕，爾邇瀰等字。

凡在谐声上和“夷伊師私耆犀眉皆齊妻西尼稽氏比米次利几美矢死履兕旨弟豊癸示至致利二自四棄戾細計惠季貳”等字有关系的都属于脂部。微部的字包括以下几类：

微 《广韵》微、尾、未三韵字。

脂 《广韵》脂、旨、至三韵的一部分，如遺悲追誰綏纍，唯位肆冀器暨鼻萃類遂等字。

咍 《广韵》咍、海、代三韵的一部分，如開哀闓，愷，槩慨愛逮等字。

灰 《广韵》灰、贿、队三韵的一部分，如枚推崔雷回，罪餒，内退對配輩昧等字。

皆 《广韵》皆、怪两韵的一部分，如乖懷衰，壞喟等字。

支 《广韵》支、纸、寘三韵的一部分，如委衰萎燬等字。

戈 《广韵》戈、果两韵的蓑倭火等字。

凡在谐声上和“衣希幾斤祈非飛肥妃微歸韋軍威委開哀枚追隹蘈雷衰鬼魏回畏乖褢豈尾畾罪毁火帥气既豙鼻畀類轡卒遂祟位費未貴卉胃尉畝隶愛肆冀退内隊配對”等字有关系的都属于微部。

以上是但就谐声来分的。在《诗经》里虽然分别得不大严格，有时脂、微通叶，但是两部分用的例子还是占多数，其间仍然有分野。在群经、《楚辞》里也是如此。另外应当指出的一种现象，就是微部和歌部有时在一起押韵，但是脂部和歌部押韵的几乎没有。从这一点也可以看出它们之间的读音多少是有区别的。[①]

可是到了两汉时期脂、微两部除了上声有一点儿分用的迹象以外，平去声完全同用，没有分别。[②] 至于入声，也是如此。江有诰不立至部固然和《诗经》不合，但是和两汉的诗文是相合的。我们举至部“至”字来看：

司马相如《子虚赋》： 洌至(《漢文》21/2上)隸至(《汉文》21/3下)

王褒《四子讲德论》： 至比(《汉文》42/8下)

① 例如：《易》《艮》六二叶“腓隨”，《家人》彖传叶“義謂”；《礼记》《乐记》叶“和畏”，《月令》叶“味和氣”；《楚辞》《九歌·东君》叶“雷蛇懷歸”，《远游》叶“妃歌夷蛇飛佪”。

② 上声分用最显著的是脂部的齐、皆一类的上声字，如“啓”、“第”、“禮”、“體”、“楷”、“濟”等。在西汉时期脂、微两部的平声固然合用，但从别方面的材料来看还是微部字跟歌部合韵的多，而脂部就很少。譬如《易林》脂、微平声和歌部合韵的有23个例子，其中有18个例子是微部字，5个例子是脂部字，就是很好的参考。

马融《樗蒲赋》： 帥沸雉至潰悴(《后汉文》18/5上)

这几个例子里"至"字都跟王氏脂部字通押。[①]

王氏所分脂、至两部的入声质、术两部，汉代也是通用为一类的，这在后面质部下再谈，现在单举去入通叶的例子来看：

王褒《洞箫赋》： 慣惠棄肆遂味懟失氣類頓貴(《汉文》42/2上)

杜笃《论都赋》： 渭類實溉遂(《后汉文》28/3下)

张衡《东京赋》： 戾洎質贄二(《后汉文》53/3上)

祢衡《鹦鹉赋》： 轡瑟類頓淚欷(《后汉文》87/2上)

上列"失"、"實"、"質"、"瑟"等字都是王氏所分至部的入声字，它们也跟王氏脂部的去声字叶韵。由此可证江氏不分脂、至两部正跟汉代韵文相合。

我们再从阴阳对转的关系来看，上面所说《诗经》音脂、微两部的阳声韵真、文两部在两汉时期也是合为一部的，结果，阴、阳、入三声的演变完全一致：

脂 }	质 }	真 }
微 }	术 }	文 }

这是值得注意的现象。

江有诰《谐声表》内脂部有"火"字，"火"字在两汉著作里或跟脂部字押韵，或跟歌部字押韵，在韵文里只见于东汉赵壹的《穷鸟赋》，叶"野下者左我可堕火"，"火"字已经读入歌部，所以归入歌部。[②]

---

① 别方面的材料，像《太玄·格》叶"利至"，《易林》《师之晋》叶"至利"，《损之蛊》叶"驥至"，也可以供参考。

② 从别的材料可以证明，"火"字从西汉就渐渐开始和歌部字叶韵。例如杨雄《太玄·成》叶"火禍"，"禍"是歌部字。《易林》里"火"字有和本部字押韵的，例如："火死"见《乾之小过》，"濟火"见《需之大有》，"火尾"见《泰之旅》，但是也有和歌部字押韵的，例如："水火禍"见《泰之履》，"坐火禍"见《大有之节》，"火禍"见《颐之旅》。

祭　部

《诗经》韵类中祭部和脂部段氏《六书音均表》立为一部，戴震、王念孙、江有诰都分为两部，这是很正确的。这一部没有平声字和上声字。王念孙《古韵谱》里所列的《诗经》韵字有去声，又有入声，去入两声是合写在一起的。事实上去声字独用的例子很多，应当跟入声分开。王氏最初受段玉裁的影响认为古无去声，等到晚年确定古有去声以后，才把这一部的去声称之为“祭”，这一部的入声称之为“月”。

现在所定这一部专指去声而言，其中包括以下几类字：

泰　《广韵》泰韵字。

夬　《广韵》夬韵字。

祭　《广韵》祭韵字。

废　《广韵》废韵字。

怪　《广韵》怪韵的一部分，如介界芥拜齸等字。

霁　《广韵》霁韵的一部分，如契薊慧蠕等字。

凡在谐声上和“大兑貝外會帶蠆厲赖祭蓋乂艾叡害介匃曷葛埶厥世曳列制折筮韧契市最孚夬昏歲喙竄發拜毳敝彗芮衛吠裔泰”等字有关系的都在这一部。两汉韵文和《诗经》的字类完全相同。

2. 阳声韵

蒸　部

蒸部《诗经》音包括以下几类字：

登　《广韵》登、等、嶝三韵字。

蒸　《广韵》蒸、拯、证三韵字。

耕　《广韵》耕、耿、诤三韵的一部分，如宏闳弸泓等字。

东　《广韵》东、董、送三韵字的一部分，如弓雄瞢等字。

凡在谐声上和"登朋曾升滙弃朕興麦亘丞承徵兢厶厷冰凴乘仍再蠅瞢夢弓雄"等字有关系的都在这一部。

西汉韵文大体和《诗经》相同，只有东韵的"雄"字在西汉末年已经开始转变。杨雄《羽猎赋》叶"窮雄溶中"(《汉文》51/8下)，"窮"、"中"都是冬部字，"溶"是东部字。又武帝时《紫宫谚》叶"雄宫"，"宫"也是冬部字。[①] 但是同类的"弓"字和"夢"字还在本部，没有变动。例如枚乘《七发》叶"乘弓"(《汉文》20/6上)、杨雄《甘泉赋》叶"繩夢"(《汉文》51/5上)，"乘"、"繩"都是本部字，那么"弓"、"夢"两个字也应当归在本部了。[②] 可惜材料太少，不能做肯定的说明。

到了东汉时期"雄"字的部类表现得较为清楚，班固《西都赋》以"雄陵中"为韵[③]，边让《章华台赋》以"終風中雄隆"为韵，足证"雄"字已转入冬部。至于"弓"、"夢"二字，诗文中没有用作韵脚的，只有从"弓"得声的"穹"字见于崔瑗《和帝诔》，跟"宫"、"窮"押韵。据此推想"弓"字恐怕也同样转到冬部去了。因为冬蒸两部声音相近，"雄"字既然有了转变，"弓"、"夢"两个字也可能同样有转变。

---

① "雄"字在西汉初期(公元前120年以前)还是有跟本部字押韵的。例如《淮南子》《览冥篇》"陵雄"为韵、《兵略篇》"應雄應勝"为韵，都是很清楚的例证。但是到了西汉末年就有了转变。杨雄《羽猎赋》以"窮雄溶中"为韵，《法言·渊骞篇》以"容工農逢雄"为韵，"雄"字两用，都不在本部。西汉末年《易林》里"雄"字或叶侵，或叶东，或叶阳。如《谦之需》叶"林雄"，《蛊之无咎》叶"吟雄"，《兑之节》叶"痦雄"，这是叶侵的；《需之离》叶"雄东"，《大壮之睽》叶"公雄"，《节之夬》叶"雄公"，这是叶东的(《易林》东、冬不分)；《咸之坎》、《晋之噬嗑》并叶"强雄"，这是叶阳的。

② "弓"字在《吕览·本生》叶"中"。这是一个很早的变动。"夢"字《淮南子》《览冥篇》叶"萌騰"二字，《缪称篇》叶"應"字，仍在本部。

③ 班固《汉书·酷吏传》"雄中"为韵。

东　部，冬　部

《诗经》韵类东、冬分为两部是孔广森的发现。段玉裁、江有诰对于他这种创见都很佩服，王念孙晚年也把东、冬分立为两部。足见各家的意见是一致的。孔广森在《诗声类》里说：

> 《唐韵》平声一东、三锺、四江，上声一董、二肿、三讲，去声一送、三用、四绛，古音合为一部。其偏傍见《诗》者有从東、从同、从丰、从充、从公、从工、从冢、从囱、从从、从龍、从容、从用、从封、从凶、从邕、从共、从送、从雙、从龙十有九类。[①]

> 《唐韵》平声二冬，上声二肿之半，去声二宋，古音合为一部。其偏傍见《诗》者有从冬、从眾、从宗、从中、从蟲、从戎、从宮、从農、从夅、从宋十类。[②]

他又说：

> 东为侯之阳声，冬为幽之阳声。今人之溷冬于东，犹其并侯于幽也。蒸、侵又之、宵之阳声。故幽、宵、之三部同条，冬、侵、蒸三音共贯也。[③]

江有诰说：

> 东每与阳通，冬每与蒸、侵合，此东、冬之界限也。[④]

根据他们的说法来看两汉的韵文也是完全相合的。两汉的韵文里尽管有一些东、冬相押的例子，但是两部分用的现象十分显著。例如司马相如的韵文里只见冬部字互相叶韵，而没有东部字，蔡邕作品很多，只见东部字互相叶韵，而没有冬部字，张衡的作品里两部字都有，

---

① 见《诗声类》卷四，1页。

② 见《诗声类》卷五，1页。

③ 见《诗声类》卷五，5页。

④ 见江氏《音学十书》卷首《复王石臞先生书》。

而且很多,可是东、冬合韵的只有两个例子。这都是值得我们注意的。再从这两部跟其他部分合韵的情形来看,东部跟阳部叶韵的很多[①],冬部跟蒸部、侵部叶韵的也很多,但是冬部很少跟阳部通押,东部很少跟蒸部、侵部通押,这是很大的区别,跟江有诰所说的完全一致。所以我们把东、冬分为两部。东部包括下列三类字:

东　《广韵》东、董、送三韵字的一部分,如東同公工蒙,動總,送控等字。

锺　《广韵》锺、肿、用三韵字。

江　《广韵》江、讲、绛三韵字的一部分,如厖邦雙,巷等字。

凡在谐声上和"東重同丰奉夆逢充公工巩空冡囱悤从龍童容用甬庸封凶匈兇嵏邕雍共送雙尨厖冢蒙豐茸"有关系的字以及"叢舂嵩孔竦宂弄巷"等字都属于东部。

冬部包括以下三类字:

冬　《广韵》冬、宋两韵字。

东　《广韵》东、送两韵的一部分,如中沖蟲終崇戎躬宫融濃等字。

江　《广韵》江、绛两韵的一部分,如降字。

凡在谐声上和"中躳宫蟲冬夅降隆農宋戎宗衆"等字有关系的都在冬部。《广韵》东部"雄弓夢"等字《诗经》音属蒸部,东汉时期皆转入冬部。

阳　部

《诗经》音阳部包括以下三类字:

阳　《广韵》阳、养、漾三韵字。

---

① 《淮南子》和《易林》东、阳合韵的例子特别多。

唐　《广韵》唐、荡、宕三韵字。

庚　《广韵》庚、梗、敬三韵的一部分，如京明兄英兵庚行卿横彭盟衡亨，永景丙梗，更竸泳等字。

凡在谐声上和“王行衡里网罔黄昜爿永方旁皇亢兵光京羊兼襄庚康唐鄉卿上畺强兄桑爽沕彭央昌明兩倉相亯向尚象皿孟卬丙更慶亡巟喪長良量章商羹竸香皀望”一类字有关系的都在这一部。

西汉韵文本部字都在一起押韵，是和《诗经》一样的。惟有庚韵一类字，像“京明行兄”等字偶尔和耕部字押韵。到了东汉，这一类字大半都转入耕部，惟有“行”字或跟本部叶，或跟耕部叶[①]，没有一定的属类，只可两部兼收。这种转变正是东汉音和西汉音不同的一点。不过在东汉一个时期内也还有少数用阳、唐韵字和这一类庚韵字在一起通押的例子，甚至于同一个人的作品有时这样押，有时那样押，没有一定[②]，这正代表转变时期不规律的现象。等到三国以后这种现象就很少了。

耕　部

这一部《诗经》音包括四类字：

青　《广韵》青、迥、径三韵字。

清　《广韵》清、静、劲三韵字。

庚　《广韵》庚、梗、敬三韵的一部分，如平鳴生甥驚瑩，敬等字。

耕　《广韵》耕韵的一部分，如丁嚶爭等字。

凡是在谐声上和“丁成亭正生令盈鳴殸壬廷呈熒青鼎名平寧嬰甹敬冥爭幵并頃貞霝巠井耿冋幸晶省敻嬴”一类字有关系的都属于这一

① 和“行”字应用上的意义无关。

② 如班固、张衡二人。

部。

西汉的韵文这一些字全在一起押韵，和《诗经》相同。到东汉时期阳部庚韵一类的字都转到本部来，就和《诗经》不同了。

真　部

《广韵》真、谆、臻、文、殷、魂、痕几韵《诗经》音分为真、文两部，这是段玉裁的创见，王念孙、江有诰都认为他的见解是正确的。《诗经》音真部包括下列几类字：

先　《广韵》先、铣、霰三韵的一部分，如天千田年堅賢顛淵玄，電甸等字。

真　《广韵》真、轸、震三韵的一部分，如人仁臣申神身信新因賓陳鄰頻，盡引，進訊慎等字。

臻　《广韵》臻韵的一部分，如蓁榛莘等字。

谆　《广韵》谆、准、稕三韵的一部分，如旬均詢鈞，閏等字。

凡在谐声上和"天田千因人臣身真秦民凡粦頻寅賓淵旬辛新申匀闔進臤玄引印閏"一类字有关系的都属于真部。至于文部则包括的字类较多：

痕　《广韵》痕、很、恨三韵字。

魂　《广韵》魂、混、慁三韵字。

殷　《广韵》殷、隐、焮三韵字。

文　《广韵》文、吻、问三韵字。

真　《广韵》真、轸、震三韵的一部分，如辰巾塵貧困，畛忍閔隕，胤吝等字。

谆　《广韵》谆、准、稕三韵的一部分，如春屯倫純淳循，準，順等字。

臻　《广韵》臻韵詵侁等字。

先 《广韵》先、铣、霰三韵的一部分,如先,典殄𤼵犬,殿薦等字。

山 《广韵》山、裥两韵的一部分,如艱鰥,盼等字。

仙 《广韵》仙韵的川字、穿字。

凡在谐声上和“先辰困屯春門殷分艮尊昏孫西垔免奔賁君員罤昆章云存巾侖堇文軍斤刃典昷熏盾豚㐱舜寸㥯塵殿本允胤坤穿順”等字有关系的都属于文部。

这两部的分别在《诗经》里是比较严格的,真与耕近,文与元近,这是最显著的界画。[①]但是在《楚辞》和晚周诸子里这两部通用的例子就多起来了,例如:

《楚辞》 分陳(天问)寘墳(天问)鰥親(天问)天問鄰(远游)

《老子》 玄玄門(体道)川鄰(显德)

《庄子》 身存(至乐)分神(达生)存神根天(知北游)川天(列御寇)

《管子》 神門(形势)神門(权脩)轫神(制分)先信(势)神存(内业)

《荀子》 天年神魂(致仕)先信(天论)先門信分(天论)陳銀門分(成相)存陳(赋)神雲(赋)神文分存鄰(赋)

《韩非子》 根鄰存(初见秦)君臣(扬权)

这些都是真、文通叶的例子。到了两汉时期这两部就变得完全合用了。这和阴声韵脂、微合为一部是相应的。

这一部在两汉和元部通押的例子也非常之多,所以段玉裁说“汉以后用韵过宽,(真、文、元)三部合用”[②]。这话本来不十分错,可是细心考查起来,汉人用韵真、文合为一部,但是真、文与元并没有完全混为一部。我们看到下面几种事实:

---

① 见段氏《六书音均表》三《古十七部合用类分表》。江有诰《音学十书》卷首《复王石臞先生书》也说:“真与耕通用为多,文与元合用较广,此真、文之界限也。”

② 见《六书音均表》一《第十二部第十三部第十四部分用说》。

(1)真部和元部都有很多独自押韵的例子；

(2)真部字和耕部字押韵[1]，元部字很少单独和耕部字押韵；

(3)真部字有时和侵部字押韵，元部字没有这种情形；

(4)真部字和元部字押韵大半都是平声字，上声和去声极少；

(5)真部字和元部字押韵，其中的元部字大半是《广韵》元韵、山韵、仙韵、先韵的字，尤其是元、山两韵字特别多。但是寒、桓两韵字最少。

从这种事实我们可以知道真、元两部是有界画的。真、元两部的声音可能是有相近的地方，但是并非元部全体的字和真部音都相近，其中也有程度上的不同，所以元部元、山、仙等韵和真部通叶的例子较多。段玉裁的话是很笼统的，根据分析的结果我们仍然要把真、元分为两部才对，这无形中倒跟江永、戴震分真、谆、臻、文、殷、元、魂、痕、寒、桓、删、山、先、仙十四韵为两部的说法相合了。根据古人韵文分析韵部本来是很烦难的事情，戴震曾经说：

> 审音本一类，而古人之文偶有相涉，有不相涉，不得舍其相涉者而以不相涉为断；审音非一类，而古人之文偶有相涉，始可以五方之音不同断为合韵。[2]

这诚然是名言。但是戴氏过于侧重《切韵》的韵序，反与《诗》韵不合。所以论《诗经》音当宗段说，论两汉音则不能但以“用韵过宽”一句话轻轻放下就算完事。江永也曾经说过：

> 汉魏以后乐府诗歌，两部(真、元)纷然杂用者甚多，自《楚辞》滥觞之源既流后，则茫无厓畔矣。[3]

① 《淮南子》、《易林》里这类的例子最多。

② 见《答段若膺论韵书》。

③ 见《古韵标准》卷一平声第四部，55页。

这与实际的情形并不相合。于海晏在编定韵谱的时候,这两部也分立,不过他在《韵部沿革总叙》里说:

> 两汉三国元、寒、桓、删、山、仙与真、谆、臻、文、欣、魂、痕疆界靡漫,区处特难,段氏论“汉以后用韵过宽,三部合用”,实亦有见于此。然探其导源之异,衍其支流之远,仍存其分立之势,以觇其泛滥之一斑。

我们认为真、元两部分不分要看押韵的实际情况来定。真、元两部在两汉韵文里并非漫无疆界,所以不能不分,倒不是有意“存其分立之势”。

元　　部

《诗经》音元部包括以下的字类:

寒　《广韵》寒、旱、翰三韵字。

桓　《广韵》桓、缓、换三韵字。

删　《广韵》删、潸、谏三韵字。

山　《广韵》山、产、裥三韵的一部分,如山間,簡,幻等字。

元　《广韵》元、阮、愿三韵字。

仙　《广韵》仙、狝、线三韵字。

先　《广韵》先、铣、霰三韵的一部分,如肩燕涓,霰見宴等字。

凡在谐声上和“元原爰冤夗宛吅單雚番樊緐反娩萬曼埶乾虘憲建寒雁彦産安晏侃干旱難奻戔贊散丹旦看丸萑莧奐官毌𤔔䜌算爨彖斷耑段般半扶盥款卵删姦㺿山間柬卷宦班閑幻泉全旋亘𢊁專袁睘展耎赧善然扇扁[1] 雋孨䇂次延焉㕣衍㕣連邊面辡便弁虔緜件肩見肙燕”一

---

① “扁”字段玉裁《六书音均表》列在真部,但两汉韵文中如“篇翩編褊徧”等字皆与元部字相押,故列入元部。

类字有关系的都属于这一部。

两汉的韵文这一部和《诗经》是相同的。

谈　部，侵　部

《广韵》侵、覃、谈、盐、添、咸、衔、严、凡九韵，《诗经》音分为侵、谈两部。侵部包括以下几类字：

覃　《广韵》覃、感、勘三韵字。

侵　《广韵》侵、寑、沁三韵字。

咸　《广韵》咸、豏、陷三韵的一部分，如咸陷等字。

凡　《广韵》凡、范、梵三韵字。

谈　《广韵》谈韵三字。

东　《广韵》东韵风字。

凡在谐声上和"心壬𡈼林今金念酓冘南咸覃凡男彡尋音㓹朁侵㝼錦三甚品禀審参琴森"等字有关系的都属于侵部。谈部包括以下几类字：

添　《广韵》添、忝、㮇三韵字。

谈　《广韵》谈、敢、阚三韵字。

严　《广韵》严、俨、酽三韵字。

盐　《广韵》盐、琰、艳三韵字。

衔　《广韵》衔、槛、鉴三韵字。

咸　《广韵》咸、豏、陷三韵的一部分，如讒，斬等字。

凡在谐声上和"炎甘兼詹𢦏猒函臽弇僉甛𡗜閃冉敢嚴广斬奄染欠占毚[1]"等字有关系的都属于谈部。

两汉韵文中用谈部字做韵脚的很少，平声只有一个"讒"字。

---

① "占毚"两个字归在谈部从江有诰说。

另外有几个上去声的字。侵部用作韵脚的虽多,但是不见去声字,上声字也很少。从分部上来说,这两部的分别还是和《诗经》一样的。

3. 入声韵

职　　部

《诗经》音职部包括以下几类字:

德　《广韵》德韵字。

职　《广韵》职韵字。

屋　《广韵》屋韵的一部分,如服牧伏福彧等字。

麦　《广韵》麦韵的一部分,如麦革馘等字。

凡在谐声上和"北式畐異食戠仄陟直嗇畟息意弋式匿亟棘或國德則賊革彧力黑色塞㞋克麥导伏牧墨"一类字有关系的都属于这一部。

两汉的韵文本部字都在一起押韵,和《诗经》音的部类一样。

屋　部,沃　部

《广韵》屋、沃、烛、觉四韵《诗经》音分为屋、沃两部。屋为侯部入声,与东部对转;沃为幽部入声,与冬部对转。这已经成为定论了。[①] 沃部王念孙称为毒部,因为"沃"字从芺得声,归在宵部,和幽部不相应,所以选用本部的"毒"字做标目。现在为了容易了解,仍用沃部的名字。

---

① 《广韵》屋、沃、烛、觉四韵段玉裁《六书音均表》统列为幽部入声,王念孙首先发现其中有的字应当属于侯部,见《经义述闻》三十一《与李方伯论古韵书》。后来孔广森做《诗声类》也把屋、沃、烛、觉四韵分为两类,一承幽,一承侯;孔氏又分东、冬为两部,与侯、幽对转,比王氏所定更为精密。

《诗经》音屋部包括三类字：

屋 《广韵》屋韵的一部分，如屋谷木卜鹿族沐獨讀穀僕樕等字。

烛 《广韵》烛韵字。

觉 《广韵》觉韵的一部分，如角濁渥椓岳嶽捉剥等字。

凡在谐声上和"谷角族屋獄哭足束敕賣辱曲玉殸蜀木录粟丵豖卜攴局鹿秃"一类字有关系的都属于屋部。

《诗经》音的沃部包括四类字：

沃 《广韵》沃韵字。

屋 《广韵》屋韵的一部分，如六陆復腹軸逐匊淑育祝畜蹙燠肅夙宿穆等字。

觉 《广韵》觉韵的一部分，如學覺等字。

锡 《广韵》锡韵的一部分，如戚迪寂等字。

凡在谐声上和"六坴肅叔戚畜祝匊學竹復肉告育毒夙佰奥逐孰穆目"一类字有关系的都属于沃部。

在两汉韵文里这两部字仍然分用，和《诗经》相同。

药　部

药部就是宵部的入声。《诗经》中宵部入声字有跟平声去声字在一起押韵的，所以段氏《六书音均表》没有把入声字分列出来。[①] 但是实际上入声和平上去三声并非毫无界限，王念孙别立药部一目完全是对的。药部就江有诰所举，包括以下几类：

铎 《广韵》铎韵的一部分，如樂鑿鹤等字。

---

① 段氏不但迁就一二例外而且株守谐声，所以不肯分列入声为一类。只重考古，不重审音，所以生出这种毛病。段氏《答江晋三论韵书》极言宵部古音无入，未免强辞夺理。

药　《广韵》药韵的一部分，如藥龠躍綽虐削爵等字。

沃　《广韵》沃韵的一部分，如沃熇等字。

觉　《广韵》觉韵的一部分，如較駁藐濯等字。

锡　《广韵》锡韵的一部分，如翟的溺櫟激等字。

凡在谐声上和“樂暴夭卓龠翟爵交虐高糳勺隺弱敫雀”一类字有关系的都属于这一部。

两汉韵文里这一部的字完全独用，只是没有看到沃韵字而已。

铎　部

《诗经》音铎部包括下面几类字：

铎　《广韵》铎韵的一部分，如度莫落槖擭作錯咢惡薄壑諾藿穫廓等字。

药　《广韵》药韵的一部分，如著略若掠卻噱縛矍等字。

陌　《广韵》陌韵字，如白伯柏柞逆客格宅澤赫索虢等字。

昔　《广韵》昔韵的一部分，如石尺席昔炙亦奕繹舄夕籍等字。

麦　《广韵》麦韵獲字。

凡在谐声上和“各洛石夕乍庶席隻蒦舄若豦屰睪谷亭昔乇戟炙白霍尺百赤赫咢壑京霏尃亦索虢矍”一类字有关系的都属于这一部。

两汉韵文这一部和《诗经》相同。

锡　部

《诗经》音锡部包括三类字：

锡　《广韵》锡韵的一部分，如歷析鍚狄擊績刖鬲鶪等字。

昔　《广韵》昔韵的一部分，如易益辟壁脊迹積碧適等字。

麦　《广韵》麦韵的一部分，如責戹摘脉策册劃隔等字。

凡在谐声上和“易益析朿責啇辟鬲脊狊狄厄迹厤役册毄畫閲辰”一类

字有关系的都属于这一部。

两汉韵文这一部也和《诗经》相同。

质　　部

《广韵》质、术、栉、物、迄、没、屑七韵《诗经》音分为质、术两部。质部和脂部相承[①]，术部和微部相承。质部包括以下几类字：

屑　《广韵》屑韵的一部分，如結血節鐵等字。

质　《广韵》质韵字。

术　《广韵》术韵恤潏遹等字。

栉　《广韵》栉韵字。

黠　《广韵》黠韵的一部分，如八黠劼等字。

职　《广韵》职韵的即抑二字。

凡在谐声上和“至質日一乙失匹七桼吉壹栗畢必宓瑟悉疾實逸抑八穴屑即戜血設徹别疐闭”一类字有关系的都属于质部。[②] 术部包括以下几类字：

没　《广韵》没韵字。

术　《广韵》术韵字。

质　《广韵》质韵筆、弼二字。

迄　《广韵》迄韵字。

物　《广韵》物韵字。

凡在谐声上和“出卒内术勿弗聿旻矞骨屈突率兀乞孛曰鬱”一类字有关系的都属于术部。

---

① 质部和脂部相承，从谐声上来看：至：室，壹：懿，必：毖、閟，癸：闋、騤，自：替，这些都是很明显的例证。“疾”字疑从矢，矢亦声。

② 王念孙所定至部内尚有“設徹别”三字，汉代“設别”二字归入月部。

质、术两部的分别在《诗经》里是很严格的，晚周诸子里虽然偶有通叶，如《管子·心术下》"失物"为韵，《荀子·天论篇》"物失"为韵，但是还不很多。到了两汉的时期就不同了，这两部完全合用，没有分别。[①]

月　部

月部是王念孙立的名称，就是祭部的入声，戴震称为遏部。这一部《诗经》音包括以下几类字：

曷　《广韵》曷韵字。

末　《广韵》末韵字。

鎋　《广韵》鎋韵字。

黠　《广韵》黠韵的一部分，如拔札察戞炌殺等字。

月　《广韵》月韵字。

薛　《广韵》薛韵字。

屑　《广韵》屑韵截楔齧蔑絜等字。

凡在谐声上和"曷達末昏發兑友叕月伐戉舌列桀雪威辥埶害介欮厥粤孑剌奪折𣡚刷絶劣歲寽劊韲祭臬戌苜乙罰"一类字有关系的都属于这一部。

两汉韵文这一部和《诗经》音相同。

盍　部，缉　部

《广韵》入声缉、合、盍、葉、怗、洽、狎、业、乏九韵《诗经》音分为盍、缉两部。盍部包括以下几类字：

盍　《广韵》盍韵字。

① 唯有《史记》和《淮南子》分别很严。

葉　《广韵》葉韵字。

怗　《广韵》怗韵的一部分,如協挾褋韘等字。

业　《广韵》业韵字。

狎　《广韵》狎韵字。

洽　《广韵》洽韵的一部分,如夾插霎箑等字。

乏　《广韵》乏韵字。

凡在谐声上和“盍昜枼耴聶疌妾巤涉業曄甲劫法夾臿帀乏劦”一类字有关系的都属于盍部。缉部包括以下几类字:

合　《广韵》合韵字。

缉　《广韵》缉韵字。

洽　《广韵》洽韵的一部分,如洽恰袷等字。

怗　《广韵》怗韵的一部分,如墊墊等字。

凡在谐声上和“合㬎沓眔龖咠立邑入集十習及急咠戢廿執𧾷”一类字有关系的都属于缉部。

在两汉韵文里这两部的分别还是很清楚的,盍部的韵字虽然不多,但是大类都和《诗经》一样。

四、两汉韵部之间通押的关系

前一章已经把两汉韵部的分类做了概括的说明，那是根据全部韵文的材料分析综合的结果，每一部押韵的例子都在后面的《两汉诗文韵谱》里写出来了。分部是按照大多数的材料所表现出来的最大的共同性来确定的，不过古人押韵的情形很复杂，就现在的分部来说，不同部的字在一起押韵的例子还很多，这可能是由于作者的方音本为一部，所以在一起押韵，也可能是因为作者在押韵上很难做到不超出同一部的范围，随着文意，只要两部字音相近也就在一起通押，推想这两种情况可能都有。但不论属于哪一种情况，凡在一起通押的声音必然相近，声音不相近的也绝不会在一起相押。这种异部通押的例子，在后面的《韵谱》里都与本部字相押的例子分开来写，统称为"合韵"①。

《韵谱》中"合韵"的材料很重要。根据这种材料，一方面可以了解各部之间声音的远近，凡是两部字通押较多的，声音一定相近，凡是很少在一起相押的，声音一定相差较远；另外一方面还可以进一步从通押的关系上推测各部的读音。所以把"合韵"的材料单提出来加以考查和说明是有必要的。现在把两汉分为两个时期来讲：

① "合韵"的名字创于段玉裁。

1. 西汉时期

为了便于了解起见，我们可以根据《韵谱》中的合韵材料把西汉时期各韵部通押的关系列为下表。

a. 阴声韵部

	之	幽	宵	鱼	歌	支	脂	祭	职	药	铎	屋	锡	质	月	真
之		8		2			2		2							
幽	4		15	6												
宵		3		2						1						
鱼	3	5	5		1						8	4				
歌				9		15	10									
支					8		3						1			
脂	8				18	6		3						1		2
祭					2		12								3	

这个表要横着看，表中的数字代表合韵谱中所列通押例子的数目。例如之部合韵谱里之、幽合韵的有8个例子，之、鱼合韵的有2个例子，之、脂合韵的有2个例子，之、职合韵的有2个例子，所以第一行就有8、2、2、2几个数字。这种列法是与合韵谱相对照的。假如我们要知道之、幽合韵和幽、之合韵一共的数目，只要把第一行“之”跟“幽”相对的8加上第二行“幽”跟“之”相对的4就是总数，那就是12。以下各表都一样。

b.阳声韵部

	蒸	冬	东	阳	耕	真	元	谈	侵、	幽
蒸		1		1					3	
冬			3	1					1	
东		11		1					1	1
阳	1	1	10		5				1	
耕	3			8		7				
真					4		39	1	2	
元						12				
谈			1						1	
侵			1				1	1		

c.入声韵部

	职	沃	药	屋	铎	锡	质	月	盍	缉	鱼	祭	真
职		2		2	2	2				5			
沃	2												
药	1	1											
屋	2	6	2						1				
铎			4	4							1		
锡													
质	1							8	1			3	1
月							1					3	
盍													
缉	1						2		2			1	

从这几个表里已经可以看出各部之间通押的关系[①]，但还需要做一些细致的说明。

就阴声韵来看，之、幽、宵、鱼、歌、支、脂、祭八部在通押的关系上显然可以分为两组：之、幽、宵、鱼为一组，歌、支、脂、祭为一组。前一组之与幽、幽与宵通押的例子比较多一些，鱼部跟之、幽、宵三部也都有一些通押的例子，所以为一组。其中之、幽两部通押的字，之部多半是之韵和尤韵的字，幽部多半是尤韵字。

例如：

贾谊《鹏鸟赋》：　浮休舟浮憂疑（《汉文》15/3上）

东方朔《七谏·哀命》：　憂尤（《汉文》25/4上）

王褒《四子讲德论》：　獸茂母（《汉文》42/8下）

杨雄《甘泉赋》：　芝虯（《汉文》51/4上）

杨雄《扬州箴》：　謀籌（《汉文》54/2下）

足见这两部的之、尤两韵的字读音最相近。幽、宵两部通押主要是蜀人，如司马相如、王褒、杨雄等人的文章里都有这种例子。宵部字跟幽部字通押的主要是宵韵字。在这一组里，之与宵两部没有通押的例子。鱼部与之、幽、宵三部通押的例子当中，鱼部很少有麻韵的字在内，只是在司马相如的韵文里有两个例子有麻韵字。如：

司马相如《上林赋》：　閉隝（《汉文》21/4上）

司马相如《子虚赋》：　邪罘諸（《汉文》21/3上）

由此可见鱼部的麻韵字跟鱼部的其他类字读音有一些不同。鱼部的麻韵字有一些跟歌部字在一起押韵，例如：

司马相如《子虚赋》：　池移華沙（《汉文》21/1下）歌和波遮歌（21/5下）

东方朔《诫子》：　華和多蛇化家（《汉文》25/12上）

① 表内所列只是两部通押的例子，三部或三部以上通押的例子不在内。

王褒《僮约》： 蹉鵝荼荷(《汉文》42/12上)卧罵(同前)

杨雄《逐贫赋》： 遐加砂家羅呵何(《汉文》52/4上)

韦孟《讽谏诗》： 過霸(《汉诗》2/2上)

但鱼部其他几类字，如“徒都居輿”等，就绝不与歌部字相押。这些与歌部相押的麻韵字也只限于平声字和去声字，上声字未见。

阴声韵第二组歌、支、脂、祭四部，支、祭两部完全没有通押的例子，可知这两部的读音相去较远。歌、支两部通押很多，这在前面已经说过了。歌、支通押中在字类上也有一些分别。歌部跟支部支韵一系押韵的字大体都是歌部的支韵字，歌部跟支部佳韵一系押韵的字大体都是歌部的歌韵字和麻韵字。[①] 这里就表现出歌部的支韵字和歌部的歌、麻两韵字有分别，同时也表现出支部的支韵字和支部的佳韵字有分别。歌部的支韵字既然跟歌部的歌、麻两韵字有分别，到东汉时期歌部的支韵字就都转到支部去了。

歌部除了跟支部字有通押的例子以外，歌部字还有跟脂部字押韵的例子。歌、脂押韵在《楚辞》、《庄子》、《荀子》里已经有这种现象。例如：

《楚辞·九歌·东君》： 雷蛇(委蛇)懷歸

《庄子·山木篇》： 離毁挫議虧(“合则离”五句)

《庄子·渔父篇》： 哀威和(“故强哭者虽悲不哀”三句)

《荀子·成相篇》： 罷私施移(“曷谓罢”五句)儀爲移師(“君法仪”五句)

在西汉韵文里歌、脂两部相押是比较常见的一种现象。司马相如、东方朔、王褒、刘向、杨雄等人的作品里都有这种例子。例如：

司马相如《子虚赋》： 蘺夷莎(《汉文》21/4上)危坻(同前)

司马相如《大人赋》： 馳離離魁(《汉文》21/7下)夷師危歸(同前)

---

① 参看前面已经举过的例子。

司马相如《封禅文》：　衰危祗遺(《汉文》22/8上)

王褒《甘泉宫赋》：　靡巍(《汉文》42/11上)

王褒《青须髯奴辞》：　眉姿脂綏垂(《汉文》42/12下)

刘向《九叹·惜贤》：　斐峨巋嵯(《汉文》35/5上)

刘向《九叹·忧苦》：　離哀(《汉文》35/6下)

刘向《九叹·远游》：　迻巍(《汉文》35/8上)馳指(同前)

杨雄《甘泉赋》：　威危馳回蕤蛇妃眉資(《汉文》51/5下)

杨雄《酒赋》：　眉危懷徽轠泥夷(《汉文》52/5上)

杨雄《解嘲》：　隨奇隤爲(《汉文》53/3下)

从这些例子里我们可以看出一件事实，就是歌、脂通押中的歌部字差不多都是支韵字。由此我们更可以了解：歌部支韵字与支部支韵字以及脂部字声音都比较接近。

脂部除与歌部支韵字通押外，也有一些与支部字及之部字通押的例子。脂部去声字跟祭部通押的例子较多。这种与祭部通押的脂部字几乎都是属于《诗经》音微部的字，如“慨濞碎墜戾潰淚惠遂位氣隊内憒喟醉祟戾位”等等。这些字一定跟祭部字读音比较接近。例如：

贾谊《旱云赋》：　慨濞碎墜戾潰逝穢焆憒害淚惠遂位氣敗(《汉文》15/1上)

韦孟《讽谏诗》：　衛墜(《汉诗》2/1下)

司马相如《子虚赋》：　枻蓋貝籟喝沸會礚外燧隊裔(《汉文》21/2下)

东方朔《旱颂》：　憒害(《汉文》25/11下)

刘向《九叹·愍命》：　喟傺(《汉文》35/7上)

杨雄《羽猎赋》：　内外(《汉文》51/7下)

杨雄《雍州箴》：　戾沛(《汉文》54/3下)

这里字下加点的都是祭部字。从这些例子我们就可以完全了解脂、祭之间的关系。脂部去声字中如“至利自次二器計繼”等字是不跟祭部字押韵的。歌、支、脂、祭四部中祭部跟歌、支两部关系比较疏远。祭部跟歌部押韵的只有两个例子。

阴声韵各部通押的关系大体如此。《韵谱》里阴声韵一部分按照之、幽、宵、鱼、歌、支、脂、祭的次序排列,就是根据这种通押的关系来确定的。

阴声韵跟入声字押韵的例子并不很多。之、宵、鱼、支、脂、祭几部去声字都有跟入声字押韵的例子,其中只有鱼部、祭部跟入声押韵的例子稍多一些。在《诗经》音里鱼与侯是分用的,到西汉时期,鱼、侯合用极其普遍,所以我们把鱼、侯合为一部。但入声铎、屋两部并不相混,所以仍然分为两部。鱼本与铎相承,侯本与屋相承,现在把鱼、侯合为一部,这样在阴入相承的关系上就显得不很整齐了。如果我们从鱼、侯与入声铎、屋的押韵情形来看,也可以了解鱼、侯的确关系很密。例如:

司马相如《子虛赋》: 堊坿(《汉文》21/1下,字下加点的是入声字,“堊”,铎部字)

王褒《四子讲德论》: 射鏃處鶩欲拊兔仆寇(《汉文》42/9上,“鏃欲”,屋部字)

王褒《僮约》: 穫芧蔞(《汉文》42/12上,“穫”,铎部字)

杨雄《羽猎赋》: 與隃觸玃遽注怖脰獲聚(《汉文》51/8下,“觸”,屋部字,“玃獲”,铎部字)

杨雄《解难》: 鼓斲後睹(《汉文》53/4下,“斲”,屋部字)

这表明鱼部去声字也可以跟屋部字相押,侯部去声字也可以跟铎部字相押。足见鱼部、侯部是可以合为一部的。鱼部去声与铎、屋两部押韵的例子当中没有麻韵字。

祭部跟入声字押韵的例子当中,有跟月部押韵的,也有跟质部押

韵的(参看上面所列的阴声合韵表和入声合韵表):

司马相如《哀秦二世赋》: 濑世势绝(《汉文》21/6下)沫逝(21/7上)

司马谈《论六家要旨》: 竭敝(《汉文》26/4下)

刘向《九叹·惜贤》: 血廢(《汉文》35/5下)

刘向《九叹·远游》: 折蔽(《汉文》35/8下)

杨雄《冀州箴》: 替弊(《汉文》54/1上)

杨雄《廷尉箴》: 害割殺泰敗謁(《汉文》54/6下)

杨雄《将作大匠箴》: 世洫室卒(《汉文》54/7下)

这里面"绝沫竭折割杀谒"都是月部字,"血替洫室卒"都是质部字。质、月两部音近(韵尾都是-t),所以祭部既跟月部通押,又跟质部通押。

根据上面所说的阴声韵各部之间通押的关系和阴声韵跟入声韵通押的关系,可以初步粗疏地推断阴声韵各部的读音情况如下:

(1)之、幽、宵、鱼(麻韵在外)一组元音相近,鱼部麻韵一系字元音接近于歌部的歌、麻两韵字。

(2)歌、支、脂、祭一组元音相近,歌部支韵字和支部关系最近,脂部一部分近于歌部支韵字,一部分近于祭部。

(3)近人考订《诗经》音之、幽、宵、鱼几部的尾音是-g,从西汉人的押韵情况来看,鱼部的麻韵字可能已经没有-g尾,鱼部其他类字的去声还有-g尾。

(4)支部《诗经》音收-g,脂部、祭部《诗经》音收-d。从西汉人的押韵情况来看,支部可能已经没有-g尾,脂部除属于《诗经》音微部的一些去声字外可能也失掉了韵尾-d,祭部可以肯定地说还有-d尾。

至于阴声韵各部的元音留待总论部分再详细讨论。

西汉阳声韵蒸、冬、东、阳、耕、真、元、谈、侵九部可以分为三类,蒸、冬、东、阳、耕五部韵尾辅音是-ng，真、元两部韵尾辅音是-n，谈、侵两部韵尾辅音是-m。

收-ng的几部中东、冬两部与耕部都没有通押的例子。东、冬，阳、东，耕、阳通押的比较多。东、冬两部通押见于东方朔、严忌、王褒、刘向、杨雄、刘歆几家的韵文里。东方朔是平原厌次人，严忌是会稽人，刘向父子是沛人，王褒、杨雄都是蜀人。东、冬相押可能是方音中读音相同。[①] 阳、东相押在周代铜器铭文里是比较常见的，《老子》里也很多。西汉韵文中阳、东相押的例子比较多的是东方朔、杨雄两家。在个别的方言中这两部的元音可能比较接近。[②] 至于耕部和阳部相押，一共有十几个例子，足见这两部很有分别。像"京明兄慶"一类字在西汉时期一般都跟阳部字在一起押，到东汉时期才转入耕部[③]，可是在西汉时期这类字已经有与耕部押韵的例子。例如：

韦孟《讽谏诗》： 城生耕寧京征平(《汉诗》2/1下)

韦玄成《自劾诗》： 兄形聲京(《汉诗》2/7下)

韦玄成《子孙诗》： 盛慶(《汉诗》2/8上)

班倢伃《自悼赋》： 靈庭明成(《汉文》11/7上)

韦孟父子是鲁国人，班倢伃是楼烦人，我们推想这类字在鲁国和楼烦可能已经转入耕部，所以跟耕部字押韵，这几个例子跟其他阳部字与耕部字因音近通押的例子不同。

收-n的真、元两部彼此通押的例子极多，这是汉代韵文中极普遍的现象。元部跟真部通押的字大部分都是《广韵》元、山、仙、先几韵的字。这几韵的字一定跟真部字的读音比较接近，所以常常通押。

---

① 《淮南子》、《易林》中东冬为一部。见《个别方言材料的考查》一章。

② 阳、东两部通押最多的是陆贾《新语》和《淮南子》，见后面398页。

③ 汉末刘熙《释名》代表的北海音这些字仍然在阳部，见后面432页。

另外，真部还有一些跟耕部通押的例子。如贾谊、严忌、枚乘、司马相如、王褒各家的作品里都有这种例子。[①] 真、耕两部的韵尾是不同的，在个别的方言中也许耕部韵尾-ng有读-n的，但真、耕通押在元音方面一定是比较接近的。我们发现凡跟耕部字通押的真部字一般都是属于《诗经》音真部的字，如“真人神身天鳞親臣濱民秦年”之类，很少是属于《诗经》音文部的字。例如：

贾谊《吊屈原文》： 生身(《汉文》16/7下)

严忌《哀时命》： 真清身聲情名榮逞正成生年(《汉文》19/4下)

枚乘《七发》： 鶬纓鳴鱗苓莖天(《汉文》20/5下)

司马相如《子虚赋》： 騁形精恩(《汉文》21/6下)

司马相如《封禅文》： 民秦聲(《汉文》22/6下)替神尊榮民(22/7上)

王褒《四子讲德论》： 嬰親(《汉文》42/5下)名文緡(42/7上)

这些例子中只有“恩尊文緡”等字是《诗经》音的文部字，其他都是《诗经》音的真部字。由此可以看出“神身天人真秦”等字跟耕部字元音相近，《广韵》痕、魂、殷、文等韵字跟耕部字声音较远。

收-m的侵、谈两部，侵部字多，谈部字少。司马相如和王褒的文章里侵部有跟冬部押韵的例子，如：

司马相如《子虚赋》： 蔘風音宮窮(《汉文》21/4下)

王褒《洞箫赋》： 淫慘音風窮(《汉文》42/2下)

“宮窮”都是冬部字。由此可证侵、冬两部元音相近。侵部字与蒸部、东部押韵的例子不多，主要是一个“風”字，而且仅见于杨雄的韵文里：

杨雄《甘泉赋》： 乘風澄兢(《汉文》51/4上)

杨雄《解难》： 風升閎紘蒸(《汉文》53/4上)

---

① 《淮南子》中也很多。

杨雄《元后诔》： 崩心音勝(《汉文》54/10下)

杨雄《尚书箴》： 聰恭風(《汉文》54/4下)

这可以看出在杨雄的语音里“風”字可能由-m尾变为-ng尾，但其他作家的韵文里仍读-m。另外，东方朔文中侵部字有跟东部字押韵的一个例子，刘向文中谈部字也有跟东部字押韵的一个例子：

东方朔《七谏·怨思》： 容心深林(《汉文》25/3下)

刘向《九叹·逢纷》： 容讒(《汉文》35/2上)

“容”是东部字。东、冬两部有些方言是很相近的，冬可以跟侵押，所以有些方言东也跟侵押，甚至于跟谈押。这种例子并不表示侵、谈两部的尾音有了改变。

侵、谈两部除了与收-ng尾的字有通押的例子以外，还有极少数与收-n尾的字通押的例子：

唐山夫人《安世房中歌》： 心申親榛(《汉诗》3/1上)

无名氏《铙歌·远如期》： 陳紛心(《汉诗》1/11上)

王褒《洞箫赋》： 耽還(《汉文》42/2下)

王褒《四子讲德论》： 陳賢廉(《汉文》42/8上)

这里面“心”和“耽”是侵部字，“廉”是谈部字，其他一些字除“還”是元部字外，其馀都是真部字。唐山夫人里贯不详，王褒是蜀郡资中人。在西汉时期是否有一些方言侵、谈两部的尾音-m已经变为-n，还不清楚，但是这几个例子是值得注意的。

总起来看，阳声韵部-ng、-n、-m三类的分别很清楚。根据上面所说的各部通押的情形，我们推测：

(1)东、冬两部的元音比较接近，但是有些方言可能读为一部。东、冬的分别在于冬接近于侵、蒸，东则接近于阳。

(2)耕、阳两部的分别很清楚。耕部的读音跟真部的“天年人親民秦”一类字比较接近。阳部“京明兄慶”一类字接近于耕部。

(3)真部字特别是痕、魂、欣、文、臻几韵的字跟元部的元、山、仙、先几韵字读音很相近。

(4)侵部的“風”字有的方言读为-ng尾。

另外，在西汉的韵文里我们还看到有阳声韵和阴声韵、入声韵押韵的几个例子，这是比较特殊的。

东方朔《七谏·谬谏》：“不量凿而正枘兮，恐榘矱之不同；不论世而高举兮，恐操行之不調”。(《汉文》25/5上，“同”、“調”押韵。“同”，东部字；“調”，幽部字。)

王褒《洞箫赋》：沌頽(《汉文》42/2下)

杨雄《少府箴》：殷遲(《汉文》54/7上)

刘向《九叹·惜贤》：鬱忿(《汉文》35/5下)

东方朔以“同調”为韵，前人以为是模仿屈原《离骚》，我们认为东方朔可能是因为自己的语音东、幽两部元音相同，又受了《楚辞》的影响，所以用“同”、“調”两字相押。[①] 前人的说法恐怕只有一半对。王褒以“沌”、“頽”为韵，杨雄以“殷”、“遲”为韵，刘向以“鬱”、“忿”为韵，足以说明脂、真、质三部阴、阳、入对转的关系。杨雄在《少府箴》里可能是读“殷”音如“衣”。“衣”是脂部字。

下面我们要看一下入声韵各部通押的情况。入声韵职、沃、药、屋、铎、锡、质、月、盍、缉十部可以分为三类，职、沃、药、屋、铎、锡六部韵尾辅音是 -k，质、月两部韵尾辅音是 -t，盍、缉两部韵尾辅音是 -p。

收 -k 的几部入声韵几乎都有彼此通押的例子。职部与沃部、药部、屋部、铎部、锡部在杨雄的韵文中都可以通押，这是比较突出的现象。董仲舒、司马相如和王褒押韵的尺度也比较宽。例如：

---

① “同”、“调”二字都是定母字。

董仲舒《士不遇赋》： 邈速徒木覺禄辱角逼俗束谷（《汉文》23/1上，屋沃职药鱼合韵，“徒”，鱼部字）

司马相如《子虚赋》： 縞穀曲谷（《汉文》21/2上，屋药合韵）

司马相如《子虚赋》： 谷閣屬宿（《汉文》21/4上，屋沃铎合韵）

司马相如《子虚赋》： 略獲轢若藉欲伏藉澤（《汉文》21/5下，铎药职合韵）

司马相如《子虚赋》： 服郁皪藐側（《汉文》21/6上，药职合韵）

王褒《四子讲德论》： 虐賊伏毒足族（《汉文》42/8下，屋沃药职合韵）

职、沃、药、屋、铎几部相押，与阴声韵之、幽、宵、鱼几部相押是相应的。鱼部去声字可以跟铎部字押韵，也可以跟屋部字押韵，入声方面铎、屋两部也可以通押。例如：

王褒《四子讲德论》： 斲射（《汉文》42/6上）腋木略（42/7下）

王褒《圣主得贤臣颂》： 樸咢（《汉文》42/9下）

杨雄《宗正卿箴》： 族伯籍錯（《汉文》54/5下）

字下加点的都是屋部字。《诗经》音铎部与阴声韵鱼部相承，屋部与侯部相承，汉代鱼、侯合用不分，则铎、屋两部通押，音必相近。

入声韵收-t的两部是质部和月部。质部跟月部通押的例子比较多。凡是跟质部通押的月部字大半都是薛韵字。例如：

王褒《洞箫赋》： 溢鬱律譎折溢滅出（《汉文》42/1下）

王褒《四子讲德论》： 溢發（《汉文》42/7上）

刘向《九叹·远游》： 滅日（《汉文》35/8上）

杨雄《解嘲》： 實熱室（《汉文》53/3上）烈律（53/3下）

杨雄《尚书箴》： 哲慄密舌折（《汉文》54/4下）

字下加点的字除了“發”字是月韵字以外，其他都是薛韵字。

入声韵收-p的两部是盍部和缉部。这两部通押的例子不多，只见于王褒的作品里：

王褒《洞箫赋》： 法合雜獵擸(《汉文》42/1下)

王褒《四子讲德论》： 入法(《汉文》42/8下)

盍部在杨雄的韵文中有与屋部字、质部字押韵的例子：

杨雄《甘泉赋》： 節業(《汉文》51/9下,"節",质部字)

杨雄《反离骚》： 捷足(《汉文》52/5下,"足",屋部字)

另外缉部有与职部、质部、祭部押韵的例子：

缉:职

李延年《歌》： 立國國得(《汉诗》2/7上)

司马相如《子虚赋》： 鰨翼(《汉文》21/3下)

董仲舒《士不遇赋》： 黑訥惑(《汉文》23/1上)

杨雄《上林苑令箴》： 殖給(《汉文》54/9上)

缉:质

刘向《九叹·远逝》： 集日(《汉文》35/4下)

刘向《九叹·思古》： 泣戾(《汉文》35/7上)

缉:祭

司马相如《封禅文》： 際答(《汉文》22/8上)

缉与职、质押韵可能由于元音相同或相近。"際答"押韵,"際"与"合"义同,"合"为缉部字。用"合"则非合韵。

总起来说,从入声各部合韵的关系来看,-k、-t、-p三类的分别很清楚。在元音方面职、缉两部的元音可能相同,质部和月部的薛韵字元音一定很相近。

2. 东汉时期

根据后面《两汉诗文韵谱》中的合韵材料,我们可以把东汉时期各韵部通押的关系列为下表：

a. 阴声韵部

	之	幽	宵	鱼	歌	支	脂	祭	职	铎	屋	锡	月	质	真
之		14		4			4		1						
幽	11		13	15											
宵		4		5											
鱼	8	12	9		19					1	2				
歌				4		4				1					
支	1				5		14					2			
脂	7				1	20		3					1	9	3
祭							11						7	2	

b. 阳声韵部

	蒸	冬	东	阳	耕	真	元	谈	侵	歌
蒸			1		4				3	
冬	3		3	1					1	
东	1	16		1					1	
阳	2	1	15		38					
耕		2	1	8		5				
真					7		63		2	
元						37		2		1
谈							1			
侵		2				2		1		

c.入声韵部

	职	沃	药	屋	铎	锡	质	月	盍	缉	幽	宵	鱼	祭	脂
职		2		1			4			8	1				
沃	1		1												
药	2	1			1	1						1			
屋	3	7											1		
铎	4	1	3	3		4			1	2				1	
锡					4			1							
质	1							5							1
月			1				8		2					6	
盍															
缉									2						

上面所列的合韵表跟前面所列的西汉时期的合韵表大体是相同的。现在就一些比较重要的现象加以说明：

阴声韵鱼部的麻韵字转入歌部，歌部的支韵字转入支部，这是东汉跟西汉最大的不同。阴声韵之、幽、宵、鱼四部在东汉时期的韵文里都有互相通押的例子。之、鱼两部相押，主要是上声字。之部有“否友有母右負副”一些字，这些字都是《广韵》尤、侯韵一系的字。例如：

崔骃《扇铭》：　子否暑（《后汉文》44/11 下）

蔡邕《释诲》：　藪友有（《后汉文》73/7 下）

马融《长笛赋》：　右後（《后汉文》18/2 上）

马融《樗蒲赋》：　副距數（《后汉文》18/4 下）

无名氏《京兆谣》：　虎吐茹母父（《汉诗》5/9 上）

无名氏《南阳谚》：　父母(《汉诗》5/11上)

无名氏《古诗为焦仲卿妻作》：　母取(《汉诗》4/12上)户語母府取語(同前)後口語去府負(4/12下)

“友右有”一类字也往往与幽部字相押，足见这一类字跟之部其他字有一些分别。

幽、宵两部通押，幽部字大部分都属于效摄字，萧韵字较多；宵部字则以宵韵字居多。例如：

(平声)

班固《幽通赋》：　周幽龜謠條流(《后汉文》24/10上)

堂溪协《开母庙石阙铭》：　優擡休疇條朝(《后汉文》58/10下)

王逸《九思·守志》：　遥嶢條鴞怊(《后汉文》57/5下)

马融《长笛赋》：　藉嘺調摽(《后漢文》18/2上)

(上聲)

班固《竹扇赋》：　妙篠(《后汉文》24/11上)

崔骃《达旨》：　表寶道(《后汉文》44/4下)

幽、宵两部通押，两部效摄字渐趋接近。

幽、鱼两部通押，幽部字大部分是尤韵字，鱼部字大部分是属于《诗经》音侯部的字(包括侯、虞两韵)。例如：

(平声)

梁鸿《适吴诗》：　流浮隅休(《汉诗》2/8下)

张衡《归田赋》：　丘流鉤鰡(《后汉文》53/9下)

王逸《九思·悼乱》：　夫挐絇蒭拘囚居(《后汉文》57/4下)

马融《广成颂》：　舟幬流謳浮游(《后汉文》18/12上)

阙名《李翊碑》：　候嵎疇儒休殊於夫(《后汉文》102/10下)

无名氏《步出夏门行》：　廬居扶隅俱遊榆趺(《汉诗》4/5上)

(上声)

崔骃《酒箴》：　酒缶後(《后汉文》44/10上)

李尤《平乐观赋》：　擾受虬走耦首阜缶(《后汉文》50/3上)

蔡邕《五灵颂·麟颂》：　獸乳就狩(《后汉文》74/3上)

这里面字下加点的都是《诗经》音的侯部字，字下加圈的都是《诗经》音的鱼部字。由此可以看出幽部尤韵字跟鱼部中属于《诗经》音的侯部字读音比较接近。到了魏晋以后，之、幽两部的尤韵字和鱼部的侯韵字（不包括虞韵字）合为一部，幽、宵两部的效摄字合为一部。从以上所说的三点来看，东汉时期已经有了这样的端绪了。

鱼部跟宵部字押韵，宵部字多半都是宵韵字。鱼部跟歌部字押韵，歌部字都是麻韵一系的字，如"邪家雅寡馬野社迓夜舍暇"等字都是。其中又以上声字居多。这些字在西汉时期本属鱼部，所以到东汉时期还有些人跟鱼部字相押。这跟歌部支韵字转入支部以后，仍有人用支韵字和歌部字押韵一样。

阴声韵歌部跟支部有押韵的例子，但歌部跟脂部相押的很少。脂部跟支部相押，在西汉时期已经有这种例子，可是不多，到了东汉时期这种例子就特别多起来，这是一种新起的现象。如冯衍、杜笃、傅毅、班固、崔骃、王逸、刘梁、马融、李尤、桓麟、徐淑、胡广、王延寿、蔡邕这些作家的作品里都有脂、支通押的例子，只有张衡不如此。由这种情形来看，脂、支两部读音一定比较接近。

脂部字不仅跟支部字押韵，而且也还有跟之部字押韵的例子。例如：

王逸《机妇赋》：　時絲脂之(《后汉文》56/1下)

皇甫规《女师箴》：　機慈思(《后汉文》61/7下)

边让《章华台赋》：　臺階萊能(《后汉文》84/12上)

蔡邕《答卞元嗣诗》：　辭希歸(《汉诗》2/13上)

孔融《六言诗》：　非歸哀來(《汉诗》2/15上)

阙名《张寿碑》：　臺微畿饑(《后汉文》101/4上)

无名氏《古诗为焦仲卿妻作》：　歸哀來(《汉诗》4/13下)

从这几个例子可以看出脂部的灰、咍韵字和皆韵字已经跟之部的灰、咍韵字读音接近，脂部的微韵字也跟之部的之韵字比较接近。这都是东汉晚期的现象。

脂部跟祭部也有一些押韵的例子。脂、祭通押，主要是杜笃、班固、傅毅、马融、皇甫规等人，这可能是陕西、甘肃的方音现象。[①] 例如：

杜笃《论都赋》：　内外裔(《后汉文》28/4上)

班固《东都赋》：　説氣世(《后汉文》24/8上)

班固《答宾戏》：　外内歲世(《后汉文》25/4下)會勢貴頛世賴(25/5上)

班固《典引》：　昧契綴(《后汉文》26/6下)

傅毅《七激》：　歲悴(《后汉文》43/4下)

皇甫规《女师箴》：　邁帶外退(《后汉文》61/7下)

脂、祭通押中的脂部字跟西汉时期相同，主要是灰、脂、微几韵的合口去声字。

东汉时期的韵文里阴声韵和入声韵相押的例子中除脂部与质部、祭部与月部押韵的例子较多外，其馀如鱼部与铎部、屋部，支部与锡部等押韵的例子都只有一两个。脂、质通押中，脂部字大部分还是灰、脂、微几韵的合口去声字。例如：

杜笃《论都赋》：　渭類實溉遂(《后汉文》28/3下)

崔骃《太尉箴》：　率尉(《后汉文》44/8上)

王逸《荔支赋》：　味氣出貴(《后汉文》57/2上)

张衡《西京赋》：　醉萃屈紱遂貴(《后汉文》52/8下)

张衡《东京赋》：　戾洎質贄二(《后汉文》53/3上)

---

① 杜笃、班固、傅毅、马融都是关中人，皇甫规是安定朝那人。

蔡邕《胡广黄琼颂》： 類懿位紱轡蔚貴遂二(《后汉文》74/1下)

祢衡《鹦鹉赋》： 轡瑟類顇淚欷(《后汉文》87/2上)

从这些例子中可以看出脂、质两部之间的关系。

根据以上所说的阴声韵各部通押的关系来看，脂与支通押的例子特别多是值得注意的现象。推想支部的-g尾已经变为-i，脂部除了合口去声一些字以外-d尾也变为-i，祭部的-d尾并没有变。

东汉时期阳声韵通押的关系大体跟西汉时期相同。收-ng的几部除了东、冬两部不跟耕部通押外，各部彼此都有相押的例子。其中东、冬，阳、东，阳、耕押韵的比较多。东、冬通押的例子在杜笃、傅毅、班固、崔骃、李尤、张衡、崔瑗、马融、边韶、刘琬、胡广、祢衡一些作家的文章里都有，足见东、冬音近。阳、东通押，见于班固、崔骃、王逸、崔瑗、马融、蔡邕等人的作品，但例子并不很多。阳、耕通押的例子虽然多，但很多例子中的耕部字是“明英京横衡羹迎兄彭兵亨”等庚韵字，这些字在西汉时期本属阳部，到东汉时期这些字在不同的方言中的读音可能有不同，所以虽然一般归入耕部，可是还有跟阳部押韵的例子。

阳声韵真、元两部是收-n的，这两部通押的例子非常多，其中的元部字主要还是元、山、仙、先几韵字，这跟西汉没有分别。另外，真部字也有跟耕部字押韵的。例如：

班固《西都赋》： 庭群聞文(《后汉文》24/4上)

崔骃《东巡颂》： 倫勳鈞辰庭(《后汉文》44/6上)

皇甫规《女师箴》： 坤君分刑(《后汉文》61/7上)

阙名《元宾碑》： 倫臣庭勳昆(《后汉文》99/7下)

阙名《衡方碑》： 純人經呈平聞(《后汉文》101/5上)

阙名《杨著碑》： 君瑩仁文(《后汉文》101/6下)

这里的真部字绝大部分都是《诗经》音的文部字，跟西汉时期不同。

阳声韵侵、谈两部是收-m的，谈部字在韵文中应用得很少，侵部字比较多。侵部有跟蒸、冬、东几部通押的，有跟真部通押的。跟蒸、冬、东几部通押的例子不多，主要是“風”字。例如：

冯衍《显志赋》： 罔紘風崩(《后汉文》20/2上)風陵(20/3下)

班固《东都赋》： 雍風徵躬稜(《后汉文》24/7下)

杜笃《论都赋》： 京風陵隆(《后汉文》28/2上)

傅毅《窦将军北征颂》： 風鋒降(《后汉文》43/6上)

马融《长笛赋》： 工鐘容隆風降興重同終(《后汉文》18/2下)

赵壹《迅风赋》： 風充中終(《后汉文》82/8上)

崔骃《大将军西征赋》： 風中雍宗(《后汉文》44/1下)

边让《章华台赋》： 終風中雄隆(《后汉文》84/11下)

祢衡《颜子碑》： 蹤容沖風雍窮(《后汉文》87/3上)

这些例子都说明“風”字在东汉时期已经有些方言读为-ng尾，到魏晋以后就转入冬部了。

侵部字跟真部字押韵在韵文中有下面几个例子：

冯衍《显志赋》： 勤心(《后汉文》20/2上)

傅毅《七激》： 深岑斤(《后汉文》43/4上)陰林根(43/4下)

李尤《函谷关赋》： 咽年君文勳循門琛奔論坤(《后汉文》50/1下)

字下加点的都是侵部字。侵、真押韵这也是一种方音现象。有些方言侵部韵尾-m可能已经变为-n，不过我们还不能十分肯定。同样，谈部也有跟收-n尾的字押韵的例子：

郑众《婚礼谒文赞》： 謙僁(《后汉文》22/5上)

崔瑗《东观箴》： 漢萬鑒(《后汉文》45/3上)

“謙”、“鑒”都是谈部字，其他都是元部字。这里如果不是谈部的韵尾有变化，那就是谈部的元音与元部相近。

谈到韵尾，我们推想在东汉时期可能有某种方言-ng、-n、-m三类韵都是鼻化元音。因为我们看到下面两个例子：

《辛通达李仲曾造桥碑》：民君申□神金元仁民陵□□深入湛愍艱瑗屯孫安遷昆年(《后汉文》100/4下，“金深湛”为侵部字，“陵”为蒸部字，其他为真部或元部字。)

《薛君碑》：君功分承真堅遵敦聞勳成仁清旻營君□親呻乾窀辛庭歎名南塵聲英愃歡顛身(《后汉文》100/3上，“功”，东部字，“承”，蒸部字，“南”，侵部字，“成清營庭名聲英”为耕部字，其他为真部或元部字。)

这种例子虽不多见，但很重要。除了说韵尾都是鼻化元音以外，很难有更好的解释。

另外，阳声韵和阴声韵有少数押韵的例子：

歌：元　王逸《九思·悼乱》：猿蛇(《后汉文》57/4下)

脂：真　杜笃《祓禊赋》：回魂(《后汉文》28/1上)

崔瑗《河堤谒者箴》：衰遲堙(《后汉文》45/3下)

由这两类例子可以知道歌、元两部，脂、真两部有些字的元音是相同或相近的。

至于入声韵各部通押的情形，东汉跟西汉大体相同。收-k的几部即职、沃、药、屋、铎、锡六部都有彼此通押的例子，几乎难以看出界限。西汉时期铎与职、沃、锡没有通押的例子，到东汉就有了。铎、锡在一起押韵的还比较多。例如：

傅毅《舞赋》：客策迫(《后汉文》43/3上)

傅毅《七激》：畫澤(《后汉文》43/5上)

王逸《九思·遭厄》：厄汨易闃石(《后汉文》57/4上)

班固《窦将军北征颂》：易澤帛禪役(《后汉文》26/2上)

史岑《出师颂》：易逆戟(《后汉文》49/10下)

崔寔《大赦赋》： 迹惕赦(《后汉文》45/9上)

马融《长笛赋》： 迫積(《后汉文》18/2上)昔惕(18/3上)

字下加点的都是锡部字。从这些例子可以看出铎部陌、昔两韵字和锡部昔、锡两韵字的读音接近起来。

在东汉时期收-k的几部还常常跟收-p的缉部和盍部通押。这种例子，主要见于杜笃、傅毅、班固的文章里。例如：

(1)杜笃《书攄赋》： 德飾立息側式(《后汉文》28/4下)

傅毅《明帝诔》： 國集墨極(《后汉文》43/6下)

班固《西都赋》： 殖邑國(《后汉文》24/3上)

班固《东都赋》： 邑翼國(《后汉文》24/7上)

班固《奕旨》： 級服陟(《后汉文》26/8下)

班固《答宾戏》： 石蛤(《后汉文》25/5上，"石"，铎部字)

崔瑗《司隶校尉箴》： 直慝及(《后汉文》45/4上)

(2)班固《典引》： 業作(《后汉文》26/7下)

班固《西都赋》： 樂屬爵擢閤(《后汉文》24/4上，"属"，屋部字)

第(1)类是职部或铎部字跟缉部字相押，第(2)类是铎部或药部字跟盍部字相押。这些人的作品里缉、盍两部没有跟收-t的质、月两部相押的例子，这是值得注意的。

入声韵质、月两部相押的例子，见于杜笃、傅毅、班固、马融的文章里，这几个人都是关中人。另外质部和月部字还有跟其他韵押韵的例子：

(1)职：质

张衡《东京赋》： 福洫職敕德刻息(《后汉文》53/2下，"洫"，《广韵》在职韵，自张衡起可能已不读为质部字)

(2)月：盍

张衡《西京赋》： 桀豁列業轕月(《后汉文》52/8上)

张衡《舞赋》：　絶雪□滅輒(《后汉文》53/10上)

(3)月:药

崔骃《东巡颂》：　激烈(《后汉文》44/6下)

(4)月:质:缉

阙名《柳敏碑》：　□阙弼栗立(《后汉文》101/8上,"立",缉部字)

(5)月:锡

崔瑗《司隶校尉箴》：　訐辟逖役(《后汉文》45/4上)

从这几类例子可以看出质、职、缉三部的元音比较接近,月、盍两部的元音比较接近。

在入声韵通押的例子里还有少数-k、-t、-p三类通押的例子。例如:

杜笃《论都赋》：　邑劣絶術易國襲出卒(《后汉文》28/2上,"邑襲"为缉部字,"術出卒"为质部字,"易"为锡部字,"國"为职部字)

阙名《费凤碑》：　玉室職貸則德絜爵物禄畜虐邑伏洽殁漉贖(《后汉文》103/5下,"玉禄漉贖"为屋部字,"室物殁"为质部字,"絜"为月部字,"爵虐"为药部字,"畜"为沃部字,"邑洽"为缉部字)

这在押韵上是很特殊的。可能在汉代某一种方言中所有入声的韵尾(包括-k、-t、-p三类)都已经失去,或变为-ʔ。也可能是押韵上的一种特殊的风格,凡是入声字都可以在一起押,不拘泥于韵尾的异同。这些都还不能确定。

以上把两汉时代阴、阳、入三类韵部通押的情况做了一些举要性质的说明,要知道更详细的情形需要参看后面《两汉诗文韵谱》中各部的合韵部分。在编定韵谱的时候,最复杂、最困难的部分是合韵,但这种合韵的材料非常重要,有很多韵部读音的问题和方音的问题都可以从合韵材料中看出一些端倪来,后面还会谈到这些问题。

五、汉代四声的类别

四声这样一个名称是从宋齐的时候才有的，但是字音有声调的区别从上古时代已经就如此。我们看《诗经》里面平声字跟平声字押韵，上声字跟上声字押韵，就可以知道古人作诗对于声调的分别已经很注意，只是还没有四声的名称。

至于上古音是不是有四个声调，古音声调的分别跟后世韵书所分是否相同，清代的学者很注意这方面的问题。清初顾炎武著《音学五书》认为古诗用韵四声一贯，本无平上去入之分，并且说入为闰声，可转为平上去。他在《音论》里说：

> 四声之论虽起于江左，然古人之诗已自有迟疾轻重之分，故平多韵平，仄多韵仄。亦有不尽然者，而上或转为平，去或转为平上，入或转为平上去，则在歌者之抑扬高下而已。故四声可以并用。

顾氏分辨《诗经》韵部本来不够精确，他以所定古韵十部来看《诗经》的押韵，自然认为《诗经》里面平仄通协的很多，但事实并不如此。后来江永著《古韵标准》对顾氏入转平上去的说法很不同意[1]，可是仍

---

① 《古韵标准》卷四“入声第一部总论”说：“入声与去声最近，《诗》多通为韵；与上声韵者间有之，与平声韵者少，以其远而不谐也。韵虽通，而入声自如其本音，顾氏于入声皆转为平、为上、为去，大谬。”

然承用了顾氏古四声可以并用的说法。

江永之后,段玉裁就有了一种新的说法。他认为古音是有声调的区别的,但古音的声调跟后代的韵书有不同。《六书音均表·论古四声》说:

> 古四声不同今韵,犹古本音不同今韵也。考周秦汉初之文,有平上入而无去。洎乎魏晋,上入声多转而为去声,平声多转为仄声,于是乎四声大备,而与古不侔。有古平而今仄者,有古上入而今去者,细意搜寻,随在可得其条理。今学者读三百篇诸书,以今韵四声律古人,陆德明、吴棫皆指为协句,顾炎武之书亦云平仄通押,去入通押,而不知古四声不同今,犹古本音部分异今也。明乎古本音不同今韵,又何惑乎古四声不同今韵哉。

段氏这种说法可以说是一大发明。他说古音已分平上入三声是对的,至于说古音无去声,跟《诗经》押韵还不完全相合。

段氏这样说自然有他的根据,他考证古音,一方面根据《诗经》押韵,一方面根据文字谐声。在《诗经》里《广韵》去声字有跟平声、上声字押韵的,也有跟入声字押韵的。从文字谐声来看,阴声韵的去声跟入声韵相关的较多,阳声韵的去声跟平声、上声牵连的较多,凡去声跟平声、上声相关的,段氏以为古读平上,跟入声韵相关的,段氏以为古当读入,因此确定古音没有去声。

但是我们考察《诗经》押韵,去声字固然有跟平、上、入三声相押的例子,可是去声跟去声自协的还是很多。如之、鱼、脂、元几部的去声字都独成一类,不可以说古音就一定没有去声。另外再从谐声来看,去声字也有不跟其他声调发生关系的。例如东部的“弄”,元部的“貫亂見建算”,脂部的“四胃類對”,祭部的“外敗帶繼貝介”,支部的“解”,歌部的“坐臥”等等都很难说它不是去声。古韵各部声调的类别不必一定都一样,有些韵部没有去声,有些韵部就可以有去声,我们必须根据韵文所反映的情况来定,不能专凭谐声。段氏断言古音无去,不能说没有问题。

段氏之后,孔广森作《诗声类》又一反段氏之说,认为古音有去而无入,这种说法跟段氏的说法同样与《诗经》押韵不符。

到后来江有诰研究《诗》韵和谐声才发现古音实际是有四声的,不过字的声调古人所读不都跟《广韵》相同。有韵书读上声、去声而古读为平声的,有韵书读平声、去声而古读为上声的,也有韵书只有一种读法而古人有两种读法的。他的《唐韵四声正》就是专门说明古今字音在声调上的异同的一部书。江有诰分《诗经》韵部为二十一部,他指出:二十一部之中四声具备的有之、幽、宵、侯、鱼、支、脂七部;有平上去三声而无入声的有歌、元、文、耕、阳、东、谈七部;有平声、上声而无去声、入声的有侵部;有平去二声而无上声、入声的有真部;有去声、入声而无平声、上声的有祭部;有平声而无上去入三声的有中、蒸两部;有入声而无平上去三声的有葉、缉两部。①

江有诰确定古四声具备,这是段氏之后更进一步的发展。王念孙晚年也完全同意江有诰的说法。② 王氏分古韵为二十二部,其中至部,有去入二声,江有诰至部字归入脂部,与《诗经》音不合。除江有诰、王念孙都主张古有四声以外,夏燮作《述韵》也同样认为古有四声。③

夏燮论证古有四声主要是根据《诗经》的押韵。他从三点来证明古有四声④:

---

① 见《唐韵四声正》卷首。

② 见王念孙道光二年(公元 1822)《与丁履恒书》(丁履恒《形声类编》卷首)和道光三年(公元 1823)答江有诰书(见江有诰《唐韵四声正》卷首)。

③ 夏燮《述韵》刻于道光二十年(公元 1840)。

④ 见《述韵》卷四。

(1)古人的作品,一章之内连用好几韵,四声不相杂协;

(2)《诗》中一章之内同为一部的韵字四声分用不乱;

(3)同为一字,分见数处,声调相同,是古人一字的声调大致有定。

夏燮分辨《诗经》韵部的四声类别跟江有诰所说几乎完全相合。关于《诗经》音的四声问题,经过江有诰、王念孙和夏燮的研究可以说已经有定论了。

如果我们本着前人分析《诗经》押韵的办法来研究两汉的韵文,很容易可以看到汉人对声调的分别一般是很细致的。平声字和上声字跟入声字在一起押韵的极少见,去声字和入声字在一起押韵的为数也不多,而且只限于少数几部字。平声与上声、上声与去声相押的虽然有一些,但也不很多。因此我们在研究汉代韵文的押韵的时候,不能不分辨四声。例如贾谊《吊屈原赋》:

> 般纷纷其离此尤兮,亦夫子之辜也,历九州而相其君兮,何必怀此都也?凤凰翔于千仞兮,览德辉而下之,见细德之险徵兮,遥曾击而去之。彼寻常之污渎兮,岂能容夫吞舟之巨魚?横江湖之鳣鲸兮,固将制于蝼蚁。

其中“辜”“都”“下”“去”“魚”“蚁”是韵脚。依照这篇赋以四句换韵的例子来看,“辜都”与“下去”虽然都是鱼部字,但是平上是分用的。张成孙的《谐声谱》把它作为一韵来看待,是不妥当的。又如枚乘《七发》“海涘止”与“來怠持”分用(《汉文》20/7上),司马相如《上林赋》“扈野”与“櫧櫨邪閭”分用(《汉文》21/4下),贾谊《鹏鸟赋》“夏舍暇”与“故度去”上去分用(《汉文》15/2上),司马相如《上林赋》“去獸兔耀宙”与“羽虡”及“處仆”上去分用(《汉文》21/5上),王褒《僮约》“脯竽”与“具竇門”及“酒口斗偶”平上去分用(《汉文》42/12上),杨雄《甘泉赋》“乱曰”以下四句换韵,“卉對”与“依遲”平去分用(《汉文》51/6上),这些都表明四声是要加以区别的。

现在我们把阴声韵、阳声韵、入声韵分为三类。根据汉人押韵的情况，可以看出阴声韵除祭部只有去声外，其馀各部都具备平上去三声；阳声韵冬部只有平声，蒸部有平声、去声而无上声，侵部有平声、上声而无去声，其他各部都具备平上去三声。现在列表如下：

a.阴声韵

之	幽	宵	鱼	歌	支	脂	祭
平	平	平	平	平	平	平	○
上	上	上	上	上	上	上	○
去	去	去	去	去	去	去	去

b.阳声韵

蒸	冬	东	阳	耕	真	元	谈	侵
平	平	平	平	平	平	平	平	平
○	○	上	上	上	上	上	上	上
去	○	去	去	去	去	去	去	○

这跟江有诰、夏燮所论《诗经》音的四声情况大体相同。阴声韵上去声字在韵文中出现得比较多，特别多的是之部、鱼部、脂部。阳声韵上去声字除元部以外都不很多。到魏晋以后阳声韵的上去声字就多起来了。

在汉代的韵文里平上去三声字的分类跟后世韵书中所分差不多都相同，只有一部分字跟韵书不一样。例如：

之部　“怠”韵书作上声，汉代韵文读平声。“司”韵书作平声，汉代有去声一读。“喜”韵书作上声，汉代有去声一读。

鱼部　“顧”韵书作去声，汉代有上声一读。“居”韵书作平声，汉代有去声一读。“舉”韵书作上声，汉代有去声一读。

歌部　“化”、“議”韵书都读去声，西汉也读平声。

阳部 “享”、“養”、“饗”、“朗”韵书都读上声,汉代读平声。

真部 “震”、“訊”、“運”韵书都读去声,汉代也读平声。

元部 “翰”、“患”、“憲”、“獻”、“歎”韵书都读去声,汉代读平声的居多。

这种声调与韵书不同的字在江有诰《唐韵四声正》里差不多都已经举出来了,在这里也就不需要一一列举了。

六、汉代的方音

1. 杨雄《方言》和汉代方言的地理区域

前一章所讲是两汉音分韵的概况，那是从许许多多丛杂纷挐的材料中综合分析，即异以求同所得出来的结果，代表两汉音的一般趋势。但是我们也不能忽略在两汉时代各地还有很多不同的方音现象需要我们做进一步的分析和研究。

从周秦到两汉间汉语发展的情况来看，我们不难看到有两种事实。一种是从春秋战国时代起在黄河流域一带已经有了区域较广的共同语，到汉代这种共同语逐渐发展为全民的语言。一种是在语言逐渐趋于一致的过程中方言的分歧仍然存在。

春秋战国时代是列国争霸的局面，由于政治、经济、文化各方面的影响和战争的频仍不断，黄河流域一带华夏诸族的语言已经日益接近而且形成一种区域性的共同语。[①] 我们可以从一些历史事实来看。孔子可以周游列国，晋重耳可以餬口四方，墨子可以止楚攻宋，苏秦、张仪可以游说各国，这些事实都表明当时地

① 《论语·述而篇》说："子所雅言，诗、书、执礼皆雅言也。""雅言"就是正言的意思。清人认为"雅言"就是当时流行的"官话"。参看周祖谟《从文学语言的概念论汉语的雅言文言古文等问题》，《北京大学学报》第一期，1956 年，第 129—130 页。

域比较接近的各国在语言上一定已经有很大的一致性，尤其是书面语言更是如此。这是一种事实。但是这不等于说各国就没有自己的方言。从《孟子》“有楚人欲其子之齐语也”一章和《战国策·秦策》所说“郑人谓玉未理者曰璞，周人谓鼠未腊者曰朴”的一些话可以知道四方的语言至少在词汇和语音上是有很大的差别的。所以《礼记·曲礼下》说：“五方之民，言语异声。”这又是一种事实。

战国之后，经过秦的统一，到了汉代，中国成为一个中央集权的封建大国，汉语的统一性更加强了，甚且形成为全社会性的部族语言。但是根据许多文献材料来看，不同的方言仍然存在，不过方言的数目可能比春秋战国时代稍稍减少，方言之间的分歧点可能有不同程度的改变罢了。我们研究汉语史的中心任务是要说明汉语由上古以迄现代是怎样发展、怎样丰富起来的，可是在语言发展的历史上方言与共同语、方言与方言的交互影响的关系很大，因此方言的研究是研究汉语史的重要题目之一。

就现代汉语而论，以北方话为基础的民族共同语（普通话）已经形成了，可是方言依旧存在，方言与方言之间最大的分歧就在于语音。我们可以设想得到在两汉时期方言在语音的差异性可能更大。我们从许多材料综合出两汉音的一个总的部类是非常必要的，有了这样一个概括性比较大的部类才能说明两汉音在大的方面跟周秦音怎么不同，跟魏晋以下的音又怎么不同，所以说很必要。但同时也不宜忽略方音。不同的方音在整个语言的发展上都会有一定的作用。

我们要研究两汉的方言和不同方言中特殊的语音现象所能依据的材料有下列几种：

(1) 汉代的著作中关于方言方音的记载。例如杨雄的《方言》

和汉代经籍学家所作的经书及子书的注解。

(2) 富有方言性的著作。例如《淮南子》里有很多押韵的文句，史游的《急就篇》、崔篆的《易林》全部都是韵语，可以考查出一些方音现象。

(3) 不同地区的作家的作品。同一时代内有些作家的作品流传较多，可以根据作家的里贯来看他们在作品里所反映出来的方音现象。

(4) 字书和训诂资料书。例如许慎的《说文解字》中的读若、刘熙《释名》中的声训等都是很有用的资料。

这些资料讲分量不为不多，但是有些材料很零散，有些材料经过爬梳分析之后能够充分反映出方音现象的地方还不够多，另外也有些材料比较庞杂，不易下结论。现在写下来的只是一些初步考查的结果。

研究汉代方言，首先要知道汉代方言在地理上分布的情况。可惜在这一方面古人并没有给我们遗留下来详细明确的记载。要考查这一个问题惟一可以凭借的资料就是《輶轩使者绝代语释别国方言》。这一部著作，一般简称为《方言》，相传是西汉末年杨雄（前53—18）所作。其中所载都是汉代不同方域的词汇，包括个别的方言、通行区域较广的方言和一般流行的普通话。凡说“某地语”或“某地某地之间语”的，都是方言，凡说“通语”、“凡语”、“凡通语”、“通名”或“四方之通语”的都是普通话。方域的称谓或用秦以前的国名、地名，或用汉代通用的地名。东起东齐海岱，西至秦陇凉州；北起燕赵，南至沅湘九嶷；东北至北燕朝鲜洌水之间，西北至秦晋北鄙，东南至吴越东瓯，西南至梁益蜀汉。地域包括极广，几乎囊括汉代的全部版图。

从其中所举的方域来看，有的一个地方单举，有的几个地方并举。依理推之，凡是常常单举的应当是一个单独的方言区域，凡是常常在一起并举的应当是一个语言比较接近的区域。根据这样的情况，我们可以粗疏地知道汉代方言在词汇方面比较接近的有以下几个大的地区：

1. 秦晋，陇冀，梁益[①]；
2. 周郑韩，赵魏[②]，宋卫；
3. 齐鲁，东齐，青徐；
4. 燕代，晋之北鄙，燕之北鄙；
5. 陈楚江淮之间；
6. 南楚；
7. 吴越。

这些地区的分划当然非常笼统,但从这个粗疏的分类中也可以看出在西汉时代“关西”跟“关东”不同,“陈楚江淮之间”与“周郑”、“齐鲁”不同,而“燕之北鄙”以及“南楚”、“吴越”等又都是比较特殊的方言。这对于我们了解汉代的方音无疑问是很有帮助的。假如我们再看一看东汉人的著作,也同样可以印证这样一个分划是比较可信的。

例如何休的《公羊传》注里曾经提到“齐”、“鲁”、“关东”、“关西”、“宋鲁之间”、“齐鲁以北”、“冀州”等地方言;郑玄《周礼》注曾经提到“齐”、“蜀”、“楚”、“燕”、“河间以北”、“关东”、“东莱”、“沛国”、“南阳”、“秦”、“齐鲁之间”;《仪礼》注还提到“江淮之间”、“莱易之间”;《礼记》注还提到“越”、“冀部”、“南方”等地的方言;高诱的《淮南子》注曾经提到“楚”、“河东”、“燕”、“江淮间”、“青州”、“幽州”、“兖州”、“秦”、“三辅”、“雒下”等地的方言;刘熙的《释名》里曾经提到“青徐”、“兖冀”、“齐鲁”、“关东”、“关西”、“宋鲁”、“并冀”、“南方”、“江南”、“汝颍”、“幽州”等地的方言。这些都可以证明上面所列的一些区域

① “梁益”在西南，但书中“秦晋”与“梁益”常常并举。

② “赵魏”在书中常常并举，但“宋魏”也常常合称，所以与“宋卫”列在一起。

方言是有差别的。①

《方言》这一部书是记载汉代方言词汇的书，对于我们研究汉语词汇发展的历史启发很大，至少我们可以看到全民的语言是怎样吸收不同的方言词汇而丰富起来的，但是在方音的异同上并没有给我们很多的提示。② 我们要了解汉代不同方言的语音情况需要从其他方面的材料去找。

2. 汉代古书注解中所指出的方音现象

最重要的材料是东汉时期许多古典文献学家在古书的注解和训诂书当中所指出的一些方音现象。例如：

《春秋公羊传》隐公五年何休注云："登读言得来，得来之者，齐人语也。"又庄公二十八年何休注："伐人者为客，读伐长言之，齐人语也……见伐者为主，读伐短言之，齐人语也。"

《礼记·檀弓》"何居"，郑玄注："居读为姬姓之姬，齐鲁之间语助也。"又《檀弓》"咏斯猶"，郑玄注："猶当为摇，声之误也。……秦人猶摇声相近。"《礼记·中庸》"壹戎衣"，郑玄注："衣读如殷，声之误也。齐人言殷声如衣。今姓有衣者，殷之胄与。"《礼记·郊特牲》"汁獻涚于盏酒"，郑玄注："獻读当为莎，齐语，声之误也。"

《诗经·瓠叶》"有兔斯首"，郑玄笺："今俗语斯白之字作鲜，齐鲁

---

① 这里没有举许慎的《说文解字》，因为《说文》里面讲到方言的材料大部分都跟杨雄《方言》相同。只有"河朔"、"益州部"、"三辅"、"淮南"、"淮阳"、"南阳"、"九江"、"弘农"、"荆巴间"、"南昌"等名不见《方言》。

② 如卷一云："'倰、怃、矜、怜，哀也。齐鲁之间曰矜，陈楚之间曰悼，赵魏燕代之间曰倰。""倰"即"怜"之音转，韵尾辅音不同，"怜"为-n，"倰"为-ŋ。又如卷六云："揞、揜、错、摩，藏也。荆楚曰揞，吴扬曰揜。""揞"、"揜"二字，一在侵部，一在谈部，也是相同的词。《方言》之中这种例子并不多。

之间声近斯。”

《吕氏春秋·慎大篇》“(夏民)亲郼如夏”,高诱注:“郼读如衣,今兖州人谓殷氏皆曰衣。”

《淮南子·本经篇》“牢笼天地”,高诱注:“牢读屋霤,楚人谓牢为霤。”

《释名·释天》:“天,豫司兖冀以舌腹言之,天,显也,在上高显也。青徐以舌头言之,天,坦也,坦然高而远也。”又:“風,兖豫司冀横口合唇言之,風,泛也,其气博泛而动物也。青徐言風,踧口开唇推气言之,風,放也,气放散也。”

《释名·释亲属》:“兄,荒也,荒,大也,故青徐人谓兄为荒也。”

《释名·释言语》:“敏,闵也,进叙无否滞之言也,故汝颍言敏曰闵也。”又:“厚,後也,有终後也,故青徐人言厚曰後也。”又:“貴,歸也,物所歸仰也,汝颍言貴声如歸往之歸也。”

《释名·释饮食》:“豉,嗜也,五味调和须之而成,乃可甘嗜也,故齐人谓豉声如嗜也。”

《释名·释乐器》:“人声曰歌,歌,柯也,所歌之言是其质也,以声吟咏有上下,如草木之有柯叶也,故兖冀言歌声如柯也。”

《释名·释疾病》:“癣,徙也,浸淫移徙处日广也,故青徐谓癣为徙也。”

《汉书·尹赏传》“寺门桓东”,如淳注:“陈宋之俗言桓声如和,今犹谓之和表。”①

这些材料都是很真实的记载。从这些例子里可以看出几种值得我们注意的现象②:

---

① 如淳,魏冯翊人,此所云“陈宋之俗言桓声如和”当有所本。

② 这里暂不讨论关于声母和声调的问题。

(1)阳声元部、真部(文部)有些字齐鲁青徐之间没有韵尾辅音-n。[①] 例如“癣”读为“徙”,“鲜”声近“斯”,“殷”读如“衣”。

(2)幽、宵两部秦地声音相近。

(3)“風”上古音的声母是 b‘,韵尾是-m,在东汉时期兖豫司没有变,所以《释名》说横口合唇言之;青徐则变为 Φ-ŋ,所以《释名》说踧口开唇推气言之。

(4)寒部字“桓”有韵尾-n,可是陈宋之间读为“和”,则没有-n 尾。

(5)东汉时期青徐人读“兄”为阳部声音,没有转入耕部,与《诗经》音相同。

(6)“敏”从每声,在之部,汝颍言“敏”如“閔”,“閔”真部字,此为《切韵》“敏”归入轸韵的最早的方音。

(7)齐人读“豉”为“嗜”,“豉”、“嗜”都是禅母字,但“豉”为支部字,“嗜”为脂部字,是支、脂两部音近。

根据这几种汉代的方音现象来看,汉代的方音有很多跟《诗经·国风》中所反映出来的方音现象是一致的。例如:

《陈风·东门之枌》二章:“穀旦于差,南方之原,不绩其麻,市也婆娑。”“原”为元部字,“差麻娑”是歌部字,“原”与“差麻娑”相协,“原”可能没有-n 尾,与如淳所说陈宋之间“桓”读为“和”的话相合。

《豳风·七月》四章:“四月秀葽,五月鸣蜩。”“葽”为宵部字,“蜩”为幽部字,“葽”、“蜩”押韵,也与汉人所说秦人“猶”、“摇”声近的话相合。

由此可以推知《诗经》中清人所指出的一些合韵的例子,其中可能有很多依当地的方音读起来是相协的。即如《邶风·新台》一章“泚

① 许慎《说文解字》中“肵读若携手”、“莙读若威”、“昕读若希”、“腨读若捶击之捶”也都是同类的例子。

瀰鲜”三字押韵，“鲜”与支部字“泚”、脂部字“瀰”押韵，是“鲜”无韵尾辅音-n；《鄘风·蝃蝀》二章“雨母”二字押韵，是之、鱼两部音近；《秦风·小戎》二章“中驂”押韵，三章“膺弓滕興音”押韵，《豳风·七月》八章“沖陰”押韵，是侵部字韵尾-m读为-ŋ。诸如此类都很值得我们注意。

这是汉代古典文献学家在古书注解中给我们的一些启示。不过要了解汉代方音的情况还需要做进一步的考查。

七、个别方言材料的考查

要了解一个时代不同的方音情况，可以按照诗文作家不同的籍贯分地来研究他们的作品，以考查其中所反映出来的方音情况，另外还可以选择一些富有方言性的著作进行个别的考查，这样可能有更多的发现。

两汉时代的作家很多，其中辞赋诗文一类的作品流传下来比较多的有十几家。西汉的司马相如、王褒、杨雄等都是蜀郡人，东汉的杜笃、冯衍、班固、傅毅、马融等都是关中人，他们的作品流传下来的都很多，为了明了蜀音和关中音的特点，可以特别提出来加以研究。东汉的张衡和蔡邕也是很重要的作家，张衡是南阳人，蔡邕是陈留人，南阳、陈留都属于今之河南。这两个人的押韵情况也需要加以研究。

除了这些作家的作品以外，两汉时代还有很多对于考查方音有帮助的著作。现在选择了几种有代表性的书：西汉时期有《淮南子》、《急就篇》、《易林》，东汉时期有《论衡》、《释名》。《淮南子》代表江淮音，《易林》代表涿郡音，《论衡》代表会稽音，《释名》代表青徐音，《急就篇》可能是关中音。现在就把这些材料表现出的语音特点分述如下：

1.《淮南子》

《淮南子》是西汉时淮南王刘安(？—前122)及其门客所作。从《原道篇》至《要略》止,共有21篇,这是汉代子书中比较繁富的一部书。高诱《注叙》曾经说:“其义也著,其文也富。”这部书虽然不一定都是刘安一人所作,可是纂集编定,必然成于刘安,《要略》有“若刘氏之书”一语,是其明证。

刘安是厉王子,高祖孙,他的语音可能就是沛县一带的方音。《淮南子》这部书内押韵的文字很多,而且韵部很整齐。前人曾经说“淮南多楚语”。从词汇方面来看,确是如此。如《要略》中的“精摇”、“畛挈”就都是楚语(见高诱注)。再从押韵方面来看,《诗经》中虚词多半不作韵脚,而《楚辞》则每每虚词入韵,《淮南子》亦然。由此可以推想《淮南子》所代表的语音可能就是当时江淮一带的楚音。所以我们特别提出来作为研究西汉方音的材料之一,就其中有韵的部分加以研究。

清代的学者对于这一部书很重视,所做的校勘工作很多,而成就最大的是王念孙。他在《读书杂志》里所记关于《淮南子》的音义训解方面的发明极多。他不仅校勘《淮南子》,并且研究《淮南子》的韵文部分,编成一本《淮南子韵谱》[①]。这本韵谱始终没有刻板,所以很少有人知道。本书所附的《淮南子韵谱》就是根据他的原稿本改编的。

王氏原谱先列阳声韵,次列阴声韵,而入声韵则分列于有关的阴声韵之后。其次序如下:

---

① 北京大学藏。

(1)东,蒸,侵,谈,阳,耕,真,谆,元;

(2)歌,支锡,至,脂术,祭,葉,缉,之职,鱼铎,侯屋,幽,宵。

在韵字的分部来说,他完全是按照早年所定的《诗经》韵部来分的,并非按照《淮南子》本身所反映出来的韵部分类来编定的。这是一个很大的缺点。其次,一部之内没有细心辨别四声。阳声韵只有一类,上去二声字与平声字杂厕在一起。阴声韵脂、之、鱼、侯、幽五部上声与平声分列,歌、宵二部上声字则与平声同列;至于去声,则歌、宵二部亦与平声同列,支、脂、祭三部去入合一,之、侯、幽三部上去为一,鱼部平去为一。足见分别甚为凌乱。再则一部之内本部字相押及本部字与别部字相押者都合写在一起,没有另外分开,只用朱笔在别部字的旁边加上一些标识而已。①

从这三点来看,这本《淮南子韵谱》还不是王氏晚年的定稿,一则东、冬未分,一则去声不单列为一类,可能是受了段玉裁《六书音均表》的影响,因此很不完密。② 王氏始终没有把这本书刻出来,恐怕也是由于原作需要改动的地方很多,必须重新编订才行。

现在我们根据王念孙所标举出来的《淮南子》的有韵部分加以研究,发现《淮南子》的押韵跟西汉韵文一般押韵的情况不同。阴声韵分为九部,阳声韵分为九部,入声韵分为十一部。今列表如下:

① 合韵字旁加ı。

② 王氏晚年始从孔广森之说分《诗经》音东、冬为二部。古有去声一类亦晚年始确定。

阴声韵			入声韵	阳声韵		
之部（“謀龜牛有右母畝阜富”均在本部）	上	去	职部（“伏牧服”在本部）	蒸部（“雄”字在本部）	（上）	去
幽部	上	去	沃部			
宵部	上	去	药部			
鱼部（“車家”等字在本部，《诗经》音侯部字在本部）	上	去	铎部	阳部（“行兵明”等字在本部）	上	去
			屋部	东部（《诗经》音冬部字在本部）	上	去
歌部（“奇宜”等字在本部）	上	去				
支部	（上）	去	锡部	耕部	上	去
脂部	上	去	质部	真部	（上）	（去）
微部	上	去	術部	文部	（上）	去
祭部（去声）			月部	元部	上	去
			盍部	谈部（只去声“澹氾”一例）	（上）	去
			缉部	侵部（“風”字在本部）	（上）	（去）

这里面阴声韵除祭部外，其他各部大体都有平上去三声分用的例子，只有支部没有上声的例子。阳声韵阳、东、耕、元各部都有平上去三声分用的例子，蒸、文两部有平去二声的例子，真、侵两部只有平声的例子，谈部只有去声的例子。

从这样一个韵部的分类来看，显然跟《诗经》音差不多，只有《诗经》音的东、冬两部，鱼、侯两部在《淮南子》合为一部。

《诗经》音冬部字在《淮南子》中押韵的例子有十九处，其中

(1)冬部字独用的有四处：

降窮（原道）中窮（同前）宗窮（主术）窮宮（说林）

(2)冬部字与东部字合用的有十二处：

窮功（原道）容宗（时则）終宗通（览冥）用中（精神）宗通（同前）胸亡中。

(本经,"亡",阳部字)窮通(主术)公通忠(齐俗)同通宗窮(诠言)穷同通(同前)從窮用沖(同前)中窮攻(兵略)

(3)冬部字与侵部字合用的有两处:

南衆蟲(原道)心中(泰族)

(4)冬部字与蒸部字合用的有一处:

冬繩(览冥)

这里东、冬两类字合用的例子很多,足证东、冬为一部。其次《淮南子》中东部字与阳部字通押的比较多,而"窮"为冬部字,也跟阳部字在一起押韵。例如:

横窮剛忘(氾论)窮行(兵略)用氓窮霜行(脩务)

这也可以说明冬、东两类为一部。

至于《诗经》音鱼、侯两部在西汉合为一部,这是一般的现象,在《淮南子》里这类例子也很多。例如:

(平声)

閭竽濡(说山)

(上声)

土走處(原道)下土野與後(同前)斗所(天文)後所與(诠言)雨下圉偶緒(兵略)虎走(同前)武取(同前)後雨鼓緒(同前)後伍(同前)馬炬狗俎(说山)狗雨(同前)鼠瘻齲(同前)武走(说林)楚予後吕距走處楚(人间)

(去声)

故遮候瘖(诠言)慮鬥(兵略)

凡字下加点的,《诗经》音都属于侯部,这些都是鱼、侯合为一部的例证。

《淮南子》的押韵,东、冬合为一部,在西汉韵文中是一个特点。除此之外,脂、微、真、文、质、术各分为二,也是一个特点。《淮南子》中质部字与术部字没有相押的例子,界限很分明;真、文两部字虽有通押的例子,可是真部字很少与元部字通押,文部字绝不与耕部字通押,而真与耕通押者有二十七八处之多,文与元通押者有七处,这就是真、文两部很大的分野。至于脂、微两部,平声字虽有少数通押的例子,可是上去声分别很清楚,根据材料也应当分为两部。这样阴、阳、入三声恰好是相应的。

另外,从后面所列韵谱中合韵方面的材料来看,比较值得注意的是下面几点:

(1)阳声韵与阴声韵押韵的例子有三处:《本经篇》"調通"相押,《说林篇》"酸和"相押,《诠言篇》"議患"相押。后两个例子是一类。

《本经篇》说:"故至人之治也,心与神处,形与性調,静而体德,动而理通。随自然之性,而缘不得已之化,洞然无爲,而天下自和,憺然无欲,而民自樸,无禨祥,而民不夭,不忿争,而养足。"

《说林篇》说:"百梅足以为百人酸,一梅不足以为一人和。"

《诠言篇》说:"为善则觀,为不善则議;观则生贵,议则生患。"

"調通"相押,"調"为幽部字,"通"为东部字,此与《楚辞》、《离骚》"同調"为韵相同。[①] 这应当是楚方言的一种现象。楚方言东、幽两部元音可能相近。《说林篇》"酸和"相押,"酸"为元部字,"和"为歌部字,《诠言篇》"觀議患"相押,"議"为歌部字,"觀患"为元部字。这又跟前边所说"陈宋之俗言桓声如和"相同。《淮南子》里有这样的例子,可能代表的是陈楚江淮之间的语音。

(2)阴声韵去声字和入声韵相押的有之部、鱼部、支部、脂部、祭部。

---

① 《楚辞·离骚》"曰勉升降以上下兮,求榘矱之所同;汤禹严而求合兮,挚咎繇而能調",西汉东方朔《七谏·谬谏》"不量凿而正枘兮,恐榘矱之不同;不论世而高举兮,恐操行之不調",也是以"同調"相押,前人认为东方朔是模仿《离骚》,我们认为那也是东方朔本人的方音,不能单纯认为是模仿。

之、职相押的，如：

覆載(原道)德服職代德(览冥)事福(氾论)德事載(诠言)伏意備(兵略)

鱼、铎相押的，如：

素白(原道)露澤(同前)格度(诠言)舍斥處(兵略)

鱼、屋相押的，如：

慕欲(精神)數樹欲(缪称)欲助(兵略)斵具鬥(说林)構哭(同前)務族(要略)

支、锡相押的，只有一例：

恚積(原道)

脂、质相押的，也只有一例：

搼至(兵略)

祭、月相押的比较多，如：

廢泄昧(原道)廢裂(览冥)發歲(齐俗)世穢絶(兵略)跋發外掘外蔽(说林)滅大(人间)達世(脩务)

由此不仅可以看出阴声韵与入声韵相承的关系，同时可以看出阴声韵韵尾辅音-g、-d可能还没有失落。

(3)阴声韵鱼部字与之部字有相押的。例如：

倨盱牛(览冥)野圄宇雨父女志(俶真)下母古户寡(脩务)

鱼部字与之部字相押在周秦韵文中不多见，在两汉韵文中值得注意的有下面几个例子：①

(西汉)

司马相如《子虚赋》“虚騌騏”押韵；

王褒《洞箫赋》“子父”押韵；

① 《易林》中这种例子很多，后面专有一节来谈《易林》。

枚乘《七发序》“處母父所厚暑”押韵；

(东汉)

堂溪协《开母庙石阙铭》“治隅祺之”押韵；

无名氏《古诗为焦仲卿妻作》“户語母府取語”相押；

谣谚《南阳谚》“父母”相押。

司马相如和王褒都是蜀人，枚乘是淮阴人，堂溪协是颍川人。根据上面的材料，推想汉代四川和江淮汝颍之间之、鱼两部的元音可能比较接近，而《淮南子》鱼、之相押也正是江淮音。

(4)阳声韵阳部协东部、耕部协真部特别多。阳、东相押，《诗经》中没有例子；耕、真相押《诗经》中例子也不多。这两种现象，从战国以后才多起来。《老子》中阳、东相押的较多，《庄子》、《楚辞》中耕、真相押的较多。这都说明了阳、东相押，耕、真相押这两种现象是楚方言的特点。《淮南子》里阳、东，耕、真相押之多，尤为突出。[①] 猜想阳、东两部的元音必相近[②]，耕、真两部的元音也一定很相近，甚至于耕部的韵尾辅音也读如真部(-n)，不过我们还不能确定。

说到阳、东相押，在陆贾《新语》里这种现象也很突出。陆贾是楚人，《新语》一书是汉高祖刘邦叫他写的。从前有人怀疑这部书是伪造的，近人已经有考证，认为这部书并非伪书。[③] 根据《新语》来看，下面的例子很值得我们注意：

1. 沖容忠窮《新语·术事》(卷上/7页)[④]

2. 忠亡(同上)

3. 中傍宗用《新语·资质》(下/1)

---

① 《易林》也是如此。

② 杨雄《方言》卷一“党、晓、哲，知也，楚谓之党”。“党”也就是现在所说的“懂”。

③ 详见余嘉锡《四库提要辨证》。

④ 《新语》篇名页数据《四部丛刊》影印明弘治刊本。

4. 亡行疆量長方功望陽殃光方亡張萌《新语·道基》(上/4)

明亡功疆長方《道基》(上/6)

王公王同商常殃羌同同凶亡綱將望功王藏王良通明良方行《术事》(上/6)

良方功長羊方容亡《辅政》(上/8)

亡傷僵揚同工量长觴光庠莊觴堂芳通揚楊《资质》(下/1)

5. 通傷疆生成卿梁《资质》(下/1)

从这些例子我们很清楚地可以看到《新语》的押韵表现出东、冬是一部，阳、东两部音很相近。

在《新语》里，耕、真相押也正跟《淮南子》一样。例如：

田形《新语·术事》(上/6)

聲情輕貞賢信冥秦形傾情刑榮《辅政》(上/8)

聲民庭聽征鳴田親《至德》(下/4)

这都是耕、真押韵的例子，其中也不杂一个文部字。《新语》跟《淮南子》的分韵正可以相印证。①

(5)在阳声韵里，值得我们注意的还有闭口韵的读音问题。"風"字在《淮南子》里仍归侵部，可是侵部字有跟蒸部、东部押韵的例子。如：

心蒸(本经)南衆蟲(原道)心中(泰族)

其中的东部字都是属于《诗经》音冬部的字，由此可以看出侵部与蒸部、东部的元音是接近的。不过根据这几个例子我们还不能确定侵部的韵尾是否由-m变为-ng。

(6)入声韵职部跟術部有通押的例子，职部还有跟盍、缉两部押韵的例子，在韵尾方面要求并不很严格。

根据以上所说的事实，我们可以初步确定《淮南子》的分韵所代

① 阳、东相押，西汉时代东方朔和司马相如、杨雄、王褒等也是如此，后面还要谈到。

表的方音应当是陈楚江淮一带的音。主要特点是:(1)东、冬为一部;(2)脂、微,真、文,质、術诸部分用;(3)阳、东音近;(4)耕、真音近;(5)阴声韵之、鱼、支、脂、祭各部去声字与入声字通押。

2.《急就篇》

汉代有许多童蒙习诵的识字书,如《苍颉》、《训纂》、《凡将》、《急就》之类都是见于《汉书·艺文志》的。其中有的是四字句,有的是七字句,四字句在先,七字句在后。像《苍颉篇》就是四字句,《凡将篇》就是七字句。[①] 这些字书都是韵语。传留下来的只有《急就篇》一种。

《急就篇》,《汉书·艺文志》说是汉元帝时(前48—33)黄门令史游所作。这部书是以七言为主的。开篇就说:

> 急就奇觚与众异,罗列诸物名姓字,分别部居不杂厕,用日约少诚快意,勉力务之必有喜。

其中也有一部分是三言或四言的。如叙述姓名一节说:

> 宋延年,郑子方,卫益寿,史步昌,周千秋,赵孺卿,爰展世,高辟兵……

这一段都是三言的。七言、三言是汉代歌辞常用的句法。例如《汉郊祀歌》的《练时日》、《天马》、《华烨烨》等都是三言:

> 练时日,候有望,焫膋萧,延四方……
>
> 天马徕,从西极,涉流沙,九夷服……

---

① 《苍颉篇》已亡。许慎《说文解字序》引有"幼子承诏"一语,郭璞《尔雅注》引有"考妣延年"一语,新疆和居延所出汉简中也有《苍颉》佚文,都是四言。《凡将篇》,司马相如作,今亡。《说文》"嗙"下注引司马相如说"淮南宋蔡舞嗙喻",段玉裁以为可能出自《凡将篇》。又《文选·蜀都赋》晋刘逵注引《凡将》"黄润纤美宜制禅"一语,《艺文类聚》卷四十四引《凡将》"钟磬竽笙筑坎侯"一语,都是七言。

华烨烨,固灵根,神之斿,过天门……

这可以说明这种通俗字书跟当时诗歌在句法上的关系。《急就篇》能够流传下来可能有两种原因:一则因为里面都是一些日常应用的词汇,通俗易晓,便于实用,所以易于流传[①],一则因为从东汉以后直至隋唐书家写本很多,民间传习不绝,所以没有散佚。

这本书虽然是汉代童蒙习诵的书,内容很简单,可是对于研究语言史很有价值。一方面我们可以知道当时一般通用的词汇,一方面还可以借助原作的押韵考察当时的语音。汉代文人的作品,不免有摹拟古音的地方,可是这本书为儿童习诵所作,一定要与当时的实际语音相合,所以有提出加以说明的必要。

史游是什么地方的人,已无可考。在这里,《急就篇》只能作为一种方音材料来看待。现在根据颜师古注本把全书的韵脚写出来:

(1)異字厕意喜

(2)章方昌卿兵房强明良郎常横傷當央慶兄湯光陽章張王皇倉
唐楊桑談讓莊將長妨梁羌忘臧黄衡箱芳羊剛鶬卿昌房陽

(3)奴屠都胡渠餘徐蘇胡奢期于於如疏吾朝餘

(4)訖物

(5)爵樂鶴濯豹

(6)碰燃鮮蟬緜錢連便全纏遷銓緣

(7)杭羹薑醬香藏霜餳糧

(8)君裙褌縛緣紃巾人倫貧民親臣鄰銀

(9)鏊鐎鉏銚鐈

(10)篠篝篗

(11)盌艇饡

① 罗振玉所印《流沙坠简》里有汉人所写的《急就篇》断简。

(12)壶盧鑪

(13)家斜蟆鰕

(14)僮杠幢總工筩同雙龍饔容凶

(15)箏鳴聲庭醒令生形清腥程輕

(16)紐耳齒肘手髃

(17)主乳吕柱聚

(18)鉤鍭鉾校

(19)轑轃衡棠轠鍚煌蒼堂京梁墻方箱壤揚封

(20)鋤租杷樗扶驢超揄豬雛駒趨芻

(21)雉尾死視兕膺履

(22)脹盲痕響病讓眼匠

(23)邪胡蘆華吾樓牙瓜枯盧

(24)恐奉寵踴腫冢

(25)訖出

(26)論文身聞倫分人君勳軍臣神民親馴新因淵均存人先文鄰診
　　　臏牽真憐堅年論髡然山先根

(27)曹聊流膠牢號求留仇

(28)觸獨讀曲燭禄蜀録辱

(29)盛令寧平榮成生丁

这些韵脚为数并不很多。阴声韵有之、幽、宵、鱼、脂五部字，阳声韵有东、阳、耕、真、元五部字，入声韵有质、药、屋三部字。根据这些材料，首先可以证明我们就西汉诗文押韵的材料所归纳出来的韵部跟《急就篇》是相合的。如鱼、侯为一部，上面(10)、(17)、(20)、(23)四例表现得很清楚。从(3)、(13)、(20)、(23)四例可知麻韵“奢杷家斜鰕邪華牙瓜”等字均在鱼部。又如从(2)、(7)、(19)、(22)四例来看，阳部包括“卿兵明横慶兄衡羹京”等庚韵字，从(8)、(26)两例来看，真、文为一部，也都跟西汉韵谱所定相合。

其次有三点值得我们注意：（一）之、鱼、幽、宵四部元音相近。上面的韵字里鱼、之通押者一见（第3），宵、鱼通押者三见（第3、9、20），幽、宵通押者一见（第27），幽部与之、鱼通押者两见（第16、17）。（二）真、元两部声音相近，真、元通押者两见（第8、26）。（三）第（2）例中“談”字和阳部字押韵，韵尾可能不是-m。

根据这三点，我们猜想《急就篇》所代表的方音可能是关中的音。东汉的关中人杜笃、班固、傅毅、马融的韵文中所表现出来的方音现象跟《急就篇》非常相近。[①] 特别是鱼、宵通押的例子，在他们的韵文很多，《急就篇》中有三处鱼、宵通押，这是最值得注意的现象。

3. 司马相如、王褒、杨雄的韵文

司马相如、王褒、杨雄都是西汉的辞赋家。司马相如和杨雄是成都人，王褒是资中人，成都和资中都属于蜀郡。这三个人的辞赋流传下来的相当多，而且篇幅都很长，根据他们押韵的情形可以看出一些蜀方音的现象。现在分述如下：

（1）阴声韵各部通押的关系

阴声韵之、幽、宵、鱼四部中幽、宵两部通押的例子较多，这两部的声音必然相近，但还不能确定幽、宵是否为一部。幽部字跟之、鱼两部都有相押的例子，但幽部字大半都是尤韵一类的字。之、幽（尤）、鱼的元音可能比较接近。

鱼部的麻韵字有跟歌部字相押的例子，可知鱼部麻韵字读音与歌部接近。

---

① 杜笃、班固、傅毅、马融等人押韵的特点见下面417页。

歌部除与支部通押外,还跟脂部通押。与脂部通押的字多半都是支韵一类的字,这是值得注意的一点。脂部字与支部通押的一些例子里多半都是脂韵一类的字。由此可以看出歌(支)、支(支)、脂(脂)的元音比较接近。

脂部与祭部通押的字都是未韵或队韵的字,可见脂部的微韵一类跟脂韵一类的元音不同。脂韵一类近于支部,微韵一类近于祭部。

(2)阴声韵与入声韵押韵的关系

阴声韵只见鱼部、宵部、支部、脂部、祭部五部与入声相押。鱼部与入声押韵的较多,或与屋部字押韵,或与铎部字押韵。例如:

鱼:屋

司马相如: 榛樸(子虚赋)

王褒: 射鏃處鶩欲拊兔僕寇(四子讲德论)

杨雄: 鼓斵後睹(解难)趣欲(羽猎赋)

鱼:铎

司马相如: 垩坿(子虚赋)庶獲(同前)澤護慕(封禅文)

王褒: 穫芓輳(僮约)

杨雄: 庶獲(长杨赋)恪作祚(徐州箴)

其他各部,宵部与药部押韵的一见(司马相如),支部与锡部押韵的两见(司马相如、杨雄),脂部与质部押韵的一见(王褒)。祭部与入声通押较广,与月部、质部、缉部都有一些通押的例子。例如:

祭:月

司马相如: 瀨世勢絶(哀秦二世赋)沫逝(同前)

杨雄: 害割殺泰敗譪(廷尉箴)

祭:质

杨雄: 替弊(冀州箴)世洫室卒(将作大匠箴)

祭:缉

司马相如：　際答(封禅文)

杨雄：　轕磕吸外(羽猎赋,"轕磕"是月部字)

从这些阴声韵与入声韵相押的关系来看,可以有两种解释:一种是阴声韵跟入声韵元音相同或相近,所以通押;一种是阴声韵跟入声韵不仅元音相同或相近,而且有相近的韵尾辅音。如果阴声韵跟入声一样也具有韵尾辅音,西汉蜀方言鱼、宵、支、脂、祭各部是否都有收尾,也很难定。但从鱼、祭两部与入声通押次数之多来看,鱼部(除去麻韵字)有-g,祭部有-d,似乎可以确定。祭、缉相押的两个例子也可以说明祭部是有收尾的。

(3)阳声韵各部通押的关系

阳声韵东、冬两部王褒和杨雄的韵文里通押的比单独应用的多,这两部可能就是一部。例如:

王褒：　中窮從酆宮(九怀·匡机)從同聰衆(四子讲德论)隆功(圣主得贤臣颂)

杨雄：　窮雄溶中(羽猎赋)鍾窮(甘泉赋)降隆東雙功龍融頌雝蹤從(河东赋)恭降(宗正卿箴)衆公(元后诔)崇庸從(同前)

另外,在杨雄的《太玄经》里也有七八处东、冬合用的例子。下至东汉时,广汉人李尤所作的韵文里东、冬也合用不分。东、冬两部不分,可能是蜀方言的一般现象。惟有司马相如的韵文里不见有东、冬合用的例子。

真部字跟元部的山韵、元韵、仙韵字在司马相如、王褒、杨雄的文章里常常相押,杨雄作品里尤其多。由此可见真、元两部比较接近。耕部字与真部字在司马相如和王褒的文章里偶尔有通押的例子,但为数不多。

在阳声韵里还有侵、谈两部的押韵情形是值得我们注意的。

侵部字在司马相如的文章里有与冬部相押的例子。如《子虚赋》

以“蔘風音宫窮”为韵，《长门赋》以“心音宫臨風淫陰音襜誾吟南中宫崇窮音”为韵。其中“宫”、“窮”、“中”、“崇”都是冬部字，“襜”是谈部字，“誾”是真部字。从这两个例子可以看出司马相如侵、冬两部的读音是相近的。王褒的《洞箫赋》以“淫摻音風窮”为韵，跟司马相如相同。

在杨雄的作品里，侵部字不仅与冬部字通押，而且与蒸部字通押。例如：

侵:冬

陰融(太玄·进)陰宫(沈)深崇中(玄莹)[①]

侵:蒸

乘風澄兢(甘泉赋)風升閎紘蒸(解难)崩心音勝(元后诔)淫朋(太玄·周)陰應(应)

从这些例子可以看出冬、蒸两部与侵部读音都比较接近。至于侵部的韵尾-m是否有改变，尚不能定。

至如谈部，韵字较少。王褒《四子讲德论》以“陳賢廉”为韵，杨雄《太玄》少卦以“淵截”为韵。“廉”、“截”是谈部字，“陳”、“賢”、“淵”都是真部字。由此可以看出这些字的元音是相近的。谈部字的韵尾是-m，真部字的韵尾是-n，我们还不能根据两个例子就断定谈部的韵尾-m已经变为-n。

(4)入声韵各部通押的关系

入声韵收-k的几部，如职、屋、沃、药、铎等，彼此都有一些通押的例子，但很少与收-t的一类如质部、月部等在一起押韵。杨雄《解嘲》“逸七國”为韵，以质部字与职部字相押，是不多见的。足见各家对于-k、-t收尾分辨得比较严。

---

① 《太玄经》据《四部丛刊》影印明翻宋本。

收-t的入声韵质部和月部在王褒与杨雄的作品里都有通押的例子。[①] 杨雄的《太玄》里也有不少这类的例子。例如：

折抈括血(太玄·羡)一逹(锐)出逹(达)逹屈(同前)奪必(度)舌聿(饰)雪郄(穷)日割(割)

由此可知质、月两部读音相近。

入声缉、盍两部王褒《洞箫赋》和《四子讲德论》都通押。[②] 司马相如、杨雄的韵文里缉部有与职部通押的例子，是职、缉两部元音相近。盍部字杨雄有与屋部字相押例，又有与质部字相押例：

捷足(反离骚)節業(甘泉赋)

"足"是屋部字，"節"是质部字，与盍部韵尾都不同，可能因为元音相近所以在一起押韵。

古人押韵不一定都很谨严，我们只能从多数的例证上来看当时语音的情况，有些特殊的例子，就很难下什么判断。例如《古文苑》有杨雄《太玄赋》一篇[③]，入声-k、-t、-p三类完全通押。

伏域燭及日滅極族集焫裂甲俗滅谷岳足石宿樂曲渴蹷(踋蹷)極

这种押韵的情况是否反映入声韵尾辅音已经失落呢？恐怕不是。这只能说作者所要求的只在于这些字音都是入声而已，同时还反映出"焫"和"蹷"可能都有韵尾辅音。"焫"为祭部字，有-d；"蹷"为鱼部字，有-g。

总起来看，西汉时蜀方言的特点是：(1)幽、宵两部音近，(2)鱼部除麻韵字外可能有-g尾，(3)祭部字可能有-d尾，(4)东、冬两部合用不分，(5)真、元两部音近，(6)侵部字和冬部字元音相近，(7)入声韵质、月两部音近。

---

① 见《两汉诗文韵谱》24.2"质部合韵谱上"。

② 见《两汉诗文韵谱》27.2"缉部合韵谱上"。

③ 李善《文选注》也引到这篇文章，见《琴赋》注和陆机《日出东南隅行》注。

4.《易林》

《易林》是一种占卜书，全书十六卷，依《易经》六十四卦著为繇辞，每卦六十四首，全书共四千九十六首。这部书旧本题名《焦氏易林》，相传为汉焦延寿（赣）所作。延寿为汉昭帝时人，但是在《汉书》里只谈到京房治《易》，从梁人焦延寿学（见《京房传》和《儒林传》），并没有提到焦氏作《易林》。据清代牟庭相、翟云升和近代学者所考订，《易林》一书不是焦延寿所作，而是王莽时崔篆所作。[①]

崔篆为涿郡安平人，事迹见《后汉书》卷五十二《崔骃传》。骃为篆之孙。《崔骃传》说：

> 篆王莽时为郡文学，以明经徵诣公车，太保甄丰举为步兵校尉，篆辞曰："吾闻伐国不问仁人，战陈不访儒士，此举奚为至哉？"遂投劾归。莽嫌诸不附己者，多以法中伤之，时篆兄发以佞巧幸于莽，位至大司空。母师氏，能通经学百家之言，莽宠以殊礼，赐号义成夫人，金印紫绶，文轩丹毂，显于新世。后以篆为建新大尹。篆不得已……乃遂单车到官。……建武初，朝廷多荐言之者，幽州刺史又举篆贤良。篆自以宗门受莽伪宠，惭愧汉朝，遂辞归不仕。客居荥阳，闭门潜思，著《周易林》六十四篇，用决吉凶，多所占验。

由此可知《易林》实为崔篆所著[②]，著书年代可能在西汉之末及东汉之初。

《易林》这部书所有的繇辞都是四言韵语，虽然其中有一小部分

① 详见余嘉锡《四库提要辨证》子部《易林》条。

② 丁晏在《易林释文》序中不承认是崔篆所著的话，证据并不充分。

是前后重复的,但在数量上已经可观。这是研究汉代音韵一部比较整齐的资料。现在我们所看到的《易林》传本有三种:

(1)黄丕烈《士礼居丛书》所刻校宋本;

(2)《四部丛刊》所印元本;

(3)明正统道藏本。

宋本、元本为十六卷,与《隋书·经籍志》和《新唐书·艺文志》相合;明本则分为上下经,上下各为五卷。明本无注,元本有注,无撰人姓名,疑为宋人所作。[①] 黄丕烈所刻校宋本只有正文,而失录注文,据陆贻典跋,宋本也同样是有注文的。[②]

这三种本子文字互有不同。三者之中宋、元本比较接近。举《乾卦》繇辞为例:

《乾之小畜》宋本、元本均作"据斗运枢,顺天无忧,与乐并居",明本在"顺天无忧"下有"所行造德"一句。

《乾之泰》宋本作"不风不雨,白日皎皎,宜出驱驰,通理大道",明本同,元本"通理"作"通利"。

《乾之谦》宋本作"山险难登,涧中多石,车驰辖击,载重伤轴,儋负善踬,跌踒右足",元本同,末二句明本作"担载差踬,踠跌右足"。

《乾之随》宋本作"乘龙上天,两蛇为辅,涌跃云中,游观沧海,安乐长处",元本"涌跃"作"踊跃",明本作"踊跃",末一句元本同,明本作"民乐安处"。

像这种文字上的异同很多,错字比较少的还是元刻本。

《易林》这部书可以作为考证古音的材料,从清初顾炎武作《唐韵

① 注文中引及《礼部韵》毛居正说。

② 见黄刻本卷末。

正》起就已经注意到了,后来王念孙曾经钩稽全书所有的韵字写为《韵谱》和《合韵谱》。

王氏的书只有稿本,并没有刻本。[①] 原著依照《诗经》音的韵部来排比《易林》的韵字,可是《韵谱》和《合韵谱》分部不同,对于四声的分类也不同。《韵谱》是按二十一部来分的,而《合韵谱》是按二十二部来分的。二十一部,东、冬为一部,二十二部则分东、冬为二。《韵谱》中阴声韵原来没有去声一类,在《合韵谱》里则又分出去声一类。前后两部分出入很大。由此可知原著还不是一部写定的稿本。现在我们又根据王氏的稿本按照《易林》本身押韵的情况重新校订,编成韵谱,在版本上主要根据元刻本。

《易林》中的繇辞以四句为一首的居多,押韵的格式则不相同。主要有下列几种:

1.a:a:a:a

《乾之讼》:"龙马上山,绝无水泉,喉焦唇乾,舌不能言。"

2.a:a:b:b

《解之涣》:"春草萌生,万物敷榮,阴阳和調,国乐无憂。"

3.a:b:b:b

《晋之临》:"羔羊皮弁,君子朝服,辅政扶德,以合万福。"

4.a:a:b:a

《讼之萃》:"褰衣涉河,水深渍罷,赖幸舟子,济脱无他。"

5.a:b:a:b

《同人之革》:"山陵四塞,遏我径路,欲前不得,复还故處。"

6.a:b:c:b

《萃之离》:"太山幽谷,凤皇游宿,威仪有叙,可以来福。"

① 王氏遗稿为北京大学所藏。

《易林》的繇辞也有完全不押韵的，也有开始两句有韵、下文没有韵的。因此我们也不能强以原来无韵的为有韵，那样就很难找出一个分韵的系统来。[①]

根据我们研究的结果，我们发现《易林》的分韵跟西汉的韵类相似，但是纷扰错杂，很不整齐。现在就我们所看出的现象简要叙述如下：

Ⅰ. 阴声韵

(1)之部与《诗经》音所包括的字类相同。如"尤牛郵丘有母友右祐久灸否負婦富謀畝怪駭敏"等字都在本部。

但之部字与幽、鱼两部通押的例子很多。之部与幽部通押者，幽部字平声多半是尤韵一类，上声则无此界限，像"道草寶老"等一类豪韵字与之部上声字相押的也很多。

(2)西汉一般韵文中幽、宵两部字虽然有通押的例子，然而界限还比较清楚，《易林》里宵部字独用的比较少，幽、宵两部通押的比较多，而且宵部的豪、肴、宵、萧四韵字跟幽部的豪、肴、宵、萧四韵字都同样有资格跟"之姬灾"或"居虚車"押韵。由此可知幽部的效摄字已跟宵部字读音相近。

(3)《诗经》音鱼、侯两部在西汉韵文里已经合为一部，《易林》的押韵也是如此，侯部独用的例子很少。"家車"一类的麻韵字全在本部，与歌部通押的很少，这跟西汉一般韵文的押韵也是相合的。

(4)歌部字在《易林》里包括"罷危宜隨池徙被義施"一类支韵字，但这类字跟歌、戈、麻三韵字不同，歌、戈、麻三韵字很少跟支、脂两部字押韵，而这类字每每跟支、脂两部字押韵，是读音有不同。

(5)支、脂两部字在《易林》里有通押的例子，但两部界限还很清

① 后面所附《易林韵谱》所收例子非常谨慎，遇十分可疑的例子不收。十分可疑的例子为数不多，不收这种例子对于我们考订《易林》韵类并没有什么妨害，而且有好处。

楚。脂部与祭部可以通押，而支部不与祭部通押。

总起来看，阴声韵在《易林》里之、鱼、幽、宵四部为一组，歌、支、脂、祭四部为一组。这两组的元音和韵尾一定有很大的分别。幽、宵两部，之、鱼两部通押极广，也都是《易林》的特点。

Ⅱ. **阳声韵**

(1)西汉韵文押韵东、冬两部是有分别的，在《易林》里则东、冬两部合为一部。东部和其他阳声韵押韵很广泛，除与阳部通押极多外，还与蒸、侵、谈、耕、真、元等部字押韵。东部与真部、元部押韵是比较特殊的现象。

(2)《易林》里蒸部字除与东部字有通押的例子以外，还跟侵部、阳部、耕部、真部通押。"雄"字或与侵部押韵，或与东部押韵。

(3)侵部字与别部字通押的范围很广，与东、蒸、阳、真、耕等部都有通押的例子，这是比较难以理解的一部。但从这种通押的广泛的情形来看，作者可能不很注意韵尾是否相同，也可能是侵部的韵尾-m已经有了改变，我们还不能下肯定的断语。[①]

(4)谈部字《易林》中没有独用的例子，与真、元押韵者一见，与东部押韵者一见。

(5)《易林》阳部包括"明兄行慶"等字，与西汉韵文一般情形相同。但阳部与东部相押者多，与耕部相押者少，阳部与东部元音当比较接近。耕部与真部、元部有通押例，与东部相押者较少。

(6)《诗经》音真、文两部在《易林》中分别已经不显著，不过与元部通押的例子极多，而大部分都是《诗经》音文部的字，而以痕、魂韵的字居

① 因为后汉末刘熙《释名·释天》说："風，兖豫司冀横口合唇言之。風，氾也，其气博泛而动物也。"《易林》作者为涿郡人，如《释名》所说，推想西汉时幽冀语音"風"当有-m尾。但后汉崔骃《大将军西征赋》"風中雍宗"为韵，似乎"風"字已由-m尾变为-ng尾。

多,由此还可以看出属于《诗经》文部字的元音跟元部是比较接近的。

总起来看,《易林》中阳声韵东、阳、蒸、侵、谈是一组,耕、真、元是一组。阳声韵韵尾-ng跟-n虽然可以通押,但是-ng跟-ng、-n跟-n相押的居多数,仍然有一定的界限。-m尾问题还不很清楚。在押韵上东、冬为一部,阳、东,真、元通押的例子很多,这都是《易林》的特点。

Ⅲ. 入声韵

(1)《易林》入声韵押韵的现象相当混乱。职部与质、缉、屋、沃、铎诸部押韵的例子都非常多,其中与职部相押次数最多的是质部质韵字。这说明职部与质部质韵字的元音相近或相同。

(2)质部除与职部押韵外,又与缉部、月部押韵。质部字《诗经》音和两汉韵文包括"節結穴"一类字,《易林》相同。

(3)屋、沃两部两汉韵文中分别很清楚,《易林》中屋、沃两部都有独用的例子,但屋、沃通押的例子还很多,而且两部字都跟职部通押,数量都相当多。由此可知屋、沃已经非常接近。

(4)锡部除与月部有通押例子外,与其他各部通押者极少。

(5)缉部除与职部通押外,尚与质部押韵,是缉、职、质三部元音相近。盍部与职、屋、铎、质四部都有通押的例子,然盍、铎通押的较多,两部元音可能比较相近。

总起来看,入声韵在押韵的远近关系上职、质、屋、沃、药、铎、缉、盍为一组,锡、月为一组。就韵尾方面来看,-p、-t、-k三类韵都可以相押,可能由于作者对于韵尾方面的要求并不十分严格,所以不加分别,有如阳声韵-m、-n、-ng三类通押一样。入声韵药、铎为一部,屋、沃为一部,这应当说是《易林》的特点。

Ⅳ. 阴阳入三声的关系

(1)阴声韵跟相承的入声韵押韵出现次数稍多的有之部、脂部、祭部。之部的平上去三声都有与职部押韵的例子。脂部与质部押韵则集中在去声"匱祟位退類潰遂卉"一类字(都是《诗经》音的微部字)。祭部有些与月部押韵的例子。这几部与相承入声押韵的阴声韵可能还有韵尾辅音。

除了上面所说的三部,鱼部、幽部两部也有一些与入声韵押韵的例子,但数量不多。

鱼部:

(a)悟縛(讼之巽)鵲暮(随之泰)暮赦(遁之损)柝護懼(损之姤)

(b)怒午庫谷拒野(既济之家人)墓舍覺(屯之解)溝襦軸(需之革)溝軸(睽之履)

幽部:

(a)手毒(无妄之乾)就復(无妄之贲)

(b)足咎(履之泰)鹿屋咎(噬嗑之兑)好欲(睽之姤)足草(归妹之姤)

鱼部(a)类是鱼、铎押韵的例子,(b)类是鱼、屋押韵的例子,屋部字包括《诗经》音沃部字在内。幽部(a)、(b)两类是幽、屋押韵的例子,(a)类入声是《诗经》音沃部字,(b)类入声是《诗经》音屋部字。根据这些例子我们现在还不能肯定鱼、幽两部有无韵尾辅音。

(2)《易林》里阳声韵跟阴声韵也有间或通押的例子。比较可靠的有下面一些:

蒸部:

恒來(既济之节)(蒸之)

东部:

雒貢(讼之既济)走恐後(中孚之剥)(东鱼)

阳部:

傷家(大过之大有)狼旅陽(无妄之复)(阳鱼)

真部:

門微(鼎之临)悲門(未济之蒙)(真脂)

元部：

(a)禍全(需之大有)泉禍(师之未济)池患(大畜之既济)陂連(明夷之中孚)(元歌)

(b)怨鴟患(复之涣)微患(既济之蒙)(元脂)

(c)散竄(益之噬嗑)賴殫(渐之震)(元祭)

这些例子对于我们断定韵类的元音可以有一些帮助，但不能说这些阳声韵没有韵尾辅音。

(3)阳声韵与入声韵押韵的例子极少。比较可靠的例子只有《贲之既济》以“得仍”为韵。

根据上面所说，我们可以把《易林》的韵部列为下表：

a. 阴声韵　之　幽　宵　鱼　歌　支　脂　祭

b. 阳声韵　蒸　东　阳　耕　真　元　谈　侵

c. 入声韵　职　屋　沃　药　铎　锡　质　月　盍　缉

Ⅴ. **四声**

(1)阴声韵七部除祭部只有去声外，其馀几部都具备平上去三声字。

(2)阳声韵蒸部只见平声字，其他各部除东、侵、谈三部只见平上声字外，如阳、耕、真、元四部平上去三声均有例字。但一般说起来，上去二声字见用的都比较少。

就以上五项所说来看，《易林》和西汉韵文不同的地方很多。幽、宵一部，东、冬一部，屋、沃一部，药、铎一部，都是分韵上的不同。至于之、鱼相押，东、阳相押，真、元相押，以及入声-k、-t、-p 三类分辨不严之类(如职、屋，职、质，职、缉都可以通押)，也表现得非常特殊。其中如东、冬为一部，东与阳通押极广，都跟《淮南子》相同。《易林》用韵虽然纷扰错杂，很不整齐，但是经过整理分析之后，也得出一个系统来了。这对于我们考察汉代语音很有帮助。

崔篆是崔骃的祖父，崔骃有文章传下来，崔骃的儿子崔瑗也有文章传下来。崔骃、崔瑗的文章押韵的情况也跟《易林》押韵非常接近。我们可以举一些例子来看[①]：

(1)之、鱼、幽、宵通押例

殊陶凝優(幽之鱼，崔骃《达旨》)騶徒車旄(鱼宵，《东巡颂》)子否暑(之鱼，《扇铭》)酒缶後(幽鱼，《酒箴》)表寶道(幽宵，《达旨》)杼禦舉楚趙脯女武序(鱼宵，《达旨》)

(2)东、冬、阳通押例

行農(冬阳，崔骃《东巡颂》)寵廣遑傷(东阳，崔瑗《窦贵人诔》)豐融(东冬，崔瑗《张平子碑》)

(3)真、元通押例

渊乾源(崔骃《达旨》)官賢(同前)奮權(同前)芸椽穿酸(《博徒论》)婚玄盤(《七依》)群屯震人輪雲津奔弦鈞山人(同前)樽存歡(《樽铭》)淳敦繁(崔瑗《南阳文学颂》)神臣焉人(《窦大将军鼎铭》)

(4)元、谈通押例

漢萬鑒(崔瑗《东观箴》)

(5)入声通押例

得實學國藿(职质沃铎，崔骃《达旨》)德國迪(职沃，《缝铭》)直慝及(职缉，崔瑗《司隶校尉箴》)訐辟逖役(锡月，同前)

(6)鱼部包括麻韵字

馬弩(崔骃《安封侯诗》)柱滸野(崔瑗《河堤谒者箴》)

(7)阳部包括庚韵字

羹方漿嘗(崔骃《七依》)揚明(同前)横匡(《河南尹箴》)衡陽(《车左铭》)

根据这些例子来看，崔骃、崔瑗父子的押韵和《易林》押韵在许多

① 参看《两汉诗文韵谱》。

方面都相合，由此更可以证明《易林》是崔篆所作。前人从书中所提到的史实和古代文献中引到《易林》的繇辞证明今本《易林》为崔篆所作①，现在又从《易林》押韵和崔骃、崔瑗的韵文证明前人的考证完全是正确的②，清人如丁晏、刘毓崧等硬认为《易林》是焦赣所作的说法就更不能成立了。《易林》既然确定为崔篆所作，那么《易林》所代表的方音就是幽州冀州的方音了。

5. 班固、傅毅等的韵文

东汉有许多作家都是陕西人。班彪、班固是扶风安陵人，傅毅、马融是扶风茂陵人，冯衍、杜笃是京兆杜陵人。他们的作品合起来数量很多，我们可以看一看他们的作品在押韵上有哪些特点。

(1)阴声韵之、幽、宵、鱼四部元音比较接近。之、幽两部各家都有通押的例子，但幽部字主要是尤韵字。鱼部西汉包括麻韵字，东汉则转入歌部，而班固韵文中此类麻韵上声字仍与鱼部相押。其他各家则无此现象。班固、傅毅、马融、杜笃的作品里都有鱼、宵通押的例子：

杜笃：　郊都(论都赋)腴殊要誅餘(同前)

班固：　謠廬(幽通赋)符昭(汉书·叙传)夭楚昭(同前)霧妖(同前)殊禺甌區符驕(同前)禹叙武舉表(同前)趙主(同前)序表旅(同前)表署野布(西都赋)處表(幽通赋)

傅毅：　鋪鑣(洛都赋)

① 如《易林》中提到"安民呼沱"是王莽时期的史实。又如《东观汉记》引到《周易林》的繇辞和赵璘《因话录》所引到的崔群以家《易林》占卜的繇辞都跟今本《易林》相合。

② 崔篆本人除《易林》外，只有短短一篇《慰志赋》流传下来。《慰志赋》押韵很简单，不能跟《易林》相证。

马融： 郊苗虞(广成颂)

同时又有鱼、幽通押的例子：

杜笃： 耇壽(首阳山赋)

班固： 衢無幽(东都赋)補道茂(幽通赋)署孝(西都赋)虞周(答宾戏)

马融： 舟幬流謳浮游(广成颂)

但鱼部与之部押韵的很少。由此我们可以知道幽部一部分(尤韵)跟之部接近，一部分(豪、宵)跟宵部接近，鱼部跟宵部音近，而跟之部较远。

(2)脂部与之部很少通押，只班固《典引》以"備魏"押韵一例。脂部有跟支部通押的例子：

杜笃： 崖支題犀璃觿(论都赋)衰違危師維眉微非威姿(同前)

冯衍： 披悲(显志赋)

傅毅： 偉靡(洛都赋)

班固： 規齊(十八侯铭郦商)羆威飛垂(又傅宽铭)威奇姿(奕旨)

马融： 崖磈危枝頹(长笛赋)枳槲兕狶(广成颂)

脂部的去声字则跟祭部通押：

杜笃： 内外裔(论都赋)

傅毅： 歲悴(七激)

班固： 說氣世(东都赋)外内歲世(答宾戏)會勢貴頪世賴(同前)昧契綴(典引)

这些跟祭部通押的例子基本上都是属于《诗经》音微部的字。

脂部去声和祭部又都有跟入声月部押韵的例子，班固、马融是其代表。推想脂部去声跟祭部元音相近。①

(3)阳声韵东、冬两部杜笃、傅毅、班固均有通押例，但班固冬

① 也可能脂部有一部分去声字跟祭部都有-d收尾。

部与蒸部相押者多，如《灵台诗》"徵躬"为韵，《汉书·叙传》"宗登"为韵、"陵勝興雄終"为韵、"終登宗"为韵等，是冬部元音与蒸部相近。

(4)侵部"風"字，大部分的例子都跟收-ng尾的冬、东、蒸三部字押韵，而与侵部本部字相押的很少。例如：

杜笃：京風陵隆(论都赋)

冯衍：罔紘風崩(显志赋)

傅毅：風鋒降(窦将军北征颂)

班固：雍風徵躬稜(东都赋)

马融：工鐘容隆風降興重同終(长笛赋)

由此可知"風"字韵尾收-ng，已转入冬部。又赵壹《迅风赋》"風充中終"为韵，"風"字也收-ng。赵壹是汉阳西县人(今甘肃天水县西南)，是秦陇语音相近。

至于侵部其馀的字则有跟真部字相押的。例如：

冯衍：勤心(显志赋)

傅毅：深岑斤(七激)陰林根(同前)

班固：淫紛文(汉书·叙传)秦心門信君(同前)恂心鄰軍(同前)文深身臣倫(同前)

这些都是侵部字和真部字相押的例子。侵部字除了跟真部字押韵以外，班固《窦将军北征颂》以"風陰淋農任心音潛參"为韵，则与冬部字相押，不过仅仅一见。我们推想当时京兆、扶风的音侵部的"心深林陰"等字跟真部字的"勤斤根文秦鄰身"等字的读音是相近的。侵部的韵尾是-m，真部的韵尾是-n，侵、真两部字在一起押韵，可能是作者在韵尾方面要求不严格，但也可能是侵部的韵尾不是-m，而是-n，或是一种鼻化韵，都很难说。

另外在王符的《潜夫论》卷十《叙录》一篇里以"門權言遷心"为韵

(《实边》第二十四)[1],"心"与真部、元部字相押,跟冯衍、傅毅、班固的押韵情形相同。王符是临泾人,临泾在今甘肃。这种侵、真押韵的现象,到晋代皇甫谧、傅咸、辛旷等人的作品表现得更为清楚[2],这几个人也都是甘肃人,我们推想汉代秦陇一带的语音侵部字的韵尾可能已有变动。

跟侵部相近的谈部,韵文中所见到的押韵例字很少。杜笃《论都赋》里"中巖窮戎通從"相押,"巖"是谈部字,其他是东、冬两部字,杜笃读谈部字可能已不收-m。班固《幽通赋》里"遠玷"相押,"遠"是元部字,"玷"是谈部字,谈、元在一起押韵,可能因为元音相近。

(5)"行京明"一类的字在西汉属阳部,到东汉时一般都跟耕部字在一起押韵,可是有时还跟阳部字在一起押韵。冯衍、杜笃、班固、马融都如此。"行京"两个字几乎游离于阳、耕两部之间,有时跟阳部字押,有时跟耕部字押,这正表示语音在转变过程中所呈现的不稳定的现象。耕部字也有一些跟阳部通押的例子,足见阳、耕两部音近。

(6)真部与耕部相押者绝少,仅于班固文中一见,而真部与元韵相押者极多,由此可见真、元两部音近。

(7)入声韵收-k的几部职、沃、屋、药、铎都互相通押,这是一个特点,张衡、蔡邕绝不如此。惟锡部只与铎部押韵,不与职、沃、屋几部押韵。

质、月两部收-t的入声韵,有时通押,但没有跟收-k的入声韵相押的例子,足见-k、-t两类的分辨很严。

入声收-p的缉、盍两部,杜笃、班固等都不跟收-t的入声韵押韵,而跟收-k的入声韵押韵。缉与职部字押韵,盍与铎、药两部字押韵:

---

① 《四部丛刊》本《潜夫论》卷十,4页下。

② 参看《魏晋宋诗文韵谱》。

缉职

杜笃：德飾立息側式(书摅赋)

傅毅：國集墨極(明帝诔)

班固：殖邑國(西都赋)邑翼極(东都赋)立國(答宾戏)億邑域(窦将军北征颂)級服陟(奕旨)翼克直服邑德(汉书·叙传纪八)

盍铎药

班固：業作(典引)曄業作(汉书·叙传纪五)作業樂法(又志十)法略薄禄作(又传五十三,“禄”,屋部字)

这些例子都表明收-p的两部都跟收-k的韵部通押。

总起来看,这几家在押韵上表现出来的主要特点是:(1)阴声韵鱼、宵两部相押者较多;脂部一部分字如“悲”、“齊”、“威”、“姿”等与支部音近,另一部分字如去声“内”、“氣”、“貴”等与祭部音近。(2)阳声韵冬、蒸两部音近;真、元两部音近;侵部“風”字韵尾为-ng,侵部其他字跟真部音近。(3)入声韵收-k的字可以通押,收-p的字也可以跟收-k的字相押,但收-k和收-p的字不跟收-t的通押。

6.《论衡·自纪篇》

《论衡》的作者王充是会稽上虞人,生于东汉光武帝建武三年(公元27年),卒于和帝永元年间(公元90年以后)。[①] 我们很想知道当时会稽语音的情况,所以注意到他的书。《论衡》的《自纪篇》韵语部分最多,也恰好可以作为我们研究的材料。

现在先把其中可靠的一些韵脚写下来:

① 王充在《后汉书》卷七九有传。

1. 公鍾
2. 恨倦(真元)
3. 文言安(真元)
4. 居虚
5. 文陳
6. 舌出缺屈(质月)
7. 危虧宜
8. 陳言(真元)
9. 天人
10. 時尤
11. 爲虧
12. 盈平名明人生成傷明(耕阳真)
13. 位避(脂支)
14. 易地
15. 行放
16. 子矣
17. 色得
18. 尊遷(真元)
19. 囊同(阳东)
20. 善顯
21. 白辱(?)
22. 退敗(脂祭)
23. 附去
24. 篇言
25. 雅野者
26. 酒脯(?)
27. 小少
28. 欸菜
29. 須陶牙武牢(鱼幽)
30. 宜(?)葵厄希(脂支)
31. 辯淺
32. 智易
33. 宜差
34. 分門銓(真元)
35. 授取久(鱼幽)
36. 是解
37. 爭定
38. 樸俗
39. 深沈
40. 文言(真元)
41. 雅睹者下
42. 鴻通
43. 得測
44. 人文然(真元)
45. 極覆(职沃)
46. 察轍
47. 言文(真元)
48. 母喜
49. 匿惑
50. 部餘(?)
51. 潔別察一(月质)
52. 醜部九(鱼幽)
53. 雅者
54. 志字意
55. 事吏
56. 公通良(阳东)
57. 時思
58. 造睹曉(?)
59. 意怪
60. 同衆(东冬)
61. 合譎(?)
62. 黍序
63. 久口(鱼幽)
64. 讀俗
65. 食服
66. 非誰
67. 然人(真元)
68. 言文(真元)
69. 好巧
70. 戾快(脂祭)
71. 味穢(脂祭)
72. 門言(真元)
73. 美毁
74. 辭枝(?)
75. 簡遠
76. 峭小
77. 半萬
78. 味穢(脂祭)
79. 好巧
80. 屈黜出
81. 害貴(脂祭)
82. 市副忌字
83. 迂舒
84. 瑣酸(歌元)
85. 合入
86. 形情
87. 子母似好(之幽)
88. 合襲業(缉盍)
89. 通明章(阳东)
90. 省領

91. 珍神
92. 寡補下者
93. 貧篇言賢(真元)
94. 領省
95. 小少
96. 舒餘
97. 多呵
98. 沛大(?)
99. 厚者(?)
100. 合立
101. 魄斥
102. 事職
103. 文言身(真元)
104. 浙迹色(锡职)
105. 善顯
106. 惡魄
107. 德墨
108. 墨德
109. 白泊
110. 過累(?)
111. 彰窮雙(阳东冬)
112. 細累(?)
113. 佚歿札(质月)
114. 倉臧
115. 溢出
116. 志異
117. 遺階
118. 異怪載
119. 門言賢(真元)
120. 麟珍
121. 然産
122. 賢源根(真元)
123. 生程銘
124. 出(?)發達
125. 牲人神全倫賢雲山文(真元耕)
126. 大割廢
127. 居輿如
128. 害邁賴快
129. 際沛
130. 守酒保
131. 導老後(?)
132. 期時
133. 之灰
134. 來材開該哉(之脂)

这些韵脚数量虽然还不够多，但是也可以看出一些特点：

(1)鱼部包括麻韵字。

(2)脂部脂韵一系字与支部支韵字音近，脂部去声未韵字与祭部字音近；脂部"開"字与之部"來"、"材"、"該"、"哉"韵同。

(3)真、元两部音近。

(4)东、冬似为一部。

(5)阳、东两部音近。

(6)入声-k、-t、-p三类有分别。

(7)"瑣酸"歌、元两部字通押与《淮南子》"酸和"相押相同。

这几项都是比较明显的。从这样粗疏的观察中也可以知道王充《论衡》中所表现出来的会稽音有些跟《淮南子》相近，有些跟《释名》相近。

7. 张衡、蔡邕的韵文

张衡和蔡邕是东汉的两个重要的作家，张衡是南阳西鄂人，蔡邕是陈留圉人。这两个人的作品在押韵方面都相当整齐谨严，而张衡尤其精密，所以提出来特别讨论。

(1)阴声韵之、支、脂三部张衡分辨甚严，绝不通押，这是值得我们注意的一项。其次，之、幽两部通押和之、鱼两部通押在班彪、班固、冯衍的作品里都有这种例子，可是在张衡的作品里绝不通押。

蔡邕的作品里，支、脂相押和脂、之相押的各一见：

支脂： 鶆雌兒斯(短人赋)

脂之： 辭希歸(答卞元嗣诗)

之、幽相押和之、鱼相押的也各有一例：

之幽： 婦臼(题曹娥碑后)

之鱼(侯)： 藪友有(释诲)

从"婦臼"、"藪友有"押韵来看，之部的尤韵字和幽部的尤韵字及鱼部的侯韵字读音相近。

(2)鱼部在西汉时代包括麻韵字，在东汉时代鱼部麻韵字则转入歌部。张衡押韵，麻韵字平声都与歌部相押，而上声字则与鱼部字相押，蔡邕则麻韵字一律跟歌部相押。

张衡歌、鱼相押的有两处：(a)"峨羅齬波柯跎"(西京赋)，(b)"葭華葩鵝鸕波"(南都赋)，由此可知南阳音歌、鱼两部元音必相近。鱼部与宵部，张衡《西京赋》中也有两处通押："驅趨獢書初儲"，"麌藪走取後"。这种歌、鱼，鱼、宵通押的例子，在蔡邕的韵文里都没有。

(3)阳声韵东、冬两部张衡有少数通押例，但蔡邕分别较严。东、阳两部张衡不通押，蔡邕东、阳通押只一见，都比较严格。又真、元两部张衡与蔡邕有少数通押例，而真、耕两部通押者绝少，只蔡邕《王子乔碑》以“篴陳煙庭民垠”为韵。

(4)侵部字张衡、蔡邕两家都单用，绝不与其他韵部相通，即“風”字亦在侵部，不归冬部，由此可知侵部韵尾-m没有变。蔡邕同郡人边让则“風”字一概与冬部字押韵，与蔡邕不同。边让是陈留浚仪人，在他的口里“風”已经由-m变为-ng，侵部字张衡、蔡邕仍读为-m尾，这跟许慎的汝南音是一致的。[①]

(5)入声韵-k、-t、-p三类，张衡、蔡邕的押韵都比较严格，与班固等不同。质部“洫”字张衡已读入职部，故与职部字相押(见《东京赋》)。但月部有两处与盍部相押：

《西京赋》：桀豁列業巘月

《舞赋》：絶雪□滅輒

这两部的元音可能相同或相近。职部在这两家的韵文里绝不与缉部通押，可知职、缉两部的韵尾-k、-p分别很清楚。

(6)阴声韵与入声韵相押者只脂、质，祭、月，祭、质，鱼、屋数例。阴声韵与阳声韵相押者，只蔡邕《青衣赋》以“唇”字与脂部字押韵一例。

据此可知张衡、蔡邕分韵较严，与班固、马融等不同。

8.《释名》

《释名》是汉末刘熙所作的一部训释词义的书。《宋馆阁书目》题“汉徵士北海刘熙字成国撰”。刘熙，《后汉书》没有传记，《三国志·吴志·程秉传》说：“(秉)避乱交州，与刘熙考论大义，遂博通五经。”《吴

---

① 见陆志韦《说文解字读若声订》。

志·薛综传》说:“(综)少依族人避地交州,从刘熙学。”由此可知刘熙是汉末人,曾经避乱交州,以五经教授弟子。弟子中如程秉、薛综、许慈等人都是很知名的。①

《世说新语·言语篇》王坦之令伏滔、习凿齿论青楚人物,刘孝标注曾引伏滔论青土人物说:“(后汉时)祢正平、刘成国,魏时管幼安、邴根矩……皆青土有才德者也。”伏滔以刘熙与祢衡、管宁、邴原相提并论,足见刘熙在汉末极有声望。刘熙和郑玄都是北海人,伏滔举刘熙在郑玄后,可能因为郑玄年代比刘熙早。这一段记载也可以帮助我们了解刘熙的年代。

《后汉书》不为刘熙立传,可是在《刘珍传》里说刘珍撰《释名》三十篇,以辨万物之称号,因此从明代开始有人怀疑《释名》不是刘熙所作②,而是刘珍所作。但《三国志·吴志·韦昭传》记昭在狱中上辞,有云:“见刘熙所作《释名》,信多佳者,然物类众多,难得详究,故时有得失。”由此来看三国时代已经有人称《释名》为刘熙所作。因此钱大昕认为:“据《吴志·韦昭传》,《释名》确为刘熙所撰无疑。承祚去成国未远,较之蔚宗自然可信。”钱大昕的说法应当说是对的。不过有人认为范晔是博综群书的一个人,像《释名》这样一部书的作者,他不应当弄错;“疑此书兆于刘珍,踵成于熙”(如毕沅和严可均),但是又有人以为“珍自有书,今已不传”(如张穆和曾朴)。这些说法尽管各不相同,可是没有人认为今本《释名》完全与刘熙无关。

这一部书据我们看应当肯定地说是刘熙所作的书。理由有三点:

(1)本书题名作刘熙,序文开头也说“熙以为自古造化制器立象”

① 参看钱大昕《潜研堂文集》卷二十七《跋释名》。
② 如郑明选《秕言》。

云云,很清楚是刘熙,而不是刘珍。除非我们证明这篇序是假的。

(2)从韦昭以后引到《释名》的书里都称为“刘熙《释名》”。

(3)最重要的一点是书中的内容跟刘熙的年代和里贯相合,而与刘珍的年代和里贯不相应。刘珍生当汉安帝时,安帝时无“司州”的名称(见毕沅《释名疏证序》),“司州”的名称是汉建安以后才有的。其次,刘珍是蔡阳人,而刘熙是青州北海人,书中谈到青徐语音的地方很多[①],其他地点则谈到的很少,足见作者是刘熙而不是刘珍。

作者的问题弄清楚以后,我们才能恰当地运用这一部分的材料来说明汉代的方音问题。

《释名》是一部训释词义的书,这在前面已经说过了。作者把当时日常应用的语词分别加以诠释,说明所以如此称谓的缘由,性质跟班固的《白虎通义》很相似。刘熙在自序里说:

> 夫名之于实,各有义类,百姓日称而不知其所以之意,故撰天地、阴阳、四时、邦国、都鄙、车服、丧纪,下及民庶应用之器,论叙指归,谓之释名。

《释名》解释事物得名之由的方法,是从声音上来推测的。例如《释名·释天》说:“日,实也,光明盛实也。”《释山》说:“山,产也,产生物也。”被解释的词和解释词声音是相近的。根据声音去寻求意义,而下一个解说,这种办法,称为“声训”。“声训”起源很早,西汉时期,今文经家所作的书,特别是属于谶纬之学的一类书里最喜欢从声音上解说词义。从语义学的观点来看,其中主观的成分是非常多的[②],但作为一种考证古音的材料来看,还是有用处的。《释名》一书其中可

① 如本章第二节所举的例子都是,见388页。

② 例如《释名》说“山,产也,产生物也”,《说文》就说“山,宣也,宣气散生万物”。足见词的得名之由因训诂家的想法不同,因人而异。

能有些训释是采摭前人的，但极大的部分是刘熙自己作的。我们从他所立的训释当中可以看出当时青土方音的一个轮廓。

《释名》的声训方式主要有五种：

(1)取同一韵部字为训，包括同音字在内，如老，朽也；爪，紹也；髭，姿也；日，實也。

(2)取异部的双声字为训，如頤，養也；晷，規也；省，瘦也；禍，毀也。

(3)平上去三声字取入声字为训，或入声字取平上去三声字为训，其中以双声字居多，如消，削也；始，息也；慝，態也；肉，柔也。

(4)取阳声韵字训阴声韵字，或阴声韵字训阳声韵字，如水，準也；頍，傾也；癖，徙也。

(5)取同一字为训，但四声读法不同，如宿，宿也；濟，濟也；觀，觀也。①

根据这几种不同的方式来看，从第一种方式我们可以知道很多字在刘熙时代韵部的归类。② 例如：

負，背也(之部)；火，化也(歌部)；河，下也(歌部)；

覆，孚也(幽部)；羹，汪也(阳部)；笄，係也(支部)。

从第三种方式，我们可以了解一些阴声韵与入声韵相配的关系。例如：

之:职　始，息也；亥，核也；餽，恢也；福，富也；墨，晦也。

---

① 《释名·释天》："宿，宿也，星各止宿其处也。"案"宿"为"星宿"字，《广韵》音息救切，去声；"止宿"之"宿"音息逐切，入声。《释水》："濟，濟也，言源出河北濟河而南也。"案"濟水"之"濟"音子礼切，上声，"濟渡"之"濟"音子计切，去声。《释宫室》："觀，觀也，于上觀望也。"案"楼觀"之"觀"，音古玩切，去声，"觀望"之"觀"音古丸切，平声。这种分别表现在《释名》中的例子前人都没有留意。如果认为《释名》中以同一字为训，声音完全相同，那是错误的。

② 参看后边所附的《〈释名〉声训分韵表》。

幽:沃 脩,縮也;肉,柔也;麴,朽也;蹙,遒也。

宵:药 要,約也;消,削也;臛,蒿也。

鱼:铎 庶,摭也;巤,錯也;疏,索也。

侯:屋 頭,獨也。[1]

歌:铎 骂,迫也。[2]

支:锡 姊,積也。

脂:质 私,恤也;寐,謐也。

祭:月 歲,越也;害,割也;瀱,竭也;紲,制也;殺,竄也。

从第四种形式,我们可以窥看出一些阴阳对转的关系和青徐的方音。

从第五种形式,我们可以认识到四声改变和意义的关系。[3]

其中第二种形式对于我们了解古声母帮助极大,如手,須也,出,推也之类;对于我们考订韵部的读音也有一定的用处。

《释名》的材料,肯定地说,是很重要的。为了便于考察,把其中声训的材料依韵部分列如下:

《释名》声训分韵表

这个表是根据《释名》中的声训参照汉代韵部的分类和《释名》本身分韵的类别来排的,材料中有些是属于以双声为训的例子,与审辨韵部读音也有关系,因此也一并记出,以做参考,但外面加括号( ),以示分别。[4]

在分韵排列中,凡韵部方面现象比较突出者(除去以双声为训的

---

① 《释名》鱼部、侯部分为两部。

② 《释名》歌部包括《广韵》麻韵字在内。

③ 四声改变以后就成为另外一个词。

④ 有些材料并不容易划分,这里只是初步地做一些辨别而已。

例子)皆分别列出,其他则系举例性质,并非全部材料。

(1)之部

(晷規) 時期 載戴 祀已 子孳 巳巳 己紀 霾晦

珥耳 晦灰 灾栽 屺圮 氿軌 汜巳 海晦 沚止

齒始 (頤養) 諰忌 負背 背倍 趾止 蚩癡 (基據)

能該 持跱 (母冒) 姒似 慈字 耳耏 醢晦 (晦冥)

(起啓)

之:脂: 來哀

之:职: 亥核 婦服 始息

(2)幽部

秋緧 丑紐 卯冒 酉秀 戊茂 阜厚 道蹈 牟冒

(首始) (手須)老朽 脬韜 屍廖 抱保 蹈道 道導

孝好 舅久 嫂叟 友有 好巧 巧攷 浮孚 留牢

幽:侯: 洲聚 州注 丘聚 肘注 脬赴 叴聚 丘區

輈句 柳聚 鮑腐 鬚秀

幽:鱼: 糗齲 疏寥 齲朽

幽:宵: 幼少

幽:沃: 叟縮 倏縮 覆孚 宿(星宿)宿

(3)宵部

昊顥 曜耀 妖妖 磝磽 趙朝 毛貌 少小 超卓

操鈔 笑鈔 悼逃 爪紹(號呼) 燥焦

宵:幽: 窔幽 跳條 翱敖 隊翱 髦冒 高皋 簫梢

宵:药: 要約 消削

(4)鱼部

暑煮 雨羽 雨輔 土吐 午仵 露慮 鹵爐 岵怙

岨臚 渚遮 梧忤 路露 涂度 徐舒 吴虞 膚布

距矩 胡互 股固 步捕 據居 撫敷 匍捕 寤忤

女如 啎忤 助午 麩䴼 父甫 祖祚 姑故 夫扶

孤顧 武舞 語叙 序抒

鱼:铎: 庶摭 麤錯 疏索 鼓郭

(5)侯部

(霧冒) (口空) 溝搆 軀區 孺濡 耇垢 后後 厚後

趨赴 走奏 駐株 寠數 耦遇 腧投 奏鄹

侯:屋: 頭獨

侯:鱼: 候護 弣撫

(6)歌部

夏假 火化 (火毀) 河下 陂陁 阿何 坐挫 摣叉

寡踝 卧化 (禍毀) 嗟佐

歌:铎: 罵迫

(7)支部

離麗 地諦 蹊傒 皮被 胑枝 騎支 脾裨 臂裨

髀卑 卦挂 企啓 跪危 提地 跐弭 誼宜 細弭

纚簁 笄係 (頍傾) 系繫 粸解 (披擺) (危阢) (畫繪)

支:脂: 地底 髭姿 蹏底 麷昵 吹推 軸指 桅巍

髓遺 是嗜 啓詣

支:锡: 姊積 詈歷 易易

(8)脂部

氣愾 (水準) 未昧 癸揆 (雷磙) 噎翳 淮圍 濟濟

湄眉 坻遲 體第 肌懻 眉媚 胃圍 臍劑 尾微

姿資 懷回 嚏疐 耆指 弟弟 妹昧 妃輩 季癸

姨弟 禮體 悌弟 懿優 非排 遲積 哀愛 誰推

脂砥 階梯

脂:支: 視是 批裨 扆倚 痍侈 宄佹 死澌

脂:祭: 謚曳 鼻嘒

脂:质: 寐謐 姪迭 旞滑 轡拂

(9)祭部

兑説音悦 澮會 艾乂 毳芮 袂掣

祭:脂: 敗潰

祭:月: 歲越 害割 夬決 瀫竭

祭:质: 肺勃

(10)蒸部

(陵隆) (膺壅) 乘升 縢承

(11)东部

冬終 (風放) 虹攻 冢腫 涌桶 嵩竦 踵鍾 竦從

捧逢 擁翁 仲中 (公君) 恭拱 通洞 崇充 絳工

宫穹 江公 宋送 邦封 膿醲 (項確) 童重 胸腔

容用 紅絳 (公廣)

(12)阳部

光晃 陽楊 丙炳 庚更 霜喪 壤釀 岡亢 康昌

莊裝 黨長 行抗 兄荒 (章灼) 羹汪 (盎滃) 彭旁

(鞅嬰) 鄉向 腸暢 望茫 羊陽 王睢 良量

阳:鱼: 黨所

(13)耕部

景竟 (星散) (丁壯) 眚省 涇徑 徑經 荆警 鄭町

頸徑 脛莖 聽靜 甥生 (名明) 敬警 清青 (省瘦)

貞定 鏡景

(14)真部

春蠢 旻閔 辰伸 申身 年進 雲運 電殄 昏損

氛粉　秦津　晋進　胷引　敏閔　艱根　巾謹　辛新
淪倫　郡群　筋靳　津進　囟峻　鬢濱　臀殿　牽弦
眠泯　齔洗　親襯　孫遜　姻因　嬪賓　仁忍　信申
人仁
真:元:　天顯　天坦　玄縣　艮限　巽散　寅演　震戰
暈捲　鄰連　脣緣　吻免　奔變　引演　昆貫
衮卷　禪貫　絪綣

(15)元部

乾健　寒扞　（霰星）山産　原元　川穿　澗間　瀾連
燕宛　縣縣　演延　汗浂　面漫　頞鞍　眼限　肝榦
腕宛　髖緩　膊團　妍研　偃安　觀翰　攀翻　踐殘
仙遷　慢漫　言宣　冠貫　觀觀　甸乘　（癬徙）
元:真:　𠯿吮　肩堅　鰥昆　亂渾　翦進　船循　疝詵
酸遜

(16)谈部

坎險　濫銜　拈黏　攬斂　廉斂　䐄銜
谈:侵:　儋任　檢禁　欠欽　甘含

(17)侵部

風氾　壬妊　祲侵　陰蔭　金禁　林森　頷含　貪探
寢侵　男任　廩矜
侵:谈:　念黏　枕檢　岑嶄　心纖　飲奄　衾廣　吟嚴

(18)职部

（慝態）　肋勒　（福富）（簂恢）（墨晦）　臆抑　（伏覆）
側偪　匐伏

(19)沃部

雹跑　礐學　腹複　（覺告）　叔俶　孰祝　篤築

（蹩遒）（叔少）（麴朽）（篴滌）（肉柔）

沃:屋：　陆漉　掬局　菊局　祝屬

(20)屋部

（木冒）　瀆獨　（目默）　足續　（仆踣）　屬續　（綠瀏）
　縠埆

屋:沃：　屋奥

(21)药部

（樂$_{\text{哀樂}}$樂）（礫料）（臛蒿）

(22)铎部

石格　膜幕　額鄂　腳郤　搏博　拍搏　踖藉
薄迫　（伯把）（朔蘇）（掠狼）

(23)锡部

辟析　疫役　嫡敵　益阨　嗌阨　腋鐸　脊積

锡:职：　膈塞

(24)质部

日實　戌恤　乙軋　潏術　骨滑　（膝伸$_{\text{?屈}}$）（出推）
抶鐵　耋鐵　（匹辟）　筆述　（律累）

质:月：　戌脱　疾截　栉撥　血瀎

(25)月部

月闕　熱爇　（雪綏）霓蔮　蠆蘖　抴泄　發撥　（撥播）
札截　埒脱　髮拔　舌泄　轆末　（紲制）（殺竄）達徹

月:质：　撮捽　挈結　説述　刷率　刷瑟　札櫛

月:药：　潔確

(26)盍部

睫插　睫接　脅挾　甲闔　蹋榻　躡攝　妾接　業捷

葉:职：　法逼

(27)缉部

隰蟄 邑俋 (立林) (入内)

缉·葉: 執攝 襲匝

根据上表,再参照《释名》书内所论到的方音现象,大体可以看出汉末青徐一带方音的特点:

(1)阴声韵之部内属于《广韵》灰、咍韵的字跟之韵字不相混。“能”字在本部,韵母与“該”相同。“敏”字读如“閔”,归真部。

(2)幽、宵两部豪、肴、宵、萧四韵字声音相近。如“跳條也”、“翱敖也”、“隊翱也”、“髦冒也”、“高皐也”、“簫梢也”都说明幽部效摄字已读近宵部。魏晋以后就更显明了。

(3)《释名》中鱼、侯两部有分,与东汉一般押韵的情况不同。在《释名》的声训里以侯部字训释幽部尤韵字的例子很多,足证侯部读音与幽部尤韵一类字相近。

(4)阴声韵支、脂两部字相训释的例子很多,支、脂两部字与之部字相训释的绝少[①],可知支、脂两部音近,而与之部相去较远。

(5)《释名·释车》说:“車,古者曰車,声如居,言行所以居人也;今曰車,声近舍。車,舍也,行者所处若居舍也。”韦昭《辨释名》说:“車,古皆音尺奢反,后汉以来始有居音。”韦昭的解说可能是对的,但从刘熙的话可以知道当时青徐音“車”音近“舍”(-a)。

(6)阳声韵青徐音东、冬为一部,从“崇充也”、“絳工也”、“宋送也”、“红絳也”几个例子看得就清楚。“風”字兖豫司冀读在侵部(-m),青徐则读在东(冬)部(-ng)。

(7)“兄羹彭行”等字在东汉时期一般皆读入耕部,《释名》则仍在阳部。

---

① 只“來哀也”一例。

(8)真部字与元部字相训释的例子很多,这在《释名》里是很突出的一种现象。由这一点可以说明真、元两部的元音是非常接近的。《释名·释疾病》说:"癣,徙也,浸淫移徙处日广也,故青徐谓癣为徙也。"案"徙"为支部字,青徐谓"癣"为"徙",与郑玄所说齐鲁间"斯"、"鲜"声近(《诗·匏叶》笺)相同。"癣"的韵母可能是鼻化音。

(9)侵、谈两部字相训释的例子也很多,而不与其他阳声韵相训释,可以说明这两部韵尾是-m,而不是-ng或-n。《释宫室》说:"廪,矜也,宝物可矜惜者投之于其中也。"是"矜"字亦归侵部[①],韵尾为-m。

(10)入声韵沃部中屋韵字有以屋部字为训释的,可能与屋部读音接近。

9. 总的说明

根据上面所述关于个别材料的考查,我们可以知道两汉时代不同的方言在韵部的分类上和韵部的读音上都各有一些特点。《淮南子》所代表的方音是陈楚江淮之间的音,《易林》所代表的方音是涿郡的音,《释名》所代表的方音是青徐的音。这三部书都是比较重要的资料。

就上面所说每种材料的特点综合起来看,在分部方面主要的不同是东、冬的分合,鱼、侯的分合和幽、宵的分合。

(1)东、冬两部《淮南子》、《易林》、《释名》都不分。[②]

(2)鱼、侯两部在《易林》里合用不分,可是在《释名》里鱼、侯的分

---

① 西汉韦玄成《戒子孙诗》以"心矜"为韵,"矜"即在侵部。韦玄成为邹人,与青徐地域接近。

② 东、冬不分,在东方朔韵文中也有这种现象。

别就表现得很明显。

(3)幽、宵两部,《易林》、《释名》有合为一部的趋势。司马相如、王褒、杨雄以及班固、马融等的韵文里两部通押的例子也比较多。

(4)《淮南子》里脂、微分为两部,真、文分为两部,质、术分为两部,这是很特殊的现象。

其次,在韵部读音方面根据上面的考查所看出的一些不同方言的特点可以分为两类:一类是某两部的读音在某地比较接近,一类是某一部的字各地有不同的读法。

某两部读音相近的一类,主要有下列一些现象:

(1)真、元两部读音相近,这是很普遍的现象。除了《淮南子》以外,如《急就篇》、《易林》、《释名》、《论衡》[1] 以及杨雄、班固的文章都表现得很清楚。

(2)阳、东两部读音相近,这可以说是楚方言的一个特点,陆贾《新语》和《淮南子》阳、东两部字通押最多。但在东方朔的文章里和《易林》里阳、东两部字也常在一起押韵,下至东汉班固、马融的文章以及王充的《论衡》也是如此。[2] 足见阳、东两部读音相近,区域相当广。但《释名》中阳、东分别很清楚。

(3)耕、真两部通押,西汉时司马相如、王褒韵文里有几处如此,但《淮南子》里最多,东汉时许慎、堂溪协耕、真两部字也通押。耕、真音近可能是汝颍江淮之间的方音特色。张衡文和《释名》耕、真两部分别很清楚。

(4)之、鱼两部通押,在韵文中不多见,西汉时司马相如、王褒文

---

① 《论衡·自纪篇》真、元两部押韵的很多。如“恨倦”、“文言安”、“陳言”、“尊遷”、“分門銓”、“人文然”、“言文”、“然人”、“門言”、“貧篇言賢”等皆是。

② 《论衡·自纪篇》东、阳通押的例子有“囊同”、“公通良”、“通明章”数例。

中有少数通押的例子，但《易林》中这类的例子相当多，《淮南子》里也有一些。西汉时江淮一带和蜀郡、涿郡之、鱼两部的声音可能比较接近。其他的地方就不如此。

(5)鱼、宵两部音近，《急就篇》和班固文表现得很清楚。

(6)脂部脂韵字在司马相如、王褒、杨雄的文章里有与支部通押的例子，《易林》中稍多，杜笃、冯衍、班固、马融文中也有一些，都表明脂、支两部音近。但表现得最明显的是《释名》。

这些现象对于我们了解汉人的读音有很大的帮助。

谈到个别一些韵部的读音，从材料中所反映出来的还不够多，比较明显的是侵部字。侵部字在不同方言中的读法是不同的。先说侵部的“風”字。“風”字在西汉的材料里还看不到有什么分歧；到东汉，杜笃、班固等人读为-ng尾，崔骃、边让以及刘熙的《释名》也都如此，可是张衡、蔡邕仍读为-m尾。这就有了不同。至于侵部其他的字在东汉时期陕西、甘肃人有一些跟真部字押韵的例子，蜀人李尤《函谷关赋》以“咽年君文勳循門琛奔論坤”押韵，也把侵部字和真部字通押，侵部字的韵尾可能有改动，但张衡、蔡邕文和《释名》中侵部字的韵尾还是-m。

另外有少数材料元部字和歌部字押韵，如《淮南子》、《易林》、《论衡》都有这样的例子。在许慎《说文解字》的读若里“萑读若和”也是元部字读为歌部的声音。在这些材料所代表的方言里元部字的元音可能是鼻化音。

总起来看，这些考查虽然不能把汉代的方音的全部面貌说得很清楚，至少由此可以知道秦陇、蜀汉、幽冀、江淮、青徐、吴越几处方言的一些现象。这些现象的了解对于我们进一步探讨汉语语音演变的历史会有很大的启发。

八、两汉诗文韵谱

1. 韵谱总说

关于汉魏晋南北朝韵部演变的历史跟一些有关的问题，都在各分册里去讨论，在这里只想把我们用作研究的基本材料和写成韵谱的经过做一番总的说明，我们用作研究的基本材料就是由汉到隋之间的韵文。韵文押韵的情形是复杂的，要想把这种复杂的情形简明地表现出来，自然以类聚韵字、写成韵谱为宜。不过在韵谱这一种简单的形式之中要把这么繁杂的材料安排得好，也是困难重重的。首先摘记韵字要正确，然后才能研究各时代韵部的分合。研究韵部的分合有了可靠的结果之后，在编排韵字的时候，还要把同一个时代以内的各种押韵现象和前后不同时代韵部因革的情形都清清楚楚地表现出来。材料既多，有时不免顾此失彼，挪来挪去，这一部韵谱经过好几遍的抄写才算编定。虽然有些地方还不能使人完全满意，但是在利用材料和处理材料上曾经用过一番心思。现在先就取材和在编纂当中所接触到的一些问题以及解决这些问题的办法总括地说一说，然后再谈编排的方法。

(1)材料的范围和材料的取舍

韵谱所收的韵文材料，以严可均《全上古三代秦汉三国六朝文》

和丁福保《全汉三国晋南北朝诗》两部书中所有的为主，另外摘要增补一些材料。增加的材料，属于两汉时期的，有《史记》的《自序》和《汉书》的《叙传》；属于南北朝时期的，有《后汉书》、《文心雕龙》的论赞。这些材料，分量虽不太多，然而与“箴”、“铭”等同样都是韵语，所以也收进来，作为材料的一部分。其次，在汉代的子书里，《淮南子》、《易林》两部书是研究汉代方音的重要材料，从前王念孙就曾经做过一番工作，现在我们根据他的手稿本[①]，重新改编，作为资料的一部分。但是这两部书都各有其独立性，不宜跟汉代其他作家的韵文并列，因此另立一编，作为附录。

严氏、丁氏所编的两部大书，搜罗丰富，而且有很多的作品经过校勘，所以非常便用。不过其中有一些材料的作者和时代是有问题的，韵谱就有的收，有的不收。这里面包括四种情形：

(甲)伪托的作品，时代不易确定的，不收。例如严可均《全汉文》卷二十六收有班固《高祖泗水亭碑铭》，张成孙曾经说：“此篇用韵最杂，与诸文不合，词亦浅俗，恐是后人伪作。”[②] 可是究竟是什么时候的人伪托的也很难定，所以只可摈弃不录了。

(乙)作者主名不可靠，可是材料的时代可以确定，那就改题“阙名”或“无名氏”，仍然入录。例如相传为西汉枚乘、李陵所作的五言诗，很早就有人怀疑是汉末人的作品，现在我们归入东汉“无名氏”的一类。

(丙)同是一篇作品，分属两家的，这时候就斟酌情形来决定。例如严氏根据《艺文类聚》于《全汉文》卷五十四收有杨雄《尚书箴》，但是因为《古文苑》题为崔瑗作，所以又收于《后汉文》卷四十五崔瑗名

① 北京大学藏。
② 见武林叶氏印本《说文谐声谱·韵附录》下，第206页。

下，我们考查"官箴"作得最多的是杨雄，而且本文的押韵现象也与西汉时代相合，所以就归属于杨雄名下，崔瑗一篇就取消了。还有南朝封建帝王的宗庙乐章，后代往往沿袭前代所有，不再改制；丁氏全诗中尽管前后同样著录，本编不复重出。

（丁）凡是脱误稍多或韵读不明的，均不入录。像汉刘向《请雨华山赋》、《铙歌》《远如期》等即是。

(2) 摘录韵字的问题

摘录韵字是编定韵谱的一项初步工作。在这种工作中最重要的事情是审句读，辨韵例，校错字。如果这一步工作没有做好，着手研究的时候，可能发生很多的错误。江永曾经说："古有韵之文亦未易读，稍不精细，或韵在上而求诸下，韵在下而求诸上，韵在彼而误叶此；或本分而合之，本合而分之；或闲句散文而以为韵，或是韵而反不韵；甚则读破句，据误本，杂乡音，其误不在古人而在我。"① 这话是很有见解的。在汉魏晋南北朝韵文中韵读较清楚的是魏晋以后的作品，问题发生最多的是两汉的文章。其中固然常有错字，就是句读韵脚也不易捉摸。有时似乎是在一起押韵，而实际声音隔越较远。有时在整齐押韵当中又忽然有几句无韵，各式各样，现象非常错综。要解决这些问题，就必须首先校正错字，分析韵例才行。② 可是另外有些地方很难决定押韵的起止，那么我们只可就全篇换韵的情形和文义段落的起讫来决定。例如：

贾谊《吊屈原赋》：

般紛紛其離此尤兮，亦夫子之辜也，歷九州而相其君兮，何

---

① 见江氏《古韵标准·例言》，第36页。

② 汉人韵例见《两汉诗文韵例》。

必懷此都也！鳳凰翔於千仞兮，覽德輝而下之，見細德之險徵兮，遥曾擊而去之。彼尋常之汚瀆兮，豈能容夫吞舟之巨魚？横江湖之鱣鯨兮，固將制於螻蟻。

刘向《九叹·怨思》：

菀蘼蕪與菌若兮，漸藁本於洿瀆，淹芳芷於腐井兮，棄鷄駭於筐簏。執棠谿以刜蓬兮，秉干將以割肉，筐澤瀉以豹鞹兮，破荆和以繼築。(《汉文》35/4上)

这两篇作品都是四句一换韵的。头一个例子里，“辜都下去”虽然同属于鱼部，但是“辜都”是一韵，“下去”是一韵，如果不作这一番考查，我们就会把平上分用的例子作为平上通叶的例子看待了。① 第二个例子里“瀆簏”是屋部字，“肉築”是沃部字②，假如不从全篇换韵的通例来看，就很有可能误认为这几句是屋、沃合韵了。

还有一些地方是从押韵的形式上难以断定的，我们就根据古音的知识和当时一般韵文所表现出来的声音系统来做决定。例如：

司马相如《封禅文》：

故聖王不替，而修禮地祇，謁款天神，勒功中嶽，以章至尊；舒盛德，發號榮，受厚福，以浸黎民。(《汉文》22/7上)

这里“替神尊榮民”为韵。张成孙《谐声谱·韵附》中把“替祇”分为一韵是错的。③ 考“替”字古有平入二音：《诗经·大雅·召旻》“彼疏斯粺，胡不自替，職兄斯引”，“替引”为韵。屈原《离骚》“長太息以掩涕兮，哀民生之多艱，余雖好修姱以鞿羈兮，謇朝誶而夕替”，“艱替”为韵。这是“替”字读为真部平声的例子。又屈原《九章·怀沙》“撫情效

① 自顾炎武认为古人押韵不拘一声以后，很多人都相信他的说法，其实要看材料来说话，不可执著。

② “沃部”王念孙称为“毒部”。

③ 见《说文谐声谱·韵附》下第56页。

志兮,冤屈而自抑,刓方以为圜兮,常度未替”,“抑替”为韵。《庄子·则阳篇》“與世偕行而不替,所行之備而不洫”,“替洫”为韵。张衡《东京赋》“洪恩素蓄,民以固結,執誼顧主,夫懷貞節。忿姦慝之干命,怨皇統之見替。玄谋設而陰行,合二九而成譎,登聖皇於天階,章漢祚之有秩”,“結節替譎秩”为韵。这是“替”字读为入声质部的例子。根据以上的例子,我们明确地知道“替”字绝不与支部平声字相叶,那么张氏的错误就得到改正了。

以上所说是在校正错字、分析韵例以外的两种具体的办法,根据这两种办法,在摘录韵字上我们解决了不少疑难的问题。

(3) 分别韵部的一些问题

我们把韵字摘录出来以后,就类聚韵字,进行分部的工作。分别韵部所要守的基本原则,自然是要按照韵文押韵的实际情况来处理,绝对不能以意为定。这就是段玉裁作《六书音均表》分别“诗”韵时所称“因其自然,无所矫拂”的意思。[①] 具体的办法当然以张惠言父子分别《诗》韵所用“丝联绳引”的办法最为妥当。[②] 例如甲与乙押韵,乙与丙押韵,由此系联,知甲、乙、丙为一类。不过有时同部字未必都能恰好有押韵的例子能够彼此相联,那就遇到了困难。张氏父子固然可以借用《说文》谐声的系统来贯串[③],可是这种办法用来考证《诗经》的韵部还可以,假如用来对付现在这一批材料,那就不行了。特

① 见《六书音均表》四,1页。

② 见《说文谐声谱》卷二,论第三,8页《论入声配部》条。

③ 例如《诗》韵“中宫躬蟲宗”等字为一部,《谷风》六章“冬窮”为韵,不与“中宫”等字相联;可是依照《说文》“窮”字从“躬”得声,那么就可以决定“窮躬中宫”等为一部了。谐声相同的字都是一部的说法创自段玉裁。《六书音均表》一《古谐声说》称:“一声可谐万字,万字而必同部,同声必同部。”

别是自魏晋以后实际语音与字的谐声系统逐渐分歧,尤不适用。那么应当怎样办呢?我们只好以张氏父子的办法作为参考,另外从这一个时代以前或以后的流变上来做决定。

例如从"奚"声的字,根据清代各家所考,在周秦音是属于支部的。在西汉韵文里我们见到"鷄"、"谿"两个字,"鷄"字见于司马相如《上林赋》,以"鷄鸃"为韵①;"谿"字见于枚乘《七发》,以"枝離谿"为韵②。其中"鸃"、"離"两个字都是歌部字。"鷄"、"谿"既然跟歌部字相押,我们就很容易把它们误认为也是歌部字了。但是东汉时期,从"奚"声的字并不读歌部。从历史的流变,我们可以认清"鷄"字在西汉属支部,"鷄鸃"、"枝離谿"是歌支合韵,"鷄"、"谿"、"枝"属支部,"鸃"、"離"属歌部。这就是所谓从流变上来解决韵字归部的方法。

其次还有一个问题,就是现在这一批材料包括汉魏晋南北朝许多时代,每一个时代的作家很多,他们的里贯不同,用韵的宽严也不同,在分别韵部的时候,我们究竟根据哪些人的押韵情形来作分部的标准呢?我们觉得在这种情形之下只可以多数人用韵的情形作准则,不能单就少数人的个别情形来做决定。分部或宽或严也不是标准,要以不失其共同性为原则。如果一般的情形分韵稍宽,那些用韵较严的例子可以提出来加以说明③;如果一般的情形分韵很严,那些用韵稍宽的例子可以特别提出来作为"合韵"。"合韵"的名称是段玉裁所创的,他把《诗经》韵分为十七部,凡是异部合用,就叫做"合韵"。

---

① 见《全汉文》卷二十一,五下。

② 见《全汉文》卷二十,五上。

③ 各时代中都有一两个人用韵较严,例如西汉的贾谊、刘向,东汉的张衡、蔡邕,三国的王粲,晋的张华,宋的颜延之、谢庄、鲍照,齐的谢朓,梁的沈约、何逊,北魏的常景等都是。

现在我们可以利用这个名子来称那些两部以上通用合用的例子。[1]这样做，可以求得一个近似的韵部分类，同时在处理材料上也更容易些，在表现各种不同的押韵现象上也更清楚些。

根据上面的办法我们来区分各时代的韵部，所得的结果是：两汉相近，魏晋宋北魏相近，齐梁北齐北周陈隋相近，因此可以把这八百年间韵部的演变分为三个大的时期。但是每一个时期之内前后时代的分韵又不尽相同，并且在整个历史当中三国和刘宋是前后两个转折点，这是值得注意的。后面的韵谱就是按照上面所说三个大的时期来排的。

2. 韵谱编排的方法

韵谱按照韵部演变的三个大段落分列为《两汉韵谱》、《魏晋宋韵谱》、《齐梁陈隋韵谱》。北朝的一个时期，北魏的作家大半生当南朝齐梁的时候，可是韵部的分类和刘宋时代相近，所以把北魏的作品归入《魏晋宋韵谱》，列于宋代之后；北齐北周的作家大部分生当梁陈时代，用韵的分类也与梁陈时代相近，所以把北齐北周的作品归入《齐梁陈隋韵谱》，列于梁代之后。

这三个韵谱都是按照阴、阳、入三声的韵部分开来排列的。入声韵一类虽然在魏以上和阴声韵关系较密，在晋宋以下和阳声韵分类相应，可是在读音上并非单纯音调的问题，所以独立为一类，不与阴声韵或阳声韵的平上去三声同列。

阴、阳、入三声之中韵部排列的次序是按照声音的远近来定的。一部之中又分为两部分，本部字在一起押韵的先列，本部字与其他部

① 利用“合韵”一名所要表现的内容，详见下文。

分的字在一起押韵的后列;前者题称"某部韵谱",后者题称"某部合韵谱"。合韵谱之中又依照各种不同的合韵情形分类来排列。假如同一个时期之内一部的韵字在前后时代里有不同,那就把两个时代的材料分立为两个韵谱,这样就把前后的异同表现出来了。假如遇到这一部与其他一部合韵,这一部的韵字前后时代相同,而其他一部有不同的时候,那么尽管这一部的"本韵谱"是一个,而"合韵谱"也立为两个。因为这样才能表现得正确。

"合韵"之所以要分立,是为了便于研究。第一,根据合韵的类别可以看出某部字究竟与哪几部字通押,其中通押例子较多的一类必然声音最近。第二,由一种合韵现象之中来看为什么这些作家要这样通押,是因为用韵较宽呢,还是代表一种方音的现象呢,以此可以作为研究的起点。第三,我们虽然把汉隋之间韵部的演变分为三个大的时期,但是事实上同一时期的作家中也有用韵跟前一个时期相同的,也有用韵与后一个时期相近的①,那些凡是与当时不同的特殊现象都可以在合韵谱中表现出来。第四,在异部合用之中,固然以阴、阳、入三声同类相押的例子居多,但是另外还有阴声韵与阳声韵、阴声韵与入声韵相押的例子,后者一类在了解古代读音上关系很重要,我们把它列在合韵谱里可以引起注意。以上所说是"合韵"所以要分立的意义。因此,韵谱中"合韵谱"最为重要,列谱之难,也以"合韵谱"为最。

另外,从汉到隋,作家在押韵上对于声调都区别得很严格,其分类大体与隋唐一系的韵书相同,现在列谱在阴声韵和阳声韵一部之

① 前者如江淹,后者如鲍照。

内都把平上去三声分列。[①] 假如一定的声调跟韵书的分类不同，我们只能根据韵文来定，绝不受韵书的限制。有时一字古人有两种不同的押法，也许是古人押韵不拘一声，也许是古人有两种不同声调的读法，究竟如何，很难确定，现在只有从例证的多少来做判断了。[②]

每一部的韵谱包括的韵字很广，为便于研究起见，在韵谱前面我们都列出一个"韵字表"。"韵字表"是按照《广韵》的韵目排列的。如果一个字在《广韵》中分收两韵，而义训相同，那只取作为小韵之首的那一个音。例如"僕"字在《广韵》兼收屋、沃两韵，入屋韵的读"蒲本切"，入沃韵的读"蒲沃切"，可是入沃韵的"僕"字居于小韵之首，当为"僕"字一般的读法，因此我们就把"僕"字算为沃韵字。假如一个字在《广韵》两处都不做小韵之首的话，那就参照与此谐声相同的同部字来定。还有一些字的音调或读音不是《广韵》中所有的，那就参考《经典释文》和《集韵》来归韵。这一类在韵字表下都注出来，以便稽考。

以下需要说一说作家时代的安排和同一个时代内作品的排列办法。关于作家的时代，我们完全是根据严氏、丁氏的书来列的。不过有几个人两家所列不同。例如王粲、陈琳、阮瑀、徐幹、刘桢、应玚、繁钦等严氏归入后汉，丁氏则归入三国；程晓，严氏归入三国，丁氏则归入晋；颜之推，严氏归入隋，丁氏则归入北齐。本编除颜之推依照严氏外，其馀都以丁氏所列为据。[③] 严氏、丁氏两书对于封建帝王都是

---

① 平上去的名子虽然是齐梁人所创的，现在我们也不妨利用它来说明古声调的类别。

② 例如"數"、"吹"、"勞"、"膏"、"譽"、"呼"、"驅"等字有平去两读，"舉"、"語"、"處"、"去"等字有上去两读，都是很显明的例子。

③ 因为王粲、陈琳等人都是围在曹操左右的人，不能不归入三国时期；程晓有给傅玄的诗，所以归晋；颜之推卒于隋开皇年间，所以入隋。

不题名姓的，本编一律题出。在韵谱中属于不同时代的作家都分开来列，同一时代的作家则以卒年先后为序。惟有封建帝王不取卒年，而取其即位之年，这样可以帮助我们从排列上知道某一个人是在某一个帝王即位以后死的。所有作家的生卒年，可以参看书后所附的"作者里贯生卒年表"，韵谱中人名排列的次第，即以此为准。各谱之内凡是属于同一个人的作品都列在一起，文在前，诗在后。每一篇的题目如果过长，则斟量截短，不能截的，也就不截。每篇篇目下一律注明出处，标举卷数、叶数，以便读者据此覆按原书。又每一个时代里总有一些不知作者主名的作品，这些作品的韵字都列在韵谱末"阙名"或"无名氏"之下。"阙名"和"无名氏"都是无主名的意思，不过"阙名"下所列的作品，就其内容来看，可能是一人所作，其作者主名今已亡阙无考；至于"无名氏"下所列的作品，则大半都是民歌，或是民间集体的创作，经过文人的润饰才传流下来的，既然出于众手，则本无主名，所以题称"无名氏"。我们分立这两个名子，其意义就在这里。

3. 两汉诗文韵例

在前面我们曾经说过在钩稽韵字的时候必须审辨韵例，这样至不至于把韵脚弄错。前人研究《诗经》音的时候，对于分析韵例都很注意。从宋项安世《项氏家说》首先揭举《诗》句韵例起[①]，到清江永作《古韵标准》、孔广森作《诗声类》又逐渐加详。我们了解了韵例以

① 《项氏家说》卷四有"诗句押韵疏密"、"诗押韵变例"、"重押韵"三条都是讲《诗》韵例的。

后固然可以免去"强叶误读"[1] 的毛病,同时也可以帮助我们了解古人怎样分辨声音,进而去了解音与音的分别。另外还可以借此来看古人怎样利用声音的谐和来发挥诗歌语言的优美,以作我们发展诗歌音律的借镜,这样就涉及到文学的范围了。现在仅仅从《诗经》来看,其中押韵方式之丰富已可惊人。这种丰富的方式当然是从民歌的基础上发展来的。两汉作家,承其绪馀,所以出现在辞赋里面的样式还很多,到魏晋时代一般五言诗的押韵方式才渐渐趋于简单,等到齐梁时代新的声律说兴起以后,押韵的方式就变得很单纯了。所以现在仅就两汉作品押韵的情形摘要列举如下:

一、每句押韵例 a a a a

王褒《僮约》:转出旁蹉,牵犬贩鹅,武都买荼,杨氏担荷。(《汉文》42/12上)

班固《奕旨》:外若无为默而識,净泊自守以道意,隐居放言远咎悔,行象虞仲信可喜,感乎大冠论未備,故因问者喻其事。(《后汉文》26/9上)

二、隔句押韵例

○ a ○ a ,○ ○ a ○ ○ a,○ ○ ○ a ○ ○ ○ a

古诗:橘柚垂华實,乃在深山側,闻君爱我甘,窃独自雕饰。(《汉诗》3/9上)

班固《奕旨》:一棋破室,亡地复还,曹子之威;作伏设诈,突围横行,田单之奇;要厄相劫,割地取偿,苏张之姿。(《后汉文》26/9上)

班固《奕旨》:至于发愤忘食,乐以忘忧,推而高之,仲尼概也;乐而不淫,哀而不伤,质之诗书,关睢類也;纰专知柔,阴阳代至,施之养性,彭祖氣也。(《后汉文》26/9上)

三、虚字不入韵例

---

① 见江永《古韵标准·诗韵举例》。

贾谊《旱云赋》：忍兮啬夫，何寡德矣；既已生之，不与福矣。来何暴也，去何躁也；孳孳望之，甚可悼也。憭兮慄兮，以郁怫兮；念思白云，肠如結兮。（《汉文》15/1下）

四、虚字入韵例

司马相如《美人赋》：古之避色，孔墨之徒，闻齐馈女而遐逝，望朝歌而回車；譬于防火水中，避溺山隅，此乃未见其可欲，何以明不好色乎？（《汉文》22/1上）

张超《诮青衣赋》：黄歇之败，从李园始；鲁受齐乐，仲尼逝矣；文公怀安，姜笑其鄙；周渐将衰，康王晏起。（《后汉文》84/9下）

五、句中字与句尾字押韵例

司马相如《上林赋》：欃檀木蘭，豫章女貞。（《汉文》21/4下）

司马相如《上林赋》：偨池茈虒，旋还乎后宫，杂襲絫輯，被山缘谷，循彼下隰，视之无端，究之无窮。（同上）

六、两韵间迭相叶例　○a○b○a○b

杨雄《博士箴》：洋洋三代，典礼是修，画为辟雍，国有学校，侯有泮宫，各有攸教，德用不陵。（《汉文》54/8上）

班固《典引》：君臣动色，左右相趨，济济翼翼，峨峨如也。（《后汉文》26/8上）

崔骃《达旨》：夫广厦成而茂木暢，远求存而良马縶，阴事终而水宿藏，场功毕而大火入。（《后汉文》44/4下）

七、前后一韵相叶，中间另隔一韵例　a b b a

枚乘《七发》：侯波奋振，合战于藉藉之口，鸟不及飛，鱼不及迴，兽不及走。（《汉文》20/7下）

杨雄《将作大匠箴》：故人君无云我貴，榱题是遂；毋云我富，淫作极遊；在彼墙屋，而忘其国戮；作臣司匠，敢告执猷。（《汉文》54/7下）

八、交错前后互叶例

a a c	a b
b b c	a b
	c c b

班固《奕旨》:四象既陳,行之在人,盖天政也;

成败臧否,为仁由己,道之正也。(《后汉文》26/8下)

刘向《九叹·远游》:譬彼蛟龍,乘云浮兮;

汎淫澒溶,纷若雾兮;

潺湲轇轕,雷动电发,驭高舉兮;

升虛凌冥,沛浊浮清,入帝宫兮;

摇翘奋羽,驰风骋雨,游无窮兮。(《汉文》35/8下)

4. 韵谱

目　　录:

阴声韵

(1) 之部

韵字表

哈海代

災裁哉來臺骸怠[1] 海待在改闓[3] 采 態來[4] 再載戴代
才該胎能[2] 埃財 亥殆醢怠 塞貸
栽材灾台萊

灰贿队

灰塺恢媒陪梅栖 悔晦 佩悔誨脢

之止志

之期時兹思而綦詩 里理止起似已祀士 志植識事意思記
菑持旗娭疑詞治其 子齒恃耳涘使喜矣 司[5] 異嗣試侍喜[6]
頤釐嶷辭貍輜基嗤 時祉恥始市枲紀史 熹侍置寺治俟字憶
熙孳滋祺颸芝絲姬 俟儗峙趾己汜駛阯 涘滓葴笥值恃吏噫

---

① “怠”,《广韵》收在上声海韵,案古有平声一音,详江有诰《唐韵四声正》21页。

② “能”,古音奴来、奴代二音。《广韵》又收入登韵,音奴登切。顾炎武《唐韵正》卷六“能”字下说:“‘能’字音奴登反,始自宋齐之世。《后汉书》郭杜孔张传赞‘二苏劲烈,羊贾廉能’,与‘朋肱輣’为韵。”案宋王叔之《甘橙赞》以“恒能弘橙”为韵,和范晔的《后汉书》用韵相同。

③ “闓”,《广韵》收在去声代韵,《集韵》兼收上声海韵,音下改切。

④ “來”,《广韵》只有平声一音,古亦读去声,详见江有诰《唐韵四声正》第10页。

⑤ “司”,《广韵》收在平声之韵,无去声一读。《集韵》兼收去声志韵,音相吏切。

⑥ “喜”,《广韵》收在上声止韵。案古有去声一读,详见江有诰《唐韵四声正》第17页。

嬉諆惎司欺祠熹慈	杞姒粺秄梓擬裏圯	
癡甾筶箕麾騏	緇淄①	
尤有宥		
謀尤罘郵不	有友婦右副負	右囿富祐
脂旨至		
丕	否軌② 鄙痏岯洧	備
	晷	
厚		
	母畝	
皆骇怪		
豺	駭	戒怪誡械
轸		
	敏	

(1)-1 之部韵谱(两汉)

平声

前汉 (贾谊)之灾期鵩鸟赋 汉文拾伍 二上 謀時同上 二下 之裁哉惜誓 三下 (韦孟)兹思讽谏诗 汉诗贰 二上 而而在邹诗 二下 (公孙诡)綦詩時文鹿赋 文拾玖 六下 (严忌)時期詩兹謀之哀时命 文拾玖 三上 (武帝刘彻)菑來瓠子歌 诗壹 一下 之來李夫人歌 二上 (枚乘)來怠持七发 文贰拾 七上 (司马相如)臺持之子虚赋 文贰壹 二下 旗娭疑

① "緇淄"二字《广韵》收在平声之韵,汉人有上声一读,江有诰《唐韵四声正》已经指出(第116页)。

② "軌"字《诗经》音属幽部,两汉音转入本部。

大人赋　七下　來哉封禅文　文贰贰　七下　（东方朔）詞之七谏·谬谏　文贰伍五上　（杨恽）治其時报孙会宗书　文叁贰　三下　（王褒）詞思之九怀·通路文肆贰　三上　娭[1]* 疑嶷辭麼一作堉怠兹謀詩又陶壅　四下　頤骸灰鳌哉责须髯奴辞　十三上　（韦玄成）之之自劾诗　诗贰　七下　而而同上　尤辭同上（刘向）尤來九叹·逢纷　文叁伍　二下　辭時又离世　三上　治疑又怨思　四上詞之又远逝　四下　之時又忧苦　六上　尤之又愍命　七上　疑詞又思古　七下（杨雄）頤旗甘泉赋　文伍壹　五下　輜旗河东赋　六上　罘旗羽猎赋　八上　兹基哉同上　九上　罘之兹同上　九下　之旗記长杨赋　文伍贰　一下　嗤辭逐贫赋　四下　辭綦反离骚　五下　辭基熙解难　文伍叁　四下　思孳扬州箴　文伍肆二上　該恢交州箴　四上　謀[2] 基廷尉箴　六下　時灾执金吾箴　七下　臺恢将作大匠箴　七下　該來元后诔　十上　（刘歆）臺怠遂初赋　文肆拾　二上　（崔篆）時之慰志赋　文陆壹　六下　（阙名）滋之食鼎铭　文伍柒　十一上　胎祺郊祀歌·青阳　诗壹　六上　鳌時又惟泰元　六下　時期又天马　七上　媒臺同上期時又天门　七下　時思又华烨烨　八上　（无名氏）灰思之颸之饶歌·有所思诗肆　十下　詩來詩頤诸儒为匡衡语　诗伍　一下

后汉　（桓谭）臺芝仙赋　后汉文拾贰　七下　（冯衍）疑兹显志赋　文贰拾　三上　絲思同上　三下　（梁鸿）期思兹思友诗　汉诗贰　八下　（班固）辭詩時裁之东都赋　文贰肆　八下　姬[3] 灾幽通赋　十上　之之辭答宾戏　文贰伍五上　（崔骃）灾時达旨　文肆肆　四上　滋基冬至袜铭　十一上　（许慎）能才疑辭尤之说文解字叙　文肆玖　四下　（李尤）時熙兹詩漏刻铭　文伍拾　八上時詩基良弓铭　九下　時思辔铭　十上　辭兹尘尾铭　十一上　（张衡）兹嬉旗思玄赋　文伍贰　三上　來哉同上　五上　諆思同上　五下　嬉芝旗西京赋　十下基治思朞同上　十一下　期臺东京赋　文伍叁　一下　臺能灾同上　三上　財臺陪同上　三上　思祠同上　四上　時胎滋財熙同上　六上　栽怠裁辭罘尤

---

* 韵谱中韵字的右上角有数字的表示有校语，参看581页以下所附《两汉诗文韵字校记》。

基持同上 六下 時期疑嬉辭归田赋 九下 時期祺东巡诰 文伍肆 三上 胎時七辩之二 文伍伍 一下 期芝其六 二上 思司謀疑其七 二下 之思鲍德诔 四上 (崔瑗)熙滋司隶校尉箴 文肆伍 四上 時灾遗葛龚珮铭 五上 (桓麟)梅滋七说 文贰柒 十下 (马融)之持长笛赋 文拾捌 四上 (崔寔)期來大赦赋 文肆伍 九上 時辭期答讥 九下 (王延寿)鼇嶷鲁灵光殿赋 文伍捌 三上 (张超)基時灵帝河间旧庐碑 文捌肆 十下 (戴良)骸材灰栖失父零丁 文陆捌 七上 (蔡邕)时灾思詞述行赋 文陆玖 二上 基時熙之释诲 文柒叁 六下 灾基丕滋熙同上 七上 之思尤同上 七下 鼇[4]思京兆樊惠渠颂 文柒肆 二下 兹之思丕李休碑 文柒伍 五下 熙欺基思李咸碑 文柒陆 八下 思基陈球碑 文柒柒 二上 熙時思杨赐碑 文柒捌 七上 (边让)熙期基持章华台赋 文捌肆 十二上 (蔡琰)期辭之時慈思癡疑悲愤诗 诗叁 四上 (阙名)基思孔彪碑 文壹零贰 二下 辭詩同上 兹臺祠熹成阳灵台碑 四下 期之同上 時思謀甾冀州从事郭君碑 文壹零叁 九下 滋時熹期姬殆灾胎裁來頤李翊夫人碑 文壹零陆 六下 (无名氏)滋時期思癡古诗 诗贰 三上 滋思之時同上 思之饮马长城窟行 十三上 兹嗤期古诗 诗叁 七下 思期古诗 九上 台萊臺王子乔 诗肆 三上 之時時兹西门行 五下 期期期嗤同上 六上 之時時兹同上 笞之妇病行 六下 箕嬉期皑如山上雪 八下 時喜期满歌行 九上 絲期杂歌 十四下 臺萊古八变歌 十四下 來才之古诗为焦仲卿妻作 十三上 麾灾時兹魏郡舆人歌 诗伍 三上 能才京都谣 九下

上声

前汉 (高帝刘邦)里海鸿鹄歌 汉诗壹 一上 (贾谊)理止起似駭有旱云赋 汉文拾伍 一上 止已鹏鸟赋 三上 (韦孟)祀士讽谏诗 诗贰 一下 子齒在邹诗 二上 (武帝刘彻)止已子恃李夫人赋 文叁 一下 (枚乘)止起七发 文贰拾 五下 海有同上 起耳悔同上 六下 海涘母止同上 七上 里止起同上 (孔臧)士已鸮赋 文拾叁 四下 (司马相如)起耳子虚赋 文贰壹 五下 止母使喜大人赋 八上 子齒起止矣美人赋 文贰贰 一上 時祀祉有封禅文 七下 (东方朔)待理已七谏·初放 文贰伍 一下 止在又

自悲　三下　似友又谬谏　五上　耳有答客难　十一上　理止旱颂　十一下　（司马迁）耻否起恃始矣悲士不遇赋　文贰陆　五上　（王褒）理士子洞箫赋　文肆贰　二上　里海四子讲德论　五下　殆鄙同上　六下　耻里同上　八上　市枲僮约　十二上　起里同上　十二下　（韦玄成）理子自劾诗　诗贰　七下　（刘向）止里九叹·离世　文叁伍　三上　已紀又思古　七下　（杨雄）起里蜀都赋　文伍壹　二上　有改反离骚　文伍贰　六上　士紀已母解嘲　文伍叁　二上　起子祀史豫州箴　文伍肆　三上　止市廷尉箴　六下　軌士博士箴　八下　（刘歆）士子遂初赋　文肆拾　一下　（崔篆）軌齒子慰志赋　文陆壹　七上　（阙名）理始郊祀歌·惟泰元　诗壹　六下　里友又天马　七上　閡海又天门　七下　紀始又景星　七下　（无名氏）始子海铙歌·圣人出　十下　子起杨伯起谚　诗伍　十下

后汉　（白狼王唐菆）有里母远夷慕德歌　汉诗壹　五上　（冯衍）有改显志赋　后汉文贰拾　二上　（杜笃）采已耳市论都赋　文贰捌　二下　（傅毅）軌市洛都赋　文肆叁　一上　俟理起齒儗峙趾已舞赋　三上　有母耳軌明帝诔　六下　士紀迪志诗　诗贰　九下　（班固）里有西都赋　文贰肆　三上　里在同上　海里同上　子始东都赋　六下　已始幽通赋　十上　已汜趾軌同上　否已奕旨　文贰陆　八下　（崔骃）已友已达旨　文肆肆　四下　士理大理箴　九下　已始婚礼结言　十一下　（李尤）海在河铭　文伍拾　四上　已起开阳门铭　六下　亥晦采在夏城门铭　七上　里止辔铭　十上　（张衡）已理改止已思玄赋　文伍贰　二上　婦鄙恃史西京赋　八下　士否理痏同上　里止駷峙紀有同上　九上　阯杞峙右汜同上　耳呸緇趾紀娼东京赋　文伍叁　二上　祀子同上　三下　起耜畝已秄同上　四上　止起海子梓里南都赋　九上　（崔瑗）海殆河隄谒者箴　文肆伍　二下　耻喜张平子碑　六下　（桓麟）理采七说　文贰柒　十下　（马融）友已耳长笛赋　文拾捌　二上　擬裏士起子同上　起已已似同上　三下　齒理樗蒲赋　五上　（张超）婦起子祀似已始矣鄙起诮青衣赋　文捌肆　九下　（蔡邕）婦使始紀脢[5]事齒祉协和婚赋　文陆玖　三下　止紀否已軌耻释海　文柒叁　七下　母畝京兆樊惠渠颂　文柒肆　二下　止喜同上　右理祉俟士已紀胡硕碑　文柒伍　九上　止否淄耻軌陈寔碑　文柒捌　三上　母始止敏济北相崔君夫人诔　文柒玖　六下　母紀婦已同上　七上　已士涘祓禊文　八上

(蔡琰)理起耳已喜里已子悲愤诗 诗叁 三下 (仇靖)已诗析里桥郙阁颂 文捌壹 四上 (阙名)紀右子耳士悔镜铭 文玖柒 十下 改怠三公山碑 文壹零叁 十一上 祉敏姒止在祀郭辅碑 文壹零陆 五下 (无名氏)裏市起餌止已妇病行 诗肆 六下 子止上留田行 八上 里已淮南王篇 九下 起耳齒耳俳歌辞 十下 母止里子使裏子古诗为焦仲卿妻作 十二下 母友会稽童铭 诗伍 六下 有喜河内谣 六下 士友太学中谣·八及 八下 耳子兴平中吴中童谣 九上 理始胡伯始 十一下 止史避驄谚 十一下

去声

前汉 (贾谊)志植吊屈原文 汉文拾陆 七下 (廷尉翟公)富態署门文贰贰 八下 (司马相如)態來子虚赋 文贰壹 三下 來態同上 五上 事富封禅文 文贰贰 七下 囿[6]喜同上 態來同上 (刘去)再悔歌 汉诗壹 四下 (王褒)戒意四子讲德论 文肆贰 六上 (成帝刘骜)事右报许皇后 文捌十二上 (刘向)志事九叹·离世 文叁伍 三上 識思又远逝 五上 置態又惜贤 五下 (杨雄)祉載河东赋 文伍壹 六上 記司太史令箴 文伍肆 八上 佩戴琴清英 十一上 (刘歆)態怪意喜遂初赋 文肆拾 三上 (阙名)喜事郊祀歌·天地 诗壹 六下

后汉 (冯衍)事志显志赋 后汉文贰拾 一上 意志思同上 二上 異熹同上 悔再同上 二下 試識同上 (傅毅)侍態舞赋 文肆叁 二下 載代備明帝诔 六下 代載北海王诔 七上 (班固)寺司西都赋 文贰肆 四上 囿事同上 四下 治事志东都赋 六上 囿富同上 八上 戒再俟在幽通赋 九下 載代同上 十下 治事備奕旨 文贰陆 九上 (崔駰)治紀戴載大尉箴 文肆肆 八上 事富司徒箴 八下 (苏顺)塞載代和帝诔 文肆玖 十上 (许慎)識意说文解字叙 文肆玖 二下 字事同上 三上 (李尤)憶思围棋铭 文伍拾十三上 (张衡)涘塞西京赋 文伍贰 六上 事囿備同上 四下 (崔瑗)誨誡遗葛龚珮铭 文肆伍 五上 (马融)志置思琴赋 文拾捌 一下 富喜異怪长笛赋 二下 意事滓长笛赋 三下 (边韶)字笥事意記对嘲 文陆贰 二上 (戴良)異蕺值備失父零丁 文陆捌 七上 (蔡邕)備事弹棋赋 文陆玖 六下

事志释诲　文柒叁　六七　事司鳌備胡广碑　文柒陆　五上　（阙名）載備載孔庙礼器碑　文玖玖　四下　識置孔彪碑　文壹零贰　二下　（无名氏）富寺置值凉州歌　汉诗伍　二下　置诲爰珍歌　四下　恃治太学中谣·八顾　八上　志喜同上八下　笥識柳伯骞谚　十二上

(1)-2　之部合韵谱上(前汉)

之幽

平声　（刘友）財之仇歌一首　汉诗壹　三下　（司马相如）梅陶子虚赋汉文贰壹　四下　（班倢伃）時思詩郵周兹滋灾求幽郵流期休自悼赋　文拾壹　七上　綦流憂浮休期之同上　（杨雄）芝虯甘泉赋　文伍壹　四上　謀籌扬州箴　文伍肆　二下

上声　（严遵）母首道德指归说目　文肆贰　十三上

去声　（韦玄成）事舊戒子孙诗　诗贰　八上

之鱼

上声　（刘向）詬醢九叹·怨思　文叁伍　四上　（王褒）子父洞箫赋　文肆贰　一下

之脂

平声　（枚乘）絲遲絲之詞柳赋　文贰拾　二上　（刘向）開壓九叹·惜贤文叁伍　五下

去声　（杨雄）概代械備蜀都赋　文伍壹　三上

之职

去声　（枚乘）識事意側翼七发　文贰拾　四下　（刘去）喜亟歌一首诗壹　四上

之幽职"守久"为幽部字，"稷色"为职部字。

上声　（杨雄）紀士守稷博士箴　文伍肆　八下

去声　（东方朔）久色侍菜志識代志置侍思事七谏·怨世　文贰伍

二下

(1)－3　之部合韵谱下(后汉)

之幽

平声　(班彪)兹期流脩思來時北征赋　后汉文贰叁　五上　(冯衍)謀遭显志赋　文贰拾　一上　期由同上　二下　(梁竦)悠期悼骚赋　文贰贰　八下　(班昭)求時东征赋　文玖陆　二上　(王逸)娭能浮萊臺九思·伤时　文伍柒五上

上声　(冯衍)久止郑众婚礼谒文赞　文贰贰　三上　(蔡邕)婦臼题曹娥碑后　文柒玖　八下　(阙名)期軌子祉已止紀里歹夏承碑　文壹零壹　九下　里有已理秂裏婦里矣吴仲山碑　文壹零贰　七下　里紀市圮首曹全碑　文壹零伍　三上　紀道舅好喜费凤别碑　文壹零叁　七上

去声　(杜笃)嗣意雔论都赋　文贰捌　二下　(阙名)冑茂究謀備□使異□□壽思王纯碑　文壹百　二下

之鱼

平声　(堂溪协)治隅祺之开母庙石阙铭　文伍捌　十下

上声　(崔骃)子否暑扇铭　文肆肆　十一下　(蔡邕)藪友有释诲　文柒叁　七下　(无名氏)母取古诗为焦仲卿妻作　汉诗肆　十二上

之脂

平声　(王逸)時絲脂之机妇赋　文伍陆　一下　(皇甫规)機慈思女师箴　文陆壹　七下　(边让)臺階萊能章华台赋　文捌肆　十二上

上声　(李尤)矢紀弧矢铭　文伍拾　九上

之幽鱼“周幽久”为幽部字，“區厚”为鱼部字。

平声　(班固)基周熙幽區頤典引　文贰陆　七上

上声　(无名氏)母婦友久厚古诗为焦仲卿妻作　诗肆　十一下

之幽脂“遺既”为脂部字，“疇就究”为幽部字。

平声 (阙名)疇時期之遺北海相景君铭 文玖捌 五下

去声 (阙名)吏思備就究既志意祐北海相景君碑阴 文玖捌 六上

之职

去声 (白狼王唐菆)意來異食備嗣熾远夷乐德歌 诗壹 五上

(2) 幽部

韵 字 表

豪晧号

嗥咆曹皋翱牢嘈醪	保考道草抱稻皁寶	好報奥
陶騷袍濤	皋導造好老棗浩早	
	掃隝	

肴巧效

茅庖	巧爪卯飽	孝

萧篠啸

鵰聊蜩蕭條彫寥調	鳥筱	嘯叫

宵小笑

	殍擾	髟[1]

幽黝幼

幽彪	糾虯[2]	謬

---

① “髟”，《广韵》收在平声宵韵。马融《长笛赋》与去声字“到叫雊嘯誎”为韵，读去声。《集韵》去声笑韵有“髟”字，音匹妙切。

② “虯”，《广韵》收在平声幽韵。李尤《平乐观赋》“有仙驾雀，其形蚴虯”，“虯”与“擾受走耦首阜缶”为韵，读上声。案“蚴虯”叠韵，《广韵》黝韵有“蟉”字，注“蚴蟉龙皃，渠黝切”，“蟉”与“虯”为一字，《集韵》黝韵出“虯”字，或作“蟉”，音义与《广韵》并同，是其明证。

尤有宥

流遊鳩鞧求修疇憂	久咎首柳朽守酒受	救宙究秀臭授就冑
留秋州游浮油柔	九醜壽丑酉阜疚誘	舊售祝獸狩守
牛[①] 休悠懤儔怞	肘牖手獸箒臼缶舅	
丘愁矛周洲劉仇舟	狩	
猷斿瘳囚遒由攸逑		
收騮優籌綢騮幬旒		
龜		

侯厚候

	叟廋茂	楙袤茂

虞

郛

(2)－1　幽部韵谱(两汉)

平声

前汉　(汉武帝刘彻)流遊瓠子歌　汉诗壹　一下　(枚乘)鳩鞧鵰梁王菟园赋　(孔臧)求修疇憂鸮赋　汉文拾叁　四下　(淮南小山)嘷留招隐士　文贰拾　八上　聊秋同上　留咆曹留同上　八下　(司马相如)州留游浮大人赋　文贰壹　七上　綢浮同上　油游封禅文　文贰贰　七下　(东方朔)遊憂七谏·自悲　文贰伍　三下　柔求答客难　文贰伍　十下　(王褒)留疇求洞箫赋　文肆贰　二上　蜩州翛遊牛流休悠浮求懤儔怞九怀·危俊　文肆贰　三上　蕭條蜩丘嘷留九怀·蓄英　文肆贰　四上　皋悠聊愁同上　遊州四子讲德论　文肆贰　六上　翱游圣主得贤臣颂　文肆贰　十下　矛周游僮约　文肆贰　十二下

① “牛丘久疚舊龜”等字,《诗经》音属之部,两汉转入幽部。

(刘向)蕭愁九叹·逢纷 文叁伍 二下 遊流遊流离世 三下 流洲远逝 四下 憂洲惜贤 五下 求流忧苦 六下 周劉高祖颂 文叁柒 九上 (严遵)矛仇座右铭 文肆贰 十三下 (杨雄)流舟蜀都赋 文伍壹 二上 游彪羽猎赋 文伍壹 九下 州游核灵赋 文伍贰 三上 舟浮休求留逐贫赋 四下 茅皋反离骚六上 流丘同上 州流益州箴 文伍肆 三上 悠流并州箴 四上 遊猷将作大匠箴 八上 (刘歆)牢嘈遂初赋 文肆拾 二下 (阙名)斿休郊祀歌·练时日诗壹 五下 斿求又天门 七下

后汉 (班彪)遊周浮览海赋 后汉文贰叁 四下 游脩北征赋 五上 (桓谭)醪浮仙赋 文拾贰 七下 (冯衍)州流显志赋 文贰拾 三上 流丘同上 三下 (杜笃)求修儔遊首阳山赋 文贰捌 一下 瘳憂柔州论都赋 四上 陶周疇吴汉诔 五下 (傅毅)彫求流七激之一 文肆叁 四上 (班固)遒囚答宾戏 文贰伍 五上 舟流难庄论 六上 周劉高祖颂 文贰陆 一上 周劉典引 六下 (崔骃)軀流憂求达旨 文肆肆 四上 流浮同上 州流河南尹箴十上 遊求车后铭 十下 (班昭)丘疇遊游大雀赋 文玖陆 二上 (李尤)修周幽高安馆铭 文伍拾 五下 求游几铭 十下 (崔琦)周丘外戚箴 文肆伍八下 (张衡)遊流騷糾倏愁幽瘳周思玄赋 文伍贰 四上 浮由休劉同上留憂同上 五下 鮋軀牛秋西京赋 十下 柔游求东京赋 文伍叁 五下 仇憂舟同上 六下 周修幽髑髅赋 文伍肆 一下 流洲七辩 文伍伍 一下 (崔瑗)流州河堤谒者箴 文肆伍 三下 流浮张平子碑 六上 (侯瑾)修遊浮愁筝赋 文陆陆 一上 (马融)儔流樗蒲赋 文拾捌 四下 (秦嘉)由周仇攸休述昏诗 汉诗贰 十一下 (崔寔)求丘憂猷答讥 文肆伍 九下 (皇甫规)流逑周猷女师箴 文陆壹 七下 (蔡邕)流遊洲收洲汉津赋 文陆玖 一下 浮留儔弹棋赋 六下 牛輈騮囚流優籌遊释诲 文柒叁 八上 柔休黄钺铭 文柒肆 七下 流休李咸碑 文柒陆 八下 休修周流彪秋幽司徒袁公夫人马氏碑文柒柒 五下 愁由憂綢流浮留太傅胡公夫人灵表 文柒玖 四上 休瘳丘留议郎胡公夫人哀赞 六上 (边让)仇丘流舟憂章华台赋 文捌肆 十一上 (祢衡)遊憂吊张衡文 文捌柒 三上 (无名氏)憂遊古诗 诗叁 七下 流修思治

诗 十一上 牛憂遊西门行 诗肆 五下 牛愁憂遊同上 六下 愁憂周遊秋满歌行 九上 矛休会稽童谣 诗伍 六上 憂休恒农童谣 九上

上声

前汉 (唐山夫人)保壽安世房中歌 汉诗叁 一下 (贾谊)久咎吊屈原文 汉文拾陆 八上 (韦孟)保考讽谏诗 诗贰 一下 (严忌)道巧哀时命文拾玖 四上 (枚乘)巧鳥七发 文贰拾 六上 (刘安)草保八公操 诗 四上 (司马相如)抱楙子虚赋 文贰壹 四下 首柳同上 五下 (司马谈)朽守论六家要旨 文贰陆 四下 (宣帝刘询)久酒华山仙掌鼎文 文陆 十下 (王褒)巧道洞箫赋 文肆贰 二下 (刘向)久首九叹·远逝 文叁伍 四下 受废九叹·忧苦 六上 醜殍阜太仆箴 六下 (严遵)九首道德指归说目 文肆贰 十三上 (杨雄)久咎兖州箴 文伍肆 一下 稻飽益州箴 三上 爪保执金吾箴 七下 (阙名)阜道郊祀歌·天马 诗壹 七上

后汉 (冯衍)寶道杖铭 后汉文贰拾 十一下 (傅毅)考道迪志诗 汉诗贰 九下 (班固)道茂幽通赋 文贰肆 十上 道寶典引 文贰陆 八上 (许慎)首受说文解字叙 (李尤)丑首榖城门铭 文伍拾 六上 卯爪考中东门铭文伍拾 六上 酉阜雍城门铭 文伍拾 七上 (张衡)皋首西京赋 文伍贰 六下 阜柳首同上 九上 阜守久朽茂同上 十一下 疚酒叟壽东京赋 文伍叁 四下 壽叟南都赋 九上 (桓麟)阜鳥七说 文贰柒 十一上 (王延寿)導造道桐柏淮源庙碑 文伍捌 五上 (蔡邕)誘咎释诲 文柒叁 八上 考造陈寔碑文柒捌 三上 (边让)考道肘草老章华台赋 文捌肆 十一下 (阙名)擾首费凤别碑 文壹零叁 七上 好老棗保尚方镜铭 文玖柒 九下 好保道棗老李氏镜铭 十上 (无名氏)草道饮马长城窟行 诗贰 十三上 草道浩老古诗诗贰 三上 道草老早考寶古诗 诗叁 七下 草道老古五杂俎诗 十上

去声

前汉 (东方朔)好報七谏·自悲 汉文贰伍 三下 (王褒)宙究四子讲德论 文肆贰 六下 (刘向)救究九叹·远逝 文叁伍 五上 (杨雄)救收蜀都赋 文伍壹 二下

后汉　(梁鸿)阜秀臭究宙适吴诗　汉诗贰　八下　(张衡)衺郛舊西京赋　后汉文伍贰　六下　祝救售同上　十一上　(崔瑗)舊守郡太守箴　文肆伍三下　(阙名)授就留北海相景君铭　文玖捌　六上　冑秀孔彪碑　文壹零贰　二下　(无名氏)孝嘯二郡谣　诗伍　八上　秀茂太学中谣·八俊　八上　好孝又八及　八下

(2)－2　幽部合韵谱上(前汉)

幽宵

平声　(枚乘)醪庖彫寥[1]髦袍毛醪撩柳赋　汉文贰拾　二上　(淮南小山)幽繚招隐士　文贰拾　八上　(司马相如)憔消求大人赋　文贰壹　七下　(王褒)調苗飄责须髯奴辞　文肆贰　十二下　(杨雄)調茅鼂饒荆州箴　文伍肆二下　州巢豫州箴　三上　瘳聊繇大司农箴　五上

上声　(司马相如)道獸廟子虚赋　文贰壹　六上　獸獸沼封禅文　文贰贰　七上　(王褒)寶堯四子讲德论　文肆贰　五下　好醜紹同上　詔茂同上　八上　(杨雄)道草鎬杳羽猎赋　文伍壹　七下　鳥少解嘲　文伍叁　二下　少保城门校尉箴　文伍肆　八上

幽之

平声　(贾谊)浮休舟浮憂疑鹏鸟赋　文拾伍　三上　(东方朔)憂尤七谏·哀命　文贰伍　四上

上声　(王褒)獸茂母四子讲德论　文肆贰　八下

幽鱼

平声　(刘去)愁聊舒歌一首　汉诗壹　四下　(王褒)矛州牛愚僮约文肆贰　十二上　(杨雄)游豬憂上林苑令箴　文伍肆　九上

上声　(枚乘)酒口七发　文贰拾　五下　(王褒)掃滌箒斗僮约　文肆贰　十一下　(杨雄)巧御长杨赋　文伍贰　二上

(2)－3 幽部合韵谱下(后汉)

幽宵

平声 (班固)周幽𪓰謠條流幽通赋 后汉文贰肆 十上 (堂溪协)優揺休疇條朝开母庙石阙铭 文伍捌 十下 (王逸)瞀譊流九思·怨上 文伍柒三上 (李尤)要牢朝𪓰辟雍赋 文伍拾 二上 (张衡)敖陶濤聊思玄赋文伍贰 三上 (无名氏)交條太学中谣·八俊 汉诗伍 八上

上声 (班固)妙篠竹扇赋 文贰肆 十一上 (崔骃)表寶道达旨 文肆肆 四下 (无名氏)草抱道槁抱古诗 诗叁 九上 交抱道妇病行 诗肆 六下

去声 (傅毅)妙好奥七激 文肆叁 四上 (阙名)孝授教孔庙礼器碑文玖玖 四上

幽之

平声 (班彪)灾留遊北征赋 文贰叁 四下 (傅毅)輈斿時洛都赋文肆叁 一下 舟流遊嬉遊七激 五上 (班固)舟旗流浮西都赋 文贰肆 五下 詩秋由流东都赋 八上

上声 (冯衍)茂友显志赋 文贰拾 四下 (班固)阜首起西都赋 文贰肆 二下 (王延寿)晷有朽鲁灵光殿赋 文伍捌 三上 (胡广)道右首诗中箴文伍陆 七下 (无名氏)柳牖手婦守古诗 诗贰 三上 壽首右守董逃行 诗肆 四上

去声 (班固)奥囿答宾戏 文贰伍 五下

幽鱼

平声 (梁鸿)流浮隅休适吴诗 诗贰 八下 (班固)虞周答宾戏 文贰伍 五下 (张衡)丘流鉤鰡归田赋 文伍叁 九下 (马融)舟幬流謳浮游广成颂 文拾捌 十二上 (赵壹)求謳留迅风赋 文捌贰 八上 (阙名)州殊柔優高颐碑 文壹零伍 七下 (无名氏)流頭周憂遊茅山父老歌 诗叁 九下

頭流皑如山上雪　诗肆　八下　愁愁憂頭脩古歌　诗肆　十四下

上声　（杜笃）耇壽首阳山赋　文贰捌　一下　（崔骃）酒缶後酒箴　文肆肆　十上　（李尤）擾受虬走耦首阜缶平乐观赋　文伍拾　三上　（阙名）后舅久樊毅修华岳碑　文壹零叁　八下

去声　（蔡邕）獸乳就狩五灵颂麟颂　文柒肆　三上　（阙名）冑偶高颐碑　文壹零伍　七下

幽之鱼“殊偷搜具”为鱼部字，“凝基囿”为之部字。

平声　（崔骃）殊陶凝優达旨　文肆肆　四下　（李尤）流游留州偷搜修基函谷关赋　文伍拾　一下

去声　（马融）獸具囿广成颂　文拾捌　十二上

幽宵之“尤姬仕囿”为之部字，“眇僚表沼”为宵部字。

平声　（班彪）遊姬丘流僚冀州赋　文贰叁　五下　（王逸）愁憂尤聊遊州眇九思·逢尤　文伍柒　二下

上声　（班固）仕狩表答宾戏　文贰伍　五下

去声　（班固）沼獸囿东都赋　文贰肆　七上

幽宵鱼“昭到譟”为宵部字，“樞雛”为鱼部字。

平声　（王逸）悠昭樞憂九思·怨上　文伍柒　三上

去声　（马融）到叫髟雛嘯譟长笛赋　文拾捌　二上

幽歌

上声　（班固）冑阜野北征颂　文贰陆　二上

幽鱼沃“聚”为鱼部字，“覆”为沃部字。

去声　（班固）獸覆聚西都赋　文贰肆　四下

(3) 宵部

韵 字 表

豪皓号		
桃高旄劳號膏豪逃毛刀操遨臊嶅撓	腦倒麃	暴號悼到耄縞操躁悼[1]
肴巧效		
交肴巢崤梢髾教呶蕱[2]嗃郊		效校教樂髾[3]
宵小笑		
摇驕朝昭姚謡媱瑶遥消霄苗超喬樵鐃飆燒橋鴞怊摽鑣繇猋妖要獢	繞表趙	笑照曜耀約妙
萧筱啸		
苕梟繚寮堯嶢跳	曉杳窕	眺

① “悼”,见后汉《鲁峻碑》,与“較嫽綽逴虐邈権樂旳”为韵(见药部合韵谱),原句云:“遐邇忉悼。”“忉悼”犹云“怊怛”。考字书、韵书均无“悼”字,今从谐声系统列此。

② “蕱”,见马融《长笛赋》,与“嗃調摽”为韵。《文选》李善注云:“《方言》曰:捎,动也。蕱与捎同,所交切。”

③ “髾”,《广韵》收平声肴韵。司马相如《子虚赋》“縞削髾”为韵,“髾”读去声。《集韵》兼收去声效韵,音所教切。

(3)－1 宵部韵谱(两汉)

平声

前汉 (司马相如)旄髾摇大人赋 汉文贰壹 七上 (东方朔)梟桃七谏·初放 文贰伍 一上 (王褒)暴高四子讲德论 文肆贰 九上 (杨雄)交肴勞臊蜀都赋 文伍壹 三上 旄梢河东赋 六上 高號长杨赋 文伍贰 二下 驕高峭朝逐贫赋 四下 朝笑兖州箴 文伍肆 一下 逃呶光禄勋箴 五下 (阙名)膏摇郊祀歌·天地 汉诗壹 六下 昭姚又景云 七下 (无名氏)豪逃饶歌·战城南 九下 繚燒又有所思 十上

后汉 (王逸)梟跳九思·悼乱 后汉文伍柒 四下 謡嫋[1]又伤时 五上 (张衡)摇勞思玄赋 文伍贰 五下 嶢寮苕西京赋 七下 摇梢旄同上 九下 毛膏勞东京赋 文伍叁 四下 勞消毛刀逃遥髑髅赋 文伍肆 二上 刀瑶遥勞四愁诗 汉诗贰 十下 (崔寔)刀毛答讥 文肆伍 九下 (蔡邕)寮遥教霄高苗昭周勰碑 文柒伍 六下 操高教昭郭泰碑 文柒陆 一下 操高姜肱碑 七下 高撓陈寔碑 文柒捌 三上 昭教超喬高杨赐碑 六上 (阙名)交堯成阳灵台碑 文壹零贰 四下 (无名氏)喬遨遨喬遨高王子乔 诗肆 三上 巢驕猛虎行 三下 樵樵驕皑如山上雪 八下 苗饒吴资歌 诗伍 四上

上声

前汉 (司马相如)腦倒子虚赋 汉文贰壹 五上

去声

前汉 (唐山夫人)耀約安世房中乐 汉诗叁 一下 (贾谊)暴躁悼旱云赋 汉文拾伍 一下 (东方朔)樂到七谏·哀命 文贰伍 四下

后汉 (冯衍)操樂显志赋 后汉文贰拾 四下 (傅毅)照曜明帝诔 文肆叁 六下 (班固)校號北征颂 文贰陆 一下 (朱穆)眺妙曜郁金赋 文贰捌 六下 (蔡邕)妙悼耀效郭泰碑 文柒陆 一下 悼效曜姜肱碑 七下 教效陈寔碑 文柒捌 三上 (傅幹)曜效教暴皇后箴 文捌壹 十三下

(3)－2　宵部合韵谱上(前汉)

宵幽

平声　(韦孟)舊朝在邹诗　汉诗贰　二上　(司马相如)浮猋上林赋　汉文贰壹　五上

去声　(杨雄)道笑长杨赋　文伍贰　二下

宵鱼

平声　(韦孟)陋朝在邹诗　诗贰　二上　(杨雄)輿趭橋嶅河东赋　文伍壹　六上

宵药

去声　(司马相如)縞削髾子虚赋　文贰壹　二上

(3)－3　宵部合韵谱下(后汉)

宵幽

平声　(王逸)遥嶢絛鴞怊九思·守志　后汉文伍柒　五下　(马融)蓨嗃調摽长笛赋　文拾捌　二上　(无名氏)絛旄折杨行　汉诗肆　五下

上声　(王逸)曉繞老琴思楚歌　诗贰　十一上

宵鱼

平声　(傅毅)鋪鑣洛都赋　文肆叁　一下　(桓麟)侯繇昭□刘宽碑　文贰柒　十二上　(马融)郊苗虞广成颂　文拾捌　十下

上声　(班固)處表幽通赋　文贰肆　十一上

去声　(阙名)度曜成阳灵台碑　文壹零贰　四下

(4)　鱼部

韵　字　表(前汉)

模姥暮

蒲蘇辜都徒吾圃胡　虜伍土顧[②]魯古　惡瘏故度瓠顧路護
圖鸕櫨塗漠奴酤餔　怒鼓覩睹浦扈櫓虎　慕錯素兔怖暮愬步
梧湖乎孤觚駼盧　圃苦户故怙悟祜滸　誤祚悟賂固菟露
呶[①]纑醭烏荼　祖阻吐弩杜賈

鱼语御

疏去[③]疎虛輿車　汝語楚緒處渚與女　去居[④]御處馭著
墟驢茹與苴蘆如鱇　虡胥所鼠陼莒侶圉　譽與遽語禦豫柜
櫧餘閭居且魚胥渠　序敘旅許紵禦擧黍　擧[⑤]
躇廬儲豬漁書挐攄　暑距
諸

虞麌遇

拘俱濡腴膚砆蕪芋　輔宇雨武羽甫主數　注埘具仆遇鶩拊脯
娱無亡虞隅紆駒盂　禹腐敷斧舞窶聚矩　聚傅芋趣務虞懼樹
蛛扶夫竽鸓榆凫珠　寓附府取釜　喻乳
區鈇驅殊巫朱媮符
蹦叟芻廡

侯厚候

---

① “呶”,见王褒《僮约》。此字兼收宵部。
② “顧”,《广韵》只收去声暮韵,按古亦读上声,详江有诰《唐韵四声正》43 页。
③ “去”,刘章《耕田歌》与“疏”为韵,古有平声一读。
④ “居”,《广韵》只收平声鱼韵,按古亦读去声,详《唐韵四声正》4 页。
⑤ “擧”,《广韵》只收上声语韵,按古亦读去声,详《唐韵四声正》19 页。

侯投漚搜頭	後耇垢耦口走斗藕	構寇竇鬬鞻脰候
	狗詬偶部厚	偷①

麻马祃

牙家華葭霞遮斜置	夏舍暇下壄野者社	舍射霸詐罵賈②
邪牙奢杷𧢄遐	馬雅寡赭閜	

尤

鄒

韵　字　表(后汉)

模姥暮

都弧胡圖烏荼鋪謨	滸阻五虎古溥怙祖	故度愬慕路素布輅
塗蘇枯徒孤辜刳徂	睹覩弩虜鄠土伍鼓	謨④ 厝顧步怒固
狐駼猢鼯模艫菰蒲	莽③ 怒扈浦堵祖	露墓摹塗兔怖呼悟
顱湖壚壺姑逋	户稌圃罟蠱顧補吐	祚污迕惡互暮瘖誤
	組苦鹵魯賈	作袴庫嫭

鱼语御

余居墟裾諸書與閭	與處黍舉所女序緒	居慮去著恕御禦馭
廬初如魚躇岨櫚攄	胥旅去楚渚苧暑叙	庶處署悆譽助
餘胥輿車且舒徐菹	紵吕禦膂杵許著茹	
淤虛疏渠蕖豬組⑤	侶伫俎拒汝語杼煮	
紓譽儲除琚挐於鋤	署予距莒	

---

① “偷”,王褒《僮约》与“聚”为韵。《广韵》只收平声侯韵,无去声一音。

② “賈”,音价。

③ “莽”,见张衡《西京赋》。此字兼收阳部。

④ “謨”,《广韵》只收平声模韵,按古有去声一读,崔骃《达旨》“謨虑”为韵,蔡邕《周勰碑》“布固度謨”为韵。江有诰《唐韵四声正》已指出(第9页)。

⑤ “組”,见《高颐碑》,原句云“示民敬讓,阏断苞組”,与“舒徂辜模”押韵(《后汉文》105/8上)。按“苞組”即“苞苴”之别体。

虞麌遇

符虞娱臾姝珠儒俱　主雨宇武府廡父謱　懼虞矩傅驅鶩遇務
隅驅腴區趣夫無愚　取僬舞羽禹輔腐聚　附諭具趣注霧裕數
盱踰煦憮敷衢榆渝　斧縷矩豎柱撫甫侮　赴鮒屨嫗趨鶩
殊貙誅媮拘愉嶇紆　黼樹脯窶數
劬株褕膚于厨扶軀
盱魖芻須樞迂踽襦
諏濡趨竽歈蕪絇蒭
嵎趺鬚雛

侯厚候

侯樓婁陬謳偷鉤構　部厚藪耦後走詬口　湊豆陋投① 奏踣
鏤頭　后剖苟狗偶垢呴

尤

騶　晝驟

(4)－1　鱼部韵谱上(前汉)

平声

(刘章)疏去耕田歌　汉诗壹　三下　(贾谊)拘俱鵩鳥赋　汉文拾伍　二下　濡虚輿車墟惜誓　三上　驢車吊屈原文　七下　辜[1]都同上　八上　(武帝刘彻)躇去李夫人赋　文叁　一下　(枚乘)腴蒲膚七发　文贰拾　五上　蘇茹同上　五下　車虚同上　五下　徒與同上　六上　(孔臧)牙家□華谏格虎

① “投”,“句投”字,与“逗”通,见马融《长笛赋》。原句云:“觀法于節奏,察變于句投。”(《后汉文》18/3上)又王逸《九思·怨上》“投”与“務”押韵。原句云:“進惡兮九旬,復顧兮彭務;擬斯兮二蹤,未知兮所投。”“投”为“投向”之意,音透。

赋 文拾叁 三下 (司马相如)吾砆子虚赋 文贰壹 一下 圃蒲蕪苴同上 葭胡蘆芋圖同上 一下 輿娱如同上 二下 鰈鸕同上 三下 樜櫨餘閭同上 四下 無俱同上 五上 徒都同上 五下 塗虞同上 六上 都霞華大人赋八上 徒車隅居娱美人赋 文贰贰 一上 虚居同上 一下 虞居长门赋 二上 (刘胜)紓[2]駒文木赋 文拾贰 七上 盂蛛且同上 (东方朔)如舉七谏·自悲 文贰伍 四上 徒居答客难 十上 魚徒同上 十下 徒居與胥扶同上 (华容夫人)渠魚夫居发纷纷兮歌 诗叁 三上 (王褒)墟疎洞箫赋 文肆贰一上 輿娱胥墟居躇竽紓九怀·昭世 三下 酤餔僮约 十二上 (韦玄成)鄒侯自劾诗 诗贰 七下 (刘向)鸅榆九叹·怨思 文叁伍 三下 夫廬又愍命六下 梧湖又远游 八上 (杨雄)腴皛蜀都赋 文伍壹 三上 與遮羽猎赋八上 梧魚虞珠[3]胥羽猎赋 九上 儲虞亡同上 九下 斜罝隅胡豬胥餘圖长杨赋 文伍贰 一上 廬吾同上 二上 區濡同上 二下 隅侯同上 三上 居虞逐贫赋 四下 壺酤車家乎酒赋 五上 隅侯反离骚 五上 吾華同上 五下 投漚同上 六上 搜塗候鈇書廬解嘲 文伍叁 二下 餘傅漁侯驅同上 殊如同上 三上 墟書兖州箴 文伍肆 一下 邪都圖牙夫徐州箴 二上 挐都豫州箴 二下 居墟如圖牙同上 圖夫益州箴 三上 胡都雍州箴 三下 阻都胡幽州箴 三下 區侯司空箴 四下 墟辜隅尚书箴 五上 孤辜廷尉箴 六下 魚巫書太常箴 七上 圖奢觚少府箴 七上 奢家将作大匠箴 七下 (刘歆)攄居遂初赋 文肆拾 一下 扶吾同上 二上 都紓同上 二下 (阙名)殊朱郊祀歌 诗壹 六下 都華又齐房 七下 (无名氏)烏邪铙歌·朱鹭 诗壹 九上

上声

(戚夫人)虜伍汝永巷歌 诗叁 二上 (贾谊)夏舍暇鹏鸟赋 文拾伍二上 壄下惜誓 三下 (韦孟)楚輔讽谏诗 诗贰 一下 後緒同上 土顧同上 者後同上 二上 土魯在邹诗 二上 (严忌)垢處渚宇雨野者耦後與哀时命 文拾玖 四上 (武帝刘彻)社古土輔策封齐王闳 文肆 九上 社古土輔策封燕王旦 九下 社古土輔策封广陵王胥 九下 (枚乘)武怒馬鼓

口走七发　文贰拾　七下　（刘安）土下羽甫斗女八公操　诗壹　四上　（公孙弘）伍覩答东方朔书　文贰肆　十一上　（司马相如）浦野下口怒子虚赋　文贰壹　三下　渚藕同上　四上　扈野同上　四下　者櫓同上　虎馬同上　羽虡同上　五上　宇虡鼓同上　五下　雅胥圃同上　六上　馬下题市门　文贰贰　八上　（董仲舒）顧古士不遇赋　文贰叁　一下　（司马谈）後主论六家要旨　文贰陆　四下　（东方朔）壄輔寡下壄者七谏·初放　文贰伍　一上　所苦虜下虎鼠後數户故答客难　十上　狗虎同上　十一上（王褒）户者覩语處陼九怀·通路　文肆贰　三上　土覩禹緒輔又乱曰　五上　下緒夏莒四子讲德论　八上　户鼓僮约　十二下　赭苦土侶怙虜责须髯奴辞　十三上　（刘向）楚宇九叹·忧苦　六上　腐詬又愍命　七上　悟古又思古　七下　圉壄同上　羽雨又远逝　八下　（哀帝刘欣）序古輔册董贤为大司马大将军　文玖　八上　（杨雄）叙後河东赋　文伍壹　六下　部伍羽猎赋　八下　怒旅长杨赋　文伍贰　二上　虡舞胥祜雅同上　二上　處野寠聚語逐贫赋　四上　下睹反离骚　五下　舉處同上　與許同上　六上　女耦同上　虎雅武後赵充国颂　文伍叁　七下　土武矩青州箴　文伍肆　一下　寓處紵土兖州箴　一下　緒走同上　渚宇徐州箴　二上　滸處扬州箴　二上　距處豫州箴　二下　野夏益州箴　三上　主緒寓雍州箴　三下　序緒宗正卿箴　六上　附主同上　馬野魯太仆箴　六下　祖虜太常箴　七上　夏阻禦城门校尉箴　八上　（崔篆）許處府武宇舞舉者取慰志赋　文陆壹　七上　（阙名）土雨所古祜祭天辞　文伍柒　十二下　土雨者祭地辞　十二下　馬虎郊祀歌·练时日　诗壹　五下　宇所五武又帝临　六上　雨緒又惟泰元　六下　苦下又日出入　七上　下赭又天马　七上　處宇又后皇　八上　宇舞又华烨烨　八上　（无名氏）下吐者铙歌·朱鹭　诗壹　九上　主吾又临高台　十一上　苦弩平城歌　诗伍　一上　怒下卫皇后歌　一下　口後雨釜斗黍口郑白渠歌　一下　怒杜虎五侯歌　二上

去声

（刘友）惡瘏诸吕用事兮歌　诗壹　三下　（贾谊）故度去鹏鸟赋　文拾伍　二上　故瓠吊屈原文　文拾陆　七下　語去同上　八上　下去同上　（韦孟）顧路在邹诗　诗贰　二上　（枚乘）路御七发　文贰拾　五下　注構同上　（司马

相如)處舍具子虛赋 文贰壹 五上 處仆同上 (司马谈)度舍论六家要旨 文贰陆 四下 (东方朔)舍路七谏·哀命 文贰伍 四上 路去同上 四下 錯路馭去又谬谏 五上 著譽同上 (刘胥)臾路欲久生兮歌 诗壹 四上 (王褒)遇路四子讲德论 文肆贰 五下 寇仆同上 九上 脯芓僮约 十二上 具竇鬭同上 十二上 聚偷同上 (韦玄成)居懼戒子孙诗 诗贰 八上 (刘向)慕故九叹·离世 文叁伍 三下 語去又怨思 四上 暮度又惜贤 五下 愬語又愍命 七上 顧故又远逝 八下 (杨雄)步與河东赋 文伍壹 六下 候射路羽猎赋 八上 務禦长杨赋 文伍贰 二下 度虞同上 懼舉解嘲 文伍叁 二下 度霸青州箴 文伍肆 一下 誤祚霸扬州箴 二上 豫御荆州箴 二下 懼摹交州箴 四上 居禦卫尉箴 六上 詐寤同上 悟賂太常箴 七上 去居将作大匠箴 七下 路固柜虞城门校尉箴 八上 (阙名)慕路郊祀歌·天地 诗壹六下 著豫又天门 七上 (无名氏)菟賈长安谣 诗伍 五上 樹去东家枣谚 十上

(4)－2 鱼部韵谱下(后汉)

平声

(班彪)余符览海赋 后汉文贰叁 四下 居虞冀州赋 五下 娱臾同上 六上 (冯衍)墟都居显志赋 文贰拾 一下 都墟同上 三上 (杜笃)姝珠祓禊赋 文贰捌 一上 儒裾書虞同上 弧胡都同上 四上 虛都與同上 四上 虛諸書俱吴汉诔 五下 (梁竦)閭廬悼骚赋 文贰贰 八下 (班固)初隅驅终南山赋 文贰肆 一上 腴區西都赋 二下 圖烏都白雉诗 文贰肆 九上 圖都汉颂论功灵芝歌 十一下 符腴諸答宾戏 文贰伍 六上 侯區封燕然山铭 文贰陆 三上 趣如典引 八上 (崔骃)驅胡都圖反都赋 文肆肆 一下 廬居樓魚大将军临洛观赋 一下 夫荼博徒论 五上 舖樓七依 七下 區侯司空箴 八下 居墟河南尹箴 十上 無虛车后铭 十下 (王逸)躇謨圖塗九思·逢尤 文伍柒 二下 愚虛蘇隅同上 枯諸又怨上 三上 (李尤)婁盱陬樓舖

平乐观赋　文伍拾　二下　踰符函谷关铭　四下　書居娯读书枕铭　八上　娯與盂铭　十二上　（崔琦）謳煦七蠲　文肆伍　八上　徒都憮孤辜刳圖外戚箴　八下　（张衡）躇魚余徂徒思玄赋　文伍贰　三上　如書諸同上　符敷居廬同上　四下　塗無櫖閭同上　五下　娯區同上　衢榆渝西京赋　六下　殊攄廬餘敷胥居同上　七下　朱貙隅誅同上　八下　徒狐駼猢鼯輿車且同上　十上　娯蝓拘侯虞渝同上　十一下　圖誅东京赋　文伍叁　一下　墟除餘东京赋　文伍叁　二上　偷愉區同上　四下　敷舒徐同上　且夫如同上　六上　陬嶇紆隅踰南都赋　七上　舒劬廬書模如归田赋　九下　虞株羽猎赋　文伍肆　一上　愚夫髑髅赋　一下　隅居諸七辩　文伍伍　一上　醯菹同上　一下　褕珠崛紆四愁诗　汉诗贰　十下　（崔瑗）淤居河堤谒者箴　文肆伍　三下　虚疏窦贵人诔　五下（桓麟）菰膚七说　文贰柒　十下　（马融）荼蒲渠于广成颂　文拾捌　十下　俎衢厨車同上　十二下　（窦武）鉤侯上表谏宦官封侯　文拾陆　八下　（王延寿）構陬樓隅扶鲁灵光殿赋　文伍捌　二上　疏蕖敷珠鏤同上　初頭軀盱虞殊同上　二下　舒豬虚渠顱軀[1]盱梦赋　三下　（赵壹）珠芻愚驅夫刺世疾邪赋　文捌贰　八下　（张奂）敷舒珠扶蕖赋　文陆肆　一上　（蔡邕）湖無汉津赋　文陆玖　一下　駒且須短人赋　五上　枯辜释诲　文柒叁　六下　符衢樞區圖辜除愚迂如渝居同上　八上　謨度塗刘宽碑　文柒柒　六　蘇辜孤徂济北相崔君夫人诔　文柒玖　七上　（祢衡）須區躕疏如隅初軀愚渝鹦鹉赋　文捌柒　二上　（辛延年）都胡壚襦珠無餘廬嶁壺魚裾軀夫渝區羽林郎　诗贰　十五下　（阙名）魚娯居张公神碑　文玖捌　九下　侯樞諏紆舒濡渝譽吉成侯州辅碑　文玖玖　五上　組通“苴”平声舒徂辜模高颐碑　文壹零伍　八上　樞偶刘熊碑　文壹零陆　三上　（无名氏）魚書書如饮马长城窟行　汉诗贰　十三上　夫如姝如古诗　诗叁　八下　裾舒同上　八下　愚躕蒿里曲　诗肆　一下　俱株豫章行　四上　軀胥余墟趨廬折杨柳行　五下　除儲西门行　六上　書居孤儿行　七上　衢魚壺竽琚歈輿瑟调曲·艳歌　八上　須驅無愚满歌行　九上　魚娯居黎阳令张公颂　诗伍　三上　魚蕪范史云歌　三下　墟夫居皇甫嵩歌　四上　鉤侯顺帝末京都童谣　六下　枯姑胡車胡桓帝时童谣　六下　逋徒车同上　書居桓帝时童谣　七下　儒初太学中谣·八顾　八下　頭侯灶下养　十下

上声

(白狼王唐菆)部主厚雨远夷慕德歌 诗壹 五上 (冯衍)與處显志赋 文贰拾 二下 與黍滸宇同上 四上 處與车铭 十一下 (郑众)舉所婚礼谒文赞 文贰贰 二下 (傅毅)霧雨洛都赋 文肆叁 一下 藪武女同上 阻處雅琴赋 三下 舉處扇铭 六上 序緒迪志诗 诗贰 九下 (班固)府傳西都赋 文贰肆 四上 緒宇五东都赋 六下 序武明堂诗 八下 序雨廡胥灵台诗 九上 五虎耦幽通赋 十上 宇處难庄论 文贰伍 六上 旅主後陈平赞 文贰陆 四下 (崔骃)去舉达旨 文肆肆 四上 舉處同上 四下 (苏顺)古溥怙雨父和帝诔 文肆玖 十上 (史岑)父宇楚出师颂 文肆玖 十下 (王逸)渚女謱余取耦睹九思·疾世 文伍柒 三上 走詬又遭厄 四上 (李尤)古覩弩虜弩铭 文伍拾 九下 後口经桡铭 八下 (张衡)廡緒武處所主后剖思玄赋 文伍贰 三下 五鄠土四京赋 九上 伍鼓莽怒扈浦堵同上 九下 古祖户稌扈圃东京赋 文伍叁 五上 苧黍廡與南都赋 七下 女儛緒與舉同上 八上 娱舉同上 八下 與圃羽猎赋 文伍肆 一上 宇暑處冢赋 二下 舞叙楚七辩 文伍伍 一下 紵羽暑同上 二上 圃舉同上 祖緒叙禹吕處輔司徒吕公诔 三上 舉輔與爽鲍德诔 四上 (崔瑗)處黍走緒楚腐後东观箴 文肆伍 三上 府聚鲍德诔 六上 (马融)口紆爽广成颂 文拾捌 十一下 罟蠱斧户旅同上 (胡广)處輔序侍中箴 文伍陆 七七 (王延壽)主女叙後鲁灵光殿赋 文伍捌 二下 走與聚舞縷王孙赋 四上 武取矩桐柏淮源庙碑 五上 (张超)羽舉武緒膂後杨四公颂 文肆捌 十下 (蔡邕)阻雨緒舉取苟與胥述行赋 文陆玖 三上 舉序聚舞协和婚赋 三下 舉女豎羽主同上 部父短人赋 四下 窶拒舉口侣偶語同上 吕雨羽撫琴赋 五下 矩羽暑處团扇赋 六下 著緒暑释诲 文柒叁 七下 輔甫后武藪膂胡广黄琼颂 文柒肆 一下 父緒矩禦茹侮朱穆坟前方石碑 文柒伍 七上 土祜輔扈祖胡广碑 文柒陆 五上 序輔宇叙甫太傅祠堂碑铭 六下 武輔矩土斧宇與桥玄碑 文柒柒 二下 輔府矩武宇杨赐碑 文柒捌 七上 后輔序舉叙序宇旅袁逢碑 八上 后輔與茹宇房桢碑 八上 怒祖议郎胡公夫人哀赞 文柒玖 六上 顧補吊屈原文 八下 (祢衡)侣羽阻暑主旅處伫組鹦鹉赋 文捌柒 一下 (蔡琰)拒女阻腐聚語虜汝悲愤诗 诗叁 三下 (阙名)處古輔與钟皓颂 文玖柒

九上 父與武梁祠堂画像 文玖玖 一下 吐語敕造孔庙礼器碑 四下 舉輔旅虎撫费凤别碑 文壹零叁 七上 黍宇甫樊毅修华岳碑 八下 (无名氏)女杼雨許語古诗 诗贰 三下 樹黼伤三贞诗 诗叁 十下 脯煮乌生 诗肆 二上 口後同上 二上 怒語许古诗为焦仲卿妻作 十二上 女汝舉同上 十三下 雨所苦雨洛阳令歌 诗伍 四上 父序雨崔瑗歌 四上 語甫高孝甫歌 四下 鼓怒桓帝时童谣 六下 矩武乡人谣 七下 古祖任安二谣 七下 府舉太学中谣·三君 八上 輔甫又八俊 八上 古祖同上 苦祖又八顾 八上 虎祖同上 八下 怙祖又八厨 八下 署處恒农童谣 九上 狗厚朱伯厚谚 十二上 許虎禦虜土郭君谚 十二下 虎祖贾伟节谚 十三上

去声

(班彪)故度愬北征颂 文贰叁 五下 居懼同上 度故悼离赋 六上 (冯衍)慕路显志赋 文贰拾 二下 慮去同上 四上 虞懼刀阳铭 十一上 (傅毅)素矩扇赋 文肆叁 三下 攄御數[2] 驅七激 四下 著傅恕明帝诔 六下 懼布同上 (班固)驅騖御遇去东都赋 文贰肆 七上 度素御務同上 七下 禦湊同上 八下 馭騖答宾戏 文贰伍 四下 輅素东巡颂 文贰陆 一上 豆陋務慕附騖諭窦将军北征颂 一下 懼誅慮奕旨 九上 (崔骃)謨慮达旨 文肆肆 四上 布厝庶路同上 四下 顧步车左铭 十上 (黄香)御驅九宫赋 文肆贰 七上 (王逸)務投九思·怨上 文伍柒 三上 (李尤)怒度马箠铭 文伍拾 十上 具務鼎铭 十二上 (张衡)御居處署附書虞西京赋 文伍贰 七上 固露度路慕墓同上 八上 陋趣具东京赋 文伍叁 二下 寓武數同上 五上 摹悆同上 顧塗步兔同上 六上 具路御羽猎赋 文伍肆 一上 驅騖注兔舉遇同上 趣務七辩 文伍伍 二下 (崔瑗)譽著张平子碑 文肆伍 六下 (桓麟)驅驟霧七说 文贰柒 十一上 (马融)奏投长笛赋 文拾捌 三上 步禦虞同上 十一下 (崔寔)路慕度處答讥 文肆伍 九下 (王延寿)布怖步呼故度悟梦赋 文伍捌 三下 (蔡邕)兔步笔赋 文陆玖 六上 務步裕释诲 文柒叁 七上 數驅譽踣誅騖懼同上 七下 布固度謨周勰碑 文柒伍 六下 祚謨太傅祠堂碑铭 文柒陆 六下 布祚慕路刘宽碑 文柒柒 七 度譽

素污固慕迕故路范丹碑　八上　度惡议郎胡公夫人哀赞　文柒玖　六上　固互劝学篇　文捌拾　二上　（孔融）路素固故祚暮步厝度暮杂诗　诗贰　十四下　（阙名）譽著刘修碑　文壹零壹　十下　赴助譽唐扶颂　文壹零肆　八下　（无名氏）墓路寤露固度誤素古诗　诗叁　七下　去素餘故古诗·上山采蘼芜　八下　路去古诗　九下　兔顧故古艳歌　十上　鮒屦嫗迕鮒古乐府·罩辞　诗肆　十五上　度暮作袴廉范歌　诗伍　三上

(4)－3　鱼部合韵谱上(前汉)

鱼宵

平声　（韦孟）娱嫗苗媮讽谏诗　汉诗贰　一下　（孔臧）居隅符書妖踰鸮赋　汉文拾叁　四下　（刘向）珠旄九叹·远逝　文叁伍　四下　（杨雄）嘔繇吾渠夫解嘲　文伍叁　二下

去声　（刘向）毫露九叹·逢纷　文叁伍　二下

鱼幽

平声　（王褒）濡臾流四子讲德论　文肆贰　七上　（杨雄）旒輿驅羽猎赋　文伍壹　八上

上声　（司马相如）閉隝上林赋　文贰壹　四上

去声　（司马相如）御獸子虚赋　文贰壹　二上　（刘向）浮霧舉九叹·远游　文叁伍　八下

鱼歌

平声　（贾谊）鱼蟻吊屈原赋　文拾陆　八上

鱼之

平声　（司马相如）虚騋騏子虚赋　文贰壹　二上　邪罘諸子虚赋　文贰壹　三上

上声　（枚乘）處母父所厚暑七发序　文贰拾　四下

去声 （司马相如）與怒懼態子虚赋 文贰壹 二上

鱼幽宵“獸宙”为幽部字，“耀”为宵部字。

去声 （司马相如）去獸兔耀宙子虚赋 文贰壹 五上

鱼幽歌“䆷牛”为幽部字，“枷”为歌部字。

平声 （王褒）枷杷盧車呶頭㔃𦉹醭𪉟烏魚梟䆷餘豬芋駒廡牛㔃僮约 文肆贰 十一下

鱼铎

平声 （李陵）漠奴径万里兮歌 诗贰 六下

去声 （司马相如）堊坿子虚赋 文贰壹 一下 庶獲同上 六下 澤護慕封禅文 文贰贰 七下 （东方朔）固涸七谏·谬谏 文贰伍 五上 （王褒）穫芋𦑼僮约 文肆贰 十二上 （杨雄）庶獲长杨赋 文伍贰 三上 恪作祚徐州箴文伍肆 二上

鱼屋

上声 （杨雄）鼓斲後睹解难 文伍叁 四下

去声 （司马相如）榛朴子虚赋 文贰壹 四下 （王褒）射鏃處鶩欲拊兔仆寇四子讲德论 文肆贰 九上 （杨雄）趣欲羽猎赋 文伍壹 八上

鱼铎屋“觸”为屋部字，“玃獲”为铎部字。

去声 （杨雄）與险觸玃遽注怖脰獲聚羽猎赋 文伍壹 八下

（4）-4 鱼部合韵谱下(后汉)

鱼宵

平声 （杜笃）郊都论都赋 后汉文贰捌 二上 腴殊要誅餘同上 三下 （班固）謠廬幽通赋 文贰肆 九下 （崔骃）騶徒車旄东巡颂 文肆肆 六下 （张衡）驅趨猶書初儲西京赋 文伍贰 九下

上声 （崔骃）杼禦舉楚趙脯女武序达旨 文肆肆 五上 （王逸）耦

宇杳雨九思·遭厄 文伍柒 四上 （张衡）麌藪走取後西京赋 文伍贰 十下 （阙名）府□叙表蔡湛颂 文壹零肆 一下

鱼幽

平声 （班固）衢無幽东都赋 文贰肆 六下 （王逸）夫挐絢蒟拘囚居九思·悼乱 文伍柒 四下 （马融）都蒲憂樗蒲赋 文拾捌 四下 （阙名）侯嵎疇儒休殊於夫李翊碑 文壹零贰 十下 （无名氏）廬居扶隅俱遊榆趺步出夏门行 汉诗肆 五上 區諸由敷求留古诗为焦仲卿妻作 十一下 廬初留同上 十四上

上声 （班固）補道茂幽通赋 文贰肆 十上 （张衡）舞雨楚胥優舞赋 文伍叁 十下 （蔡邕）后輔庶序宇武朽後胡广碑 文柒陆 五上 （阙名）茂武旅武舉虎輔咎壽武荣碑 文壹零壹 一上

去声 （班固）署孝西都赋 文贰肆 四上

鱼歌

平声 （班固）徒邪都家十八侯铭·王吸 文贰陆 六上

上声 （班固）武雅东都赋 文贰肆 七上 寡禦予幽通赋 九下 雅旅下後十八侯铭·靳歙 文贰陆 五上 （崔骃）馬弩安封侯诗 诗贰 九下 （张衡）野渚予伫女思玄赋 文伍贰 三上 馬寡鹵西京赋 十下 者睹五土苦同上 十一下 我[1]雅鲁鲍德诔 文伍伍 四上 （崔瑗）杜滸野河堤谒者箴 文肆伍 三下 （胡广）武後禍主矩侍中箴 文伍陆 七下 （王延壽）序魯宇輔野鲁灵光殿赋 文伍捌 一下 （阙名）虎社郙原颂 文玖柒 九上 宇土祖緒社祚輔绥民校尉熊君碑 文壹零伍 九上 （无名氏）苦車馬賈魯苦土②馬雨孤儿行 诗肆 六下

去声 （冯衍）度舍显志赋 文贰拾 一上 （张衡）迓夜塗路布思玄赋 文伍贰 四下 固塗庫暇东京赋 文伍叁 一下 娉暇素顧七辩 文伍伍 一下

鱼之

平声 （无名氏）樓敷隅鉤珠襦須頭鋤敷峄姝敷餘不愚夫頭駒頭餘夫居鬚趨殊陌上桑 诗肆 二下

上声　（马融）右後长笛赋　文拾捌　二上　副距数樗蒲赋　四下　（阙名）莒雨湑楚土费凤别碑　文壹零叁　七上　（无名氏）户語母府取語古诗为焦仲卿妻作　诗肆　十二上　後口語去府負同上　十二下　虎吐茹母父京兆谣　诗伍　九上　父母南阳谚　十一上

鱼幽之“留老朽”为幽部字，“不持栢畝已”为之部字。

平声　（无名氏）榆隅雛殊愉不毹疏持栢厨留趨樞如夫陇西行　诗肆　五上

上声　（班固）畝矩所老舉西都赋　文贰肆　五下　（阙名）父緒朽已後平與令薛君碑　文壹百　三下

鱼宵歌“下”为歌部字，“摽”为宵部字。

上声　（班固）表署野布西都赋　文贰肆　五上　（马融）摽下禦柱縷阻取矩吕主长笛赋　文拾捌　二上

鱼幽宵之“朝”为宵部字，“由”为幽部字，“埃”为之部字。

平声　（王逸）埃如由劬朝九思·逢尤　文伍柒　二下

鱼幽宵歌“窕”为宵部字，“下”为歌部字，“道首受酒”为幽部字。

上声　（张超）道侣窕父首女受豎序偶主所膚祖下酒主柱聚後数垢父诮青衣赋　文捌肆　九下

鱼宵歌之“倒”为宵部字，“峙”为之部字，“馬下”为歌部字。

上声　（李尤）武主叙鼓馬下倒羽峙舞平乐观赋　文伍拾　三上

鱼阳幽宵歌之“蕩”为阳部字，“倒”为宵部字，“左”为歌部字，“軌”为之部字，“道”为幽部字。

上声　（王逸）處蕩鼓倒左軌道九思·遭厄　文伍柒　四上

鱼铎

上声　（马融）藪澤广成颂　文拾捌　十二下

鱼屋

上声　（蔡邕）柱斧樸杵許短人赋　文陆玖　五上

去声　(张衡)觸趨遇西京赋　文伍贰　九下

(5)　歌部

韵　字　表(前汉)

歌哿个

何羅峨陀嵯駝多荷　　我可砢岢
歌囉他磋柯阿沲蹉
鵝呵

戈果过

波頗羸和娑龢劘蠡　　夥　　破過卧
戈

麻马祃

沙加化[1] 差嗟蛇虵　　化
灑[2] 砂枷

支纸寘

施爲戲池罷螭離崎　礒硊骫靡倚佹纚　義靡
奇垂宜隨移議[3] 𡾰　麗[4] 彼迤峗蛫
䮾披儀隳馳陂轙蘺
碕籬漇迻纚危虧桅

---

① "化",《广韵》收去声祃韵,按古有平声一读,详江有诰《唐韵四声正》第56页下。

② "灑",《广韵》收上声马韵。按刘向《九叹·思古》与"離"押韵,今列为平声。

③ "議",《广韵》收去声寘韵,按古有平声一读。

④ "麗",《广韵》收去声霁韵,音郎计切。段玉裁《六书音均表》将此字归入支部(段氏第十六部),江有诰《谐声表》归入歌部。按西汉音此字与"靡倚"等字同属歌部,至东汉始转入支部。

韵　字　表(后汉)

歌哿个

羅河酇何阿沲歌娥　可我爹左　　　佐

荷柯蹉駝跎多他佗

峨鵝

戈果过

過和波科磨娑騾莎　禍墮火① 坐

麻马祃

奢華沙鎁牙嗟邪花　野馬下者罵閜雅寡　化霸螫舍迓夜暇

車蛇斜家加葭颬葩　瀉

瓜嘉芽化瑕那魦

(5)-1　歌部韵谱上(前汉)

平声

(项羽)何何垓下歌　汉诗贰　一上　(高帝刘邦)何施鸿鹄歌　诗壹　一上　(贾谊)沙羅吊屈原文　汉文拾陆　七下　(严忌)波施哀时命　文拾玖　四上　加羅波爲羅化頗差同上　四下　(武帝刘彻)何河瓠子歌　诗壹　一下　(枚乘)戲池罷七发　文贰拾　七下　(淮南小山)峨波招隐士　文贰拾　八上　(司马相如)差虧子虚赋　文贰壹　一下　陀河同上　池螭離同上　三下　峨嵯峨崎同上　四上　河駝羸同上　河沙大人赋　七下　奇垂施美人赋　文贰贰　一下

① “火”,《诗经》音属脂部。后汉赵壹《穷鸟赋》与“野下者左我可墮”等字为韵,故列本部。

(司马谈)化宜多论六家要旨 文贰陆 三下 和隨同上 (东方朔)嵯多移加何戲議爲七谏·怨世 文贰伍 二下 (昭帝刘弗陵)波荷歌河多淋池歌诗壹 三上 (王褒)崎巇洞箫赋 文肆贰 一上 歌囉娑他穌同上 一下 嗟磋柯和阿跎多劘化蛇阿歌和加羅沲九怀·株昭 五上 (刘向)和虵䕭披九叹·远逝 文叁伍 四下 何沲又惜贤 五下 峨歌又忧苦 六上 離灑又思古 七下 (杨雄)羅波羽猎赋 文伍壹 八上 駝蠡长杨赋 文伍贰 二上 虧危同上 二下 蛇歌反离骚 六上 戈儀解嘲 文伍叁 三下 蹉戈阿并州箴文伍肆 四上 差宜隳大鸿胪箴 五下 和宜太史令箴 八上 (刘歆)奇虵池灯赋 文肆拾 三下 (阙名)池何郊祀歌·日出入 诗壹 七上 奇馳又天马 七上 阿河波歌又华烨烨 八上 馳陂又朝陇首 八上 轙蛇又赤蛟 八下 (无名氏)何和羅何铙歌·艾如张 九上 和河何和又圣人出 十下

上声

(贾谊)我可鹏鸟赋 文拾伍 二下 (淮南小山)礒硊骩靡倚招隐士文贰拾 八上 (司马相如)夥靡砢子虚赋 文贰壹 三下 倚俺骩砢纚同上四下 麗倚大人赋 七上 (杨雄)麗靡羽猎赋 文伍壹 九下 (阙名)麗靡郊祀歌·练时日 诗壹 五下

去声

(杨雄)破過羽猎赋 文伍壹 八下 義靡长杨赋 文伍贰 二上

(5)-2 歌部韵谱下(后汉)

平声

(冯衍)蛇化显志赋 后汉文贰拾 一上 奢華同上 三下 (杜笃)羅河论都赋 文贰捌 二上 河過沙和同上 三下 沙鄒同上 四上 牙[1] 嗟吴汉诔五下 (傅毅)華波羅洛都赋 文肆叁 二下 (班固)河波西都赋 文贰肆 三上 波華答宾戏 文贰伍 四下 何鄼萧何赞 文贰陆 四上 (崔骃)阿邪花刀剑铭 文肆肆 十一上 (黄香)車蛇九宫赋 文肆贰 七上 (王逸)阿沲九思·

逢尤 文伍柒 二下 （李尤）斜車九曲歌 汉诗贰 十一上 （张衡）家過加西京赋 文伍贰 八下 歌葭阿娥蛇同上 十下 颬車葩蛇同上 十一上 家華何同上 十二上 河阿东京赋 文伍叁 二上 荷瓜南都赋 八上 羅歌舞赋 十上 阿葩嘉何怨篇 诗贰 十上 （崔寔）芽何太医令箴 文肆伍 十上 （郦炎）波柯阿嘉華沙和科见志诗 诗贰 十三下 （戴良）牙蹉駝失父零丁 文陆捌 七上 （蔡邕）车跎華协和婚赋 文陆玖 三下 邪芽加家释诲 文柒叁 六下 加荷華祖德颂 文柒肆 三上 嘉家和杨赐碑 文柒捌 五下 （边让）波阿章华台赋序 文捌肆 十一上 娥羅歌阿章华台赋 十一下 加化華波嗟同上 （祢衡）嘉沙羅加鹦鹉赋 文捌陆 一下 （阙名）波河歌瑕张公神碑 文玖捌 九下 家嘉度尚碑 文壹百 一上 （无名氏）河河何箜篌引 诗肆 一上 車家相逢行 四下 斜車家长安有狭斜行 四下 多歌善哉行 五上 芽瓜車家多孤儿行 七上 我他满歌行 九上 磨羅杂歌 十四下

上声

（冯衍）禍野显志赋 文贰拾 三上 （班固）可禍幽通赋 文贰肆 十上 （李尤）馬下野可舟楫铭 文伍拾 十一下 閜可杯铭 十二上 （戴良）者禍我奓失父零丁 文陆捌 七上 （赵壹）野下者左我可墮火穷鸟赋 文捌贰 九上 （蔡琰）罵下坐可禍悲愤诗 诗叁 三下 （无名氏）下馬相和曲·乌生 诗肆 二上 瀉下羅古诗为焦仲卿妻作 十三下

（5）－3 歌部合韵谱上（前汉）

歌鱼

平声 （孔臧）家何蓼虫赋 汉文拾叁 五上 （司马相如）池移華沙子虚赋 文贰壹 一下 歌和波遮歌同上 五下 峨差參差谺哀秦二世赋 文贰壹 六下 （东方朔）華和多蛇化家诫子 文贰伍 十二上 （王褒）蹉鵝荼荷僮约 文肆贰 十二上 （杨雄）遐加砂家羅呵何逐贫赋 文伍贰 四上

去声　(韦孟)過霸讽谏诗　汉诗贰　二上　(王褒)卧罵僮约　文肆贰十二上

歌支

平声　(司马相如)隄羲施鵝加池子虚赋　文贰壹　二下　崖陂波同上四上　(杨雄)虵鱺蜀都赋　文伍壹　二上　多桅蘺斯同上　二下　施沙厓甘泉赋　五下　峨厓同上　六上　池河崖陂羽猎赋　八下　碕螭蠵同上　九上　多崖危隳冀州箴　文伍肆　一上　差鼙光禄勋箴　五下

上声　(司马相如)靡豸子虚赋　文贰壹　四上　(王褒)迤睨洞箫赋文肆贰　二上　(杨雄)峞倚崎施倚峒嶰蜀都赋　文伍壹　一下

去声　(司马相如)化義帝子虚赋　文贰壹　六上　(杨雄)化易博士箴文伍肆　八下

歌脂

平声　(淮南小山)峨漇羆悲招隐士　文贰拾　八上　(司马相如)蘺夷莎子虚赋　文贰壹　四上　危坻同上　馳離離魁大人赋　七下　(东方朔)鵝池駝阿荷旎七谏乱曰　文贰伍　五下　(刘向)斐峨蠡嵯九叹·惜贤　文叁伍五上　(杨雄)虵犀陂羽猎赋　文伍壹　八下　化綏长杨赋　文伍贰　二上　波纍反离骚　文伍贰　五下　隨奇隤爲解嘲　文伍叁　三下

歌支脂“地”为支部字，“追”为脂部字。

平声　(司马相如)地離追施子虚赋　文贰壹　五上

(5)－4　歌部合韵谱下(后汉)

歌鱼

平声　(班彪)娑那加佗邪圖峨家波北征赋　后汉文贰叁　五上　(张衡)峨羅齬波柯跑西京赋　文伍贰　八上　葭華葩鵝鸕波南都赋　文伍叁　七下

去声　(班固)化螯歌庶西都赋　文贰肆　四上

歌支

平声 （郑众）宜嘉婚礼谒文赞 文贰贰 五上 （张衡）嘉歌葩和移多思玄赋 文伍贰 四下 （崔瑗）隄歌河河堤谒者箴 文肆伍 三下 （阙名）波歌沙訾周憬功勋铭 文壹零叁 三下

歌铎

去声 （王延寿）霸佐百梦赋 文伍捌 三下

（6） 支部

韵 字 表(前汉)

支纸寘		
卑枝差雌知斯岐支	此豸技氏冢	智易眦
齐		
鞮豀隄鷄啼鱺螭溪虀	睨	帝系躄繄
佳		
崖柴厓佳	嶰	懈
至		
		地

韵 字 表(后汉)

支纸寘

知儀祇麾奇螭披斯	丽侈陊紫錡此伎氏	義知智刺易議瑞賜
移虧危池戲卑宜枝	綺豸罷纚彼企弛陁	裼誼避麗累
離皮羈垂羆猗陂隨	爾被是枳	
議[1] 卮規嫣褵誼		
撝疲馳羲岐蛇虵[2]		
縻施爲迤麗[3] 蘺		
陁被靡彌箠差肢攲		
巇旇哫脾跂崎跂醨		
兒雌罹紴篪欐陭峗		
篪支璃鯢蠡訾氏[4]		
委縻罷[5]		

佳

袿涯崖乖钗	解嶰	賣

齐

珪蹄谿攜蠵鷖鷉睳		系帝
啼醯觿磎徯題隄堤		
騠兮		

至

		地

① “議”,《广韵》收在寘韵。崔骃《达旨》“議”与“虧隨”押韵,古有平声一读。

② “蛇”,或作“虵”,“委蛇”字。

③ “麗”,见崔琦《外戚箴》。原句云:“晋國之難,禍起于麗。”“麗”即“麗嶋姬”,字亦作“孋”。

④ “氏”,“閼氏”之“氏”,见杜笃《论都赋》,音支。

⑤ “罷”,与“疲”通。

(6)－1　支部韵谱上(前汉)

平声

(刘歆)卑鞮遂初赋　汉文肆拾　二上

去声

(王褒)帝智四子讲德论　文肆贰　八下　(刘向)躄智九叹·愍命　文叁伍　六下　系帝高祖颂　文叁柒　九上　(杨雄)地帝懈元后诔　文伍肆　九下　(无名氏)繫帝武帝太初中谣　汉诗伍　五上

(6)－2　支部韵谱下(后汉)

平声

(冯衍)知儀显志赋　后汉文贰拾　三下　(杜笃)祛涯祓禊赋　文贰捌　一上　祇麾奇螭披斯论都赋　四上　移虧危池同上　四下　(傅毅)戲卑扇赋　文肆叁　三下　宜枝雅琴赋　同上　離皮七激　五上　羈垂北征颂　六上　(班固)螭羆崖西都赋　文贰肆　五上　池涯陒猗陂同上　五下　(崔骃)垂猗大将军临洛观赋　文肆肆　一下　虧隨議达旨　四下　珪卮明帝颂　五下　儀規披扇铭　十一下　儀嫣婚礼结言　十一下　褵皮同上　(许慎)誼撝说文解字叙　文肆玖　二下　(王逸)奇宜危蹄池陂垂移疲机妇赋　文伍柒　一下　馳羲乖池羲岐九思·疾世　三下　糜知又伤时　五上　施戲同上　虧馳爲琴思·楚歌　汉诗贰　十一上　(李尤)陂規池鸿池陂铭　文伍拾　四上　移危楹铭　七下　知規施宜迤钟簴铭　同上　斯知经桡铭　八下　危爲铠铭　九下　地離小车铭　十一下　(崔琦)谿危枝離七蠲　文肆伍　七下　虧池麗外戚箴　八下　離螭同上　虧危斯同上　(张衡)枝蘺虧思玄赋　文伍贰　一下　離攜同上　五下　陁被靡戲西京赋　十下　差离羆篪蛇麾襹同上　馳彌卑同上　十一上　溪涯蠵东京赋　文伍叁　二下　箠離披南都赋　七下　螭觽蛇池陂涯同上　池涯鷖螭同

上 八下 施差離舞赋 十上 儀施扇赋 文伍肆 一下 祇肢離髑髅赋 二上 (崔瑗)儀規攲移馳離奇危枝巇垂涯移宜斯草书势 文肆伍 七上 (桓麟)崖谿崖枝七说 文贰柒 十一上 (朱穆)垂涯猗移池郁金赋 文贰捌 六下 (马融)池陂广成颂 文拾捌 十一下 鷺鸍同上 十二上 (秦嘉)施爲赠妇诗 诗贰 十二上 (王延寿)醨馳知羈疲同上 四下 (蔡邕)垂陂差枝岐宜琴赋 五下 披宜珪離崖危释诲 文柒叁 六下 (祢衡)巇危離知儀奇宜斯鹦鹉赋 文捌柒 一下 (阙名)爲施武梁祠堂画像 文玖玖 一下 (无名氏)離涯知枝古诗 诗贰 三上 巇罹爲移知满歌行 诗肆 九上 池離枝古诗为焦仲卿妻作 十四上 枝歧支张君歌 诗伍 二上 奇皮太学中谣·八厨 八下

上声

(班固)麗侈西都赋 文贰肆 二下 麗侈东都赋 七上 (张衡)陊紫錡此西京赋 文伍贰 八下 伎氏綺豸罷纚西京赋 文伍贰 十一下 (馬融)彼此長笛赋 文拾捌 三下 (蔡邕)麗企馳弹棋赋 文陆玖 六下 弛阤解释诲文柒叁 六下 (无名氏)綺爾被解此古诗 诗叁 八上

去声

(班固)誼避累幽通赋 文贰肆 十下 系帝高祖颂 文贰陆 一上 帝地典引 七上 (崔骃)義智达旨 文肆肆 三下 (李尤)刺義书案铭 文伍拾 八下 (张衡)智易七辩之七 文伍伍 二下 (马融)議帝瑞广成颂 文拾捌 十二下 (蔡邕)知地賜释诲 文柒叁 六上 (无名氏)智義太学中谣·八厨 诗伍 八下

(6)－3 支部合韵谱上(前汉)

支歌

平声 (枚乘)枝離谿七发 汉文贰拾 五上 (司马相如)鵹鵝子虚赋 文贰壹 五下 (刘胜)崖枝雌啼儀知斯文木赋 文拾贰 六下 (东方朔)

知離七谏·哀命　文贰伍　四上　（刘向）柴荷九叹·愍命　文叁伍　七上　（杨雄）籭岐光禄勋箴　文伍肆　五下　斯支離元后诔　十上

上声　（杨雄）此彼解难　文伍叁　四上

支脂

平声　（杨雄）佳眉反离骚　文伍贰　五下　支犀交州箴　文伍肆　四上

去声　（杨雄）技帥羽猎赋　文伍壹　八上

支锡

去声　（司马相如）擊眦繫地子虚赋　文贰壹　二上

支脂锡“轡”为脂部字，“擊”为锡部字。

去声　（杨雄）地轡擊地羽猎赋　文伍壹　八下

（6）-4　支部合韵谱下（后汉）

支歌

平声　（杜笃）氏阏氏奇蠡彌騾[1]騠论都赋　后汉文贰捌　三上　（傅毅）谿崖歌七激　文肆叁　四上　（张衡）夥豉施罷移池西京赋　文伍贰　十下　（马融）涯鲨隨广成颂　文拾捌　十二上　池堤莎委涯陂螭鯢同上

支脂

平声　（杜笃）崖支題犀璃鱗论都赋　文贰捌　三上　（刘梁）差涯栖陂七举　文陆肆　十下　（马融）崖磎危枝頯长笛赋　文拾捌　一下　（王延寿）奇爲儀兒眭離知覛哯脾呷啼醢蚩崎施枝溪危離垂跂王孙赋　文伍捌　三下　（蔡邕）鵜雌兒斯短人赋　文陆玖　五上　（阙名）儀夷嵬虧陭規峗悲徯洄雷周憬功勋铭　文壹零叁　三下　歸谿機同上　（无名氏）凄啼離篪爲皑如山上雪　汉诗肆　八下

上声　（崔骃）弛是履达旨　文肆肆　四上　（马融）枳蠏兕狶广成颂　文拾捌　十一下

去声　（王逸）纍賣九思·伤时　文伍柒　五上　（蔡邕）貴易智释诲　文柒叁　七上　（阙名）易歸麗杨孟文石门颂　文玖捌　八下　利義避池縕计周憬功勋铭　文壹零叁　三下

支之

平声　（无名氏）時離奇之古诗为焦仲卿妻作　诗肆　十三上

支脂之“沸”为脂部字，“噫”为之部字。

去声　（王逸）義沸噫琴思·楚歌　诗贰　十一下

支锡

平声　（马融）刺裼广成颂　文拾捌　十一下　（黄香）池歷釵袿蛇奇九宫赋　文肆贰　七上

（7）　脂部

韵　字　表

哈海代		
哀開皚	凱	概逮溉愛曖慨
灰贿队		
回迴雷靁頹摧隤轠	罪瘣礨腇巋嵲	内畏隊碎潰隈塊對
魁磑崔佪嵬蓑隈慛		背昧倅退悖誶闠憒
槐洄嶏配①		靅
皆骇怪		
階諧懷排乖裹喈齋	楷	壞
嚌②		

---

① “配”，见张衡《东京赋》，与“摧懷”押韵。

② “嚌”，见班彪《北征赋》。原句云：“雁邕邕以群翔兮，鵾雞鳴以嚌嚌。”《文选》李善注曰：“嚌嚌众聲也。音喈。”

脂旨至

平	上	去
脂私師綏椎悲夷麋	几美水死視履眡指	至二位遂淚鼻墜燧
追遲迡[①] 衰肌祗	矢兕壘雉圮砥	棄肆類懟比䪐轡劓
遺惟坻誰眉姿樉楣		季祟醉濞帥悴鷙暨
槐蕤資梨胝尸耆推		寐貳率器匱隧萃視
維睢咨湄飢毗墀騤		洎邃秘悸次懿粹饋
帷鬐踞蛦狋伊茨葵		喟穗纍緌利贄愧驥
鴟纍尼祁嶊咿泜[②]		冀躓
黴[③]旎柅蝙藟		

微尾未

平	上	去
飛歸微妃韋旂機非	葦鬼韙豨	味貴氣畏渭熠潰沸
依衣幾扉暉輝煇薇		愲卉謂毅魏尉未蔚
璣巍威徽希譏畿闈		欷慰胃圍緯鬛瑋諱
違睎騑肥蘄霏晞裶		
圍頎幃稀菲豨祈斐		
偉斐饑		

齐荠霁

平	上	去
齊萋躋犀迷棲栖梯	米啓禮醴坻體悌濟	計惠戾盭謕濟迡繼
泥藜鷖低稽黎悽	涕第娣	殪蔕翳隸
西[④] 蠐妻兮鵜淒		

---

① “迡”,见杨雄《甘泉赋》及阙名《无极山碑》,为“遲”字别体。

② “泜”,见《楚辞》王褒《九怀·陶壅》。洪兴祖补注音直尸切。按《集韵》脂韵“泜”为“坻”之或体。

③ “黴”,见《楚辞》王逸《九思·怨上》。洪兴祖补注云:“《释文》音眉。”

④ “西”字兼收真部。

(7)－1 脂部韵谱(两汉)

平声

前汉 (唐山夫人)歸懷安世房中歌之六 汉诗叁 一下 (刘友)微妃歌一首 诗壹 三下 (韦孟)韋旂讽谏诗 诗贰 一下 (严忌)歸懷哀时命 汉文拾玖 四上 (邹阳)迴歸躋几赋 文拾玖 七下 (武帝刘彻)飛歸秋风辞 文叁 一下 師綏策封燕王旦 文肆 九下 (枚乘)飛迴七发 文贰拾 七下 微非同上 (淮南小山)歸萋招隐士 文贰拾 八上 (司马相如)蕤綏子虚赋 文贰壹 二上 懷歸回同上 三下 麋犀同上 四上 依悲遲衰私衣美人赋 文贰贰 一下 棲妃諧誰飛悲琴歌 诗贰 四上 (刘胜)靁椎闻乐对 文拾贰 七上 (董仲舒)暉歸齊薇迷士不遇赋 文贰叁 一下 (东方朔)諱悲璣驥衰冀七谏·谬谏 文贰伍 四下 (司马迁)私悲悲士不遇赋 文贰陆 五上 (李陵)摧隤歸歌一首 诗贰 六下 (王褒)悲偉洞箫赋 文肆贰 二上 惟歸飛夷躋泲師夷九怀·陶壅 文肆贰 四下 階坻甘泉宫颂 十一上 槐楣榱誰同上 (韋玄成)韋綏自劾诗 诗贰 七下 夷祇同上 师煇同上 階懷戒子孙诗 八上 (刘向)回頹九叹·逢纷 文叁伍 二下 違悲又离世 三下 違悲又怨思 三下 夷迴同上 四上 懷依同上 懷頹又惜贤 五下 悲頹又忧苦 六下 衣夷又愍命 六下 次悲又思古 七下 (杨雄)夷眉蜀都赋 文伍壹 一上 歸梨開諧甘泉赋 五下 依遐同上 六上 機違长杨赋 文伍贰 二下 衣遺反离骚 六下 資師解嘲 文伍叁 二下 師眉同上 三上 尸希回徽耆解难 四下 遺排连珠 十上 維階冀州箴 文伍肆 一上 違齊青州箴 一下 師遲同上 衰衣雍州箴 三下 夷推維卫尉箴 六上 歸齊太仆箴 六下 希依懷乖階城门校尉箴 八上 師懷博士箴 八下 (刘歆)梯依棲瀰泥甘泉宫赋 文肆拾 三上 微依灯赋 三下 齊遺遂初赋 三上 (崔篆)微暉遲睢機咨威夷譏維慰志赋 文陆壹 六下 (阙名)遺歸郊祀歌·五神 诗壹 八上 歸衰又赤蛟 八下 (无名氏)威魁鸿隙陂童谣 诗伍 五下

后汉 (班彪)皚嚌懷衣北征赋 后汉文贰叁 五上 (桓谭)嶊飛仙赋 文拾贰 七下 (冯衍)懷悲显志赋 文贰拾 一下 威綏刀阴铭 十一下 (杜笃)湄夷首阳山赋 文贰捌 一下 (王阜)畿威歸祇機刘駒駼郡太守箴 文叁叁 七上 (傅毅)麋晞夷洛都赋 文肆叁 一下 追飛歸七激之三 四下 师闈窦将军北征颂 六上 回懷威巍明帝诔 六下 (班固)階開闈扉西都赋 文贰肆 四上 躋楣階迷稽低同上 四下 隤摧夷同上 五上 齊徊同上 五下 濟階懷幽通赋 九下 迷綏祇同上 微開同上 十下 微輝汉颂论功歌诗灵芝歌 十一下 追機萧何赞 文贰陆 四上 威違陈武赞 五下 (崔骃)乖違达旨 文肆肆 四上 棲飢同上 遺黎南征颂 文肆肆 六上 祈維違機司徒箴 八下 (班昭)师悲違非追歸誰东征赋 文玖陆 一上 (王逸)衣機帷姿机妇赋 文伍柒 一下 璣低霏悽棲徽依西懷悲摧九思·逢尤 三上 悲違黎遲飢迷懷晞雷又疾世 三下 夷嵬又伤时 五上 悲依同上 頹追琴思·楚歌 汉诗贰十一上 (李尤)私非機鞫城铭 文伍拾 五上 依闈巍阙铭 五下 (崔琦)摧微遲違機外戚箴 文肆伍 八下 (张衡)萋懷温泉赋 文伍贰 一上 違追衰思玄赋 一下 飢遲妃眉徽同上 四上 歸回懷同上 五下 希飛同上 六上 楣槐墀西京赋 六下 闈蘄扉同上 八上 飛霏雷威同上 十一上 配摧懷东京赋 文伍叁 四上 萋蓑哀南都赋 七下 違徊哀歸晞同上 八上 嵬徽綏微衰懷同上 八下 蕤裶騤師徊歸同上 九上 幾飛闈司空陈公诔 文伍伍 三下 (崔瑗)威歸祇機郡太守箴 文肆伍 三下 遲闈司隶校尉箴 四上 幾師张平子碑 六下 (马融)磑嶉回崔广成颂 文拾捌 十下 (崔寔)衣肥答讥 文肆伍 九下 (王延寿)姿髻跜榱楣追踦狋鲁灵光殿赋 文伍捌 二上 (张超)姿斐微衰茨泥葵鴟階妻诮青衣赋 文捌肆 九上 (唐姬)頹摧乖哀歌一首 诗叁 三下 (蔡邕)違畿歸綏述行赋 文陆玖 三上 伊悲飛瞽师赋 五上 開徊摧琴赋 五下 輝微姿機師飛夷綏光武济阳宫碑 文柒伍 一下 違依輝遲悲追胡公夫人灵表 文柒玖 四上 衰違胡公夫人哀赞 六上 乖哀同上 師依悲姿济北相崔君夫人诔 六下 歸遺哀晞咨同上 七上 (祢衡)姿輝機鹦鹉赋 文捌柒 一上 姿機飛吊张衡文 三上 (孔融)歸悲輝遲薇飛誰依追衣希杂诗 诗贰 十四下 微衰威違悲六言诗 十五上 巍私肥祁饑悲同

上 (阙名)希悲镜铭 文玖柒 十上 棲喈徊西懷张公神碑 文玖捌 十上 歸葵刘修碑 文壹零壹 十下 巍梯隈伊嶉威祁私資遟□哀无极山碑 文壹零肆 三上 私□幾毘微惟懷郭究碑 文壹零伍 一下 姿威绥民校尉熊君碑 九上 (无名氏)齊階悲妻徊哀稀飛古诗 诗贰 二下 幃徊歸誰衣古诗 三下 悲衣違輝綏歸闈飛晞扉古诗 诗叁 七下 歸誰纍飛葵誰衣古诗 九上 晞歸薤露歌 诗肆 一下 葵晞輝衰歸悲长歌行 三下 歸菲藜悲纍衣孤儿行 六下 纍歸艳歌行 八上 歸纍悲歌 十一上 階懷回古八变歌 十四下 徊懷吴资歌 诗伍 四上 諧眉更始时南阳童谣 六上 衰遺建安初荆州童谣 九上 諧妻齋齋泥迷太常妻 十二上 諧開哀文开谚

上声

前汉 (邹阳)几鬃酒赋 汉文拾玖 七下 (武帝刘彻)罪水瓠子歌 汉诗壹 一下 (司马相如)磈礨嵔子虚赋 文贰壹 四上 (刘胜)几美文木赋 文拾贰 七上 (东方朔)至死七谏·谬谏 文贰伍 五上 涕濟旱颂 文贰伍 十二上 (王褒)凱脮洞箫赋 文肆贰 二上 累指圣主得贤臣颂 文肆贰 九下 (韦玄成)視履自劾诗 诗贰 七下 (刘向)美夷死九叹·惜贤 文叁伍 五上 (杨雄)美葦蜀都赋 文伍壹 二上 濟娣繼元后诔 文伍肆 九下 (刘歆)履眂遂初赋 文肆拾 二上 (阙名)水鬼郊祀歌·天马 诗壹 七上 (无名氏)死矢武帝时童谣歌 诗伍 五下

后汉 (冯衍)夷美显志赋 后汉文贰拾 四上 (班固)畿視西都赋 文贰肆 二下 禮濟东都赋 八下 (崔骃)禮體达旨 文肆肆 四上 (史岑)啓禮楷出师颂 文肆玖 十下 (李尤)矢兕铠铭 文伍拾 九下 (张衡)第啓西京赋 文伍贰 八下 雉几視圮东京赋 文伍叁 二上 壘葦鬼韙同上 五上 (王延寿)嵬峠鲁灵光殿赋 文伍捌 一下 (阙名)禮濟悌樊毅修华岳碑 文壹零叁 八下 (无名氏)楷禮太学中谣·八俊 汉诗伍 八上

去声

前汉 (枚乘)畏隈追死壞七发 汉文贰拾 七下 (司马相如)渭内子虚赋 文贰壹 三下 隸至同上 譓贊二封禅文 文贰贰 七上 (王褒)氣位

解嘲 文伍叁 三下 欷淚洞箫赋 文肆贰 二上 戾氣四子讲德论 七下 至比同上 八下 （韦玄成）逮隊戒子孙诗 汉诗贰 八上 （刘向）闈緯九叹·愍命文叁伍 六下 味貴杖铭 文叁柒 九上 （班倢伃）愧淚擣素赋 文拾壹 八上（杨雄）卉對甘泉赋 文伍壹 六上 罪位连珠 文伍叁 十上 位類扬州箴 文伍肆 二上 謂劓廷尉箴 六下 位貴太常箴 七上 貴遂将作大匠箴 七下（刘歆）戾燧遂初赋 文肆拾 一下 （阙名）遂逮郊祀歌·青阳 诗壹 六上 位醉又赤蛟 八下

后汉 （冯衍）貴悴显志赋 后汉文贰拾 四上 位鬌同上 四下 （傅毅）逮墜溉昧迪志诗 汉诗贰 九下 （班固）位貴西都赋 文贰肆 四上 隊帥东都赋 七上 暨醉氣退同上 七下 貴墜氣貳答宾戏 文贰伍 五上 氣轡东巡颂 文贰陆 一上 概類氣奕旨 九上 （王逸）位棄琴思·楚歌 诗贰十一下 （李尤）未鷙津城门铭 文伍拾 六下 匱器匮匣铭 十二下 （张衡）内對誶思玄赋 文伍贰 三下 闠隧尉萃匱西京赋 八下 器位貳东京赋 文伍叁 二上 器位肆轡同上 六上 （崔瑗）器位器窦大将军鼎铭 文肆伍 四下 氣遂貴遗葛龚珮铭 五上 （马融）帥沸雉至潰悴樗蒲赋 文拾捌 五上 （王延寿）曖邃秘濞悸鲁灵光殿赋 文伍捌 二上 對睢悴視鬌同上 蔚瑋同上三上 （蔡邕）位[1]次笔赋 文陆玖 六上 粹饋遂寐二崔君夫人诔 文柒玖 六下 （阙名）欷喟严䜣碑 文玖捌 十下 （无名氏）穗悴古歌 诗叁 十上 遂季惠朱晖歌 诗伍 二下 胃尉灶下养谚 十下

（7）－2 脂部合韵谱上（前汉）

脂歌

平声 （唐山夫人）施回安世房中乐 汉诗叁 一下 （司马相如）夷師危歸大人赋 汉文贰壹 七下 衰危祇遺封禅文 文贰贰 八上 （东方朔）悲衰頹歸池七谏·自悲 文贰伍 三下 （王褒）靡巍甘泉宫赋 文肆贰 十一上

眉姿脂綏垂责须髯奴辞 十二下 (刘向)離哀九叹·忧苦 文叁伍 六下 逘巍又远游 八上 馳指同上 (杨雄)威危馳回蕤蛇妃眉資甘泉赋 文伍壹五下 藜飛蛇犀陂羽猎赋 八下 夷馳长杨赋 文伍贰 二上 眉危懷徽輜泥夷酒赋 五上 馳師同上 六上 (无名氏)歸爲回衣歸铙歌·巫山高 诗壹九下

上声 (司马相如)蝙蜿子虚赋 文贰壹 四下 (杨雄)差至指上林苑令箴 文伍肆 九上

去声 (王褒)靡塊圣主得贤臣颂 文肆贰 九下

脂支

平声 (邹阳)枝蘁枝歸几赋 文拾玖 七下 (枚乘)飛槐溪七发 文贰拾 五上 (王褒)衰卑四子讲德论 文肆贰 七上 (无名氏)雌雉雉子班诗肆 十下 知衰上邪 同上

上声 (司马相如)水豸氐豕子虚赋 文贰壹 五上

脂之

平声 (杨雄)狶犛麋羽猎赋 文伍壹 八上 衣胝肌遲之逐贫赋 文伍贰 四上 (司马相如)衣肌脂懷回辭美人赋 文贰贰 一下 (无名氏)思歸铙歌·战城南 诗壹 九下

上声 (邹阳)醴騃米啓待泥啓齊禮酒赋 文拾玖 七上 (司马迁)死鄙悲士不遇赋 文贰陆 五上

去声 (王褒)備内圣主得贤臣颂 文肆贰 十上 (司马相如)類萃記計子虚赋 文贰壹 二上

脂歌之“旗”为之部字,“纚”为歌部字。

平声 (杨雄)綏纚開梶旗甘泉赋 文伍壹 四上

脂真

平声 (王褒)沌頽洞箫赋 文肆贰 二下 (杨雄)殷遲少府箴 文伍肆七上

脂祭

去声 (贾谊)慨濞碎墜戾潰逝穢爛憒害淚惠遂位氣敗旱云赋 文拾伍 一上 (邹阳)醉歲酒赋 文拾玖 七下 (司马相如)位大子虚赋 文贰壹 二上

脂质

去声 (王褒)憒惠棄肆遂味懟失氣類頼貴洞箫赋 文肆贰 二上

(7)-3 脂部合韵谱下(后汉)

脂支

平声 (冯衍)披悲显志赋 后汉文贰拾 二上 (杜笃)衰違危師維眉微[1]非威姿论都赋 文贰捌 四上 (傅毅)偉麾洛都赋 文肆叁 一下 (班固)規齊十八侯铭郦商 文贰陆 四下 熊威飛垂又傅宽铭 五上 威奇姿奕旨九上 (崔骃)胝蹄泥博徒论 文肆肆 五上 (李尤)虵微熏炉铭 文伍拾 十一上 (桓麟)威爲機迷祇師□徽刘宽碑 文贰柒 十二上 (徐淑)歸差違師懷徊暉乖追衣答秦嘉诗 汉诗叁 七上 (胡广)資機師移夷暉法高卿碑 文伍陆 八下 (郭正)隨追師法真颂 文陆叁 一上 (阙名)危回追摧歸哀徊裹北海相景君铭 文玖捌 六上 虧頹懷郭君碑 文壹零叁 十上 齊兮樊敏碑 文壹零伍 七上 (无名氏)陂脂饑古诗 诗叁 九下 歸悲衣啼縻縻兒非非遲歸东门行 诗肆 六上 遲爲施歸古诗为焦仲卿妻作 十一下 儀歸衣儀違歸催同上 十二下

上声 (蔡邕)砥水履智弹棋赋 文陆玖 六下

脂之

平声 (蔡邕)辭希歸答卞元嗣诗 诗贰 十三上 (孔融)非歸哀來六言诗 诗贰 十五上 (阙名)臺微畿饑张寿碑 文壹零壹 四上 (无名氏)歸哀來古诗为焦仲卿妻作 诗肆 十三下

去声 (班固)備魏典引 文贰陆 七下 (李尤)記位太学铭 文伍拾四下 (无名氏)貸匱悴刺巴郡守诗 诗叁 十一上

脂歌

去声 (傅幹)器愛化内皇后箴 文捌壹 十四上

脂真

平声 (杜笃)回魂祓禊赋 文贰捌 一上 (崔瑗)衰遲堙河堤谒者箴 文肆伍 三下 (蔡邕)泥微眉螭頎扉低屑姿飛追非希師微妃私畿懷階頹摧乖排衣追扉帷階機維飢青衣赋 文陆玖 四上

脂祭

去声 (傅毅)歲悴七激 文肆叁 四下 (马融)昧氣鷙厲广成颂 文拾捌 十一上 (无名氏)蔕計孤儿行 诗肆 七上

脂月

去声 (班固)寐髴墜察對幽通赋 文贰肆 六下

脂支鱼“居書”为鱼部字,“啼麋兒移”为支部字。

平声 (无名氏)歸悲衣啼麋兒遲居东门行 诗肆 六上 飛徊衣書悲移古诗为焦仲卿妻作 十一下

脂支之“來期材”为之部字,“隨離垂移”为支部字。

平声 (无名氏)來齊隨徊開頹離垂期双白鹄 诗肆 七下 嵬離闈悲摧材艳歌行 八上 懷來葦移雷懷依古诗为焦仲卿妻作 十二下

脂祭之“代”为之部字,“乂蓋邁”为祭部字。

去声 (蔡邕)乂惠頛墜氣愛蓋邁逮碎代胡硕碑 文柒伍 九下

脂质

去声 (杜笃)渭類實溉遂论都赋 文贰捌 三下 (崔骃)率尉太尉箴 文肆肆 八上 (王逸)味氣出貴荔支赋 文伍柒 二上 (张衡)醉萃屈紱遂貴西京赋 文伍贰 八下 戾洎質贄二东京赋 文伍叁 三上 (马融)潰穴濞戾突长笛赋 文拾捌 二上 (蔡邕)類懿位紱轡蔚貴遂二胡广黄琼颂 文柒肆 一下 (祢衡)轡瑟類頓淚欷鹦鹉赋 文捌柒 二上 (无名氏)内日古诗为焦仲卿妻作 诗肆 十三上

脂祭月“厲介制説轊”为祭部字,“察瞥”为月部字。

去声 （马融）毅厲介戾氣制察说惠长笛赋 文拾捌 三上 墜殪轊倅瞥躓隊計广成颂 十一下

脂月质“切”为质部字,“例”为月部字。

去声 （马融）切肆戾冽躓长笛赋 文拾捌 二下

（8） 祭部

韵字表

泰

大害外蓋沛帶蔡鱠貝籟會瀨賴泰竄[①] 艾旆最沫礚溘藹濊

怪

界芥鬠瀣介

夬

邁敗喝

废

癈吠乂穢肺

祭

世逝衛厲裔礪製晣歲栧勢蔽滯敝濿傺綴際噬制弊藝癘筮澨鋭祭説轊

霁

契慧瘵達𢈢蔕

① “竄”,《广韵》收去声换韵,音七乱切。按《左传》昭公二十六年“竄在荆蛮”,《经典释文》云:“竄,七乱反,《字林》七外反。”七外反为古音。详顾炎武《唐韵正》卷十一“竄”字下。

(8)－1 祭部韵谱(两汉)

前汉 (项羽)世逝垓下歌 汉诗贰 一上 (高帝刘邦)带厲裔封爵誓 汉文壹 七上 带礪世丹书铁券 七上 (贾谊)大敗世鵩鸟赋 文拾伍 二下 (武帝刘彻)沛外瓠子歌 诗壹 一下 (枚乘)廢外七发 文貳壹 四下 礚裔同上 七上 (孔臧)邁歲谏格虎赋 文拾叁 四上 (司马相如)蔡蓋子虚赋 文貳壹 二上 界外芥同上 三上 (刘胜)蔡害闻乐对 文拾貳 六下 (东方朔)蔽滯敗七谏·怨世 文貳伍 三上 逝世同上 (王褒)悷達洞箫赋 文肆貳 一下 沛逝礚瀨蓋蔡裔九怀·尊嘉 四上 (韦玄成)裔世自劾诗 诗貳 七下 (刘向)礚沛九叹·逢纷 文叁伍 二下 厲逝又离世 三下 (杨雄)礚厲沛世甘泉赋 文伍壹 五下 鱃賴反离骚 文伍貳 五下 邁瀨同上 六上 大敗豫州箴 文伍肆 三上 際外交州箴 四上 外衛光禄勋箴 五下 祭筮[1]太常箴 七上 (刘歆)厲逝遂初赋 文肆拾 二下 (阙名)沛裔郊祀歌·练时日 诗壹 五下 蓋濭又赤蛟 八下 (无名氏)大逝铙歌·巫山高 诗壹 九下 外歲又上陵 十上 世吠武帝太初中谣 诗伍 五上

后汉 (光武帝刘秀)敗外报臧宫马武诏 后汉文貳 二 (班彪)厲逝览海赋 文貳叁 四下 厲誓冀州赋 五下 (冯衍)裔大显志赋 文貳拾 三下 (杜笃)害带滯敗论都赋 文貳捌 三下 (班固)說制东都赋 文貳肆 六上 制外同上 八下 制勢敗奕旨 八下 (崔骃)厲蔡达旨 文肆肆 四下 蓋大四皓墟颂 七上 (王逸)慧勢荔支赋 文伍柒 二上 (李尤)外穢辟雍铭 文伍拾 四下 會害门铭 六上 害大铠铭 九下 沛敗鞍铭 十上 乂带樽铭 十二上 (崔琦)敗外廢外戚箴 文肆伍 八下 (张衡)癘穢温泉赋 文伍貳 一下 噬世晣思玄赋 三下 裔厲外藹同上 五下 外害带沛大东京赋 文伍叁 一下 带會厲蓋裔艾同上 三下 筮裔司空陈公诔 文伍伍 三下 世賴邁鲍德诔 三下 (崔瑗)藝契张平子碑 文肆伍 六上 (崔寔)會大外世答讥 文肆伍 九下 (张超)外衛尼父颂 文捌肆 十上 (蔡邕)濭會汉津赋 文陆玖

一下　害敗释诲　文柒叁　六下　說鋭同上　（蔡琰）邁會敗外艾蓋吠肺逝大賴厲廢歲悲愤诗　汉诗叁　四上　（阙名）大會逝□樊敏碑　文壹零伍　七上（无名氏）泰外淮南王篇　诗肆　九下　際礪世献帝初童谣　诗伍　九上

（8）–2　祭部合韵谱上（前汉）

祭脂

（韦孟）衛墜讽谏诗　汉诗贰　一下　（司马相如）桛蓋貝籟喝沸會磕外燧隊裔子虚赋　汉文贰壹　二下　厲濞逝大人赋　八上　逝沫晰内封禅文　文贰贰　七上　（东方朔）憒害旱颂　文贰伍　十一下　（刘向）喟傺九叹·愍命　文叁伍　七上　（杨雄）内外羽猎赋　文伍壹　七下　會藹綴外内同上　八下　戾沛雍州箴　文伍肆　三下　内敗卫尉箴　六上　世噬祟少府箴　七上　内外蓋城门校尉箴　八上

祭月

（司马相如）瀨世勢絶哀秦二世赋　文贰壹　六下　沫逝同上　七上　（杨雄）害割殺泰敗謁廷尉箴　文伍肆　六下

祭歌

（刘向）儀濿九叹·远逝　文叁伍　四下　（班倢伃）製麗晰捣素赋　文拾壹七下

（8）–3　祭部合韵谱下（后汉）

祭脂

（杜笃）内外裔论都赋　后汉文贰捌　四上　（班固）説氣世东都赋　文贰肆　八上　外内歲世答宾戏　文贰伍　四下　會勢貴穨世賴同上　五上　昧契綴典引　文贰陆　六下　（胡广）穢勢逝計謂害吊夷齐文　文伍陆　八下　（皇甫规）邁帶外退女师箴　文陆壹　七下　（王延寿）藹霼鲁灵光殿赋　文伍捌

三上 (蔡邕)厲翳瀨裔最逝害述行赋 文陆玖 一下 (阙名)大裔世制外愛祭沛賴蔽歲成阳灵台碑 文壹零贰 五上 裔世惠勢至郭辅碑 文壹零陆五下

祭月

(班固)厲竄檅蹷折噬殺西都赋 文贰肆 五上 裔外界嵑世封燕然山铭 文贰陆 三下 (崔骃)大殺艾際太尉箴 文肆肆 八下 (张衡)㓐製臬弊裔东京赋 文伍叁 五上 (桓麟)發外七说 文贰柒 十一上 (阙名)厲際滅邁乂碣世衰良碑 文玖捌 四下 世滅柳敏碑 文壹零壹 八下

祭质

(张衡)律會帶七辩 文伍伍 一下 (阙名)結逝辛通达李仲曾造桥碑 文壹百 四下

祭歌

(阙名)大夜蓋勇歲吴仲山碑 文壹零贰 七下

阳 声 韵

(9) 蒸部

韵 字 表

登

登朋崩弘騰增肱稜

蒸〇證

升陞稱乘徵興烝澄 應

繩蒸承兢陵瀓馮凝

應冰憑凌鷹勝

东

弓夢

耕

閎紘

(9)－1 蒸部韵谱(两汉)

平声

前汉 (严忌)陞稱哀时命 汉文拾玖 四上 (枚乘)乘弓七发 文贰拾六上 (司马相如)徵興封禅文 文贰贰 七下 (刘向)登興九叹·离世 文叁伍 三上 (杨雄)繩夢甘泉赋 文伍壹 五上 乘興閎朋羽猎赋 七下 (阙名)興承郊祀歌·五神 汉诗壹 八上

后汉 (冯衍)朋興显志赋 后汉文贰拾 三上 (班固)興弘[1]典引 文贰陆 七下 (崔骃)興蒸司徒箴 文肆肆 八下 (班昭)徵興东征赋 文玖陆一下 (李尤)登陵承京师城铭 文伍拾 五下 承徵高安馆铭 五下 興乘灶铭七下 (张衡)增承興徵馮繩兢升西京赋 文伍贰 七下 (廉品)烝澄大傩赋文陆陆 二下 (张超)承憑灵帝河间旧庐碑 文捌肆 十下 (蔡邕)興騰汉津赋文陆玖 一下 興凝蝉赋 七上 (无名氏)弘承太学中谣·三君 汉诗伍 八上凌陵又八俊 八上 稱升又八及 八下

(9)－2 蒸部合韵谱上(前汉)

蒸侵

平声 (杨雄)乘風澄兢甘泉赋 汉文伍壹 四上 風升閎紘蒸解难文伍叁 四上 崩心音勝元后诔 文伍肆 十下

蒸冬

平声 (司马相如)乘中子虚赋 文贰壹 五上

蒸阳

平声 (司马相如)升煌烝乘封禅文 文贰贰 八上

(9)－3 蒸部合韵谱下(后汉)

蒸侵

平声 (冯衍)風陵显志赋 后汉文贰拾 三下 (班固)興林答宾戏 文贰伍 五下 (刘广世)禽鷹騰興七兴 文肆叁 七上

蒸耕

平声 (杜笃)乘萌论都赋 文贰捌 二下 (班固)騰升明萌十八侯铭虫达 文贰陆 五下 (马融)紘征广成颂 文拾捌 十一上 (蔡邕)應冰萌凝興承释诲 文柒叁 六下

蒸东

平声 (班固)陵承興公西都赋 文贰肆 三上

蒸侵阳“罔”为阳部字，“風”为侵部字。

平声 (冯衍)罔紘風崩显志赋 文贰拾 二上

蒸冬耕“明”为耕部字，“終”为冬部字。

平声 (蔡邕)明烝徵承終升九疑山碑 文柒伍 一上

蒸冬东侵“雍”为东部字，“風”为侵部字，“躳”为冬部字。

平声 (班固)雍風徵躳稜东都赋 文贰肆 七下

蒸冬耕侵“京”为耕部字，“風”为侵部字，“隆”为冬部字。

平声 (杜笃)京風陵隆论都赋 文贰捌 二上

(10) 冬部

韵字表

冬

宗農彤慖冬

东

中忠終崇戎融宫窮躬隆衆忡沖雄[①]

江

降

(10)－1　冬部韵谱(两汉)

平声

前汉　(武帝刘彻)中終躬策封齐王闳　汉文肆　九下　(司马相如)忠宫美人赋　文贰贰　一上　中宫同上　戎隆終封禅文　六下　(刘胥)終窮歌一首　汉诗壹　四上　(刘向)宫窮九叹·远游　文叁伍　八下　(杨雄)中宫甘泉赋　文伍壹　五上　宫崇羽猎赋　七下　忠宗兖州箴　文伍肆　一下　(刘歆)宫中融甘泉宫赋　文肆拾　三上　(无名氏)雄宫紫宫谚　诗伍　九下

后汉　(班固)宫中西都赋　后汉文贰肆　三上　(崔骃)躬中车左铭　文肆肆　十上　(黄香)宫崇九宫赋　文肆贰　六下　(李尤)中宫融平城门铭　文伍拾　六下　(张衡)宫彤終思玄赋　文伍贰　五上　隆宫中西京赋　七下　窮宫同上　十上　(崔瑗)宫穹窮和帝诔　文肆伍　五下　(王延寿)宫崇鲁灵光殿赋　文伍捌　三上

(10)－2　冬部合韵谱上(前汉)

冬东

平声　(严忌)容忠容凶宫窮胸慖哀时命　汉文拾玖　三下　(王褒)中窮從酆宫九怀·匡机　文肆贰　二下　(杨雄)窮雄溶中羽猎赋　文伍壹　八

① “雄”字《诗经》音属蒸部，自西汉末转入本部。

下

冬侵

平声　(刘胜)風隆文木赋　文拾贰　七上

冬阳

平声　(王褒)行窮圣主得贤臣颂　文肆贰　十下

冬东蒸“雍”为东部字,“陵”为蒸部字。

平声　(杨雄)雍宫陵博士箴　文伍肆　八上

(10)-3　冬部合韵谱下(后汉)

冬东

平声　(李尤)封窮七款　后汉文伍拾　三下　(张衡)中宫融豐崇东京赋　文伍叁　二上　(阙名)躬通隆充中杨孟文石门颂　文玖捌　七下

冬蒸

平声　(班固)崇徵灵台诗　文贰肆　九上　(崔瑗)徵躬和帝诔　文肆伍五下　(无名氏)繩中古诗为焦仲卿妻作　汉诗肆　十二上

冬侵

平声　(边让)終風中雄隆章华台赋　文捌肆　十一下

冬阳

平声　(崔骃)行農东巡颂　文肆肆　六下

冬东侵“風”为侵部字,“鋒雍充”为东部字。

平声　(傅毅)風鋒降窦将军北征颂　文肆叁　六上　(崔骃)風中雍宗大将军西征赋　文肆肆　一下　(赵壹)風充中終迅风赋　文捌贰　八上

冬东谈“巖”为谈部字,“通從”为东部字。

平声　(杜笃)中巖窮戎通從论都赋　文贰捌　三下

（11）东部

韵　字　表

东董送

工同東通公銅桐功　動　弄貢痛
洪蒙空叢翁葱椶童
筒豐充朦礱橦聰攻
控① 崆瓏鴻峌嵩驄
恫嵸籠酆矇蓬傱②

鍾腫用

容松鍾訟溶庸墉鏞　勇竦種踵溶恐鞏鯒　用頌縱
舂頌封凶胸邕雝廱　悀
饔壅重從逢蓉恭兇
鋒忪衝洶龍供縫蹤
縱誦③ 龔茸壟蠢寵

江讲绛

邦雙幢江　項

---

① “控”，见班固《西都赋》，与“蹤鋒雙”等字押韵。原句云：“機不虚掎，弦不再控。”控者引也，此字《广韵》收去声送韵，今列为平声字。

② “傱”，见汉郊祀歌《华烨烨》，原句云：“神之行，旌容容；騎沓沓，般傱傱。”集注云：“容音勇，傱音總。一曰容读如本字，傱音才公反。”今列于平声。

③ “誦”，《广韵》收去声用韵。《武荣碑》与“功同”押韵，读平声。

(11)-1 东部韵谱(两汉)

平声

前汉 (贾谊)工銅鵩鸟赋 汉文拾伍 二下 東[1]同同上 (韦孟)同邦讽谏诗 汉诗贰 一下 恭邦在邹诗 二上 (严忌)桐通哀时命 文拾玖 三上 (邹阳)蠭工几赋 文拾玖 七下 (孔臧)叢蹤從鋒鐘東忪衝雙工谏格虎赋 文拾叁 三下 (董仲舒)容從士不遇赋 文贰叁 一下 (司马谈)功從论六家要旨 文贰陆 三下 (司马迁)公同悲士不遇赋 文贰陆 五上 (王褒)洪封四子讲德论 文肆贰 六下 邕從容同上 八下 椶葱封舂重僮约 十二上 (韦玄成)東從自劾诗 诗贰 七下 同庸同上 (刘向)邦靡九叹·逢纷 文叁伍 二下 同通又愍命 七上 龍溶又远游 八下 東公高祖颂 文叁柒 九上 (杨雄)叢從東蜀都赋 文伍壹 二上 工逢同上 二下 公江同上 三上 從兇解嘲 文伍叁 三下 蒙同徐州箴 文伍肆 二上 同凶宗正卿箴 六上 供龍太仆箴 六上 供同少府箴 七上 饔供太官令箴 九上 (崔篆)蹤容從慰志赋 文陆壹 六下 (阙名)容從郊祀歌·华烨烨 诗壹 八上 (无名氏)縫舂容淮南民歌 诗伍 一上 龔翁杜陵蒋翁谚 十下

后汉 (冯衍)同容显志赋 后汉文贰拾 四下 (刘仓)同功武德舞歌诗 汉诗壹 四下 (傅毅)紅重同七激 文肆叁 四下 (班固)蹤鋒控雙西都赋 文贰肆 五上 鐘龍瓏容东都赋 七上 容鍾同上 七下 容通答宾戏 文贰伍 五上 東公高祖颂 文贰陆 一下 (崔骃)頌功大将军西征赋 文肆肆 一上 從衝功鍾达旨 四上 恭容车后铭 十下 (班昭)同凶东征赋 文玖陆 二上 雍同大雀赋 二上 (王逸)龍衝功雙九思·守志 文伍柒 六上 (李尤)通從同小车铭 文伍拾 十一下 雍容通恭天轩车铭 十二上 (张衡)東墉通西京赋 文伍贰 八上 功重饔鐘空同上 十上 紅鴻龍雙同上 十下 橦鋒逢同上 雍鏞幢容工东京赋 文伍叁 四上 東墉胸通南都赋 七上 容雙定情赋 九下 公邕司徒陈公诔 文伍伍 三下 空庸邦同蹤同上 (崔瑗)恭空功雝

兇恫张平子碑 文肆伍 六下 (朱穆)雙松郁金赋 文贰捌 六下 (马融)工洪巃樗蒲赋 文拾捌 四下 龍橦广成颂 十一上 同通鐘叢同上 充攻功重空同上 十二上 貢同衝同上 十二下 功龍同上 工從东巡颂 十三上 (王延寿)鸿嵸鲁灵光殿赋 文伍捌 三上 (蔡邕)容功蹤通释诲 文柒叁 六上 容從同上 七上 功蹤恭公朱穆坟前碑 文柒伍 七上 恭容庸蹤公從雍封胡广碑 文柒陆 四上 恭龍通雍同上 五上 恭功庸公太傅祠堂碑铭 六下 公聰嵩龍從通功功恭庸雍同邦乔玄碑阴 文柒柒 三上 功封庸公杨赐碑 文柒捌 七上 邦同[2]胡公夫人哀赞 文柒玖 六上 邦從龍答卞元式诗 诗贰十二下 (张升)容重白鸠赋 文捌贰 一上 (阙名)功同誦武荣碑 文壹零壹一下 同縱庸功雙邦圉令赵君碑 文壹零伍 六上 功通邦蒙豐頌刘熊碑 文壹零陆 三上 (无名氏)東桐公平陵东 诗肆 二上 驄公工鲍司隶歌 诗伍二下 雙重许叔重谚 十一上 雙童江夏黄童谚 十一下 庸公胡伯始谚 十一下 龍雙荀氏八龙谚 十二上 龍雙公沙六龙谚 十二上

上声

前汉 (王褒)動竦勇四子讲德论 汉文肆贰 七下

后汉 (张衡)鮦項種西京赋 后汉文伍贰 九上 (蔡邕)種踵短人赋文陆玖 四下 勇恐同上

去声

前汉 (王褒)縱弄貢頌甘泉宫颂 汉文肆贰 十一上

后汉 (班固)用痛幽通赋 后汉文贰肆 十一上

(11)-2 东部合韵谱上(前汉)

东冬

平声 (东方朔)容從工農逢诫子 汉文贰伍 十二上 (王褒)從同聰衆四子讲德论 文肆贰 七下 隆功圣主得贤臣颂 文肆贰 十上 (刘向)降

洶九叹·逢纷 文叁伍 二下 （杨雄）鍾窮甘泉赋 文伍壹 五上 降隆東雙功龍融頌雝蹤從河东赋 文伍壹 六上 恭降宗正卿箴 文伍肆 六上 衆公元后诔 十上 崇庸從同上 （刘歆）通宫遂初赋 文肆拾 一下 （阙名）窮同冬龍郊祀歌·日出入 汉诗壹 七上

东阳

平声 （王褒）明聰圣主得贤臣颂 文肆贰 十下

东侵

平声 （杨雄）聰恭風尚书箴 文伍肆 四下

东幽

平声 （东方朔）同調七谏·谬谏 文贰伍 五上

（11）-3 东部合韵谱下（后汉）

东冬

平声 （光武帝刘秀）功終报臧宫马武诏 后汉文贰 二 （杜笃）蒙通中容首阳山赋 文贰捌 一下 （傅毅）容紅降雙七激 文肆叁 五上 （班固）終容东都赋 文贰肆 八下 宗容典引 文贰陆 七上 （李尤）中崇通函谷关赋文伍拾 一上 重崇從聰忡同上 一下 隆中豐辟雍赋 二上 （张衡）戎雍西京赋 文伍贰 六上（崔瑗）豐融张平子碑 文肆伍 六下 （边韶）中容通塞赋文陆贰 一下 （刘琬）雄胸筒马赋 文陆陆 十一上 （胡广）戎功边都尉箴文伍陆 七下 （阙名）宗洪东海庙碑 文壹零贰 七上 （无名氏）通中相和曲·乌生 汉诗肆 二上 雍宗太学中谣·八顾 诗伍 八上

东蒸

平声 （冯衍）崩功显志赋 文贰拾 三下

东侵

平声 （阙名）悀風西狭颂 文壹零贰 一下

东阳

平声 （阙名）縱皇通廱同功誦杨孟文石门颂 文玖捌 八下

东冬侵“沖窮”为冬部字，“風”为侵部字。

平声 （祢衡）蹤容沖風雍窮颜子碑 文捌柒 三上

东冬蒸“乘”为蒸部字，“宫”为冬部字。

平声 （张衡）龍鍾乘宫东京赋 文伍叁 四下

东冬侵蒸“隆降終”为冬部字，“風”为侵部字，“興”为蒸部字。

平声 （马融）工鐘容隆風降興重同終长笛赋 文拾捌 二下

东冬阳蒸“羊光牆傷愴忘”为阳部字，“肱”为蒸部字，“宫”为冬部字。

平声 （阙名）恭鍾蹤從羊光牆通□肱蒙功凶宫□傷愴忘誦武斑碑 文玖捌 七上

（12） 阳部

韵 字 表（前汉）

唐荡宕

唐光塘蒼行綱荒喪 蕩莽儻慌盪簜 曠
旁藏當岡桑湯黄昂
堂凰康卬皇徨莽倉
臧蹌亢茫剛廊惶囊
璫煌遑傍棠滂璜浪
芒慷盳[1]

阳养漾

陽揚鄉方長傷亡量 響壤瀁往杖 放望暘昶

---

① “盳”，见杨雄《甘泉赋》，原句云“魚頡而鳥盳”，《文选》李善注盳音胡刚切。

央羊章莊芳忘常疆
王張良翔璋嶂涼房
觴殃商祥梁徉糧將
量裳牆腸鴦裝强彊
場楊牀香霜彰望攘
廂享①　昌湘相洋嘗
羌壃箱鶬驤詳狂尚
養愴悵嶂饗

庚梗敬

明英衡横兵撑坑京　　竟競慶病詠鏡映
慶②　珩兄卿

韵　字　表(后汉)

唐荡宕

剛荒茫湯堂唐光藏　廣沆蕩莽儻　　曠
黄傍煌喪康綱芒臧
瑺徨當皇旁棠岡璜
廊篢抗航伉桑昂閬
狼硠趪芫篁潢浪鶬
塘蒼惶亢卬巟郎囊
倉隍琅遑朗③　螂

① “享養饗”等字《广韵》收上声养韵，“愴悵嶂”等字《广韵》收去声漾韵。汉人均与平声字押韵。

② “慶”，《广韵》收去声敬韵。汉以前读平声，汉以后始有去声一读。详顾炎武《唐韵正》卷十二“慶”字下。

③ “朗”，《广韵》收荡韵，王逸《九思·哀岁》与平声字押韵。

抰[①] 滂

阳养漾

彊强長亡翔章梁箱　上敞想仰往帳象壤　貺悵怏袒讓

張常傷揚疆商方祥　響潒罔泱

鄉羌香王昌房鷛裝

芳陽魴姜驤彰央望

洋蔣饗[②] 量涼良颺

暘匡霜將羊襄裳樟

嘗廂防殃糧牀漿忘

鏘逷泱鍚瓖鉠狂橿

萇埸鴦庠享粻穰償

狀莊鋩璋倡殭養爽

楊佯坱煬觴讓愴氓

妝

(12)－1　阳部韵谱上(前汉)

平声

(唐山夫人)芳光行芒章安世房中歌　汉诗叁　一下　芳饗臧常忘同上　常明光良光芳忘同上　二上　常明疆同上　(高帝刘邦)揚鄉方大风歌　诗壹　一上　(贾谊)喪翔鹏鸟赋　汉文拾伍　二下　藏衡惜誓　三下　藏羊同上　祥翔吊屈原文　文拾陆　七下　藏羊同上　八上　(韦孟)荒商光讽谏诗　诗贰

---

① “抰”,见马融《长笛赋》“瞋菌碨抰”句。《文选》李善注音乌郎切。按《集韵》、《唐韵》有此字,音於郎切,与李善音同。

② “饗享養爽”等字《广韵》收上声养韵,“狀愴”等字《广韵》收去声漾韵。汉人均与平声字押韵。

一下 堂牆在邹诗 二上 （羊胜）王璋黄昂疆屏风赋 文拾玖 六下 （公孙乘）光堂裳月赋 六下 （严忌）揚梁英哀时命 文拾玖 三上 翔徉傷糧鄉芳將行當横桑行唐湯方量藏同上 三下 （邹阳）梁觴揚狂光酒赋 文拾玖 七下 （武帝刘彻）長鄉傷陽亡畺央羊章莊揚明芒揚李夫人赋 文叁一上 傷悵同上 一下 芳忘秋风辞 一下 常光策封齐王闳 文肆 九上 疆芳泰山鼎文 十三上 （枚乘）翔張裝兵七发 文贰拾 七上 卬强將行當同上 場桑行同上 七下 （孔臧）傷涼塘長揚房蒼杨柳赋 文拾叁 四上 行觴章王綱揚荒常忘同上 四下 亡殃蓼虫赋 五上 （司马相如）章楊芳子虚赋文贰壹 二上 堂房同上 四上 狼羊同上 五上 凰明同上 五下 梁撐梁將光章綱央楊堂房長揚揚卬横徨殃牀香旁亡光方霜更明忘长门赋 文贰贰 二下 明良封禅文 六下 鄉凰將堂房腸鴦翔琴歌 诗贰 四上 （刘胜）章翔璋嶂浪文木赋 文拾贰 六下 （司马谈）昌亡论六家要旨 文贰陆 三下 长藏綱同上 常綱明同上 四下 （乌孙公主）方王牆漿傷鄉歌一首 诗叁二 （东方朔）湯坑七谏·初放 文贰伍 一上 湯長央鄉又自悲 三下 藏陽嗟伯夷 五下 （昭帝刘弗陵）王方傷蓝田覆车山鼎文 文伍 三下 章蹌裳祥黄鹄歌 诗壹 三上 （王褒）翔行洞箫赋 文肆贰 二上 房芳横堂洋翔忘傷九怀·匡机 二下 陽行光英徉裳將旁光當又通路 三上 陽行横臧殃湘傷又尊嘉 三下 洋荒上强又蓄英 四上 陽光糧行方傷又思忠 四下 翔揚又株昭 五上 望章圣主得贤臣颂 十下 場疆同上 荒鄉疆皇碧鸡颂 十一上 翔荒同上 桑行當嘗僮约 十二下 唐臧商堂责须髯奴辞 十二下 （韦玄成）常翔自劾诗 诗贰 七下 常荒戒子孙诗 八上 （成帝刘骜）望臧报许皇后 文捌 十二上 （刘向）兵亡围棋赋 文叁伍 二上 堂裳九叹·逢纷 二下 揚彰又怨思 四上 殃行又忧苦 五下 長行同上 六上 唐桑又远游 八上 明光同上 方桑同上 湘央同上 八下 行疆杖铭 文叁柒 九上 杖相同上 長王说苑·供文 文叁玖 八下 （班倢伃）光芳張良擣素赋 文拾壹 七下 （赵飞燕）霜望慷归风送远操 诗叁 二 （杨雄）行兵狂裝梁攘旷章甘泉赋文伍壹 四上 芳英堂同上 五下 蹌光唐羽猎赋 八上 揚皇陽方光同上八下 衡房央同上 九下 藏岡逐贫赋 文伍贰 四下 張堂陽行同上 裳房

反离骚 五下 行芳同上 六上 行堂解嘲 文伍叁 二上 卿光衡當同上 湯横冀州箴 文伍肆 一上 場王同上 長殃兖州箴 一下 方康徐州箴 二上 陽湯荆州箴 二下 强亡豫州箴 三上 常荒益州箴 三上 京荒雍州箴 三下 壃荒幽州箴 三下 唐忘芒旁同上 方王享并州箴 四上 兵荒綱同上 京亡交州箴 四上 王常忘大司农箴 五上 荒箱亡同上 行尚璜执金吾箴 七下 觴王太官令箴 九上 陽方唐王旁元后诔 九下 王明荒慶央同上 十上 黄皇同上 臧常忘行同上 (刘歆)兵陽遂初赋 文肆拾 二下 涼霜同上 常傷同上 三上 常彭同上 (阙名)祥明享拜祝祠太一赞飨文 文伍柒 十三下 腸糧侲子逐疫 十三下 亡康光長王使威长葬铭 十四上 望方郊祀歌·练时日 诗壹 五下 香鄉同上 黄堂同上 芳觴同上 光黄又帝临 六上 昌嘗忘疆又朱明 六上 藏霜又玄冥 六上 享荒翔將又惟泰元 六下 明章又天地 六下 商長鶬享同上 堂望光黄羊明觴放章又天门 七上 昌方同上 七下 房堂华烨烨 八上 觴洋長同上 芳光又五神 八上 觴驤同上 詳饗又朝陇首 八上 祥觴光央又赤蛟 八下 (无名氏)黄蒼良铙歌·君马黄 诗壹 十上 王羊行又雉子班 十下 陽香陽揚方又石流 十一上 喪卿楼护歌 诗伍 二上 場葬尹赏歌 二上 張王三王谚 十上

上声

(枚乘)慌儻瀁曠七发 文贰拾 七上 (王褒)莽盪洞箫赋 文肆贰 一上 (刘向)盪往九叹·逢纷 文叁伍 二下 慌蕩九叹·远逝 文叁伍 四下 (杨雄)簜往扬州箴 文伍肆 二上 (阙名)蕩響郊祀歌·天门 诗壹 七上

去声

(王褒)暘壤四子讲德论 文肆贰 八下 (刘向)放望九叹·怨思 文叁伍 三下

(12)－2 阳部韵谱下(后汉)

平声

(光武帝刘秀)剛疆报臧宫马武请灭匈奴诏 后汉文贰 二上 長亡同上 荒疆同上 二下 (班彪)茫行翔章湯梁堂唐光箱章览海赋 文贰叁 四上 (桓谭)綱張离事 文拾伍 一上 (冯衍)藏常显志赋 文贰拾 一上 傷常揚同上 二上 荒傷同上 三上 疆梁同上 三下 綱光同上 四上 (杜笃)商黄袚禊赋 文贰捌 一上 常方祥商鄉傍首阳山赋 一下 荒煌方羌论都赋 三上 (梁竦)香長强疆喪王荒昌悼骚赋 文贰贰 八下 (傅毅)光房煌觴康揚剛常舞赋 文肆叁 二上 裝芳陽方同上 二下 鲂芒七激 四下 臧常同上 五下 揚康扇铭 六上 (班固)疆方姜西都赋 文贰肆 二下 陽方堂梁驤瑲彰同上 四上 央梁光同上 四下 望徨陽洋湯蔣央同上 觴饗东都赋 七下 堂陽煌明堂诗 八下 湯梁辟雍诗 八下 王量方涼竹扇赋 十一上 荒綱唐答宾戏 文贰伍 五上 陽方綱常同上 五下 當堂良康樊哙赞 文贰陆 四上 長揚王章灌婴赞 四下 皇唐典引 八上 疆旁亡方奕旨 九上 (崔骃)光颺大将军临洛观赋 文肆肆 一下 暘藏达旨 四下 棠商匡强喪太尉箴 八下 良匡车右铭 十下 (苏顺)傷霜亡將喪叹怀赋 文肆玖 九下 傷皇章和帝诔 十上 剛唐光同上 (史岑)疆黄陽出师颂 文肆玖 十一上 (班昭)羊堂针缕赋 文玖陆 二上 (王逸)藏皇昌光襄裳樟旁良梁驤岡長机妇赋 文伍柒 一上 瑲璜荔支赋 二上 藏方九思·守志 六上 (李尤)章光陽方张湯梁匡饗辟雍赋 文伍拾 二上 洋廊行棠陽东观赋 三上 鄉梁方良康洛铭 四上 方陽洋房良梁明堂铭 四下 章昌云台铭 五上 王光陽方荒德阳殿铭 五上 墙陽當常鞠城铭 五上 光房當荒王平乐馆铭 五下 堂涼嘗廂簧堂铭 七上 長涼揚笛铭 八上 張方抗常屏风铭 八上 常防殃芒戟铭 九上 常傷弩铭 九下 (崔琦)煌皇湯外戚箴 文肆伍 八上 (张衡)方香箱殃常航嘗裳珩長藏芳霜伉亡章思玄赋 文伍贰 二上 桑糧岡同上 三上 光黄同上 四下 行洋梁牀漿同上 昂煌驤揚湯忘同上 翔閬鏘芒狼硠湯皇驤遏同上 五上 防藏趪驤西京赋 七上 堂章煌同上 方祥央望翔同上 七下 芫羊岡篁疆同上 九上 匡伉同上 十上 房臧堂康东京赋 文伍叁 一下 昌陽將商方章同上 二上 常房鄉泱同上 二下

廂將同上 三上 皇將同上 錫瓖鉠同上 三下 梁狂良潢光方同上 五上 祥黄皇唐荒裳浪王同上 五下 康陽疆詳南都赋 七上 光黄同上 橿桑同上 場張芒鶬翔同上 八下 荒塘驤忘同上 良章揚同上 九上 翔鄉昂揚光舞赋 十上 方驤鄉桑涼昂岡旁霜髑髅赋 文伍肆 一下 行堂冢赋 二下 黄鴦七辩 文伍伍 一下 驤堂長司徒吕公诔 三下 鄉章璜光方庠大司农鲍德诔 四上 房湯當嘗牀霜香光張方皇忘同声歌 汉诗贰 十上 陽長裳四愁诗 十下 (崔瑗)光章南阳文学颂 文肆伍 二上 長忘綱傷藏强光量祥芳座右铭 四下 良芳傷张平子碑 六上 皇章草书势 七上 (刘梁)梁黄光七举 文陆肆 十下 裳霜同上 十一上 (侯瑾)商傷筝赋 文陆陆 一上 (朱穆)望光郁金赋 文贰捌 六下 (马融)藏疆广成颂 文拾捌 十上 常狼瓖岡光場良行同上 十一上 方芒陽場相祥光羊同上 十一下 行將觴同上 十二上 荒享王同上 十二下 藏常章陽良荒同上 祥行光荒望同上 (崔寔)章匡光答讥 文肆伍 九下 (胡广)皇王陵令箴 文伍陆 八上 (桓彬)梁香粻七设 文贰柒 十二下 梁羊芳同上 (王延寿)堂章鲁灵光殿赋 文伍捌 一下 陽煌同上 (赵壹)方亡行强殃昌涼藏刺世疾邪赋 文捌贰 八下 (张超)王望梁綱荒康臧杨四公颂 文捌肆 十上 商良灵帝河间旧庐碑 文捌肆 十下 堂房瑺箱翔剛陽荒祥穰觴將量同上 (戴良)傷償狀失父零丁 文陆捌 七上 (蔡邕)疆商陽述行赋 文陆玖 二上 央涼唐黄陽同上 二下 牀良协和婚赋 四上 揚章裳翔光桑翔昂琴赋 五下 長傷伤故栗赋 七上 防抗湯揚释诲 文柒叁 七下 陽黄堂方陈留太守行县颂 文柒肆 一上 莊堂光祖德颂 三上 方皇彰疆光武济阳宫碑 文柒伍 二上 良彰匡匡蒼皇□芳伯夷叔齐碑 二下 彰忘皇光章嘗樊陵颂碑 四上 殃皇傷章光藏朱穆坟前方石碑 七上 彰堂光良强方翔胡硕碑 九上 章揚望喪皇嘗疆太傅祠堂碑铭 文柒陆 六下 荒綱方望芳光章陈寔碑 文柒捌 三下 傷央喪腸長良蒼太傅胡公夫人灵表 文柒玖 四上 良方剛莊臧光济北相崔君夫人诔 六下 長疆殃傷惶將同上 七上 良藏陽光望忘喪章昌將傷同上 良陽祥祝祖文 八上 剛鋩劝学篇 文捌拾 一下 光璋同上 二上 (蔡琰)常良疆祥光羌亡

悲愤诗　诗叁　三下　（孔融）方張傍王匡揚彰忘光藏長离合作郡姓名字诗　诗贰　十四上　（傅幹）綱房皇后箴　文捌壹　十四上　（宋子侯）旁當昂桑颺傷霜香芳忘腸堂董娇饶诗　诗贰　十六上　（士孙瑞）剛商彰將陽祥亡荒强剑铭　文捌肆　十三下　（阙名）方芳孔嵩赞　文玖陆　九上　昌王双鱼洗铭　文玖柒　九下　裳亡北海相景君铭　文玖捌　六上　陽黄堂行章忘武梁碑　文玖玖　一上　翔望彰任伯嗣碑　文壹佰　一下　蒼陽桒光梁昌方亢康堂望章場芳祥疆西岳华山庙碑　文壹佰　六下　望卬度尚碑　十上　光皇傷臧疆杨统碑　文壹零壹　二上　良□方孔彪碑　文壹零贰　二下　匡光太尉杨震碑　六下　央詳亡長央疆故民吴仲山碑　七下　喪傷费凤别碑　文壹零叁　六下　堂常白石神君碑　文壹零肆　八下　陽量臧章相皇忘香粮疆昌同上　九上　章方巟曹全碑　文壹零伍　三上　（无名氏）旁鄉饮马长城窟行　诗贰　十三上　梁鄉古诗　诗叁　九下　鶬忘古绝句　十上　糧傷东光　诗肆　一下　堂倡王鶬行廂郎傍煌徬殭忘鸡鸣　一下　忘堂倡煌郎光傍鶬行廂黄堂央相逢行　四下　徬忘郎陽光黄堂央长安有狭斜行　四下　香梁艳歌行　八上　牀漿淮南王篇　九下　梁鄉同上　牀長揚堂徨翔腸裳蒼伤歌行　十上　光囊古诗为焦仲卿妻作　十二上　長將忘行同上　十二下　方香梁乐府　十四下　堂羊商行香康霜古歌　十四下　堂梁桓帝时童谣歌　诗伍　六下　王芒灵帝末京都童谣　七下　良王太学中谣·八厨　八下　養將灶下养谚　十下　伉常刘太常谣　十一上　常良白眉谣　十一下

上声

（冯衍）上敞显志赋　文贰拾　一下　（傅毅）廣想仰往悵象舞赋　文肆叁　二下　（班昭）壤響往蝉赋　文玖陆　二下　（张衡）潒沆敞西京赋　文伍贰　八上　（马融）象罔长笛赋　文拾捌　三上　蕩泱莽广成颂　十下　（王延寿）儻敞鲁灵光殿赋　文伍捌　一下

去声

（杜笃）上望暘论都赋　文贰捌　三上　（班固）曠貺窦将军北征颂　文贰陆　二下　（张衡）悵怏四愁诗　诗贰　十下　（无名氏）昶讓阎君谣　诗伍　九下

(12)－3 阳部合韵谱上(前汉)

阳东

平声 (贾谊)狂長功惜誓 汉文拾伍 三下 (司马相如)東光陽皇方行大人赋 文贰壹 七下 (东方朔)蒙湯七谏·自悲 文贰伍 三下 公堂又谬谏 五上 揚通同上 五下 (刘向)章行藏茸九叹·忧苦 文叁伍 六上 (杨雄)裳頌羽猎赋 文伍壹 九上 皇龍解嘲 文伍叁 三上 莊光將龍元后诔 文伍肆 九下 (阙名)央方黄當融龍當刚卯文 文伍柒 十一下

阳耕

平声 (王褒)平攘四子讲德论 文肆贰 八上 (杨雄)楊榮甘泉赋 文伍壹 四上 零狂疆赵充国颂 文伍叁 七下 羌陽章亢京庭同上 茫荆剛强荆州箴 文伍肆 二下

阳冬

平声 (东方朔)兵雄疆亡行倉享答客难 文贰伍 十上

阳蒸

平声 (司马相如)羊紘鄉子虚赋 文贰壹 五下

阳侵

平声 (贾谊)明風方羊旁商翔鄉惜誓 文拾伍 三上

阳东冬"壟同功公曚江聰縱蓬凶容重東壅"为东部字,"降"为冬部字。

平声 (东方朔)傷忘彰殃亡望壟同芳狂傷香攘陽明光旁降長傷藏葬行當功公央曚江聰縱長方蓬凶望容重東壅七谏·沉江 文贰伍 二上

阳东蒸"朋"为蒸部字,"通"为东部字。

平声 (东方朔)廂朋翔通七谏·怨思 文贰伍 三上

阳东侵"動"为东部字,"感"为侵部字。

上声 （东方朔）動往感七谏·谬谏 文贰伍 五上

（12）－4 阳部合韵谱下（后汉）

阳耕

平声 （冯衍）佯明显志赋 后汉文贰拾 四上 洋英同上 張常英席后右铭 十一下 （杜笃）章陽望榮明论都赋 文贰捌 三上 （梁鸿）芒京央五噫歌 汉诗贰 八下 （班固）昌京东都赋 文贰肆 七下 精光荒蒼答宾戏 文贰伍 六上 光芒亨王亢典引 文贰陆 七下 （崔骃）羹方漿嘗七依 文肆肆七下 揚明同上 横匡河南尹箴 十上 衡陽车左铭 十上 （黄香）綱行煌明坱閬煬房芒陽行方九宫赋 文肆贰 六下 （李尤）竟陽張围棋铭 文伍拾十三上 （崔琦）堂霜芳城七蠲 文肆伍 七下 （张衡）装陽英荒芒思玄赋文伍贰 二下 衡羹明喤饗穰东京赋 文伍叁 四上 嘗將堂方琅明英鶬南都赋 八上 莨芳秔同上 猛陽英长同上 九上 杭粱秔香七辩 文伍伍 一下 （马融）廊張聲长笛赋 文拾捌 二下 兵場當亡方旁望行央翔行羊迎房强牆長惶裝坑囊迎殃围棋赋 四上 常明广成颂 十下 唐光衡东巡颂十三上 （蔡邕）良行煌光彭張央兵行倡方疆祖饯祝文 文柒玖 八上 （祢衡）行亨蒼光鲁夫子碑 文捌柒 二下 （阙名）明忘镜铭 文玖柒 十上 傷章祥陽央明昌王镜铭 十下 明方綱武梁祠堂画像 文玖玖 一下 兄忘芳郑固碑 六上 光常衡章黄康芳忘揚祝睦碑 文壹佰 六上 陽綱衡方皇光昌長香芳忘常祝睦后碑 文壹佰 八上 揚榮讓長良亡郭仲奇碑 文壹零贰 三下 精陽堂涼章成阳灵台碑 五上 鄉章方明光□堂綱當荒郭君碑 文壹零叁 九下 明章剛揚讓京長亡蒼芳谯敏碑 文壹零伍 四下 （无名氏）傷量詳兄長古诗为焦仲卿妻作 诗肆 十三下

阳东

平声 （班固）功彰遑答宾戏 文贰伍 四下 揚光荒功十八侯铭夏侯婴文贰陆 五上 （崔骃）蹤翔大将军西征赋 文肆肆 一上 （王逸）涼朗唐穰傖章光房陽荒蠡螂傷九思·哀岁 文伍柒 五上 （崔瑗）寵廣遑傷窦贵人诔

文肆伍 五下 (马融)鴻洋皇抰唐方當亡裝揚长笛赋 文拾捌 二下 (蔡邕)彰昌光疆庸長祥忘陈留东昏库上里社碑 文柒伍 二下 (阙名)光荒疆霜方通常綱章杨孟文石门颂 文玖捌 八上 工惶章芳张公神碑 九下 陽方鄉公觴窮央同上 陽香功光行羊昂相章疆衡方碑 文壹零壹 五上 綱光□望芳良煌通康蔡湛颂 文壹零肆 一下 雍璋方亡康陽疆霜唐扶颂 八上 (无名氏)長幢箱疆长长歌行 诗肆 三下 郎雙古诗为焦仲卿妻作 十三上

阳蒸

平声 (阙名)倉良興孟郁修尧庙碑 文壹佰 八下 升氓騰□朱龟碑 文壹零肆 十上

阳冬

平声 (无名氏)香傍中古乐府 诗叁 十上

阳元东“通雙”为东部字，“丹”为元部字。

平声 (无名氏)忘妝通光璫丹雙古诗为焦仲卿妻作 诗肆 十二上

阳元耕“虔”为元部字，“明觥”为耕部字。

平声 (阙名)光彰虔明康方行觥皇孔宙碑 文壹佰 五上

阳耕东“通功邦松同”为东部字，“明迎榮清靈鳴萌寧馨庭貞”为耕部字。

平声 (桓谭)通明窮迎仙赋 文拾贰 七下 (阙名)邦清臧松揚靈鳴亢柳敏碑 文壹零壹 八下 光行萌陽通綱寧馨庭同貞藏陽榮张表碑 文壹零壹 五下 (无名氏)葬傍相通鴦更徨忘古诗为焦仲卿妻作 诗肆 十四上

阳耕冬“冥明”为耕部字，“中”为冬部字。

平声 (许慎)冥明中滂方说文解字后叙 文肆玖 四下

阳东蒸“葱”为东部字，“弘”为蒸部字。

平声 (阙名)房葱常霜弘央傷严䜣碑 文玖捌 十下

阳耕侵“京”为耕部字，“風”为侵部字。

平声 (阙名)光京亡藏傷風桒昌章马江碑 文壹零壹 十上

阳蒸冬侵“蒸朋興”为蒸部字，“忠”为冬部字，“今”为侵部字。

平声　(阙名)蒸陽疆忠朋章興今梁彰昌潘乾校官碑　文壹零肆　三下

(13)　耕部

韵　字　表(前汉)

庚梗敬

平	上	去
生榮平嶸鳴牲荆		命

耕耿诤

平	上	去
莖耕嚶	幸	

清静劲

平	上	去
清旌聲情成名征程 酲傾楨貞精誠楹嶒 嬰營崝城正嬴令禎 并籯逞[①] 纓鶄騁	嶺靜省整	政正聖性淨

青迥径

平	上	去
庭冥聽刑丁靈寧扃 瞑銘螟經零形星泠 玲熒霆苓定[②] 廷甯 屏		廷聽侫定

韵　字　表(后汉)

庚梗敬

平	上	去
英京生嶸榮平驚兵	景猛	命病敬

---

① “逞騁”,《广韵》收上声静韵。西汉韵文与平声字押韵。

② “定”,《广韵》收去声径韵。杨雄《解嘲》与“平”押韵。

明庚牲兄行荆鳴笙		
衡鯨瑩卿横慶[①] 亨		
羹竟迎彭喤坑觥命		
秔		
耕耿诤		
莖爭嚶崢罌耕箏鏗	倖	
萌		
清静劲		
城貞征名聲傾情清	領整省静井眚	性政聖正屏盛靜聘
成精旌營程誠并楨		
惸縈进正盈令盛		
逞[②] 鉦菁輕纓酲嬰		
楹瓊頸嶆廎		
青迥径		
冥形零庭寧青星軨		定聽
苓靈聽廷銘熒刑經		
徑[③] 嫇涇腥蓱玲丁		
馨坰停訂鈴泠陘綎		
亭軿齡扃霆炯[④]		

① "慶竟"二字《广韵》收在敬韵。东汉韵文与平声字押韵。

② "逞"字《广韵》收在静韵。《孔彪碑》与平声字"冥形生"押韵。

③ "徑"字《广韵》收在径韵。班固《窦将军北征颂》与"明冥城庭"押韵。

④ "炯"字《广韵》收在迥韵。《杨震碑》与"清榮"押韵。

(13)-1 耕部韵谱上(前汉)

平声

(唐山夫人)清庭冥旌安世房中歌 汉诗叁 一上 聲聽情成冥同上 (贾谊)成刑丁鹏鸟赋 汉文拾伍 二下 名生同上 (韦孟)清庭征在邹诗诗贰 二上 (公孙诡)庭聲文鹿赋 文拾玖 六下 (武帝刘彻)榮程李夫人赋文叁 一下 冥庭靈同上 寧平瓠子歌 诗壹 一下 聲生扃寧落叶哀蝉曲 二上 (枚乘)寧平七发 文贰拾 四上 醒瞑聽聲生平傾同上 (孔臧)生寧清生銘情杨柳赋 文拾叁 四下 榮莖螟生蓼虫赋 五上 (廷尉翟公)生情署门 文贰贰 八下 (司马相如)清榮庭傾嶸生子虚赋 文贰壹 四下 莖榮同上 鳴經同上 冥零聲美人赋 文贰贰 一下 成聲封禅文 六下 榮成同上七上 (司马谈)形情论六家要指 文贰陆 四上 聽生形成冥名同上 四下 (东方朔)鳴情七谏·自悲 文贰伍 三下 旌冥同上 四上 榮聲生同上 楨貞同上 (王褒)冥形精聲洞箫赋 文肆贰 一下 征冥生傾靈九怀·昭世 三下 征嶺旌冥榮又思忠 四下 誠平寧四子讲德论 八上 (成帝)平清鼎铭文捌 十二下 (刘向)名星九叹·逢纷 文叁伍 二上 情傾同上 誠情同上二下 庭城同上 情庭又怨思 四上 冥情同上 庭城又愍命 七上 庭楹又思古 七下 聲情同上 清榮又远游 八上 征冥同上 冥清同上 八下 (班倢伃)清扃生泠聲榮自悼赋 文拾壹 七上 (杨雄)清玲[1] 傾嶒嬰成甘泉赋文伍壹 五上 營耕寧城平崝河东赋 六下 熒冥形榮嚶鳴霆羽猎赋 九上聲平长杨赋 文伍贰 二上 星霆同上 正貞反离骚 五下 苓榮同上 靜廷解嘲 文伍叁 三上 定平同上 三下 形聲解难 四上 莖成同上 四下 營征青州箴 文伍肆 一下 經成豫州箴 二下 寧傾同上 平營同上 三上 嬴程生大司农箴 五上 省清庭經光禄勋箴 五下 刑寧廷尉箴 六下 令征太史令箴 八上 楨寧成清經博士箴 八下 靈精楨成元后诔 九下 經寧成傾旌名同上 十下 精冥征庭銘同上 (刘歆)征平遂初赋 文肆拾 一下 情誠同

上 二上 冥泠同上 二下 誠城同上 二下 寧清冥同上 三上 城庭甘泉宫赋 三上 (阙名)寧靈祭地辞 文伍柒 十二下 鳴清郊祀歌·天地 诗壹 六下 成生鳴牲生醒名并甯平成榮又景星 七下 (无名氏)冥鳴铙歌·战城南 诗壹 九下 清寧颍川歌 诗伍 一下 籯經邹鲁谚 十上

上声

(韦玄成)整幸戒子孙诗 诗贰 八上

去声

(孔臧)政廷命谏格虎赋 文拾叁 四上 (刘向)正聽九叹·离世 文叁伍 三上 (杨雄)聖正命豫州箴 文肆伍 二下 (阙名)聽命郊祀歌·青阳 诗壹 六上 (无名氏)静命投阁谚 诗伍 十下

(13)-2 耕部韵谱下(后汉)

平声

(班彪)城貞征北征赋 后汉文贰叁 五上 (冯衍)英征京显志赋 文贰拾 二上 冥形同上 聲零生冥同上 二下 嵘榮同上 庭征同上 三上 傾聲同上 生平同上 三下 冥英同上 四上 驚情寧清生成与妇弟任武达书 十下 (杜笃)青星庭论都赋 文贰捌 三上 平寧大司马吴汉诔 五下 (刘仓)清成寧武德舞歌诗 汉诗壹 四下 (郑众)生傾婚礼谒文赞 文贰贰 三上 (梁竦)寧名悼骚赋 文贰贰 八下 (傅毅)精軨榮洛都赋 文肆叁 一下 苓聲榮靈聽七激 四下 平清同上 五下 旌兵形廷窦将军北征赋 六上 銘明聲榮北海王诔 六下 (班固)情京西都赋 文贰肆 二下 精靈成明京同上 城寧同上 四上 成形同上 庚熒生同上 榮生嵘莖英刑庭寧同上 四下 牲靈东都赋 七下 清營生聲同上 八上 兄明行成辟雍诗 八下 靈聲京幽通赋 九下 聲荆營榮程同上 十下 經形情同上 十一上 聲聽答宾戏 文贰伍 五上 經明庭旌南巡颂 文贰陆 一上 明冥城徑庭窦将军北征颂 一下 庭靈聲寧封燕然山铭 三上 誠營并寧周勃赞 四上 誠傾名楨曹参赞 四下

征營平傾韩信赞　五下　清成典引　六下　行倖爭平奕旨　八下　刑城甇生鳴聲情縈咏史　诗贰　九上　(袁安)笙平夜酣赋　文叁拾　一上　(崔骃)庭衡明成清榮經聲庭尚书箴　文肆肆　九上　平清大理箴　九下　迸明同上　情刑同上　京營河南尹箴　十上　(班昭)征行东征赋　文玖陆　一上　(王逸)形平明星征机妇赋　文伍柒　一上　冥嚶征京明九思·悼乱　四下　靈明榮娙又伤时　五上　甇冥熒生情又哀岁　五下　(李尤)平清庭并正平乐观赋　文伍拾二下　生榮零七款　三下　清平盈傾井铭　七下　形名金马书刀铭　九上　兵名鯨刑聲宝剑铭　九上　令聽鉦铭　十上　靈莖傾名灵寿杖铭　十下　明行程印铭　十一上　盛成鳴安哉铭　十二下　衡明权衡铭　十三上　(崔琦)傾并榮七蠲　文肆伍　七下　(张衡)靈營清温泉赋　文伍贰　一下　生成同上　情名聲營平崢楨逞鳴榮寧思玄赋　二下　輕傾生同上　鉦冥清嚳征靈同上　五上　庭經平西京赋　八下　形冥涇同上　十一上　菁城營榮丁輕同上　十一下　營盈城东京赋　文伍叁　二上　明寧形同上　二下　青清鳴嚶同上　軨莖纓同上　三下　正旌庭同上　四上　營鉦聲牲成同上　四下　名菁腥清蓱酲南都赋　八上　笙聲鳴精同上　八下　寧征榮靈同上　鳴零征營定情赋　九下　清榮鳴嚶情归田赋　九下　縈声形舞赋　十上　征玲傾羽猎赋　文伍肆　一上　靈形髑髅赋　一下　庭清聲七辩　文伍伍　一下　庭成同上　二下　寧傾盈清名司徒吕公诔　三下　聲丁形成鲍德诔　四上　(崔瑗)經馨形南阳文学颂　文肆伍　二上　靈星瑩三珠釵铭　五上　精榮铭柏枕铭　五下　形盈张平子碑　六下　(滕抚)靈庭明祭牙文　文陆壹　九上　(桓麟)形聲七说　文贰柒　十一上　(郑彬)清靈貞□坰平榮□□盈牲零张公神道石阙铭　文陆叁　七上　(朱穆)青零停清熒靈郁金赋　文贰捌　六下　(马融)城京广成颂　文拾捌　十三上　成明东巡颂　(边韶)清營縈逞并坰聲經冥正榮輕嬰情程成貞盈訂名星庭形精生靈旌老子铭　文陆贰　四上　(秦嘉)傾楹星庭赠妇诗　诗贰十二上　征鈴鳴形寧誠形聲瓊輕情留郡赠妇诗　十二下　(崔寔)星庭鳴聲寧大赦赋　文肆伍　九上　(胡广)平并边都尉箴　文伍陆　七下　生經陵令箴八上　(王延寿)明精京寧鲁灵光殿赋　文伍捌　一上　嶸泠驚精英同上　一下

生靈青形情同上　二下　成形庭征星同上　傾冥同上　三上　(张超)清靈丁貞杨四公颂　文捌肆　十上　(蔡邕)清形征名精縈靈汉津赋　文陆玖　一下　縈城名陘傾形冥嵘生莖靈并營聲述行赋　二上　煢生并傾靈静情赋　四上　形鳴琴赋　六上　兵驚弹棋赋　六下　庭生榮英明伤故栗赋　七上　靈經營冥形释诲　文柒叁　六上　形耕生征輕傾同上　六下　楹平綎庭同上　七上　成生盈榮寧情同上　清靈寧亭生征同上　八上　情輕生寔聲陈留太守行县颂　文柒肆　一上　城營經成聽耕平情同上　成盈靈寧京兆樊惠渠颂　二下　精生坰五灵颂·白虎　三上　平清寧庭成太尉陈公赞　三上　靈形傾警枕铭　八下　靈貞榮形軿鈴旌齡生情聲城纓名驚王子乔碑　文柒伍　三下　靈精生楨刑成清杨秉碑　七下　成聲銘胡硕碑　八下　生靈情驚營清貞經聽处士圈典碑　文柒陆　二上　靈瑩生名成爭盈榮齡零情寧呈銘胡根碑　二下　靈生聲清寧太傅祠堂碑铭　六下　靈經寧誠聲姜肱碑　七下　生程正聲陈寔碑　文柒捌　一下　貞寧清成珽靈程聲杨赐碑　五下　英行济北相崔君夫人诔　文柒玖　六下　榮形青庭齡翠鸟诗　诗贰　十三上　(边让)明京平章华台赋　文捌肆　十二上　(祢衡)停驚生刑鹦鹉赋　文捌柒　一下　(蔡琰)精零冥榮腥停征扃營庭星泠鳴嚶箏清盈驚頸寧生聲聽煢形情生悲愤诗　诗叁　四下　(阙名)程平丁寧镜铭　文玖柒　十上　成明靈清精貞盈寧英并同上　十下　清爭聽經平寧杨孟文石门颂　文玖捌　八上　明情榮同上　八下　庭驚寧牲泠傾张公神碑　十上　成榮都乡孝子严举碑　文壹佰　四上　明貞度尚碑　十上　榮聲荆同上　寧冥庭平杨统碑　文壹零壹　二上　靈征张寿碑　四上　平生榮傾清零情寧侯成碑　八上　冥形生逞孔彪碑　文壹零贰　二下　名清城庭征□程貞同上　三上　營成成阳灵台碑　五上　誠牲靈成庭榮聲同上　生精杨震碑　六下　清榮炯同上　城榮故民吴仲山碑　七上　精明榮成清傾征生平寧耿勋碑　八下　明成爭娄寿碑　文壹零叁　一下　泠庭榮靈名情營冥呈聲貞生寧清瑩聲經纓衡停馨冀州从事郭君碑　九下　馨傾盈衡唐扶颂　文壹零肆　八上　牲盛白石神君碑　八下　生明盈寧嶸名同上　清名生盈成聽同上　九上　形泠銘樊敏碑　文壹零伍　七上　(无名氏)生成古诗　诗叁　九下　生

精鳴星古两头纤纤诗　十下　貞聲谯君黄诗　十一上　生命乌生　诗肆　二上　令平明寧命王子乔　三上　亭星生城傾聲纓长歌行　三下　寧形耕寧榮满歌行　九上　聲迎古诗为焦仲卿妻作　十三下　鳴平董宣歌　诗伍　二下　明卿廷平郭乔卿歌　二下　平姓桓帝初京都童谣　七上　貞英太学中谣·八俊　七下　誠平太学中谣·三君　八上　英經太学中谣·八俊　八上　明平太学中谣·八厨　八上　青生献帝初京都童谣　九上　鏗行杨子行　十一上　庭生考城谚　十一下

上声

（桓谭）領整离事　文拾伍　一上　（张衡）省靜司空陈公诔　文伍伍　三下　（无名氏）井整桓帝末京都童谣　诗伍　七上　整景太学中谣·八厨　八下

去声

（班彪）性命冀州赋　文贰叁　五下　（冯衍）政命显志赋　文贰拾　三上　（班固）命聖[1]幽通赋　文贰肆　十一　政正奕旨　八下　（崔骃）聖政命司徒箴　文肆肆　八下　（苏顺）命政和帝诔　文肆玖　十上　命性屏同上　十上　（李尤）正病杯铭　文伍拾　十二下　（张衡）正命温泉赋　文伍贰　一下　（蔡邕）性聖正命周勰碑　文柒伍　六下　命聘靜姜肱碑　文柒陆　七下　聖敬政定命聽盛乔玄碑　文柒柒　二

（13）－3　耕部合韵谱上（前汉）

耕阳

平声　（韦孟）城生耕寧京征平讽谏诗　汉诗贰　一下　（王褒）清明靈四子讲德论　汉文肆贰　八下　（韦玄成）兄形聲京自劾诗　诗贰　七下　（班倢伃）靈庭明成自悼赋　文拾壹　七上　清輕聲庭明捣素赋　七下

去声　（韦玄成）盛慶戒子孙诗　诗贰　八上　（班倢伃）性病詠鏡捣素赋　文拾壹　八上　（公孙乘）鏡映淨[1]正佞月赋　文拾玖　七上

耕真

平声 (贾谊)生身吊屈原文 文拾陆 七下 (严忌)真清身聲情名榮逞正成生年哀时命 文拾玖 四下 (邹阳)臣賓屏鎮纓屏酒赋 文拾玖 七上 (枚乘)鵲纓鳴鱗苓莖天七发 文贰拾 五下 (司马相如)騁形精恩子虚赋 文贰壹 六下 (刘旦)城鳴人歌一首 诗壹 四上 (王褒)嬰親四子讲德论 文肆贰 五下

耕蒸

平声 (王褒)肱成四子讲德论 文肆贰 七下 (杨雄)征騰崩幽州箴 文伍肆 三下

去声 (王褒)正定應四子讲德论 文肆贰 九上

耕阳真“顛”为真部字,“衡”为阳部字。

平声 (杨雄)生經顛盈傾衡元后诔 文伍肆 九下

(13)-4 耕部合韵谱下(后汉)

耕阳

平声 (傅毅)行傾聲横并驚輕清冥湯生昂霜當舞赋 后汉文肆叁二下 (李尤)征鳴囊函谷关铭 文伍拾 四下 (张衡)聽刑傷髑髅赋 文伍肆二上 (马融)京生楊爽榮熒形广成颂 文拾捌 十下 (张昶)明成程榮馨穰华山堂阙碑铭 文陆肆 六上 (阙名)精靈倉史晨奏祀孔子庙碑 文壹零壹 七下 零情靈榮英聲譽城庭平良甇生刑窅冥字李翊夫人碑 文壹零陆 六下

上声 (张衡)政眚隍静东京赋 文伍叁 三上

耕真

平声 (孔融)靈貞榮霆寧盾張儉碑銘 文捌叁 十二上 (阙名)清靈貞坰平榮盈牲零君英民年天辰回營靈张公神碑 文玖捌 九下 存天清并靈孔彪碑 文壹零贰 三上 明矜經唐扶颂 文壹零肆 八上 明清廎盈形楨生靈庭榮臣樊敏碑 文壹零伍 七上

耕东

平声　(班固)容精成慶白雉诗　文贰肆　九上

耕冬

平声　(阙名)萌明宮成阳灵台碑　文壹零贰　四下　(无名氏)中平名相和曲·鸡鸣　汉诗肆　一下

耕真元“門”为真部字,“泉”为元部字。

平声　(李尤)陘庭門□零泉經函谷关赋　文伍拾　一上

耕阳蒸“亡廣”为阳部字,“升”为蒸部字。

平声　(张衡)亡廣寧平升冢赋　文伍肆　二下

(14)　真部

韵　字　表

痕很恨

恩根

魂混慁

門存尊昏沌奔犇閽	本忖	論困
崙孫論昆敦窀屯鵾		
賁坤豚魂婚温樽嶟		
鶤遁[①]		

真轸震

仁人親信真神鄰辛	軫賬引盡菌眕	信進鎮震印胤刃疢
珍螾臣濱麟銀鱗民		覲
秦身辰陳伸塵賓駰		
頻晨榐瀕振緡貧		

① “遁”,《广韵》收在混、慁两韵。杨雄《解嘲》与“臣貧存”押韵,故列入平声魂韵。

震[1]鎮輴豳紳嬪呻新
因津申寅斌囷旻汶
儐蠙繽薪彬轔巾甄
瑸泯闉璘堙訊[2]

臻

榛轃臻莘溱

谆准稕

均輪脣春遵循純倫　尹允　　　　　俊峻順潤
侖鈞詢巡旬醇溍淳
踆迍綸浚

殷隐焮

勤殷昕垠圻欣炘慇　近隱
斤懃齗沂[3]

文吻问

云聞分紛群雲雰文　吻忿　　　　　問運訓奮分郡
君芬軍氛勛棻紜耘
勳緼熅墳蝹熏運[4]
員煇[5]暉芸沄

先

① “震”字《广韵》收在去声震韵，无平声一读。

② “訊”字《广韵》收在去声震韵。《古诗为焦仲卿妻作》与“人門君”押韵。

③ “沂”，《广韵》收在微韵，音鱼衣切。班固《答宾戏》、杜笃《论都赋》均与本部字押韵。顾炎武《唐韵正》卷二云：“古音鱼巾反。”

④ “運”，《广韵》收在去声问韵。按古有平声一读，详见江有诰《唐韵四声正》第52页下。

⑤ “煇暉”二字《广韵》收在微韵，音許歸切。张衡《西京赋》“煇彬崙尊”为韵，阙名《孙根碑》“純民儐暉仁恩權”为韵，故归入本部。顾炎武《唐韵正》卷二云：“古音熏。”

天年顛賢闐怜憐蠲　殄
堅先烟田玄牽鉉巔
弦咽淵佃千西①駢
眠瞑

(14)－1　真部韵谱(两汉)

平声

前汉　(唐山夫人)天人安世房中歌　汉诗叁　一下　(贾谊)仁信人旱云赋　汉文拾伍　一下　紛垠鵩鸟赋　文拾伍　二下　珍蠙吊屈原文　文拾陆　八上　(韦孟)仁臣在邹诗　诗贰　二上　親聞讽谏诗　二上　(武帝刘彻)親信李夫人赋　文叁　一下　仁人瓠子歌　诗壹　一下　(孔臧)真神鄰鸮赋　文拾叁四下　人辛云蓼虫赋　五上　(司马相如)紛雲子虚赋　文贰壹　一下　銀鱗同上　顛榛同上　四下　垠門天聞存大人赋　文贰壹　八上　人親长门赋　文贰贰二上　君存聞封禅文　六下　神尊民同上　七上　(刘胜)雲霧群分文文木赋文拾贰　六下　(司马谈)遵循论六家要指　文贰陆　三下　恩分同上　(东方朔)淵人七谏乱曰　文贰伍　五下　門身据地歌　诗贰　二下　(司马迁)辰存聞勤陳分伸悲士不遇赋　文贰陆　四下　(王褒)眠闐怜九怀·通路　文肆贰　三上　昏真臻芬又昭世　三下　紛憐門同上　神晨紛雲憐又思忠　四下　君臣四子讲德论　七下　天人同上　仁文同上　八上　臣賓同上　八下　臣雲圣主得贤臣颂　十上　仁倫碧鸡颂　十一上　(张敞)神天塵书　文叁拾　六上　(韦玄成)聞訓自劾诗　诗贰　七下　(刘向)親濱九叹·逢纷　文叁伍　二上　聞神又离世　三上　均純同上　西紛又远逝　五上　門濱又远游　八上　辰淵同上　(班倢伃)脣春捣素赋　文拾壹　七下　(杨雄)垠瑞鱗炘神嶙椳甘泉赋　文伍

---

① “西”,《广韵》收在齐韵。汉代韵文大半与本部字通押,惟王逸《九思·逢尤》以“璣低霏悽棲徽依西懷悲摧”为韵(见脂部韵谱),今兼收真、脂两部。顾炎武《唐韵正》卷二云:“西,古音先。”

壹 四下 門川侖同上 芬麟闇神同上 五下 門塵羽猎赋 八下 民身长杨赋 文伍贰 一上 顛天逐贫赋 四下 紛紛反离骚 五下 臣貧存遁解嘲 文伍叁 二上 天淵解难 四上 臣軍震赵充国颂 七下 震晨殷兖州箴 文伍肆一下 親君扬州箴 二上 純昏豫州箴 二下 崘垠門臣雍州箴 三上 賢天司空箴 四下 臣人均同上 文倫鄰大鸿胪箴 五下 人堅卫尉箴 六上 殷昕駰太仆箴 六上 神龣太常箴 七上 仁顛将作大匠箴 七下 陳遵振賓博士箴八下 （刘歆）人門遂初赋 文肆拾 二上 陈淵同上 神真同上 三上 （應季先）淵親人美严王思诗 诗贰 七上 （阙名）雲紛郊祀歌·练时日 诗壹 五下 紛尊又天地 六下 門侖又天马 七上 根門侖又华烨烨 八上 鄰雲又五神八上 垠麟又朝陇首 八上 （无名氏）人君铙歌·思悲翁 诗壹 九上 引陳年又远如期 十一上 君君循民鈞君杂歌谣辞·上郡歌 诗伍 二上 烟門元帝时童谣 五上 根孫武帝时童谣 五下 田人顛憐同上 門群人天民王莽末天水童谣 五下 論文张文谚 十下

后汉 （光武帝刘秀）人身报臧宫马武请灭匈奴诏 后汉文贰 二 臣人同上 （班彪）文賢北征赋 文贰叁 五下 （冯衍）信親显志赋 文贰拾 二下 鄢紜同上 三上 勳芬同上 四上 鎮玄親神同上 四下 仁身杖铭 十一下 輪民车铭 十一下 （杜笃）君鄰臣勤民淵存仁论都赋 文贰捌 四上 （郑众）芬珍婚礼谒文赞 文贰贰 二下 顛伸同上 三上 （梁竦）珍仁真悼骚赋文贰贰 八下 （傅毅）田鷃洛都赋 文肆叁 一下 濱鱗同上 親旻北海王诔六下 （班固）困辰雰神终南山赋 文贰肆 一上 分鱗雲棻西都赋 三上 紛神同上 四上 臣門同上 五上 震天淵同上 五下 天民东都赋 六上 珍文雲震同上 湣垠鄰臣賓同上 七下 真耘玄珍淵同上 八上 門莘仁同上 珍雲緼文神年宝鼎诗 九上 信真幽通赋 十一上 論分答宾戏 文贰伍 四上 鱗雲震門根同上 四下 神春同上 五上 神[1] 濱垠信勳同上 五下 聞玄同上 五下 文人同上 神珍真分斤鈞垠文同上 六上 辰巡东巡颂 文贰陆一上 先垠[2] 軍仁信窦将军北征颂 二上 雲民拟连珠 文贰陆 二下 群分同上 三上 群分神天封燕然山铭 三上 分煴典引 六下 紛分同上 七上 運陳同上 文臻同上 八上 陳人奕旨 八下 伸新同上 分文同上 （崔骃）雲

震大将军西征赋　文肆肆　一上　門人真群达旨　文肆肆　三下　民文仁同上　四上　耘存同上　五上　震轔东巡颂　六下　巡勤同上　神人北巡颂　六下　臣人均賢天司空箴　九上　神蠲太常箴　九上　人艱文門遵民忿殷軍秦身大理箴　九下　分秦河南尹箴　十上　天年臻孫冬至袜铭　十一上　（黄香）純天春旬辰神天子冠颂　文肆貳　八上　民身屏风铭　八下　（班昭）仁人神信东征赋　文玖陆　一下　魂艱門同上　文人同上　二上　（王逸）甄倫昏九思·悼乱　文伍柒　四下　（李尤）珍鄰平乐观赋　文伍拾　二下　陳文东观赋　三上　門因七款　三下　信津殷鄰珍河铭　四上　循陳門淵文东观铭　四下　遵春辰人欣永安宫铭　五上　因雲云台铭　五上　寅春上东门铭　六上　申分广阳门铭　六下　辰振旄门铭　六下　文身错佩刀铭　九上　先存陳武库铭　十下　賓陳文醇几铭　十下　賢豚席铭　十下　陳申勳研墨铭　十一下　仁斌身塵文履铭　十一下　民陳算铭　十三上　（崔琦）仁身外戚箴　文肆伍　八下　晨人親陳同上　（张衡）臻烟温泉赋　文伍貳　一下　珍聞勤殷思玄赋　二上　真信身思玄赋　二上　鄰瀕墳魂同上　三上　仁人辰秦同上　三下　煇彬崙尊西京赋　七上　倫文群雲同上　八下　鶤温門訇論同上　九上　踆囷蝹同上　十一上　醇芬熏踆东京赋　文伍叁　三上　陳轔昣神同上　三下　麟仁民人同上　五上　駢瞑天巔間南都赋　七下　田韗臻同上　辰瀕雲紛同上　八上　軫巾塵濱髑髅赋　文伍肆　二上　鱗根圂七辩　文伍伍　一下　榛珍同上　雲氛垠崙同上　二上　墳彬同上　二下　人神新同上　紳信臣民仁神新鄰绶笥铭　三上　賓人司空陈公诔　三下　鄰頻震鲍德诔　四上　門紛巾四愁诗　汉诗貳　十下　（崔瑗）津仁人親关都尉箴　文肆伍　三上　臣震人均賓神陳身申臣群員北军中侯箴　三下　勤親人君軍同上　四上　神懃雲窦贵人诔　五下　存尊昆同上　君文张平子碑　六下　（郑彬）君□勳民年天因□张公神道石阙铭　文陆叁　七上　（侯瑾）神賓倫筝赋　文陆陆　一上　（马融）淵佃震年广成颂　文拾捌　十二下　辰神东巡颂　十三上　（刘琬）伸雲神龙赋　文陆陆　十一下　（崔寔）玄雲勤貧神答讥　文肆伍　九下　（胡广）文鄰臣詢勳侍中箴　文伍陆　七下　賢親仁人同上　垠賓边都尉箴　文伍陆　七下　文人陵令箴　八上　（王延寿）人垠紛雲鱗坤神鲁灵光殿赋　文伍捌　一下　勤勳殷熅臻西芬堅存孫珍同上

二下 （赵壹）賢憐西恩天年孫穷鸟赋 文捌贰 九上 （张超）身真新墳杨四公颂 文捌肆 十上 （蔡邕）神軍臣聞述行赋 文陆玖 二上 溱遵勤墳殷晨文運欣同上 二下 勳文覲倫神笔赋 六上 殷貧勤存雲温臻身欣九惟文 七上 群文倫塵雲聞云释诲 文柒叁 六上 魂塵濱王立义葬流民颂 文柒肆 一下 仁醇人祖德颂 三上 賓真棨铭 九上 天雲民勛九疑山碑 文柒伍一上 神民陈留东昏库上里社碑 二下 勤純分遵欣震仁珍文鄰年李林碑 五下 玄天淵敦根門郭泰碑 文柒陆 一下 陳人神親聞袁公夫人马氏碑 文柒柒 六上 神珍文聞陈寔碑 文柒捌 二上 塵聞詢勤同上 三下 倫神人臣真文鉉賢臻年天孫堅尊存魂杨赐碑 四下 真神賓雲身翟先生碑 文柒玖一上 仁濱人年黄氏神诰 五上 艱年憐存胡公夫人哀赞 六上 門存同上人身劝学篇 文捌拾 二上 人文答卜元嗣诗 诗贰 十三上 （边让）分文紛群雲章华台赋 文捌肆 十一下 （郑玄）新殷文仁人臣珍賓年郊祀赋 文肆玖 二上 仁民同上 （仇靖）君文神均銀鄰□欣析里桥郙阁颂 文捌壹 四上（窦玄妻）人親天与窦玄书 文玖陆 八下 （阙名）雲民貧张公神碑 文玖捌九下 田民武梁祠堂画像 文玖玖 一下 君□□勤紛人□寅濱神運泯郭旻碑 六下 民仁鎮严举碑 文壹佰 四上 君純张寿碑 文壹零壹 四上 新聞张表碑 六上 臻千史晨奏祀孔子庙碑 七下 人神均訓成阳灵台碑 文壹零贰 五上 醇天珍存娄寿碑 文壹零叁 一下 君勛分民震臣仁昏泯尹宙碑 五下君孫云无极山碑 文壹零肆 三上 芬殷白石神君碑 八下 人真文□朱龟碑十上 昆年张君表颂 文壹零伍 四上 倫年张纳碑 五下 坤君醇墳神繽民刘熊碑 文壹零陆 三上 淵芬□勳□氛昆范镇碑 五上 （无名氏）陳神真申塵津辛古诗 诗叁 七上 親墳薪人因古诗 七下 親民人新风巴郡太守诗十下 年賢天淮南王篇 诗肆 九下 人因古诗为焦仲卿妻作 十二上 人門君訊同上 十三上 君身云同上 樽門古歌 十四下 親秦古歌 十五上 賓津人通博南歌 诗伍 三上 塵雲范史云歌 三下 君民刘君歌 三下 真身民陈纪山歌 五上 珍麟太学中谣·八及 八下 彬真同上 君春京兆谣 九上 綸春井大春谣 十一上 彬文冯仲文谣 十一上

上声

前汉 (班倢伃)本近擣素赋 汉文拾壹 八上

后汉 (崔骃)允吻尚书箴 后汉文肆肆 九上 (张衡)殄盡东京赋 文伍叁 六上

去声

前汉 (韦孟)俊信讽谏诗 汉诗贰 一下 (刘歆)運濱遂初赋 汉文肆拾 一下

后汉 (冯衍)郡困显志赋 后汉文贰拾 一下 峻論同上 三下 (班固)順信幽通赋 文贰肆 十下 順奮窦将军北征颂 文贰陆 二上 順運同上 (崔骃)訓順达旨 文肆肆 五上 信潤刻漏铭 十一上 (史岑)勳郡問出师颂 文肆玖 十一上 (张衡)刃信疢思玄赋 文伍贰 三下 (蔡邕)訓順释诲 文柒叁 七下 進訓鎮倫運泯胡广碑 文柒陆 四上 隱問順訓奮胤泯杨赐碑 文柒捌 六上 (无名氏)印進乡人谣 汉诗伍 七下

(14)－2 真部合韵谱上(前汉)

真元

平声 (邹阳)雲冤几赋 汉文拾玖 七下 (司马相如)濱山麟輪子虚赋 文贰壹 一上 年園同上 一下 天軒同上 四下 諄巒封禅文 文贰贰 八上 (王褒)門欣難根九怀·尊嘉 文肆贰 四上 分宣四子讲德论 六下 眩泉甘泉宫颂 十一上 (刘向)犇轅九叹·离世 文叁伍 三上 前身又远逝 四下 淵山又惜贤 五下 賢愆又愍命 六下 淵遷同上 還温说苑·佚文 文叁玖 七下 (严遵)門源座右铭 文肆贰 十三下 (杨雄)藩顛天甘泉赋 文伍壹 四下 延淵同上 五上 天垣同上 山門瀕河东赋 六下 門淵山羽猎赋 七下 紛環同上 八上 前神鄰同上 九上 臣山同上 關侖长杨赋 文伍贰 一上 先端核灵赋 三上 年山反离骚 六上 文言泉天倫門解嘲 文伍叁 二上 存全同上 三上 山連君玄 同上 三下 信言臣頻鄰人身尚书箴 文伍肆 四下 全淵廷尉箴 六下 雲臣遵煩少府箴 七上 勤山樊門人信蘭同上 十

下 (阙名)西泉員文郊祀歌·象载瑜 汉诗壹 八下

上声 (司马相如)衍榛哀秦二世赋 文贰壹 六下 (司马迁)忖選悲士不遇赋 文贰陆 五上

去声 (王褒)獻溱圣主得贤臣颂 文肆贰 十下 (刘向)漫運九叹·逢纷 文叁伍 二下 (杨雄)晏弦羽猎赋 文伍壹 八下

真耕

平声 (司马相如)民秦聲封禅文 文贰贰 六下 替神尊榮民同上 七上 (王褒)名文緡四子讲德论 文肆贰 七上 (刘向)正神九叹·远逝 文叁伍 四下

真侵

平声 (唐山夫人)心申親輳安世房中歌 诗叁 一上 (无名氏)陳紛心铙歌·远如期 诗壹 十一上

真谈

平声 (王褒)陳賢廉四子讲德论 文肆贰 八上

(14)-3 真部合韵谱下(后汉)

真元

平声 (马援)堅連年铜柱铭 后汉文拾柒 九下 (桓谭)新元仙赋 文拾贰 七下 門麟壇旋坤同上 (杜笃)勳雲秦崙軍沂安文仁论都赋 文贰捌 二下 (班固)巔前年臻仙年终南山赋 文贰肆 一 纏天西都赋 四上 神塵紜雲天文山震屯东都赋 七上 真耘玄珍山淵同上 八上 川淵仙人同上 山淵答宾戏 文贰伍 五上 文身全存十八侯铭·周昌 文贰陆 五下 (崔骃)婚玄盤七依 文肆肆 七下 群屯震人輪雲津奔弦鈞山人同上 樽存歡樽铭 十下 (王逸)臻繁天荔支赋 文伍柒 二上 氛神雲鞭泉端堅珍婚姦存分勳歎憐九思·守志 六上 (李尤)山榛分平乐观赋 文伍拾 二下 門因連川七款 三下 (张衡)根先坤原玄图 文伍伍 九上 (崔瑗)淳敦

繁南阳文学颂　文肆伍　二上　神臣焉人窦大将军鼎铭　四下　盘人同上　(桓麟)倫賢年言答客诗　汉诗贰　十一下　(马融)山根长笛赋　文拾捌　二上　鄰文山樗蒲赋　文拾捌　四下　讙眩昏纚山屯堅广成颂　十一上　辰燃天雲純樽門存东巡颂　十三上　(边昭)先便眠对嘲　文陆贰　二上　(高彪)臣虔身桓車鶤門川間詢賢尊臣親身真存觀遵身督军御史箴　文陆陆　二上　然年神真煩山還煙然玄塵端存清诫　二上　(崔寔)賁人紛言天黷谏议大夫箴文肆伍　十上　(堂溪典)淵文言开母庙石阙叙　文伍捌　十一下　(王延寿)身人前牽紜臻梦赋　文伍捌　三上　(蔡邕)君真門千天臣文藩勳昆蔡朗碑文柒伍　四下　(祢衡)人鄰存坤元鲁夫子碑　文捌柒　二下　(阙名)君純雲宣恩尊懃文賢嵩岳太室石阙铭　文玖捌　二下　難緣顛民君仁神騫言民煩便患勤宣孫陈君阁道碑　三下　元信民北海相景君铭　六上　秦焉難鄭年門殘顛淵杨孟文石门颂　八上　原賢勳同上　陳芬田錢张公神碑　十上　文仁原民神純孟郁修尧庙碑　文壹佰　八上　人闉刊昆张寿碑　文壹零壹　四上　純芬文□□訓鑾焉弦神民圻帝尧碑　文壹零叁　四下　分川臻汶民神天年樊毅修华岳碑　八上　純民儐暉仁恩權孙根碑　文壹零肆　五下　然純存連旃宣然勳賢孔耽神祠碑　七上　神捐恩臣煩民垠君存唐扶颂　八上　年全寬恩仁弦勛雲殷近新純仁芬勛淵民人親山孫张君表颂　文壹零伍　三下　君元遵寬坤□文勛安张纳碑　五下　臣戔震勳親神人刘熊碑　文壹零陆　三上勳芬顔雲年夏堪碑　六上　(无名氏)山天古绝诗　诗叁　十上　間彈西身天間相和曲·乌生　诗肆　二上　君民論温賢民仁貧端人門年論冤煩竿君人恩勤聞昏西傳雁门太守行　七上　親言满歌行　九上　尊連淮南王篇　九下人船言轉悲歌　十一上　紜門専辛恩還古诗为焦仲卿妻作　十二上　門論全同上　十三下

上声　(张衡)賑引展軫尹西京赋　文伍贰　九上

去声　(班固)斷印答宾戏　文贰伍　五上　(边昭)健順分塞赋　文陆贰一下

真耕

平声 （班固）庭群聞文西都赋 文贰肆 四上 （崔骃）倫勳鈞辰庭东巡颂 文肆肆 六上 （皇甫规）坤君分刑女师箴 文陆壹 七上 （阙名）倫臣庭勳昆元宾碑 文玖玖 七下 純人經呈平聞衡方碑 文壹零壹 五上 君瑩仁文杨著碑 六下

去声 （崔骃）震命安封侯诗 诗贰 九下

真侵

平声 （冯衍）勤心显志赋 文贰拾 二上 （李尤）咽年君文勳循門琛奔論坤函谷关赋 文伍拾 一下

真元耕“傳藩山原間蜒筵衍”为元部字，“靈驚正庭生清寧楹經庭命廷”为耕部字。

平声 （许慎）傳年申神辛藩靈瀕門山说文解字后叙 文肆玖 四下 （堂溪协）川原驚玄文閒民正秦神庭生清寧坤君孫昆开母庙石阙铭 文伍捌 十下 （李尤）先楹經蜒門雲德阳殿赋 文伍拾 二下 （蔡邕）筵陳煙庭民垠王子乔碑 文柒伍 三下 （阙名）天仁真身文晨民恩神命親廷衍北海相景君铭 文玖捌 五下

真元侵“患檀言然遷錢煩”为元部字，“心”为侵部字。

平声 （阙名）神患心□□殷親雲檀□耘言然存恩遷孫昆年三公山碑 文壹零叁 十下 錢心文煩□民□君天孫同上 十一上

真元侵耕“風”为侵部字，“官歎肝”为元部字，“榮”为耕部字。

平声 （阙名）君親文風仁神遵民官聞倫分歎肝榮存昆郭仲奇碑文壹零贰 四上

真元侵蒸“金深湛”为侵部字，“元艱瑗安遷”为元部字，“陵”为蒸部字。

平声 （阙名）民君申□神金元仁民陵□□深人湛慇艱瑗屯孫安遷昆年辛通达李仲曾造桥碑 文壹佰 四下

真元耕蒸东侵“功”为东部字，“承”为蒸部字，“成清營庭名聲英”为耕部字，“𠦝乾歎愃歡”为元部字，“南”为侵部字。

平声 （阙名）君功分承真堅遵敦聞勳成仁清旻營君𠦝親呻乾

宨辛庭歎名南塵聲英愃歡顛身薛君碑　文壹佰　三上

(15) 元部

韵　字　表

寒旱翰

平	上	去
安寒丹壇翰[①]餐汗	旱袒	案璨汗散難歎岸爛
飧干難蘭豻殫單殘		旦炭漢贊讚悍粲彈
刊歎瀾竿彈檀肝榦		榦旰爛嘆
韓玕奸戔鼉[②]		

桓缓换

平	上	去
官端丸完歡槃漫讙	満緩館	奂館亂畔叛漫觀蒜
巒摶桓觀冠曼盤蠿		絆鸛算焕半爨斷玩
懽鑾鸞酸貫耑驩般		段惋
狻柈腕		

删潸谏

平	上	去
關還蠻斑顔環姦删		嫚晏鴈澗
攀𠬞班患[③]訕		

元阮愿

平	上	去
原獲怨軒翻垣園藩	輓晚遠飯返巘反蹇	怨飯願苑獻遠蔓萬
蕃言樊蕡黿蘩轅諠	婉	建勸健
元煩猿繁燔媛飜		

---

① “翰汗歎”等字《广韵》收在去声翰韵，两汉韵文有与平声押韵者，故亦列入平声。

② “鼉”，从单声，《广韵》收在歌韵，音徒河切。汉人与本部字押韵，当音徒干切。

③ “患”，《广韵》收在去声谏韵，汉代韵文均与平声字押韵，故列于平声。

憲① 獻②

仙狝线

然旃鞭梴卷焉仙連	蟺獮衍演卷轉善踐	羡變禪賤倦涎戰膳
旋乾愆全遷湲漣延	展免湎褊選闡	饌抃媛變埏延
傳睠綿泉船錢筵豩		
緣鮮篇廛宣蜷權椽		
譽僁鸇聯褰娟躔便		
圓翾燃騫㘣蠉捐蟺		
川虔翩蜒瑗愃		

先铣霰

前肩湔邊懸編妍蓮	顯	練見宴懸燕徧眄縣

山产裥

山閑閒	産	間辨綻

(15)－1 元部韵谱(两汉)

平声

前汉 (贾谊)遷還蟺言鹏鸟赋 汉文拾伍 二下 摶患同上 (韦孟)然漣在邹诗 汉诗贰 二上 (武帝刘彻)湲難瓠子歌 诗壹 一下 (枚乘)安閒七發 文贰拾 四上 桓山同上 七下 湲延言觀同上 (孔臧)原巒豻還歡谏格虎赋 文拾叁 三下 還園蕃蓼虫赋 五上 (司马相如)蘭干子虚赋 文贰壹 一下 曼山蘋同上 鼉黿同上 二上 鸞干豻梴同上 園原同上 四下 殫還同上 五下 蜒卷顔大人赋 七上 延言美人赋 文贰贰 一下 傳觀

① “憲”,《广韵》收在去声愿韵,杨雄《交州箴》与“難乾”押韵,读平声。

② “獻”,《广韵》收在去声愿韵,班固《十八侯铭·郦商赞》与“刊”字押韵。

封禅文　六下　觀全同上　七上　(司马谈)端款论六家要指　文贰陆　四下　(东方朔)環山安答客难　文贰伍　十一上　(刘去)患怨歌一首　诗壹　四下　(王褒)安閑洞箫赋　文肆贰　一上　船湔錢僮约　十二上　山轅殘盤同上　(韦玄成)顏蠻自劾诗　诗贰　七下　(成帝刘骜)讙焉报许皇后　文捌　十二上　(刘向)原連九叹·逢纷　文叁伍　二上　還患又离世　三上　蘭閒又忧苦　六上　睠漣同上　言遷又思古　七下　怨言杖铭　文叁柒　九上　單寒说苑·佚文　文叁玖　七下　(杨雄)壇山甘泉赋　文伍壹　五下　旃鞭關翰羽猎赋　八上　蜒猨卷同上　八下　旃還长杨赋　文伍贰　二下　完飧歡槃逐贫赋　四上　僊山怨焉仙干同上　四下　安患解嘲　文伍叁　二下　輓安同上　三下　乾丹益州箴　文伍肆　三上　難乾憲交州箴　四上　官漫大鸿胪箴　五下　閑愆太仆箴　六下　艱山元后诔　九下　(刘歆)患原遂初赋　文肆拾　二上　然患同上　翩綿同上　二下　連山衍泉蘩甘泉宫赋　三下　(无名氏)斑干铙歌·雉子斑　诗壹　十下　軒寒蘭翻又临高台　十下　寒丸逐弹丸谚　诗伍　九下　完還东家枣谚　十上

后汉　(光武帝刘秀)安殘报臧宫马武请灭匈奴诏　后汉文贰　二下　(班彪)漫怨患藩僊殘北征赋　文贰叁　五上　(冯衍)山仙显志赋　文贰拾　四上　懽愆杯铭　十一下　(杜笃)前川祓禊赋　文贰捌　一上　關安觀論都赋　二上　連蠻同上　三上　宣元焉同上　四上　(梁竦)篇然悼骚赋　文贰贰　八下　(傅毅)軒鸞原山旋殫旋七激　文肆叁　五上　泉山鮮觀同上　五上　觀言同上　五下　(班固)安山川西都赋　文贰肆　二下　連閒錢焉同上　四上　蘭殫同上　五上　連山衍窦将军北征颂　文贰陆　二上　旋川封燕然山铭　三上　獻刊十八侯铭·郦商　四下　(崔骃)山僊藩司徒箴　文肆肆　八下　官虔殘干大理箴　九下　(黄香)蜷蠻天子冠颂　文肆贰　八上　(班昭)卷閒歎焉东征赋　文玖陆　一下　端貫原针缕赋　二上　(王逸)山猿九思·悼乱　文伍柒　四下　(李尤)安原函谷关铭　文伍拾　四下　閑寒然室铭　七上　彈丸弹铭　九下　歡奸卧床铭　十下　顏冠镜铭　十一上　(崔琦)瀾竿蘭軒連七蠲　文肆伍　七下　然權殘燔外戚

箴　八下　(张衡)山泉巒原温泉赋　文伍贰　一上　山言思玄赋　三上　泉寒西京赋　六下　驢鸞觀同上　七上　般姦旃蘭同上　九下　竿桓娫狻藩殘同上　十上　旃翻聯同上　十下　泉山殫东京赋　文伍叁　一上　旋前轅同上　二上　宣原園同上　四下　盤干軒安同上　五下　檀媛南都赋　七上　娟卷同上　八上　延躔盤同上　八下　躔山蕃旃同上　安遷言宣同上　九上　觀山安冢赋　文伍肆　二下　仙篇遷焉七辩　文伍伍　一上　鲜酸蘭同上　一下　山艱翰四愁诗　汉诗贰　十下　玕盤同上　(崔瑗)觀官貫言宣安虔干言殘东观箴　文肆伍　三上　園姦官鶡司隶校尉箴　四上　繁權翰刪草书势　七上　(马融)悍巒構端猨單广成颂　文拾捌　十一下　(秦嘉)歡愆戔間言述昏诗　诗贰　十一下　(廉品)儺軒大傩赋　文陆陆　二下　(崔寔)川湲谏议大夫箴　文肆伍　十上　(皇甫规)官閑鞶怨女师箴　文陆壹　七上　(王延寿)環觀延鲁灵光殿赋　文伍捌　二下　(蔡邕)權煩释诲　文柒叁　七上　觀安太尉陈公赞　文柒肆　三下　然旋袁公夫人马氏碑　文柒柒　六上　肝乾胡公夫人哀赞　文柒玖　六上　(边让)單盤歎難桓歡章华台赋　文捌肆　十一上　(蔡琰)患單關蠻漫歎安餐乾難顔悲愤诗　诗叁　四上　(阙名)門山曹全碑　文壹零伍　三上　(无名氏)寒言饮马长城窟行　诗贰　十三上　言山盤連班間歎殘古诗　诗叁　八　言難間歡還古诗　八　言延言端丸柈仙董逃行　四上　難乾歡山飜丸寒宣干餐善哉行　五上　煩端同上　傳言言翩寒妇病行　六下　安干满歌行　九上　言然言古诗为焦仲卿妻作　十三下　班閒錢桓帝时童谣　诗伍　六下　桓安任安二谣　七下　藩元太学中谣·八顾　八下

上声

前汉　(贾谊)旱遠轉鹏鸟赋　汉文拾伍　二下　反遠惜誓　三上　(武帝刘彻)满緩瓠子歌　汉诗壹　一下　(中山王刘胜)卷巘文木赋　文拾贰　七上　(董仲舒)踐飯返轉善褊展顯辨士不遇赋　文贰叁　一下　(东方朔)反遠七谏·哀命　文贰伍　四上　蹇遠同上　産返同上　四下　遠壇又乱曰　五下　壇館宝瓮铭　十二上　(刘向)圈轉九叹·逢纷　文叁伍　二下　反遠又离世　文叁伍　三下　免遠又远逝　五上　反遠又愍命　七上　(班倢伃)卷晚擣素赋　文

拾壹 八上 （杨雄）畈遠羽猎赋 文伍壹 八上 湎亂光禄勋箴 文伍肆 五下

后汉 （冯衍）反遠显志赋 后汉文贰拾 二下 （杜笃）悍遠袒论都赋 文贰捌 三下 （马融）演緩袚遠反蟺變轉邅善长笛赋 文拾捌 三上 （秦嘉）蹇晚遠返飯勉轉卷留郡赠妇诗 汉诗贰 十二上 （王延寿）踡嵼鲁灵光殿赋 文伍捌 三上 （无名氏）遠緩轉古歌 诗肆 十四下 晚反飯贾父歌 诗伍 四上

去声

前汉 （韦孟）嫚練讽谏诗 汉诗贰 二上 （严忌）難歎哀时命 汉文拾玖 四上 （枚乘）飯散七发 文贰拾 五上 亂岸畔同上 七下 （孔臧）亂散谏格虎赋 文拾叁 四上 （廷尉翟公）賤見署门 文贰贰 八下 （司马相如）館變禪封禅文 文贰贰 七上 變見同上 （中山王刘胜）案璨汗文木赋 文拾贰 七上 （司马迁）賤亂悲士不遇赋 文贰陆 五上 （王褒）汗倦旦圣主得贤臣颂 文肆贰 九下 觀遠甘泉宫颂 十一上 桉蒜僮约 十二上 炭岸同上 （韦玄成）奐館自劾诗 诗贰 七下 （刘向）叛散九叹·逢纷 文叁伍 二下 願返又离世 三下 怨難又怨思 四上 畔觀又思古 七下 （杨雄）觀見漫亂甘泉赋 文伍壹 四下 畔亂難长杨赋 文伍贰 二上 叛漢益州箴 文伍肆 三上 絆獻亂叛交州箴 四上 （无名氏）間鴈铙歌·上陵 诗壹 九下 涎見武帝时童谣 诗伍 五下

后汉 （杜笃）畔衍亂漢论都赋 后汉文贰捌 二下 炭漢同上 四上 （梁竦）衍觀悼骚赋 文贰贰 八上 （傅毅）亂贊難館洛都赋 文肆叁 一上 膳饌飯七激 四下 見觀衍蔓同上 五上 （班固）爛觀宴西都赋 文贰肆 四上 鸛雁漢散同上 五下 願戰筭窦将军北征颂 文贰陆 二上 （史岑）漢贊歎焕出师颂 文肆玖 十 （张衡）懸辨燕徧見西京赋 文伍贰 七下 蔓萬延返同上 八上 延見援同上 十一上 館婉筭同上 十一下 觀漢焕东京赋 文伍叁 二下 粲亂舞赋 十上 館爛漫建蜒七辩 文伍伍 一下 眄練同上 勸倦同上 二下 段案嘆惋四愁诗 汉诗贰 十下 （崔瑗）亂難遗葛龚珮铭 文肆伍 五上 （马融）讚抃漫长笛赋 文拾捌 三下 （王延寿）漫娫鲁灵光殿赋 文伍捌 一下 （蔡邕）飯見胡公夫人哀赞 文柒玖 六上 （边让）斷亂館婉玩

章华台赋　文捌肆　十一上　半彈散榦漢同上　十一下　(祢衡)旦漢散絆吊张衡文　文捌柒　三上　(阙名)粲澗見盰獻衍张公神碑　文玖捌　十上　建畔難爛见徧萬同上　(无名氏)縣見饮马长城窟行　诗贰　十三上　燕見縣綻綻眄眄見艳歌行　诗肆　七下

(15)－2　元部合韵谱上(前汉)

元真

平声　(路乔如)冠干䍐①原作"戕"误,今订正讙桓安樊恩歡鹤赋　汉文贰拾　八下　(司马相如)蘭干蓀蘋原衍子虚赋　文贰壹　四上　巒寒春同上　五下　(王褒)遷堅天山淵根顛閒猭諠恩然洞箫赋　文肆贰　一上　轉飧倫同上　二下　(刘向)山盤烟天熏炉铭　文叁柒　九上　(杨雄)餐汗天长杨赋　文伍贰　一下　蠻旋山川昏干扬州箴　文伍肆　二上　(刘歆)寒浚遂初赋　文肆拾　二下

去声　(司马相如)羡散埏潤封禅文　文贰贰　六下　(王褒)觀苑困宴四子讲德论　文肆贰　八上

(15)－3　元部合韵谱下(后汉)

元真

平声　(刘仓)山文武德舞歌诗　汉诗壹　四下　(郑众)煙邊婚礼谒文赞后汉文贰贰　三上　(梁鸿)啞賢适吴诗　诗贰　八下　(傅毅)然川山前天洛都赋　文肆叁　一上　(崔骃)淵乾源达旨　文肆肆　四上　官賢同上　奮權同上芸椽穿酸博徒论　五上　(史岑)原艱邊褰鉉出师颂　文肆玖　十下　(许慎)耑分貫聯原说文解字后叙　文肆玖　四下　(王逸)干蠑攢沄延陳九思·哀岁文伍柒　五下　(李尤)咽篇函谷关铭　文伍拾　四下　(张衡)乾然愆言戔盤玄虔殫东京赋　文伍叁　三上　軒閑紛同上　四下　(崔瑗)泉天川門河堤谒者

箴　文肆伍　三下　(赵壹)賢權痕緣狺前燃妍門年存延賢錢邊刺世疾邪赋　文捌贰　八下　(阙名)堅篇言费凤别碑　文壹零叁　六下　焉賢蔡湛颂　文壹零肆　一下　門山曹全碑　文壹零伍　三上　桓蕃焉言宣樊拸即拳字軒愆園恩門權煩根昬李翊夫人碑　文壹零陆　六下　(无名氏)諠門錢刺巴郡太守诗　诗叁　十一上　蓮田間相和曲·江南　诗肆　一上　然間冠肩難餐賢君子行　三下　山泉斤□間端捐燔山連豫章行　诗肆　四上　山難端璘紛烟端攀前傳言端丸柈仙董逃行　四上　船前天前缓声歌　十一　還官婚人言君門言煩古诗为焦仲卿妻作　十三上　言門專緣姻同上　君緣同上　婚雲幡輪鞍穿珍門同上　十三下　遷千間泉同上　十三下　寒蘭單神同上　十四上　弦邊顺帝末童谣　诗伍　六下　珍元太学中谣·八及　八下

去声　(班固)館環年麟論西都赋　文贰肆　四上　(张衡)門半岸館冢赋　文伍肆　二下　(蔡邕)媛建漢衍順變胡府君夫人黄氏神诰　文柒玖　五上　(郭正)聞見法真颂　文陆叁　一上

元谈

平声　(郑众)謙僭婚礼谒文赞　文贰贰　五上

去声　(崔瑗)漢萬鑒东观箴　文肆伍　三上

元真侵“眠”为真部字,“蟫”为侵部字。

平声　(王逸)原歎眠蟫九思·悼乱　文伍柒　四下

元歌

平声　(王逸)猿蛇九思·悼乱　文伍柒　四下

(16)　谈部

韵　字　表

谈敢阚

覽菼澹　　　　濫淡

添忝㮇

谦　　　　　　玷①

盐琰艳

廉銛襜　　　　險芡嶮隒漸　　　　豔

咸豏陷

讒

衔槛鉴

巖　　　　　　　　　　　　　　鑒

感

　　　　　　　坎

(16)－1　谈部韵谱(两汉)

上声

后汉　(张衡)隒嶮險西京赋　后汉文伍贰　七上　澹菼芡东京赋　文伍叁　二下

去声

前汉　(司马相如)濫淡子虚赋　汉文贰壹　三下　(刘向)漸濫九叹·忧苦　文叁伍　六下

后汉　(张衡)豔鑒七辩　后汉文伍伍　一下

(16)－2　谈部合韵谱上(前汉)

谈侵

① "玷",从占声,"占"字清代古韵学家有人归入侵部,有人归入谈部,今归入谈。

平声　(王褒)濫含洞箫赋　汉文肆贰　一下

谈东

平声　(刘向)容讒九叹·逢纷　文叁伍　二上

(16)-3　谈部合韵谱下(后汉)

谈元

上声　(班固)遠玷幽通赋　后汉文贰肆　九下

(17)　侵部

韵字表

覃感

南潭耽含蟫　　　感惨

侵

音心深臨沈金琴吟

唫襟林淫禁陰潯禽

蔘衿淋欽任參舲尋

岑涔啉崟今霖擒簪

箴寢[①] 琛湛砧[②]

盐

潛

---

① “寢”,蔡邕《济北相崔君夫人诔》与“音”相押,故列入平声。

② “砧”为“碪”之异体。“碪”从甚声在本部,《广韵》音知林切。班倢伃《擣素赋》以“砧音沈深金琴”押韵。

凡

凡

东

風楓

蒸

矜

(17)－1　侵部韵谱(两汉)

平声

前汉　(武帝刘彻)音心李夫人赋　汉文叁　一下　(枚乘)林風陰心音七发　文贰拾　六上　林潯風心禽同上　(孔臧)心林淫吟音深禁谏格虎赋　文拾叁　三下　沈吟音臨陰林深杨柳赋　四上　(司马相如)音風子虚赋　文贰壹　五下　(东方朔)潭風心七谏·初放　文贰伍　一上　金衿心淫又自悲　三下　(刘胥)深心歌一首　汉诗壹　四上　(王褒)音心四子讲德论　文肆贰　六上　吟陰同上　七下　唫陰圣主得贤臣颂　十上　(韦玄成)心矜戒子孙诗　诗贰　八上　(刘向)深淫九叹·思古　文叁伍　七下　(班倢伃)臨音沈心捣素赋　文拾壹　七下　砧音沈深金琴同上　琴音吟同上　八上　襟心同上　(杨雄)深琴甘泉赋　文伍壹　五上　深金解难　文伍叁　四上　禽耽兖州箴　文伍肆　一下　(刘歆)陰淋遂初赋　文肆拾　二下　(阙名)陰心郊祀歌·练时日　诗壹　五下　風心又朝陇首　八上　(无名氏)南心铙歌·君马黄　诗壹　十上　風心臨又芳树　十上　南簪又有所思　十上

后汉　(马援)深臨淫武溪深行　汉诗贰　八上　(冯衍)風耽显志赋　后汉文贰拾　二上　(杜笃)金林深臨论都赋　文贰捌　三下　(傅毅)沈心七激　文肆叁　四上　心音迪志诗　诗贰　九下　(班固)林[1] 沈心终南山赋　文贰肆　一　(崔骃)陰林凡达旨　文肆肆　三下　(李尤)陰風牖铭　文伍拾　七下　音心深禁淫琴铭　七下　欽陰音金漏刻铭　八上　(崔琦)琴音七蠲　文肆伍　七

下 簪音外戚箴 八下 （张衡）禁碄深思玄赋 文伍贰 四上 心参風林禽音崟同上 五下 楓林參陰西京赋 九上 風心七辩 文伍伍 二上 參林鲍德诔 四上 林深襟四愁诗 诗贰 十下 （崔瑗）音吟和帝诔 文肆伍 五下 （侯瑾）音淫音筝赋 文陆陆 一上 （蔡邕）霖淋琴霖雨赋 文陆玖 一上 陰音蝉赋 七上 今心林祖德颂 文柒肆 三上 淫沈箴心酒樽铭 八下 臨陰胡公夫人哀赞 文柒玖 六上 音寢济北相崔君夫人诔 六下 音風答元式诗 诗贰十三上 （祢衡）深林衿音心禽鹦鹉赋 文捌柒 一上 （无名氏）陰深簪古绝句 诗叁 十上 金林太学中谣·八顾 诗伍 八上

（17）－2 侵部合韵谱(前汉)

侵谈

平声 （刘歆）吟巖遂初赋 汉文肆拾 二下

侵冬

平声 （司马相如）蔘風音宫窮子虚赋 文贰壹 四下 （王褒）淫惨音風窮洞箫赋 文肆贰 二下

侵东

平声 （东方朔）容心深林七谏·怨思 文贰伍 三下

侵元

平声 （王褒）耽還洞箫赋 文肆贰 二下

侵冬谈真“宫中宫崇窮”为冬部字，“襜”为谈部字，“誾”为真部字。

平声 （司马相如）心音宫臨風淫陰音襜誾吟南中宫崇窮音长门赋 文贰贰 二上

（17）－3 侵部合韵谱下(后汉)

侵谈

上声　(蔡邕)感坎惨述行赋　后汉文陆玖　二下

侵冬

平声　(班固)風陰淋農任心音潛參窦将军北征颂　文贰陆　二下

(阙名)音陰窮梁商诔　文玖柒　十下

侵真

平声　(傅毅)深岑斤七激　文肆叁　四上　陰林根同上　四下

侵谈冬“讒”为谈部字,“降”为冬部字。

平声　(梁鸿)南降讒适吴诗　汉诗贰　八下

入声韵

(18)　职部

韵字表

德

德國得則惑賊北墨黑塞默克忒或慝刻勒特剋貸①　棘

职

極職息直亟食翼臆億域𨾴轄側色識棫檍翊力棘弋飾熾敕殖飭殛式仄昊匿稙意測逼陟稷憶嶷惻悳偪織

屋

服福伏牧鵬囿郁

麦

革

① “貸”,《集韵》惕得切。

(18)－1　职部韵谱(两汉)

前汉　(唐山夫人)德翼式德極安世房中歌　汉诗叁　一上　北德慝国同上　殖德同上　一下　德極同上　翼則極德福同上　即則國福革同上　德福則殖翼同上　二上　德則福同上　(刘友)國直歌一首　诗壹　三下　(贾谊)德福旱云赋　汉文拾伍　一下　息翼臆息鹏鸟赋　二上　福纆極同上　二下　息則極同上　惑億息同上　伏域同上　息直惜誓　三下　國贼同上　(韦孟)則國讽谏诗　诗贰　二上　(严忌)革得惟息哀时命　文拾玖　四上　職極息得泰山刻石文　十三上　極德國服西极天马歌　诗壹　二上　(枚乘)極轖七发　文贰拾　四上　極側同上　七下　(司马相如)得職子虚赋　文贰壹　三上　極北同上　三下　得食哀秦二世赋　七上　色墨美人赋　文贰贰　一上　德[1]翼封禅文八上　(刘胜)息食闻乐对　文拾贰　七上　(东方朔)惑息直七谏·初放　文贰伍　一上　伏息又哀命　四上　墨革極得又谬谏　五上　德極同上　直得答客难　十下　(王褒)息翊洞箫赋　文肆贰　二上　棘墨四子讲德论　七上　德力同上　七下　息域同上　八上　德識德服同上　九下　革墨得圣主得贤臣颂　九下　極息得同上　十上　塞德同上　十下　極域甘泉宫颂　十下　(刘向)極息九叹·离世　文叁伍　三下　北得又忧苦　六上　意側又思古　七下　(杨雄)福極甘泉赋　文伍壹　六上　伏息长杨赋　文伍贰　二上　弋域同上　二下　德則飾惑得逐贫赋　四下　直服極息同上　默極解嘲　文伍叁　三上　域德克赵充国颂　七下　德國北并州箴　文伍肆　四上　则國職司空箴　四下　植敕大司农箴五上　極力職大鸿胪箴　五下　敕職卫尉箴　六上　□德賊执金吾箴　七下　敕福德元后诔　十下　(刘歆)極側遂初赋　文肆拾　一下　棫檍甘泉宫赋　三下　(阙名)飭億郊祀歌·练时日　诗壹　五下　息服德翊又西颢　六上　德飾又惟泰元　六下　極服又天马　七上　服福又后皇　八上　塞億同上　德殛又朝陇首八上　福極又象载瑜　八下　(无名氏)北食铙歌·战城南　诗壹　九下　北食得同上　北極又君马黄　十上

后汉 (光武帝刘秀)德賊报臧宫马武请灭匈奴诏 后汉文贰 二 (班彪)則息北征赋 文贰叁 五下 (冯衍)德殖显志赋 文贰拾 二下 國惑同上三上 惑北同上 三下 服德席前右铭 十一下 (杜笃)域國伏论都赋 文贰捌三上 (傅毅)意食七激 文肆叁 四下 翼息側同上 五上 則德北海王诔 七上 國則迪志诗 汉诗贰 九下 則忒式測稷息力極同上 (班固)職福东都赋 文贰肆 八下 伏逼得幽通赋 十上 色域同上 十一上 息力億竹扇赋十一上 服德答宾戏 文贰伍 四下 國覿同上 五下 則翼典引 文贰陆 六下服牧同上 七上 色翼同上 八上 則德奕旨 八下 (崔骃)極得达旨 文肆肆 四下 得伏德剋北征颂 七上 福億杖颂 七上 域式太尉箴 八上 則國職司空箴 八下 棘德殛大理箴 九下 式敕則國车右铭 十下 革塞食福仲山父鼎铭 十下 德忒仄六安枕铭 十一上 (苏顺)德國則和帝诔 文肆玖 十上 (李尤)則德刻忒漏刻铭 文伍拾 八上 飾忒冠帻铭 十一下 (崔琦)食飾七蠲 文肆伍 八上 (张衡)服敕慝思玄赋 文伍贰 五下 北德則西京赋七上 域棘塞仄西京赋 九下 食直極东京赋 文伍叁 二上 昊服飾舞赋 十上 北域冢赋 文伍肆 二下 (崔瑗)服極國司隶校尉箴 文肆伍 四上 力式草书势 七上 (朱穆)翼息伏食極德域力与刘伯宗绝交诗 诗贰 十一上(边韶)式則極塞赋 文陆贰 一上 (崔寔)賊國翼谏议大夫箴 文肆伍 十上(胡广)服飾國則福億印衣铭 文伍陆 八上 (王延寿)則德力忒側福服殖息食極億桐柏淮源庙碑 文伍捌 五上 (蔡邕)極色笔赋 文陆玖 六上直食匿释诲 文柒叁 七下 墨息食側職慝國惑德則焦君赞 文柒肆 三上息棘福極樊陵颂碑 文柒伍 四上 極惻則德蔡朗碑 四下 息則域極胡广碑文柒陆 五上 國牧服陈球碑 文柒柒 二上 棘極陈寔碑 文柒捌 二上 德忒則翼福極张玄祠堂碑 文柒玖 三上 息職力極崔君夫人诔 七上 (邓耽)德福郊祀赋 文肆玖 二上 (阙名)翼力職服伏德式極億樊安碑 文玖玖 十下德翼勑式職側國服極王元宾碑 十一上 極側辛通达李仲曾造桥碑 文壹佰四上 測福極孟郁修尧庙碑 九下 德力革國杨统碑 文壹零壹 二上 直克福刘修碑 十下 則國德稙服直福西狭颂 文壹零贰 一下 側極意息力孔彪碑

三上 惻式德極郭仲奇碑 三下 息德北色吴仲山碑 七下 福服德樊毅修华岳碑 文壹零叁 八下 棘墨測極伏式勒德億梁休碑 文壹零陆 七上 (无名氏)食憶饮马长城窟行 诗贰 十三上 側飾食色翼古诗 诗叁 九上 棘賊古诗 九下 極側王子乔 诗肆 三上 域德喻猛歌 诗伍 三上 嶷則域襄阳太守歌 四下 色息匈奴歌 四上 得北更始时南阳童谣 六上 織息古诗为焦仲卿妻作 十一下

(18)－2 职部合韵谱上(前汉)

职沃

(王褒)力睦德四子讲德论 汉文肆贰 六上 (杨雄)力敇鬻覆側司空箴 文伍肆 四下

职缉

(李延年)立國國得歌一首 汉诗贰 七上 (司马相如)䲄翼子虚赋 文贰壹 三下 (董仲舒)黑訥惑士不遇赋 文贰叁 一上 (杨雄)殖給上林苑令箴 文伍肆 九上 (阙名)合國郊祀歌·赤蛟 诗壹 八下

职屋

(杨雄)國谷长杨赋 文伍贰 二上 (阙名)禄或服德息極孝昭帝冠辞 文伍柒 十二上

职铎

(杨雄)織伯解嘲 文伍叁 二下 極石牧青州箴 文伍肆 一上

职锡

(杨雄)食易大司农箴 文伍肆 五上 (无名氏)益北德國服極铙歌·上之回 诗壹 九上

(18)－3 职部合韵谱下(后汉)

职缉

(杜笃)德飾立息側式书搋赋　后汉文贰捌　四下　(傅毅)國集墨極明帝诔　文肆叁　六下　(班固)殖邑國西都赋　文贰肆　三上　邑翼極东都赋　七上　立國答宾戏　文贰伍　五上　億邑域窦将军北征颂　文贰陆　二上　級服陟奕旨　八下　(崔瑗)直慝及司隶校尉箴　文肆伍　四上

职沃

(班固)息縮忒惑福鵬幽通赋　文贰肆　十下　(崔骃)德國迪缝铭　文肆肆　十一下

职质

(张衡)福洫職敕德刻息东京赋　文伍叁　二下　(阙名)賊服栗辛通达李仲曾造桥碑　文壹佰　四下　則德食室職无极山碑　文壹零肆　三上　室力费泛碑　文壹零陆　四上

职屋

(蔡邕)束色笔赋　文陆玖　六上

职幽

(胡广)式綬德敕則福绶笥铭　文伍陆　八上

职缉屋“曲”为屋部字,“邑”为缉部字。

(班固)直曲邑惑十八侯铭·王陵　文贰陆　五上

职缉质“及”为缉部字,“卒”为质部字。

(阙名)及卒惻费凤碑　文壹零叁　六上

职沃药“激”为药部字,“覆”为沃部字。

(班固)激覆息西都赋　文贰肆　五上

职沃铎“逐”为沃部字,“落”为铎部字。

(班固)逐落服窦将军北征颂　文贰陆　二上

职沃祭“勖告毓”为沃部字,“沛”为祭部字。

(阙名)德力則式勖服特得沛直告毓極勒郑固碑　文玖玖　六上

职沃屋缉药月质“玉禄漉贖”为屋部字,“室物歿”为质部字,“絜”为月部字,“爵虐”为药部字,“畜”为沃部字,“邑洽”为缉部字。

(阙名)玉室職貸則德絜爵物禄畜虐邑伏洽歿漉賣费凤碑　文壹零叁　五下

(19) 沃部

韵 字 表

沃

告毒鵠誥篤酷

屋

六陸育宿鬻肉築蓄宿逐陾覆復淑燠熟腹睦目竹煜奥毓寝縮戮蹙

觉

覺學

锡

戚迪滌①

烛

勗

(19)－1 沃部韵谱(两汉)

前汉　(司马相如)鬻陸築子虚赋　汉文贰壹　四上　育蓄封禅文　文贰贰　七下　(东方朔)宿告七谏·初放　文贰伍　一上　(司马迁)覺毒悲士不遇赋　文贰陆　五上　(刘向)肉築九叹·怨思　文叁伍　四上　陸宿又思古　七上　(杨雄)陸陾益州箴　文伍肆　三上　(无名氏)六宿铙歌·思悲翁　汉诗壹　九上

① “滌”,班固《东都赋》与“嶽洛作”相叶,见铎部合韵谱。

覆復鵠鸿隙陂童谣　诗伍　五下

后汉　(傅毅)勗復迪志诗　汉诗贰　九下　誥學同上　(班固)鵠目西都赋　后汉文贰肆　五下　戮蹙幽通赋　文贰肆　十上　(李尤)逐覆鞍铭　文伍拾十上　(张衡)六毓復蓄思玄赋　文伍贰　四上　育淑陸燠復东京赋　文伍叁五上　覺戚學同上　六上　陸熟南都赋　六下　腹復髑髅赋　文伍肆　二上　(无名氏)宿熟铜雀歌　诗肆　十五上　腹復蜀中谣　诗伍　六上

(19)－2　沃部合韵谱上(前汉)

沃职

(刘向)逐服九叹·愍命　汉文叁伍　六下　(杨雄)陸服冀州箴　文伍肆一上

沃月职“别”为月部字,“偪”为职部字。

(杨雄)别偪陸鷩幽州箴　文伍肆　三下

(19)－3　沃部合韵谱下(后汉)

沃职

(马融)目伏广成颂　后汉文拾捌　十二下

沃药

(班固)樂竹煜东都赋　文贰肆　七下

(20)　药部

韵　字　表

铎

樂轢縞[1] 鶴

药

約削躍弱虐籥嫋爵鑠雀爚綽灼逴爍爍酌繳釂[2]

觉

駮藐較擢擽榷邈櫂卓

锡

礫皪激的

(20)－1　药 部 韵 谱(两汉)

前汉　(司马相如)約嫋削子虚赋　汉文贰壹　五下　(王褒)樂躍四子讲德论　文肆贰　九上　(杨雄)弱樂长杨赋　文伍贰　二下　樂籥太乐令箴　文伍肆　八下

后汉　(班固)酌釂西都赋　后汉文贰肆　五下　繳樂同上　五下　(班昭)約綽东征赋　文玖陆　二上　(张衡)擢削雀激西京赋　文伍贰　七下　駮較爚同上　九下　擽躍轢礫同上　十上　(崔瑗)樂籥南阳文学颂　文肆伍　二上　(赵壹)樂駮刺世疾邪赋　文捌贰　八上

(20)－2　药部合韵谱上(前汉)

药沃

(杨雄)虐酷执金吾箴　汉文伍肆　七下

药职

---

① "縞"见司马相如《子虚赋》,与"縠曲谷"合韵。《广韵》"縞"入皓韵,无入声一读。

② "釂",班固《西都赋》与"酌"字为韵。《广韵》此字收笑韵。

(司马相如)服郁𡂿藐側子虚赋　文贰壹　六上

(20)–3　药部合韵谱下(后汉)

药沃

(班固)鑠樂肅东都赋　后汉文贰肆　六下

药职

(班固)域躍典引　文贰陆　七上　福鑠同上　八上

药铎

(张衡)弱約作西京赋　文伍贰　六上

药锡

(班昭)翮灼蝉赋　文玖陆　二下

药屋盍"屬"为屋部字,"闔"为盍部字。

(班固)樂屬爵擢闔西都赋　文贰肆　四上

药铎盍"業"为盍部字,"胙"为铎部字。

(阙名)鑠業胙费泛碑　文壹零陆　三下

药宵

(阙名)較爍綽逴虐邈榷倒樂的鲁峻碑　文壹零贰　九下

(21)　屋部

韵　字　表

屋

屋族瀆嬻樕禄木鹿速簏斛轂牘穀麓獨簇縠秃録卜漉犢哭黷餗睩沐
砡麗鶩

烛

玉屬足緑曲谷辱俗束燭促躅局欲續浴蜀縟獄趗粟褥瑪贖

觉

角渥濁岳嶽樸愨幄斵剥琢喔啄朴數觳埆

沃

僕

(21)-1 屋部韵谱(两汉)

前汉 (武帝刘彻)玉屬瓠子歌 汉诗壹 一下 (枚乘)木緑族足柳赋 汉文贰拾 二上 角鹿七发 五下 (司马相如)谷瀆子虚赋 文贰壹 四上 (王褒)屋牘束僮约 文肆贰 十二上 (刘向)瀆簏九叹·怨思 文叁伍 四上 浴濁又惜贤 五上 束斛说苑·佚文 文叁玖 九上 (杨雄)谷屬甘泉赋 文伍壹 四下 轂族解嘲 文伍叁 二上 轂斛大司农箴 文伍肆 五上 谷木蔟元后诔 文伍肆 十下 (刘歆)辱足遂初赋 文肆拾 二上 (阙名)縠玉郊祀歌·练时日 诗壹 五下 俗樸嶽縠又玄冥 六上 (无名氏)濁族颍川谣 诗伍 一下 嶽角五鹿谣 十上 秃屋帻如屋谚 十下

后汉 (冯衍)俗谷显志赋 后汉文贰拾 三下 黷禄刀阳铭 十一上 (杜笃)曲屬首阳山赋 文贰捌 一下 (傅毅)束曲縟促俗角曲舞赋 文肆叁 二下 屋緑七激 五上 縠玉同上 (班固)谷玉足屬木蜀西都赋 文贰肆 三上 (崔骃)麓數达旨 文肆肆 四下 禄餗司徒箴 八下 録速獄大理箴 九下 (王逸)睩喔俗獨幄九思·悯上 文伍柒 三下 屋蔟同上 四上 (李尤)木樸角鷟弹铭 文伍拾 九下 足續金羊灯铭 十三上 (张衡)俗欲思玄赋 文伍贰 五下 縟緑玉燭西京赋 七上 瀆麗族剥同上 十下 木轂屋东京赋 文伍叁 三下 樸足欲玉谷蔟縠愨覿同上 五下 粟玉角曲南都赋 七上 樸褥燭玉欲濁速髑髅赋 文伍肆 二上 瀆屬木琢冢赋 二下 (崔瑗)谷僕轂关都尉箴 文肆伍 三上 (侯瑾)曲縟續俗筝赋 文陆陆 一上 (马融)欲俗禄哭长笛赋 文拾捌 三下 嶽屋浴广成颂 十下 曲屬局同上 十一下 (秦

嘉)屋燭赠妇诗　汉诗贰　十二上　(蔡邕)族禄释诲　文柒叁　七上　欲辱祖德颂　文柒肆　三上　足録續麓李咸碑　文柒陆　八上　屋木𫌨劝学篇　文捌拾　二上　(阙名)嶽濁辛通达李仲曾造桥碑　文壹佰　四上　渥足足曹全碑　文壹零伍三上　(无名氏)屬緑速促束玉曲促躅屋古诗　诗贰　二下　促燭續録嶽欲怨歌行　诗肆　九上

(21)－2　屋部合韵谱上(前汉)

屋沃

(枚乘)緑曲鵠七发　汉文贰拾　五下　足濁目同上　七上　(刘安)谷木族瀆足楸毒禄朴斵愨屋足篤渥木屏风赋　文拾贰　二下　(司马相如)瑀目子虚赋　文贰壹　三下　(杨雄)屋戮将作大匠箴　文伍肆　七下　獨斛學元后诔　十上

屋职

(刘向)簏囿九叹·愍命　文叁伍　七上　(杨雄)穀麓伏上林苑令箴　文伍肆　九上

屋药

(杨雄)爵禄轂解嘲　文伍叁　二上　(司马相如)縞穀曲谷子虚赋　文贰壹　二上

屋盍

(杨雄)捷足反离骚　文伍贰　五下

屋沃铎"閣"为铎部字,"宿"为沃部字。

(司马相如)谷閣屬宿子虚赋　文贰壹　四上

屋沃药职"虐"为药部字,"賊伏"为职部字,"毒"为沃部字。

(王褒)虐賊伏毒足族四子讲德论　文肆贰　八下

屋沃职药鱼"邈"为药部字,"徒"为鱼部字,"覺"为沃部字,"逼"为职部字。

（董仲舒）邈速徒木覺禄辱角逼俗束谷士不遇赋 文贰叁 一上

（21）－3 屋部合韵谱下（后汉）

屋沃

（李尤）目谷函谷关赋 后汉文伍拾 一上 （马融）砡伏谷寑屬樸长笛赋 文拾捌 二上 （秦嘉）禄獨足曲陸躅谷轂數屬留郡赠妇诗 汉诗贰 十二下 （郦炎）促局足逐濁録卜曲禄嶽见志诗 诗贰 十三下 （赵壹）濁毒酷足刺世疾邪赋 文捌贰 八上 （戴良）目啄逐失父零丁 文陆捌 七上 （蔡邕）穀禄淑渥族縠辱济北相崔君夫人诔 文柒玖 六下

屋职

（杜笃）嶽極谷蜀论都赋 文贰捌 二上 （李尤）翼縟德阳殿赋 文伍拾 二下 （无名氏）惻漉犢平陵东 诗肆 二上

屋沃药铎鱼“樂爍”为药部字，“白若”为铎部字，“告”为沃部字，“呴”为鱼部字。

（王逸）局促辱樂白沐若躅爍呴剥告九思·悯上 文伍柒 四上

屋鱼

（张衡）燭驅屬东京赋 文伍叁 六上

（22） 铎部

韵 字 表

铎

莫作諤索惡薄錯諾託度寞維落廓涸咢洛堊簿鄂恪亳閣郭博縸笮漠

鍔崿咋駱橐絡壑筰作藿槨泊胙[1]

药

若斮略鵲著

昔

石席炙斁籍釋腋尺繹奕譯夕掖襗藉液斥碩昔襗

陌

逆宅澤帛客白劇迫陌百額頟伯柏虢戟格赫貊㡿客

麦

獲畫

觉

朔

祃

赦[2]　髂[3]　射[4]　榭[5]

(22)－1　铎部韵谱(两汉)

前汉　(贾谊)劇澤旱云赋　汉文拾伍　一下　(枚乘)澤莫作薄錯帛若席炙客諾石斁七发　文贰拾　六下　(孔臧)逆宅劇鸮赋　文拾叁　五上　(东方朔)石斮若作惡白薄七谏·怨世　文贰伍　二下　錯託薄託又谬谏　五上

---

① "胙",班固《西都赋》与"榭獲裔藉"相叶,后汉《费泛碑》与"鑠業"相叶(见药部合韵谱)。此字《广韵》收暮韵,《集韵》铎韵有此字,音"疾各切"。

② "赦",后汉崔寔《大赦赋》与"迹惕"相叶(见锡部合韵谱)。《广韵》此字入祃韵,音"始夜切"。

③ "髂",杨雄《解嘲》与"索橐"相叶。《广韵》此字入祃韵,音"枯駕切"。

④ "射",杨雄《太仆箴》与"宅"相叶,《元后诔》与"愘作度薄宅"相叶,王褒《四子讲德论》与"斲"相叶。《广韵》此字入祃韵,音"神夜切"。

⑤ "榭",班固《西都赋》与"獲裔藉胙"相叶。《广韵》此字入祃韵,音"辝夜切"。

度索答客难　十下　(王褒)度廓四子讲德论　文肆贰　七上　落陌僮约　十一下　堊索洛澤同上　十二上　索簿同上　索席石白客白百索搏落尺陌額惡同上　十二下　(韦玄成)作度自劾诗　汉诗贰　七下　(刘向)石薄九叹·逢纷　文叁伍　二下　帛石又怨思　三下　迫釋又远逝　五上　錯釋又忧苦　六上　雒薄又愍命　六下　(杨雄)繹错度薄鄂甘泉赋　文伍壹　四下　白落解嘲　文伍叁二上　寞宅同上　三上　白鵠同上　骼索橐同上　石伯宅冀州箴　文伍肆　一上　亳宅兖州箴　一下　譯逆扬州箴　二上　宅射太仆箴　六上　伯奕太常箴　七上　恪射作度薄宅元后诔　十上　(刘歆)惡落遂初赋　文肆拾　二上　(无名氏)石客若牢名歌　诗伍　一下　百諾楚人谚　九下　莫閣投阁谚　十下

后汉　(冯衍)作號显志赋　后汉文贰拾　三下　(杜笃)亳洛论都赋　文贰捌　二上　白作众瑞赋　五上　(傅毅)液坼七激　文肆叁　四下　(班固)錯閣西都赋　文贰肆　四上　澤作东都赋　七下　漠鍔封燕然山铭　文贰陆　三上　博客奕略奕旨　八下　(崔骃)伯奕太常箴　文肆肆　九上　鍔錯刀剑铭　十一上　(张衡)絡薄作託泊鍔西京赋　文伍贰　九下　斥壑獲同上　十上　(崔瑗)署迫草书势　文肆伍　七上　(马融)錯笮长笛赋　文拾捌　三下　繚作落广成颂　十一下　(崔寔)作格宅谏议大夫箴　文肆伍　十上　(蔡邕)石索释诲　文柒叁　七上　(边让)澤伯號赫章华台赋　文捌肆　十一上　(无名氏)柏石客薄洛索宅尺迫古诗　汉诗叁　七上　石獲伤三贞诗　十下　落閣薄郭夕古诗为焦仲卿妻作　诗肆　十四上　尺額帛童谣歌　诗伍　六上　博諾二郡谣　八上　諤博太学中谣·八及　八下　石掖缝掖谣　十二上

(22)-2　铎部合韵谱上(前汉)

铎药

(枚乘)若澤樂七发　汉文贰拾　六上　(刘向)寞樂九叹·忧苦　文叁伍六上　(杨雄)石弱长杨赋　文伍贰　二上　(无名氏)笮櫂铙歌·上陵　汉诗壹九下

铎屋

（王褒）斲射四子讲德论　文肆贰　六上　腋木略同上　七下　樸咢圣主得贤臣颂　九下　（杨雄）族伯籍錯宗正卿箴　文伍肆　五下

铎药职“轢”为药部字，“伏”为职部字。

（司马相如）略獲轢若藉欲伏藉澤子虚赋　文貳壹　五下

铎鱼

（无名氏）白博作索苦铙歌·将进酒　诗壹　十上

（22）－3　铎部合韵谱下(后汉)

铎药

（马融）惡鄂薄宅鶴长笛赋　后汉文拾捌　三下　（胡广）恪虐作託侍中箴　文伍陆　七下　（无名氏）恪卓太学中谣·八厨　汉诗伍　八下

铎屋

（班固）石幄朔宅十八侯铭·张良　文贰陆　四上　（王逸）落錯陌客岳澤薄石九思·悯上　文伍柒　三下　（马融）作落木广成颂　文拾捌　十下

铎职

（冯衍）德石显志赋　文贰拾　一上　（杜笃）僰筰貊论都赋　文贰捌　三上　（班固）德著澤落薄答宾戏　文贰伍　五上　（无名氏）石直古诗为焦仲卿妻作　诗肆　十四上

铎锡

（傅毅）客策迫舞赋　文肆叁　三上　畫澤七激　五上　（班固）易澤帛襗役窦将军北征颂　文贰陆　二上　（史岑）易逆戟出师颂　文肆玖　十下

铎沃

（张衡）陸石椁冢赋　文伍肆　二下

铎缉

(班固)石蛤答宾戏 文贰伍 五上 (无名氏)立迫古诗为焦仲卿妻作 诗肆 十四上

铎盍

(班固)業作典引 文贰陆 七下

铎祭

(班固)榭獲裔藉胙西都赋 文贰肆 五上

铎药职“息福”为职部字,“樂”为药部字。

(马融)錯息樂福广成颂 文拾捌 十上

铎屋职“曲”为屋部字,“德”为职部字。

(阙名)白曲諤□□宅碩夕□德王政碑 文玖玖 二上

铎屋沃“嶽”为屋部字,“滌”为毒部字。

(班固)嶽洛滌作东都赋 文贰肆 六上

铎屋药盍“埆穀僕”为屋部字,“樂”为药部字,“狹”为盍部字。

(白狼王唐菆)埆穀樂狹石洛帛僕远夷怀德歌 诗壹 五上

铎职缉“邑”为缉部字,“德”为职部字。

(班固)恪亳邑德繹典引 文贰陆 七上

铎质锡“擊”为锡部字,“韠”为质部字。

(黄香)白擊韠戟廓崿九宫赋 文肆贰 七上

铎质沃职“實”为质部字,“學”为沃部字,“得國”为职部字。

(崔骃)得實學國藿达旨 文肆肆 四下

(23) 锡部

韵 字 表

锡

析歷甋敵狄逖績壁擊靂惕闃汨①

昔

益易役迹僻璧適辟跡積闢磧

麦

策翮隔讁厄軛阸賾

(23)－1　锡部韵谱(两汉)

前漢　(劉去)積益歌一首　汉诗壹　四下　(刘向)跡辟九叹·离世　汉文叁伍　三下　(王褒)策迹圣主得贤臣颂　文肆贰　九上　(杨雄)易役长杨赋　文伍贰　二下　辟迹解嘲　文伍叁　三上　僻績益州箴　文伍肆　三上　績僻廷尉箴　六下　(崔篆)策績適慰志赋　文陆壹　六下

后汉　(冯衍)策迹显志赋　后汉文贰拾　三上　(班固)迹辟易东都赋　文贰肆　六下　磧敵迹阸窦将军北征颂　文贰陆　二上　策析奕旨　八下　(苏顺)迹賾贾逵诔　文玖拾　十上　(张衡)辟闢積狄西京赋　文伍贰　七上　(崔寔)靂壁引里谚　汉诗伍　九下　(胡广)隔逖闢績边都尉箴　文伍陆　七下　(蔡邕)翮甋吊屈原文　文柒玖　八下　(无名氏)壁歷易適翮跡軛益古诗　诗叁　七上

(23)－2　锡部合韵谱(后汉)

锡铎

(王逸)厄汨易闃石九思·遭厄　后汉文伍柒　四上　(崔寔)迹惕赦大赦赋　文肆伍　九上　(马融)迫積长笛赋　文拾捌　二上　昔惕同上　三上

① “汨”,汨罗水名,《广韵》入锡韵,音“莫狄切”。

锡月

(崔瑗)訐辟逖役司隶校尉箴　文肆伍　四上

(24) 质部

韵　字　表

质

日匹慄實室疾一弼畢栗壹溢失密汨佾躓七必質泆吉逸蜜漆秩悉軼筆率韠

术

卒律出術戌潏橘崒黜捽[①]述

栉

瑟瀄

吻迄

迄訖

物

佛物勿屈掘鬱佛坲沕茀詘芴

没

没殁冒忽骨突矻勃惚淈

屑

結咽節屑切鐵血跌穴譎戾閉

职

恤洫

至

---

① “捽”,《广韵》入至韵,《集韵》术韵有此字,音“昨律切”。

溢摯躓

霋

替

黠

軋

(24)－1　质部韵谱(两汉)

前汉　(贾谊)節没旱云赋　汉文拾伍　一下　慄佛結同上　(韦孟)逸黜讽谏诗　汉诗贰　一下　逸室同上　一下　一弼同上　室弼在邹诗　二上　(武帝刘彻)溢日瓠子歌　诗壹　一下　(枚乘)忽慄汨七发　文贰拾　六下　鬱突律卒同上　七下　(淮南小山)軋茀忽沕栗穴慄招隐士　文贰拾　八上　(司马相如)鬱崒子虚赋　文贰壹　一下　忽佛同上　二上　勃芴惚同上　四上　(东方朔)實室七谏·自悲　文贰伍　四上　(王褒)逸疾四子讲德论　文肆贰　六上　律節同上　骨矻圣主得贤臣颂　九下　(韦玄成)畢日戒子孙诗　诗贰　八上　栗室同上　(刘向)結屑九叹·远逝　文叁伍　四下　坲悴同上　五下　鬱悴又惜贤　五上　汨疾同上　五下　鬱日又思古　七上　(班倢伃)匹日術捣素赋　文拾壹　八上　(杨雄)筆詘解嘲　文伍叁　三上　溢日荆州箴　文伍肆　二下　律卒卫尉箴　六上　室日将作大匠箴　七下　(阙名)物詘郊祀歌·朱明　诗壹　六上　溢一又天地　六下　(无名氏)一失一画一歌　诗伍　一上

后汉　(冯衍)室術显志赋　后汉文贰拾　四上　術節同上　四下　(傅毅)泆術日舞赋　文肆叁　三下　溢卒弼室北海王诔　七上　逸日迪志诗　汉诗贰　九下　迄卒同上　(班固)室血东都赋　文贰肆　六上　鐵日出东都赋　文贰肆　七上　律佾畢同上　七下　(崔骃)實質術日达旨　文肆肆　三下　溢律仲山父鼎铭　十下　(苏顺)秩恤室一和帝诔　文肆玖　十上　(王逸)忽室琴思·楚歌　诗贰　十一下　(李尤)節密七款　文伍拾　三下　戌悉上西门铭　七上　物實盘铭　十二上　(张衡)節跌結思玄赋　文伍贰　一下　一崒律出西京赋

六上　日逸室东京赋　文伍叁　二下　瑟畢佾秩一吉同上　四上　結節替譎秩同上　六上　穴潏溢疾軋汨南都赋　七下　栗橘同上　八上　日室冢赋　文伍肆　二下　(崔瑗)溢吉窦大将军鼎铭　文肆伍　四下　(马融)律一出畢长笛赋　文拾捌　四上　突卒没閉围棋赋　四上　(崔寔)逸恤一失術太医令箴　文肆伍　十上　(王延寿)一屈日鲁灵光殿赋　文伍捌　二下　(张超)逸一吉诮青衣赋　文捌肆　九下　(蔡邕)日蜜协和婚赋　文陆玖　四上　律溢琴赋　五下　(边让)節跌結章华台赋　文捌肆　十一下　(孔融)密穴室日實一漆畢临终诗　诗贰　十五上　(阙名)栗失□勿必无极山碑　文壹零肆　三上　(无名氏)日結血古诗　诗肆　十五上

(24)－2　质部合韵谱上(前汉)

质月

(刘去)忽絶歌一首　汉诗壹　四下　(王褒)溢鬱律譎折溢滅出洞箫赋　汉文肆贰　一下　溢發四子讲德论　七上　(刘向)滅日九叹·远游　文叁伍　八上　(班倢伃)絶結咽捣素赋　文拾壹　八上　(杨雄)實熱室解嘲　文伍叁　三上　烈律同上　三下　哲慄密舌折尚书箴　文伍肆　四下

质祭

(刘向)血廢九叹·惜贤　文叁伍　五下　(杨雄)替弊冀州箴　文伍肆　一上　世洫室卒将作大匠箴　七下

质盍

(杨雄)節業甘泉赋　文伍壹　九下

质月祭脂“潰鼇墜沸”为脂部字，“折洌沫”为月部字，“瀣瀨沛磕”为祭部字。

(司马相如)潰汨澌折洌瀣鼇瀨沛墜磕淈沸沫疾上林赋　文贰壹　三下

质职

(杨雄)逸七國解嘲　文伍叁　二上

质真

（刘向）鬱忿九叹·惜贤　文叁伍　五下

（24）－3　质部合韵谱下（后汉）

质月

（傅毅）節跌折絶歿曶蜺畢列悦舞赋　后漢文肆叁　三上　（班固）實物渫節东都赋　文贰肆　七上　闕日窦将军北征颂　文贰陆　二上　（杜笃）越血论都赋　文贰捌　三上　（马融）譎室七密結滅溢慄失訖疾出必围棋赋　文拾捌　四上

质月脂“肆”为脂部字，“冽”为月部字。

（马融）切肆戾冽躓长笛赋　文拾捌　二下

质职

（阙名）出掘國德結任伯嗣碑　文壹佰　一下

质脂

（班固）計謚實日答宾戏　文贰伍　四下

（25）　月部

韵　字　表

曷

達頞葛闥囐轕鶡剌闊遏割嶱

末

闊奪豁沫末括

屑

霓蜺巘咽絜臬

薛

列烈絶裂折雪歠熱滅桀舌哲喆悊孽缺別㓁[1]説晢傑轍悦渫洌冽茢瞥設

月

月髮越竭謁闕發鉞伐訐蹷碣

黠

殺察札錣

(25)－1 月部韵谱(两汉)

前汉 (韦孟)髮察讽谏诗 汉诗贰 一下 絶烈在邹诗 二上 (枚乘)歠雪七发 汉文贰拾 五下 (司马相如)烈越子虚赋 文贰壹 四上 (刘胜)裂折文木赋 文拾贰 六下 (司马迁)闊奪悲士不遇赋 文贰陆 五上 達豁同上 (韦玄成)烈列戒子孙诗 诗贰 八上 (刘向)謁闕九叹·远游 文叁伍 八上 轕發同上 (班倢伃)雪月發熱絶怨诗 诗叁 二 (杨雄)月烈羽猎赋 文伍壹 七下 絶滅同上 八上 滅絶解嘲 文伍叁 三上 頞沫同上 三下 奪鉞桀荆州箴 文伍肆 二下 (刘歆)別桀遂初赋 文肆拾 二上 (阙名)列察郊祀歌·景星 诗壹 七下 (无名氏)竭雪絶铙歌·上邪 诗壹 十下 闊葛诸葛丰谚 诗伍 十上 札舌谷楼谚 十下

后汉 (冯衍)達伐显志赋 后汉文贰拾 二下 (傅毅)列察洛都赋 文肆叁 一下 越沫奪滅絶發末舞赋 三上 (班固)越列西都赋 文贰肆 四上 缺滅絶同上 哲烈东巡颂 文贰陆 一上 (崔骃)烈發闕伐月反都赋 文肆肆 一下 (李尤)別説舌滅笔铭 文伍拾 八下 (张衡)括發末西京赋 文伍贰 十上 列設錣霓哲东京赋 文伍叁 三上 刺巘雪絶霓南都赋 七上 絶滅髑

① “㓁”，古文“别”字。

髅赋 文伍肆 二上 （马融）髮兦葛越围棋赋 文拾捌 四上 咽絶同上 （边韶）列月塞赋 文陆贰 一下 （崔寔）哲察谏议大夫箴 文肆伍 十上 （张超）傑月尼父颂 文捌肆 十上 （蔡邕）阙達樊惠渠颂 文柒肆 二下 鉞烈黄钺铭七下 （祢衡）滅絶竭發吊张衡文 文捌柒 三上 （蔡琰）别裂轍咽悲愤诗汉诗叁 四上 （傅幹）悦絶皇后箴 文捌壹 十三下 （无名氏）絶别古绝句诗叁 十上 雪月絶皑如山上雪 诗肆 八下 伐遏魏郡與人歌 诗伍 三上

（25）－2 月部合韵谱上（前汉）

月祭

（司马谈）竭敝论六家要指 汉文贰陆 四下 （刘向）折蔽九叹·远游 文叁伍 八下 （阙名）殺廢郊祀歌·西颢 汉诗壹 六上

月质

（公孙乘）月出月赋 文拾玖 七上

月祭缉“岋”为缉部字，“外”为祭部字。

（杨雄）轕磕岋外羽猎赋 文伍壹 八上

（25）－3 月部合韵谱下（后汉）

月祭

（班固）孼缺制哲典引 后汉文贰陆 陆下 （崔骃）闥闕發沛滯达旨文肆肆 三下 制設滅同上 四上 （张衡）發旆轕鶡殺巘鉞东京赋 文伍叁三上 烈瘵列折七辩 文伍伍 二上 （无名氏）雪月絶會皑如山上雪 汉诗肆八下

月质

（班固）烈竭律典引 文贰陆 八上 絶述奕旨 八下 （张衡）殺烈摯西京赋 文伍贰 九下 （阙名）日發孼沫镜铭 文玖柒 十上 裂血絶郭仲奇碑

文壹零贰　三下　詘折孙根碑　文壹零肆　五下　（无名氏）慄列缺札别滅察古诗　诗叁　八上　烈節太学中谣·八及　诗伍　八下

月盍

（张衡）桀豁列業巘月西京赋　文伍贰　八上　絶雪□滅輒舞赋　文伍叁　十上

月药

（崔骃）激烈东巡颂　文肆肆　六下

月质职“逸”为质部字，“式”为职部字。

（李尤）逸式説丰侯铭　文伍拾　十二下

月质缉“弼栗”为质部字，“立”为缉部字。

（阙名）□阙弼栗立柳敏碑　文壹零壹　八上

月缉质锡职“邑襲”为缉部字，“術出卒”为质部字，“易”为锡部字，“國”为德部字。

（杜笃）邑劣絶術易國襲出卒论都赋　文贰捌　二上

（26）盍部

韵　字　表

盍

闔

怗

協牒浹攝①

叶

接獵曄捷輒

---

① “攝”见王褒《洞箫赋》，以“法合雜獵攝”为韵。“攝”，《集韵》入怗韵，音“诺叶切”。《广韵》怗韵“奴協切”下有“捻”字，“捻”、“攝”字通。

业

業嶪脅劫

乏

法乏

狎

翣

(26)－1　盍部韵谱(两汉)

前汉　(司马谈)法業论六家要指　汉文贰陆　四下　(杨雄)乏業长杨赋　文伍贰　一下　(阙名)葉牒郊祀歌·齐房　汉诗壹　七下

后汉　(冯衍)法業显志赋　后汉文贰拾　一上　(傅毅)協劫舞赋　文肆叁　二下　(張衡)法脅闔嶪接獵曄西京赋　文伍贰　六下　(阙名)業内武梁祠堂画像　文玖玖　一下

(27)　缉部

韵　字　表

合

合荅沓遝雜颯魶蛤訥①

缉

邑集歙輯悒及泣入襲習急立戢溼粒澀隰縶給岋

洽

① “訥”《广韵》入没韵，此字从内得声，当在本部。董仲舒《士不遇赋》以“黑訥惑”为韵。“黑惑”为职部字。

洽

(27)－1 缉部韵谱(两汉)

前汉 (司马相如)歙輯隰子虚赋 汉文贰壹 四下 (刘胜)邑集闻乐对 文拾贰 七上 (东方朔)悒及七谏·哀命 文贰伍 四下 (班倢伃)雜合沓捣素赋 文拾壹 八上 (杨雄)合襲解嘲 文伍叁 二下 (刘歆)及合遂初赋 文肆拾 二上

后汉 (傅毅)習急及邑舞赋 后汉文肆叁 三上 及立迪志诗 汉诗贰九下 (班固)及集东都赋 文贰肆 七下 (崔骃)合入达旨 文肆肆 三下 縶入同上 四下 (李尤)集遝辟雍赋 文伍拾 二上 立集德阳殿赋 二下 集邑立洛铭 四上 (张衡)及立合思玄赋 文伍贰 二上 習入东京赋 文伍叁六下 (王延寿)立入鲁灵光殿赋 文伍捌 一下 (蔡邕)邑集戢及溼粒急入習澀述行赋 文陆玖 三上 集戢入释诲 文柒叁 七上 (无名氏)泣及入枯鱼过河泣 诗肆 十四上

(27)－2 缉部合韵谱上(前汉)

缉盍

(王褒)法合雜獵擸洞箫赋 汉文肆贰 一下 入法四子讲德论 八下

缉职

(阙名)翊集郊祀歌·华烨烨 汉诗壹 八上

缉祭

(司马相如)際荅封禅文 文贰贰 八上

缉质

(刘向)集日九叹·远逝 文叁伍 四下 泣戾又思古 七上

(27)-3 缉部合韵谱下(后汉)

缉盍

(班固)飒翣竹扇赋 后汉文贰肆 十一上 洽浃典引 文贰陆 七上

附:两汉诗文韵字校记

1.1 之部韵谱

1. 平声 王褒《九怀·陶壅》“吾乃逝兮南娭”,“娭”严可均《全汉文》刻本作“娱”误,今从《楚辞》改。“娭”音熙。

2. 平声 杨雄《廷尉箴》“穆王耄荒,甫侯伊谋,五刑训天,周以阜基”,“谋”原作“谟”,与“基”不叶,《古文苑》作“谋”,今据改。

3. 平声 班固《幽通赋》“帀三正而灭姬”,“姬”《汉书·叙传》作“周”,今从《文选》作“姬”,“姬”与“灾”为韵。

4. 平声 蔡邕《京兆樊惠渠颂》“莫修莫釐”,“釐”原作“治”,今从《蔡中郎文集》改作“釐”,“釐”、“思”皆平声字。

5. 上声 蔡邕《协和婚赋》“考遂初之原本,览阴阳之纲紀,乾坤和其刚柔,艮兑感其脢腓,葛覃恐其失时,摽梅求其庶事”,丁声树先生指出:“腓”字与上下用韵皆不合。赋云“艮兑感其脢腓”,疑“脢腓”本作“腓脢”。《易·咸卦》艮下兑上六二感其腓,在艮体;九五感其脢,在兑体;故此赋云“艮兑感其腓脢”。“艮”与“腓”应,“兑”与“脢”应,若如今本,既失其韵,又失其行文之辞例矣。案丁先生所说极确,今改“脢腓”为“腓脢”,“紀”、“脢”、“事”为韵。

6. 去声 司马相如《封禅文》“般般之兽,乐我君囿,白质黑章,其仪可喜”,“囿”原作“圃”,与“喜”不叶,今据五臣本《文选》改作

“囿”。

2.2　幽部合韵谱上

1. 幽宵　枚乘《柳赋》“于是樽盈缥玉之酒，爵献金浆之醪，庶羞千族，盈满六庖。弱丝清管，与风霜而共彫，枪锽啾唧，萧条寥寂。隽人英髦，列襟联袍”，“寥寂”当作“寂寥”。“醪”、“庖”、“彫”、“寥”、“髦”、“袍”为韵，若作“寂”则不叶。《古文苑》作“寂寥”，今据改。

3.1　宵部韵谱

1. 平声　王逸《九思·伤时》“使素女兮鼓簧，乘戈和兮讴謠，声噭誂兮清和，音晏衍兮要婬”，“婬”与“謠”押韵，“淫”当作“嫋”。

4.1　鱼部韵谱上

1. 平声　贾谊《吊屈原文》“般纷纷其离此尤兮，亦夫子之故也，历九州以相其君兮，又何必怀此都也”，“故”《史记·屈贾列传》作“辜”，今据《史记》作“辜”，与“都”为韵。

2. 平声　刘胜《文木赋》“制为乐器，婉转蟠行，凤将九子，龙导五駒”。“行”与“駒”不叶，《西京杂记》、《古文苑》并作“紆”，今据改。

3. 平声　杨雄《羽猎赋》“剖明月之珠胎”，“珠胎”《文选》五臣本作“胎珠”，是也。“珠”与“梧”、“魚”、“虞”、“胥”为韵，今据改。

4.2　鱼部韵谱下

4. 平声　王延寿《梦赋》“扑苕荛，抶夔䰕”，“䰕”与上下用韵不合，当为“䰕”字之误。“䰕”，字书无此字，盖“魖”字之或体。杨雄《甘泉赋》云“梢魖魖而抶獝狂”，张衡《东京赋》云“残夔魖与罔象”，“夔魖”为一词，“魖”音虚，若字从“翟”，则与“魖”字所从得声不符。今改作“䰕”。

2. 去声　傅毅《七激》“乃使王良理辔，操以术教”，“教”当为“數”字之误。“數”与“攄”、“御”、“驅”押韵，若作“教”则不相叶。

4.4　鱼部合韵谱下

1. 鱼歌　张衡《鲍德诔》“业业学徒，童蒙我求。舍厥往著，去风即雅。济济京河，实为西鲁”，“我求”当为“求我”之误。《易·蒙卦》“匪我求童蒙，童蒙求我”是其证。此处“我”与“雅”、“鲁”押韵，若作“我求”则不相叶，今据《易·蒙卦》改正。

2. 鱼歌　《孤儿行》“头多虮虱，面目多尘”，“麈”下或有“土”字是也，“土”与“鲁”、“苦”为韵。今增“土”字。

5.2　歌部韵谱下

1. 平声　杜笃《吴汉诔》“朝失鲠臣，国丧牙爪；天子愍悼，中宫咨嗟”，案“牙爪”当作“爪牙”，“牙”、“嗟”押韵。

6.4　支部合韵谱下

1. 支歌　杜笃《论都赋》“驱骡驴”，“骡驴”或作“驴骡”，“骡”与“氏”、“奇”、“蠡”、“瀰”、“騠”叶韵，声音相近，若作“驴”则声音较远，今改作“驴骡”，以“骡”为韵字。

7.1　脂部韵谱

1. 去声　蔡邕《笔赋》“上刚下柔，乾坤之位也，新故代谢，四时之次也”，“位”严可均《全后汉文》及《古文苑》均作“正”，今依《蔡中郎文集》改。“位”、“次”押韵，作“正”则不叶。

7.3　脂部合韵谱下

1. 脂支　杜笃《论都赋》“诸夏灭徵”，“徵”《后汉书·杜笃传》作“微”，今据正。“微”与“維”、“眉”、“非”、“威”押韵。

8.1　祭部韵谱

1. 杨雄《太常箴》“慢行繁祭，无曰我材，轻身恃筮”，“祭”、“筮”押韵。“筮”原误作“巫”，今据《全后汉文》崔骃《太常箴》改正。两文相同，今列杨雄名下。

9.1　蒸部韵谱

1. 平声　班固《典引》“故夫显定三才，昭登之绩，匪尧不興；铺闻遗策,在下之训,匪汉不弘厥道",《文选》李善注云:"言布闻古之遗策,圣德在下之训,非汉不能弘道。"案"興"与"道"不能押韵,《后汉书·班固傳》"厥道"二字属下文,以"興"、"弘"为韵。依李善注知"厥道"二字属下亦非。疑原句为"铺闻遗策,在下之训,匪汉厥道不弘"。"興"、"弘"二字为韵。

11.1 东部韵谱

1. 平声 贾谊《鹏鸟赋》"怵迫之徒兮,或趋東西;大人不曲兮,意变齐同","東西"当为"西東"之误,"東"与"同"为韵,今校改。

2. 平声 蔡邕《胡公夫人哀赞》"昔予考之即世兮,安宅兆于旧邦,依存意以奉亡兮,迁灵柩而同來","同來"疑原作"來同","邦"、"同"为韵,今校改。

13.1 耕部韵谱上

1. 平声 杨雄《甘泉赋》"和氏玲瓏","玲瓏"五臣本《文选》作"瓏玲"。案"玲"与"清"、"傾"、"嶒"、"嬰"、"成"为韵,作"瓏玲"是也,今据改。

13.2 耕部韵谱下

1. 去声 班固《幽通赋》"天造草昧立性命兮,复心弘道惟聖賢兮","聖賢"《汉书·叙传》作"賢聖",今据正。"命"与"聖"为韵。

13.3 耕部合韵谱上

1. 耕阳 公孙乘《月赋》"隐圆严而似钩,蔽修堞而分鏡,既小进以增辉,遂临庭而高映。火珠匪明,皓璧非莹","瑩"《古文苑》作"淨",今据改。

14.1 真部韵谱

1. 平声 班固《答宾戏》"言通帝王,谋合神聖","神聖"《汉书·叙传》作"聖神","神"与"濱"、"垠"、"信"、"勳"为韵,作"聖神"是也,今据改。

2. 平声　班固《窦将军北征颂》“刘残寇于沂垠”，“垠”原作“根”，误，今依《古文苑》改正。

15.2　元部合韵谱上

1. 元真　路乔如《鹤赋》“白鸟朱冠，鼓翼池干。举修距而跃跃，奋皓翅之䎘䎘”，“䎘䎘”依文义及韵读当作“獑獑”。《玉篇》：“獑，庄善切，鸟挚击势也。”《法言·孝至篇》“螭虎桓桓，鹰隼獑獑”，李轨注：“獑獑，攫撮急疾也。”《广雅·释训》云：“獑獑，武也。”据是可知“獑獑”为奋翅矫武之意，与路赋文义正合。“獑”与“冠”、“干”、“讙”、“桓”、“安”、“樊”、“恩”、“歡”为韵，字当作“獑”无疑。（“䎘”《玉篇》与“翼”为一字，“䎘”当是“䎃”字之误。）

17.1　侵部韵谱

1. 平声　班固《终南山赋》“傍吐飞濑，上挺修林”，“林”原作“竹”，今从《古文苑》改。“林”与“沈”、“心”为韵。

18.1　职部韵谱

1. 司马相如《封禅文》“圣王之德”原作“圣王之事”，此从《文选》。“德”与“翼”为韵。

九、《淮南子》、《易林》韵谱

1.《淮南子》韵谱

(1) 之部

平声

能時之基原道篇柔毳安静十句　時之又应化揆时二句　謀之又先者隤陷四句　熙德尤治俶真篇含哺而游八句　時灾精神篇风雨非其时二句　之來灰骸又居不知所为二句　灰時財本经篇燎木以为炭六句　欺疑又君臣相欺二句　才治主术篇任人之才二句　時財謀又清静无为六句　治持又能多者四句　時裘齐俗篇夫以一世之变三句　骸灰持恢謀哉道应篇形若槁骸七句　謀疑時又周伯昌行仁义而善谋三句　時謀氾论篇徐偃王知仁义而不知时二句　謀時期诠言篇不豫谋二句　治能又使水流下四句　能治兵略篇主孰贤四句　治旗持之又善用兵者九句　來之又观波之所以来二句　貍來又始如狐狸二句　之謀又故所向非所之也二句　絲龜说山篇下有伏苓四句　龜貍又坏塘而取龟二句　貍龜又杀戎马而求狐狸二句　醫謀说林篇与死者同病四句　牛貍又见象牙四句　姬牛來又公之贤八句　謀骸又谗夫阴谋二句　辭喜人间篇其所能者四句　時滋之又圣人敬小慎微六句

上声

止始原道篇水流而不止二句　有宰又生万物而不有二句　右始又无所左而无所右三句　理海又是故一之理二句　右在又在于上六句　餌海有俶真篇是故以道为竿八句　里海又舜之耕陶也四句　理紀起理时则篇感动有理六句　理止览冥篇阴阳之所壅沉不通者四句　母紀精神篇以天为父四句　裏紀又外为表而内为里三句

有理又是故圣人以无应有二句　恃有主术篇任一人之力者四句　里海又故假舆马者四句　裹凝缪称篇包裹宇宙而无表里二句　里海又有声之声二句　駭理又勿惊勿骇二句　已止海齐俗篇故古之圣王五句　汜里在道应篇此其外犹有汰沃之汜三句　理喜诠言篇宁守其分四句　始已理又故不为始三句　謀事悔又神劳于谋四句　始晦紀兵略篇终而复始三句　海駭又动则凌天振地五句　子海又上视下如子二句　止里说山篇深则达五藏四句　已里始又不运于已三句　理在又圣人之同死生四句　里母殆又亨牛以飨其里三句　海里说林篇田中之潦四句　已矣里又诺之与已三句　海已又流潦注海三句　止里友市又骐骥驱之不进七句　晦謀又见之暗晦二句　里阜故跬步不休四句　使止理人间篇夫劝人而弗能使也三句　畝里泰族篇故九州不可顷亩也二句　止有又轻者欲发四句　事理始要略夫作为书论者七句　已理紀母又使人知遗物反已七句　采理始又所以一群生之短修六句

去声

使備原道篇四时为马四句　載事待俶真篇若夫神无所掩六句　背右天文篇不可通也四句　事態主术篇上多事二句　意待事司又灭想去意六句　戴喜缪称篇人以其所愿于上四句　治意又圣人在上四句　事意齐俗篇是故凡将举事二句　事異又是以人不兼官四句　志富诠言篇日月庾而无溉于志三句　志意來之兵略篇在中虚神七句　事怪说山篇被羊裘而赁四句　治事又文王污膺五句　事似说林篇解门以为薪四句　佩富又龟纽之玺四句　忌期事要略操舍开塞六句　備怪又使人通迵周备三句

之部合韵

之幽

平声　醫庖说林篇忧父之疾者子四句

上声　丑始天文篇正月指寅四句

之职

上声　已止事辭喜極精神篇其生我也九句

去声　覆載原道篇以天为盖四句　載植俶真篇夫天不定四句　載息览冥篇天不兼覆四句　事福氾论篇故苌宏知天道而不知人事二句　德事載诠言篇诛而无怨六句　伏意備兵略篇善用间谍七句　識備又举措动静四句　螚意怪说林篇水虿为

螅七句 治異食誨力泰族篇乃裂地而州之七句 塞意事要略所以窍窕穿凿百事之壅遏八句

(2)幽部

平声

流浮原道篇两木相摩而然四句 游舟又短绻不绔四句 周游又夫日回而月周二句 游求览冥篇浮游不知所求 睭悠秋兵略篇深哉睭睭四句 浮休说山篇兰生幽谷六句

上声

守保原道篇欲刚者必以柔守之四句 沼鳥獸又射沼滨之高鸟二句 道寶守主术篇以不知为道四句 好醜道诠言篇故不为好三句 道守又有百技而无一道二句 首爪兵略篇夫飞鸟之击也俛其首四句 道醜说山篇纣有得事四句 考寶说林篇白璧有考二句 酒缶好醜又君子有酒四句 好醜又酝醽在频则好二句 酒道又爱熊而食之盐四句 造巧泰族篇奚仲不能旅三句

去声

好報原道篇大包群生而无私好二句

幽部合韵

幽鱼

平声 茅樞原道篇环堵之室四句 留疇侯天文篇条风至九句 珠由说山篇得隋侯之珠二句

上声 道主天文篇欲知天道二句 主道主术篇故国有亡主二句

幽之

上声 有保主术篇乘众人之智四句

幽宵

平声 豪休修务篇达略天地四句

(3)宵部

平声

摇勞原道篇疾而不摇二句 窕躁嬈梟又处小而不逼六句 教摇勞主术篇处无为

之事三句 毛刀高说山篇断右臂而争一毛四句 摇挠说林篇使叶落者风摇之二句 燸燒又一家失燸二句 勞饒修务篇夫瘠地之民多有心者四句 撓搖又口曾挠三句

上声

曉照原道篇冥冥之中四句 少小精神篇故所求多者所得少二句 少小兵略篇故善战者不在少二句 小少泰族篇故凡可度者小也二句

去声

燿效精神篇如光之燿二句 暴肖本经篇伐乱禁暴二句 詔教主术篇任而弗诏二句 毛笑氾论篇不杀黄口四句 釣召说山篇故鱼不可以无饵钓也二句 笑叫说林篇至乐不笑二句 笑眺修务篇治由笑二句

(4)鱼部

平声

驅俱區驟原道篇四时为马八句 隅樞又经营四隅二句 渝濡又新而不朗四句 慮輿又恬然无思四句 無虛居又有生于无四句 去居俶真篇是故事其神者神去之二句 衢無又道出一原五句 辜邪时则篇审用法四句 虚居精神篇夫静漠者四句 烏諸又日中有踆乌二句 無虛又故有而若无二句 虛慮又廓然而虚二句 梧魚餘娱本经篇曲拂邅回八句 瑕居篨疏又抑微灭瑕五句 樞符主术篇处静持中四句 邪挐又志在正道直邪二句 魚枯缪称篇交拱之木六句 虛餘齐俗篇故乱国若盛四句 車家又夫待騕褭飞兔而驾之四句 濡趨道应篇争鱼者濡二句 慮圖扶兵略篇以论虑之三句 無虛又是以圣人藏形于无二句 魚竽壺又主能射云中之鸟六句 無竽说山篇物莫不因其所有而用其所无三句 閭竽濡又为儒而踞里闾四句 車書又见窾木浮而知为舟三句 諸蛆说林篇月照天下四句 枯烏圖又舍茂林而集于枯三句 欋扶疏又木大者根欋四句 虛魚人间篇身死人手二句 書稼車修务篇昔者容成造历六句 嘔濡殊珠濡渝泰族篇天地所包十句 愚拘又诗之失愚二句 書夫娱又闲居静思六句 除疏虛餘泰族篇其起福也十句 書辜又为奸刻伪书三句 居乎又关雎兴于鸟而君子美之四句

上声

下寡原道篇累之而不高四句 土走處又夫蘋拊根于水六句 處暑所又各因所

处四句 下野與後又利贯金石十句 處野矩又卓然独立六句 怒苦又是故无所喜而无所怒二句 所五舉處户天文篇立春之后七句 斗所又帝张四维四句 土野女户土野所羽暑雨地形篇自东北方曰和邱以下二十句 偶走又或奇或偶二句 下暑土又凡八极之云六句 暑怒精神篇天有风雨寒暑二句 緒宇野所又反复终始八句 雨土怒本经篇天之精六句 虎組又寢兕伏虎二句 怒與主术篇国有诛者四句 下矩缪称篇道至高无上六句 馬弩下又善御者不忘其马三句 弩釜齐俗篇铅不可以为刀四句 舞處又故当舜之时八句 馬羽下又是从牛非马四句 下暑又仪必应乎高下二句 矩宇所又故天之员也不得规六句 下舞下道应篇深目而玄鬓七句 去所诠言篇耳目鼻口四句 府主又圣人不为名尸四句 棓口又王子庆忌死于剑四句 後所與又随时三年八句 下所兵略篇贪味饕餮之人四句 野浦扈又故黄帝战于涿鹿之野四句 野下又朝不易位六句 雨下圉偶緒又卒如雷霆十句 假舍去又乘而勿假也三句 雨沮圉寡又止如邱山八句 虎武又左青龙四句 序暑又是故处于堂上之阴四句 虎走又合如兕虎二句 武取又是故合之以文三句 父下又下视上如父二句 後雨鼓緒又蔽之于前九句 後伍又翼轻边利四句 夏夜说山篇阴阳不能且冬且夏三句 狗走又执弹而招鸟四句 走狗後以束薪为鬼四句 馬炬狗俎又将军不敢骑白马六句 鼠鼱與又掘室而求鼠四句 狗雨又若用朱丝约刍狗二句 鼠瘦鼱又狸头愈鼠四句 户下又三人比肩四句 助雨说林篇几易助也二句 社黍又无乡之社二句 覩顧又皮将弗睹二句 去下又中夏用箑四句 馬下虎又君子之居民上五句 武走又见虎一文四句 兔買又逐鹿者不顾兔四句 土下又城成于土二句 楚予後吕距走處楚人间篇故蔡女荡舟十四句 雨矩御下修务篇进如激矢九句 御虞泰族篇简士卒三句 與舉處又朋党比周六句 鼓馬下又乃折枹毁鼓四句 下伍怒要略明设权操柄以制群下六句 巨粗語又其言有小有巨四句

去声

具數原道篇小大修短四句 故詐又偶䁥智故二句 慕慮又去其诱慕三句 素夜俶真篇偃其聪明四句 舍素又是故虚无者道之舍二句 固赦度时则篇奸人已得六句 赦固又败物而弗取四句 聚竇又饰群牧四句 慮素故精神篇清目而不以视六句 故詐主术篇上多故二句 度舍居故道应篇摄女知七句 數遇诠言篇倍道弃数二句

素舍又平者道之素也二句　慮儲又圣人无思虑二句　慮故怖又苦心愁虑四句　故遮候瘔又变常易故六句　助去又举事以为人者众助之二句　庫處又建鼓不出库二句　數揍兵略篇发必中诠四句　謝夜兵略篇若春秋有代谢二句　詐慮又不可巧诈也二句　步夜又因其饥渴冻暍五句　慮門又因民而虑二句　度豫说山篇巧者善度二句　布暮又见麖而求成布三句　絮布说林篇藘苗类絮四句　紵布故又布之新不如纻四句　步故又苏秦步曰何故　露步修务篇身淬霜露二句　步故泰族篇骖欲驰四句　厚晝又天致其高四句　寇門又乃相率致勇而为之寇二句　喻具要略假像取耦四句

鱼部合韵

鱼之

据盱牛览冥篇卧倨倨四句　野圄宇雨父女志俶真篇若夫真人十三句　下母古户寡修务篇今使人生于辟陋之国十句

鱼幽

儒騶庖说山篇喜文非侠也六句

鱼歌

閭疽瑕虧说林篇治鼠穴而坏里闾四句

鱼铎

素白原道篇纯粹朴素二句　露泽又上天则为雨露二句　格度诠言篇强胜不若己者四句　舍斥處兵略篇相地形六句　昔昨说山篇岁贤昔二句　炙夜又见弹而求鸮炙二句　射乍说林篇虎豹之文来射二句

鱼屋

慕欲精神篇使耳目精明元达而无诱慕二句　數樹欲缪称篇欲知天道六句　嘱犓詐齐俗篇引谚　欲諛喻附兵略篇其后骄溢纵欲六句　欲助又同欲相助　斲具鬥说林篇大匠不斲二句　構哭又纣醢梅伯四句　務族要略有修族二句

鱼沃

覆軵说林篇倾者易覆也二句

(5) 歌部

平声

移多原道篇转化推移三句　多随又好憎繁多二句　虧化馳又能存之此六句　宜爲又形神志气三句　議和爲蛇化俶真篇坐而不教八句　爲施又非道之所为也二句　義宜和又是故圣人内修道术四句　歌和天文篇女夷鼓歌二句　阿苛时则篇平而不阿二句　阿和挫又平而不险六句　虧爲精神篇夫癞者趋不变四句　爲和儀又性有不欲十句　和爲本经篇君臣不和二句　化爲和又随自然之性四句　碕波又积牒于石四句　宜施主术篇小大修短四句　儀宜宜又文武备具六句　爲随齐俗篇故行齐于俗四句　宜過又各用之于其所适三句　隨爲又故狐梁之歌四句　移虧道应篇日中而移二句　訶議爲诠言篇动有章则诃四句　为何又故通性之情者四句　危剉又故治未固于无非四句　波爲靡阤兵略篇击之若雷八句　爲化又视其所为二句　儀宜又无法无仪二句　化移又因形而与之化二句　移奇又所当者陷四句　池爲说山篇因高而为台四句　樠羈犧河又髡屯犁牛六句　羈犧多爲又遗人马而解其羁七句　麻波又祭之日而言狗生四句　和危说林篇水火相憎六句　過差又循绳而斲四句　趍馳又趍曰何驰　議苛又有为则议二句　宜議又以为裳则宜二句　河波又使人无度河可,中河使无波不可　河多又汤沐之于河二句　馳謌又易道良马四句　謌和又善举事者三句　波差詭又水虽平六句　移虧又从朝视夕者移二句　化移施修务篇目失精神滑淖纤微五句　皮蛇又若使之衔腐鼠四句　移馳靡泰族篇日之行也四句　義爲化靡又清明条达者八句　差過又寸而度之四句　和差要略所以使人黜耳目之聪明六句

上声

彼我原道篇不在于彼二句　墮禍原道篇夫善游者溺四句　可可说林篇使人无度河可二句

去声

麗過俶真篇夫贵贱之于身也四句

歌部合韵

歌元

酸和说林篇百梅足以为百人酸二句　觀議患诠言篇为善则观四句

歌幽

奇調爲移虧陂移兵略篇敌若反静十四句

(6)支部

平声

涯訾原道篇修极于无穷四句　規離主术篇若欲规之二句　知爲又知员者四句　堤谿兵略篇势如决积水于千仞之堤二句　蹏枝知说林篇马齿非牛蹄四句　忮訾泰族篇礼之失忮二句

(7)脂部

平声

齊諧兵略篇或将众而用寡者四句　私齊修务篇若夫尧眉八彩四句

上声

是死原道篇又无非无是三句　死牝地形篇高者为生四句　體死精神篇存而若亡四句　眯死體又觉而若眯四句　指視诠言篇星列于天而明四句　死牝又后生而前死二句　弟死又上视下如弟二句　矢體又疾如矿弩四句　死致说林篇狗彘不择甂瓯而食四句　致履又冠则戴致之二句　指死又一膊炭熯四句　尾幾又畏首畏尾二句　死指又鼠无时死二句　指體人间篇痈疽发于指二句　指至泰族篇四海之内五句　指體要略诠言者三句

去声

視至道应篇正女形三句　利比泰族篇则机枢调利三句

脂部合韵

脂祭

去声　利害原道篇故以神为主者四句　底滯兵略篇上穷至高之末四句　利害诠言篇不可以得利二句

脂微祭

去声　利位世原道篇又贪饕多欲之人五句

(8) 微部

平声

微湥(回)飞原道篇甚淖而滒六句 歸畏又天下归之二句 遺悲又古之人三句 悲開肥又不以奢为乐六句 衣機又其纵之也若委衣二句 飛衰地形篇土龙致雨四句 衰歸时则篇行稃鬻四句 歸遺主术篇下者万物归之四句 微懷又故心小者二句 非微缪称篇物多类之而非二句 衰悲道应篇夫物盛而衰二句 懷晞氾论篇夫绳之为度也四句 帷衣说山篇先针而后缕四句 飛榷又众议成林四句 推非微又推与不推四句 衣歸悲又庄王诛里史五句 微機要略分别百事之微二句 依諱微機又故言道而不明终始八句

上声

水絺原道篇陆处宜牛马四句 鬼水又寝居直梦四句 毁累说山篇圣人不先风吹四句

去声

既費原道篇富赡天下而不既二句 悖韇逮又疏达而不悖四句 氣類地形篇皆象其气二句 悖憒时则篇肃而不悖二句 貴遂精神篇能知大贵二句 味氣缪称篇引黄帝语 愛貴齐俗篇淳均之剑不可爱也三句 類悖貴又异形殊类四句 位肆兵略篇朝不易位二句 氣類说山篇日月不应非其气二句 味氣又尝一脔肉四句 悴蒯说林篇有荣华者四句

微部合韵

微歌

平声 悲危原道篇是故不以廉为乐四句 隨非又故亡国之法四句

微脂

平声 衰遲飢兵略篇常以生击死四句 威飢歸又是故内修其政以积其德六句 衣犀又砥利剑者三句 飛飢说林篇虻与骥致千里而不飞二句 飢肥推又人食矾石而死五句

去声 内惠隧又治国家六句 器涖本经篇大钟鼎四句 箅蜧齐俗篇夫明镜便于照形七句

微祭

去声 脃韇肆悖類愛本经篇柔而不脆八句 内外槩诠言篇自乐于内四句

(9)祭部

去声

滯廢原道篇是故能天运地滞二句　大外又托小以包大二句　外廢又是故以中制外二句　裔蓋又故虽游江浔海裔三句　大外又故在于小四句　害廢时则篇取而无怨四句　外瀨際览冥篇曾逝万仞之上六句　竄裔又莫不惮惊伏窜二句　敗廢本经篇晚世风流俗败二句　外世主术篇平九州四句　蓋滅害齐俗篇故日月欲明六句　外制道应篇故人主之意欲见于外二句　大敗氾论篇故得王道者四句　外敗诠言篇引广成子语　害廢又邪与正相伤四句　敗害又强而不相害二句　蔽閉又风雨可障蔽二句　外穢隧说山篇无内无外四句　大芥说山篇海虽大二句　蓋敗说林篇日月欲明而浮云盖之二句　害敗又善用人者四句　敗廢人间篇名者难成而易败也四句　廢敗害又夫就人之名者废四句　外世修务篇消摇仿佯于尘埃之外三句　敗害要略成之为败二句

祭部合韵

祭月

廢泄昧原道篇故夫形非其所安而处之则废六句　滯穢泄时则篇流而不滞四句　廢裂览冥篇四极废二句　發歲齐俗篇夫一仪不可以百发二句　世穢絶兵略篇乃讨强暴六句　噬趹害兵略篇有角者触六句　蹶𢶍敗说林篇游者以足蹶四句　跋發外掘外蔽说林篇以瓦鉒者全八句　滅大人间篇祸生而不蚤灭四句　達世修务篇精神晓泠五句　滯泄泰族篇邪气无所留滞三句　櫱敗滅害又故事有凿一孔而生百隙八句

祭质

失察慧泰族篇不称丈量六句

(10)蒸部

平声

蒸應原道篇风兴云蒸二句　勝淩又力无不胜二句　淩雄① 览冥篇夫死生同

① “雄”,《诗经》音在蒸部,西汉末转入冬部。

域四句　夢萌騰精神篇是故其寢不梦四句　興應主术篇万物并兴二句　登勝缪称篇近而不可以至三句　應雄奇正之相应二句　勝應兵略篇诸有象者四句　繩凌又故前后正齐四句　稱應要略有主术四句

去声

寱應繆稱篇其坐无虑四句　憎勝兵略篇常以积德击积怨三句　應勝又持五杀以应二句

蒸部合韵

蒸东

冬繩览冥篇和春阳夏三句

蒸侵

心蒸本经篇上下离心二句　應朕兵略篇乃以明物类之感四句

(11)阳部

平声

張明强剛陽光原道篇约而能张六句　明行翔又日月以之明四句　皇柄央方又泰古二皇五句　陽行生又优天地而和阴阳四句　霜行又童子不孤四句　霜傷藏又秋风下霜四句　强當又志弱而事强二句　剛强又行柔而刚二句　創傷又击之无伤二句　陽狂又人大怒破阴四句　强明又筋力劲强二句　喪亡又忽然若有所丧二句　房蔣旁又上漏下湿六句　强翔又是故不待势而尊五句　方明堂光俶真篇能载大员者履大方五句　行明又是故性遭命而后能行二句　喪兵常天文篇为疾为丧三句　强昌又大岁迎者辱四句　行傷兵霜又丙子干甲子十句　殃霜又庚子干戊子四句　亡藏又戊子干庚子四句　鄉鄉又戊子干壬子四句　方央又天员地方二句　行當殃又六月当心六句　昌殃亡涼明兵强常康又岁星之所居以下二十句　昌亡又以保畜养四句　亡殃又合于岁前则死亡二句　忘明亡匡时则篇直而不争十句　阳行昌疆明又教教阳阳八句　行强剛藏又故冬正将行五句　鏡迎藏傷览冥篇故圣人若镜四句　桑棠又朝发榑桑二句　行光精神篇日月失其行二句　行殃又五星失其行二句　方旁又以死生为一化四句　陽狂又人大怒破阴四句　光行本经篇日月淑清而扬光二句　煌章明又焜昱错眩七句　糧葬又居民无食四句

亡傷主术篇国无义四句　昌亡缪称篇故情胜欲者昌欲胜情者亡　張病又大戟去水四句　行喪葬齐俗篇武王伐纣七句　强剛陽明方道应篇吾知道之可以弱十句　昌亡又夫忧所以为昌也二句　殃亡又若与之从四句　牆方氾论篇故东面而望四句　陽象方羊又山出嗥阳四句　迎將央诠言篇来者弗迎四句　藏倡又圣人内藏二句　境行兵略篇故闻敌国之君有加虐于民者四句　方陽剛明常方明又所谓道者九句　兄塘當又民之为用六句　强明當望亡又地广民众九句　腸傷場又涉而蹀肠四句　行强又威仪并行二句　傷明又彼非轻死而乐伤也二句　兄亡又下视上如兄二句　强行又兵犹且强二句　陽行祥又明于奇賌阴阳四句　將行又君若不许四句　光陽说山篇日望月夺其光四句　藏病又天二气则成虹三句　抗常行又申徒狄负石自沉于渊五句　枉往又举直与枉二句　兵當又得万人之兵二句　行明说林篇足以蹍者浅矣四句　亨藏又狡兔得而猎狗亨二句　行芳又刍狗能立而不能行二句　芳霜兵望又兰芷以芳四句　兄當又损年则嫌于弟四句　旁嘗傷又小国不斗于大国之间四句　行上又欲观九州之土四句　倉囊横又未尝稼穑六句　芳明又不生而坚四句　牀荆又行者思于道四句　陽霜又圣人处于阴四句　牆祥傷又负子而登墙三句　粱裳又不能耕而欲黍粱二句　明光明又百星之明四句　傷殃人间篇夫再实之木根必伤二句　羹傷又糲粢之饭四句　粱良又食刍豢四句　梁羊又故蠹啄剖柱梁二句　行當又或明礼义推道理而不行二句　明章修务篇舜二童子四句　喪亡明泰族篇其杀物也三句　行光霜又逆天暴物七句　康亡又以沉湎淫康三句　方横又轮员舆方二句　王亡又故同气者帝四句　王放又故桀纣不为王二句　光行殃常常要略所以和阴阳之气九句　行强常羊兵又所以知战陈分争之非道不行也八句

上声

怳象原道篇忽兮怳兮二句　怳往景上又游微雾八句　網像又故矢不若缴三句　像景秉仗又沕穆无穷八句　兩往览冥篇罔两不知所往　像往主术篇故至精之像三句　養長泰族篇其生物也二句

去声

狀量齐俗篇朴至大者无形状二句　唱讓诠言篇圣人常后而不先四句　象量沆藏兵略篇天化育而无形象四句　狀象兵略篇无名无状二句

阳部合韵

阳东

平声 剛强鄉同量原道篇积于柔则刚八句 明章公原道篇掩其聪明四句 明功常當原道篇夫任耳目以视听者九句 功方張天文篇景风至九句 陽陽通天文篇天地以设六句 聰傷揚精神篇是故五色乱目八句 明聰當通本经篇精泄于目八句 明聰障主术篇冕而前旒六句 長藏功堂方傷公主术篇春生夏长十二句 量讓功障行主术篇上好取而无量二句 方當倡明功主术篇臣道员者六句 横窮剛忘氾论篇夫修而不横四句 陽强功氾论篇能阴能阳四句 王功兵略篇夫为地战者四句 强亡强工亡兵略篇众之所助十句 窮行兵略篇轮转而无穷二句 創通當兵略篇是故大兵无创四句 行功兵略篇是故扶义而动四句 剛强張東明創兵略篇故用兵之道十二句 霜傷功人间篇同日被霜四句 明㫰窮霜行修务篇汤夙兴夜寐十句 明壅境修务篇君子有能精摇靡监七句

上声 動往像修务篇无为者寂然无声七句

(12)东部

平声

降窮原道篇雷声雨降二句 窮功又体道者逸而不穷二句 中窮又是故好事者未尝不中二句 公洞又是故无所私而无所公三句 容宗时则篇厥德孔密四句 終宗通览冥篇纯温以沦四句 用中精神篇有精而不使四句 宗通又除秽去累三句 窮通主术篇人有困穷二句 宗窮又故得道之宗二句 公通忠齐俗篇望君而笑六句 同通宗窮诠言篇方以类别九句 通凶又人有穷而道无不通二句 窮同通又通而不华八句 從窮用冲又故神制则形从五句 中窮攻兵略篇莫见其所中四句 同從同通说山篇行合趋同四句 聾聰聰通说林篇听有音之音者聋四句 窮宫又骏马以抑死四句 功龍又随时而举事四句 通江修务篇禹耳参漏四句 從用泰族篇故因其性四句 功同又故圣主者四句 聾通又既喑且聋二句 從凶又位高而道大者从二句 公功要略其数直施而正邪五句

上声

洞動原道篇遂兮洞兮二句 總孔又万物之总二句 動恐俶真篇是故生不足以

使之四句　動恐又知者不能动也二句　動容兵略篇故计定而发五句

去声

縱用原道篇恬则纵之二句　重恐動兵略篇錞钺牢重四句　重動泰族篇夫湿之至也四句

东部合韵

东阳

胸亡中本经篇怨尤充胸四句　明聰公從齐俗篇以视则明四句

东幽

調通本经篇心与神处四句

东谈

上声　動敢兵略篇心不专一四句

东蒸

從應泰族篇故寒暑燥湿四句　騰龍兵略篇鸾举麟振四句　應動原道篇通则能应二句　動應天文篇物类相动二句　應動精神篇感而应二句　應動泰族篇非法之应也二句

东侵

南衆蟲原道篇九疑之南四句　心中泰族篇今夫道者五句

(13)耕部

平声

形盈清原道篇包裹天地六句　冥形又幽兮冥兮二句　生成又万物弗得不生二句　生鳴形成又无形而有形生焉四句　形亭成生又故音者八句　清盈又浊而徐清二句　寧平又则五藏宁二句　情生又是故有以自得也八句　生營平形生又悲喜转而相生六句　成生又形备而性命成二句　榮傾又穷而不慑四句　形聲俶真篇视之不见其形二句　性營清生又外从其风八句　冥聲又视于冥冥二句　寧形又所立于身者不宁二句　城刑天文篇不周风至六句　生榮又甲子干庚子四句　生成又是故天不发其阴四句　刑生又日为德四句　生成又或死或生二句　經刑地形篇东西为纬四句　平生平时则篇准平而不失二句　形冥精神篇惟象无形二句　清

寧生又天静以清四句 成形又形体以成二句 形生又化者复归于无形也二句 精清冥又若此人者六句 生成本经篇振困穷六句 正平又扶拨以为正二句 精平情又天爱其精三句 冥成形主术篇窈窈冥冥五句 平正命又衡之于左右九句 形輕又人有其才四句 生正又非天堕四句 扃成又外闭中扃二句 聲經缪称篇如鸮好声二句 形聲誠精又目见其形四句 攖清又勿挠勿撄二句 傾形齐俗篇故高下之相倾也二句 情營又有以自见也四句 平正正傾又神清意平五句 政平又智昏不可以为政二句 聽形又辩士之言可听也三句 營性又性命飞扬四句 星生道应篇此犹光乎日月而载列星三句 形聲又视之不见其形二句 生成成精氾论篇春分而生四句 聲聲形形聲鳴聲诠言篇鼓不灭于声八句 性形莖又无须臾忘为贤者六句 清寧兵略篇以浊为清二句 形成又制刑而无刑二句 情成又同情相成 形經又运于无形二句 旌冥情又是谓至旌三句 形聲冥说山篇视之无形三句 正平又水定则清正二句 冥精寧正又夫照镜见眸子九句 清傾又以浊人清二句 城生又针成幕四句 平清形正说林篇水静则平五句 形聲又使景曲者形也二句 聲生又饥马在厩四句 榮誠又管子以小辱成大荣二句 形情又圣人之偶物也三句 生成人间篇夫祸之来也四句 盈精成名修务篇是故田者不强八句 鳴驚兵生泰族篇邑犬群嗥七句 平寧又理清志平二句 精形要略穷逐终始之化四句

上声

幸井说林篇毋曰不幸二句

去声

爭聖原道篇得在时四句 靜定爭又柔弱以静四句 靜命精神篇恬愉虚静二句 定爭主术篇上烦扰四句 正命兵略篇观其邪正二句

耕部合韵

耕真

天情原道篇故达于道者四句 淵形又草木注根四句 天情信成人又圣人不以人滑天八句 形聲身又视之不见其形三句 淵名又藏金于山四句 正平生天览冥篇苍天补八句 蹎瞑生又其行蹎蹎四句 成形人又刚柔相成四句 情人又是故圣人法天顺情三句 形真本经篇是故神明藏于无形二句 生盈人又莫死莫生三

句　仁信成真誠聲形主术篇不施而仁九句　生形身生平齐俗篇是故其耕不强者十句　生形人诠言篇能反其所生三句　名身又故道术不可以进而求名二句　嬴矜[①]人又有祸则诎六句　形親聲矜又大道无形五句　形精人生驚兵略篇权势必形八句　淵情又建心乎窈冥之野四句　人性说林篇海不受流胔四句　燐驚又抽簪招磷二句　信情修务篇皋陶马喙四句　情人名又则穷道本末六句　形聲人民刑泰族篇圣人在上九句　真形冥經要略有原道八句　天形清冥又所以言至精之通九天也四句

耕阳

生行聽鳴说林篇兔丝无根而生四句

耕元

精便兵略篇蓄积孰多四句

(14)真部

平声

人身原道篇不在于人二句　天淵俶真篇譬若梦为鸟而飞于天二句　人天天文篇蚑行喙息四句　人人身主术篇是故有诸己八句　田新親人又使各处其宅六句　臣信缪称篇骄溢之君无忠臣二句　新真天神伸齐俗篇今夫王乔赤诵子十句　天眴道应篇此其下无地而上无天三句　人身人间篇外化所以入人也四句　仁親修务篇文王四乳四句　新親天泰族篇无故无新三句

真部合韵

真耕

真身天成览冥篇夫全性保真六句　真身情身要略欲一言而寤十一句

真谆

親天鄰先根神精神篇是故无所甚疏十二句

(15)谆部

平声

---

① “矜”字《诗经》音属真部。《淮南子》同。

貧勤原道篇收聚畜积而不加富四句 川崙門先又经纪山川八句 勤損又四支不勤二句 根門又万物有所生四句 遁紛又淳溺流遁二句 根門存勤又大浑而为一八句 純混又其全也纯兮若朴其散也混兮若浊 閔門精神篇芒芠漠闵三句 門根存又精神入其门三句 雲崙本经篇龙登玄云二句 遁淪又故闭四关三句 雲崙又魏阙之高四句 根門齐俗篇既出其根二句 垠門兵略篇地方而无垠二句 員輪紃说林篇环可以喻员四句

去声

運墊兵略篇神出而鬼行四句

谆部合韵

谆真

神門原道篇以恬养性三句 淵雲存又澹兮其若深渊四句 根門神先又百事之根六句 門鄰人分人间篇祸与福同门四句

谆元

塵輪門全原道篇令雨师洒道八句

谆元真

端神循先主术篇主道员者五句 全門神兵略篇所用不复五句

(16)元部

平声

殘淺原道篇斵之而不薄四句 觀然焉又由此观之三句 攀躧又先者上高四句 斷然散斩之不断五句 垸寬时则篇转而不复四句 鞭環览冥篇左右若鞭二句 闗患苑本经篇故闭四关三句 官姦安嫚主术篇工无二伎八句 安亂缪称篇心治则百节皆安四句 觀原齐俗篇圣人之法可观也三句 端觀兵略篇天员而无端二句 鞍卷又车不发轫四句 選摶撚干又陈卒正六句 原觀又是故圣人藏于无原四句 歡怨揖让而进之四句 殘殫又楚王忘其猿四句 寒山说林篇川竭而谷虚五句 羶酸又羊肉不慕蚁六句 爇泉又槁竹有火四句 散然又赤肉县则乌鹊集六句 焉然又非有事焉二句 轉前泰族篇县烽未转二句 言閒又喑者不言二句 言山間要略

有氾论六句

上声

遠還原道篇则精神日耗而弥远二句　觀遠道应篇今子游始于此三句　短賤诠言篇人莫不贵其所修四句　反援又直己而待命六句

去声

變難原道篇遭卒应变二句　見辯精神篇不学而知四句　判散齐俗篇剖之判之二句　攓判亂又望我而笑六句　變亂氾论篇知法治所由生四句　亂辯诠言篇军多令则乱二句　亂變又静以持躁四句　旦半说山篇鸡知将旦二句　斷亂说林篇是而行之四句　變見泰族篇故国危亡而天文变二句　怨畔又商鞅为秦立相坐之法四句　變反壇要略所以观祸福之变四句

元部合韵

元谆

平声　運端主术篇环复转运二句　船綸说山篇上求楫而下致船三句　文關要略差择微之眇三句

上声　反損泰族篇天地之道三句

去声　反變困氾论篇物动而知其反五句　變論要略所以明战胜攻取之教五句

元谆真

閒神閒嬗環倫精神篇出入无间七句

元耕

然營精神篇以道为纲五句　變定原道篇万方百变二句

(17)谈部

去声

澹氾原道篇澹兮其若深渊氾兮其若浮云

(18)侵部

平声

陰瘖原道篇人大怒破阴大喜队阳薄气发喑惊怖为狂　音風又目观掉羽武象之乐

四句　陰禽兵略篇敌人执数四句　貪禽兵略篇拙者处五死以贪二句　林風金说林篇有山无林三句　音風泰族篇皆合六律而调五音二句

(19)职部

極測原道篇廓四方四句　德伏職國又施之以德五句　北食力勒又雁门之北六句　側息又时之反侧二句　極測又大不可极二句　塞得又约其所守则塞二句　得牧又中能得之二句　得極俶真篇扪之不可得也二句　德殖服又于是在上位者七句　國賊天文篇荧惑常以十月入太微五句　色匿又辨变其色二句　德剋又凡用太阴六句　得克服时则篇杀伐既得四句　極息極精神篇孔乎莫知其所终极四句　惑福息吾安知夫刺灸而欲生者之非惑也四句　極服又精神澹然无极二句　飾賊主术篇若欲饰之二句　默則極測得又天道玄默六句　域植又神不驰于胸中五句　食得德齐俗篇凿井而饮六句　得極道应篇搏之不可得也二句　服德息氾论篇天下不非其服六句　德塞又国之所以存者四句　直域诠言篇故处众枉之中四句　得福則又不求得三句　得福賊又不求所无六句　德得又虑不胜数五句　福德又故祭祀思亲不求福二句　北賊又乱则降北二句　力賊兵略篇因民之欲三句　試亟又口无虚言四句　力北又心诚则支体亲力二句　力革力又今夫虎豹便捷五句　食息德又饥者能食之三句　惑北得说山篇不通于学者五句　福食又刍狗待之而求福二句　直得又举枉与直二句　輻服又厉利剑者七句　德力色说林篇谓许由无德二句　測食又情泄者中易测二句　稷福又无国之稷二句　刻食賊又山生金六句　北黑又扬子见逵路而哭之四句　稷德人间篇故树黍者不获稷二句　福極測又故福之为祸四句　匿惑得又辞而能则匿六句　息塞又夫爝火在缥烟之中也四句　賊食故直意适情四句　力弋修务篇夫雁顺风而飞五句　棘息又跋涉山川四句　力則式極福要略所以上因天时八句　塞極又乃以穿通窘滞四句　福得又使人知祸之为福二句

职部合韵

职屋

極握原道篇行而不可得穷极也二句　慝曲时则篇粪除苛慝二句　直濁兵略篇夫景不为曲物直二句　足稷人间篇故祸之所从生者四句　息足德泰族篇政教平六句

职之

德服職代德览冥篇近者献其智九句　測匿備兵略篇兵贵谋之不测也四句

职缉

輯力德兵略篇群臣亲附六句

职叶

黑福法修务篇苏援世事六句

职铎

隙得直服兵略篇上下有隙四句

(20)沃部(本部无单用例)

沃部合韵

沃屋

腹欲泰族篇肥肌肤二句

(21)药部

樂虐本经篇是以天覆以德四句　灼鑿氾论篇故目中有疵六句　躍駮修务篇若鱼之跃二句

(22)铎部

石澤原道篇润于草木四句　啞唶又故夫乌之哑哑二句　壑澤俶真篇夫藏舟于壑二句　石客魄精神篇是故视珍宝珠玉六句　魄宅主术篇天气为魂四句　射措缪称篇虎豹之文来射二句　射措诠言篇故虎豹之彊来射二句　射搏说山篇羿死桃棓四句　石壑又用之简圭四句　釋搏又琬琰之玉六句　席石藉又病者寝席三句　獲射说林篇的的者获二句　穫落又再生者不获二句　白澤又铜英青五句　索石惡又救经而引其索四句　石薄又疾雷破石二句　壑溥澤又寅邱无壑四句　白石又见之明白二句　石射修务篇契生于卵四句　落若泰族篇五色虽朗六句　魄宅要略所以使人爱其精神四句

铎部合韵

铎屋

螯搏觸说山篇介虫之动以固四句　尺斛泰族篇太山不可丈尺也二句

(23)屋部

琢樸原道篇已雕已琢二句 樸濁又其全也二句 穀木天文篇以长百谷二句 瀆谷时则篇塞蹊径四句 禄足又常平民禄二句 族俗角览冥篇晚世之时六句 粟哭本经篇天雨粟二句 欲樸足又澹然无欲四句 俗族轂主术篇兼包万物六句 欲耨缪称篇福生于无为四句 足屋速齐俗篇故愚者有所修六句 琢璞已雕已琢二句 穀鹿道应篇石上不生五谷二句 角足觸兵略篇若虎之牙八句 欲足又饵之以所欲二句 束仆又极其变而束之二句 濁辱说山篇以清入浊二句 木谷又上求材四句 木轂足又郢人有实屋栋者五句 角玉又故梧桐断角二句 足木说林篇螣蛇不可为足二句 木撲又荫不祥之木二句 辱足又故大白若辱二句 屋穀修务篇筑墙茨屋二句

屋部合韵

屋铎

木遬轂角格兵略篇击之如雷霆十句 貉鹿说山篇撰良马者三句

(24)锡部

恚積原道篇忧悲多恚二句 擊敵天文篇北斗所击二句 刺擊缪称篇操锐以刺二句 擊刺氾论篇槽柔无击二句 僻刺責诠言篇诗之失僻三句 臂易说山篇故末不可以强于本四句 璧適又得和氏之璧二句

(25)质部

穴室原道篇木处榛巢四句 節穴览冥篇径蹑都广四句 一畢滅又投足调均六句 日鐵漆日夫燧之取火于日四句 日節精神篇天有四时五行九解四句 實節又以虚受实二句 鐵日拵本经篇鼓橐吹埵以销铜铁六句 失一主术篇守而勿失二句 閉節又中扃外闭二句 失一齐俗篇已淫已失二句 失一轍道应篇若灭若失四句 挃至兵略篇夫五指之更弹四句 必疾又庆赏信而刑罚必二句 節一说林篇舞者举节二句 日疾又盖非橑不能蔽日四句 結失又冬冰可折三句 慄日垤人间篇引尧戒 穴室修务篇令民皆知去岩穴二句 垤穴櫛室日又蚁知为垤八句

(26)術部

忽屈原道篇悦兮忽兮二句 物出又吾独炕慨遗物二句 物屈兵略篇物物而不物二句

术部合韵

术职

或勃说山篇为孔子之穷于陈蔡而废六艺五句　勃或人间篇知人之性四句

(27)月部

割泄时则篇急而不赢四句　絶忽览冥篇骋若飞四句　泄越精神篇五臧定宁充盈而不泄二句　蹶竭越又形劳而不休则蹶四句　殺罰奪本经篇生之与杀也三句　越泄主术篇精神劳则越二句　達竭又旁流四达二句　殺奪氾论篇其德生而不杀二句　熱烈诠言篇大寒地坼冰凝四句　雪達兵略篇若以水灭火四句　暍揭又因其劳倦怠乱四句　掇拔说山篇见一芥则掇之二句　竭達熱说林篇为酒人之利而不酤六句

月部合韵

月祭

滅折裂舌弊原道篇故兵强则灭五句　泄弊絶道应篇谋未及发泄也三句

月术

術達诠言篇有智而无术二句

月质

雪節说林篇冬有雷电四句

(28)盍部

甲法时则篇守门闾四句　合接兵略篇白刃合二句

(29)缉部

入集帀原道篇鬼出电入四句　急濕又各生所急二句　入襲精神篇是故忧患不能入二句　及入襲本经篇下之润湿弗能及三句　入集兵略篇与条出三句　韐吸又若声之与响四句　入集又使波知吾所出四句　集入说林篇鹄的张而弓矢集二句

2.《易林》韵谱

(1)之部

平声

姬來乾之升，豫之鼎，丰之震，旅之师　臺災坤之大畜，大有之恒，豫之蒙，大过，巽之明夷，中孚之恒　時來蒙之旅，泰之讼，困之鼎　喜來財蒙之同人，姤之蹇　貍辭來需之睽，否之革，同人之否，随之师，剥之蒙，萃之蹇，震之咸，巽之需　時來师之同人　材時災师之解　喜謀比之履，随之震　疑牛履之蛊　材時丘履之巽，剥之师　怠災泰之噬嗑，否之蹇，蛊之未济　來時同人之大有，震之夬，丰之姤　期喜大有之兑　災來谦之大壮　災來谦之节，益之颐，萃之豫，艮之乾　能時豫之泰（"能"音奴來切）　基之豫之夬，小过之贲　尤治喜随之小过　牛時蛊之同人　怠時观之未济　牛丘剥之比　思怡剥之谦　期時无妄之颐，坎之井，渐之解，既济之蛊　財牛无妄之萃　災之疑大畜之乾　災來大畜之贲，兑之同人　臺來大畜之颐　牛來颐之遁　姬之颐之革，离之革，姤之小畜　時災牛來大过之复　裘來大过之困，节之观，中孚之泰，未济之困　時災大过之归妹　絲災遁之泰，归妹之明夷　災牛丘大壮之比　災埃大壮之睽　祠災來明夷之讼　时來明夷之巽　之時來睽之艮，节之震　基時疑蹇之豫　能來蹇之明夷　姬臺损之恒，渐之恒　之時姤之萃　基時困之小畜　疑時艮之损　疑醫艮之夬　醫治里丰之豫　絵期巽之无妄　喜時兑之蹇，既济之复　媒來节之未济

上声

起已乾之履　子殆乾之蛊　海有子乾之观，否之乾，谦之豫，颐之坤　在起坤之讼　有喜坤之小畜，履之艮　使母子坤之噬嗑　喜時支坤之小过，讼之坎，蛊之小畜　紀已屯之蒙，小过之节　里賄屯之需　母喜屯之观，泰之豫，否之既济，剥之无妄，家人之遁　負子屯之恒，师之姤，泰之同人，损之复　婦海屯之蹇，涣之履　子已屯之升　起市子屯之困，姤之蒙，井，渐之巽，既济之井　市有喜屯之震　殆在蒙之离　子海蒙之晋，谦之旅，大壮之随　海里需之师，临之萃　婦喜需之大过，同人之姤　鯉友需之损　子母殆在需之归妹，大畜之蛊　海倍需之丰　母止讼海有鯉讼之比，泰之大壮，损之需，益之无妄，姤之否，既济之随　子母讼之随，益之贲　里喜讼之临，大过之师，兑之颐　右母讼之咸　否有讼之益　子母有子师　子友师之讼，观之师　紀始师之谦，剥之乾，无妄之乾　市喜师之豫，复之贲，艮之师　鯉有倍比之观，益之晋　殆悔比之明夷　里母比之蹇　齒子久小畜之大有

在殆小畜之遁,临之复,损之遁,涣之晋　已起止小畜之困,否之大畜,蹇之益　子喜小畜之小过　子喜饵履之同人,无妄之节,大过之贲,中孚之蒙　齒殆履之益　市母履之姤,姤之蛊　喜有履之萃　里子履之小过,噬嗑之损　止市泰之遁,恒之噬嗑,小过之观　市有贿喜泰之升,震之无妄,丰之贲　里海母泰之兑,随之巽　理里泰之既济　有喜否之履,同人之复,复之损　在子否之豫,贲之解,复之比　婦喜否之涣,同人之涣,家人之屯,夬之贲,涣之谦　里母同人之泰,大壮之剥,明夷之鼎,渐之既济　富有喜同人之明夷　海殆在同人之巽　海里喜同人之既济　子母起大有之小畜　母耻大有之剥　海市有谦之小畜,萃之坎,渐之涣,兑之升　止有谦之恒,夬之大过,升之随,革之睽,巽之丰　海里在谦之明夷,无妄之小畜　敏海母谦之家人,家人之观　里海谦之萃,丰之兑,旅之归妹　使喜豫之丰,临之坤　事有随之坤,临之解　熾悔随之豫　婦子随之睽　在喜蛊之革　右母殆喜临　使母殆临之履　海子观　里喜市观之离　海餌駭噬嗑之大畜　駭起噬嗑之大壮　婦喜噬嗑之家人,贲之遁　齒鯉贲之大畜　嘻鯉贲之颐　有殆贲之升　海母喜贲之升　子母贲之艮　友仕贲之节,夬之震　在殆剥之姤　海在剥之升　仕改已殆复之谦　畝有复之无妄,归妹之坤　子喜复之咸　祐祀复之姤　市喜无妄之讼　子友殆母无妄之噬嗑　有里喜无妄之大畜　子已无妄之坎　有倍无妄之升　海市无妄之震　起已大畜之否　齒餌大畜之大壮　餌有祐大畜之萃　母海里子大畜之巽　右齒子母大畜之未济,兑之大过,中孚之坤　紀起大过之蒙　在喜大过之颐　市倍子友大过之恒,巽之损,未济之益　子理涘大过之渐　市有大过之旅　理起喜坎之谦　市倍坎之贲　喜有坎之无妄　敏殆坎之大畜　市喜坎之恒　祉起久坎之萃　子母咸之屯　市殆倍咸之讼,丰,丰之旅　子殆咸之同人　母子咸之家人　里鯉市在殆咸之渐　子已咸之旅,丰之颐　耜止子恒之蒙　理殆遁之乾　仕里遁之履　耳里恃市遁之贲　子母遁之剥　士喜遁之革,益之兑,兑之损　市喜遁之归妹　汜子悔遁之巽,明夷之噬嗑　子有大壮之益　里市悔晋之需,归妹之否　理喜晋之同人　右已晋之随　海里母悔晋之坎,归妹之渐　子有晋之损　餌子母晋之震,升之解,涣之咸　起理晋之渐　市喜晋之中孚　悔忌明夷之小畜　使母子有明夷之萃　海里明夷之既

济　止有家人之蒙，井之需　子在起家人之复，艮之噬嗑　起駭睽之大壮　祉殆睽之益　事喜睽之归妹　否市止睽之既济　起始喜蹇之蒙　起齒蹇之遁　倍里蹇之渐　喜母在有解之讼　使事解之复　齒已解之大过　起喜解之困　子市有解之兑　婦祐涣之噬嗑　里海市益之咸　子已益之夬　子殆夬之家人　母久姤之无妄　子事喜姤之大过　否市姤之井　亥起殆姤之归妹　士喜萃之蛊　有喜萃之升　母子萃之涣　灸起萃之节　母悔萃之既济　子殆升之无妄　士起升之离　紀有升之困　有久升之小过　子母困之小过　敏史井之噬嗑　子起母井之震　起脢井之丰　市倍革，丰之复，既济之涣　鯉餌子革之讼　里鯉市革之姤　耳母鼎之乾　母子喜祉鼎之萃　起有鼎之归妹　子給止期震之履　海有友震之随　使事載艮之观，小过之履　喜子艮之睽　子士渐之咸，旅之井　海有归妹之复　有喜归妹之兑　海鯉友丰之坤，未济之豫　起子丰之随　子殆喜丰之观，巽之贲　理喜旅之损　耳母旅之未济　市子中孚之明夷　子喜富中孚之蹇　殆已小过之师　起里未济之履　市倍未济之泰　臬殆未济之解

去声

志使需之小畜　忌吏喜讼之巽，剥，中孚之震　待事谦之乾　悔怪豫之恒，蛊之恒，井之解　意怪志悔复之随，睽之随　能事无妄之贲　悔富意咸之需　怪祐大壮之小畜　怪悔意大壮之大过　意志家人之履　態富睽之同人　識事损之大畜，巽之节　治事益之涣，升之豫　代思夬之无妄　佩悔萃之渐　態怪萃之既济　喜事富升之大壮　市富倍困之豫　待富革之观　侍富丰之涣，涣之大畜　悔意兑之观　使事吏未济之坎

合韵

之幽

平声　鳩尤乾之蒙　姬憂坤之无妄，升之谦　仇丘坤之兑，复之小畜　時憂屯之姤　媒憂蒙之困　憂災讼之需　憂災师之涣　時憂小畜之大畜，艮之小畜　來憂小畜之渐，晋之艮　貍留履之贲　時憂泰之大畜　休時憂否之艮　詩憂大有之贲　騮休丘随之噬嗑　時調临之噬嗑　憂財临之无妄　時憂休临之大畜　時灾憂观之大畜　騮萊噬嗑之升　牛憂贲之恒　鳩災贲之归妹，归妹

之节　之憂剥之震　調災遊仇无妄之既济　牛憂治大畜之咸　態憂颐之同人　憂來颐之剥，小过之噬嗑　災憂离之履　憂財离之临，革之小过　牛之時憂咸之小畜　骸災憂咸之夬　憂來恒之屯　憂災恒之小畜　時憂來大壮之艮，艮之既济　鳩尤晋之同人　時災憂明夷之同人　期憂家人　來憂家人之大畜　憂災家人之睽，艮之节　時憂睽之无妄　能憂睽之兑　時期憂蹇之随　遊來憂解　憂裀財益之既济　休憂財夬之坎　絲媒憂夬之兑　仇丘萃之需　尤憂升之家人　來之憂鼎之师　災憂鼎之颐　期遊既济之

上声　道里殆使在乾之剥　海母酒乾之复　首寶子乾之渐　好倍坤之坎　已狩祐屯之大畜　道祀蒙之蹇，同人之蹇　海母酒蒙之鼎　已亥止市咎需之晋，恒之谦　母保讼之泰　草友比，明夷之蹇　里道母比之蹇　喜在咎比之小过　餌子母手小畜　齒子道久小畜之大有　酒喜小畜之艮　擾友道履之随　殆酒履之观　母已保泰之否　保咎悔否之比　寶有喜否之履　棗有否之渐，损之涣　寶有喜同人之复　起草大有之讼，大畜之泰　有市咎大有之履，蛊之中孚　茂酒老友大有之同人　起咎谦之临　喜茂有谦之解，中孚之随　母咎久豫之否　酒起草豫之大畜　市寶有喜豫之损　子手随之恒，睽之坤　海殆子咎临之睽　耳草临之丰　喜咎观之复　酒紐祉噬嗑之离　在咎噬嗑之姤　起駭時咎剥之小畜　市寶咎剥之旅　咎悔剥之既济　保喜大畜　牖母大畜之涣　子喜咎颐之家人　子母茂大过之需，离之大有　悔咎坎之艮　酒老有咎离之师　負咎离之同人，旅之明夷　殆咎离之无妄　咎子殆咸之同人　手起咎咸之归妹　老海恒之坤　紀咎恒之萃　起咎遁之家人　子理咎大壮之同人，渐之大有　齒咎大壮之离　紀在咎晋之蹇　海咎晋之姤　婦酒里喜家人之渐，小过之益　阜有睽之剥　咎喜解之离　擾起解之既济　子喜飽损之贲　瓿子损之剥，萃之随　市寶倍损之萃，姤之益　海止市咎益之震，巽之谦　咎喜益之渐　草起夬之剥　茂酒友夬之离　子殆好夬之家人　有寶萃之同人　齒寶否起萃之中孚　喜有壽升之屯　狩喜升之睽　道市倍困之豫　耳咎困之贲　茝好婦子井之艮　在寶革之师　牡起革之井　右在咎鼎之睽　手酒喜震之睽　朽里市悔归妹之否　守抱老祉归妹之遁　手喜咎归妹之蹇　保

子久旅之艮 牡母旅之渐,涣之复 草殆涣之坤 市有寶涣之同人 齒起子舅涣之随 咎倍里节之旅 在咎中孚之乾 首飽殆中孚之讼 殆保小过之震 婦酒喜既济之中孚 臯咎未济之解 祀憂咎未济之中孚

去声 就富乾之离 牸舅讼之井 就好悔复之渐 囿熾瑁富遁之涣 悔臭损之大过

之鱼

平声 烏家災坤之蒙,比之睽 時居屯之乾,咸之大过 來侯屯之随,需之比 除來蒙之咸 雛姬讼之睽,革之复 居時师之艮 愚謀比之家人,睽之师 頭軀治比之归妹 頭之小畜之复,归妹之萃 災來謳小畜之旅 烏郵家小畜之未济 頤拘履之小畜 烏車時履之井 虛尤泰之未济 牛居大有之颐 殳萊谦之师 如尤谦之损 廬驅尤豫之坎 牛魚随之颐 時虛蛊之同人 侯時临之遁 醫治廬临之益 車輿期观之小畜 虛災观之兑,睽之涣 災除噬嗑之咸 災家噬嗑之渐 都虛災贲之无妄,剥之豫 驢時娛无妄之蛊 來梧无妄之困 襦牛大过之节 襦拘災坎之大有 虛雛來离之家人 頭家治恒之泰 絲災襦遁之泰 裾尤晋之咸 車頤明夷之咸,归妹之巽 謀居家人之讼 辜災家人之谦,中孚之井 醫災虛睽之大畜 駒財蹇之未济 雛狸解之益 烏來损之艮,涣之无妄 夫治益之大有 謀家姤之晋 家謀萃之归妹 車謀居困之艮 災須之鼎之剥 尤家鼎之咸 家之渐之鼎 徐家時旅之井 魚財涣之需,节之中孚 家財未济之履

上声 輔海處乾之随 殆士處乾之贲 狗母走坤之震,否之姤 女語喜坤之同人 斧殆坤之遁,否之蛊 起后屯之晋 宇止屯之萃,履之家人 附喜取許蒙之井 敏愈需之无妄 舉海需之大畜 野在苦需之益 樆母父止讼 乳厚有讼之乾,鼎之蒙 户處有讼之噬嗑 禹祖母者讼之家人,师之离 距右處讼之节 子脯處母有子师 女子师之泰,姤之升 子野母师之睽,观之升 府聚止师之蹇,姤之鼎 里海柱小畜之损 黍齒小畜之鼎 黍母小畜之丰 倍處否子履之比 理雨有泰之困 乳理里聚泰之既济 斧祀否之谦 語舞

喜否之损　馬魯喜同人之需，临之升　處否子同人之家人　子友舉同人之小过，咸之同人　海裏處喜同人之既济　後右祉大有之需，震之归妹　舉喜谦之师　野喜谦之噬嗑　海止者谦之无妄 剥之大过　海後厚谦之益，观之颐　士父己母谦之归妹，小过之离　處否子豫之家人　走子豫之蹇　與悔豫之震　子里耳許随之否，涣之既济　野有随之蛊　口止柱處子喜蛊之晋　里處蛊之既济　母走临之乾　止海子處临之节　舞喜噬嗑之乾　喜在處噬嗑之晋　馬止噬嗑之升　耳怒駭贲之泰　苦鯉贲之颐　子野母者贲之艮　舞處齒复之家人　里處里喜无妄　市府无妄之大有　史苦无妄之离　旅止无妄之损　史起主大畜之离，坎之剥　子走颐之临，萃之复　户處喜颐之复　母所颐之归妹　齒緒颐之丰，家人之大过　後祀大过之坤，睽之颐　友起厚坎之乾，革之需　母處坎之震　處下起坎之渐　祖起舞坎之巽　處與悔离之节　子脯處母咸之屯　子野母恒之师　海止苦恒之旅　汜子市顧悔遁之巽，明夷之噬嗑　里苦遁之节　後有大壮之坎　走後有大壮之旅　户止大壮之节　輔母苦晋之蒙　厚子有晋之损　起里糈晋之渐　己雨明夷之坎　子在處家人之复，艮之噬嗑　户子已家人之颐　止女家人之蹇　久野家人之升　聚有家人之鼎　語市睽之观　父起睽之恒，归妹之夬　口走主矣睽之蹇　輔敏睽之节　乳喜睽之未济　子苦殆使蹇之小畜　起處蹇之履　子處祉解之临，夬之随　舞喜解之革　婦女雨祐损之噬嗑　駭止估處损之震　母子主损之巽　起走有夬之困　苦止姤之讼　理主亥姤之颐　子女喜姤之既济　士苦萃之蛊　野子萃之贲　馬士起升之离　敏舉祐困之涣，既济之渐　母耦井之讼　起祖祀井之无妄　户處祐井之大畜　下在井之离，震之涣　母所井之震　野在井之渐　虎殆輔革之小畜　怒處有革之大壮　敏舉革之家人　處下己革之渐　駭苦革之兑　下子鼎之否　里處醢喜震之大壮　采主震之中孚　舉輔子艮之明夷　負下理渐之兑　輔子母归妹之家人　士有丰之比　賈有丰之蛊　社喜父丰之大畜　婦子處旅之大壮　雨里巽之离　齒腐兑之履　厚喜兑之谦　殆所兑之蛊，小过之睽　耳喜取兑之益　苦止兑之未济　海所涣之贲　苦口有涣之萃　馬有涣之井　起父涣之革　子野母悔节之渐　羽户喜既济之临　户覩在既济之损

去声 怪去居坤之履，否之同人 去思屯之涣 忌牾吏讼之巽 試去履之剥，否之屯 忌牾吏喜剥，中孚之震 懼喜坎之噬嗑 佑寇坎之巽 牾惡悔离之震 怪懼誨咸之坤 度富家人之临，渐之节 呼渡故悔姤 妬事革之谦，兑之离 娶聚事归妹之泰

之宵

平声 巢灰需之否，咸 旗郊之师之随，履之解 妖菑比之蒙，革之大过 朝裘蛊之小过 鴞災勞大畜之蹇 消尤解之中孚 姬臺逃损之恒，渐之恒

上声 潦海随之临，渐之中孚 潦止有夬之大过

去声 笑富咸之鼎 到晦明夷之屯 號笑燿意既济之兑

之职

絲得解之乾 福來得履之中孚，鼎之谦 塞謀識蛊之泰 得子坤之蹇 己德师之丰 食殖祉比之需 億稷有比之升 喜祉極泰之大有 國得喜蛊之鼎 德殆蛊之需 食子升之遁 食有未济之复 富貸得比之临，同人之益，坎之大过，损之睽，震之讼 背富德颐之恒 載得蹇之既济 得事夬之鼎 稷祀巽之蹇

之鱼幽

平声 之憂居蛊之巽（"憂"，幽部字） 烏郵家憂坎之涣

上声 海府聚有子受乾之观（"受"，幽部字） 右遇聚咎母讼之咸，同人之旅（"咎"，幽部字） 子好女與悔比之渐，泰之震（"好"，幽部字） 海咎在所剥之井 子擾苦剥之渐（"擾"，幽部字） 酒口酗怒悔大壮之家人（"酒"，幽部字） 老口考起萃之井（"老"、"考"，幽部字） 徵起子序咎涣之恒 子乳保中孚之观（"保"，幽部字）

之鱼宵

去声 祐到懼观之鼎（"到"，宵部字）

之幽宵

平声 郊憂之大畜之夬（"郊"，宵部字） 巢思憂井之家人（"巢"，宵部字）

上声 呦少草子升之乾（"少"，宵部字）

之鱼幽宵

上声 稻去有藁小畜之大壮，豫之师（"稻"，幽部字。"藁"，宵部字） 酒右槁所大壮之无妄（"酒"，幽部字。"槁"，宵部字）

(2)幽部

平声

舟休憂屯之乾，咸之大过 舟浮憂屯之益 憂求蒙之颐 遊憂秋讼之姤 憂牢比之否 聊憂愁比之大壮 愁憂小畜之否 舟遊鰌履之坤 憂羞履之明夷 鰌憂同人之升，损之解 周休同人之中孚 憂休谦之大壮 遊憂谦之井，临之颐，渐之丰，未济之贲 憂愁豫之遁，震之明夷 游憂蛊之丰 舟憂临之小畜 羞憂观之蛊 秋憂鵰复之遁 騮休優复之睽 浮憂复之夬 鳩仇无妄之明夷 遊仇无妄之既济 憂愁颐之随，中孚之涣 桴游憂颐之萃 遊憂囚颐之震 遊憂大过之同人 憂愁坎之颐 憂遊坎之既济 遊憂离之中孚，睽之泰，困之晋 陶囚遁之中孚 憂聊大壮之晋 仇憂明夷，归妹之颐，巽之蒙 牢憂明夷之旅，丰之困 愁憂家人之兑 遊留解之震 憂遊休解之旅 調憂解之涣 憂瘳愁损之渐 流憂损之小过 遊憂益之泰 憂休留夬之屯 遊憂屯之颐 遊憂夬之旅 牢憂姤之大壮 憂愁聊萃之大过 遊憂升之蹇 舟憂震 遊遭憂归妹之大有，旅之小过，小过之否 流憂归妹之晋 調遊旅之既济 咆憂搔聊节之乾 聊愁中孚之大有 囚牢既济之旅

上声

蚤道憂好坤之渐 守討屯之同人 寶道需之临 好壽需之丰 棗考师之豫，艮之师 狩憂小畜之大畜，艮之小畜 酒禱小畜之坎 茂稻履之归妹，离之丰 酒告履之既济 咎早寶泰之渐，贲之谦，剥之姤，节之丰 道寶否之萃，巽之恒 守咎同人之观，剥之兑 道守咎大有之井，贲之夬，明夷之贲，困之未济 老保临 酒禱考临之蒙，兑之咸 考保噬嗑之临 草道噬嗑之中孚 酒考复之贲 首咎无妄 就咎大畜之未济 酒抱坎之震 憂咎离之坤，未济之中孚 酒禱离之讼，困之大有 憂咎离之无妄 道酒离之大过，小过之未济 擾咎咸之泰 守抱恒之大有 道咎恒之涣 棗莠明夷之家人 道憂家人 牡狩酒解之同人 朽

咎解之井 鳥獸益之涣,升之豫 草飽夬之大有 就好夬之家人,姤之乾 手咎寶姤之中孚 酒咎萃之旅 酒考困之巽 首咎井之小过 草咎丰之萃 道咎旅之损 酒咎中孚之遁

合韵

幽宵

平声 愁蒿憂乾之噬嗑,益之大过 遼憂屯之兑 鰌郊逃同人之益 巢州谦之革 郊曹噬嗑之讼 嗥遭逃噬嗑之旅 臊周噬嗑之巽 要揺憂大畜之遁 揺憂大畜之旅,困之益 休驕坎之夬 堯救家人之履 號蒿憂解之夬 臊周燒愁益之否

上声 皎道乾之泰 稻造槁需之艮,晋之比 稻好槁剥之蛊

去声 到就小畜之颐,既济之坎 孝召豫之丰,临之坤

幽沃

就复无妄之贲

幽宵鱼

羞頭銷泰之观,豫之涣("頭",鱼部字) 臊周燒誅睽之明夷("誅",鱼部字)

(3)宵部

平声

逃揺需之随,巽之随,既济之噬嗑 巢揺讼之解 郊逃同人之益,剥之艮,巽 鴞勞噬嗑之渐 朝消贲之睽 槁潦解之颐 要揺昭涣之颐

上声

少槁震之同人

去声

縞到笑否之旅 笑妖噬嗑之豫 到妖遁之损 到笑明夷之无妄 笑召困之渐

(4)鱼部

平声

虚夫乾之夬,需之剥,睽　廬居乾之震,中孚之睽　廬都坤之坎,艮之涣,丰之谦　趨頭去居坤之复,否之同人,旅之屯　居扶坤之家人　珠隅墟居坤之益　夫隅如坤之井　虚家屯之蛊　濡居屯之姤　胡奴于屯之无妄,明夷之升　膚廬屯之井,损之比　盧扶屯之鼎　幠家蒙之大壮　烏除居蒙之家人　駒居蒙之解　除於居蒙之巽　華家株蒙之兑　車溝去廬蒙之既济,井之比　居夫需之小畜　呼廬需之涣　家夫頭讼之坤　家車居讼之离　家華讼之困,震之泰　牙豬居讼之鼎　華家师之坤,否之随,谦之夬,噬嗑之既济,大过之蹇,解之归妹　豭家师之屯,大有之姤,革之蒙　烏夫师之蒙　居賦师之大过　都家师之损　膚枯师之益,恒之大壮,震之需　啞家师之萃　膚侯师之井,大畜之剥　雛去夫师之革　虚屠居家比之师　夫居比之否　車去夫居比之革,随之比　廬餘居小畜之需,萃之小过　魚謳小畜之讼　魚奴車都駒小畜之剥　家除魚小畜之夬　居家履之复,否之观,大有之巽,蛊之渐　車家履之益　胡家履之升　車家履之鼎　雛俱娛履之涣　奴家泰之剥,家人之革　書侯泰之益　凫雛逋泰之巽　家烏否之益,兑之姤　廬居同人之离　吁虚同人之萃　廬去同人之升,贲之震,损之解　蹰頭侯大有之随　隅居家大有之巽　頭虚谦之蒙　居廬谦之比　雛俱諸谦之贲,旅之夬,兑之鼎　廬初谦之革,咸之随,晋之观　蹰隅侯谦之巽,涣之遁　株拘谦之节,明夷之讼,萃之豫　夫廬随之需,坎之革　孤家随之离　虚侯随之恒,睽之坤　輿車随之旅　隅居家蛊之渐　吴閭临之泰　虚居临之否　符虚临之无妄　烏家临之震　駒雛临之兑　魚廬观之大有,坎之困,睽之讼,丰之剥　車家居观之随,革之解　隅趨观之明夷　胡頭观之艮　魚株虚观之巽　廬去噬嗑之临　家虚贲之乾　家墓贲之坤　車塗居贲之晋　邪夫居剥之需　車家居剥之讼,复之旅,小过之临　廬居复之屯,颐之益　塗車家复之蛊　車家复之观,夬之讼　魚餘复之咸　車家复之归妹　雛駒无妄之坎　車家无妄之萃　虚趨大畜之恒　蘇邪大畜之夬　車去輿大畜之小过　家都大过之观　駒居大过之复　車家大过之困,节之观,中孚之泰,未济之坤　塗袴坎之涣　車家离之咸,姤之坎　華魚去咸之噬嗑　俱襦咸之升　車家恒之既济　烏蟆遁之屯　駒雛頭遁之小畜　魚虚晋之恒　駒車晋之遁　車夫廬晋之节　儲膚明夷,归妹之颐,巽之蒙　家夫家人之颐　駒雛家人之小过　呼家家人之损,渐之离,中孚之坎,小过之大有驢狐睽之需,蹇之剥,震之恒 車都睽之兑 輿去夫居蹇 蒲虚蹇之解 瞿須蹇之旅 去雛與解之比 无隅解之家人 鰕魚家损之乾 餘居車损之夬 雛去夬之谦 珠襦夬之未济 虚濡萃之未济 樞虚驅居升之临 呼侯升之鼎 居廬惧虞升之既济 居舍如困之师 都餘居困之履 華家胥居困之观 雛駒居困之颐 蟆虚餘困之睽 徒家井之大有 魚頭居革之颐,渐之明夷 夫居孤鼎之大畜 偷珠鼎之震 車御艮之夬 居瓜渐 牙家儲渐之噬嗑 魚諸珠渐之睽 雛居渐之姤 儲魚丰之蛊 家狐旅之贲,涣之升 餘居节之离 夫孤节之离 廬瓜小过之渐 誣閭既济之旅

上声

府聚乾之观,否之乾,谦之豫,颐之坤,震之随 輔處乾之随 處苦魯乾之大过,谦之剥,复之离,咸之萃,丰之井 禹野土乾之中孚,师之小畜,兑之萃,既济之比 户處伍坤之需,小畜之解,大壮之颐 虎怒走口坤之临,同人之比,益之比 魯與坤之颐,井之旅 語虎抒坤之夬,师之乾,巽之讼 處旅苦序坤之姤 努輔屯之同人 女后屯之观,泰之豫 野苦屯之恒,师之姤,泰之同人,损之复 聚語苦主屯之节,小畜之豫 女與下屯之未济,噬嗑之无妄,大过之咸 圉伍蒙之剥,井之同人 兔圃蒙之复 虎怒走所蒙之坎 語下蒙之离 女后蒙之晋,谦之旅 處苦所蒙之丰 語苦需之蛊 兔鼠需之噬嗑,旅之噬嗑 後厚需之大畜,谦之益,中孚之小畜 舞序需之大过 豎愈需之巽 虎者需之中孚 榏父讼 口走讼之损 走後讼之夬 苦語讼之归妹,归妹之履 脯處师,咸之屯 舉輔师之讼,观之师 顧女者师之小过,随之丰,噬嗑之睽,损之中孚 去户比之坎 户舞比之节,临之姤,蹇之观,震之晋,小过之蒙 祖楚小畜之师 口厚小畜之噬嗑,井之恒,节之睽 許苦小畜之坎 賈野阻履之观 女耦履之无妄,姤之无妄 聚處愈履之大壮 語誤處履之革,无妄之屯,明夷之复 輔黍泰之艮 乳聚泰之既济 走狗否之遁,解之坎,小过之归妹 口走同人之乾 走口下大有之晋 庾取宇大有之升 煦主大有之中孚 虎者谦之贲,兑之鼎 黍筥谦之大过 兔腐去谦之丰 雨輔土豫之讼 户苦豫之旅 走後處豫之渐 輔舞随之坤,临之解 部走随之需 夏宇所随之谦 武口随之复,损之明夷 响處随之家人 浦處祖随之节

寡處者苦随之既济，大过之泰　侶下蛊之涣　虎下临之履　偶所临之豫　口斧後临之坎，艮之颐　下所临之丰　下處观　偶處观之乾　馬賈观之晋　走口观之姤　蛊與處观之困，姤之观，巽之剥　距苦观之归妹　舉苦观之中孚，睽之比　怒午距野苦噬嗑之泰　處苦噬嗑之大过　旅户噬嗑之姤　渚下噬嗑之中孚　虎聚苦贲之讼　户舞處贲之否　户苦贲之颐　野許贲之艮　聚筥剥之屯　筥旅處复之中孚　虎語无妄之兑　馬魯賈大畜之大有　舞處旅大畜之大壮　詾口走大畜之家人，明夷之临　户處大畜之艮　古輔所颐之乾　怒下苦颐之大过　暑所大过之需，睽之困　五走大过之大有　耦主大过之颐　走後口大过之遁　雨下所大过之升，渐之同人　社宇大过之井　后所大过之巽　處楚圉主坎之屯　虎走坎之临　處土緒坎之离，艮之晋　夏舍舉譽坎之丰　後走离之遁，恒之升，明夷之颐，丰之无妄，节之咸　賈阻咸之讼，丰　馬主咸之同人　怒柱旅苦咸之豫，萃之咸　怙苦咸之家人　户苦咸之睽　野苦咸之旅，丰之颐　羽下處恒之坤　處雨宇所恒之剥　魯馬賈户與宇恒之益　黍雨所恒之革　輔野苦遁之乾　苦口遁之大过　虎輔遁之家人，未济之随　虎語遁之中孚　虎弩者大壮　馬所大壮之需　儲黍舞大壮之咸　聚走大壮之未济，困之井　暑取晋之需　馬苦晋之小畜　所處晋之涣　處輔明夷之坤，归妹之大壮　處苦明夷之离，蹇之无妄　口處苦明夷之夬　處辅苦明夷之姤，益之艮，夬之益，革之既济，艮　處虜明夷之既济　下走家人之小畜　夏舍家人之大有，归妹之涣　夏居家人之晋　處下家人之益　舉輔睽之归妹　走口土蹇之晋　所苦蹇之解　處伍蹇之巽　黍苦解之颐　土馬解之晋　女雨损之噬嗑　兔鼠苦损之归妹　兔去所益之解　走後野夬之大壮　語口户姤之咸　口許姤之损　苦土姤之升　筥輔土萃之蒙　斧輔處萃之讼　御馬升之离　户後升之涣　户所升之中孚　旅處語困之噬嗑　父土井之需　主所井之贲　女所井之颐　鼠去井之坎，归妹之师　父所井之震　父緒輔革之夬，节之泰　馬下鼎之夬　渚后鼎之小过　虎怒震之小畜　怒午庫下距野震之豫　口處艮之家人　雨虜下艮之升　處所輔归妹之剥，中孚之师，既济之无妄　處伍丰之小畜　雨稼丰之未济　後主旅之坎　柱腐旅之咸　虎怙旅之夬　鹽處旅之渐，涣之复　下舍后兑之革　走口兑之旅　野主處苦涣之损　羽距侶节之大过　女處中孚之益　馬下小过之

鼎　旅聚腴未济之蛊

去声

助去乾之比，遁之升　誤路處乾之无妄，夬之既济　語誤舍處乾之解，损之谦　舍處乾之姤　哺去坤之损　樹去仆屯之坎，噬嗑之否　樹惡去屯之夬　路懼屯之井，损之比　作路屯之小过　兔路據蒙之无妄　懼惡步蒙之涣，既济之离　遇聚讼之咸，同人之旅　嫁袴去讼之涣　路慕师之屯，大有之姤，革之蒙　舍固居师之困　路步處比之损，蛊之师，小过之萃　酗閂比之鼎　乳故比之巽　步舍居小畜之同人，豫之睽，鼎之噬嗑，震之节，节之困　固去樹小畜之蛊，蹇之鼎　距舍居小畜之节　舍故履之睽　固去履之震　渡袴故泰之坤，既济之姤　路處同人之革，损之革　處懼同人之既济　步忤大有之剥　惡舍豫之归妹，震之噬嗑　去柱仆观之需　度居观之睽　晤去观之姤　舍居贲之萃　惡懼剥之既济　處懼复之豫　兔故路舍复之困　處去大畜之损，颐之晋，涣之屯　豫謝故大畜之中孚　步居坎之需　去懼坎之噬嗑　語誤故咸之颐，革之坎　袴賂咸之升　兔去處睽之大有，丰之师　懼居晋之屯，节之鼎　步趨晋之泰　步舍處夬之豫，震之大畜　謝污夬之渐　乳處姤之大畜　居舍霸升之咸　助去升之小过　懼路困之渐　步舍袴井之蒙，既济之震　誤處井之师　路舍井之归妹　夜晝故井之涣　夜露袴步革之豫，未济之损　夜誤居革之噬嗑　路惡懼處渐之无妄，涣之困　塗故渐之小过　兔袴归妹之明夷　固處旅之咸　步舍丰之同人　夜晝懼涣之蛊　步舍夜居节之噬嗑　居度稼小过之大畜　惡去小过之晋　居舍小过之震，未济之否　怒居小过之中孚　惡舍未济之同人

合韵

鱼歌

平声　啞家和师之萃　家和蛊之解　塗車家嗟复之蛊　魚餘嘉复之咸　虛危艮之蒙　車箠夬之井，艮之夬

上声　罷苦蹇之损

去声　嫁坐禍坤之晋，比之大有　罷夜晋之蛊

鱼幽

平声　䇿仇乾之临，谦之复　樞憂居乾之小畜，谦之观　隅憂乾之家人　廬羔乾之蹇，家人之明夷　芻姝憂坤之巽　輿遊屯之否，泰之晋　居廬憂蒙之屯，涣之师　牢憂居蒙之旅　牢侯需之大壮　鋤收讼之履　虚仇比之夬，晋之鼎　居憂否之坤　蹰隅侯憂同人之随　呼周休同人之中孚　隅朐曹大有之讼　烏䇿憂大有之比　遊居憂大有之艮　周侯大有之涣，鼎之姤　都虚憂豫之明夷　輿車憂豫之井　遊家豫之鼎　烏都憂豫之既济　隅流趨蛊之蒙，萃之师　家車憂蛊之讼　虚居憂蛊之临　俱憂临之剥　流居临之革　虚憂噬嗑之屯　烏御家憂噬嗑之鼎　居憂剥之节　廬居憂复之屯　隅朐曹軀大畜之泰　襦隅憂大畜之兑　車遊颐之姤　殳驅憂大过之讼　華憂大过之比　輿憂坎之遁　徒求坎之明夷　魚鮹虚坎之鼎　憂家坎之未济　居憂离之需　牢居咸之萃，姤之复　車初憂咸之涣　休餘恒之否　憂居恒之坎　牙家儲憂大壮之乾　榆株憂晋之睽　遊憂駒蹇之豫　家遊姤之兑　都休节之否　囚誣中孚之比

上声　走道口乾之晋　醜處坤之家人　女道處屯之大过，蹇之比　黍咎蒙之否　暑茂蒙之观　醜就取需之恒，观之无妄　酒口讼之益，履之萃　狗走咎讼之旅，随之革　草處师之夬　哺就好履之咸　怒午距咎泰之坎　宇好泰之萃，鼎之大有　野咎否之解，无妄之小过　咎所否之鼎，同人之恒　草寶處同人之剥　傴寶同人之大壮　土保同人之井　杵道同人之鼎　東聚谦之大过　弩道虎者豫之噬嗑　走擾豫之复，明夷之节　酒雨豫之升　禹道處所随之贲　具取道随之姤　杜道临之革　道苦观之家人，萃之观　醜偶噬嗑之萃　處寶剥之夬　主飽复之观，夬之讼　舞酒處女复之明夷　口寶复之损　女醜苦无妄之豫　輔咎大畜之渐　女許户處咎大过之小畜　馬女咎大过之归妹　土飽坎之大有　道苦离之巽　口主道咸之离　主咎咸之同人　丑咎後恒之临　户道處遁之大有　馬距考遁之豫，节之归妹　主擾走大壮之巽　社矩緒考大壮之涣　馬保晋，鼎之豫　東莠許明夷之家人　魯楚寶家人之蛊　所咎家人之既济　走首益之比　主飽夬之讼　酒口後姤之履　苦寶萃之剥　寠好萃之家人　手愈萃之节　狩所困之剥　户處保困之姤　保魯困之小过　走草口井之兑　父道震之蹇　野稻咎震之兑　酒口苦归妹之屯　暑保伍巽之震　弩道走兑

之比 旅走咎中孚之节 老保旅既济之大畜 後廡柱咎既济之恒

去声 處臭随之乾 去遇救噬嗑之明夷 兔售萃之巽

鱼宵

平声 居朝屯之鼎，讼之恒 嚻家需之升 頭摇比之震 頭妖比之兑 虚逃小畜之晋，豫之姤 居巢履之旅 隅勞頭同人之震 狐笑大有之咸 居扶巢随之无妄 車朝家随之涣 初郊剥之比 刀車臊无妄之艮 車朝廬大过之大壮 橋俱大壮之剥 虚魚繞遁之井 虚逃夭晋之大畜 桃舒夬之剥 踰消鼎之井 魚勞艮之姤 魚郊廬归妹之坎 珠燒小过之大过 雛俱巢既济之小畜

上声 雨潦谦之恒，升之随 乳厚夭颐之节，益

去声 路到比之涣，革之坤 寇盗鬥豫之革，既济之井 步御路到复之蹇，艮之鼎 鷂噪射摇无妄之中孚 處倒夬之蹇 笑夜震之巽

鱼铎

牾縛讼之巽，剥，中孚之震 鵲暮随之泰 暮赦遁之损 柝護懼损之姤

(5)歌部

平声

馳疲乾之大畜，坎之家人，兑之需 何多他坤之萃，泰之涣，巽之解 奇離爲讼之大有 河罷他讼之萃，蹇之师 蛇河师之咸，噬嗑之复，大壮之鼎 隨危履之晋 跛和否之夬 和隨谦之同人 吹危谦之遁，噬嗑之涣，损之涣，旅之晋，中孚之噬嗑 和危豫之咸 危歌临之离 化宜临之既济 多嘉观之谦 危罷噬嗑之小过 危歌贲之离 隨危复之小过 危爲大过之屯 罷池危大过之明夷 羅池坎之益 危和坎之未济 河他离之咸，姤之坎 和宜歌离之姤 奇離家人之谦，中孚之井 麻歌河家人之益，革之渐 危疲波蹇之泰 離虧损之颐 麾靡萃之大有，丰之噬嗑 嘉虧困之剥 危池螭旅之无妄 離歌義軻施中孚之困 疲嗟小过之剥

上声

坐禍坤之晋，比之大有，大过之兑 禍坐否之升 踦禍否之未济 墮禍噬嗑

之小畜 墮坐禍大过之蛊,遁之益,鼎之既济 徒踦禍恒之渐 被禍恒之巽 罷跪晋之小畜 徒禍坐家人之丰 踦墮之大壮 坐禍兑之无妄 詭坐禍未济之家人

去声

破卧踒履之屯 義地复之临 卧過困

合韵

歌支

平声 隨罷雌乾之涣,泰之复 支危蒙之夬,蛊之艮 珪河需之无妄,同人之晋 枝離知讼之谦 雌危履 知離临之同人 河涯他困之坎 知頗艮之大有

上声 啓解禍巽之兑,同人之夬

去声 蘂繫需之蛊

歌铎

踦墮作归妹之睽

(6)支部

平声

雌知蒙之节 圭貲同人之大畜,遁之谦,巽之大有 枝知大有之坤,渐之谦,旅之大过,未济之困 崖雌贲之坎 涯携夬之节,小过之大壮

上声

是解涣之渐

合韵

支脂

平声 衰枝隤蒙之讼,泰之咸 機知衣否之中孚 圭資同人之大畜,遁之谦 脂枝谦之遁,噬嗑之涣 堤泥妻临之讼 卑畏临之中孚 違知贲之旅,夬之升 微谿蹇之咸,未济之观 湄涯歸迷齊解之无妄 卑衰升之巽

上声 累解坤之晋,比之大有 火解噬嗑之大壮 水尾蟹幾无妄之归妹 累解晋之家人 尾枳损之大过 履婢姤之需 累罪解渐之震

去声 視避利嗜讼之丰,鼎之解 視避利晋之颐,艮之大畜 駟轡易解之蒙 視避刊綏嗜中孚之咸,小过之豫

支月

悦臂家人之巽

支之

平声 支疑否之夬 雌嘻贲之颐 枝滋有井之巽

去声 賜意履之升

(7)脂部

平声

齊衣乾之益,蛊之噬嗑,离之旅,升之坎,艮之未济,兑之贲 藜妻乾之夬,需之剥,睽之解 齊師比之剥,泰之乾,萃之解,革之否,归妹之临,节之益,中孚之解 歸迷悲回泰之家人 稽飛谦之需,升之师 隤微蛊之否 喈萋观之谦 齊資歸剥之坎,中孚之临 飛歸复之小过 積衰无妄之大过 推微衰大畜之姤 威微坎之夬 妻悲坎之升,大壮之井 師齊离之乾 諧齊离之小畜 魁咨离之升 齊師咸之大有 唯嵬咸之贲,损之无妄,既济之咸 飛齊師諧遁之夬 維迷衣晋之旅 犁妻資蹇之睽 畏雖损之蛊 衰機益之小过 哀悲衰姤之家人 梯歸姤之解 妻哀升之剥 嵬積困之无妄 哀悲艮之否 脂巍渐之比 墀巍威渐之剥,节之蛊 非哀丰之鼎,巽之观 器追旅之大畜 枚飢兑之噬嗑

上声

火死乾之小过,剥之坤,咸之艮,睽之涣 濟火需之大有,颐之谦 火尾泰之旅,贲之观,井之临 尾水同人之渐,巽之师 視尾临之困 水尾幾无妄之归妹 虺視尾坎之观 視機姊益之需 尾死比升之大畜,旅之观 弟禮升之涣 鬼視死困之谦 水履累震之乾

去声

退潰乾之兑 至利师之晋 視利嗜讼之丰,鼎之解,旅之益,中孚之咸,小过之豫 醉戾履之蒙,益之未济,姤之夬 潰内泰之睽 至利同人之大有,震之夬 隊憒愧氣大有之蒙,颐之否 利逮大有之大壮 季寐谦之蛊,随之大畜,节之涣

遂祟蛊之无妄，兑之节 隊貴蛊之解 悖位观之遁，既济之节 諱畏噬嗑之大有 退遂贲之大畜 類憒遂大畜之随 遂憒大畜之既济 聵味憒颐之鼎 壞畏咸之师 遂貴遁之蹇 諱畏大壮之困 利悴家人之萃 躓祟睽之需，蹇之剥 瘁次睽之中孚 利至蹇之大有 位器解之观 退遂隊解之噬嗑 驥至损之蛊 隊祟夬之姤 味祟井之坎，归妹之师 蔽味憒井之困，小过之谦 隊遂革之遁 匱季归妹之益 類憒节之夬 氣憒既济之大壮 祟憒未济之解 憒氣未济之震

合韵

脂歌

平声 隤疲歸乾之萃，师之临 飛池屯之旅，否之晋 離悲师之比，大有之大过 歸悲離比之随，豫之大壮 飛池比之观，益之晋 蛇威履之鼎 脂宜同人之未济 微靡随之大有，睽之遁 離徊随之益，家人之无妄 危稽随之中孚 蛇微離蛊之坎，大壮之大有 衣宜观之萃 宜虧衰观之丰 河衣他观之涣，贲之小过 師罷妻观之既济，贲之蛊 隤罷哀贲之小过 師危晋之未济 維危家人之蹇，旅之家人 衣池睽之乾，蹇之同人 陂哀益之旅 離哀困之既济 离非井之姤

上声 指坐禍小畜之益 水火禍泰之履，大有之谦 坐火禍大有之节 火禍颐之旅 水火鬼徙姤之旅 水火禍艮之坤，未济之渐 指倚禍渐之临

去声 利義之复 視化困之离

脂之

平声 思悲小畜之归妹 乖之时姤之萃 齊師時萃之解

上声 利海有师之复 罪有泰之夬 齒子殆利大有之蹇 濟火恃坎之大壮 齒視子母恒之需 軀火恒之大过 子毁艮之升 死鬼祀小畜之萃，涣之大过

去声 事位随之乾 媚背复之蒙，明夷之艮 熾至震之萃 視志节之巽

脂幽

平声 憂肌泰之比

上声 視軌姊中孚之履

去声 位咎艮之大有

脂祭

疥害逮坤之大过，大有之大壮 貝位讼之大畜 帶戾泰之遁，归妹之讼 蔽棄位蛊之坤，艮之履 制戾剥之大有，颐之损 賴憒遂大畜之随 壞敗颐之无妄 劓棄快睽之贲 轡制位蹇之姤，艮之泰 季制萃之损

脂质

弼匱蒙之坤，师之归妹，随之屯，井之乾，鼎之损 跌祟蒙之睽 卒出位讼之大畜 出位讼之升，中孚之大过 屈退吉否之泰 節類噬嗑之坤 沸潰室大壮之丰 嫉遂蹇之旅 律隊戾祟益之丰 出祟憒夬之中孚 卉出升之中孚 律遂艮之贲 屈出類渐之旅，归妹之同人

脂月

月頼大过之损 悖纇孽家人之咸，渐之升

(8)祭部

吠外乾之比，遁之升 薈會霈坤之旅，履之恒 勢斃蒙之剥，井之同人 世害需之震，益之随 會帶师之噬嗑，蛊之谦，临之大过，无妄之恒，巽之乾 蔡害师之鼎，大过之晋，兑之泰，涣之坎 沛賴泰之丰 疥害大有之大壮 大外随之蹇，贲之蒙，益之中孚，巽之渐，小过之蛊 害賴临之咸 沛磕賴贲之损 害賴歲颐之大壮 歲敗家人之比 會廢夬之遁 廢害姤之贲 帶賴萃之蛊 衛廢升之同人

合韵

祭之

去声 疥忌颐之咸 薊意大过之小过

祭月

折罰斃乾之大壮 達外小畜之睽，遁之兑 絶脱害同人之贲，噬嗑之震 絶敗豫之复，明夷之节 會外訣坎之随 列廢遁之大壮 敝缺大壮之萃 訣快萃之贲

(9)蒸部

熊閎泰之随，蹇之大过，益之屯，未济之涣　陵升大畜之噬嗑　升登离之恒　陵興明夷之比　陵登明夷之咸，归妹之巽　陵崩薨旅之姤

合韵

蒸侵

平声　憎金乾之归妹，震之遁　男承屯之离，蛊之大壮　冰心晋之否　冰尋明夷之乾

蒸耕

平声　生興既济之坤

蒸真

平声　崩仁观之遁　登鄰睽之蒙　仁信增小过之乾

蒸之

恒來既济之节

蒸职

得仍贲之既济

(10)东部

平声

聾通功乾　宫中坤之观，坤之解，需之夬，履之需，谦之坤，丰之蹇　容恭同坤之困　公同坤之鼎　東訟同凶屯之渐　聾通屯之中孚　功隆蒙之谦，师之节，否之贲，噬嗑之需　凶邦蒙之贲，损之困　東從蒙之小过　鴻東逢需之遁　空訟讼之噬嗑　同東從讼之颐，随之兑　宫攻讼之渐　邦舂师之谦，剥之乾　中凶师之颐，大过之涣，旅之困　聾通功师之升　宗降比之需　通功比之噬嗑　東蓬比之复，姤之遁　龍凶蓬比之颐，豫之颐　降壅小畜之鼎　同凶履之蒙，益之未济，姤之夬　降通空履之谦　同凶履之大畜　公同凶履之晋　重中大有之坎　聰功大有之家人　痛從谦，随之解，艮之革　通凶豫之蛊，观之噬嗑，旅之复，既济之蹇　聳功随之蛊　同從随之观　童充随之大过　重功随之咸　冬降蛊之坎　通訟功蛊之革　通功临之既济　動逢观之乾　醲宗降观之坎，艮之谦　龍東逢邦观之渐　通凶噬嗑之小过　訟匈公剥之涣，大过之坎，大壮之大畜，夬之

同人　凍通功复之需　東從雍春复之晋　終凶复之归妹　通逢凶复之巽　胸春无妄之乾　通功邦大畜之噬嗑　公訟壅大畜之无妄，小过之家人　逢凶大畜之革　中凶颐之蒙，兑之大畜　龍東聾颐之泰　凶邦颐之坎　东公颐之旅　東逢大过之蛊，遁之益，鼎之既济　東功大过之夬，未济之屯　公中大过之小过　龍東通离　功逢离之困　訟從离之未济，损之既济　隆通公同咸之晋　窮隆恒之咸　雍同恒之蹇，晋之大有　同工恒之解，涣之观　同從公恒之萃　通逢恒之革　功宗恒之涣　聾從遁之需　凶訟功遁之噬嗑　江凶遁之困，蹇之临　邦逢遁之既济　東功晋之家人　功凶晋之井，艮之归妹　豵功晋之归妹，归妹之蒙　通凶功明夷之大有，巽之升　窮凶明夷之随　東中明夷之益，益之观，丰之泰，中孚之归妹　通窮從明夷之困，归妹之丰　逢凶家人之噬嗑　公通窮家人之剥，未济之小畜　龍逢功睽之离，巽之姤　東通革之鼎　東庸功升之夬　逢凶困之归妹　訟功井之益　公東封革之明夷，兑之明夷　功同窮震之大有　蓬中艮之剥，丰之损　中同艮之解　空宗東凶艮之丰　公凶旅之贲，涣之升　重通公巽之比　聰凶巽之小畜，兑之井　戎衆鋒节之讼　功隆节之革　同訟节之巽　龍凶节之兑

上声

　　動寵乾之需，革之随　寵恐鼎之兑

合韵

东蒸

　　平声　重登公坤之师　豐龍興蒙之升　同興需之震，益之随　同興泰之大过　蠅中大畜之观，鼎之讼　降冰坎之解　功興咸之贲，涣之无妄　興訟大壮之归妹　登肱凶艮之归妹

东侵

　　平声　攻禽功履之夬，鼎之随　金功大壮之遁　金吟功既济之颐　終心讼之同人，小畜之坤　深宋观之明夷　林中无妄之巽，小过之晋　林雄谦之需，升之师　吟雄蛊之无妄　痦雄兑之节

东谈

上声　檻動夬之谦

东耕

平声　重中公寧讼之贲　驚通功小畜之乾　功成豫之临，噬嗑之丰　刑功姤之随　宗聖损之履

东真

平声　人功需之噬嗑，旅之噬嗑　噰同人豫　通逢人豫之艮　仁訟大畜之需　仁窮复之大过　凶仁遁之坤，渐之小畜　隆人明夷之蒙，益之升　凶身明夷之大壮，解之大壮　同仁家人之损，渐之离　功人升之节　衆君鼎之需

去声　衆信遁之无妄

东元

官凶革之噬嗑　中患未济之大壮

东鱼

平声　雏貢讼之既济

上声　走恐後中孚之剥

东鱼幽

上声　走恐後咎困之屯（"咎"，幽部字）

(11)阳部

平声

盲傷乾之遁，讼之豫，旅之小畜　羊望乾之蹇，家人之明夷　姜亡乾之夬，需之剥，睽之解　房傷乾之小过，剥之坤，咸之艮，睽之涣　望病坤之无妄，升之谦　光明長王坤之未济，否之无妄　行强光屯之履，比之无妄，剥之大畜，遁之复，晋之坤，井之履，巽之晋，中孚之兑　横强屯之否，泰之晋，随之升，解之咸　姜昌屯之噬嗑，比之豫，蛊之困，遁之姤，姤之师　盲牀鄉屯之睽　强光明屯之既济　王明蒙之乾，节亡倉蒙之坤，师之归妹，随之屯，井之乾，鼎之损　望昌蒙之谦，师之节，否之贲，噬嗑之需　强鄉相蒙之豫　明藏蒙之睽　霜長殃蒙之中孚　亡桑鄉需之師，临之萃殃章傷需之复，噬嗑之剥，姤之泰　堂昌需之萃，大有之蛊　陽藏需之中孚，涣之剥

羊牂讼之遁，否之坎，夬之观，革之同人　傷亡鄉讼之大壮　狼傷亡讼之明夷　牂鄉糧讼之蹇　兵傷讼之夬　行明师之泰，姤之升，震之谦　狼陽师之否，噬嗑之旅　迎鄉當师之家人　堂亡倉师之归妹　康長比之乾，观之坤　裳兵傷比之蒙，革之大过，鼎之遁，旅之遁　明傷兄比之贲　牀傷比之复　防行光藏鄉比之大畜，离之谦，姤之谦　堂牀比之离，同人之兑，损之随，节之履，未济之讼　僵喪比之鼎，大畜之晋，益之蒙，升之复，既济之萃　强行王比之艮，恒之困，小畜之随　梁强康比之旅　陽明比之兑，大过之临　傷明光小畜之复，归妹之萃，旅之节　傷常小畜之颐　堂亡小畜之晋，豫之姤，大畜之恒　明祥慶小畜之渐　頹殃鄉履之小畜　亡行藏履之临　明祥殃履之渐　頹鄉莊履之兑　明光履之小过，噬嗑之损　麰芒傷泰之贲，损之泰，归妹之鼎，小过之解　麞望迎傷泰之明夷　旁迎泰之损，未济之姤　行兄亡泰之姤，否之归妹　狼强皇否　享慶否之豫，贲之解，复之比　盲行鄉否之噬嗑，大过之艮　明光康否之复，随之坎，噬嗑之同人　光藏行鄉否之困，震之未济　行兄亡否之归妹　光明昌否之小过，既济之需　牂行同人之蒙，无妄之观，归妹之解，兑之遁，中孚之萃　陽長昌同人之大过　行明鄉同人之解，升之坤　央亡同人之萃　行傷糧同人之困　行牂囊黄同人之丰，革之恒，涣之豫，中孚之渐　常明同人之未济　行桑糧大有之乾　明光傷大有之师，解之谦，未济之蹇　光湯明大有之泰，巽之既济　光明大有之临　放喪大有之贲　狼傷殃大有之无妄　牧牂大有之颐　裳康大有之坎　狂鄉明大有之遁，大壮之否　盲明常大有之益，解之节　梁旁箱鄉倉大有之夬　皇祥殃大有之旅，噬嗑，益之家人　迎鄉大有之兑　光望兄大有之小过　光明谦之屯，大壮之恒，革之谦，兑之离　明囊旁谦之蛊，节之涣　梁僵康谦之未济，既济之未济　藏行漿羹豫之小畜　黄瑛豫之蛊，观之噬嗑，旅之复，既济之蹇　堂兄漿迎豫之巽　明囊随之大畜　頹光随之大过　光傷随之益，家人之无妄　當羹筐桑随之艮　慶迎蛊之乾　良傷蛊之屯　明光傷蛊之比　慶相蛊之否　長光兄張蛊之大有　光明牀亡蛊之豫　光黄蛊之蹇　藏行堂蛊之损　明章堂蛊之震　稂王京蛊之归妹，贲之姤　岡堂殃蛊之兑　堂明蛊之节　行囊明临之师，贲之噬嗑，鼎之坎，旅之颐　行常殃临之比　殃鄉临之泰　堂僵光临之鼎　昌良王临之旅　堂常殃临之涣

明堂光观之讼 盟强观之泰 良行房观之大壮,大畜之睽 當病观之蹇 常光观之革 陽光观之未济 庚行噬嗑之坤,渐之旅,归妹之同人 光慶噬嗑之屯 揚行噬嗑之贲 梁王噬嗑之咸 明傷光噬嗑之艮,萃之谦,巽之噬嗑 明狂贲之屯,剥之泰,晋之小过 翔霜贲之随,损之否,困之节,鼎之观 行僵兄當贲之咸,复之讼 望堂贲之家人,姤之坤,渐之屯,涣之小过,中孚之贲 狼英贲之睽 殃梁王贲之革,损之大有 鄉行贲之巽 羊望羊贲之中孚 明光剥之大有 當殃剥之离 明光行旁剥之萃,睽之复,革之履 彊傷复之泰 明傷复之同人 常亡复之临 望鄉复之大过 陽香望牀复之大壮 衡香筐姜复之艮 行桑复之中孚 明光藏无妄之蒙 昌光无妄之需,节之姤 防行陽鄉无妄之同人 皇昌无妄之大壮 牆行无妄之震 行藏无妄之未济 行墻惶大畜之屯 迎鄉煌當大畜之小畜,益之谦 狂昌大畜之履 殃傷光大畜之同人 箱陽囊慶大畜之大过 牀章糠大畜之益,小过之比 望行明鄉大畜之萃 房光行昌大畜之升,小过之恒 明鄉大畜之涣 行涼傷颐之屯 堂漿颐之蛊,损之豫,中孚之鼎 行常鄉殃颐之噬嗑 行明羊颐之坎 常慶颐之咸 筐粱場颐之睽 鴦行粱長傷颐之升 亡光長明颐之涣 霜傷颐之小过 昌殃颐之未济 裳殃昌大过之屯 傷羹大过之同人 傷鄉亨明大过之大畜 陽兵行長坎 明光牀亡傷坎之泰 僵傷坎之颐 傷亡坎之解 亡桑鄉喪坎之姤 羊牂坎之萃 堂迎昌离之蒙 張亡离之小畜 羊陽揚离之随 陽明黄行离之观 行章堂殃常离之坎 明長光傷离之大壮 狼當亡离之晋,兑之渐 桑行傷离之明夷 長傷堂亡离之夬 鄉長离之未济 牆兵咸之大畜 裳殃咸之大壮 堂房常咸之睽 衡傷殃咸之解 盲行咸之夬 兄陽簧咸之震,兑之夬 明光常傷恒之随 箱行昌恒之复,萃之恒 讓光恒之蹇,晋之大有 羊囊長恒之夬,归妹之损,巽之大畜 行粱恒之兑 光章王恒之未济 行傷遁之比 常狂光遁之蛊,涣之兑 僵桑兄遁之大畜 藏行遁之困 鄉衡遁之震 蒼行傷陽遁之小过 行良遁之既济 鄉衡傷殃大壮之谦 囊亡大壮之豫 喪鄉大壮之噬嗑 當常大壮之坎 伉僵大壮之困 裳當行殃大壮之中孚 望莊晋之履 忘行長晋之蛊 商長晋之剥 伤長光晋之夬 祥慶晋之艮,家人之大畜 殃傷鄉明夷之遁 羊慶明夷之睽 當慶明夷之损 狂傷殃明夷之井 莊行明夷之旅,

丰之困 傷常明夷之兑,艮之中孚 羊攘明夷之小过 行狼傷家人之师,丰之需 羊惶殃家人之坎 殃傷亡家人之困 牂囊家人之震 觴兄亡睽之乾,蹇之同人 方羊睽之无妄 蒼迎兄睽之革 當殃漿鄉行睽之渐 裝行蹇之临 良兵鄉蹇之离 兄黃蹇之家人 光王兵藏行鄉蹇之夬 翔殃蹇之渐 張良蹇之兑 梁狼王蹇之节 望壯明蹇之小过 牂疆蹇之未济 長王房解之屯 蝱傷解之晋 盟昌解之益 行傷明解之丰 網傷糧损之大壮,涣之比 颺傷益之师 陽殃益之泰 良兵當疆益之临 堂殃益之遁 長殃益之大壮 裝明益之井 明傷益之鼎 明光益之小过 竟病夬之坎 陽囊夬之睽 行明慶夬之损 盲行夬之归妹 梁塲箱藏粮姤之离 霜明傷姤之恒,萃之革,巽之履 牀腸姤之遁 藏長萃之否 良亡萃之大有,丰之噬嗑 堂觴疆萃之晋 良方當升之需 病殃升之否 張行迎升之蛊 明傷亡升之贲 明網升之革 方央明困之泰 明傷困之明夷 傷瘍困之鼎 良殃困之丰 殃傷井之蛊 明行網井之剥 鄉殃井之解 梁僵昌井之萃 行昌香井之革 相殃井之渐 行僵良光井之中孚 張亡井之未济 張翔革之泰,旅,兑之小过 楊將光革之大有,巽之兑 鄉行牀革之萃,既济之解 裝旁囊革之升 長壯鼎之蹇 鴦行梁長鼎之中孚 牀觴疆鼎之升 盲裝鄉鼎之离 兵行鄉艮之坎 强良鄉艮之益 盟行艮之萃 翔殃鄉渐之讼 光慶渐之大壮 傷殃归妹之观 當筐归妹之睽,丰之大壮 衡香归妹之益 牀亡昌喪归妹之未济 喪明丰之夬 網亡旅之涣 羊長巽之否 惶傷慶巽之夬,小过,未济之大有 行鄉涣之大有 行桑臧涣之益 竟慶节之复 狼羊商节之坎 萌慶节之恒 良鄉中孚之否 强攘中孚之未济 行傷小过之需 明光旁小过之大过 狂行小过之夬 明兄既济之同人 望光簧既济之睽 商兄昌既济之鼎 狼疆傷既济之巽 方疆王未济之睽

上声

壤敞坤之咸

去声

上讓谦之蒙

合韵

阳东

平声 亡惶從乾之屯 光龍王乾之否,大壮之随 通殃傷坤之大有,益之损 光明功屯之咸 鄉通屯之巽 魴堂荒邦蒙之比,咸之节 傷妐蒙之履,泰之讼 通殃需之豫 逢卿需之渐 湯方通讼之蒙,解之巽 鄉中师之噬嗑,蛊之谦 望望通牀泰之屯 鄉通泰之小畜 盟功泰之未济 衡公王同人之师,观之萃 從觵漿滂同人之蛊,未济之鼎 常桑功同人之艮 牀公大有之复,鼎之临 亨明功谦之大有 瞳明公谦之蹇 亡惶從谦之震,贲之兑 明聰康豫之无妄,明夷之师 狼祥行逢随之讼 長鄉光公临之谦 皇桐观之谦 行公观之睽 聾殃观之兑 明豐噬嗑之恒 光黄聾噬嗑之蹇 殃通傷噬嗑之萃 通殃傷剥之蹇 行逢复之既济,渐之晋 兵祥王逢无妄之谦 訟行无妄之剥 卿公无妄之蹇 明豐凶大畜之井 羊逢凶大畜之革 望邦疆亡颐之渐 明昌功大过之观 明宗大过之益 明殃邦离之大畜 明通僵咸之乾 凶糠咸之履 桑功宗恒之涣 行明從遁之临 明昌公遁之颐 功羊大壮之讼 堂殃通大壮之泰 明常訟大壮之姤 通中江邦亡晋之既济 痛病明夷之乾 同鄉功明夷之萃 亡行功家人之同人 惶裝邦家人之涣 明從殃睽之坎 裝行江傷蹇之临 糧逢解之豫 莊公益之大有 行鄉殃公益之复,萃之比 羊亡病邦升之渐 光公升之巽 明公困之离 凶行井之师 詳鄉亡通井之随 張通井之晋 行逢萃之井 光章公归妹之大过 陽公归妹之晋 狂盲用旅之离 糧逢旅之恒 狼傷長凶兑之归妹 東場兑之旅 行終既济之困

阳耕

頹卿長寧乾之节 亨明平蒙之小畜,讼之震 霜廷生鳴驚小畜之蹇 明榮小畜之升,谦之泰 梁傾大有之丰 鄉榮谦之损 庚行寧随之剥 坑生观之益 康行情噬嗑之坤 平行榮咸之姤 祥傷成蹇之蛊,困之坤 黨靈益之困 傍明生夬之丰 政殃井之鼎 明寧艮之咸

阳真

璋王秦需之井,否之讼 羊人比之困,大畜之复 雲强行复之恒 狼陽羊人无妄之夬 門殃无妄之既济 堂人颐之遁 行人恒之观,归妹之小过 牆門兵

咸之大畜 明妨仁困之蒙 行人申鼎之屯 行恩中孚之萃

阳元

歡殃蒙之垢 明患履之蛊 當患蛊之家人 慢殃剥之离 狼陽麠難颐之中孚 行兄傷残恒之丰 残傷遁之节 行前大壮之睽 羹歡明夷之履 山桑鼎之家人 見鄉中孚之否

(12)耕部

平声

生成寧乾之大有 精生成庭乾之井 生成坤之乾 情傾頸坤之丰 城貞生坤之涣 鳴星驚屯之丰 頸成名蒙之噬嗑,家人之贲,升之蒙,震之临,巽之涣,中孚之大壮 成名蒙之无妄 營寧蒙之恒 城青蒙之大壮 生靈需,无妄之革 丁庭讼之随,益之贲 耕寧讼之小过,观之否,夬之师 情營名师之履 青傾比之泰,临之观,观之损 爭定履之大畜 平寧生否之明夷,随之鼎 成傾同人之履 涇寧成大有之离,夬之蒙 成鳴大有之井,贲之夬,明夷之贲,困之未济 成傾寧豫之解 成傾豫之夬,小过之贲 情嬰随之离 城傾成蛊之大过 盈盛榮蛊之睽 正鳴蛊之解 庭生鳴驚蛊之夬,损之升,困之节,鼎之观 生清噬嗑之坤 生榮贲之小畜 鳴寧贲之随,损之否 寧榮贲之困 情營頸复之坤,丰之渐,小过之升 生榮复之解,解之涣 名頸大畜之益,小过之比 成傾驚寧大过之比 驚頸傾成大过之履 生榮寧成大过之萃,革之临 鳴寧刑离之颐,中孚之大畜 成生形离之鼎,晋之益,震之观 生名成咸之益,归妹之贲 平定恒之大过 輕耕成遁之讼 生平大壮之丰 榮成晋之遁,丰之蒙 誠傾名明夷之晋,归妹之既济 盈寧成睽之鼎 形成名睽之旅 成征平蹇之贲 名傾清蹇之井 生形頸傾解之大畜 生榮成贏解之遁 誠寧萃之归妹 驚生萃之丰 傾生寧升之比 傾生升之观 聖熒升之益 磬聲升之未济 庭成困之遁 城鳴驚困之兑 聲傾聽井之损 庭征嬰革之比 城驚傾艮之旅 生刑傾归妹之乾 城寧归妹之泰 成生榮旅之讼 名成节之无妄 名驚中孚之损 寧成中孚之旅 成生未济之噬嗑

合韵

耕真

生仁乾之颐，比之益　天丁屯之蛊　麟經讼之同人，小畜之坤　貧生比之解　靈神随之咸　令政蛊之旅　仁平大畜之家人　成文咸之小畜　生貧遁之晋　成身明夷之泰　清民家人之晋　賓均寧困之临　西刑震之师　城親节之需　成人节之萃

耕元

平声　頸前成大壮之观　山寧损之旅，姤之临　權難寧升之震　頸關兑之大壮

上聲　善井泰之夬　名遠否之大过，剥之临

去声　幸販讼之遁，否之坎

耕元真

名身燕履之颐（"身"，真部字）　攣西刑解之渐（"西"，真部字）

(13)真部

平声

天身乾之临，蒙之革，谦之复，恒之艮　神孫乾之旅　年民坤之大壮，谦之睽　臻身坤之中孚，同人之遁，井之谦　麟顛分屯之坤，豫之未济　門鄰蒙之咸　恩存蒙之损　�身蒙之姤　孫門需之升　神年需之困　身春君讼之萃　咽田讼之小过，观之否，夬之师　臣奔比之恒　身千小畜之无妄，观之比　門西年小畜之恒　忻鄰小畜之井　奔軍奔君小畜之涣　颠淵履之损　門君履之兑　振人履之未济　濱君泰之恒，豫之坤　門君泰之革，谦之否，震之家人，兑之乾　顛西泰之归妹，谦之涣　年君否之随，谦之夬　輷顛存否之离　西恩否之家人，遁之蒙　西門否之震　眠西命同人之大壮　君崙大有之泰，巽之既济　神孫陳大有之大畜　煙分君豫之观，大畜之艮，夬之小过　昬群倫随之明夷　天辰随之蹇，贲之蒙　晨門临之小畜　天辰临之噬嗑　門盆临之兑，损之剥，萃之随，既济之归妹　顛身噬嗑之贲　田民顛噬嗑之未济　根恩贲之蹇，兑之困　陳群牽人复之丰　恩孫門无妄之坤　門西无妄之师，蹇之噬嗑　門根无妄之泰　門賓无妄之大过　門婚无妄之大壮　煙分淵君大畜之艮，夬之小过　盆飧貧颐之讼　輷西顛颐之大有　門婚颐之小过　君門大过之否　温門大过之遁　顛千大过之解　門存大过之震　申人大过之中孚

門顛坎之旅　民令親离之屯，鼎之益　身牽离之解　群門离之巽　身君門根离之小过　婚門咸之大有　孫神民存年咸之临　云孫咸之无妄，涣之泰　人孫咸之革　門跟咸之丰　淵天恒之比　孫門恒之豫　西輪門遁之师　孫貧遁之谦，巽之大有　貧分門遁之离　盆門遁之大壮　門賢遁之明夷　鄰門存遁之井　臣孫遁之革　仁先遁之归妹　文芬大壮之小畜　神恩大壮之兑　神年晋之大过　年神晋之艮，家人之大畜　春盆晋之兑　鈍西家人之讼　貧飧分家人之随　孫門家人之大壮　賢身門存睽之萃　淵神天睽之震，未济之归妹　婚身君解之需　門君益之讼，渐之蛊　天淵身益之小畜　雲先西夬之泰　田年姤之困，归妹之噬嗑　人年萃之大畜　嚚申萃之损　民親萃之姤　孫禪門升之大过　淵天升之益　婚温椿升之丰　年人困之大畜　雲君困之明夷　貧根困之夬　晨伸困之既济　門西孫井之豫　門鄰井之归妹　鄰均井之既济　門貧革之旅，震之小过　恩存年鼎之渐　顛鄰艮之复，渐之益　身君門飧艮之兑　仁人渐之姤　年神归妹之豫　存身归妹之离　信人丰之恒，涣之中孚　君西巽之艮　門親涣之大有　恩孫君节之解　賢臣貧中孚之艮　神親小过之坎　門鄰小过之夬　顛存年既济之剥　顛田年未济之无妄　臣令親未济之萃

合韵

真元

平声　門源存乾之豫　山淵乾之井　跟門患乾之鼎，颐之剥　山班寒憐乾之既济　言門安坤之离，比之蛊　賢難坤之节　門戰西全屯，需之履　人難屯之大有　歡恩屯之鼎，讼之恒　君温安蒙之遁，颐之豫　權奔需之姤　言門需之萃　端顛西安患需之节　山言冤恩需之未济，比之未济　門冤讼之临，井之蹇　恩懽讼之既济　言温斷恩师之蛊，旅之解　寒存师之异，震之解　源顛然比之屯，小畜之屯　孫丸比之小畜，井之蹇　患存比之剥，泰之乾　崙門泉觀君比之姤　婚患小畜之无妄，观之比　翰温小畜之革　前天履之师　怨遷鳶困履之否　輷顛全泰之谦，益之坎　寒温泰之噬嗑，否之蹇　存患否之蒙　禪門患否之小畜　門患否之兑，贲之既济　刃歡同人　安西同人之讼　辰患同人之咸　脣言門大有之蛊　門歡谦之同人　門歡言谦之晋　元恩存谦之升，艮之蛊　門患安豫之比　穿西安豫之离　蕃言人豫之困　西專還随　患全懽年随之遁　言存随之中孚

箍門临之随　雲門患临之夬　婚船君临之小过　門安观之咸　山難顛观之节，大过之家人　牽言噬嗑之乾　泉艱噬嗑之比　患存噬嗑之大有　門山贲之坤　根安飧贲之明夷，鼎之大过　患安門复之大有　門丸盆复之噬嗑　端顛安患复之井　騫閑存无妄之睽　孫權无妄之蹇　唇門歡无妄之鼎　山門无妄之既济　然綸大畜之丰　患全門颐之需　山門颐之蛊，损之豫　門患颐之剥　眄眩連颐之困　西分懽颐之井　患門颐之鼎　權分大过之临　田餐年大过之既济　雲輪怨坎之履　令患离之损　嵛門患离之益　山恩咸之损　陳前咸之未济　文軒嵛患難恒之比　門冠恒之颐　鄰患恒之遁　燕西還間恒之归妹，巽之益　完安患門恒之中孚　門君安遁之震　存患大壮之蒙　山群端大壮之师　歡存大壮之中孚　親拳晋之巽　前臣明夷之大畜　患存明夷之睽　根瘢存家人之乾　門西患家人之归妹　言門睽之观　雲歡門睽之丰，震之剥　温寒睽之巽，节之损　根安飧蹇之屯　門根君温泉蹇之否　瘢勤蹇之大有　患冤年蹇之震　煩患年解之损　安門解之中孚　歡婚前夬之复　患門安夬之巽　冠門患夬之涣　伸雲前姤之豫　患殘恩姤之睽　根連萃之大畜　穿寒萃之家人　門言存歡萃之兑　鄰弦殘困之萃　陳臣還井之小畜　患身井之离　孫丸井之蹇，艮之豫　安奔魂鼎之明夷　門患艮之同人　西丸归妹之豫　山門殘君旅之既济　桓臣孫兑之损　存患涣之否　根瘢节之萃　言患門小过之坤　鄰雲弦殘小过之同人　患薦吞小过之遁　寒根患未济之遁　門權孫未济之巽

上声　犬軫家人之井

去声　願潤晋之升　案願恨姤之大有

真脂

門微鼎之临　悲門未济之蒙

真元谈

冠廉賢煩解之贲（"廉"，谈部字）

(14)元部

平声

山泉乾言乾之讼，豫之乾，剥之否，震之姤　弦患乾之明夷，大壮之明夷　關歎

乾之家人,解之家人 言垣安乾之困,大有之屯,复之颐,革之损 餐安乾之震 患怨端乾之巽,同人之临,坎之复,艮之小过 安患坤之咸 山冤坤之大壮 冠鸞患坤之明夷,井之鼎 言患還坤之睽,谦之兑,晋之革 山難便坤之升 垣安患坤之归妹 船歡屯之小畜,临之小过,兑之屯 泉關安屯之谦,师之兑,大过之未济,咸之兑,既济之革 園喧患屯之复,否之节,随之渐,剥之损,大过之噬嗑,井之否,中孚之小过,未济之小过 船歡屯之蹇,涣之履 間山患屯之革 寒歡蒙之大有 山前便蒙之蛊,益之睽,姤之巽,艮之临,渐之夬 難關垣蒙之归妹,震之鼎,旅之无妄 連欄安需之鼎,解之坤 全泉需之既济,既济之乾 山言冤患讼之屯 山難前還歡讼之剥,同人之无妄,丰之既济,旅之睽 寒言患讼之复 攣安患讼之兑 殘患师之贲 安患寒师之坎,大壮之贲,震之贲 連患安师之遁 患冤比之咸,否之井 關便比之涣,革之坤 便言冤小畜之蒙,临之屯,未济之咸 難言小畜之履 絆山散小畜之谦,临之归妹,归妹之困 縣安小畜之噬嗑,井之恒,节之睽 轅難言小畜之家人,贲之需,既济之小过 垣言鞭患履之乾 全泉履之讼 怨遷鳶患履之否 前便履之损 官遷山履之节,遁之观,家人之恒,夬之艮 姦園言履之既济,离之讼,困之大有 丸安患泰之蹇 難患泰之革,谦之否,震之家人,丰之中孚,兑之乾 安患全泰之鼎,大有之睽,观之小过,旅之豫,节之小畜 山前歡同人之小畜 遷廛産大有之震 山怨谦之睽 患安豫之比,鼎之涣 專還随 垣壇蛊之需 安患蛊之旅 安歡蛊之小过 桓安临之同人 寒安歡临之家人 便檀轅難临之蹇 患僊安观之履 患安观之泰 山難患观之贲 患全观之晋 難歡观之震 關山難酸噬嗑之师 山安贲之家人,姤之坤,姤之艮,渐之屯,涣之小过,中孚之贲 言全患殘贲之渐 連寒患安剥之履 山歡患剥之明夷 轅山難言剥之解,涣之丰 蜒阪剥之节 山安复之大壮 燔寒攣复之益 山顔复之萃,震之否 怨鳶患复之患,睽之豫 殘完患无妄之师,蹇之噬嗑 山歡无妄之泰 冠歡无妄之大壮 前便无妄之损,晋之解 安顔瘢无妄之姤 煩患无妄之丰 安閑无妄之旅 安患大畜之需 閑安大畜之履 山原大畜之大过,夬之睽 言患安大畜之遁 患難安大畜之困 原前大畜之震 患全颐之需 還患颐之比,损之师 患全颐之谦 歡言安颐之观 園還患颐之蹇 燕安颐之姤 關冤大过之师 殘安大过之离 冤患大过之明夷 患安大过之睽 煩言患大过之姤 山難園泉坎之需 泉然坎之比 泉怨坎之履 言安坎之否

燔殘坎之谦　言患坎之明夷　患縣坎之睽　患歡坎之益　園班患坎之中孚　山怨言歡坎之小过　安患离之渐　間前咸之师　山難前還咸之观,萃之困　言安咸之复,小过之小畜　安歡咸之明夷,归妹之比,晋之兑　殘山歡咸之丰　患歡恒之屯　患願殘恒之大有　患殘垣恒之大畜　蘭難恒之明夷,艮之井　言殘恒之睽　患安恒之夬,归妹之损,巽之否,巽之大畜　前山恒之姤　權殘恒之震　患全遁之师　患安遁之渐　言患遁之归妹　肩難闗患遁之旅,晋之贲,损之坎,既济之益　患歎大壮之损　完全大壮之萃　冠元患晋之乾　患言安明夷之剥　遠言明夷之渐　桓歡明夷之旅,丰之困　患仙前安明夷之涣　愆安患家人之节　山難歡睽之否　安患睽之噬嗑,巽之咸　患歡睽之晋　刊殘壇睽之井　轅安睽之震,未济之归妹　冤患全蹇之乾,旅之随　難前還蹇之归妹　殘難患解之蹇　閑便损之蒙　言全损之艮,涣之无妄　山閑益之乾　安歡患益之归妹　山殘難患夬之噬嗑　壇言夬之遁　患殘夬之渐　言患安姤之革　山唤怨姤之小过,涣之未济　軒難萃之无妄　泉安升　歡安升之无妄　殘患升之兑　歡患困之大畜　患連困之夬　煩患井之大壮　見安井之小过　山泉革之萃,艮之比　安殘革之咸,革之蹇　泉患鼎之比　山顔震之否　垣言艮之否　原安艮之复,渐之益　言患權艮之离　原官渐之井　患顔殘归妹之遁　前旋丰之恒,涣之中孚　戔宣旅之丰　奸言端患巽之中孚　安山歡兑之既济　權難安节之晋　安患中孚之豫　山難間小过之颐　奸冤患既济之晋

上声

阪蹇乾　遠反讼之困,震之泰　遠返豫之归妹,震之噬嗑　壇坂反贲之鼎　阪轉反咸之大畜　阪蟺蹇之既济　返遠井之未济　轉阪小畜之家人,贲之需,既济之小过

去声

萬敗否之渐,损之讼　案願同人之豫,鼎之节　爛熳剥之离　難亂恒之巽　難亂姤之明夷　蔓願兑之谦　畔願节之需　前諫患小过之姤　前愿患未济

合韵

元歌

禍全需之大有　泉禍师之未济　池患大畜之既济　陂連明夷之中孚

元脂

怨鴟患复之涣　微患既济之蒙

元祭

散竄益之噬嗑　賴殫渐之震

(15)侵部

平声

林金比之噬嗑　任心谦之坎　心深豫之临，噬嗑之丰　禽心颐之革　禽心南离之革，姤之小畜　金深大壮之小过　謙心晋之大过　風心睽之巽，节之损　任心解之师　金驗萃之巽　心風困之革　禽音心小过之兑

上声

寢甚节之鼎

合韵

侵真

門心蒙之明夷，大畜之师　西門心讼之未济，否之需　金人同人之大畜　濱心剥之同人　飧任复之屯，颐之益　民任恒之既济　神心年晋之大过　聞心睽之小畜　身蹇之兑　婚南损之益　鄰心艮之无妄

侵元

元心蒙　邊心兑之复

(16)职部

國息乾之坤　極惑乾之屯，谦之震　則福乾之蒙　億稷息乾之师，坤之恒，睽，小过之咸　食息乾之同人，小畜之临　食福乾之恒，兑之临　翼國坤之比，同人之坎，震之渐　服職國坤之履　翼北國得賊坤之谦，升之恒　德福域坤之蛊，解之升　德福坤之观，需之夬，讼之渐，履之需，谦之坤，丰之蹇　惑得坤之贲　塞得坤之艮，复之坎　極得坤之未济，否之无妄，大有之临　賊息屯之师　直德福屯之家人，大畜之临，未济　福得屯之艮，兑之晋　惑北屯之小过　德服蒙之观　德國息蒙之大畜，

无妄之否,咸之蹇 穡食蒙之震,小过之萃 息德福需之乾 食賊需之贲 得忒需之颐,泰之离,剥之颐,渐之坎,既济之遁 麥力食需之咸,比之遁,离之蛊,丰之离,兑之师 德國福需之家人,讼之中孚,渐之革 翼德忒需之蹇 北得需之涣 德食福讼之观 翼得福讼之无妄 食福讼之大过 域息师之需 德食德师之观 福國师之贲 國福师之剥 食惑得师之大畜 北息师之咸,噬嗑之复,大壮之鼎 域福师之恒 極億比之泰,大有之丰,临之观,观之损 翼國比之离,同人之兑,损之随,困之咸,未济之讼 國福比之晋,大有之损,蛊之井,观之大过 國賊比之家人,睽之师,革之益 惑得小畜之履 食國小畜之随 棘得小畜之观 食得小畜之大过,豫之萃 伏匿息小畜之姤 億得小畜之丰 息得力小畜之兑 食國履之丰,颐之贲,旅之谦 服職得泰之需 國域食國泰之师 德息直福泰之解,贲之履,渐之复,巽之困,涣之解 域福泰之鼎,大有之睽,观之小过,旅之豫,节之小畜 北得泰之归妹,谦之涣,大壮之节 力福泰之旅,贲之观,井之临 德國泰之中孚,谦之履,贲之丰,损之同人,困之复 息食福泰之小过,大壮之夬 息食否之剥 北食力否之颐 北息否之大过,剥之临,中孚之损 福得否之益,兑之姤 德福否之震 翼國得同人之谦,蛊之随,贲之同人,坎之蹇,丰之明夷,未济之节 塞得同人之革,损之革 賊塞麥得同人之节,豫之谦,井之屯,鼎之未济,震之益 德極得大有之否 德福大有之家人 福息得大有之解 德食福大有之困,中孚之巽 墨黑伏國大有之渐 域惑谦之比 革服德國谦之离,离之复,晋之临 德國德谦之困 北賊谦之鼎 食伏豫之比,鼎之涣 纆得豫之同人,夬之履 北得豫之恒,蛊之恒 惑側國随之履 北得随之泰 黑國福惑随之夬 得息随之困,鼎之恒 伏匿側息随之归妹 福革随之旅,兑之蹇,既济之复 側惑塞蛊之复,无妄之临,震之井 得食蛊之遁 德福蛊之益 食息蛊之升,归妹之无妄 側國临之小畜 塞國临之蛊 賊穡食临之恒 北息慝临之井 臆食观之豫 德福賊观之夬,坎之小畜 伏食噬嗑之随 息革噬嗑之井 域國匿噬嗑之节,损之小畜 翼得贲之比 服國贲之益,震之旅,渐之咸 得賊贲之归妹,归妹之节 國惑贲之兑 福伏福剥之观 德福剥之遁,恒之离 得國剥之大壮 翼德服剥之晋,小过之屯 賊服得剥之益 食弋翼得剥之革 食得剥之归妹 北得贼剥之巽,归妹之中孚 福伏无妄之需,节之姤 福食无妄之大有 國福息无妄之随,中孚之夬 北賊无妄之观,归妹之解,兑之遁 食塞无妄之剥 德福

得无妄之未济 塞伏得大畜之坎,益之巽 億息得力大畜之归妹 得北大畜之丰 北息颐之蒙,兑之大畜 翼國得颐之小畜 德福颐之明夷,离之豫,恒之井,井之观,巽之未济 極國福颐之解 國福得颐之既济 北得賊颐之未济 國食大过之否 福得大过之剥 德福大过之井 德福食息大过之鼎 臆息坎之蒙 國德坎之否 德國坎之同人 域得坎之大畜 德食坎之遁 息伏坎之归妹,离之归妹 力賊离之噬嗑,升之噬嗑,旅之蹇 服賊离之蹇 賊得离之萃 慝伏得离之涣 福息离之节 福得國咸之恒,晋之谦 國德咸之大壮 服息咸之明夷,归妹之比 國福咸之损,归妹之恒 國得咸之中孚 德福息咸之既济 伏黑恒之履 息福得恒之剥 福國恒之无妄 北得恒之明夷,艮之井 息福恒之睽 極直遁之履 福惑得遁之无妄 國得遁之丰 服賊遁之节 德惑大壮之需 國服德大壮之同人,渐之大有 服慝大壮之蛊 北得大壮之蹇 賊得大壮之既济 息福晋之归妹,归妹之蒙 伏福得明夷之解 國北賊明夷之归妹,艮之震 德極福家人之需,归妹之需,兑之小畜 服福家人之比 域伏織得家人之泰 福賊家人之大有,归妹之涣 極德家人之豫 食福睽之屯 黑食息德睽之蛊 福得睽之咸 福極睽之未济 德北蹇之需 福德食蹇之大畜 北翼國德福蹇之颐 北國蹇之艮,姤之屯 域得蹇之涣 輻側賊蹇之中孚 得慝解之小畜 匿賊國解之泰 力福解之大有 得福解之豫 得賊福解之随,姤之剥 得殖德解之蛊 職慝福解之明夷 國稷解之既济 慝得损之家人 得服损之井 塞國益之大有 賊克德姤之同人 福得棘萃 職富萃之坤 服福萃之益 德國福萃之艮 息得萃之渐 德國萃之涣 餙得升之井 國德升之艮 德福息升之归妹 國賊升之兑 德國困之无妄 翼國得困之家人 服職息困之中孚 職服井之小畜 國福井之噬嗑 賊塞井之晋 福息井之明夷 福國革之师 極食革之泰,旅,兑之小过 貸得鼎之坤 麥國鼎之颐 力偪艮之讼 福國艮之困 翼國福艮之渐 匿德慝渐之随 食極賊渐之大过 直賊福渐之遁 德國渐之大壮 域伏得归妹之革 食國服丰之坎 黑國丰之咸 食福丰之革 得賊旅之比 賊國旅之履 息福旅之否 德息福旅之临,巽之屯 賊福旅之震 國賊旅之兑 德福巽之大壮,兑之剥 食惑兑之艮 德福兑之中孚 福得涣之蒙 翼福德涣之明夷,节之随 色賊涣之归妹 福國节之履 國稷福节之井

賊國中孚之姤　國得小过之无妄　黑匿國小过之损　側翼北國小过之既济　福國德既济之否　福得域既济之大有　福惑未济之比　域得未济之蛊　翼賊福稷未济之晋　國賊未济之旅

合韵

职质

食福室乾之损　室福坤之讼　極飾出坤之否　得力疾坤之豫，比之大过　室塞坤之颐，井之旅　實賊室屯之颐　匿室食蒙之益　室伏需之蒙，大有之观　福室得需之旅　穴室側需之观，离之艮　疾國需之巽　室食讼之否，大壮之升　棘室塞师之中孚，泰之蒙　伏得室比之同人　翼室比之谦　賊室否之丰，晋之复　食出比之萃　極疾谦之明夷，无妄之小畜　室纆得豫之同人，夬之履　疾國豫之随，夬之咸　國室随之晋　得恤蛊之需　息室福临之渐　息食室噬嗑之颐　息室噬嗑之益　室匿得贲之大有，剥之家人　國室賊复之大畜　德國疾复之革　匿日惑复之鼎　服饰極室大畜之讼　室服福極大畜之比　食室颐之需　息食室颐之履　疾服賊大过之无妄　國疾大过之离　德室大过之丰　北室坎之咸　室得离之兑　室食咸之无妄，涣之泰　德福實室息咸之既济，归妹之咸　室直恒之乾　棘疾恒之讼　室革脉賊疾遁之明夷　北得室大壮之蹇　國息室明夷之比　室食得明夷之否　日德明夷之中孚　日食家人之小畜　室得睽之谦　室食睽之姤　極息室蹇之复　室賊福蹇之大壮　稷食疾蹇之革　室息蹇之丰　室北國解之履　國室解之睽　實賊解之萃　翼國室损之观，旅之需　日實福损之节　福室益之离　翼北國室益之明夷　室食益之夬　得疾益之姤　毀室益之革　服室德夬之大畜　實食室姤之节　國德室萃之临　極食室升之讼　伏室食棘升之旅　國室鼎之咸　伏室食艮之随　室食艮之剥　出國旅之坤　室得兑之坎　嗇福室节之临　國域室节之遁　福室忒既济之师

职缉

蓄荅國乾之坎，巽之豫　直入乾之丰，涣之否　德福立坤之遁　食入屯之归妹，否之蛊　集福比之讼，小畜之离　邑得小畜之萃，大壮之震　國合履之困　福邑履之归妹，否之蛊　國飭邑豫之需　德合域复之履　急北复之否　國邑福无妄之

益 集賊离之睽 域邑食恒之家人 國立遁之坎,渐之豫 塞答息晋之无妄,归妹之蛊 墨雜得明夷之蛊 合福睽之家人 邑得夬之归妹 粒食萃之小畜 食急賊革之蛊 福立震之坎 慴伏震之遁 急國得艮之巽 立職渐之未济 穡邑归妹之随 食邑翼得丰之临 德合德旅之巽 邑惑巽之萃 及特小过之明夷

职盍

食得乏蒙之艮 涉息噬嗑之复 乏得大畜之困 涉得大畜之震 葉德鼎之蹇

职屋

穀食息乾之睽 賊穀食坤之革,剥之睽 足息蒙之贲,损之困 得足比之小畜 俗惑得小畜之履 碌木穀德小畜之震 鹿得同人之讼 福觸大有之既济 足域谦之大畜,萃之睽 足北賊谦之鼎 翼國欲随之小畜 息足随之同人 德麓福随之大壮,剥之复 木國颐之临,萃之复 翼足賊坎之颐 轂國咸之复 翼足恒之解,涣之观 賊息續恒之损 鹿足得遁之同人 德福欲晋之大壮 粟食明夷之兑,艮之中孚 俗得穀家人之未济,夬之比 玉璞得解之否 木得解之恒 穀稷解之既济 德國福禄升之履 匿玉哭困之损 足辱賊革之离 福欲艮之困 賊足中孚之豫 食得穀小过之泰 食屋小过之鼎

职沃

逐息陸覆坤之泰,大有之豫 服力覆需之屯,益之同人 肉得腹需之解,颐之坎 宿腹稷履之豫 食宿履之睽 食熟履之蹇 國域復德福泰 食肉泰之睽 穆域同人之蹇 陸稷同人之渐,巽之师 賊陸谦之渐,夬之明夷 宿服随之涣,巽之革 服測覆随之未济 宿得臆临之大有 北目得惑临之艮 宿臆食观之豫 國逐观之艮 力服覆复之乾 國域覆无妄之晋 目惑遁之需 宿國家人之睽,艮之节 宿北家人之小过 稷食腹损之未济 肉得萃之泰,涣之艮 告福萃之噬嗑 宿福萃之离 宿食腹升之损 六食升之萃 北國腹井之遁 育福鼎之否 毒賊丰之大有 食叔巽之遁,中孚之颐 服力覆巽之家人 賊腹中孚之萃 德國穆匿未济之离

职药

樂福大有之噬嗑　得瘧大有之鼎　躍食蛊之颐，临之贲　福國樂临之否

职铎

拍福乾之蛊　惡伏郭獲乾之艮　坼北得屯之大壮　澤射臆屯之旅，否之晋　惡息蒙之小过　國宅小畜之贲　澤賊同人之蒙　惡得蛊之垢　伏福作噬嗑之观，家人之中孚　德默德作噬嗑之遁　得澤得剥之小过　薄國复之泰　獲職大畜之否　澤北颐之归妹　逆息大壮之复　諾客福晋之师　戟惡服明夷之未济　作塞家人之履　惡惑家人之姤，渐之萃　客食益之蹇　落宅食姤之噬嗑　隙得鼎之大壮　石食鼎之家人　得獲旅之恒　客福节之贲　福側宅德中孚之无妄　北服作中孚之既济　射獲得既济之履

职质屋

屬室得蒙之泰（"屬"，屋部字）　福屋食室大畜之坤（"屋"，屋部字）

职质沃

力毒室需之泰（"毒"，沃部字）　宿室得豫之益，蛊之履（"宿"，沃部字）　宿室直目賊恒之观，归妹之小过（"宿"、"目"，沃部字）　北叔得室鼎之革，涣之临（"叔"，沃部字）

职铎屋

德逆足损之履，节（"足"，屋部字）　食足薄节之屯　石欲得小过之涣（"欲"，屋部字）

职屋药

國樂玉息复之未济（"樂"，药部字）

职沃药

熟樂福渐之损

职铎屋沃

得澤縮促贲之涣（"促"，屋部字。"縮"，沃部字）

(17)沃部

逐宿坤之剥　復宿讼之师　目叔师之蒙，临之震，贲之既济　陸復宿师之震，

剥之升，损之蹇，渐之否，中孚之同人　縮目復小畜之比，贲之豫　竹目蛊之旅　逐宿剥之萃　陸目育大过之乾　軸宿坎之晋　蹴宿坎之既济　目宿咸之中孚　宿復节之蒙

(18)药部

籥爵小畜之睽，遁之兑

合韵

药沃

溺梏既济之观

药屋

樂欲师之萃，大有之归妹　玉鑿睽之归妹，姤之大过，艮之明夷

药铎职

伯樂索得坎之兑，遁之未济（"得"，职部字）

(19)屋部

獨觸角足坤之屯　玉谷坤之比　辱瀆哭録屯之讼，颐之师，萃之履　足速屯之明夷　角禄屯之损　足欲蒙之渐　啄玉讼之师　獄哭比　木足比之谦　瀆谷履之豫　剥辱足泰之井　玉谷木同人之坎，震之渐　谷角大有之复　玉足欲大有之革　足辱大有之鼎，观之蹇　谷欲谦之中孚，渐之艮　獨觸角随之蒙　渥斛临之明夷，艮之贲，节之师　足辱贲之比　粟穀剥之遁，恒之离　浞轂足大过之随　玉觸大过之中孚　足玉坎　鹿哭坎之离　足玉欲咸之否　粟角咸之蛊　足角恒之乾　欲足家人之临，渐之节　蜀轂屋家人之解，归妹之旅　玉樸家人之姤，渐之萃　櫝角家人之震　俗屬睽之谦　谷觸蹇之艮，姤之屯　餗玉解之观　鹿足益之噬嗑　足屋禄萃之乾，困之需　谷角鼎之临　辱哭鼎之贲　角粟穀艮之屯　鹿谷艮之晋　浴辱渐之贲　足族兑之解

合韵

屋沃

足毒屯之贲，遁之艮　蝮足腹师之无妄　畜欲履之离　欲逐蛊之咸　粟逐蛊之升，归妹之无妄　目粟復观之同人　木目离之损　辱足復晋之离　陸屋明夷

之坎 屋覺家人之旅 獄腹睽之咸 麓蓄革之乾 谷育震之中孚 角續熟节之明夷 木熟未济之升

屋沃职

肉食獄宿坤之既济（"食"，职部字） 德族睦临之遁（"德"，职部字） 欲福辱覆國遁之解（"福"、"國"，职部字） 德禄福復晋之讼 足肉粟得既济之讼（"得"，职部字）

(20)铎部

席藿宅屯之豫 作閣屯之临，否之大有，颐，大壮之坤 澤宅客屯之遁 柝客师之颐，大过之涣，旅之困 涸澤獲师之大壮，巽之同人 落惡蠹比之既济，豫之履，观之解 廓釋小畜之泰，蹇之谦，革之大畜 郤宅小畜之中孚，夬之讼，困之否，中孚之蛊 鵲博客否之睽，豫之剥 啞宅大有之归妹 咋獲谦之益，未济之师 百惡蛊 射獲剥之大壮 錯作离之泰，革之贲 作宅咸之蒙 郤百惡咸之巽 索石遁之否 作帛客遁之大畜 諤齚惡家人之坤 石惡簿家人之否，兑之豫 作白解之剥，困之革 苦戟益之遁 席客益之大壮 液坼夬之小畜 郤逆萃之鼎 略客白困之同人 作百落井之升，兑之震 席稷未济之睽 涸澤石獲未济之井

合韵

铎盍

薄怯鵲格乾之萃 玃妾坤之剥 鵲怯格比之丰 妬業谦之屯，大壮之恒 薄妾齚临之未济 作葉离之萃 郭獵獲蹇之坤

铎屋

嶽客屯之家人，大畜之临 逆足蒙之乾，节 蠹絡玉讼之蛊，晋之豫 木獲泰之蛊，渐之蹇 絡玉否之咸 獲獄釋復之坎 獨薄坎之升，大壮之井 索束明夷之大过 薄澤穀益之大畜 石欲升之未济 木谷作困之大壮 獲足井之蹇，艮之豫

铎屋沃

石軸足乾之谦，履之坎（"軸"，沃部字）

铎屋沃质

落宿谷室晋之困（"宿"，沃部字。"室"，質部字）

(21)锡部

狄積师之巽，震之解，既济之谦　敵益擊无妄之明夷　益惕遁之随，归妹之小畜　擊迹大壮之复　適惕姤之渐　阸惕升之同人

合韵

锡质

責結震之既济

锡月

刺敵缺需之同人　蜆闕师之恒　擊敵缺同人之噬嗑，未济之谦　舌益蹇之未济　戹惕悦益之蛊

锡铎

戹易落萃之明夷

(22)质部

穴溢乾之咸　日室需之离　穴室小畜之家人　橘栗履之大过，涣之姤　實室大畜之渐　膝室颐之需　實室大过之谦　實室咸之既济　畢卒明夷之大过　疾室损之未济，困之解　至恤益之鼎　疾室姤之明夷　節結渐之颐　屈出节之萃　突忽既济之鼎

合韵

质月

月室坤之随，大壮之萃　揭節惙需之小过，睽之大过　舌鬱比之咸，否之井　月室泰之临　滑絶同人之既济　汨絶蛊之既济　決失坎之益　説結雪蹇之困　屈脱渐之颐　缺失未济之恒

质缉

穴節入豫之兑，临之损　實邑室大畜之渐　室邑恒之小过，涣之鼎　日集晋之履　邑室明夷之益，益之观　室入濕睽之中孚　室邑姤之兑　急室困之旅　穴集室震之蹇　邑疾旅之蒙

质屋

木足玉室蒙之随，讼之艮　瞉疾坎之蛊　室禄节之大壮　卒束既济之大过　哭獨室未济之剥

质沃

覆室需之谦　實覆豫之升　日目蛊之屯　室叔大过之损　目日叔坎之豫　復疾蹇之遁　日吉夬之小畜　宿日夬之无妄　毒疾告鼎之复　目叔室中孚之需

质缉

蟄出屯之中孚

质盍

法出观之临，既济之屯

质缉沃

室合宿明夷之需（"宿"，沃部字）

(23)月部

絶竭屯之蒙　怛活蒙之损，鼎之渐　揭惙需之小过，睽之大过，涣之乾　折活比之井　竭渴說豫之贲　折伐剥之中孚　悦蕝大过之小过　惙絶活明夷之恒，艮之大壮　伐割姤之随　發達萃之需　决缺脱鼎之同人　絶歇小过之节

合韵

月职

悦决得萃之夬

月沃

睦渴讼之井

月药

缺鑿渐之泰　缺宅解之大过

月职盍

側乏北絶恒之蛊（"乏"，盍部字）

(24)盍部

葉惬渐之乾

合韵

盍缉

葉立履之噬嗑，泰之无妄 急葉恒之节

盍屋

獄哭法复之升，鼎之履

盍沃

睦乏比，明夷之蹇

盍药

業爵升之泰 涉樂井之需

(25)缉部

疊悒蛊之大畜 立急临之中孚 邑急晋之丰 入濕睽之中孚 邑十井之升

合韵

缉铎

伯客宅急师之涣

缉屋

觸急升之颐

缉沃

合宿泰之颐

缉屋职

給足息无妄之讼（“息”，职部字）

缉屋职药

合躍屋食坎之节（“食”，职部字。“躍”，药部字）

十、附　　录

1.《史记·自序》分韵

(1)之部

平声

台之史记自序五帝本纪(五洲同文本史记卷一百三十/12 下)　台謀疑吕后本纪(13 下)　之哉陈杞世家(17 下)　臺基外戚世家(19 下)　時富货殖列传(28 上)

上声

祀杞起陈杞世家(17 下)

去声

治事汉兴以来将相名臣年表(15 上)

之部合韵

之鱼

上声　海處祀越王勾践世家(18 下)

之职

事謀稷陈丞相世家(20 下)

(2)幽部

上声

道擾项羽本纪(13 上)

幽部合韵

幽宵

平声 驕條夏本纪(12下)

(3)鱼部

平声

乎乎奴宋世家(18上) 吴邪荆燕世家(20上) 奢吴伍子胥列传(21下)

上声

序度五帝本纪(12下) 野下周本纪(12下) 父緒輔赵世家(19上) 旅與荆燕世家(20上) 寡土吕許父齐悼惠王世家(20下)

去声

奴固蒙恬列传(24上)

(4)歌部

平声

彼蠡越王勾践世家(18下) 禾議郑世家(18下) 和宜五宗世家(21上)

(5)支部

去声

帝地五帝本纪(12下)

支部合韵

支歌

平声 知和魏世家(19上) 罷斯同前

(6)脂部

平声

懷非项羽本纪(13上) 齊夷吴世家(16下) 微師齐大公世家(16下) 齊歸荆燕世家(20上) 魏齊曹相國世家(20下)

去声

遺遂外戚世家(19下) 率計白起王翦传(22下)

脂部合韵

脂歌

平声 綏和周公世家(17上)

(7)祭部

際裔夏本纪(12下)

(8)蒸部

平声

興崩律书(15下) 泓稱宋世家(18上)

蒸部合韵

蒸阳侵

平声 興明心孝文本纪(13下,"心",侵部字)

(9)阳部

平声

疆昌律书(15下) 尚明同前 行商平准书(16下) 盟昌彰亡齐大公世家(17上) 疆昌周公世家(17上) 庚商饗盟疆管蔡世家(17下) 疆亡卫世家(17下) 行亡宋世家(18上) 盟昌郑世家(18下)

阳部合韵

阳东

平声 疆從王子侯者年表(15上) 唐公晋世家(18上)

阳冬

平声 商湯衡宗享殷本纪(12下) 梁宗孝文本纪(13下)

(10)东部

平声

功同夏本纪(12下) 东庸郑世家(18下)

东部合韵

东蒸

平声 功肱高祖功臣侯者年表(14下)

(11)耕部

平声

生寧名卫世家(17下)　郢平白起王翦列传(22下)

(12)真部

平声

親秦吕不韦列传(23下)

真部合韵

真元

平声　賢陳元原秦楚世家(18下)　仁賢韓郑世家(18下)

真耕

平声　秦寧高祖本纪(13上)

(13)元部

平声

元禪今上本纪(13下)　難亂閒擅秦楚之际月表(14上)　禪亂燕世家(17上)　端難陈涉世家(19下)　焉難樊郦列传(24下)

(14)职部

國革力始皇本纪(13上)　國革曹相國世家(20下)

职部合韵

职质

德室越王勾践世家(18下)

职药

虐德高祖本纪(13上)

职铎

稷伯周本纪(12下)

(15)铎部

索籍淮阴侯列传(24下)

铎部合韵

铎药

伯爵斥赵世家(19上)

铎屋

繹續楚世家(18上)

(16)锡部

歷適跡吴世家(16下)

(17)月部

越列建元以来侯者年表(14下) 越滅吴世家(16下) 絶説烈陈杞世家(17下)

(18)缉部

缉部合韵

缉药

邑弱王子侯者年表(15上)

缉沃

邑告卫世家(17下)

(19)盍部

業接牒楚世家(18上)

2.《汉书·叙传》分韵

阴声韵

(1)之部

上声

宰海汉书卷一百下叙传述纪十二(五洲同文本汉书卷一百下/4上) 祀史時起始志五(6上) 子起传二(8上) 海子祀传八(9下) 子嗣传三十三(15下) 子仕已己子传三十六(16下) 緇仕传四十二(18上) 理紀始传五十八(21下)

去声

代戒表六(5上) 試吏異志传五十九(21下) 意代嗣传六十七(23下)

合韵

之幽

平声 司娸疚传五十一(20上)

上声 祉子茂表三(4下) 有始采首传二十七(14下)

之幽宵

上声 母表舅宰传六十八(23下,"表",宵部字)

之沃

去声 志試學治传二十八(15上)

(2)幽部

上声

屮道纪四(2下) 朽舊鴟首鳥传三(8上) 首咎传二十二(13下) 道好传四十二(18上)

合韵

幽之

平声 優郪浮传三十五(16上)

上声　首紀晷紀一(2上)

幽沃

去声　褎學傳五十一(20上)

(3)鱼部

平声

孥墓紀四(2下)　徒湖傳四(8下)　夫都奴傳十三(11上)

上声

祖緒武楚旅舉紀一(2上)　舉下叙表八(5上)　虎輔傳二(8上)　旅楚吕矩斧傳五(9上)　魯社傳七(9下)　古下緒傳十二(10下)　楚所傳十七(12上)　詛據序傳三十三(16上)　憮舉輔許傳四十八(19下)　武怒野傳六十四(22下)

去声

錯故傳十二(10下)　疏據圉慮傳十八(12下)　謨度路傳四十三(18上)　度詐傳六十一(22上)

合韵

鱼宵

平声　符昭表四(4下)　夭楚昭傳六(9上)　霧妖傳十七(12上)　殊禺甌區符驕傳六十五(23上)

上声　禹叙武舉表志七(6下)　趙主傳七(9下)　序表旅傳六十六(23上)

(4)歌部

平声

歌沱志九(7下)

去声

貨化傳六十一(22上)

(5)脂部

平声

微乖幾志一(5下)　師威毗传四十四(18上)

上声

濟禮传四十三(18上)

去声

惠謂传六十二(22上)

合韵

脂支

平声　威資貔鯢传五十四(21上)

脂祭

去声　貴世传六十三(22下)

脂质

味佛传四十五(18下)

(6)祭部

去声

世制敗纪二(2上)　説敗沛害大传十五(11下)　慨説敗大害传十九(12下)

合韵

祭月

伐大裔传四十四(18下)　闕世害传四十五(18下)　制殺传六十二(22下)

阳声韵

(7)蒸部

平声

登宏騰志十(7下)

合韵

蒸冬

宗登传五十(20上) 陵勝興雄終传六十(21下) 終登宗传六十七(23下)

(8)阳部

平声

荒桑康纪四(2下) 攘荒纪五(3上) 煌光璋王陽纪九(3上) 陽王亡传一(8上) 襄王梁疆殃長传四(8下) 王亡昌传八(9下) 王倉張传十三(11上) 常揚創光同前 狂殃荒王传四十(11下) 王梁先传十七(12上) 葬將传三十七(16下) 堂皇揚王衡詳亡传三十八(16下) 光疆良传四九(19下) 祥光传六十七(24上) 煌光堂亡传六十八(24下) 皇王陽光疆方綱章叙传(24下)

(9)东部

平声

公功凶纪十(4上)

合韵

东冬

冲忠聰同纪七(3上)

(10)耕部

平声

名精靈庭成纪七(3上) 正成名传六(9上) 聲盈成传二十二(13下) 輕醬聲盈明英传二十三(13下) 明行传四十五(18下) 京明平刑聲传四十六(19上)

(11)真部

平声

秦民纪一(2上) 彬神臣纪十(4上) 秦因人表七(5上) 民先田尊志四(6上) 温君孫伸民身传十六(12上)

合韵

真元

平声 親分傳传十七(12上) 人文門元論身传五十七(21上)

去声 戰論信俊传三十九(17上)

真侵

平声 淫紛文志二(5下) 秦心門信君传十(10上) 恂心鄰軍传二十四(14上) 文深身臣倫传三十(15上)

(12)元部

平声

安韓難传十(10上) 桓元邊閑顔传二十五(14下) 山連同前

去声

换漢怨纪一(2上) 漢縣判志八(7上) 贊彦歎传四十六(19上)

(13)侵部

平声

今林叙传(25上)

合韵

侵冬

鳳衷传三十七(16下)

入声韵

(14)职部

默德纪三(2下) 則國北志八(7上) 北國稷传八(9下) 默革德國传九(10上) 直色德传十二(11上) 直色服德传二十(13上) 職食慝德國传二十九(15上) 克德國传三十四(16上) 色直直式传四十七(19上)

合韵

职沃

德服覆式传六十四(22下) 福戚覆德传六十七(23下)

职缉

翼克直服邑德纪八(3下)

职沃铎

郭六職传六十六(23下,"郭",铎部字)

(15)**铎部**

作籍志三(6上) 薄霍作度恪传六十七(24上)

合韵

铎药

澤作樂志二(5下)

铎屋盍

法略薄禄作传五十三(20下,"法",盍部字)

(16)**质部**

一忽律出志一(5下) 詘節栗传七(9下) 實詘黜传五十二(20下)

(17)**月部**

末烈志三(6上) 滅缺别烈志十(7下) 伐烈传一(8上) 悊桀传四十(17下)

合韵

月质

缺發七術传五十五(21上)

(18)**盍部**

業乏法传六十一(22上)

合韵

盍缉

業立传六十六(23下)

盍铎

曄業作纪五(2下)

盍铎药

作業樂法志十(7下,"樂",药部字)

3. 两汉诗文作家籍贯生卒年表

人　　名	籍　　贯	生　　年	卒　　年
刘邦(高帝)	沛　丰邑	前 247	前 195
项羽	沛　下相	前 232	前 202
虞美人			前 202
唐山夫人			前 201 以后
四皓			前 195 以后
刘友(赵幽王)			前 181
刘章(朱虚侯)		前 201	前 178
贾谊	雒阳	前 200	前 168
韦孟	彭城		前 152(?)
羊胜	齐		前 148
公孙诡	齐		前 148
公孙乘			前 148
严忌	会稽　吴		前 144 以前
邹阳	齐		
路乔如			
刘彻(武帝)		前 156(前 140 即位)	前 87
枚乘	淮阴		前 140
孔臧	鲁国		前 136 以后

（续表）

人　　名	籍　　贯	生　　年	卒　　年
廷尉翟公			前123以后
刘安（淮南王）	沛　丰邑		前122
淮南小山			
公孙弘	菑川　薛	前200	前121
李延年	中山		前121左右
司马相如	蜀郡　成都	前179（?）	前118
霍去病	河东　平阳	前145	前117
刘胜（中山王）			前117
董仲舒	广川		前116（?）
司马谈	河内　夏阳		前110以后
乌孙公主			前105以后
东方朔	平原　厌次		前94（?）
司马迁	河内　夏阳	前145*	前86
刘弗陵（昭帝）		前94（前87即位）	前74
刘旦（燕剌王）			前80
华容夫人			前80
李陵	陇西　成纪		前74
刘询（宣帝）		前91（前74即位）	前49
刘去（广川王）			前70
苏武	京兆　杜陵		前60
杨恽	弘农　华阴		前54

* 郭沫若先生考订司马迁生于武帝建元六年，当为公元前135年。

（续表）

人　　名	籍　　贯	生　　年	卒　　年
刘胥(广陵厉王)			前54
王褒	蜀郡　资中		前50以前
刘奭(元帝)		前75(前49即位)	前33
张敞	河东　平阳		前48以后
韦玄成	鲁国　邹		前36
王昭君			前33
刘骜(成帝)		前51(前32即位)	前7
刘向	沛　丰邑	约前79	前6
班倢伃	楼烦		前7以后
刘欣(哀帝)		前25(前6即位)	前1
赵飞燕			前1
刘衎(平帝)		前9(元年即位)	5
严遵			
杨雄	蜀郡　成都	前53	18
王莽	魏郡　元城	前45	23
刘歆	沛　丰邑		23
崔篆	涿郡　安平		25以后
应季先			

后 汉

人 名	籍 贯	生 年	卒 年
刘秀(光武帝)	南阳 新蔡	前6(25即位)	57
马援	扶风 茂陵	前14	49
班彪	扶风 安陵	3	54
桓谭	沛国 相		56
白狼王唐菆			75以后
冯衍	京兆 杜陵		76以前
杜笃	京兆 杜陵		78
刘苍(东平王)			83
郑众	河南 开封		83
梁竦	安定 乌氏		83
王阜			86左右
梁鸿			88左右
傅毅	扶风 茂陵		92以前
班固	扶风 安陵	32	92
袁安	汝南 汝阳		92
刘安世			
崔骃	涿郡 安平		92
苏顺	京兆 霸陵		106以后
史岑			107以后
许慎	汝南 召陵		121
黄香	江夏 安陆		122以后
堂溪协	颍川 郾陵		122以后

（续表）

人名	籍贯	生年	卒年
班昭	扶风　安陵		125(?)
王逸	南郡　宜城		126 以后
李尤	广汉　雒		126 以后
崔琦	涿郡　安平		136 以后
张衡	南阳　西鄂	78	139
崔瑗	涿郡　安平	77	142
滕抚	北海　剧		146
桓麟	沛郡　龙亢	107	147
郑郴	颍川　阳城		150 以后
刘梁	东平　宁阳		155 左右
侯瑾	敦煌		155 左右
朱穆	南阳　宛	100	163
马融	扶风　茂陵	79	166
边韶	陈留　浚仪		167 以前
秦嘉	陇西		167 以前
徐淑			167 左右
窦武	扶风　平陵		168
高彪	吴郡　无锡		灵帝时
廉品			灵帝时
刘琬	广陵		灵帝时
崔寔	涿郡　安平		171(?)
胡广	南郡　华容	91	172

（续表）

人　　名	籍　　贯	生　　年	卒　　年
堂溪典	颍川　隅陵		172 以后
皇甫规	安定　朝那	104	174
郦炎	范阳	150	177
王延寿	南郡　宜城		177 以后
桓彬	沛郡　龙亢	133	178
赵壹	汉阳　西县		178 以后
张奂	敦煌　酒泉		181
张超	河间　鄚		184 以后
戴良	汝南　慎阳		
蔡邕	陈留　圉	133	192
张昶	敦煌　酒泉		196 以后
边让	陈留　浚仪		196 以后
应劭	汝南　南顿		196 以后
祢衡	平原　般	173	198
蔡琰	陈留　圉		206 以后
孔融	鲁国	153	208
邓耽			
郭正(窦妻)			
仇靖	武都　下辨		
傅幹	北地　灵州		
张升	陈留　尉氏		
应亨			
辛延年			
宋子侯			
士孙瑞	扶风		

图书在版编目(CIP)数据

罗常培文集　第2卷/《罗常培文集》编委会编．-济南：山东教育出版社,1999

ISBN 978-7-5328-2683-4

Ⅰ.罗…　Ⅱ.罗…　Ⅲ.①汉语-语言学-文集②散文-作品集-中国-当代　Ⅳ.H1-53

中国版本图书馆CIP数据核字(1999)第11123号

罗常培文集　第二卷

LUO CHANGPEI WENJI　Di-er Juan

主　管：山东出版集团

出 版 者：山东教育出版社

（济南市纬一路321号　邮编：250001）

电　话：(0531)82092663　传真：(0531)82092661

网　址：http://www.sjs.com.cn

发 行 者：山东教育出版社

印　刷：山东新华印刷厂

版　次：2008年11月第1版

2008年11月第1次印刷

规　格：880mm×1230mm　32开本

印　张：21.375印张

插　页：7插页

字　数：502千字

书　号：ISBN 978-7-5328-2683-4

定　价：77.00元